# 列车-结构耦合作用的随机振动分析方法

赵　岩　张亚辉　林家浩　著

科 学 出 版 社

北　京

## 内 容 简 介

本书系统介绍随机振动虚拟激励法在车辆工程中的应用。全书内容主要包括：线性结构随机振动的虚拟激励法；移动荷载作用下结构响应的精细积分方法；虚拟激励法在车轨耦合系统随机振动中的应用；车轨耦合系统灵敏度分析及平顺性优化；虚拟激励法在车桥耦合系统随机振动中的应用；地震作用下车桥耦合系统随机响应；移动随机荷载作用下连续体随机振动分析；移动随机荷载作用下结构-弹性半空间耦合随机振动分析；具有不确定参数结构系统随机振动分析。

本书可作为车辆工程领域科研人员和工程技术人员，以及相关专业高年级本科生、研究生、教师参考用书。

**图书在版编目(CIP)数据**

列车-结构耦合作用的随机振动分析方法 / 赵岩，张亚辉，林家浩著. —北京：科学出版社，2018.8

ISBN 978-7-03-058450-2

Ⅰ. ①列… Ⅱ. ①赵… ②张… ③林… Ⅲ. ①列车振动-随机振动-分析方法 Ⅳ. ①U260.11

中国版本图书馆 CIP 数据核字（2018）第 177504 号

责任编辑：杨慎欣 / 责任校对：郭瑞芝

责任印制：师艳茹 / 封面设计：无极书装

科学出版社出版

北京东黄城根北街 16 号

邮政编码：100717

http://www.sciencep.com

河北鹏润印刷有限公司印刷

科学出版社发行 各地新华书店经销

*

2018 年 8 月第 一 版 开本：787×1092 1/16

2018 年 8 月第一次印刷 印张：20

字数：512 000

**定价：136.00 元**

（如有印装质量问题，我社负责调换）

本书由

大连市人民政府资助出版

**The published book is sponsored**
**by the Dalian Municipal Government**

# 序

从 1905 年爱因斯坦探讨布朗运动开始，对随机动力现象的研究正式进入了学术界的视野。在航空、航天等实际工程的推动下，随机荷载环境下结构动力学行为机制的相关研究获得了快速的发展，并于 20 世纪 50 年代形成随机振动这门技术学科。由于传统的国外计算方法过于繁琐，在很长一段时间里随机振动理论在工程界的应用受到了很大限制。随机振动的虚拟激励法源于海洋工程动力分析的需求，自 1985 年正式发表以来，经三十多年的发展，从计算力学的角度对随机振动传统算法进行了系统更新，其高效和精确的特性使得这一系列算法在我国工程界得到了日益广泛的传播和应用。

虚拟激励法作为我国科技工作者提出和发展的算法系列与我们国家工程建设的环境背景密切相关。改革开放以来，我国土木工程建设获得日新月异的发展，大跨度生命线工程结构的抗震安全得到了学术界和工程界的极大关注，虚拟激励法在工程结构抗震领域获得了应用和发展，在国际上首先实现了大跨度结构在多点非均匀随机地震作用下高效三维平稳/非平稳随机振动分析，具有极大的学术贡献，相关研究成果也被我国桥梁抗震工程细则推荐，表现出了良好的工程应用价值。

近二三十年，随着我国经济和科技的快速发展，高速铁路作为现代化交通工具建设非常迅速。随着列车运行速度的提高，由轨道表面不平度产生的车辆随机振动会对车辆乘坐的舒适性、车辆本身的疲劳寿命等产生很大的影响。传统的基于确定性的设计方法已经远远不能满足实际的应用需求，必须依靠现代计算力学理论进行系统的优化设计与安全评估。该书的研究课题正是在此背景下被提出，针对我国高速铁路工程中的关键科学问题，基于虚拟激励法和辛数学方法，在车辆-轨道-桥梁随机动力学研究上取得了一系列进展。这些研究成果不仅有助于提高我国高速铁路设计的水平，同时也促进了随机振动理论与数值方法的广泛应用和深入发展。

该书对于工程技术人员和理论研究工作者是一本有价值的参考著作。

钟万勰

2018 年 3 月

# 前　言

轨道不平顺具有本质的随机性，由其诱发的随机振动是影响列车运行舒适性、安全性和可靠性的重要因素。随机振动传统算法的不足使得随机振动理论成果在实际工程中的应用远没有得到有效发挥。虚拟激励法是精确、高效且应用非常方便的结构随机振动分析算法系列。它适用于结构受到单点或多点、平稳或非平稳、部分相干或完全相干的随机激励。经过多年发展，虚拟激励法作为随机振动的快速算法很好地解决了计算瓶颈问题，将虚拟激励法引入铁路交通工程随机振动问题的研究对于列车、线路设计和运营维护具有很好的意义，并逐渐成为我国许多工程和研究领域人员在发展高速铁路动力学数值仿真技术中广为采用的有效方法。与此同时，列车与结构耦合随机振动分析的一些特有力学行为也促进了随机振动理论与数值方法的进一步发展。

本书系统介绍虚拟激励法在车辆工程中的应用。全书共 9 章：第 1 章介绍线性结构随机振动的虚拟激励法；第 2 章介绍移动荷载作用下结构响应的精细积分方法；第 3 章介绍虚拟激励法在车轨耦合系统随机振动中的应用；第 4 章介绍车轨耦合系统灵敏度分析及平顺性优化；第 5 章介绍虚拟激励法在车桥耦合系统随机振动中的应用；第 6 章介绍地震作用下车桥耦合系统随机响应；第 7 章介绍移动随机荷载作用下连续体随机振动分析；第 8 章介绍移动随机荷载作用下结构-弹性半空间耦合随机振动分析；第 9 章介绍具有不确定参数结构系统随机振动分析。

相对于土木工程受地震作用或者海洋平台受波浪荷载的随机振动，车辆与结构的耦合随机振动具有明显区别。前者随机振动行为由随机荷载输入引起，后者由相对运动体系接触不平顺引起；由此两者相关的分析理论与数值手段也具有差异性。本书最主要特色是将虚拟激励法和辛数学方法作为主要技术手段贯穿全书始终，探讨了车轨耦合随机振动、车桥耦合随机振动以及移动随机荷载引起的环境振动问题等，并发展了较为系统的分析理论与方法。

在本书的相关研究和写作过程中，钟万勰院士始终给予了多方面的指导和热情的鼓励和支持。在钟万勰院士的关心和支持下，作者克服了许多困难，使得这项研究成果逐步完善。

吕峰、张志超、徐文涛、张有为、张健、朱丹阳、项盼和司理涛博士，孙维、谢齐、王凤阳和赵银庆硕士分别结合他们的学位论文参加了本书相关内容的研究，本书的写作过程得到了他们的大力支持和帮助。

本书的研究成果得到国家自然科学基金面上项目“基于非介入策略的参数不确定车辆-结构耦合系统随机振动研究”（项目编号：11772084）、“随机参数结构的中频段声振高效分析方法研究”（项目编号：11172056）、“高速列车-轨道-桥梁耦合随机振动分析和控制的虚拟激励-辛方法研究”（项目编号：10472023）、“多点地震作用下车桥耦合系统随机动力性态研究”（项目编号：10972048）、“复合系统耦合随机动力学及其基本问题研究”（项目编号：10502011）的资助，还得到了国家自然科学基金重点项目“显式几何描述下考虑非概率不确定性的连续体结构拓扑优化研究”（项目编号：11732004）、“十一五”国家科技支撑计划“中国高速列车关键技术研究及装备研制”课题（2009BAG12A04）及国家重点基础研究发展计划（973 计划）项目“复杂装备研发数字化工具中的计算力学和多场耦合若干前沿问题”课题（2010CB832704）的资助。此外，本书获得大连市人民政府资助出版。作者在此一致表示衷心感谢。

限于时间和作者水平，书中难免出现疏漏和不足，敬请专家学者提出宝贵意见和建议，以便进一步补充和完善。

作　者

2018 年 3 月

# 目 录

# 第 1 章 线性结构随机振动的虚拟激励法

功率谱分析是随机振动理论在工程应用中最基本的内容，即由输入功率谱求出结构响应功率谱。线性随机振动分析中这方面理论已相当成熟，计算公式也十分简洁。但这些已建立的理论成果在工程领域中并没有得到充分应用，例如，在地震工程领域中，普遍认为按照概率性的随机振动理论进行结构的抗震分析比较合理（特别是对于大跨度结构），分析理论也早已建立，但在工程抗震设计中还是很少被应用。计算的复杂性是造成这一现象的根本原因，为避免计算的复杂性，在以往的随机振动分析中往往将计算模型取得十分简单或借助精度颇成问题的近似。虚拟激励法将平稳随机振动的计算转化为稳态简谐响应计算，将非平稳随机振动的计算转化为普通逐步积分计算，实现了用最基本的结构动力学方法来处理一般的平稳和非平稳随机响应分析问题，在许多工程领域获得广泛应用[1-30]。本章介绍线性时不变系统和线性时变系统虚拟激励法的基本思想，给出单点随机荷载和多点随机荷载作用下，应用虚拟激励法进行结构随机振动功率谱分析的算法格式。同时，也给出结合虚拟激励法与辛方法进行周期子结构随机波动分析的基本方法。

## 1.1 线性时不变系统的虚拟激励法

### 1.1.1 平稳随机振动

1. *结构受单点平稳激励*

结构随机振动功率谱分析的主要目的是计算关心位置的位移、应力等响应量的功率谱密度，之后计算相应的谱矩。根据结构响应的功率谱和谱矩，就可以计算各种直接应用于工程设计的概率统计量，例如导致结构首次超越破坏的概率或疲劳寿命，以及评价列车运行平顺性的控制指标等。显然，改进结构响应功率谱密度的计算方法，使其计算方便、高效，对于推进随机振动成果的实用性具有重要意义，虚拟激励法就是为达到此目的而发展起来的计算方法。下面由单激励问题阐述其基本原理。

假定外部激励是一个服从正态分布的平稳随机过程 $f(t)$，其自功率谱密度函数为 $S_{ff}(\omega)$。对于线性时不变系统，响应 $y(t)$ 的自功率谱 $S_{yy}(\omega)$ 可以表示为

$$S_{yy}(\omega)=|H|^2 S_{ff}(\omega) \tag{1.1.1}$$

此关系如图 1.1.1（a）所示。其中频率响应函数 $H$ 的意义如图 1.1.1（b）所示，即当随机激励被单位简谐激励 $\mathrm{e}^{\mathrm{i}\omega t}$ 代替时，相应的简谐响应为 $y(t)=H\mathrm{e}^{\mathrm{i}\omega t}$。显然，若在激励 $\mathrm{e}^{\mathrm{i}\omega t}$ 之前乘以常数 $\sqrt{S_{ff}(\omega)}$，即构造虚拟激励

$$\tilde{f}(t)=\sqrt{S_{ff}(\omega)}\mathrm{e}^{\mathrm{i}\omega t} \tag{1.1.2}$$

则其响应量亦应乘以同一常数，如图 1.1.1（c）所示。仍用 $\tilde{\#}$ 代表变量 # 的相应虚拟量，由

图 1.1.1（c）可知

$$\tilde{y}^* \tilde{y} = |\tilde{y}|^2 = |H|^2 S_{ff}(\omega) = S_{yy}(\omega) \tag{1.1.3}$$

$$\tilde{f}^* \tilde{y} = \sqrt{S_{ff}(\omega)} \mathrm{e}^{-\mathrm{i}\omega t} \cdot \sqrt{S_{ff}(\omega)} H \mathrm{e}^{\mathrm{i}\omega t} = S_{ff}(\omega) H = S_{fy}(\omega) \tag{1.1.4}$$

$$\tilde{y}^* \tilde{f} = \sqrt{S_{ff}(\omega)} H^* \mathrm{e}^{-\mathrm{i}\omega t} \cdot \sqrt{S_{ff}(\omega)} \mathrm{e}^{\mathrm{i}\omega t} = H^* S_{ff}(\omega) = S_{yf}(\omega) \tag{1.1.5}$$

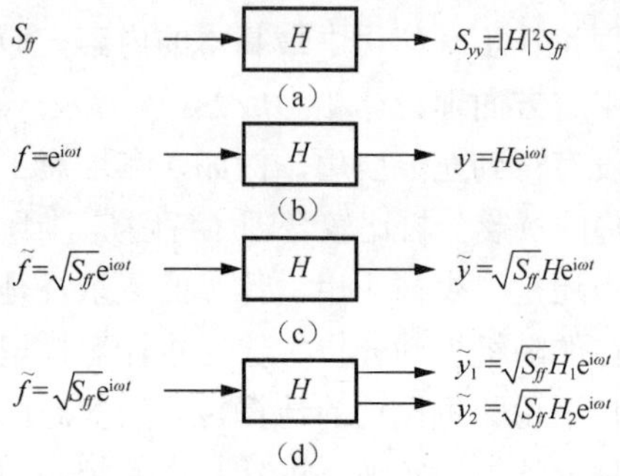


图 1.1.1　虚拟激励法的基本原理

如果在上述系统中考虑两个虚拟响应量 $\tilde{y}_1$ 与 $\tilde{y}_2$，见图 1.1.1（d），不难验证

$$\tilde{y}_1^* \tilde{y}_2 = H_1^* \sqrt{S_{ff}(\omega)} \mathrm{e}^{-\mathrm{i}\omega t} \cdot H_2 \sqrt{S_{ff}(\omega)} \mathrm{e}^{\mathrm{i}\omega t} = H_1^* S_{ff}(\omega) H_2 = S_{y_1 y_2}(\omega) \tag{1.1.6}$$

$$\tilde{y}_2^* \tilde{y}_1 = H_2^* S_{ff}(\omega) H_1 = S_{y_2 y_1}(\omega) \tag{1.1.7}$$

利用以上诸式可得关于功率谱矩阵的下列算法格式：

$$\boldsymbol{S}_{yy}(\omega) = \tilde{\boldsymbol{y}}^* \cdot \tilde{\boldsymbol{y}}^{\mathrm{T}} \tag{1.1.8}$$

$$\boldsymbol{S}_{fy}(\omega) = \tilde{\boldsymbol{f}}^* \cdot \tilde{\boldsymbol{y}}^{\mathrm{T}} \tag{1.1.9}$$

$$\boldsymbol{S}_{yf}(\omega) = \tilde{\boldsymbol{y}}^* \cdot \tilde{\boldsymbol{f}}^{\mathrm{T}} \tag{1.1.10}$$

如果对应力 $\sigma$、应变 $\varepsilon$ 感兴趣，则按虚拟激励式（1.1.2）求得上述各量的虚拟简谐响应 $\tilde{\sigma}$ 和 $\tilde{\varepsilon}$ 后即可直接得到它们的自谱密度

$$S_{\sigma\sigma}(\omega) = |\tilde{\sigma}|^2, \quad S_{\varepsilon\varepsilon}(\omega) = |\tilde{\varepsilon}|^2 \tag{1.1.11}$$

或任意的互谱密度，例如

$$S_{\sigma\varepsilon}(\omega) = \tilde{\sigma}^* \tilde{\varepsilon}, \quad S_{yf}(\omega) = \tilde{y}^* \tilde{f} \tag{1.1.12}$$

等。显然，上述虚拟激励法用起来十分方便，计算自谱互谱都有简单而统一的公式。只要响应与激励之间的关系是线性的，虚拟激励法就能应用。不论在自谱还是互谱计算中，虚拟简谐激励因子 $\mathrm{e}^{\mathrm{i}\omega t}$ 与其复共轭 $\mathrm{e}^{-\mathrm{i}\omega t}$ 总是成对出现并最终相乘而抵消的。这反映了平稳问题的自谱互谱非时变性。

对于复杂自由度结构体系，可以采用振型叠加法实现方程的降阶进一步提高计算效率。离散化结构受均匀地面激励时的运动方程为

$$\boldsymbol{M}\ddot{\boldsymbol{y}} + \boldsymbol{C}\dot{\boldsymbol{y}} + \boldsymbol{K}\boldsymbol{y} = -\boldsymbol{M}\boldsymbol{e}\ddot{x}_g(t) \tag{1.1.13}$$

式中，$\boldsymbol{M}$、$\boldsymbol{C}$ 和 $\boldsymbol{K}$ 分别为系统的质量阵、阻尼阵和刚度阵；$\boldsymbol{e}$ 为惯性力指示向量；$\ddot{x}_g(t)$ 为地面加速的激励，其自谱为 $S_{\ddot{x}_g}(\omega)$。

构造虚拟地面加速度激励 $\ddot{\tilde{x}}_g(t)=\sqrt{S_{\ddot{x}_g}(\omega)}\mathrm{e}^{\mathrm{i}\omega t}$，并代入上述运动方程，有

$$\boldsymbol{M}\ddot{\boldsymbol{y}}+\boldsymbol{C}\dot{\boldsymbol{y}}+\boldsymbol{K}\boldsymbol{y}=-\boldsymbol{Me}\sqrt{S_{\ddot{x}_g}(\omega)}\mathrm{e}^{\mathrm{i}\omega t} \tag{1.1.14}$$

求出结构前 $q$ 阶特征对 $\boldsymbol{\Phi}$ 及 $\boldsymbol{\Omega}^2$，$q<<n$，它们满足正交归一条件

$$\boldsymbol{\Phi}^{\mathrm{T}}\boldsymbol{K}\boldsymbol{\Phi}=\boldsymbol{\Omega}^2,\quad \boldsymbol{\Phi}^{\mathrm{T}}\boldsymbol{M}\boldsymbol{\Phi}=\boldsymbol{I}\quad（q\text{阶单位阵}） \tag{1.1.15}$$

之后将结构位移响应 $\boldsymbol{y}$ 按 $\boldsymbol{\Phi}$ 分解：

$$\boldsymbol{y}=\boldsymbol{\Phi}\boldsymbol{u}=\sum_{j=1}^{q}u_j\boldsymbol{\varphi}_j \tag{1.1.16}$$

将式（1.1.16）代入运动方程（1.1.14），并利用正交归一条件（1.1.15），有

$$\ddot{\tilde{\boldsymbol{u}}}+\bar{\boldsymbol{C}}\dot{\tilde{\boldsymbol{u}}}+\boldsymbol{\Omega}^2\tilde{\boldsymbol{u}}=-\boldsymbol{\Phi}^{\mathrm{T}}\boldsymbol{Me}\sqrt{S_{\ddot{x}_g}(\omega)}\mathrm{e}^{\mathrm{i}\omega t} \tag{1.1.17}$$

式中，

$$\bar{\boldsymbol{C}}=\boldsymbol{\Phi}^{\mathrm{T}}\boldsymbol{C}\boldsymbol{\Phi} \tag{1.1.18}$$

暂仍假定 $\boldsymbol{C}$ 是比例阻尼矩阵，则方程（1.1.17）可以分解为 $q$ 个互相独立的单自由度方程

$$\ddot{\tilde{u}}_j+2\xi_j\omega_j\dot{\tilde{u}}_j+\omega_j^2\tilde{u}_j=\gamma_j\sqrt{S_{\ddot{x}_g}(\omega)}\mathrm{e}^{\mathrm{i}\omega t},\quad j=1,2,\cdots,q \tag{1.1.19}$$

这是单自由度简谐振动方程，易得其稳态解为

$$\tilde{u}_j=\gamma_jH_j\sqrt{S_{\ddot{x}_g}(\omega)}\mathrm{e}^{\mathrm{i}\omega t} \tag{1.1.20}$$

式中，

$$H_j=\left(\omega_j^2-\omega^2+2\mathrm{i}\xi_j\omega_j\omega\right)^{-1} \tag{1.1.21}$$

因此

$$\tilde{\boldsymbol{y}}(t)=\sum_{j=1}^{q}\tilde{u}_j\boldsymbol{\varphi}_j=\sum_{j=1}^{q}\gamma_jH_j\boldsymbol{\varphi}_j\sqrt{S_{\ddot{x}_g}(\omega)}\mathrm{e}^{\mathrm{i}\omega t} \tag{1.1.22}$$

将式（1.1.22）右端的计算结果代入式（1.1.8）就得到所需要的响应功率谱矩阵 $\boldsymbol{S}_{yy}$。可将式（1.1.8）右端展开，得

$$\boldsymbol{S}_{yy}=\tilde{\boldsymbol{y}}^*\tilde{\boldsymbol{y}}^{\mathrm{T}}=\sum_{j=1}^{q}\sum_{k=1}^{q}\gamma_j\gamma_k\boldsymbol{\varphi}_j\boldsymbol{\varphi}_k^{\mathrm{T}}H_j^*(\omega)H_k(\omega)S_{\ddot{x}_g}(\omega) \tag{1.1.23}$$

它的右端与传统完全二次组合（complete quadratic combination，CQC）算法计算精度是完全一样的，但由式（1.1.8）计算效率却获得极大提升。

2. 结构受多点完全相干平稳激励

结构受多点完全相干激励的情形在工程实际中广泛存在。火车在轨道上运行时，同一条轨道上的任意两个车轮可以认为受到相同的轨道不平顺激励，但其间存在某一时间差。大跨度桥梁的抗震分析一直是工程界极为关注的问题，现在人们已普遍认识到对这类结构考虑不同地面节点的运动相位差（即所谓行波效应）是很重要的。导管架海洋平台各个支腿受到的随机波浪力之间也必须考虑相位差。对于这类问题，按传统的随机振动方法计算时工作量极大，是随机振动工程应用的一个主要障碍。上述问题皆可视为广义的单激励问题，推广结构受单点平稳激励的虚拟激励法即可方便地解决。

设 $n$ 自由度的弹性结构受 $m$ 点（$m\leqslant n$）异相位平稳随机激励，为

$$\boldsymbol{f}(t)=\begin{Bmatrix} f_1(t) \\ f_2(t) \\ \vdots \\ f_m(t) \end{Bmatrix}=\begin{Bmatrix} a_1 f(t-t_1) \\ a_2 f(t-t_2) \\ \vdots \\ a_m f(t-t_m) \end{Bmatrix} \tag{1.1.24}$$

$\boldsymbol{f}(t)$ 各输入分量有相同的形式，但存在时间滞后，即作用时间上相差一个常因子。这里 $a_j\ (j=1,2,\cdots,m)$ 是实数，代表各点的作用强度。

假定式（1.1.24）中所有 $a_j$ 和 $t_j$ 皆为已知常数，则 $\boldsymbol{f}(t)$ 可视为广义的单激励。设 $\boldsymbol{f}(t)$ 的自谱密度 $S_{ff}(\omega)$ 为已知，则按式（1.1.2），相应的虚拟激励为

$$\tilde{f}(t)=\sqrt{S_{ff}(\omega)}\,\mathrm{e}^{\mathrm{i}\omega t} \tag{1.1.25}$$

显然，与 $f(t-t_1)$ 相应的虚拟激励为 $\tilde{f}(t-t_1)=\sqrt{S_{ff}(\omega)}\,\mathrm{e}^{\mathrm{i}\omega(t-t_1)}$，而与前面式（1.1.24）相应的虚拟激励为

$$\tilde{\boldsymbol{f}}(t)=\begin{Bmatrix} a_1\mathrm{e}^{-\mathrm{i}\omega t_1} \\ a_2\mathrm{e}^{-\mathrm{i}\omega t_2} \\ \vdots \\ a_m\mathrm{e}^{-\mathrm{i}\omega t_m} \end{Bmatrix}\sqrt{S_{ff}(\omega)}\mathrm{e}^{\mathrm{i}\omega t} \tag{1.1.26}$$

在此虚拟激励 $\tilde{\boldsymbol{f}}(t)$ 作用下，结构运动方程为

$$\boldsymbol{M}\ddot{\tilde{\boldsymbol{y}}}+\boldsymbol{C}\dot{\tilde{\boldsymbol{y}}}+\boldsymbol{K}\tilde{\boldsymbol{y}}=\boldsymbol{E}\tilde{\boldsymbol{f}}(t) \tag{1.1.27}$$

式中，$\boldsymbol{E}$ 为 $n\times m$ 维常量矩阵，表征外力分布状况。问题归结为求解简谐运动方程。当 $n$ 很大时，仍用振型叠加法对方程（1.1.27）降阶。并仍令 $\tilde{\boldsymbol{y}}(t)=\boldsymbol{\Phi}\tilde{\boldsymbol{u}}(t)=\sum_{j=1}^{q}\tilde{u}_j\boldsymbol{\varphi}_j$，代入上式，同时将 $\boldsymbol{\Phi}^{\mathrm{T}}$ 左乘以式（1.1.27）各项，得

$$\ddot{\tilde{\boldsymbol{u}}}+\bar{\boldsymbol{C}}\dot{\tilde{\boldsymbol{u}}}+\boldsymbol{\Omega}^2\tilde{\boldsymbol{u}}=\bar{\boldsymbol{f}} \tag{1.1.28}$$

式中，

$$\bar{\boldsymbol{C}}=\boldsymbol{\Phi}^{\mathrm{T}}\boldsymbol{C}\boldsymbol{\Phi},\quad \bar{\boldsymbol{f}}=\boldsymbol{\Phi}^{\mathrm{T}}\boldsymbol{E}\tilde{\boldsymbol{f}} \tag{1.1.29}$$

不论 $\boldsymbol{C}$ 是否为正交阻尼阵，方程(1.1.28)的 $\tilde{\boldsymbol{u}}$ 总可按求解代数方程的方法解出。再按式(1.1.22)求得位移向量 $\tilde{\boldsymbol{y}}$，进而求得感兴趣的内力向量 $\tilde{\boldsymbol{n}}$，等等。然后应用虚拟激励法得到各种自谱互谱，例如

$$\boldsymbol{S}_{yy}=\tilde{\boldsymbol{y}}^*\tilde{\boldsymbol{y}}^{\mathrm{T}},\quad \boldsymbol{S}_{fn}=\tilde{\boldsymbol{f}}^*\tilde{\boldsymbol{n}}^{\mathrm{T}} \tag{1.1.30}$$

顺便指出，式（1.2.24）给出的平稳随机激励向量 $\boldsymbol{f}(t)$ 的激励谱矩阵亦可如此求出，即

$$\boldsymbol{S}_{ff}(\omega)=\tilde{\boldsymbol{f}}^*\tilde{\boldsymbol{f}}^{\mathrm{T}}=\begin{bmatrix} a_1^2 & a_1a_2\mathrm{e}^{\mathrm{i}\omega(t_1-t_2)} & \ldots & a_1a_m\mathrm{e}^{\mathrm{i}\omega(t_1-t_m)} \\ a_2a_1\mathrm{e}^{\mathrm{i}\omega(t_2-t_1)} & a_2^2 & \ldots & a_2a_m\mathrm{e}^{\mathrm{i}\omega(t_2-t_m)} \\ \vdots & \vdots & & \vdots \\ a_ma_1\mathrm{e}^{\mathrm{i}\omega(t_m-t_1)} & a_ma_2\mathrm{e}^{\mathrm{i}\omega(t_m-t_2)} & \ldots & a_m^2 \end{bmatrix}S_{ff}(\omega) \tag{1.1.31}$$

上述激励谱矩阵也可由相关函数矩阵 $\boldsymbol{R}_{ff}(\tau)=E\left[\boldsymbol{f}(t)\boldsymbol{f}^{\mathrm{T}}(t+\tau)\right]$ 作傅里叶变换，并利用

维纳-辛钦关系而得到。但不如这里所给出的方法简便。

本节中涉及的功率谱矩阵都可以由两个向量相乘而得到，显然其秩一定为 1。

3. 结构受多点部分相干平稳激励

大跨度桥梁在地震荷载作用下，除了必须考虑不同地面节点的运动相位差（行波效应）外，还应考虑地震波并非严格出自一点，以及因土壤介质不均匀而造成各点激励之间相干性的损失；阵风作用于建筑物上时，同一迎风面的不同点处所受的随机阵风荷载之间也是有部分相干性的。处理这类问题比之处理多点完全相干问题更为困难[31,32]。从虚拟激励法的角度来分析，这类问题可以分解为有限个完全相干问题的叠加。

设 $n$ 自由度的线性结构受多点（ $m$ 点）部分相干平稳随机激励 $\boldsymbol{f}(t)$ 作用，其 $m\times m$ 维功率谱矩阵 $\boldsymbol{S}_{ff}(\omega)$ 已知。它一般不能分解为类似式（1.1.31）由两个向量相乘的形式。但由于功率谱矩阵必定是一 Hermitian 矩阵，所以它可被表达成下列形式：

$$\boldsymbol{S}_{ff}(\omega)=\sum_{j=1}^{m}\lambda_j\boldsymbol{\psi}_j\left(\boldsymbol{\psi}_j^*\right)^{\mathrm{T}} \tag{1.1.32}$$

式中，上标*与 T 代表取复共轭及矩阵（向量）转置；$\lambda_j$ 及 $\boldsymbol{\psi}_j$ 则是该 Hermitian 矩阵的特征对，它们满足以下关系式：

$$\boldsymbol{S}_{ff}\boldsymbol{\psi}_j=\lambda_j\boldsymbol{\psi}_j \tag{1.1.33}$$

$$\left(\boldsymbol{\psi}_i^*\right)^{\mathrm{T}}\boldsymbol{\psi}_j=\delta_{ij}=\begin{cases}1 & (i=j)\\ 0 & (i\neq j)\end{cases} \tag{1.1.34}$$

因此，只要用每一阶特征对构造下列虚拟激励：

$$\tilde{\boldsymbol{f}}_j=\boldsymbol{\psi}_j^*\sqrt{\lambda_j}\,\mathrm{e}^{\mathrm{i}\omega t} \tag{1.1.35}$$

就可以将 $\boldsymbol{S}_{ff}(\omega)$ 表达为以下形式：

$$\boldsymbol{S}_{ff}(\omega)=\sum_{j=1}^{m}\tilde{\boldsymbol{f}}_j^*\tilde{\boldsymbol{f}}_j^{\mathrm{T}} \tag{1.1.36}$$

一般情况下，$\boldsymbol{\psi}_j$ 是复向量，而 $\lambda_j$ 为非负实数。$\boldsymbol{f}_j$ 与式（1.1.24）在结构上完全一致，其相应的虚拟响应求解可按上节的方式进行。首先按下式计算虚拟响应

$$\tilde{\boldsymbol{y}}_j=\boldsymbol{H}\tilde{\boldsymbol{f}}_j \tag{1.1.37}$$

然后，不难证明下列算式成立：

$$\sum_{j=1}^{m}\tilde{\boldsymbol{y}}_j^*\tilde{\boldsymbol{y}}_j^{\mathrm{T}}=\boldsymbol{H}^*\left(\sum_{j=1}^{m}\tilde{\boldsymbol{f}}_j^*\tilde{\boldsymbol{f}}_j^{\mathrm{T}}\right)\boldsymbol{H}^{\mathrm{T}}=\boldsymbol{H}^*\boldsymbol{S}_{ff}(\omega)\boldsymbol{H}^{\mathrm{T}}=\boldsymbol{S}_{yy}(\omega) \tag{1.1.38}$$

$$\sum_{j=1}^{m}\tilde{\boldsymbol{f}}_j^*\tilde{\boldsymbol{y}}_j^{\mathrm{T}}=\left(\sum_{j=1}^{m}\tilde{\boldsymbol{f}}_j^*\tilde{\boldsymbol{f}}_j^{\mathrm{T}}\right)\boldsymbol{H}^{\mathrm{T}}=\boldsymbol{S}_{ff}(\omega)\boldsymbol{H}^{\mathrm{T}}=\boldsymbol{S}_{fy}(\omega) \tag{1.1.39}$$

$$\sum_{j=1}^{m}\tilde{\boldsymbol{y}}_j^*\tilde{\boldsymbol{f}}_j^{\mathrm{T}}=\boldsymbol{H}^*\left(\sum_{j=1}^{m}\tilde{\boldsymbol{f}}_j^*\tilde{\boldsymbol{f}}_j^{\mathrm{T}}\right)=\boldsymbol{H}^*\boldsymbol{S}_{ff}(\omega)=\boldsymbol{S}_{yf}(\omega) \tag{1.1.40}$$

如果由 $\tilde{\boldsymbol{f}}_j$ 算得另一种量的虚拟响应为 $\tilde{\boldsymbol{z}}_j$，则不难证明两种响应 $\boldsymbol{y}$ 与 $\boldsymbol{z}$ 之间的互谱矩阵为

$$\boldsymbol{S}_{yz}=\sum_{j=1}^{m}\tilde{\boldsymbol{y}}_j^*\tilde{\boldsymbol{z}}_j^{\mathrm{T}},\quad \boldsymbol{S}_{zy}=\sum_{j=1}^{m}\tilde{\boldsymbol{z}}_j^*\tilde{\boldsymbol{y}}_j^{\mathrm{T}} \tag{1.1.41}$$

对其第一式的证明如下，记

$$\tilde{\boldsymbol{y}}_j=\boldsymbol{H}_y\tilde{\boldsymbol{f}}_j,\quad \tilde{\boldsymbol{z}}_j=\boldsymbol{H}_z\tilde{\boldsymbol{f}}_j \tag{1.1.42}$$

则

$$\sum_{j=1}^{m}\tilde{\boldsymbol{y}}_j^*\boldsymbol{z}_j^{\mathrm{T}}=\sum_{j=1}^{m}\boldsymbol{H}_y^*\tilde{\boldsymbol{f}}_j^*\tilde{\boldsymbol{f}}_j^{\mathrm{T}}\boldsymbol{H}_z^{\mathrm{T}}=\boldsymbol{H}_y^*\sum_{j=1}^{m}\left(\tilde{\boldsymbol{f}}_j^*\cdot\tilde{\boldsymbol{f}}_j^{\mathrm{T}}\right)\boldsymbol{H}_z^{\mathrm{T}}=\boldsymbol{H}_y^*\boldsymbol{S}_{ff}(\omega)\boldsymbol{H}_z^{\mathrm{T}}=\boldsymbol{S}_{yz}(\omega) \tag{1.1.43}$$

这就证明了式（1.1.41）的第一式。其第二式的证明是同样的。式（1.1.38）的左端与式（1.1.41）就是按虚拟激励法计算各种自谱与互谱的算式。

式（1.1.32）～式（1.1.36）是用激励功率谱的特征值与特征向量来构造所用的虚拟激励。这并不是唯一的构造虚拟激励方法。例如，可以将 Hermitian 矩阵 $\boldsymbol{S}_{ff}(\omega)$ 直接进行复三角（LDLT）分解，也可将它表达成式（1.1.35）的形式，而且效率比求复特征值高得多。只要能将 $\boldsymbol{S}_{ff}(\omega)$ 分解成式（1.1.36）的形式，将相应的 $\tilde{\boldsymbol{f}}_j$（带有时间项 $\mathrm{e}^{\mathrm{i}\omega t}$）按式（1.1.37）～式（1.1.41）进行同样的计算就可以了。

当 $\boldsymbol{S}_{ff}(\omega)$ 是降秩矩阵时，其秩 $r$ 小于 $m$，故只需处理 $r$ 个非零的虚拟激励。当 $r=1$ 时，就退化到多点完全相干的情况。

### 1.1.2 非平稳随机振动

结构受地震、阵风之类的随机作用有时候持续时间很短，以至于激励的平稳性假定不能成立。随着大型柔性结构（例如大跨度桥梁、水坝、超高层建筑等）的广泛建造，一些结构的基本自振周期已长达 10～20s，更使该矛盾日益突出。对于非平稳随机过程，Priestley 建议的演变功率谱密度模型[33,34]在地震工程中尤其受到重视。这种具有演变功率谱密度的非平稳随机过程模型是以 Riemann-Stieljies 积分的形式表达的（通常称为非均匀调制演变随机过程）。结构受到这类激励时，对其进行随机响应分析曾遇到很大的困难。广泛采用的近似手段是忽略掉这类随机激励中振动能量随频率变化的非平稳性，而成为均匀调制演变随机激励。这里介绍虚拟激励法应用于非平稳随机激励问题[14-16]，可以看到在虚拟激励法的框架下，其是平稳随机振动分析的自然推广。

1. *结构受单点非平稳激励*

均匀调制演变随机激励具有下列形式：

$$f(t)=g(t)x(t) \tag{1.1.44}$$

初始静止的线性时不变体系在任意外力 $f(t)$ 作用下，任意一种线性响应 $y(t)$ 可表示为如下 Duhamel 积分的形式：

$$y(t)=\int_0^t h(t-\tau)f(\tau)\mathrm{d}\tau \tag{1.1.45}$$

如果外力是按式（1.1.44）给出的零均值演变随机激励，则 $y(t)$ 的自相关函数为

$$\begin{aligned}R_{yy}(t_1,t_2)&=E\left[y(t_1)y(t_2)\right]\\&=\int_0^{t_1}\int_0^{t_2}h(t_1-\tau_1)h(t_2-\tau_2)E\left[f(\tau_1)f(\tau_2)\right]\mathrm{d}\tau_1\,\mathrm{d}\tau_2\\&=\int_0^{t_1}\int_0^{t_2}h(t_1-\tau_1)h(t_2-\tau_2)g(\tau_1)g(\tau_2)E\left[x(\tau_1)x(\tau_2)\right]\mathrm{d}\tau_1\,\mathrm{d}\tau_2\end{aligned}\tag{1.1.46}$$

注意 $E\left[x(\tau_1)x(\tau_2)\right]$ 就是平稳随机过程 $x(t)$ 的自相关函数 $R_x(\tau)$，其中 $\tau=\tau_2-\tau_1$。利用维纳-辛钦关系

$$E\left[x(\tau_1)x(\tau_2)\right]=R_{xx}(\tau)=\int_{-\infty}^{\infty}S_{xx}(\omega)\mathrm{e}^{\mathrm{i}\omega(\tau_2-\tau_1)}\,\mathrm{d}\omega\tag{1.1.47}$$

将式（1.1.47）代入式（1.1.46）可得

$$R_{yy}(t_1,t_2)=\int_{-\infty}^{\infty}S_{xx}(\omega)I^*(\omega,t_1)I(\omega,t_2)\,\mathrm{d}\omega\tag{1.1.48}$$

式中，

$$I(\omega,t)=\int_0^t h(t-\tau)g(\tau)\mathrm{e}^{\mathrm{i}\omega\tau}\,\mathrm{d}\tau\tag{1.1.49}$$

如果令 $t_1=t_2=t$，则式（1.1.48）成为 $y(t)$ 的方差

$$\sigma_y^2(t)=R_{yy}(t,t)=\int_{-\infty}^{\infty}S_{xx}(\omega)I^*(\omega,t)I(\omega,t)\,\mathrm{d}\omega\tag{1.1.50}$$

其被积函数显然就是响应 $y(t)$ 的自谱密度

$$S_{yy}(\omega,t)=S_{xx}(\omega)I^*(\omega,t)I(\omega,t)\tag{1.1.51}$$

很显然，Duhamel 积分式（1.1.49）中的 $I(\omega,t)$ 实际上是由确定性激励 $g(t)\mathrm{e}^{\mathrm{i}\omega t}$ 对初始静止体系在 $t$ 时刻所产生的响应。因此，如果构造虚拟激励

$$\tilde{f}(t)=\sqrt{S_{xx}(\omega)}g(t)\mathrm{e}^{\mathrm{i}\omega t}\tag{1.1.52}$$

则由它在 $t$ 时刻所产生的响应必为 $\tilde{y}(\omega,t)=\sqrt{S_{xx}(\omega)}I(\omega,t)$，从而

$$\tilde{y}^*(\omega,t)\tilde{y}(\omega,t)=S_{xx}(\omega)I^*(\omega,t)I(\omega,t)\tag{1.1.53}$$

比较式（1.1.51）和式（1.1.53）可知

$$S_{yy}(\omega,t)=\tilde{y}^*(\omega,t)\tilde{y}(\omega,t)=\left|\tilde{y}(\omega,t)\right|^2\tag{1.1.54}$$

如果 $\tilde{z}(\omega,t)$ 是由虚拟激励 $\tilde{f}(t)$ 引起的另一个虚拟响应量，则与 $\tilde{z}(\omega,t)$ 相应的随机响应 $z(t)$ 的自谱也可以按式（1.1.54）计算（只需将符号 $y$ 改为 $z$ 即可）。仿照以上过程仍可以证明，$y(t)$ 与 $z(t)$ 的互功率谱密度可以表示为与式（1.1.54）相似的下列形式：

$$S_{yz}(\omega,t)=\tilde{y}^*(\omega,t)\tilde{z}(\omega,t)\tag{1.1.55}$$

$$S_{zy}(\omega,t)=\tilde{z}^*(\omega,t)\tilde{y}(\omega,t)\tag{1.1.56}$$

如果 $\tilde{\boldsymbol{y}}(\omega,t)$ 和 $\tilde{\boldsymbol{z}}(\omega,t)$ 是由虚拟激励 $\tilde{f}(t)$ 引起的任意两种虚拟响应向量，则由式(1.1.54)～式（1.1.56）可以得到相应随机响应向量 $\boldsymbol{y}(t)$ 和 $\boldsymbol{z}(t)$ 功率谱密度矩阵的下列算式：

$$\boldsymbol{S}_{yy}=\tilde{\boldsymbol{y}}^*\tilde{\boldsymbol{y}}^{\mathrm{T}}\tag{1.1.57}$$

$$\boldsymbol{S}_{yz} = \tilde{\boldsymbol{y}}^* \tilde{\boldsymbol{z}}^{\mathrm{T}} \tag{1.1.58}$$

$$\boldsymbol{S}_{zy} = \tilde{\boldsymbol{z}}^* \tilde{\boldsymbol{y}}^{\mathrm{T}} \tag{1.1.59}$$

于是，非平稳随机响应的功率谱密度函数的计算就一概转化为（虚拟）确定性外载 $\sqrt{S_{xx}(\omega)}g(t)\mathrm{e}^{\mathrm{i}\omega t}$ 作用下的瞬态（时间历程）动力响应分析。

$n$ 自由度离散线性结构体系在式（1.1.44）所表达的单点均匀调制零均值演变随机激励作用下，其运动方程为

$$\boldsymbol{M}\ddot{\boldsymbol{y}} + \boldsymbol{C}\dot{\boldsymbol{y}} + \boldsymbol{K}\boldsymbol{y} = \boldsymbol{P}f(t) = \boldsymbol{P}g(t)x(t) \tag{1.1.60}$$

方程（1.1.60）的解可表示为

$$\boldsymbol{y}(t) = \sum_{j=1}^{q} \gamma_j \boldsymbol{\varphi}_j \int_0^t h_j(t-\tau) g(\tau) x(\tau)\,\mathrm{d}\tau \tag{1.1.61}$$

式中，$\boldsymbol{\varphi}_j$（$j$=1,2,…,$q$）为结构的前 $q$（$q \ll n$）阶特征向量；$h_j(t)$ 为与第 $j$ 阶振型相应的脉冲响应函数；$\gamma_j$ 为第 $j$ 阶振型参与系数，为

$$\gamma_j = \boldsymbol{\varphi}_j^{\mathrm{T}} \boldsymbol{P} \tag{1.1.62}$$

则 $\boldsymbol{y}(t)$ 的相关矩阵为

$$\begin{aligned} \boldsymbol{R}_{yy}(t_j, t_k) &= E\left[\boldsymbol{y}(t_j)\left(\boldsymbol{y}(t_k)\right)^{\mathrm{T}}\right] \\ &= \sum_{j=1}^{q}\sum_{k=1}^{q} \gamma_j \gamma_k \boldsymbol{\varphi}_j \boldsymbol{\varphi}_k^{\mathrm{T}} \int_0^{t_j}\int_0^{t_k} h_j(t_j - \tau_j) h_k(t_k - \tau_k) g(\tau_j) g(\tau_k) \\ &\quad \times E\left[x(\tau_j) x(\tau_k)\right] \mathrm{d}\tau_j\,\mathrm{d}\tau_k \end{aligned} \tag{1.1.63}$$

利用维纳-辛钦关系

$$E\left[x(\tau_j)x(\tau_k)\right] = R_{xx}(\tau) = \int_{-\infty}^{\infty} S_{xx}(\omega)\mathrm{e}^{\mathrm{i}\omega(\tau_k - \tau_j)}\,\mathrm{d}\omega \tag{1.1.64}$$

将式（1.1.64）代入式（1.1.63）可得

$$\left[\boldsymbol{R}_{yy}(t_j, t_k)\right] = \sum_{j=1}^{q}\sum_{k=1}^{q} \gamma_j \gamma_k \boldsymbol{\varphi}_j \boldsymbol{\varphi}_k^{\mathrm{T}} \int_{-\infty}^{+\infty} I_j^*(\omega, t_j) I_k(\omega, t_k) S_{xx}(\omega)\,\mathrm{d}\omega \tag{1.1.65}$$

式中，

$$I_j(\omega, t_j) = \int_0^{t_j} h_j(t_j - \tau_j) g(\tau_j) \mathrm{e}^{\mathrm{i}\omega\tau_j}\,\mathrm{d}\tau_j \tag{1.1.66}$$

当 $t_j = t_k = t$ 时，式（1.1.65）右端去掉积分号就可得到 $\boldsymbol{y}(t)$ 的时变功率谱矩阵 $\boldsymbol{S}_{yy}(\omega, t)$，即

$$\boldsymbol{S}_{yy}(\omega, t) = \sum_{j=1}^{q}\sum_{k=1}^{q} \gamma_j \gamma_k \boldsymbol{\varphi}_j \boldsymbol{\varphi}_k^{\mathrm{T}} I_j^*(\omega, t) I_k(\omega, t) S_{xx}(\omega) \tag{1.1.67}$$

从式（1.1.61）和式（1.1.66）可知 $\gamma_j \boldsymbol{\varphi}_j I_j(\omega, t_j)$ 实际上是 $g(t_j)\mathrm{e}^{\mathrm{i}\omega t_j}$ 引起的第 $j$ 阶振型响应。显然，若构造如下的虚拟激励：

$$\tilde{f}(t) = \sqrt{S_{xx}(\omega)}g(t)\mathrm{e}^{\mathrm{i}\omega t} \tag{1.1.68}$$

它在$t$时刻产生的总响应必为

$$\tilde{\boldsymbol{y}}(\omega,t)=\sum_{j=1}^{q}\gamma_j\boldsymbol{\varphi}_j I_j(\omega,t)\sqrt{S_{xx}(\omega)} \tag{1.1.69}$$

显然

$$\tilde{\boldsymbol{y}}(\omega,t)^*\,\tilde{\boldsymbol{y}}(\omega,t)^{\mathrm{T}}=\left(\sum_{j=1}^{q}\gamma_j I_j(\omega,t)\boldsymbol{\varphi}_j\right)^* S_{xx}(\omega)\left(\sum_{k=1}^{q}\gamma_k I_k(\omega,t)\boldsymbol{\varphi}_k\right)^{\mathrm{T}} \tag{1.1.70}$$

比较式（1.1.67）与式（1.1.70）可知

$$\boldsymbol{S}_{yy}(\omega,t)=\tilde{\boldsymbol{y}}(\omega,t)^*\,\tilde{\boldsymbol{y}}(\omega,t)^{\mathrm{T}} \tag{1.1.71}$$

当均匀一致地面运动的加速度$\ddot{x}_g$为形如式（1.1.44）的均匀调制零均值演变随机激励时，只需将运动方程（1.1.60）的右端项变为$-\boldsymbol{ME}g(t)x(t)$。其随机响应可仿照式（1.1.61）～式（1.1.71）得到。

比较式（1.1.71）与式（1.1.30），可以看到这里的非平稳虚拟激励法就是前面平稳情况的自然推广。当激励为平稳时，只需求简谐运动方程的稳态解；而对这里的非平稳激励，则只需求解确定性外力作用下运动方程的瞬态解。二者都可借助常规的简单方法计算。若用第 2 章介绍的精细积分法代替诸如Duhamel积分或Newmark法等常规方法来求解本章导出的瞬态响应方程，则不但精度极高，且计算效率亦进一步大幅度提高[16]。

2. 结构受多点完全相干非平稳激励

前述已提到，火车轨道存在不平度，在轨道上运行时，其在同一条轨道上的任意两车轮之间可以认为受到轮轨相同的随机激励，但存在某一时间差。各激励之间是完全相干的，但存在相位差。另外，大跨度桥梁的不同支座所受到的地震行波作用，海洋平台各个支腿所受到的波浪力作用，都属于这类有相位差的随机激励。1.1.1 节是将其假定为平稳随机过程进行处理的。若按照均匀调制演变随机激励的假定，则多自由度的弹性结构受$n$点异相位非平稳随机激励$\boldsymbol{f}(t)$可表为

$$\begin{aligned}\boldsymbol{f}(t)&=\begin{Bmatrix}F_1(t)\\F_2(t)\\\vdots\\F_n(t)\end{Bmatrix}=\begin{Bmatrix}a_1g(t-t_1)F(t-t_1)\\a_2g(t-t_2)F(t-t_2)\\\vdots\\a_ng(t-t_n)F(t-t_n)\end{Bmatrix}=\boldsymbol{G}(t)\boldsymbol{F}(t)\\&=\begin{bmatrix}a_1g(t-t_1)&&&\\&a_2g(t-t_2)&&\\&&\ddots&\\&&&a_ng(t-t_n)\end{bmatrix}\begin{Bmatrix}F(t-t_1)\\F(t-t_2)\\\vdots\\F(t-t_n)\end{Bmatrix}\end{aligned} \tag{1.1.72}$$

各分量有相同的形式，但存在时间滞后。其中，$g(t)$是一慢变的调制函数或包络函数，幅值因子$a_j\ (j=1,2,\cdots,n)$为实数。$a_j$和$t_j$皆为已知常数。$F(t)$为平稳随机过程，其自谱密度$S_{FF}(\omega)$为已知。则利用维纳-辛钦关系，并记$\tau=\tau_l-\tau_k$，得

$$\begin{aligned}
&E\left[\boldsymbol{F}(\tau_k)\boldsymbol{F}(\tau_l)^{\mathrm{T}}\right]\\
&=E\begin{bmatrix}F(\tau_k-t_1)F(\tau_l-t_1) & F(\tau_k-t_1)F(\tau_l-t_2) & \cdots & F(\tau_k-t_1)F(\tau_l-t_n)\\ F(\tau_k-t_2)F(\tau_l-t_1) & F(\tau_k-t_2)F(\tau_l-t_2) & \cdots & F(\tau_k-t_2)F(\tau_l-t_n)\\ \vdots & \vdots & \ddots & \vdots\\ F(\tau_k-t_n)F(\tau_l-t_1) & F(\tau_k-t_n)F(\tau_l-t_2) & \cdots & F(\tau_k-t_n)F(\tau_l-t_n)\end{bmatrix}\\
&=\int_{-\infty}^{\infty}\begin{bmatrix}1 & \mathrm{e}^{\mathrm{i}\omega(t_1-t_2)} & \cdots & \mathrm{e}^{\mathrm{i}\omega(t_1-t_n)}\\ \mathrm{e}^{\mathrm{i}\omega(t_2-t_1)} & 1 & \cdots & \mathrm{e}^{\mathrm{i}\omega(t_2-t_n)}\\ \vdots & \vdots & \ddots & \vdots\\ \mathrm{e}^{\mathrm{i}\omega(t_n-t_1)} & \mathrm{e}^{\mathrm{i}\omega(t_n-t_2)} & \cdots & 1\end{bmatrix}\mathrm{e}^{\mathrm{i}\omega\tau}S_{FF}(\omega)\mathrm{d}\omega\\
&=\int_{-\infty}^{\infty}\boldsymbol{V}^*\boldsymbol{R}_0\boldsymbol{V}^{\mathrm{T}}\mathrm{e}^{\mathrm{i}\omega\tau}S_{FF}(\omega)\mathrm{d}\omega
\end{aligned}\tag{1.1.73}$$

式中，

$$\boldsymbol{V}=\mathrm{diag}\left[\mathrm{e}^{-\mathrm{i}\omega t_1},\mathrm{e}^{-\mathrm{i}\omega t_2},\cdots,\mathrm{e}^{-\mathrm{i}\omega t_n}\right]$$

$$\boldsymbol{R}_0=\boldsymbol{q}_0\boldsymbol{q}_0^{\mathrm{T}}=\begin{bmatrix}1 & 1 & \cdots & 1\\ 1 & 1 & \cdots & 1\\ \vdots & \vdots & \ddots & \vdots\\ 1 & 1 & \cdots & 1\end{bmatrix}\tag{1.1.74}$$

其中，$\boldsymbol{R}_0$ 及 $\boldsymbol{q}_0$ 是所有元素皆为 1 的方阵及列向量。

假定 $\boldsymbol{y}(t)$ 是由 $\boldsymbol{f}(t)$ 所产生的任意响应向量，则

$$\boldsymbol{y}(t)=\int_0^t\boldsymbol{h}(t-\tau)\boldsymbol{f}(\tau)\mathrm{d}\tau=\int_0^t\boldsymbol{h}(t-\tau)\boldsymbol{G}(\tau)\boldsymbol{F}(\tau)\,\mathrm{d}\tau\tag{1.1.75}$$

设 $\boldsymbol{y}_k(t_k)$ 与 $\boldsymbol{y}_l(t_l)$ 是任意两种响应向量，则其相关矩阵为

$$\begin{aligned}
\boldsymbol{R}_{y_k y_l}(t_k,t_l)&=E\left[\boldsymbol{y}_k(t_k)\boldsymbol{y}_l(t_l)^{\mathrm{T}}\right]\\
&=\int_0^{t_k}\int_0^{t_l}\boldsymbol{h}_k(t_k-\tau_k)\boldsymbol{G}(\tau_k)\,E\left[\boldsymbol{F}(\tau_k)\boldsymbol{F}(\tau_l)^{\mathrm{T}}\right]\left(\boldsymbol{G}(\tau_l)\right)^{\mathrm{T}}\left(\boldsymbol{h}_l(t_l-\tau_l)\right)^{\mathrm{T}}\mathrm{d}\tau_k\,\mathrm{d}\tau_l
\end{aligned}\tag{1.1.76}$$

将式（1.1.73）和式（1.1.74）代入式（1.1.76），得

$$\boldsymbol{R}_{y_k y_l}(t_k,t_l)=\int_{-\infty}^{\infty}\boldsymbol{I}_k^*\boldsymbol{I}_l^{\mathrm{T}}S_{FF}(\omega)\,\mathrm{d}\omega\tag{1.1.77}$$

式中，

$$\boldsymbol{I}_k(\omega,t_k)=\int_0^{t_k}\boldsymbol{h}_k(t_k-\tau_k)\boldsymbol{G}(\tau_k)\boldsymbol{V}\boldsymbol{q}_0\mathrm{e}^{\mathrm{i}\omega\tau_k}\,\mathrm{d}\tau_k\tag{1.1.78}$$

由式（1.1.77）可知，当 $t_k=t_l=t$ 时，$\boldsymbol{y}_k$ 与 $\boldsymbol{y}_l$ 互谱阵为

$$\boldsymbol{S}_{y_k y_l}(\omega,t)=\boldsymbol{I}_k(\omega,t)^*\,\boldsymbol{I}_l(\omega,t)^{\mathrm{T}}\,S_{FF}(\omega)\tag{1.1.79}$$

如令 $k=l$，式（1.1.79）就给出了 $\boldsymbol{y}_k$ 的功率谱矩阵。由式（1.1.78）可知，$\boldsymbol{I}_k(\omega,t)$ 是由激励 $\boldsymbol{G}(t)\boldsymbol{V}\boldsymbol{q}_0\mathrm{e}^{\mathrm{i}\omega t}$ 产生的响应。所以，若构造下列虚拟激励：

$$\tilde{\boldsymbol{f}}(t)=\boldsymbol{G}(t)\boldsymbol{V}\boldsymbol{q}_0\sqrt{S_{FF}(\omega)}\mathrm{e}^{\mathrm{i}\omega t}\tag{1.1.80}$$

则由它引起的响应必为

$$\tilde{\boldsymbol{y}}_k(\omega,t_k)=\boldsymbol{I}_k(\omega,t)\sqrt{S_{FF}(\omega)} \tag{1.1.81}$$

因此，再由式（1.1.79）得

$$\boldsymbol{S}_{y_ky_l}(\omega,t)=\tilde{\boldsymbol{y}}_k(\omega,t)^*\tilde{\boldsymbol{y}}_l(\omega,t)^{\mathrm{T}} \tag{1.1.82}$$

式（1.1.80）的 $\tilde{\boldsymbol{f}}(t)$ 可看成一特殊的虚拟响应量，于是激励谱矩阵可表示为

$$\boldsymbol{S}_{ff}(\omega,t)=\tilde{\boldsymbol{f}}(t)^*\tilde{\boldsymbol{f}}(t)^{\mathrm{T}}=S_{FF}(\omega)\boldsymbol{G}(t)\boldsymbol{V}^*\boldsymbol{q}_0\boldsymbol{q}_0^{\mathrm{T}}\boldsymbol{V}^{\mathrm{T}}\boldsymbol{G}(t)^{\mathrm{T}}$$

$$=S_{FF}(\omega)\begin{bmatrix} g^2(t-t_1) & g(t-t_1)g(t-t_2)\mathrm{e}^{\mathrm{i}\omega(t_1-t_2)} & \cdots & g(t-t_1)g(t-t_n)\mathrm{e}^{\mathrm{i}\omega(t_1-t_n)} \\ g(t-t_2)g(t-t_1)\mathrm{e}^{\mathrm{i}\omega(t_2-t_1)} & g^2(t-t_2) & \cdots & g(t-t_2)g(t-t_n)\mathrm{e}^{\mathrm{i}\omega(t_2-t_n)} \\ \vdots & \vdots & \ddots & \vdots \\ g(t-t_n)g(t-t_1)\mathrm{e}^{\mathrm{i}\omega(t_n-t_1)} & g(t-t_n)g(t-t_2)\mathrm{e}^{\mathrm{i}\omega(t_n-t_2)} & \cdots & g^2(t-t_n) \end{bmatrix} \tag{1.1.83}$$

3. 结构受多点部分相干非平稳激励

当考虑各激励点之间的部分相干性时，需将式（1.1.74）的 $\boldsymbol{R}_0$ 改为

$$\boldsymbol{R}=\begin{bmatrix} 1 & \rho_{12} & \cdots & \rho_{1n} \\ \rho_{21} & 1 & \cdots & \rho_{2n} \\ \vdots & \vdots & \ddots & \vdots \\ \rho_{n1} & \rho_{n2} & \cdots & 1 \end{bmatrix} \tag{1.1.84}$$

式中，$\rho_{ij}$ 反映了激励点 $i$ 和 $j$ 之间的相干性。$\boldsymbol{R}$ 阵一般是非负定的实对称矩阵，其秩大于 1。不难求得 $\boldsymbol{R}$ 阵的所有非零特征值 $\alpha_j$ 及相应的归一化特征向量 $\boldsymbol{\varphi}_j$（$j=1,2,\cdots,r,r\leqslant n$），它们满足

$$\begin{cases} \boldsymbol{R}\boldsymbol{\varphi}_j=\alpha_j\boldsymbol{\varphi}_j \\ \boldsymbol{\varphi}_i^{\mathrm{T}}\boldsymbol{\varphi}_j^*=\delta_{ij} \end{cases} \quad (j=1,2,\cdots,r) \tag{1.1.85}$$

则 $\boldsymbol{R}$ 阵可表示为

$$\boldsymbol{R}=\sum_{j=1}^{r}\alpha_j\boldsymbol{\varphi}_j^*\boldsymbol{\varphi}_j^{\mathrm{T}} \tag{1.1.86}$$

亦可按平方根法将 $\boldsymbol{R}$ 分解为式（1.1.86）的形式，且更为快捷。于是相应的激励谱矩阵为

$$\begin{aligned} \boldsymbol{S}_{ff}(\omega,t)&=S_{FF}(\omega)\boldsymbol{G}(t)\boldsymbol{V}^*\boldsymbol{R}\boldsymbol{V}^{\mathrm{T}}\left(\boldsymbol{G}(t)\right)^{\mathrm{T}} \\ &=\sum_{j=1}^{r}\alpha_jS_{FF}(\omega)\boldsymbol{G}(t)\boldsymbol{V}^*\boldsymbol{\varphi}_j^*\boldsymbol{\varphi}_j^{\mathrm{T}}\boldsymbol{V}^{\mathrm{T}}\left(\boldsymbol{G}(t)\right)^{\mathrm{T}} \\ &=\sum_{j=1}^{r}\left(\tilde{\boldsymbol{f}}_j(t)\right)^*\left(\tilde{\boldsymbol{f}}_j(t)\right)^{\mathrm{T}} \\ &=\sum_{j=1}^{r}\boldsymbol{S}_{f_jf_j}(\omega,t) \end{aligned} \tag{1.1.87}$$

于是总的激励谱矩阵被分解为 $r$ 个秩为 1 的谱矩阵之和，其中第 $j$ 个对应于下列虚拟激励：

$$\tilde{\boldsymbol{f}}_j(t)=\boldsymbol{G}(t)\boldsymbol{V}\boldsymbol{\varphi}_j\sqrt{\alpha_jS_{FF}(\omega)}\mathrm{e}^{\mathrm{i}\omega t} \tag{1.1.88}$$

若由该虚拟激励产生的任意两种响应向量记作 $\tilde{\boldsymbol{y}}_{kj}(t)$ 与 $\tilde{\boldsymbol{y}}_{lj}(t)$，则

$$\boldsymbol{S}_{y_k y_l}(\omega,t)=\sum_{j=1}^{r}\left(\tilde{\boldsymbol{y}}_{kj}(t)\right)^{*}\left(\tilde{\boldsymbol{y}}_{lj}(t)\right)^{\mathrm{T}} \tag{1.1.89}$$

结构在确定性简谐外载式（1.1.88）作用下的瞬态响应求解可用熟知的 Newmark 或 Wilson-$\theta$ 等方法；但是如果用将在第 2 章介绍的精细积分法代替，则计算效率有很大的提高。

# 1.2　线性时变系统的虚拟激励法

线性时变系统即同时满足线性系统和时变系统特征的系统，它满足系统叠加性与均匀性的特点，同时，当系统中某个参数值随时间而变化时，整个特性也随时间而变化。假定系统参数的变化速度远小于荷载变化速度，对此类线性时变系统的随机振动问题，虚拟激励法仍是一种有效的分析方法。

## 1.2.1　结构受单点平稳随机激励

以单自由度系统来说明时变系统的动态特性。在频域上线性振动系统的响应 $x(t)$ 和激励 $f(t)$ 可以通过频响函数建立联系，相应地在时域则通过脉冲响应函数。对于时不变线性系统，脉冲响应函数 $h(t-\tau)$ 的形状和大小与脉冲作用的时刻 $\tau$ 没有关系。但对于线性时变系统，例如车辆-桥梁系统（车桥系统）、车辆-轨道系统（车轨系统）等，脉冲响应函数 $h(t-\tau)$ 将随着 $\tau$ 的改变而发生变化，此时应该用 $h(t-\tau,\tau)$ 来刻画。对于单自由度时变系统，其响应可由下式计算[35,36]：

$$y(t)=\int_{-\infty}^{t} h(t-\tau,\tau)f(\tau)\mathrm{d}\tau \tag{1.2.1}$$

令 $t-\tau=\overline{\tau}$ ，则 $\mathrm{d}\tau=-\mathrm{d}\overline{\tau}$ ，此时

$$y(t)=\int_{0}^{\infty} h(\overline{\tau},t-\overline{\tau})f(t-\overline{\tau})\mathrm{d}\overline{\tau} \tag{1.2.2}$$

由于当 $\tau>t$ ，即 $\overline{\tau}<0$ 时，脉冲响应函数 $h(\overline{\tau},t-\overline{\tau})$ 为零，因此有

$$y(t)=\int_{-\infty}^{\infty} h(\overline{\tau},t-\overline{\tau})f(t-\overline{\tau})\mathrm{d}\overline{\tau} \tag{1.2.3}$$

对于线性时变系统，频响函数一般也是时间 $t$ 的函数，记作 $H(\omega,t)$ 。根据卷积定理，$H(\omega,t)$ 和 $h(\overline{\tau},t-\overline{\tau})$ 构成傅里叶变换对，即

$$H(\omega,t)=\int_{-\infty}^{\infty} h(\overline{\tau},t-\overline{\tau})\mathrm{e}^{\mathrm{i}\omega\overline{\tau}}\mathrm{d}\overline{\tau} \tag{1.2.4}$$

对于一般的多自由度线性时变系统，其运动方程可以表示为如下形式：

$$\boldsymbol{M}(t)\ddot{\boldsymbol{y}}(t)+\boldsymbol{C}(t)\dot{\boldsymbol{y}}(t)+\boldsymbol{K}(t)\boldsymbol{y}(t)=\boldsymbol{r}(t)f(t) \tag{1.2.5}$$

式中，$\boldsymbol{M}(t)$ 、$\boldsymbol{C}(t)$ 和 $\boldsymbol{K}(t)$ 分别表示随时间变化的质量、阻尼和刚度矩阵；$\boldsymbol{r}(t)$ 为随时间变化的节点作用荷载分配向量，对于移动荷载问题，其与荷载运行速度有关；$f(t)$ 为假定零均值平稳随机过程，其功率谱密度函数为 $S_{ff}(\omega)$ 。

假定系统初始静止，由式（1.2.1）很容易得到多自由度线性时变系统位移响应

$$\boldsymbol{y}(t)=\int_{0}^{t} \boldsymbol{h}(t-\tau,\tau)\boldsymbol{r}(\tau)f(\tau)\mathrm{d}\tau \tag{1.2.6}$$

式中，$\boldsymbol{h}(t-\tau,\tau)$ 为多自由度线性时变系统脉冲响应函数矩阵，前一个自变量 $t-\tau$ 表示荷载作用的时间，而后一个自变量 $\tau$ 表示系统特性随时间的变化。

设 $\boldsymbol{y}(t_k)$ 和 $\boldsymbol{y}(t_l)$ 为 $t_k$ 和 $t_l$ 时刻系统的位移响应，则其相关矩阵为

$$\begin{aligned}\boldsymbol{R}_{yy}(t_k,t_l)&=E\left[\boldsymbol{y}(t_k)\boldsymbol{y}^{\mathrm{T}}(t_l)\right]\\&=\int_0^{t_k}\int_0^{t_l}\boldsymbol{h}(t_k-\tau_k,\tau_k)\boldsymbol{r}(\tau_k)E\left[f(\tau_k)f(\tau_l)\right]\boldsymbol{r}^{\mathrm{T}}(\tau_l)\boldsymbol{h}^{\mathrm{T}}(t_l-\tau_l,\tau_l)\mathrm{d}\tau_k\mathrm{d}\tau_l\end{aligned}\quad(1.2.7)$$

式中，$E\left[f(\tau_k)f(\tau_l)\right]$ 为平稳随机过程 $f(t)$ 的自相关函数 $R_{ff}(\tau_l-\tau_k)$。

根据维纳-辛钦关系，$f(t)$ 的功率谱密度函数 $S_{ff}(\omega)$ 与自相关函数 $R_{ff}(\tau_l-\tau_k)$ 存在如下关系：

$$E\left[f(\tau_k)f(\tau_l)\right]=R_{ff}(\tau_l-\tau_k)=\int_{-\infty}^{+\infty}S_{ff}(\omega)\mathrm{e}^{\mathrm{i}\omega(\tau_l-\tau_k)}\mathrm{d}\omega\quad(1.2.8)$$

将式（1.2.8）代入式（1.2.7），并且交换积分次序可得

$$\boldsymbol{R}_{yy}(t_k,t_l)=\int_{-\infty}^{+\infty}\boldsymbol{I}^*(\omega,t_k)\boldsymbol{I}^{\mathrm{T}}(\omega,t_l)S_{ff}(\omega)\mathrm{d}\omega\quad(1.2.9)$$

$$\boldsymbol{I}(\omega,t)=\int_0^t\boldsymbol{h}(t-\tau,\tau)\boldsymbol{r}(\tau)\mathrm{e}^{\mathrm{i}\omega\tau}\mathrm{d}\tau\quad(1.2.10)$$

显然，由式（1.2.9）可知，当 $t_k=t_l=t$ 时积分核函数即为响应 $\boldsymbol{y}(t)$ 的功率谱矩阵

$$\boldsymbol{S}_{yy}(\omega,t)=\boldsymbol{I}^*(\omega,t)\boldsymbol{I}^{\mathrm{T}}(\omega,t)S_{ff}(\omega)\quad(1.2.11)$$

由式（1.2.10）可知，$\boldsymbol{I}(\omega,t)$ 是线性时变系统在简谐荷载 $\mathrm{e}^{\mathrm{i}\omega t}$ 输入下产生的响应，所以如果构造虚拟激励

$$\tilde{f}=\sqrt{S_{ff}(\omega)}\mathrm{e}^{\mathrm{i}\omega t}\quad(1.2.12)$$

代入运动方程（1.2.5），则由它引起的响应必为

$$\tilde{\boldsymbol{y}}(\omega,t)=\boldsymbol{I}(\omega,t)\sqrt{S_{ff}(\omega)}\quad(1.2.13)$$

因此，根据式（1.2.9）和式（1.2.11）可得到响应 $\boldsymbol{y}(t)$ 的功率谱矩阵和相关矩阵：

$$\boldsymbol{S}_{yy}(\omega,t)=\tilde{\boldsymbol{y}}^*(\omega,t)\tilde{\boldsymbol{y}}^{\mathrm{T}}(\omega,t)\quad(1.2.14)$$

$$\boldsymbol{R}_{yy}(t)=\int_{-\infty}^{+\infty}\boldsymbol{S}_{yy}(\omega,t)\mathrm{d}\omega\quad(1.2.15)$$

由上述公式可以看出，对于线性时变系统，即使荷载是平稳随机过程，系统的响应也具有非平稳随机特征，即系统的随机响应的概率特征与时间有关。

### 1.2.2　结构受多点完全相干平稳随机激励

仍然采用 1.2.1 节的多自由度线性时变系统，假定线性时变系统所受荷载为多点完全相干平稳随机激励作用（仅考虑不同激励点间存在时间滞后，如列车施加于轨道上的系列荷载），此时结构运动方程为

$$\boldsymbol{M}(t)\ddot{\boldsymbol{y}}(t)+\boldsymbol{C}(t)\dot{\boldsymbol{y}}(t)+\boldsymbol{K}(t)\boldsymbol{y}(t)=\boldsymbol{R}(t)\boldsymbol{f}(t)\quad(1.2.16)$$

式中，$\boldsymbol{R}(t)$ 为 $n\times m$ 维矩阵，表征随时间变化的节点作用荷载分布情况；$\boldsymbol{f}(t)$ 为 $m$ 维荷载作用向量，向量中元素 $f(t)$ 为零均值平稳随机过程，其功率谱密度函数为 $S_{ff}(\omega)$，各分量彼此之间存在相位差 $t_j\ (j=1,2,\cdots,m)$，即

$$\boldsymbol{f}(t)=\begin{Bmatrix} f(t-t_1) \\ f(t-t_2) \\ \vdots \\ f(t-t_m) \end{Bmatrix} \tag{1.2.17}$$

类似式（1.2.6），很容易得到多自由度线性时变系统受多点完全相干平稳随机激励作用的位移响应，表达式如下：

$$\boldsymbol{y}(t)=\int_0^t \boldsymbol{h}(t-\tau,\tau)\boldsymbol{R}(\tau)\boldsymbol{f}(\tau)\mathrm{d}\tau \tag{1.2.18}$$

类似 1.2.1 小节推导，假设 $t_k$ 和 $t_l$ 时刻系统的位移响应为 $\boldsymbol{y}(t_k)$ 和 $\boldsymbol{y}(t_l)$，则其相关矩阵为

$$\begin{aligned}\boldsymbol{R}_{yy}(t_k,t_l)&=E\left[\boldsymbol{y}(t_k)\boldsymbol{y}^{\mathrm{T}}(t_l)\right]\\&=\int_0^{t_k}\int_0^{t_l}\boldsymbol{h}(t_k-\tau_k,\tau_k)\boldsymbol{R}(\tau_k)E\left[\boldsymbol{f}(\tau_k)\boldsymbol{f}^{\mathrm{T}}(\tau_l)\right]\boldsymbol{R}^{\mathrm{T}}(\tau_l)\boldsymbol{h}^{\mathrm{T}}(t_l-\tau_l,\tau_l)\mathrm{d}\tau_k\mathrm{d}\tau_l\end{aligned} \tag{1.2.19}$$

式中，

$$E\left[\boldsymbol{f}(\tau_k)\boldsymbol{f}^{\mathrm{T}}(\tau_l)\right]=E\begin{bmatrix} f(\tau_k-t_1)f(\tau_l-t_1) & f(\tau_k-t_1)f(\tau_l-t_2) & \cdots & f(\tau_k-t_1)f(\tau_l-t_m) \\ f(\tau_k-t_2)f(\tau_l-t_1) & f(\tau_k-t_2)f(\tau_l-t_2) & \cdots & f(\tau_k-t_2)f(\tau_l-t_m) \\ \vdots & \vdots & \ddots & \vdots \\ f(\tau_k-t_m)f(\tau_l-t_1) & f(\tau_k-t_m)f(\tau_l-t_2) & \cdots & f(\tau_k-t_m)f(\tau_l-t_m) \end{bmatrix} \tag{1.2.20}$$

则利用维纳-辛钦关系，可得

$$\begin{aligned}E\left[f(\tau_k-t_i)f(\tau_l-t_j)\right]&=R_{ff}((\tau_l-t_i)-(\tau_k-t_j))\\&=\int_{-\infty}^{+\infty}S_{ff}(\omega)\mathrm{e}^{\mathrm{i}\omega(t_i-t_j)}\mathrm{e}^{\mathrm{i}\omega(\tau_l-\tau_k)}\mathrm{d}\omega\ \ (i,j=1,2,\cdots,m)\end{aligned} \tag{1.2.21}$$

将式（1.2.21）代入式（1.2.20）得

$$\begin{aligned}E\left[\boldsymbol{f}(\tau_k)\boldsymbol{f}^{\mathrm{T}}(\tau_l)\right]&=\int_{-\infty}^{+\infty}\begin{bmatrix} 1 & \mathrm{e}^{\mathrm{i}\omega(t_1-t_2)} & \cdots & \mathrm{e}^{\mathrm{i}\omega(t_1-t_m)} \\ \mathrm{e}^{\mathrm{i}\omega(t_2-t_1)} & 1 & \cdots & \mathrm{e}^{\mathrm{i}\omega(t_2-t_m)} \\ \vdots & \vdots & \ddots & \vdots \\ \mathrm{e}^{\mathrm{i}\omega(t_m-t_1)} & \mathrm{e}^{\mathrm{i}\omega(t_m-t_2)} & \cdots & 1 \end{bmatrix}S_{ff}(\omega)\mathrm{e}^{\mathrm{i}\omega(\tau_l-\tau_k)}\mathrm{d}\omega\\&=\int_{-\infty}^{+\infty}\boldsymbol{s}^*\boldsymbol{s}^{\mathrm{T}}S_{ff}(\omega)\mathrm{e}^{\mathrm{i}\omega(\tau_l-\tau_k)}\mathrm{d}\omega\end{aligned} \tag{1.2.22}$$

式中，

$$\boldsymbol{s}=\left\{\mathrm{e}^{-\mathrm{i}\omega t_1}\quad \mathrm{e}^{-\mathrm{i}\omega t_2}\quad\cdots\quad \mathrm{e}^{-\mathrm{i}\omega t_m}\right\}^{\mathrm{T}} \tag{1.2.23}$$

则将式（1.2.22）代入式（1.2.19）可以得到

$$\boldsymbol{R}_{yy}(t_k,t_l)=\int_{-\infty}^{+\infty}\boldsymbol{I}^*(\omega,t_k)\boldsymbol{I}^{\mathrm{T}}(\omega,t_l)S_{ff}(\omega)\mathrm{d}\omega \tag{1.2.24}$$

$$\boldsymbol{I}(\omega,t)=\int_0^t \boldsymbol{h}(t-\tau,\tau)\boldsymbol{R}(\tau)\boldsymbol{s}\mathrm{e}^{\mathrm{i}\omega\tau}\mathrm{d}\tau \tag{1.2.25}$$

同样地，由式（1.2.24）可知，当 $t_k=t_l=t$ 时，响应 $\boldsymbol{y}(t)$ 的功率谱矩阵为

$$\boldsymbol{S}_{yy}(\omega,t)=\boldsymbol{I}^*(\omega,t)\boldsymbol{I}^{\mathrm{T}}(\omega,t)S_{ff}(\omega) \tag{1.2.26}$$

由式（1.2.25）可知，$\boldsymbol{I}(\omega,t)$ 是线性时变系统在简谐荷载向量 $\boldsymbol{s}\mathrm{e}^{\mathrm{i}\omega t}$ 输入下产生的响应，所

以若构造如下虚拟激励向量

$$\tilde{\boldsymbol{f}}(t)=\boldsymbol{s}\sqrt{S_{xx}(\omega)}\mathrm{e}^{\mathrm{i}\omega t} \tag{1.2.27}$$

则由它引起的虚拟响应必为

$$\tilde{\boldsymbol{y}}(\omega,t)=\boldsymbol{I}(\omega,t)\sqrt{S_{xx}(\omega)} \tag{1.2.28}$$

因此，根据式（1.2.26）和式（1.2.24）可得到响应 $\boldsymbol{y}(t)$ 的功率谱矩阵和相关矩阵

$$\boldsymbol{S}_{yy}(\omega,t)=\tilde{\boldsymbol{y}}^{*}(\omega,t)\tilde{\boldsymbol{y}}^{\mathrm{T}}(\omega,t) \tag{1.2.29}$$

$$\boldsymbol{R}_{yy}(t)=\int_{-\infty}^{+\infty}\boldsymbol{S}_{yy}(\omega,t)\mathrm{d}\omega \tag{1.2.30}$$

### 1.2.3　结构受多点部分相干平稳随机激励

对于线性时变系统所受荷载为多点部分相干平稳随机激励情形，结构运动方程仍然可以采用式（1.2.16）描述，为

$$\boldsymbol{M}(t)\ddot{\boldsymbol{y}}(t)+\boldsymbol{C}(t)\dot{\boldsymbol{y}}(t)+\boldsymbol{K}(t)\boldsymbol{y}(t)=\boldsymbol{R}(t)\boldsymbol{f}(t)$$

此时，方程右端 $m$ 维荷载作用向量 $\boldsymbol{f}(t)$ 为

$$\boldsymbol{f}(t)=\begin{Bmatrix} f_1(t) \\ f_2(t) \\ \vdots \\ f_m(t) \end{Bmatrix} \tag{1.2.31}$$

式中，元素 $f_i(t)\ (i=1,2,\cdots,m)$ 为第 $i$ 个零均值平稳随机过程，采用功率谱矩阵 $\boldsymbol{S}_{ff}(\omega)$ 刻画平稳随机矢量输入过程 $\boldsymbol{f}(t)$ 的统计特性，有

$$\boldsymbol{S}_{ff}(\omega)=\begin{bmatrix} S_{f_1f_1}(\omega) & S_{f_1f_2}(\omega) & \cdots & S_{f_1f_m}(\omega) \\ S_{f_2f_1}(\omega) & S_{f_2f_2}(\omega) & \cdots & S_{f_2f_m}(\omega) \\ \vdots & \vdots & \ddots & \vdots \\ S_{f_mf_1}(\omega) & S_{f_mf_2}(\omega) & \cdots & S_{f_mf_m}(\omega) \end{bmatrix} \tag{1.2.32}$$

由于任意功率谱矩阵必为 Hermitian 矩阵，其存在如下分解形式：

$$\boldsymbol{S}_{ff}(\omega)=\sum_{j=1}^{m}\lambda_j\boldsymbol{\psi}_j^{*}\boldsymbol{\psi}_j^{\mathrm{T}} \tag{1.2.33}$$

式中，$\lambda_j$ 和 $\boldsymbol{\psi}_j$ 分别为 $\boldsymbol{S}_{ff}(\omega)$ 的第 $j$ 阶特征值和特征向量。

多自由度线性时变系统受多点部分相干平稳随机激励作用的位移响应仍可以表示为式（1.2.18）形式，则响应向量 $\boldsymbol{y}(t_k)$ 和 $\boldsymbol{y}(t_l)$ 的相关矩阵为

$$\begin{aligned}\boldsymbol{R}_{yy}(t_k,t_l)&=E\left[\boldsymbol{y}(t_k)\boldsymbol{y}^{\mathrm{T}}(t_l)\right]\\&=\int_0^{t_k}\int_0^{t_l}\boldsymbol{h}(t_k-\tau_k,\tau_k)\boldsymbol{R}(\tau_k)E\left[\boldsymbol{f}(\tau_k)\boldsymbol{f}^{\mathrm{T}}(\tau_l)\right]\boldsymbol{R}^{\mathrm{T}}(\tau_l)\boldsymbol{h}^{\mathrm{T}}(t_l-\tau_l,\tau_l)\mathrm{d}\tau_k\mathrm{d}\tau_l\end{aligned} \tag{1.2.34}$$

式中，

$$E\left[\boldsymbol{f}(\tau_k)\boldsymbol{f}^{\mathrm{T}}(\tau_l)\right]=E\begin{bmatrix} f_1(\tau_k)f_1(\tau_l) & f_1(\tau_k)f_2(\tau_l) & \cdots & f_1(\tau_k)f_m(\tau_l) \\ f_2(\tau_k)f_1(\tau_l) & f_2(\tau_k)f_2(\tau_l) & \cdots & f_2(\tau_k)f_m(\tau_l) \\ \vdots & \vdots & \ddots & \vdots \\ f_m(\tau_k)f_1(\tau_l) & f_m(\tau_k)f_2(\tau_l) & \cdots & f_m(\tau_k)f_m(\tau_l) \end{bmatrix} \tag{1.2.35}$$

根据维纳-辛钦关系，可得

$$E\left[f_i(\tau_k)f_j(\tau_l)\right]=\int_{-\infty}^{+\infty}S_{f_if_j}(\omega)\mathrm{e}^{\mathrm{i}\omega(\tau_l-\tau_k)}\mathrm{d}\omega \quad (i,j=1,2,\cdots,m) \tag{1.2.36}$$

将式（1.2.36）代入式（1.2.35）可得

$$E\left[\boldsymbol{f}(\tau_k)\boldsymbol{f}^{\mathrm{T}}(\tau_l)\right]=\int_{-\infty}^{+\infty}\boldsymbol{S}_{ff}(\omega)\mathrm{e}^{\mathrm{i}\omega(\tau_l-\tau_k)}\mathrm{d}\omega \tag{1.2.37}$$

将式（1.2.33）和式（1.2.37）代入式（1.2.34），并且交换积分次序可得

$$\boldsymbol{R}_{yy}(t_k,t_l)=\int_{-\infty}^{+\infty}\sum_{j=1}^{m}\boldsymbol{I}_j^*(\omega,t_k)\boldsymbol{I}_j^{\mathrm{T}}(\omega,t_l)\lambda_j\mathrm{d}\omega \tag{1.2.38}$$

$$\boldsymbol{I}_j(\omega,t)=\int_0^t\boldsymbol{h}(t-\tau,\tau)\boldsymbol{R}(\tau)\boldsymbol{\psi}_j\mathrm{e}^{\mathrm{i}\omega\tau}\mathrm{d}\tau \tag{1.2.39}$$

显然，由式（1.2.38）可知，当$t_k=t_l=t$时，$\boldsymbol{y}(t)$的功率谱矩阵为

$$\boldsymbol{S}_{yy}(\omega,t)=\sum_{j=1}^{m}\lambda_j\boldsymbol{I}_j^*(\omega,t)\boldsymbol{I}_j^{\mathrm{T}}(\omega,t) \tag{1.2.40}$$

由式（1.2.39）可知，$\boldsymbol{I}_j(\omega,t)$是由简谐输入$\boldsymbol{\psi}_j\mathrm{e}^{\mathrm{i}\omega t}$产生的响应，所以若构造如下虚拟激励：

$$\tilde{\boldsymbol{f}}_j(t)=\sqrt{\lambda_j}\boldsymbol{\psi}_j\mathrm{e}^{\mathrm{i}\omega t} \tag{1.2.41}$$

则由它引起的响应必为

$$\tilde{\boldsymbol{y}}_j(\omega,t)=\sqrt{\lambda_j}\boldsymbol{I}_j(\omega,t) \tag{1.2.42}$$

因此，响应$\boldsymbol{y}(t)$的功率谱矩阵和相关矩阵分别为

$$\boldsymbol{S}_{yy}(\omega,t)=\sum_{j=1}^{m}\tilde{\boldsymbol{y}}_j^*(\omega,t)\tilde{\boldsymbol{y}}_j^{\mathrm{T}}(\omega,t) \tag{1.2.43}$$

$$\boldsymbol{R}_{yy}(t)=\int_{-\infty}^{+\infty}\boldsymbol{S}_{yy}(\omega,t)\mathrm{d}\omega \tag{1.2.44}$$

## 1.3　随机波在周期子结构中传播的虚拟激励法

简谐波在子结构链中传播方面的研究已经取得了很多进展[37-42]，特别是辛数学理论的发展为这一问题的研究开辟了一条新的途径[43-49]。在此基础上，平稳随机波动问题可以很方便地通过虚拟激励法得到解决。轨道结构在空间分布上可以一定程度简化为周期子结构链，本节介绍的相关内容是后续基于虚拟激励法进行车轨耦合系统随机振动分析的理论基础部分。

### 1.3.1　周期子结构链的频域方程

下面研究圆频率为$\omega$的简谐波在无穷子结构链中的传播（图 1.3.1）。不计阻尼，在频域

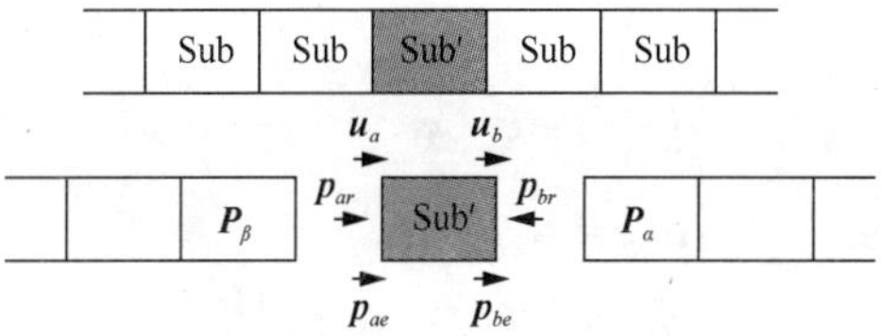


图 1.3.1　无穷子结构链

内任意一个子结构的运动方程为[44-47]

$$\left[\boldsymbol{K}-\omega^2\boldsymbol{M}\right]\begin{Bmatrix}\boldsymbol{u}_i^0\\\boldsymbol{u}_a^0\\\boldsymbol{u}_b^0\end{Bmatrix}=\begin{bmatrix}\boldsymbol{K}_{ii}^0 & \boldsymbol{K}_{ia}^0 & \boldsymbol{K}_{ib}^0\\\boldsymbol{K}_{ai}^0 & \boldsymbol{K}_{aa}^0 & \boldsymbol{K}_{ab}^0\\\boldsymbol{K}_{bi}^0 & \boldsymbol{K}_{ba}^0 & \boldsymbol{K}_{bb}^0\end{bmatrix}\begin{Bmatrix}\boldsymbol{u}_i^0\\\boldsymbol{u}_a^0\\\boldsymbol{u}_b^0\end{Bmatrix}=\begin{Bmatrix}\boldsymbol{p}_i^0\\\boldsymbol{p}_a^0\\\boldsymbol{p}_b^0\end{Bmatrix} \tag{1.3.1}$$

式中，$\boldsymbol{K}_{ii}^0=\boldsymbol{K}_{ii}-\omega^2\boldsymbol{M}_{ii}$ 等，是动刚度阵的 9 个子块；$\boldsymbol{u}_a^0$、$\boldsymbol{u}_b^0$ 是左、右界面位移；$\boldsymbol{u}_i^0$ 是内部位移；左右界面力及内部力则表示为

$$\boldsymbol{p}_a^0=\boldsymbol{p}_{ae}+\boldsymbol{p}_{ar}\text{，}\quad \boldsymbol{p}_b^0=\boldsymbol{p}_{be}-\boldsymbol{p}_{br}\text{，}\quad \boldsymbol{p}_i^0=\boldsymbol{p}_{ie} \tag{1.3.2}$$

下标 $e$ 表示外力，$\boldsymbol{p}_{ar}$、$-\boldsymbol{p}_{br}$ 代表相邻子结构的作用力，它们可用相应的界面位移表示为

$$\boldsymbol{p}_{ar}=-\boldsymbol{P}_\beta\boldsymbol{u}_a^0\text{，}\quad \boldsymbol{p}_{br}=\boldsymbol{P}_\alpha\boldsymbol{u}_b^0 \tag{1.3.3}$$

其中，$\boldsymbol{P}_\alpha$、$\boldsymbol{P}_\beta$ 为待定刚度矩阵。将式（1.3.2）、式（1.3.3）代入式（1.3.1），得

$$\begin{bmatrix}\boldsymbol{K}_{aa}^* & \boldsymbol{K}_{ab}^*\\\boldsymbol{K}_{ba}^* & \boldsymbol{K}_{bb}^*\end{bmatrix}\begin{Bmatrix}\boldsymbol{u}_a^0\\\boldsymbol{u}_b^0\end{Bmatrix}=\begin{Bmatrix}\boldsymbol{p}_a^*\\\boldsymbol{p}_b^*\end{Bmatrix} \tag{1.3.4}$$

式中，

$$\boldsymbol{K}_{aa}^*=\boldsymbol{K}_{aa}+\boldsymbol{P}_\beta\text{，}\quad \boldsymbol{K}_{bb}^*=\boldsymbol{K}_{bb}+\boldsymbol{P}_\alpha\text{，}\quad \boldsymbol{K}_{ab}^*=\boldsymbol{K}_{ab}\text{，}\quad \boldsymbol{K}_{ba}^*=\boldsymbol{K}_{ba} \tag{1.3.5}$$

$$\begin{cases}\boldsymbol{K}_{aa}=\boldsymbol{K}_{aa}^0-\boldsymbol{K}_{ai}^0\left(\boldsymbol{K}_{ii}^0\right)^{-1}\boldsymbol{K}_{ia}^0,\ \boldsymbol{K}_{ab}=\boldsymbol{K}_{ab}^0-\boldsymbol{K}_{ai}^0\left(\boldsymbol{K}_{ii}^0\right)^{-1}\boldsymbol{K}_{ib}^0\\\boldsymbol{K}_{bb}=\boldsymbol{K}_{bb}^0-\boldsymbol{K}_{bi}^0\left(\boldsymbol{K}_{ii}^0\right)^{-1}\boldsymbol{K}_{ib}^0,\ \boldsymbol{K}_{ba}=\boldsymbol{K}_{ab}^{\mathrm{T}}\end{cases} \tag{1.3.6}$$

$$\boldsymbol{p}_a^*=\boldsymbol{p}_{ae}-\boldsymbol{K}_{ai}^0\left(\boldsymbol{K}_{ii}^0\right)^{-1}\boldsymbol{p}_i^0\text{，}\quad \boldsymbol{p}_b^*=\boldsymbol{p}_{be}-\boldsymbol{K}_{bi}^0\left(\boldsymbol{K}_{ii}^0\right)^{-1}\boldsymbol{p}_i^0 \tag{1.3.7}$$

对不受外力作用的常规子结构

$$\boldsymbol{p}_{ae}=\boldsymbol{p}_{be}=\boldsymbol{p}_{ie}=\boldsymbol{0} \tag{1.3.8}$$

式（1.3.4）成为

$$\begin{bmatrix}\boldsymbol{K}_{aa} & \boldsymbol{K}_{ab}\\\boldsymbol{K}_{ba} & \boldsymbol{K}_{bb}\end{bmatrix}\begin{Bmatrix}\boldsymbol{u}_a\\\boldsymbol{u}_b\end{Bmatrix}=\begin{Bmatrix}\boldsymbol{p}_a\\-\boldsymbol{p}_b\end{Bmatrix} \tag{1.3.9}$$

式中，

$$\boldsymbol{p}_a=\boldsymbol{p}_{ar}=-\boldsymbol{P}_\beta\boldsymbol{u}_a\text{，}\quad \boldsymbol{p}_b=\boldsymbol{p}_{br}=\boldsymbol{P}_\alpha\boldsymbol{u}_b \tag{1.3.10}$$

式（1.3.9）可以改写为用状态向量表达的形式

$$\begin{Bmatrix}\boldsymbol{u}_b\\\boldsymbol{p}_b\end{Bmatrix}=\begin{bmatrix}\boldsymbol{S}_{aa} & \boldsymbol{S}_{ab}\\\boldsymbol{S}_{ba} & \boldsymbol{S}_{bb}\end{bmatrix}\begin{Bmatrix}\boldsymbol{u}_a\\\boldsymbol{p}_a\end{Bmatrix} \tag{1.3.11}$$

其中，

$$\begin{cases} S_{aa} = -K_{ab}^{-1}K_{aa} \\ S_{ab} = K_{ab}^{-1} \\ S_{ba} = -K_{ba} + K_{bb}K_{ab}^{-1}K_{aa} \\ S_{bb} = -K_{bb}K_{ab}^{-1} \end{cases} \tag{1.3.12}$$

将式（1.3.11）记作

$$y_b = S(\omega)y_a \text{ 或 } y_{r+1} = S(\omega)y_r \tag{1.3.13}$$

式中，$y_r$ 是第 $r$ 截口的状态向量。可直接验证下列辛正交关系成立：

$$S^{-\mathrm{T}} = JSJ^{-1} \text{ 或 } S^{\mathrm{T}}JS = J \tag{1.3.14}$$

其中，

$$[J] = \begin{bmatrix} 0 & I_n \\ -I_n & 0 \end{bmatrix} \tag{1.3.15}$$

$I_n$ 是 $n$ 阶单位阵。

## 1.3.2　周期子结构链的辛本征值及简谐波传播

简谐波在通过常规子结构时必满足下列关系式[44-47]：

$$y_{r+1} = \mu y_r \tag{1.3.16}$$

式中，$\mu$ 通常为复数，称为波传播常数。若 $|\mu| = 1$，则相应简谐波通过该子结构时不发生振幅衰减，这种波叫顺通波。将式（1.3.16）代入式（1.3.13）的第二式，并省略掉下标 $r$，可得

$$Sy = \mu y \text{ 或 } \begin{bmatrix} S_{aa} & S_{ab} \\ S_{ba} & S_{bb} \end{bmatrix}\begin{Bmatrix} u \\ p \end{Bmatrix} = \mu\begin{Bmatrix} u \\ p \end{Bmatrix} \tag{1.3.17}$$

文献[44]、[45]已证明，若 $\mu$ 是矩阵 $S$ 的特征值，则 $1/\mu$ 亦必是其特征值，所以 $S$ 的 $2n$ 个特征值可以分成两组：

$$\begin{aligned} &(\mathrm{a})\ \mu_i && i = 1,2,\cdots,n;\ |\mu_i| \leqslant 1 \\ &(\mathrm{b})\ \mu_{n+i} = 1/\mu_i && i = 1,2,\cdots,n;\ |\mu_{n+i}| \geqslant 1 \end{aligned} \tag{1.3.18}$$

相应的特征向量满足下列辛正交关系[46,47]：

$$\begin{aligned} &\varphi_i^{\mathrm{T}} J \varphi_{n+i} = 1 \text{ 或 } \varphi_{n+i}^{\mathrm{T}} J \varphi_i = -1 \\ &\varphi_j^{\mathrm{T}} J \varphi_i = 0 \text{ 当 } j \neq \mathrm{mod}_{2n}(i+n) \end{aligned} \tag{1.3.19}$$

将 $2n$ 个特征向量组成矩阵

$$\Phi = [\varphi_1, \varphi_2, \cdots, \varphi_{2n}] \equiv \begin{bmatrix} X_a & X_b \\ N_a & N_b \end{bmatrix} \tag{1.3.20}$$

式中，$X_a$、$X_b$、$N_a$、$N_b$ 都是 $n$ 阶方阵，它们可通过左右界面的动刚度阵 $P_\alpha$、$P_\beta$ 联系起来：

$$P_\alpha = N_a X_a^{-1}, \quad P_\beta = -N_b X_b^{-1} \tag{1.3.21}$$

可见求得 $\Phi$ 后，即可算出这两个动刚度矩阵。文献[48]、[49]证明 $P_\alpha$ 和 $P_\beta$ 亦满足下述的代数 Riccati 方程：

$$\boldsymbol{K}_{aa}-\boldsymbol{K}_{ab}\left[\boldsymbol{K}_{bb}+\boldsymbol{P}_{\alpha}\right]^{-1}\boldsymbol{K}_{ba}=\boldsymbol{P}_{\alpha}，\quad \boldsymbol{K}_{bb}-\boldsymbol{K}_{ba}\left[\boldsymbol{K}_{aa}+\boldsymbol{P}_{\beta}\right]^{-1}\boldsymbol{K}_{ab}=\boldsymbol{P}_{\beta} \tag{1.3.22}$$

如果将参考截口 $r$ 取作 0，并将状态向量 $\boldsymbol{y}_r$ 按特征向量展开

$$\boldsymbol{y}=\boldsymbol{y}_0=\sum_{i=1}^{n}\left(a_i\boldsymbol{\varphi}_i+b_i\boldsymbol{\varphi}_{n+i}\right) \tag{1.3.23}$$

待定常数 $a_i$、$b_i$ 可通过上述辛正交关系表示为

$$a_i=-\boldsymbol{\varphi}_{n+i}^{\mathrm{T}}\boldsymbol{J}\boldsymbol{y}，\quad b_i=\boldsymbol{\varphi}_i^{\mathrm{T}}\boldsymbol{J}\boldsymbol{y} \tag{1.3.24}$$

再利用式（1.3.16）～式（1.3.18）及式（1.3.23）可知

$$\boldsymbol{y}_k=\boldsymbol{S}^k\boldsymbol{y}_0=\sum_{i=1}^{n}\left(a_i\mu_i^k\boldsymbol{\varphi}_i+b_i\mu_i^{-k}\boldsymbol{\varphi}_{n+i}\right) \tag{1.3.25}$$

在式（1.3.18）的前 $n$ 个特征值 $\mu_i$ 中，若 $|\mu_i|<1$，则 $\mu_i^k\to 0$（当 $k\to\infty$），而 $\mu_i^{-k}\to 0$（当 $k\to-\infty$）。所以式（1.3.25）右端第一项是向右衰减的，代表向右传播的波；而第二项则代表向左传播的波。这两种波在传播过程中都会迅速衰减掉，称为阻止波。若 $|\mu_i|=1$，则波向左、向右传播都不衰减。这时，$\mu_i$ 可以表达为 $\mathrm{e}^{\mathrm{i}\theta}(-\pi\leqslant\theta<0)$，而 $\mu_{n+i}=\mu_i^{-1}=\mathrm{e}^{-\mathrm{i}\theta}$。

假定仅在第 $r=0$ 号子结构内部作用有简谐干扰力 $\boldsymbol{p}_i^0=\boldsymbol{p}_{ie}$，则式（1.3.25）右端第一项表征的向右传播的波在 $k\geqslant 0$ 各截口处产生的状态向量为

$$\boldsymbol{y}_{kr}=\sum_{i=1}^{n}a_i\mu_i^k\boldsymbol{\varphi}_i=\begin{bmatrix}\boldsymbol{X}_a\\ \boldsymbol{N}_a\end{bmatrix}\underline{\boldsymbol{a}}_k \tag{1.3.26}$$

其中已经用到了式（1.3.20），而

$$\underline{\boldsymbol{a}}_k=\boldsymbol{\mu}^k\boldsymbol{a}_n \tag{1.3.27}$$

式中，$\boldsymbol{\mu}$ 是一对角阵，其第 $i$ 个对角元素为 $\mu_i$；$\boldsymbol{a}_n$ 为 $n$ 维列向量，其第 $i$ 个元素为 $a_i$。根据式（1.3.21）、式（1.3.26）和式（1.3.27），$\boldsymbol{y}_{kr}$ 亦可表示为

$$\boldsymbol{y}_{kr}=\begin{Bmatrix}\boldsymbol{u}_k\\ \boldsymbol{p}_k\end{Bmatrix}=\begin{Bmatrix}\boldsymbol{I}_n\\ \boldsymbol{P}_\alpha\end{Bmatrix}\boldsymbol{X}_a\boldsymbol{\mu}^k\boldsymbol{a}_n \tag{1.3.28}$$

对于向左传播的波，在 $k\leqslant 0$ 的各截口处的状态向量为

$$\boldsymbol{y}_{kl}=\begin{Bmatrix}\boldsymbol{u}_k\\ \boldsymbol{p}_k\end{Bmatrix}=\begin{Bmatrix}\boldsymbol{I}_n\\ -\boldsymbol{P}_\beta\end{Bmatrix}\boldsymbol{X}_b\boldsymbol{\mu}^{-k}\boldsymbol{b}_n \tag{1.3.29}$$

所以在作用力右方的各截口（$k\geqslant 0$）处

$$\boldsymbol{u}_k=\boldsymbol{X}_a\boldsymbol{\mu}^k\boldsymbol{a}_n，\quad \boldsymbol{p}_k=\boldsymbol{P}_\alpha\boldsymbol{\mu}_k \tag{1.3.30}$$

而在作用力左方的各截口（$k\leqslant 0$）处

$$\boldsymbol{u}_k=\boldsymbol{X}_b\boldsymbol{\mu}^{-k}\boldsymbol{b}_n，\quad \boldsymbol{p}_k=-\boldsymbol{P}_\beta\boldsymbol{\mu}_k \tag{1.3.31}$$

对于 $r=0$ 号子结构，即有外力作用的非常规子结构，设其左右界面处并无外力作用，即 $\boldsymbol{p}_{ae}=\boldsymbol{p}_{be}=\boldsymbol{0}$，则由式（1.3.2）～式（1.3.7）可求出

$$\boldsymbol{K}_a\boldsymbol{u}_a=\overline{\boldsymbol{p}}_a，\quad \boldsymbol{K}_b\boldsymbol{u}_b=\overline{\boldsymbol{p}}_b \tag{1.3.32}$$

式中，

$$\begin{cases} \boldsymbol{K}_a = \boldsymbol{K}_{aa}^* - \boldsymbol{K}_{ab}^* \left(\boldsymbol{K}_{bb}^*\right)^{-1} \boldsymbol{K}_{ba}^* \\ \boldsymbol{K}_b = \boldsymbol{K}_{bb}^* - \boldsymbol{K}_{ba}^* \left(\boldsymbol{K}_{aa}^*\right)^{-1} \boldsymbol{K}_{ab}^* \\ \overline{\boldsymbol{p}}_a = -\boldsymbol{K}_{ai}^0 \left(\boldsymbol{K}_{ii}^0\right)^{-1} \boldsymbol{p}_i^0 + \boldsymbol{K}_{ab}^* \left(\boldsymbol{K}_{bb}^*\right)^{-1} \boldsymbol{K}_{bi}^0 \left(\boldsymbol{K}_{ii}^0\right)^{-1} \boldsymbol{p}_i^0 \\ \overline{\boldsymbol{p}}_b = -\boldsymbol{K}_{bi}^0 \left(\boldsymbol{K}_{ii}^0\right)^{-1} \boldsymbol{p}_i^0 + \boldsymbol{K}_{ba}^* \left(\boldsymbol{K}_{aa}^*\right)^{-1} \boldsymbol{K}_{ai}^0 \left(\boldsymbol{K}_{ii}^0\right)^{-1} \boldsymbol{p}_i^0 \end{cases} \tag{1.3.33}$$

在 0 号子结构右端界面，由位移连续条件，应用式（1.3.30），给出

$$\boldsymbol{u}_b = \boldsymbol{u}_{k=0} \text{ 或 } \boldsymbol{u}_b = \boldsymbol{X}_a \boldsymbol{a}_n \tag{1.3.34}$$

在 0 号子结构左端界面，由位移连续条件，相似地给出

$$\boldsymbol{u}_a = \boldsymbol{u}_{k=0} \text{ 或 } \boldsymbol{u}_a = \boldsymbol{X}_b \boldsymbol{b}_n \tag{1.3.35}$$

在 0 号子结构左右界面，用力平衡条件和式（1.3.32）、式（1.3.34）、式（1.3.35），得到

$$\overline{\boldsymbol{p}}_a = \boldsymbol{K}_a \boldsymbol{u}_a = \boldsymbol{K}_a \boldsymbol{X}_b \boldsymbol{b}_n, \quad \overline{\boldsymbol{p}}_b = \boldsymbol{K}_b \boldsymbol{u}_b = \boldsymbol{K}_b \boldsymbol{X}_a \boldsymbol{a}_n \tag{1.3.36}$$

于是，$\boldsymbol{a}_n$、$\boldsymbol{b}_n$ 可由式（1.3.36）解出。代入式（1.3.30）或式（1.3.31）即可求出在作用力右方或左方各截口上的位移和力。

在考虑滞变阻尼[50]时只需将上面所有方程中的静刚度系数乘以因子 $\mathrm{e}^{\mathrm{i}\nu}$，其中 i 是纯虚数，$\nu$ 是滞变阻尼系数（$0<\nu\ll 1$）。在计及阻尼因素后，方程（1.3.1）成为

$$\left[\mathrm{e}^{\mathrm{i}\nu}\boldsymbol{K} - \omega^2 \boldsymbol{M}\right] \begin{Bmatrix} \boldsymbol{u}_i \\ \boldsymbol{u}_a \\ \boldsymbol{u}_b \end{Bmatrix} = \begin{Bmatrix} \boldsymbol{p}_i^0 \\ \boldsymbol{p}_a^0 \\ \boldsymbol{p}_b^0 \end{Bmatrix} \tag{1.3.37}$$

令

$$\beta = \mathrm{e}^{\mathrm{i}\nu}\omega^2 \tag{1.3.38}$$

则式（1.3.37）成为

$$\left[\boldsymbol{K} - \beta \boldsymbol{M}\right] \begin{Bmatrix} \boldsymbol{u}_i \\ \boldsymbol{u}_a \\ \boldsymbol{u}_b \end{Bmatrix} = \mathrm{e}^{-\mathrm{i}\nu} \begin{Bmatrix} \boldsymbol{p}_i^0 \\ \boldsymbol{p}_a^0 \\ \boldsymbol{p}_b^0 \end{Bmatrix} \tag{1.3.39}$$

比较式（1.3.1）和式（1.3.39）可知：只要将式（1.3.1）中的 $\omega^2$ 代之以 $\beta$，将所有内力、外力皆乘以 $\mathrm{e}^{-\mathrm{i}\nu}$，则 1.3.1 小节中的所有推导仍然成立，而式（1.3.11）中的 $\boldsymbol{S}$ 阵成为

$$\boldsymbol{S}_H = \begin{bmatrix} \boldsymbol{S}_{aa} & \boldsymbol{S}_{ab}\mathrm{e}^{-\mathrm{i}\nu} \\ \boldsymbol{S}_{ba}\mathrm{e}^{\mathrm{i}\nu} & \boldsymbol{S}_{bb} \end{bmatrix} \tag{1.3.40}$$

代入式（1.3.14）容易验证 $\boldsymbol{S}_H$ 也是辛矩阵。原来的特征方程（1.3.17）现变为

$$\begin{bmatrix} \boldsymbol{S}_{aa} & \boldsymbol{S}_{ab}\mathrm{e}^{-\mathrm{i}\nu} \\ \boldsymbol{S}_{ba}\mathrm{e}^{\mathrm{i}\nu} & \boldsymbol{S}_{bb} \end{bmatrix} \begin{Bmatrix} \boldsymbol{u}' \\ \boldsymbol{p}' \end{Bmatrix} = \mu' \begin{Bmatrix} \boldsymbol{u}' \\ \boldsymbol{p}' \end{Bmatrix} \tag{1.3.41}$$

它等价于

$$\begin{bmatrix} \boldsymbol{S}_{aa} & \boldsymbol{S}_{ab} \\ \boldsymbol{S}_{ba} & \boldsymbol{S}_{bb} \end{bmatrix} \begin{Bmatrix} \boldsymbol{u}' \\ \boldsymbol{p}'\mathrm{e}^{-\mathrm{i}\nu} \end{Bmatrix} = \mu' \begin{Bmatrix} \boldsymbol{u}' \\ \boldsymbol{p}'\mathrm{e}^{-\mathrm{i}\nu} \end{Bmatrix} \tag{1.3.42}$$

可见，在考虑滞变阻尼后产生的 $\boldsymbol{S}_H$ 阵与不考虑阻尼时的 $\boldsymbol{S}$ 阵有完全相同的特征值。每一个特征向量的前 $n$ 个元素（相应于界面位移）也相同，而后 $n$ 个元素（相应于界面内力）则差一个因子 $\mathrm{e}^{-\mathrm{i}\nu}$。对一个圆频率为 $\omega$ 的简谐波而言，其 $\beta$ 按式（1.3.38）确定，与 $\beta$ 相应的 $2n$ 个特征值仍可如式（1.3.18）那样分成两组。有阻尼子结构链中简谐波传播的其余分析过程与无阻尼时类似。

## 1.3.3　平稳随机波在周期子结构链中的传播

1.3.2 小节讨论了简谐波在子结构链中的传播问题，则平稳随机波动的传播问题就可以很方便地通过虚拟激励法得到解决[51,52]。

如果子结构链的外部干扰力并非简谐力，而是一个零均值平稳高斯随机集中力，其功率谱密度 $S_{pp}(\omega)$ 已知。则其响应可用虚拟激励法求解，即只要将上述随机激励在一系列频点上代之以虚拟简谐激励

$$\tilde{p}_i^0 = \sqrt{S_{pp}(\omega)}\mathrm{e}^{\mathrm{i}\omega t} \tag{1.3.43}$$

为更简明地说明基本原理，这里只计算各节点处位移 $u$ 的随机响应。必要时，内力随机响应可以同时算出。如在求出一个弹簧两端的虚拟位移 $\tilde{u}_i$ 和 $\tilde{u}_{i+1}$ 后，该弹簧的虚拟内力就是 $n_i = k(\tilde{u}_{i+1} - \tilde{u}_i)$，从而可立刻按虚拟激励法得到其功率谱为 $|n_i|^2$。设 $\tilde{u}(t)$ 是由 $\tilde{p}_i^0$ 激发的稳态简谐响应，则下列自谱密度公式成立：

$$S_{uu}(\omega) = \tilde{u}^*\tilde{u} = |\tilde{u}(t)|^2 \tag{1.3.44}$$

相应的方差可按下式计算：

$$\sigma_u^2 = 2\int_0^\infty S_{uu}(\omega)\mathrm{d}\omega \tag{1.3.45}$$

## 参 考 文 献


[1] 林家浩. 随机地震响应的确定性算法[J]. 地震工程与工程振动, 1985, 5(1): 89-93.

[2] 林家浩. 随机地震响应功率谱快速算法[J]. 地震工程与工程振动, 1990, 10(4): 38-46.

[3] 刘元芳, 林家浩. 考虑流体和土壤耦合效应的桩基平台非线性随机地震响应分析[J]. 计算结构力学及其应用, 1991, 8(1):42-50.

[4] 林家浩. 多相位输入结构随机响应[J]. 振动工程学报, 1992, 5(1): 73-77.

[5] 林家浩. 非平稳随机地震响应的精确高效算法[J]. 地震工程与工程振动, 1993, 13(1):24-29.

[6] 林家浩. 剪切梁随机地震响应的李兹法[J]. 应用力学学报, 1994, 11(3): 107-110.

[7] 林家浩, 李建俊, 张文首. 结构受多点非平稳随机地震激励的响应[J]. 力学学报, 1995, 27(5):567-576.

[8] 林家浩, 张亚辉, 孙东科, 等. 受非均匀调制演变随机激励结构响应快速精确计算[J]. 计算力学学报, 1997, 14(1):2-8.

[9] 林家浩, 钟万勰. 关于虚拟激励法与结构随机响应的注记[J]. 计算力学学报, 1998, 15(2): 217-223.

[10] 林家浩, 张亚辉. 随机振动的虚拟激励法[M]. 北京: 科学出版社, 2004.

[11] Lin J H. A fast CQC algorithm of PSD matrices for random seismic responses[J]. Computers and Structures, 1992, 44(3):683-687.

[12] Lin J H, Zhang W S, Williams F W. Pseudo-excitation algorithm for non-stationary random seismic responses[J]. Engineering Structures, 1994, 16:270-276.

[13] Lin J H, Sun D K, Sun Y, et al. Structure response to non-uniformly modulated evolutionary random seismic excitations[J]. Communications in Numerical Methods in Engineering, 1997, 13:605-616.

[14] Lin J H, Li J J, Zhang W S, et al. Random seismic responses of multi-support structures in evolutionary inhomogeneous random fields[J]. Earthquake Engineering and Structural Dynamics, 1997, 26:135-145.

[15] Lin J H, Zhong W X, Zhang W S, et al. High efficiency computation of the variances of structural evolutionary random responses[J]. Shock and Vibration, 2000, 7(4):209-216.

[16] Lin J H, Zhao Y, Zhang Y H. Accurate and highly efficient algorithms for structural stationary/non-stationary random responses[J]. Computer Method in Applied Mechanics and Engineering, 2001, 191:103-111.

[17] Sun D K, Zhi H, Zhang W S, et al. Highly efficient and accurate buffeting analysis of complex structures[J]. Communications in Numerical Methods in Engineering, 1998, 14:559-567.

[18] Zhi H, Lin J H. Random loading identification of multi-input-multi-output structure[J]. Structural Engineering and Mechanics, 2000, 10(4):359-369 .

[19] Zhang Z C, Lin J H, Zhang Y H, et al. Non-stationary random vibration analysis for train-bridge system subjected to horizontal earthquakes[J]. Engineering Structures,2010, 32(11):3571-3582.

[20] Zhu D Y, Zhang Y H, Ouyang H. A linear complementarity method for dynamic analysis of bridges under moving vehicles considering separation and surface roughness[J]. Computers and Structures, 2015, 154:135-144.

[21] Lu F, Kennedy D, Williams F W. Symplectic analysis of vertical random vibration for coupled vehicle-track systems[J]. Journal of Sound and Vibration, 2008, 317(1):236-249.

[22] Zhang Y W, Zhao Y, Zhang Y H. Riding comfort optimization of railway trains based on pseudo-excitation method and symplectic method[J]. Journal of Sound and Vibration, 2013, 332(21):5255-5270.

[23] Xiang P, Zhao Y, Zhang Y. Riding quality analysis for high-speed trains based on pseudo-excitation method and symplectic algorithm[C]. The 2st International Conference on Railway Engineering, Beijing, 2012.

[24] Gao Q, Lin J H, Zhong W X, et al. Isotropic layered soil-structure interaction excited by stationary random waves[J]. International Journal of Solids and Structures,2009, 46:455-463.

[25] Dai X J, Lin J H, Chen H R, et al. Random vibration of composite structures with an attached frequency-dependent damping layer[J]. Composites Part B: Engineering, 2009, 39:405-413.

[26] Xu W T, Lin J H, Zhang Y H, et al. Pseudo-excitation-method-based sensitivity analysis and optimization for vehicle ride comfort[J]. Engineering Optimization, 2009, 41(7):699-711.

[27] ZhaoY, Zhang Y H, Lin J H, et al. Analysis of stationary random responses for non-parametric probabilistic systems[J]. Shock and Vibration, 2010, 17(3):305-315.

[28] Zhang Y H, Lin J H, Williams F W, et al. Wave passage effect of seismic ground motions on the response of multiply supported structures[J]. Structural Engineering and Mechanics, 2005,20(6):655-672.

[29] Lin J H, Guo X L, Zhi H, et al. Computer simulation of structural random loading identification[J]. Computers and Structures, 2001, 79(4):375-387.

[30] Song G, Lin J H, Williams F W, et al. Combined precise integration strategy for aseismic LQG control of structures[J]. International Journal for Numerical Methods in Engineering, 2006, 68:1281-1300.

[31] Kiureghian A D, Neuenhofer A. Response Spectrum method for multi-support seismic excitations[J]. Earthquake Engineering and Structural Dynamics, 1992, 21:713-740.

[32] Ernesto H Z, Vanmarcke E H. Seismic random vibration analysis of multi-support structural systems[J]. Journal of Engineering Mechanics, 1994, 120(5): 1107-1128.

[33] Priestley M B. Evolutionary Spectra and Non-Stationary Random Process[J]. Journal of the Royal Statistical Society, 1965, 28(2): 204-230.

[34] Priestley M B. Power spectral analysis of non-stationary random processes[J]. Journal of Sound and Vibration, 1967, 6: 86-97.

[35] 庄表中, 梁以德, 张佑启. 结构随机振动[M]. 北京: 国防工业出版社, 1995.

[36] 朱位秋. 随机振动[M]. 北京: 科学出版社, 1992.

[37] Mead D J. A general theory of harmonic wave propagation in linear periodic systems with multiple coupling[J]. Journal of Sound and Vibration, 1973, 27: 235-260.

[38] Mead D J. Wave Propagation and natural modes in periodic systems, Ⅰ. Mono-coupled systems; Ⅱ. Multi-coupled systems, with and without Damping[J]. Journal of Sound and Vibration, 1975, 40: 1-18, 19-39.

[39] Mead D J. A new method of analyzing wave propagation in periodic structures: applications to periodic timoshenko beams and stiffened plates[J]. Journal of Sound and Vibration, 1986, 104: 9-27.

[40] Miller D W, von Flotow A. A traveling wave approach to power flow in structural networks[J]. Journal of Sound and Vibration, 1989, 128: 145-162.

[41] Yong Y, Lin Y K. Wave Propagation for Truss Type Structural Networks[C]. Proceedings of the 31st ALAA/ASME/ASCE/AHS/ASC Structures. Structural Dynamics and Materials Conference, paper AIAA-90-1082-CP, California, 1990:2026-2035.

[42] Mead D J, Yaman Y. The Response of infinite periodic beams to point harmonic forces: a flexural wave analysis[J]. Journal of Sound and Vibration, 1991, 144: 507-529.

[43] Williams F W, Zhong W X, Bennett P N. Computation of the eigenvalues of wave propagation in periodic sub-structural systems[J]. Journal of Vibration and Acoustics, 1993, 115: 422-426.

[44] Zhong W X, Williams F W. The eigensolutions of wave propagation for repetitive structures[J]. International Journal of Structural Engineering and Mechanics, 1993, 1: 47-60.

[45] Zhong W X, Williams F W. On the localization of the vibration mode of a sub-structural chain-type structure[J]. Proceedings of the Institution of Mechanical Engineers, Part C, 1991, 205: 281-288.

[46] Zhong W X, Williams F W. Wave problems for repetitive structures and symplectic mathematics[J]. Proceedings of the Institution of Mechanical Engineers, Part C, 1992, 206: 371-379.

[47] Zhou M, Zhong W X, Williams F W. Wave propagation in structural chain-type structures excited by harmonic forces[J]. International Journal of Mechanical Sciences, 1993, 35: 953-964.

[48] Zhong W X, Lin J H, Qiu C H. Computational structural mechanics and optimal control-the simulation of sub-structural chain theory to linear quadratic optimal control problems[J]. International Journal for Numerical Method in Engineering, 1992, 33: 197-211.

[49] Zhong W X, Lin J H, Qiu C H. Eigenproblem of sub-structural chain and the expansion solution[J]. ACTA Mechanica Sinica, 1991, 7:169-177.

[50] Myklestad N O. The concept of complex damping[J]. Journal of Applied Mechanics, 1952, 20: 284-286.

[51] Lin J H, Fan Y, Bennett P N, et al. Propagation of stationary random waves along sub-structural chains[J]. Journal of Sound and Vibration, 1995, 180(5): 757-767.

[52] Williams F W, Bennett P N, Lin J H. Localization investigation of stationary random wave transmission along damped ordered structural chains[J]. Proceedings of the Institution of Mechanical Engineers, Part C, 1997, 21: 217-228.

# 第2章　移动荷载作用下结构响应的精细积分方法

工程实践中会经常遇到承受移动荷载的结构，如承载车辆的桥梁、门式起重机的臂架、车刀作用下的工件，以及电力机车受电弓作用下的接触网等。与静态荷载或缓慢滑动荷载相比，它们承受移动荷载的位移响应要大得多。特别是亚临界速度或超临界速度下移动荷载在弦、梁和板上的运动，更是引起了人们广泛的兴趣。更一般的意义上讲，移动荷载问题同样也包括移动惯性荷载问题，如具有相对运动弹性结构体系的耦合振动（车轨相互作用和车桥相互作用等）。尽管已有许多理论成果用于解决移动惯性荷载问题，但由于变系数微分方程组的数学本质，获得闭合解是极其困难的。数值积分方法仍然是求解问题的最有效方法。本章首先介绍指数矩阵精细计算的精细积分方法，并进一步基于精细积分方法给出移动荷载问题和移动质量问题的数值积分格式，其不仅具有较高的精度，也具有很好的求解效率[1-8]。

## 2.1　精细积分方法

直接积分法广泛用于振动、热传导/扩散、滤波和输运等问题的求解。经过多年研究，直接积分法已经发展了多种数值方法，如 Newmark 法、Wilson-$\theta$ 法、Houbolt 法及中央差分法等[9-11]。这些积分法大体上都是差分类算法，积分时需要特别注意所谓刚性性质[11,12]。这里介绍的是精细积分法，只要在合理的积分步长范围内，不会发生稳定或刚性问题。此方法可以应用于动力方程的求解，也可以用于常微分方程组的求解。由于指数矩阵的满阵形式，对于结构自由度数较大的问题或由偏微分方程半解析离散化而得到的方程，会有存储与计算量方面的巨大消耗，此时，可采取子域精细积分法求解策略[13]。针对状态矩阵不能求逆的情况，文献[14]推广了精细积分方法，不需要对状态矩阵进行求逆运算，仍可得到计算机上的精确解。精细积分法在某些周期性系数微分方程的参数共振问题、流固耦合问题以及某些非线性方程积分中的应用可参见相关文献[15-18]。

### 2.1.1　结构运动方程的状态空间形式

结构动力分析中，运动方程的一般形式为

$$\boldsymbol{M}\ddot{\boldsymbol{u}}+\boldsymbol{C}\dot{\boldsymbol{u}}+\boldsymbol{K}\boldsymbol{u}=\boldsymbol{f}(t) \tag{2.1.1}$$

式中，$\boldsymbol{u}$、$\dot{\boldsymbol{u}}$、$\ddot{\boldsymbol{u}}$ 分别为 $n$ 维待求位移、速度、加速度向量；$\boldsymbol{M}$、$\boldsymbol{C}$、$\boldsymbol{K}$ 是 $n\times n$ 阶质量阵、阻尼或陀螺阵、刚度阵；$\boldsymbol{f}(t)$ 是给定外力向量。其初值条件为已知：

$$\boldsymbol{u}(0)=\boldsymbol{u}_0,\quad \dot{\boldsymbol{u}}(0)=\dot{\boldsymbol{u}}_0 \tag{2.1.2}$$

求解系统响应 $\boldsymbol{u}(t)$ 在数学上表现为二阶常微分方程组的积分问题。通常认为 $\boldsymbol{M}$、$\boldsymbol{C}$ 及

$\boldsymbol{K}$ 是常量矩阵。其求解方法可区分为直接积分法以及模态分解法。对于大规模有限元分析系统，通常是将二者联合使用。即利用模态分解法将系统降阶，再对降阶后的系统直接积分计算。尤其是对于随机荷载的 $\boldsymbol{f}(t)$，在非平稳随机外力的作用下，降阶后再直接积分是常用的求解策略。

将运动方程式（2.1.1）化成一阶的常微分方程组，可以采用两种方案。第一种是采用哈密顿体系常用的方法[15]，选用状态向量

$$\boldsymbol{v}=\begin{Bmatrix}\boldsymbol{u}\\ \boldsymbol{p}\end{Bmatrix},\quad \boldsymbol{p}=\boldsymbol{M}\dot{\boldsymbol{u}}+\boldsymbol{C}\boldsymbol{u}/2 \tag{2.1.3}$$

利用式（2.1.3），方程（2.1.1）可以转化为如下形式：

$$\dot{\boldsymbol{v}}=\boldsymbol{H}\boldsymbol{v}+\boldsymbol{r}(t) \tag{2.1.4}$$

式中，$\boldsymbol{v}$ 是待求 $2n$ 维向量；$\boldsymbol{H}$ 是给定常矩阵；$\boldsymbol{r}(t)$ 是非齐次的外力向量。$\boldsymbol{H}$ 和 $\boldsymbol{r}(t)$ 分别为

$$\boldsymbol{H}=\begin{bmatrix}\boldsymbol{A} & \boldsymbol{D}\\ \boldsymbol{B} & \boldsymbol{G}\end{bmatrix} \tag{2.1.5}$$

其中，$\boldsymbol{A}=-\dfrac{\boldsymbol{M}^{-1}\boldsymbol{C}}{2}$；$\boldsymbol{G}=-\dfrac{\boldsymbol{C}\boldsymbol{M}^{-1}}{2}$；$\boldsymbol{D}=\boldsymbol{M}^{-1}$；$\boldsymbol{B}=\boldsymbol{C}\boldsymbol{M}^{-1}\boldsymbol{C}/4-\boldsymbol{K}$。

$$\boldsymbol{r}(t)=\begin{Bmatrix}\boldsymbol{0}\\ \boldsymbol{f}(t)\end{Bmatrix} \tag{2.1.6}$$

这种方式的构造对于 $\boldsymbol{C}$ 阵为反对称的陀螺系统时，即保守体系时较为有利。此时，$\boldsymbol{H}$ 为哈密顿阵，$\exp(\boldsymbol{H}\tau)$ 为辛矩阵。然而在应用中，也可采用另一种较为方便的方式：

$$\begin{cases}\boldsymbol{v}^{\mathrm{T}}=\left\{\boldsymbol{u}^{\mathrm{T}},\dot{\boldsymbol{u}}^{\mathrm{T}}\right\},\ \boldsymbol{r}^{\mathrm{T}}=\left\{\boldsymbol{0}^{\mathrm{T}},\boldsymbol{f}^{\mathrm{T}}\boldsymbol{M}^{-1}\right\}\\ \boldsymbol{H}=\begin{bmatrix}\boldsymbol{0} & \boldsymbol{I}\\ \boldsymbol{B} & \boldsymbol{G}\end{bmatrix},\ \boldsymbol{B}=-\boldsymbol{M}^{-1}\boldsymbol{K},\ \boldsymbol{G}=-\boldsymbol{M}^{-1}\boldsymbol{C}\end{cases} \tag{2.1.7}$$

### 2.1.2　指数矩阵的精细计算

精细积分法宜用于处理一阶常微分方程组[15]：

$$\dot{\boldsymbol{v}}=\boldsymbol{H}\boldsymbol{v}+\boldsymbol{r}(t),\quad \boldsymbol{v}(0)=\boldsymbol{v}_0 \tag{2.1.8}$$

式中，$\boldsymbol{v}$ 是待求 $2n$ 维向量；$\boldsymbol{H}$ 是给定常矩阵；而 $\boldsymbol{r}(t)$ 是非齐次的外力向量；并且有初值条件 $\boldsymbol{v}_0$。

从常微分方程组的求解理论可知，应当先求解齐次方程

$$\dot{\boldsymbol{v}}=\boldsymbol{H}\boldsymbol{v} \tag{2.1.9}$$

由于 $\boldsymbol{H}$ 是定常矩阵，其通解可以写为

$$\boldsymbol{v}=\boldsymbol{\Phi}(t)\boldsymbol{v}_0,\quad \boldsymbol{\Phi}(t)=\exp(\boldsymbol{H}t) \tag{2.1.10}$$

式中，$\boldsymbol{\Phi}(t)$ 即为指数矩阵。$\boldsymbol{\Phi}(0)=\boldsymbol{I}_{2n}$，为单位阵。指数矩阵的泰勒级数表达式为

$$\exp(\boldsymbol{H}t)=\boldsymbol{I}+\boldsymbol{H}t+\frac{(\boldsymbol{H}t)^2}{2}+\cdots+\frac{(\boldsymbol{H}t)^k}{k!}+\cdots \tag{2.1.11}$$

这与普通的指数函数一样。由于一般条件下，矩阵乘法的次序是不可交换的，即 $\boldsymbol{AB}\neq\boldsymbol{BA}$，因此 $\exp(\boldsymbol{A})\cdot\exp(\boldsymbol{B})\neq\exp(\boldsymbol{B})\cdot\exp(\boldsymbol{A})$。仅当 $\boldsymbol{AB}=\boldsymbol{BA}$ 时

$$\exp(\boldsymbol{A}+\boldsymbol{B})=\exp(\boldsymbol{B})\exp(\boldsymbol{A}) \tag{2.1.12}$$

当系统为时不变时，有

$$\boldsymbol{\Phi}(t)=\boldsymbol{\Phi}(t-\tau)\boldsymbol{\Phi}(\tau) \tag{2.1.13}$$

选择一个时间步长$\tau$，一系列等步长的时刻为

$$t_0=0，\ t_1=\tau，\ \cdots，\ t_k=k\tau，\ \cdots \tag{2.1.14}$$

于是有

$$\boldsymbol{v}(\tau)=\boldsymbol{v}_1=\boldsymbol{T}\boldsymbol{v}_0，\ \boldsymbol{T}=\exp(\boldsymbol{H}\tau) \tag{2.1.15}$$

以及递推的逐步积分公式

$$\boldsymbol{v}_1=\boldsymbol{T}\boldsymbol{v}_0，\ \boldsymbol{v}_2=\boldsymbol{T}\boldsymbol{v}_1，\ \cdots，\ \boldsymbol{v}_{k+1}=\boldsymbol{T}\boldsymbol{v}_k，\ \cdots \tag{2.1.16}$$

计算公式非常简单。问题归结到式（2.1.15）指数矩阵$\boldsymbol{T}$的计算。应当非常精细地对该矩阵作数值计算，之后就只是一系列的矩阵向量乘法了。应当指出，以上的公式推演全都是精确的，不带有任何近似。

指数矩阵用途很广，是最经常计算的矩阵函数之一。学术界已经提出很多算法，但大多数的数值结果不可靠。文献[18]给出了19种不同算法，但在其随后的著作中仍指出了尚未解决的问题。

在研究偏微分方程与计算结构力学对最优控制理论的模拟关系时，文献[19]、[20]给出了指数矩阵的精细计算法。其要点是利用了指数函数的加法定理式（2.1.12），有

$$\exp(\boldsymbol{H}\tau)=\left[\exp(\boldsymbol{H}\tau/m)\right]^m \tag{2.1.17}$$

可以选用

$$m=2^N，如 N=20，则 m=1\,048\,576 \tag{2.1.18}$$

由于$\tau$本来是不大的时间区段，则$\Delta t=\tau/m$将是非常小的一个时间区段。因此对于$\Delta t$区段，有

$$\begin{cases}\exp(\boldsymbol{H}\Delta t)=\boldsymbol{I}+\boldsymbol{T}_a\\ \boldsymbol{T}_a\approx\boldsymbol{H}\Delta t+(\boldsymbol{H}\Delta t)^2\left[\boldsymbol{I}+(\boldsymbol{H}\Delta t)/3+(\boldsymbol{H}\Delta t)^2/12\right]/2\end{cases} \tag{2.1.19}$$

这是泰勒幂级数展开式取前五项（当然其他的展开式也是可用的）。由于$\Delta t$很小，幂级数五项展开应已足够。可以看到$\boldsymbol{T}_a$阵是$\boldsymbol{H}\Delta t$量级的小矩阵。

在数值计算中至关重要的一点是，指数矩阵的存储只能是式(2.1.19)的$\boldsymbol{T}_a$，而不是$\boldsymbol{I}+\boldsymbol{T}_a$。其原因是$\boldsymbol{T}_a$很小，当它与单位阵$\boldsymbol{I}$相加时就成为其尾数，在计算机的舍入操作中其精度将丧失。

为计算$\boldsymbol{T}$阵，应将式（2.1.17）分解为

$$\boldsymbol{T}=(\boldsymbol{I}+\boldsymbol{T}_a)^{2^N}=(\boldsymbol{I}+\boldsymbol{T}_a)^{2^{(N-1)}}\times(\boldsymbol{I}+\boldsymbol{T}_a)^{2^{(N-1)}} \tag{2.1.20}$$

这种分解一直做下去，共$N$次。应注意，对任意$\boldsymbol{T}_b$、$\boldsymbol{T}_c$有

$$(\boldsymbol{I}+\boldsymbol{T}_b)\times(\boldsymbol{I}+\boldsymbol{T}_c)=\boldsymbol{I}+\boldsymbol{T}_b+\boldsymbol{T}_c+\boldsymbol{T}_b\times\boldsymbol{T}_c \tag{2.1.21}$$

将其中$\boldsymbol{T}_b$、$\boldsymbol{T}_c$都看成为$\boldsymbol{T}_a$，因此式（2.1.21）相当于语句

for（iter=0；iter<N；iter++）

$$\boldsymbol{T}_a=2\boldsymbol{T}_a+\boldsymbol{T}_a\times\boldsymbol{T}_a \tag{2.1.22}$$

当循环结束后，$\boldsymbol{T}_a$已不再是$\Delta t$量级的小矩阵了，不再受损于与单位阵相加，故可执行

$$\boldsymbol{T}=\boldsymbol{I}+\boldsymbol{T}_a \tag{2.1.23}$$

式（2.1.19）、式（2.1.22）和式（2.1.23）便是指数矩阵 $\boldsymbol{T}$ 的精细算法，它是精细积分的一个显著特点。这是一种 $2^N$ 类的算法。

### 2.1.3　常用的精细积分格式

方程（2.1.8）的通解为齐次解 $\boldsymbol{v}_h$ 与特解 $\boldsymbol{v}_p$ 之和，即

$$\boldsymbol{v}(t)=\boldsymbol{v}_h(t)+\boldsymbol{v}_p(t) \tag{2.1.24}$$

在某一积分步 $t\in[t_k,t_{k+1}]$ 中，其齐次解为

$$\boldsymbol{v}_h(t)=\boldsymbol{T}(\tau)\boldsymbol{c} \tag{2.1.25}$$

式中，

$$\boldsymbol{T}(\tau)=\exp(\boldsymbol{H}\tau),\quad \tau=t-t_k \tag{2.1.26}$$

$\boldsymbol{c}$ 是由初始状态 $t=t_k$ 所决定的积分常向量。假定特解 $\boldsymbol{v}_p$ 的表达式已经求出，注意 $\boldsymbol{T}(0)=\boldsymbol{I}$，则由式（2.1.24）和式（2.1.25）可以定出 $\boldsymbol{c}=\boldsymbol{v}(t_k)-\boldsymbol{v}_p(t_k)$，从而得到

$$\boldsymbol{v}(t)=\boldsymbol{T}(\tau)\left(\boldsymbol{v}(t_k)-\boldsymbol{v}_p(t_k)\right)+\boldsymbol{v}_p(t) \tag{2.1.27}$$

令 $t=t_{k+1}$ 就得到积分步长终点处的状态

$$\boldsymbol{v}(t_{k+1})=\boldsymbol{T}(\tau)\left(\boldsymbol{v}(t_k)-\boldsymbol{v}_p(t_k)\right)+\boldsymbol{v}_p(t_{k+1}) \tag{2.1.28}$$

如果在时间步 $(t_k,t_{k+1})$ 内，假定激励荷载为线性变化

$$\boldsymbol{r}(t)=\boldsymbol{r}_0+\boldsymbol{r}_1(t-t_k) \tag{2.1.29}$$

式中，$\boldsymbol{r}_0$、$\boldsymbol{r}_1$ 是在该步内给定的常向量。那么相应的特解为

$$\boldsymbol{v}_p(t)=\boldsymbol{T}(\tau)\left(\boldsymbol{v}(t_k)+\boldsymbol{H}^{-1}\left(\boldsymbol{r}_0+\boldsymbol{H}^{-1}\boldsymbol{r}_1\right)\right)-\boldsymbol{H}^{-1}\left(\boldsymbol{r}_0+\boldsymbol{H}^{-1}\boldsymbol{r}_1+\boldsymbol{r}_1\tau\right) \tag{2.1.30}$$

这就是有线性非齐次项时的逐步积分公式，被称为 HPD-L 线性荷载精细积分格式（high precision direct integration scheme-linear form）。

一些荷载时变规律往往是指数函数型或三角函数型的，或者还有幂函数与三角函数的乘积等。如果对于这些类型的荷载时间变化规律也作出其步长积分，计算中便可有针对性地提高精度与效率，在按虚拟激励法进行非平稳随机振动分析时常用到的一些格式有简谐荷载、多项式调制的简谐荷载和指数函数调制的简谐荷载。如果在时间步 $(t_k,t_{k+1})$ 内外载为简谐式外荷载变化

$$\boldsymbol{r}(t)=\boldsymbol{r}_1\sin(\omega t)+\boldsymbol{r}_2\cos(\omega t) \tag{2.1.31}$$

式中，$\boldsymbol{r}_1$、$\boldsymbol{r}_2$ 为给定的时不变向量；$\omega$ 为激励频率参数。将式（2.1.31）代入式（2.1.8）右端，可求出特解

$$\boldsymbol{v}_p(t)=\boldsymbol{a}\sin(\omega t)+\boldsymbol{b}\cos(\omega t) \tag{2.1.32}$$

式中，

$$\begin{aligned}\boldsymbol{a}&=\left(\omega^2\boldsymbol{I}+\boldsymbol{H}^2\right)^{-1}\left(\boldsymbol{r}_2\omega-\boldsymbol{H}\boldsymbol{r}_1\right)\\ \boldsymbol{b}&=\left(\omega^2\boldsymbol{I}+\boldsymbol{H}^2\right)^{-1}\left(-\boldsymbol{r}_1\omega-\boldsymbol{H}\boldsymbol{r}_2\right)\end{aligned} \tag{2.1.33}$$

于是得简谐荷载的精细积分格式（high precision direct integration scheme-sinusoidal form）

$$\boldsymbol{v}_{k+1}=\boldsymbol{T}(\tau)\left(\boldsymbol{v}_k-\boldsymbol{a}\sin\omega t_k-\boldsymbol{b}\cos\omega t_k\right)+\boldsymbol{a}\sin\omega t_{k+1}+\boldsymbol{b}\cos\omega t_{k+1} \tag{2.1.34}$$

式中，$\tau = t_{k+1} - t_k$。以上的推导是精确的。只要在时间步长$\tau$内荷载是简谐变化的，则式(2.1.34)总能给出精确的结果，即使对于较高的频率$\omega$，一个积分步$\tau$包含了多个荷载变化的周期，仍得到精确解。这里要指出一点，对于无阻尼系统，当$\omega$恰为特征频率时，式（2.1.33）中矩阵不能求逆。然而实际结构都有阻尼，在随机响应分析中完全不考虑阻尼意义不大。

如果在时间步$(t_k, t_{k+1})$内外载为多项式调制的简谐外载

$$\boldsymbol{r}(t) = \left(\boldsymbol{r}_0 + \boldsymbol{r}_1 t + \boldsymbol{r}_2 t^2\right)(\alpha \sin \omega t + \beta \cos \omega t) \tag{2.1.35}$$

其特解可求得为

$$\boldsymbol{v}_p(t) = \left(\boldsymbol{a}_0 + \boldsymbol{a}_1 t + \boldsymbol{a}_2 t^2\right)\sin \omega t + \left(\boldsymbol{b}_0 + \boldsymbol{b}_1 t + \boldsymbol{b}_2 t^2\right)\cos \omega t \tag{2.1.36}$$

式中，

$$\begin{cases} \boldsymbol{a}_i = \left(\boldsymbol{H}^2 + \omega^2 \boldsymbol{I}\right)^{-1}\left(-\boldsymbol{H}\boldsymbol{P}_{ia} + \omega \boldsymbol{P}_{ib}\right) \\ \boldsymbol{b}_i = \left(\boldsymbol{H}^2 + \omega^2 \boldsymbol{I}\right)^{-1}\left(-\boldsymbol{H}\boldsymbol{P}_{ib} - \omega \boldsymbol{P}_{ia}\right) \end{cases} \quad (i = 2,1,0) \tag{2.1.37}$$

而

$$\begin{cases} \boldsymbol{P}_{2a} = \alpha \boldsymbol{r}_2, & \boldsymbol{P}_{2b} = \beta \boldsymbol{r}_2 \\ \boldsymbol{P}_{1a} = \alpha \boldsymbol{r}_1 - 2\boldsymbol{a}_2, & \boldsymbol{P}_{1b} = \beta \boldsymbol{r}_1 - 2\boldsymbol{b}_2 \\ \boldsymbol{P}_{0a} = \alpha \boldsymbol{r}_0 - \boldsymbol{a}_1, & \boldsymbol{P}_{0b} = \beta \boldsymbol{r}_0 - \boldsymbol{b}_1 \end{cases} \quad (i = 2,1,0) \tag{2.1.38}$$

如果在时间步$(t_k, t_{k+1})$内外载为指数函数调制的简谐外载

$$\boldsymbol{r}(t) = \exp(\alpha t)\left(\boldsymbol{r}_1 \sin \omega t + \boldsymbol{r}_2 \cos \omega t\right) \tag{2.1.39}$$

其特解为

$$\boldsymbol{v}_p(t) = \exp(\alpha t)\left(\boldsymbol{a} \sin \omega t + \boldsymbol{b} \cos \omega t\right) \tag{2.1.40}$$

式中，

$$\begin{cases} \boldsymbol{a} = \left((\alpha \boldsymbol{I} - \boldsymbol{H})^2 + \omega^2 \boldsymbol{I}\right)^{-1}\left((\alpha \boldsymbol{I} - \boldsymbol{H})\boldsymbol{r}_1 + \omega \boldsymbol{r}_2\right) \\ \boldsymbol{b} = \left((\alpha \boldsymbol{I} - \boldsymbol{H})^2 + \omega^2 \boldsymbol{I}\right)^{-1}\left((\alpha \boldsymbol{I} - \boldsymbol{H})\boldsymbol{r}_2 - \omega \boldsymbol{r}_1\right) \end{cases} \tag{2.1.41}$$

以上$\alpha$、$\beta$、$\boldsymbol{r}_0$、$\boldsymbol{r}_1$、$\boldsymbol{r}_2$、$\boldsymbol{a}$、$\boldsymbol{b}$等均为实常量。

## 2.2　移动荷载作用下桥梁结构动力响应

移动荷载作用下桥梁结构动力响应一直是各国学者研究的一个基本问题。理论上讲，这类移动荷载问题可以用 Duhamel 积分来计算。但是对于一般的有限元体系，通常采用 Newmark 法进行直接积分[21-29]。在具体进行计算时，每一个积分步内荷载的大小和作用位置都是固定不变的，是以一系列作用在桥梁上不同位置的荷载脉冲来代替移动荷载。由于不能考虑荷载在时间域的连续变化以及在空间域的连续移动，当时间步长不够微小时，这种荷载变化模式会造成较大的计算误差。虽然随着积分步长的减小，计算的动力响应可以逐渐逼近精确解，却降低了计算效率。尤其是对于荷载中的高频分量，往往难以进行准确计算。对于多数常见的荷载，精细积分方法已经获得了很多应用，即使采用相当大的时间步长，仍然得到高度精确的数值解，而且时间步长不受结构自振特性的限制[15,20]。对于移动荷载问题，文献[30]使用

精细积分法计算多跨非均匀截面梁受移动荷载作用的动力响应问题，但仍然假设在每个时间步内荷载位置和大小固定不变。精细积分法所固有的优点使计算效率有所提高，但未充分发挥出精细积分法的潜在优势。文献[1]、[2]将精细积分法作了推广，借助于有限元的形函数，建立了将移动集中力向梁单元节点分解的“协调分解”方式，以及较为简化的“简单分解”和“混合分解”方式，推导了相应的精细积分格式。上述方法中不但荷载的大小随时间而连续变化，而且通过相邻节点荷载的协同变化能够同时模拟荷载作用位置的连续移动。

### 2.2.1　移动荷载作用下结构运动方程

简支梁在匀速移动的简谐荷载 $p\sin(\omega t)$ 作用下的运动方程可以表示为[29]

$$\boldsymbol{M}\ddot{\boldsymbol{y}}(t)+\boldsymbol{C}\dot{\boldsymbol{y}}(t)+\boldsymbol{K}\boldsymbol{y}(t)=\boldsymbol{f}(t)=\boldsymbol{e}(t)p\sin(\omega t) \tag{2.2.1}$$

式中，$\boldsymbol{M}$、$\boldsymbol{C}$ 和 $\boldsymbol{K}$ 分别表示随时间变化的质量、阻尼和刚度矩阵；$\boldsymbol{e}(t)$ 为随时间变化的单元节点荷载分配向量。

上述方程可在状态空间中表达

$$\dot{\boldsymbol{v}}=\boldsymbol{H}\boldsymbol{v}+\boldsymbol{r}(t) \tag{2.2.2}$$

式中，

$$\begin{cases}\boldsymbol{H}=\begin{bmatrix}0 & \boldsymbol{I}\\ \boldsymbol{B} & \boldsymbol{G}\end{bmatrix},\ \boldsymbol{B}=-\boldsymbol{M}^{-1}\boldsymbol{K},\ \boldsymbol{G}=-\boldsymbol{M}^{-1}\boldsymbol{C}\\ \boldsymbol{v}=\begin{Bmatrix}\boldsymbol{y}\\ \dot{\boldsymbol{y}}\end{Bmatrix}\\ \boldsymbol{r}(t)=\begin{Bmatrix}\boldsymbol{0}\\ \boldsymbol{M}^{-1}\boldsymbol{e}(t)\end{Bmatrix}p\sin(\omega t)\end{cases} \tag{2.2.3}$$

### 2.2.2　移动荷载模拟及分解

简支梁桥典型的单元模型如图 2.2.1 所示，其长度为 $l$，简谐荷载 $P=p\exp(\mathrm{i}\omega t)$ 自左端向右匀速移动，其虚部 $p\sin(\omega t)$ 代表实际荷载。因此，用 $p\exp(\mathrm{i}\omega t)$ 作为外载，计算出解的虚部就是实际的结构响应。设 $t_k$ 是荷载移动到 $A$ 点的时刻，在此后的 $\Delta t$ 时间间隔内，荷载由 $A$ 点移动到 $B$ 点，且仅在第 $j$ 个单元内移动。$A$ 点和 $B$ 点离该单元左节点 $j$ 的距离分别为 $x_1$ 和 $x_2$。设荷载从 $A$ 点移动到位置 $x$ 所用的时间是 $\tau,\tau\in[0,\Delta t]$，并记坐标 $x$ 的无量纲参数为 $\xi=x/l$，则

$$x=x_1+\frac{\tau(x_2-x_1)}{\Delta t}\ 或\ \xi=\xi_1+\frac{\tau(\xi_2-\xi_1)}{\Delta t} \tag{2.2.4}$$

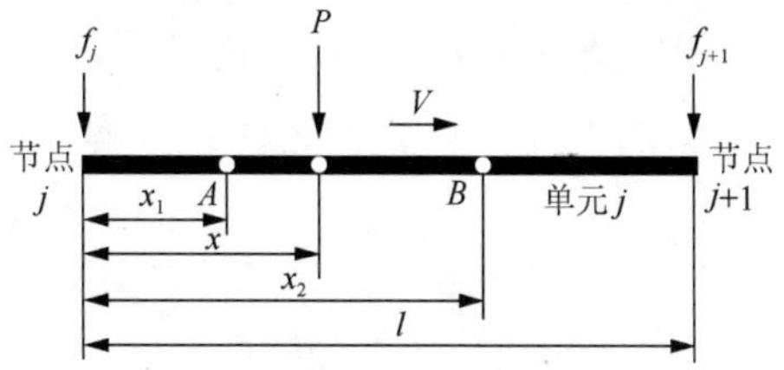


图 2.2.1　简谐荷载 $P$ 在第 $j$ 单元内移动

1. 简单分解格式

在图 2.2.1 中，如果将集中荷载 $P$ 按平行力系分解到单元左右结点 $j$+1 和 $j$ 上，则这两个力分别为

$$F_j = P\frac{l-x}{l} = P(1-\xi)，\quad F_{j+1} = P\frac{x}{l} = P\xi \tag{2.2.5}$$

按照对号入座法则用式（2.2.5）生成式（2.2.1）中结构的荷载向量 $\boldsymbol{f}(t)$，则该向量随时间 $\tau$ 线性变化。该分解方法仅取决于荷载作用点到单元两端距离的比例，故亦可称为比例分解。该分解格式使用非常简单，但是对于高频荷载而言，其精度尚有欠缺。

2. 协调分解格式

将集中荷载根据有限元的形函数来进行分解，则在任意时刻 $t=t_k+\tau\left(\tau\in[0,\Delta t]\right)$，外力向量有如下形式：

$$\boldsymbol{f}(\tau)=\left\{0,0,\cdots,N_1(\xi),N_2(\xi),N_3(\xi),N_4(\xi),\cdots,0,0\right\}^{\mathrm{T}} p\exp(\mathrm{i}\omega t) \tag{2.2.6}$$

式中，$N_i(\xi)\left(i=1,\cdots,4\right)$ 是梁单元的形函数，形式如下：

$$\begin{cases} N_1 = 1-3\xi^2+2\xi^3,\ N_2=(\xi-2\xi^2+\xi^3)l \\ N_3 = 3\xi^2-2\xi^3,\ N_4=(-\xi^2+\xi^3)l \end{cases} \tag{2.2.7}$$

将方程（2.2.7）代入方程（2.2.6），经过整理得

$$\begin{gathered} \boldsymbol{f}(t)=\boldsymbol{e}(t)p\exp(\mathrm{i}\omega t) \\ \boldsymbol{e}(t)=\left(\boldsymbol{a}_0+\boldsymbol{a}_1\frac{\tau}{\Delta t}+\boldsymbol{a}_2\left(\frac{\tau}{\Delta t}\right)^2+\boldsymbol{a}_3\left(\frac{\tau}{\Delta t}\right)^3\right) \end{gathered} \tag{2.2.8}$$

式中，$\boldsymbol{a}_i\left(i=0,\cdots,3\right)$ 是常系数向量，分别为

$$\begin{cases} \boldsymbol{a}_0=\left\{0,0,\cdots,b_1,b_2,b_3,b_4,\cdots,0,0\right\}^{\mathrm{T}},\boldsymbol{a}_1=\left\{0,0,\cdots,b_5,b_6,b_7,b_8,\cdots,0,0\right\}^{\mathrm{T}} \\ \boldsymbol{a}_2=\left\{0,0,\cdots,b_9,b_{10},b_{11},b_{12},\cdots,0,0\right\}^{\mathrm{T}},\boldsymbol{a}_3=\left\{0,0,\cdots,b_{13},b_{14},b_{15},b_{16},\cdots,0,0\right\}^{\mathrm{T}} \end{cases} \tag{2.2.9}$$

其中，

$$\begin{cases} b_1=1-3\xi_1^2+2\xi_1^3,\ b_2=l(\xi_1-2\xi_1^2+\xi_1^3),\ b_3=1-b_1,\ b_4=l(\xi_1^3-\xi_1^2) \\ b_5=l(\xi_1^2-\xi_1)(\xi_2-\xi_1),\ b_6=l(\xi_2-\xi_1)(1-4\xi_1+3\xi_1^2) \\ b_7=-b_5,\ b_8=l(\xi_2-\xi_1)(3\xi_1^2-2\xi_1),\ b_9=\left(6\xi_1-3\right)\left(\xi_2-\xi_1\right)^2 \\ b_{10}=l\left(\xi_2-\xi_1\right)^2(3\xi_1-2),\ b_{11}=-b_9,\ b_{12}=l\left(\xi_2-\xi_1\right)^2(3\xi_1-1) \\ b_{13}=2\left(\xi_2-\xi_1\right)^3,\ b_{14}=l\left(\xi_2-\xi_1\right)^3,\ b_{15}=-b_{13},\ b_{16}=b_{14} \end{cases} \tag{2.2.10}$$

对集中荷载进行协调分解虽然精度较高，但是形成的力向量 $\boldsymbol{f}(t)$ 是时间 $\tau$ 的三次函数，比起简单分解中 $\boldsymbol{f}(t)$ 是时间的线性函数，每一步所需的计算时间显然更多。但是对高频荷载而言，协调分解法的优点更为突出。还可以将上述两种分解方法相结合，产生下列混合分解法。

3. 混合分解格式

混合分解法的思想是：先将集中荷载按简单分解法分解到 $A$ 和 $B$ 两点，然后再将这两点的荷载分别按协调分解法分解到单元两端节点并叠加。这样得到的荷载向量 $\boldsymbol{f}(t)$ 可表示为

$$\begin{cases} \boldsymbol{f}(t)=\left(\boldsymbol{a}_0+\boldsymbol{c}_1\dfrac{\tau}{\Delta t}\right)p\exp(\mathrm{i}\omega t) \\ \boldsymbol{c}_1=\boldsymbol{a}_1+\boldsymbol{a}_2+\boldsymbol{a}_3 \end{cases} \tag{2.2.11}$$

该 $\boldsymbol{f}(t)$ 仍然是时间 $\tau$ 的线性函数，因此计算效率与简单分解法相当。但是当 $\Delta t$ 减小时精度则有所提高。

### 2.2.3　结构响应的精细积分

假设已知 $t_k$ 时刻梁的状态向量 $\boldsymbol{v}(t_k)$，则在 $t_{k+1}=t_k+\Delta t$ 时刻，梁的状态向量 $\boldsymbol{v}(t_{k+1})$ 为 $\boldsymbol{v}(t_{k+1})=\boldsymbol{T}(\Delta t)\big(\boldsymbol{v}(t_k)-\boldsymbol{v}_p(t_k)\big)+\boldsymbol{v}_p(t_{k+1})$。指数矩阵 $\boldsymbol{T}(\Delta t)$ 的精细计算见 2.1.2 小节。依赖不同的分解格式，可进行相应的特解推导。

1. 对于协调分解情形

$$\begin{aligned}\boldsymbol{r}(t)&=\begin{Bmatrix}\boldsymbol{0}\\ \boldsymbol{M}^{-1}\boldsymbol{f}\end{Bmatrix}=\left(\boldsymbol{r}_0+\boldsymbol{r}_1\tau+\boldsymbol{r}_2\tau^2+\boldsymbol{r}_3\tau^3\right)\exp(\mathrm{i}\omega t)\\ &=\left(\begin{Bmatrix}\boldsymbol{0}\\ \boldsymbol{M}^{-1}\boldsymbol{a}_0\end{Bmatrix}+\begin{Bmatrix}\boldsymbol{0}\\ \boldsymbol{M}^{-1}\boldsymbol{a}_1\end{Bmatrix}\frac{\tau}{\Delta t}+\begin{Bmatrix}\boldsymbol{0}\\ \boldsymbol{M}^{-1}\boldsymbol{a}_2\end{Bmatrix}\frac{\tau^2}{\Delta t^2}+\begin{Bmatrix}\boldsymbol{0}\\ \boldsymbol{M}^{-1}\boldsymbol{a}_3\end{Bmatrix}\frac{\tau^3}{\Delta t^3}\right)p\exp(\mathrm{i}\omega t)\end{aligned} \tag{2.2.12}$$

其特解为

$$\boldsymbol{v}_p(t)=\left(\boldsymbol{k}_0+\boldsymbol{k}_1\tau+\boldsymbol{k}_2\tau^2+\boldsymbol{k}_3\tau^3\right)\exp(\mathrm{i}\omega t) \tag{2.2.13}$$

式中，$\boldsymbol{k}_i$ 是常系数向量，分别表示为

$$\boldsymbol{k}_0=\boldsymbol{J}(\boldsymbol{r}_0-\boldsymbol{k}_1)，\ \boldsymbol{k}_1=\boldsymbol{J}(\boldsymbol{r}_1-2\boldsymbol{k}_2)，\ \boldsymbol{k}_2=\boldsymbol{J}(\boldsymbol{r}_2-3\boldsymbol{k}_3)，\ \boldsymbol{k}_3=\boldsymbol{J}\boldsymbol{r}_3,\ \boldsymbol{J}=-\left(\boldsymbol{H}-\mathrm{i}\omega\boldsymbol{I}\right)^{-1} \tag{2.2.14}$$

2. 对于简单分解或混合分解情形

对于简单分解或混合分解情形，荷载向量可以统一表示为

$$\boldsymbol{r}(t)=\begin{Bmatrix}0\\ \boldsymbol{M}^{-1}\boldsymbol{f}\end{Bmatrix}=(\boldsymbol{r}_0+\boldsymbol{r}_1\tau)\exp(\mathrm{i}\omega t)=\left(\begin{Bmatrix}0\\ \boldsymbol{M}^{-1}\boldsymbol{a}_0\end{Bmatrix}+\begin{Bmatrix}0\\ \boldsymbol{M}^{-1}\boldsymbol{c}_1\end{Bmatrix}\frac{\tau}{\Delta t}\right)p\exp(\mathrm{i}\omega t) \tag{2.2.15}$$

式中，$t=t_k+\tau,\tau\in[0,\ \Delta t]$。与该荷载相应的特解为

$$\boldsymbol{v}_p(t)=(\boldsymbol{k}_0+\boldsymbol{k}_1\tau)\exp(\mathrm{i}\omega t) \tag{2.2.16}$$

式中，$\boldsymbol{k}_0$、$\boldsymbol{k}_1$ 是常系数向量，分别表示为

$$\boldsymbol{k}_0=\boldsymbol{J}\left(\boldsymbol{r}_0-\boldsymbol{k}_1\right),\ \boldsymbol{k}_1=\boldsymbol{J}\boldsymbol{r}_1 \tag{2.2.17}$$

**例 2.2.1**　简支梁受匀速移动简谐荷载 $p\sin(\omega t)$ 作用时动力响应的数值计算。梁长 $L=48\text{m}$，抗弯刚度 $EI=8.6057\times10^{10}\text{N}\cdot\text{m}^2$，线密度 $m=10\times10^3\text{kg/m}$，不计阻尼。荷载幅值 $p=100\text{N}$，移动速度 $V=27.78\text{m/s}$。将全梁划分为 10 个等长的梁单元，采用集中质量阵，计算当荷载到达梁中点时，在力作用点处的梁动位移（挠度）。计算结果使用无量纲动位移：梁中点动位移/梁中点静位移（梁中点静位移为 $pL^3/48EI$）。所使用的计算机配置为 Pentium(R)4 处理器、1.8GHz CPU、256MB 内存。

比较 Newmark 法（对荷载亦采用协调分解）和精细积分法（采用简单分解、协调分解和混合分解格式）的计算效率和精度。表 2.2.1～表 2.2.3 给出了频率 $\omega=\pi, 20\pi, 200\pi$ 时，按四种数值方法得到的计算结果。

表 2.2.1 是激励圆频率很低的计算结果，这时用 Newmark 法效果也不错。只需对半座桥实施 50 步积分，就可以将计算精度控制在 1%以内。如果用精细积分法，不管是哪种荷载分解方式，为了达到 1%的精度，计算时间可节省一个数量级。对简单分解或协调分解而言，一个单元用多个时间步长或用一个时间步长作积分得到的数值结果是完全一样的，却多耗费了计算时间，所以在以下的计算中，对于精细积分简单分解或协调分解只列出一个梁单元对应一个时间步长的情况。需要注意的是，使用协调分解法时，每个单元用一个时间步长来积分，就得到了该有限元模型的精确解（它相对于连续体模型的精确解尚有 0.002 64%的误差）。而要达到与协调分解法几乎同样的计算精度，用 Newmark 法需用 40 000 时间步，用混合分解法也至少要用 2000 时间步。表 2.2.2 是对中等大小的激励频率（10Hz）所作的计算对比。如果仍然要达到 1%的计算精度，则使用 Newmark 法时，需要对半桥积分 400 步之多。而用精细积分法（混合分解）只需约 7%的计算时间；用精细积分法（协调分解）则只需不到 3%的时间，且精度高得多。

**表 2.2.1　荷载频率 $\omega=\pi$ 时简支梁中点位移结果比较**（解析解：0.442 768 24）

| 计算方法 | | 总积分步长 | 梁中点动位移/$10^{-3}$m | 计算误差/% | 计算时间/s |
|---|---|---|---|---|---|
| Newmark 法 | | 5 | 0.420 814 77 | 4.96 | 0.000 47 |
| | | 10 | 0.379 028 64 | 14.4 | 0.000 98 |
| | | 25 | 0.428 980 38 | 3.11 | 0.002 34 |
| | | 50 | 0.439 198 57 | 0.806 | 0.004 81 |
| | | 40 000 | 0.442 756 54 | 0.002 64 | 3.736 02 |
| 精细积分法 | 简单分解 | 5 | 0.438 349 87 | 0.998 | 0.000 55 |
| | | 10 | | | 0.001 06 |
| | | 25 | | | 0.002 62 |
| | | 50 | | | 0.005 39 |
| | 混合分解 | 5 | 0.438 349 87 | 0.998 | 0.005 50 |
| | | 10 | 0.441 802 31 | 0.218 | 0.001 03 |
| | | 25 | 0.442 584 07 | 0.0416 | 0.002 63 |
| | | 50 | 0.442 710 84 | 0.0130 | 0.005 37 |
| | | 2 000 | 0.442 756 52 | 0.002 65 | 0.221 03 |
| | 协调分解 | 5 | 0.442 765 5 | 0.002 64 | 0.000 98 |
| | | 10 | | | 0.001 92 |
| | | 25 | | | 0.004 71 |
| | | 50 | | | 0.009 45 |

**表 2.2.2　荷载频率 $\omega=20\pi$ 时简支梁中点位移结果比较**（解析解：0.017 129 501）

| 计算方法 | | 总积分步长 | 梁中点动位移/$10^{-3}$m | 计算误差/% | 计算时间/s |
|---|---|---|---|---|---|
| Newmark 法 | | 200 | 0.015 222 649 | 11.1 | 0.018 60 |
| | | 300 | 0.016 728 107 | 2.34 | 0.027 73 |
| | | 400 | 0.017 014 233 | 0.673 | 0.037 19 |
| | | 500 | 0.017 115 424 | 0.082 2 | 0.046 62 |
| 精细积分法 | 简单分解 | 5 | 0.015 467 997 | 9.70 | 0.000 55 |
| | 混合分解 | 5 | 0.015 467 997 | 9.7 | 0.000 55 |
| | | 10 | 0.015 489 100 | 9.58 | 0.001 08 |

续表

| 计算方法 | | 总积分步长 | 梁中点动位移/$10^{-3}$m | 计算误差/% | 计算时间/s |
|---|---|---|---|---|---|
| 精细积分法 | 混合分解 | 25 | 0.017 030 298 | 0.579 | 0.002 62 |
| | | 50 | 0.017 100 034 | 0.172 | 0.005 34 |
| | 协调分解 | 5 | 0.017 143 379 | 0.081 | 0.000 98 |

当激励频率达到 100Hz 时，将全梁 10 等分的结构模型显得太粗糙了，以至于无论用哪种方法计算，都有 90%以上的误差。为此将全梁 50 等分再计算，结果列入表 2.2.3。由表 2.2.3 可见，对于频率高达 100Hz 的移动简谐荷载，用 Newmark 法虽可将计算精度控制在 1%之内，但是对于半桥的总积分步长要达到 40 000 之多，效率不高。使用精细积分法（协调分解）时，半座桥总共只需积分 25 步，就取得了更好的精度，且仅需不到 1%的计算时间。从表 2.2.1 和表 2.2.2 还可以看出，对于变化缓慢的简谐荷载，虽然全梁被粗糙地分为 10 等分，即从梁端移动到梁中点总共只计算了 5 个时间步，用精细积分协调分解法已得到与精确解十分接近的结果，一个时间步跨越一整个单元就达了到最佳精度，相对误差小于万分之 0.3。一个梁单元进行多步积分并不影响计算结果。简单分解法的精度也与每个梁单元内的积分步数无关，其精度显著低于协调分解法，但是所用时间较少，实施步骤也较为简单。混合分解法所需时间与简单分解法相当，但是随着每一个梁单元内所使用积分步数的增加，计算精度也逐渐改善，逐渐趋近于协调分解法的精度。

**表 2.2.3　荷载频率 $\omega = 200\pi$ 时简支梁中点位移结果比较**（解析解：0.041 656 933）

| 计算方法 | | 总积分步长 | 梁中点动位移/$10^{-3}$m | 计算误差/% | 计算时间/s |
|---|---|---|---|---|---|
| Newmark 法 | | 2 500 | −0.004 822 149 | 112 | 1.292 |
| | | 5 000 | 0.031 183 021 | 25.1 | 2.574 |
| | | 10 000 | 0.039 104 24 | 6.13 | 4.987 |
| | | 20 000 | 0.040 836 332 | 1.97 | 9.984 |
| | | 40 000 | 0.041 252 04 | 0.972 | 19.95 |
| 精细积分法 | 简单分解 | 25 | 0.040 743 471 | 2.19 | 0.059 |
| | 混合分解 | 25 | 0.040 743 471 | 2.19 | 0.059 |
| | | 50 | 0.041 234 923 | 1.01 | 0.117 |
| | | 125 | 0.041 368 989 | 0.691 | 0.290 |
| | 协调分解 | 25 | 0.041 389 044 | 0.643 | 0.097 |

**例 2.2.2**　三跨弹性支承梁如图 2.2.2 所示。左右跨长均为 30m，中间跨长为 40m，抗弯刚度 $EI = 8.6057 \times 10^{10}\,\mathrm{N \cdot m^2}$，线密度 $m = 10 \times 10^3\,\mathrm{kg/m}$。支承弹簧的刚度为 $k$=2.065×$10^6$N/m。结构的阻尼阵 $\boldsymbol{C} = 0.1\boldsymbol{M}$ 。

荷载幅值 $P$=100N，移动速度 $V = 27.78\,\mathrm{m/s}$。将全梁划分为 60 个单元，计算结果如表 2.2.4 所示。把用精细积分协调分解格式算得的中点位移 3.876 353 2×$10^{-9}$m 作为参考精确解，则计算简谐荷载由梁端移动到中点时，用 Newmark 法需积分 36 000 步才能达到 1%计算精度，用精细积分混合分解法则只需积分 120 步，用 Newmark 法 1.7%的计算时间，而用精细积分协调分解法则只需积分 30 步，只用 Newmark 法约 0.7%的计算时间。计算效率大幅度提高是显而易见的。

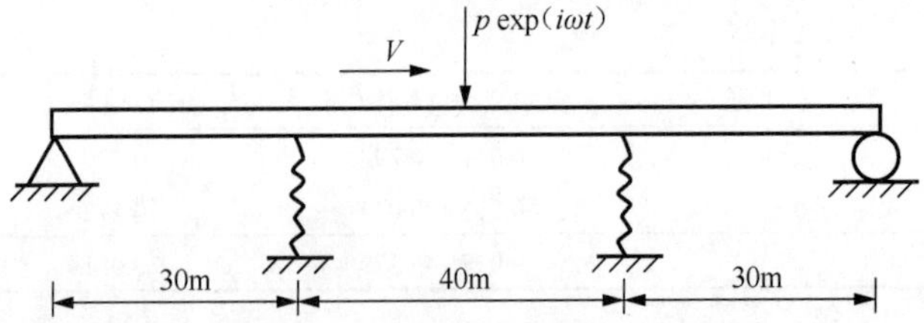


图 2.2.2　简谐荷载 $p\sin(\omega t)$ 在弹性支撑的梁上移动

**表 2.2.4　荷载频率 $\omega = 20\pi$ 时简支梁中点位移结果比较**（解析解：3.876 353 2×$10^{-9}$m）

| 计算方法 | | 总积分步长 | 梁中点动位移/$10^{-9}$m | 计算误差/% | 计算时间/s |
|---|---|---|---|---|---|
| Newmark 法 | | 7 500 | 3.613 695 7 | 6.78 | 4.867 |
| | | 15 000 | 3.791 596 5 | 2.19 | 9.774 |
| | | 30 000 | 3.834 952 0 | 1.07 | 19.488 |
| | | 36 000 | 3.839 277 6 | 0.956 | 23.374 |
| 精细积分法 | 简单分解 | 30 | 4.020 598 5 | 3.72 | 0.097 |
| | 混合分解 | 30 | 4.020 598 5 | 3.72 | 0.097 |
| | | 60 | 4.016 743 3 | 3.62 | 0.192 |
| | | 120 | 3.850 194 1 | 0.675 | 0.386 |
| | 协调分解 | 30 | 3.849 222 5 | 0.700 | 0.158 |

## 2.3　移动质量作用下桥梁结构动力响应

移动质量过桥问题是解决车桥振动分析、优化和控制等一系列问题的基础。由于移动质量惯性力的存在，这一问题最终归结为求解时变系数的二阶线性微分方程组，而且通常是采用 Newmark、Wilson-$\theta$ 等逐步积分方法来实现。在 2.2 节的基础上，本节推广精细积分法来处理移动质量作用下桥梁动力响应的计算问题，采用前后积分时刻单元节点加速度的时间线性插值来生成移动质量惯性力，并建立基于简单分解、协调分解和混合分解的三种精细积分迭代求解格式[3,4]。这些积分格式在每一个时间步内能够较为真实地模拟由路面不平顺和桥梁垂向位移所产生的移动质量惯性力，即使采用较大的积分步长仍然可以给出具有很高精度的计算结果。

### 2.3.1　移动质量作用下桥梁运动方程

移动质量 $m$ 以速度 $V$ 匀速通过简支梁桥，其模型示意图如图 2.3.1 所示，梁桥的路面不平度假定为如下简谐函数：

$$h(x) = a\sin(\Omega x) \tag{2.3.1}$$

式中，$a$ 为幅值常数；$\Omega$ 为路面不平度的空间圆频率。通过关系式 $x = Vt$，可以将路面不平度由空间域转换到时间域，即

$$h(t) = a\sin(\omega t) \tag{2.3.2}$$

其中，$\omega = \Omega/V$ 为路面不平度的时间圆频率。

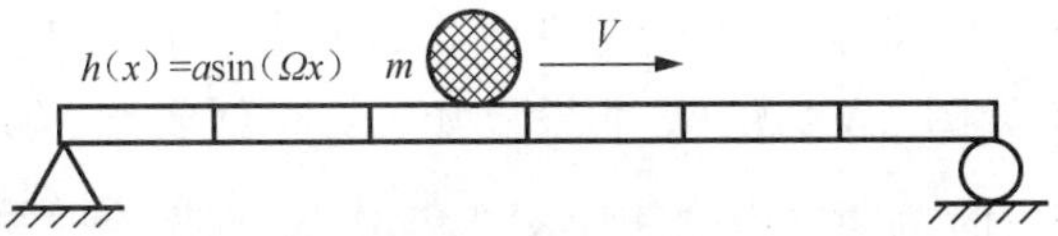


图 2.3.1　移动质量作用下桥梁有限元模型

设移动质量垂向加速度为 $\ddot{y}_m$，根据达朗贝尔原理可得其动力学方程为

$$m\ddot{y}_m(t) = mg - p(t) \tag{2.3.3}$$

式中，$g$ 为重力加速度；$p(t)$ 为移动质量与桥梁间的相互作用力。

采用二维 Bernoulli-Euler 梁单元对简支梁桥进行有限元离散，可建立其运动方程

$$\boldsymbol{M}_b\ddot{\boldsymbol{y}}_b(t) + \boldsymbol{C}_b\dot{\boldsymbol{y}}_b(t) + \boldsymbol{K}_b\boldsymbol{y}_b(t) = \boldsymbol{R}_b(t)p(t) \tag{2.3.4}$$

式中，$\boldsymbol{M}_b$、$\boldsymbol{C}_b$ 和 $\boldsymbol{K}_b$ 分别为桥梁质量、阻尼和刚度矩阵；$\boldsymbol{y}_b(t)$ 为桥梁的节点位移向量；$\boldsymbol{R}_b(t)$ 为作用力 $p(t)$ 向桥梁节点分解的分解向量。

假定移动质量与梁体始终保持接触，依据位移连续条件，有

$$y_m(t) = y_b(t) + h(t) \tag{2.3.5}$$

式中，$y_b(t)$ 为桥梁与移动质量接触位置的垂向位移。将式（2.3.2）、式（2.3.3）和式（2.3.5）一并代入式（2.3.4）可得

$$\boldsymbol{M}_b\ddot{\boldsymbol{y}}_b(t) + \boldsymbol{C}_b\dot{\boldsymbol{y}}_b(t) + \boldsymbol{K}_b\boldsymbol{y}_b(t) = \boldsymbol{R}_b(t)\left(mg - m\ddot{y}_b(t) + ma\omega^2\sin(\omega t)\right) \tag{2.3.6}$$

如图 2.3.2 所示，移动质量 $m$ 自第 $j$ 个单元左端向右端以速度 $V$ 匀速移动。设梁单元长度为 $l$，在某一积分步 $\Delta t$ 内，移动质量由 $A$ 点移动到 $B$ 点，且 $A$、$B$ 点均在单元 $j$ 内。$t_k$ 时刻作用于 $A$ 点，而 $t_{k+1}$ 时刻移动到 $B$ 点，$A$ 点和 $B$ 点离该单元左节点 $j$ 的距离分别为 $x_1$ 和 $x_2$。设 $m$ 从 $A$ 点移动到位置 $x$ 所用的时间为 $\tau$，$\tau \in [0, \Delta t]$，记坐标 $x$ 的无量纲参数为 $\xi = x/l$，则有

$$x = x_1 + \tau(x_2 - x_1)/\Delta t \text{ 或 } \xi = \frac{x_1}{l} + \frac{x_2 - x_1}{l\Delta t}\tau = \xi_1 + \xi_2\tau \tag{2.3.7}$$

式中，

$$\xi_1 = \frac{x_1}{l}, \quad \xi_2 = \frac{x_2 - x_1}{l\Delta t} = \frac{V}{l} \tag{2.3.8}$$

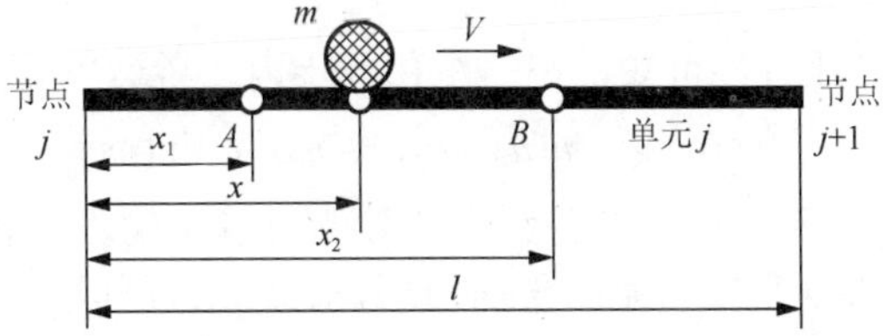


图 2.3.2　移动质量在第 $j$ 单元内移动

由于桥梁采用有限单元法来模拟，单元内任意位置的加速度可以通过 $\boldsymbol{R}_b(t)$ 及相关导数，由节点的位移、速度和加速度响应得到

$$\ddot{y}_b(t) = \ddot{\boldsymbol{R}}_b^{\mathrm{T}}(t)\boldsymbol{y}_b(t) + 2\dot{\boldsymbol{R}}_b^{\mathrm{T}}(t)\dot{\boldsymbol{y}}_b(t) + \boldsymbol{R}_b^{\mathrm{T}}(t)\ddot{\boldsymbol{y}}_b(t) \tag{2.3.9}$$

为了连续地模拟加速度在时间上的变化规律，这里将一个积分步前后积分时刻的节点加速度进行时间线性插值。如图 2.3.3 所示，假设已知第 $t_k$ 时刻节点 $j$ 和 $j+1$ 的加速度分别为 $a_j^k$ 和 $a_{j+1}^k$，现在要求解第 $t_{k+1}$ 时刻的节点加速度 $a_j^{k+1}$ 和 $a_{j+1}^{k+1}$。对两个时刻单元节点的加速度分别进行线性插值处理，可得 $m$ 移动到位置 $x$ 时，即 $t_k+\tau\ (0<\tau<\Delta t)$ 时刻，桥梁节点的加速度为

$$a_j^\tau = a_j^k + (a_j^{k+1} - a_j^k)\frac{\tau}{\Delta t},\quad a_{j+1}^\tau = a_{j+1}^k + (a_{j+1}^{k+1} - a_{j+1}^k)\frac{\tau}{\Delta t} \tag{2.3.10}$$

可以通过式（2.3.9）得到 $t_k$ 时刻加速度，进而由下式计算 $t=t_k+\tau$ 时刻移动质量作用位置处桥梁的加速度：

$$\ddot{y}_b(t) = a_1 + a_2\tau \tag{2.3.11}$$

式中，$a_1$ 和 $a_2$ 随着 $\boldsymbol{R}_b(t)$ 的变化而变化。

在求解的过程中，为了提高第 $t_{k+1}$ 时刻节点加速度的计算精度，可以采用迭代求解的方法，一般迭代 2～3 次就可得到理想结果。由于开始阶段，$t_{k+1}$ 时刻的节点响应未知，可以令 $t_k$ 时刻的节点响应为迭代计算初值。

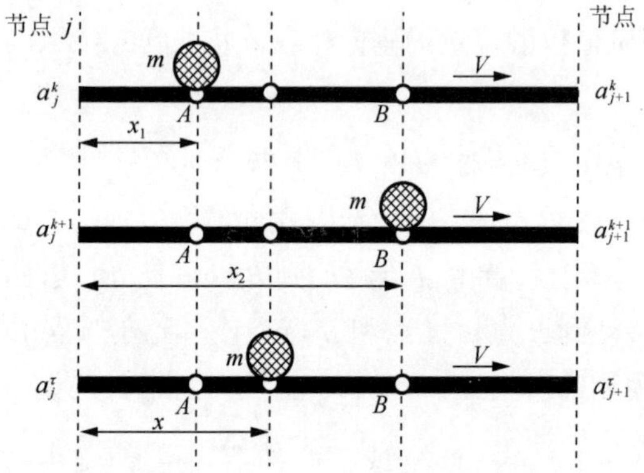


图 2.3.3 节点加速度时间线性插值

### 2.3.2 耦合作用力的连续动态分解

1. 简单分解过程

由式（2.3.6）和式（2.3.11）可知，在一个积分步内，桥梁单元内部荷载为

$$p(t) = mg - m(a_1 + a_2\tau) + ma\omega^2\sin(\omega t) \tag{2.3.12}$$

有限元分析中需要将单元内部荷载分解为等效的节点荷载。如图 2.3.4 所示，任意时刻 $t=t_k+\tau$，与 2.2 节类似，根据平行力系的平衡原理，荷载 $p(t)$ 可以分解为作用于节点 $j$ 和 $j+1$ 上的等效节点荷载

$$f_j = p(t)\frac{l-x}{l} = p(t)(1-\xi),\quad f_{j+1} = p(t)\frac{x}{l} = p(t)\xi \tag{2.3.13}$$

此时桥梁的外力向量有如下形式：

$$\boldsymbol{f}(\tau) = \{0,0,\cdots,1-\xi,0,\xi,0,\cdots,0,0\}^{\mathrm{T}}\,p(t) \tag{2.3.14}$$

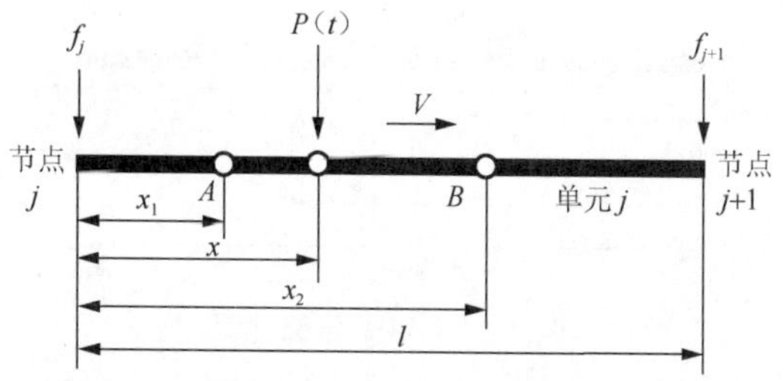


图 2.3.4　简单分解过程

2. 协调分解过程

如图 2.3.5 所示，这里采用有限元形函数将单元内部荷载 $p(t)$ 进行分解。在任意时刻 $t=t_k+\tau$，荷载 $p(t)$ 在节点 $j$ 和 $j+1$ 产生的等效节点荷载为

$$f_1(t)=N_1(\xi)p(t),\quad f_2(t)=N_2(\xi)p(t),\quad f_3(t)=N_3(\xi)p(t),\quad f_4(t)=N_4(\xi)p(t) \tag{2.3.15}$$

式中，$N_i(\xi)$ $(i=1,2,3,4)$ 是梁单元的形函数

$$\begin{cases} N_1(\xi)=1-3\xi^2+2\xi^3 \\ N_2(\xi)=(\xi-2\xi^2+\xi^3)l \\ N_3(\xi)=3\xi^2-2\xi^3 \\ N_4(\xi)=(-\xi^2+\xi^3)l \end{cases} \tag{2.3.16}$$

此时桥梁的外力向量有如下形式：

$$\boldsymbol{f}(\tau)=\{0,0,\cdots,f_1(t),f_2(t),f_3(t),f_4(t),\cdots,0,0\}^{\mathrm{T}} \tag{2.3.17}$$

将式（2.3.7）、式（2.3.15）、式（2.3.16）代入式（2.3.17），经过整理可得

$$\boldsymbol{f}(\tau)=(\boldsymbol{a}_0+\boldsymbol{a}_1\tau+\boldsymbol{a}_2\tau^2+\boldsymbol{a}_3\tau^3)p(t) \tag{2.3.18}$$

式中，$\boldsymbol{a}_i (i=0,1,2,3)$ 是常系数向量，分别为

$$\begin{cases} \boldsymbol{a}_0=\{0,0,\cdots,b_1,b_2,b_3,b_4,\cdots,0,0\}^{\mathrm{T}} \\ \boldsymbol{a}_1=\{0,0,\cdots,b_5,b_6,b_7,b_8,\cdots,0,0\}^{\mathrm{T}} \\ \boldsymbol{a}_2=\{0,0,\cdots,b_9,b_{10},b_{11},b_{12},\cdots,0,0\}^{\mathrm{T}} \\ \boldsymbol{a}_3=\{0,0,\cdots,b_{13},b_{14},b_{15},b_{16},\cdots,0,0\}^{\mathrm{T}} \end{cases} \tag{2.3.19}$$

且

$$\begin{cases} b_1=1-3\xi_1^2+2\xi_1^3,\quad b_2=l(\xi_1-2\xi_1^2+\xi_1^3),\quad b_3=1-b_1,\quad b_4=l(\xi_1^3-\xi_1^2) \\ b_5=6\xi_1\xi_2(\xi_1-1),\quad b_6=l\xi_2(1-4\xi_1+3\xi_1^2),\quad b_7=-b_5,\quad b_8=l\xi_1\xi_2(3\xi_1-2) \\ b_9=3\xi_2^2(2\xi_1-1),\quad b_{10}=l\xi_2^2(3\xi_1-2),\quad b_{11}=-b_9,\quad b_{12}=l\xi_2^2(3\xi_1-1) \\ b_{13}=2\xi_2^3,\quad b_{14}=l\xi_2^3,\quad b_{15}=-b_{13},\quad b_{16}=b_{14} \end{cases} \tag{2.3.20}$$

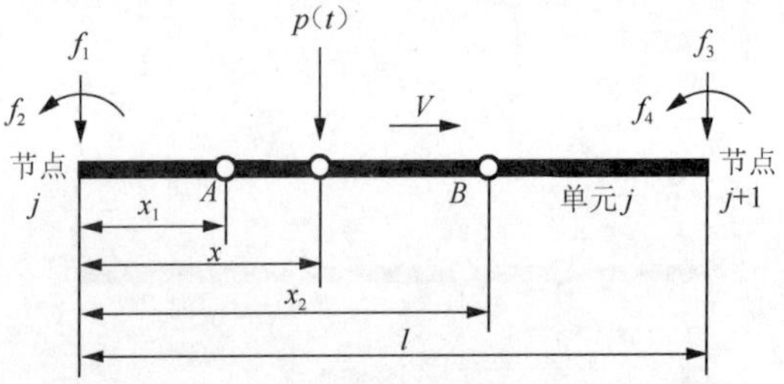


图 2.3.5　协调分解过程

3. 混合分解过程

先将内部荷载 $p(t)$ 按简单分解格式分解到 $A$ 和 $B$ 两点，然后再将这两个固定点的荷载分别按协调分解方式分解到单元两端节点，这样得到的荷载向量可表示为

$$\boldsymbol{f}(t)=(\boldsymbol{a}_0+\boldsymbol{c}_1\tau)p(t),\quad \boldsymbol{c}_1=\boldsymbol{a}_1+\boldsymbol{a}_2\Delta t+\boldsymbol{a}_3\Delta t^2 \tag{2.3.21}$$

## 2.3.3　精细积分求解格式

通过 2.3.2 小节的分解方式得到系统的外力向量后，桥梁动力方程可写为

$$\boldsymbol{M}_b\ddot{\boldsymbol{y}}_b(t)+\boldsymbol{C}_b\dot{\boldsymbol{y}}_b(t)+\boldsymbol{K}_b\boldsymbol{y}_b(t)=\boldsymbol{f}(t) \tag{2.3.22}$$

将其转换到状态空间中

$$\dot{\boldsymbol{v}}(t)=\boldsymbol{H}\boldsymbol{v}(t)+\boldsymbol{r}(t) \tag{2.3.23}$$

式中，

$$\begin{cases}\boldsymbol{H}=\begin{bmatrix}\boldsymbol{0} & \boldsymbol{I}\\ \boldsymbol{B} & \boldsymbol{G}\end{bmatrix},\ \boldsymbol{B}=-\boldsymbol{M}_b^{-1}\boldsymbol{K}_b,\ \boldsymbol{G}=-\boldsymbol{M}_b^{-1}\boldsymbol{C}_b\\ \boldsymbol{v}(t)=\begin{Bmatrix}\boldsymbol{y}_b(t)\\ \dot{\boldsymbol{y}}_b(t)\end{Bmatrix},\ \boldsymbol{r}(t)=\begin{Bmatrix}\boldsymbol{0}\\ \boldsymbol{M}_b^{-1}\boldsymbol{f}(t)\end{Bmatrix}\end{cases} \tag{2.3.24}$$

假设已知 $t_k$ 时刻系统的状态向量 $\boldsymbol{v}(t_k)$，则在 $t_{k+1}=t_k+\Delta t$ 时刻，系统的状态向量为

$$\boldsymbol{v}(t_{k+1})=\boldsymbol{T}(\Delta t)\big(\boldsymbol{v}(t_k)-\boldsymbol{v}_p(t_k)\big)+\boldsymbol{v}_p(t_{k+1}) \tag{2.3.25}$$

式中，$\boldsymbol{T}(\Delta t)$ 是指数矩阵；$\boldsymbol{v}_p(t_{k+1})$ 是特解向量。对于特解 $\boldsymbol{v}_p(t)$ 的推导，根据式（2.3.12）可知

$$p(t)=p_1+p_2,\quad p_1=m(g-a_1)-ma_2\tau=p_1'+p_1''\tau,\quad p_2=ma\omega^2\sin(\omega t) \tag{2.3.26}$$

荷载 $p(t)$ 含有时间的多项线性式 $p_1$ 和简谐式 $p_2$ 两种形式，将其向单元节点分解最终得到多项式外载和多项式调制的简谐外载两种形式外载。由于桥梁运动方程的激励项中存在系统待求的未知量，故需要进行迭代求解。

1. 对于协调分解情形

对于协调分解下多项式外载的特解，将式（2.3.18）和式（2.3.26）中 $p_1$ 代入式（2.3.24）可得

$$\boldsymbol{r}_1(t)=\begin{Bmatrix}\boldsymbol{0}\\ \boldsymbol{M}_b^{-1}\big((\boldsymbol{a}_0+\boldsymbol{a}_1\tau+\boldsymbol{a}_2\tau^2+\boldsymbol{a}_3\tau^3)(p_1'+p_1''\tau)\big)\end{Bmatrix}=\boldsymbol{r}_{10}+\boldsymbol{r}_{11}\tau+\boldsymbol{r}_{12}\tau^2+\boldsymbol{r}_{13}\tau^3+\boldsymbol{r}_{14}\tau^4 \tag{2.3.27}$$

式中，

$$\begin{cases} \boldsymbol{r}_{10}=\begin{Bmatrix} \boldsymbol{0} \\ \boldsymbol{M}_b^{-1}(p_1'\boldsymbol{a}_0) \end{Bmatrix}, \ \boldsymbol{r}_{11}=\begin{Bmatrix} \boldsymbol{0} \\ \boldsymbol{M}_b^{-1}(p_1'\boldsymbol{a}_1+p''\boldsymbol{a}_0) \end{Bmatrix}, \ \boldsymbol{r}_{12}=\begin{Bmatrix} \boldsymbol{0} \\ \boldsymbol{M}_b^{-1}(p_1'\boldsymbol{a}_2+p''\boldsymbol{a}_1) \end{Bmatrix} \\ \boldsymbol{r}_{13}=\begin{Bmatrix} \boldsymbol{0} \\ \boldsymbol{M}_b^{-1}(p_1'\boldsymbol{a}_3+p''\boldsymbol{a}_2) \end{Bmatrix}, \ \boldsymbol{r}_{14}=\begin{Bmatrix} \boldsymbol{0} \\ \boldsymbol{M}_b^{-1}(p''\boldsymbol{a}_3) \end{Bmatrix} \end{cases} \tag{2.3.28}$$

设其特解有如下形式：

$$\boldsymbol{v}_{p1}(t)=\boldsymbol{k}_{10}+\boldsymbol{k}_{11}\tau+\boldsymbol{k}_{12}\tau^2+\boldsymbol{k}_{13}\tau^3+\boldsymbol{k}_{14}\tau^4 \tag{2.3.29}$$

将式（2.3.27）和式（2.3.29）代入式（2.3.23），并使方程式两端同样阶次 $\tau$ 的系数相等，就可以得到待定系数向量 $\boldsymbol{k}_{1i}\ (i=0,1,2,3,4)$：

$$\begin{cases} \boldsymbol{J}_1=\boldsymbol{H}^{-1}, \ \boldsymbol{k}_{14}=-\boldsymbol{J}_1\boldsymbol{r}_{14}, \ \boldsymbol{k}_{13}=-\boldsymbol{J}_1(4\boldsymbol{r}_{14}-\boldsymbol{r}_{13}) \\ \boldsymbol{k}_{12}=-\boldsymbol{J}_1(4\boldsymbol{r}_{13}-\boldsymbol{r}_{12}), \ \boldsymbol{k}_{11}=-\boldsymbol{J}_1(2\boldsymbol{r}_{12}-\boldsymbol{r}_{11}), \ \boldsymbol{k}_{10}=-\boldsymbol{J}_1(\boldsymbol{r}_{11}-\boldsymbol{r}_{10}) \end{cases} \tag{2.3.30}$$

对于协调分解下多项式调制简谐外载的特解，将式（2.3.18）和式（2.3.26）中 $p_2$ 代入式（2.3.24）可得

$$\boldsymbol{r}_2(t)=(\boldsymbol{r}_{20}+\boldsymbol{r}_{21}\tau+\boldsymbol{r}_{22}\tau^2+\boldsymbol{r}_{23}\tau^3)\sin(\omega t) \tag{2.3.31}$$

式中，

$$\begin{cases} \boldsymbol{r}_{20}=\begin{Bmatrix} \boldsymbol{0} \\ ma\omega^2\boldsymbol{M}_b^{-1}\boldsymbol{a}_0 \end{Bmatrix}, \ \boldsymbol{r}_{21}=\begin{Bmatrix} \boldsymbol{0} \\ ma\omega^2\boldsymbol{M}_b^{-1}\boldsymbol{a}_1 \end{Bmatrix} \\ \boldsymbol{r}_{22}=\begin{Bmatrix} \boldsymbol{0} \\ ma\omega^2\boldsymbol{M}_b^{-1}\boldsymbol{a}_2 \end{Bmatrix}, \ \boldsymbol{r}_{23}=\begin{Bmatrix} \boldsymbol{0} \\ ma\omega^2\boldsymbol{M}_b^{-1}\boldsymbol{a}_3 \end{Bmatrix} \end{cases} \tag{2.3.32}$$

则其特解为

$$\boldsymbol{v}_{p2}(t)=(\boldsymbol{k}_{20}+\boldsymbol{k}_{21}\tau+\boldsymbol{k}_{22}\tau^2+\boldsymbol{k}_{23}\tau^3)\sin(\omega t)+(\boldsymbol{l}_{20}+\boldsymbol{l}_{21}\tau+\boldsymbol{l}_{22}\tau^2+\boldsymbol{l}_{23}\tau^3)\cos(\omega t) \tag{2.3.33}$$

其中，$\boldsymbol{k}_{2i}$ 和 $\boldsymbol{l}_{2i}\ (i=0,1,2,3)$ 是常系数向量，分别为

$$\begin{cases} \boldsymbol{k}_{2i}=\boldsymbol{J}_2(-\boldsymbol{H}\boldsymbol{P}_{ik}+\omega\boldsymbol{P}_{il}), \ \boldsymbol{l}_{2i}=-\boldsymbol{J}_2(\boldsymbol{H}\boldsymbol{P}_{il}+\omega\boldsymbol{P}_{ik})(i=3,2,1,0) \\ \boldsymbol{J}_2=(\boldsymbol{H}^2+\omega^2\boldsymbol{I})^{-1}, \ \boldsymbol{P}_{3k}=\boldsymbol{r}_{23}, \ \boldsymbol{P}_{3l}=\boldsymbol{0}, \ \boldsymbol{P}_{2k}=\boldsymbol{r}_{22}-3\boldsymbol{k}_{23}, \ \boldsymbol{P}_{2l}=-3\boldsymbol{l}_{23} \\ \boldsymbol{P}_{1k}=\boldsymbol{r}_{21}-2\boldsymbol{k}_{22}, \ \boldsymbol{P}_{1l}=-2\boldsymbol{l}_{22}, \ \boldsymbol{P}_{0k}=\boldsymbol{r}_{20}-\boldsymbol{k}_{21}, \ \boldsymbol{P}_{0l}=-\boldsymbol{l}_{21} \end{cases} \tag{2.3.34}$$

2. 对于简单分解或混合分解情形

对于简单分解或混合分解情形，多项式外载向量可以统一写成如下形式：

$$\boldsymbol{r}_3(t)=\begin{Bmatrix} \boldsymbol{0} \\ \boldsymbol{M}_b^{-1}\left((\boldsymbol{d}_0+\boldsymbol{c}_1\tau)(p_1'+p_1''\tau)\right) \end{Bmatrix}=\boldsymbol{r}_{30}+\boldsymbol{r}_{31}\tau+\boldsymbol{r}_{32}\tau^2 \tag{2.3.35}$$

式中，

$$\boldsymbol{r}_{30}=\begin{Bmatrix} \boldsymbol{0} \\ \boldsymbol{M}_b^{-1}(p_1'\boldsymbol{d}_0) \end{Bmatrix}, \ \boldsymbol{r}_{31}=\begin{Bmatrix} \boldsymbol{0} \\ \boldsymbol{M}_b^{-1}(p_1'\boldsymbol{c}_1+p''\boldsymbol{d}_0) \end{Bmatrix}, \ \boldsymbol{r}_{32}=\begin{Bmatrix} \boldsymbol{0} \\ \boldsymbol{M}_b^{-1}(p''\boldsymbol{c}_1) \end{Bmatrix} \tag{2.3.36}$$

与此荷载相应的特解为

$$\boldsymbol{v}_{p3}(t)=\boldsymbol{k}_{30}+\boldsymbol{k}_{31}\tau+\boldsymbol{k}_{32}\tau^2 \tag{2.3.37}$$

其中，常系数向量 $\boldsymbol{k}_{30}$、$\boldsymbol{k}_{31}$ 和 $\boldsymbol{k}_{32}$ 与式（2.3.30）中 $\boldsymbol{k}_{10}$、$\boldsymbol{k}_{11}$ 和 $\boldsymbol{k}_{12}$ 的表达式相同。

对于简单分解或混合分解下多项式调制简谐外载的特解，荷载向量可以统一表示为

$$\boldsymbol{r}_4(t)=(\boldsymbol{r}_{40}+\boldsymbol{r}_{41}\tau)\sin(\omega t) \tag{2.3.38}$$

式中，

$$\boldsymbol{r}_{40}=\begin{Bmatrix}\boldsymbol{0}\\ m_1 a\omega^2\boldsymbol{M}_b^{-1}\boldsymbol{d}_0\end{Bmatrix},\quad \boldsymbol{r}_{41}=\begin{Bmatrix}\boldsymbol{0}\\ m_1 a\omega^2\boldsymbol{M}_b^{-1}\boldsymbol{c}_1\end{Bmatrix} \tag{2.3.39}$$

其可解为

$$\boldsymbol{v}_{4p}(t)=(\boldsymbol{k}_{40}+\boldsymbol{k}_{41}\tau)\sin(\omega t)+(\boldsymbol{l}_{40}+\boldsymbol{l}_{41}\tau)\cos(\omega t) \tag{2.3.40}$$

其中，$\boldsymbol{k}_{4i}$ 和 $\boldsymbol{l}_{4i}$ $(i=0,1)$ 是常系数向量，分别为

$$\begin{cases}\boldsymbol{k}_{4i}=\boldsymbol{J}_2(-\boldsymbol{HP}'_{ik}+\omega\boldsymbol{P}'_{il}),\ \boldsymbol{l}_{4i}=-\boldsymbol{J}_2(\boldsymbol{HP}'_{il}+\omega\boldsymbol{P}'_{ik})(i=3,2,1,0)\\ \boldsymbol{J}=(\boldsymbol{H}^2+\omega^2\boldsymbol{I})^{-1},\ \boldsymbol{P}'_{1k}=\boldsymbol{r}_{41},\ \boldsymbol{P}'_{1l}=\boldsymbol{0},\ \boldsymbol{P}'_{0k}=\boldsymbol{r}_{40}-\boldsymbol{k}_{41},\ \boldsymbol{P}'_{0l}=-\boldsymbol{l}_{41}\end{cases} \tag{2.3.41}$$

**例 2.3.1** 简支梁受移动质量作用的动力响应。计算模型如图 2.3.1 所示，其中桥梁长 $L=48\text{m}$，抗弯刚度 $EI=8.6057\times10^{10}\text{N}\cdot\text{m}^2$，线密度 $\bar{m}=10\times10^3\text{kg/m}$，不计阻尼。使用 Bernoulli-Euler 梁单元进行有限元离散，采用协调质量阵。移动质量为 $m$=2000kg，假设移动质量从简支梁的左端以匀速 $V=27.78\text{m/s}$ 向右移动到梁中点，计算此时作用点处的梁动位移（挠度）。所使用的计算机配置为 Pentium(R)4 处理器、1.8GHz CPU，512MB 内存。

选择不同频率的路面不平度［按式（2.3.2）给定］进行计算，比较 Newmark 法（采用协调分解）和精细积分法（分别采用简单分解、混合分解和协调分解）的计算结果。表 2.3.1～表 2.3.3 分别给出了不同频率路面不平度时按四种数值方法计算得到的结果。

表 2.3.1 反映了路面起伏很缓慢的情况，将全桥划分为 10 个相等的单元。这时 Newmark 法的计算效果尚可，仅用 25 个积分步就能完成移动半桥的积分计算且将误差控制在 1%以内。如果使用精细积分方法，则无论用哪一种分解方式，为了达到 1%以内的精度，所花费的计算时间都比 Newmark 法少，半桥积分都仅需要 5 个积分步。其中，简单分解的计算时间是 Newmark 法的一半，计算效率提高了一倍。协调分解虽然相对而言在计算效率上的优势不那么显著，但是它的计算精度却非常高。

**表 2.3.1　不同方法计算简支梁中点动位移（全桥 10 等分）效率比较**

| 计算方法 | | 总积分步数 | 梁中点动位移/mm | 计算误差/% | 计算时间/s |
|---|---|---|---|---|---|
| Newmark 法 | | 5 | 0.478 878 | −23.50 | 0.000 4 |
| | | 15 | 0.617 183 | −1.41 | 0.001 1 |
| | | 25 | 0.624 293 | −0.28 | 0.001 8 |
| | | 50 | 0.625 775 | −0.04 | 0.003 5 |
| | | 1 000 | 0.626 024 | 0.00 | 0.068 9 |
| | | 40 000 | 0.626 013 | 0.00 | 2.733 0 |
| 精细积分法 | 简单分解 | 5 | 0.621 121 | −0.78 | 0.000 9 |
| | | 15 | 0.621 173 | −0.77 | 0.002 7 |
| | | 50 | 0.620 685 | −0.85 | 0.009 7 |
| | | 100 | 0.620 752 | −0.84 | 0.019 0 |
| | | 10 000 | 0.620 788 | −0.84 | 1.922 0 |
| | 混合分解 | 5 | 0.620 380 | −0.90 | 0.001 3 |
| | | 15 | 0.625 857 | −0.03 | 0.003 8 |
| | | 50 | 0.625 869 | −0.02 | 0.014 1 |
| | | 100 | 0.625 943 | −0.01 | 0.027 2 |

续表

| 计算方法 | | 总积分步数 | 梁中点动位移/mm | 计算误差/% | 计算时间/s |
|---|---|---|---|---|---|
| 精细积分法 | 混合分解 | 10 000 | 0.626 013 | 0.00 | 2.688 0 |
| | 协调分解 | 5 | 0.626 202 | 0.03 | 0.001 6 |
| | | 15 | 0.626 184 | 0.03 | 0.004 9 |
| | | 50 | 0.625 985 | 0.00 | 0.016 1 |
| | | 100 | 0.625 973 | −0.01 | 0.036 3 |
| | | 10 000 | 0.626 013 | 0.00 | 3.438 0 |

注：低频激励为 $\omega=\pi$ ， $a=0.01\text{m}$ ；采用了前 5 阶振型；参考解为 0.626 013mm

表 2.3.2 是对中等程度的路面激励频率（10Hz）所进行的计算。此时将全桥划分为 30 等分。为了达到 1%以内的精度，Newmark 法完成移动半桥需要积分 150 步，而精细积分方法的三种分解方式都只需要积分 15 步。四种方法花费时间的比例为 1∶0.29∶0.43∶0.51，简单分解计算效率较 Newmark 法提高了近两倍。如果要达到更高的精度，例如误差在 0.15%以内，Nermark 法需花费 450 个积分步，而简单分解仍只需要 15 个积分步，计算效率却提高了一个数量级。表 2.3.3 对应于路面激励频率相当高（100Hz）的情况。同样要将精度控制在 1%以内，Nermark 方法需要 10 000 个积分步，而精细积分三种分解方式仅需 1000 个积分步即可，在计算精度相当的情况下，其计算时间都要比 Nermark 法少得多。

**表 2.3.2　不同方法计算简支梁中点动位移（全桥 30 等分）效率比较**

| 计算方法 | | 总积分步数 | 梁中点动位移/mm | 计算误差/% | 计算时间/s |
|---|---|---|---|---|---|
| Newmark 法 | | 15 | 0.585 462 | −11.08 | 0.001 6 |
| | | 45 | 0.630 244 | −4.28 | 0.004 1 |
| | | 150 | 0.655 139 | −0.50 | 0.012 7 |
| | | 450 | 0.659 273 | 0.13 | 0.039 1 |
| | | 45 000 | 0.658 434 | 0.00 | 3.328 0 |
| 精细积分法 | 简单分解 | 15 | 0.659 393 | 0.14 | 0.003 7 |
| | | 45 | 0.658 550 | 0.02 | 0.010 9 |
| | | 150 | 0.657 893 | −0.08 | 0.035 9 |
| | | 750 | 0.658 145 | −0.05 | 0.172 0 |
| | | 3 000 | 0.658 121 | −0.05 | 0.703 0 |
| | 混合分解 | 15 | 0.659 701 | 0.19 | 0.005 4 |
| | | 45 | 0.664 078 | 0.86 | 0.014 1 |
| | | 150 | 0.663 326 | 0.74 | 0.046 8 |
| | | 750 | 0.659 070 | 0.10 | 0.242 2 |
| | | 3 000 | 0.658 595 | 0.02 | 0.969 0 |
| | 协调分解 | 15 | 0.661 043 | 0.39 | 0.006 5 |
| | | 45 | 0.659 259 | 0.12 | 0.019 8 |
| | | 150 | 0.658 707 | 0.04 | 0.063 9 |
| | | 750 | 0.658 477 | 0.01 | 0.332 8 |
| | | 3 000 | 0.658 444 | 0.00 | 1.203 0 |

注：中频激励为 $\omega=20\pi$ ， $a=0.01\text{m}$ ；采用了前 12 阶振型；参考解为 0.658 444mm

**表 2.3.3　不同方法计算简支梁中点动位移（全桥 100 等分）效率比较**

| 计算方法 | | 总积分步数 | 梁中点动位移/mm | 计算误差/% | 计算时间/s |
|---|---|---|---|---|---|
| Newmark 法 | | 250 | 0.635 203 | −9.87 | 0.031 |
| | | 1 000 | 0.608 190 | −13.70 | 0.141 |
| | | 5 000 | 0.718 100 | 1.89 | 0.703 |
| | | 10 000 | 0.708 525 | 0.53 | 1.379 |
| | | 20 000 | 0.705 497 | 0.11 | 2.797 |
| | | 40 000 | 0.704 709 | −0.01 | 5.610 |
| 精细积分法 | 简单分解 | 50 | 0.607 125 | −13.85 | 0.025 |
| | | 250 | 0.670 165 | −4.91 | 0.109 |
| | | 1 000 | 0.699 837 | −0.70 | 0.468 |
| | | 5 000 | 0.703 213 | −0.22 | 2.360 |
| | | 20 000 | 0.703 637 | −0.16 | 9.344 |
| | 混合分解 | 50 | 0.620 213 | −11.94 | 0.029 |
| | | 250 | 0.672 165 | −4.56 | 0.156 |
| | | 1 000 | 0.699 649 | −0.66 | 0.578 |
| | | 5 000 | 0.703 685 | −0.08 | 3.719 |
| | | 20 000 | 0.704 261 | 0.00 | 12.33 |
| | 协调分解 | 50 | 0.604 400 | −14.18 | 0.039 |
| | | 250 | 0.672 238 | −4.55 | 0.187 |
| | | 1 000 | 0.699 718 | −0.65 | 0.797 |
| | | 5 000 | 0.703 723 | −0.08 | 3.859 |
| | | 20 000 | 0.704 270 | 0.00 | 16.09 |

注：高频激励为 $\omega=200\pi$， $a=0.000\,1\text{m}$；采用了前 30 阶振型；参考解为 0.704 270mm

**例 2.3.2**　多跨弹性支承梁动力响应的数值计算。三跨弹性支承梁如图 2.3.6 所示，其中左右跨长均 30m，中间跨长 40m，抗弯刚度 $EI=8.6057\times10^{10}\,\text{N}\cdot\text{m}^2$，线密度 $\bar{m}=10\times10^3\,\text{kg/m}$。支承弹簧的刚度为 $k=2.065\times10^6\,\text{N/m}$。结构的阻尼阵取为 $\boldsymbol{C}=0.1\boldsymbol{M}$。移动质量 $m=6000\text{kg}$，移动速度 $V=27.78\text{m/s}$。仍然选择不同的路面不平度激励进行计算，比较 Newmark 法（亦采用协调分解）和精细积分法（分别采用简单分解、混合分解和协调分解）的计算效率和精度。表 2.3.4～表 2.3.6 分别给出了不同频率激励时按四种数值方法计算得到的结果。

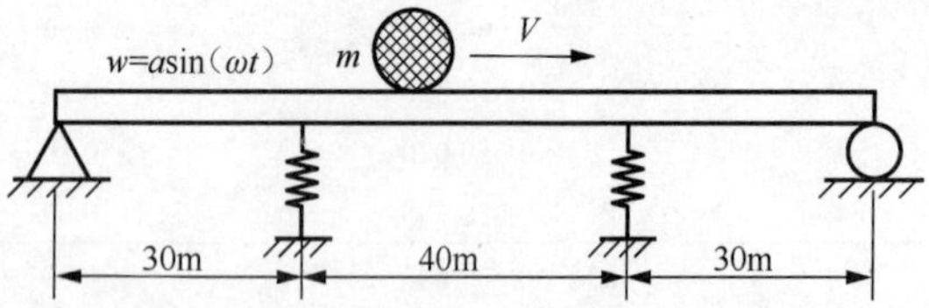


图 2.3.6　移动质量在有弹性支承的梁上移动

从表 2.3.4～表 2.3.6 可以看出，当要求同样的计算精度（例如 1%）时，三种分解方式的精细积分法计算效率几乎都要高出 Newmark 法若干倍。例如在 $\omega=20\pi$ 时，简单分解的计算效率是 Newmark 法的 7 倍，而混合分解和协调分解的效率也是 Newmark 法的 4～5 倍。当 $\omega=200\pi$ 时，Newmark 法要用 20 000 积分步才能达到 0.25%的计算精度，而精细积分三种分解方式都仅需要 1000 积分步就能达到 0.13%的计算精度，计算效率也分别提高了 3～6 倍。

精细积分法的优势是显而易见的。

**表 2.3.4　用不同方法计算简支梁中点动位移（全梁 10 等分）效率比较**

| 计算方法 | | 总积分步数 | 梁中点动位移/mm | 计算误差/% | 计算时间/s |
|---|---|---|---|---|---|
| Newmark 法 | | 15 | 0.602 520 | −0.02 | 0.001 3 |
| | | 45 | 0.584 589 | −3.00 | 0.003 6 |
| | | 150 | 0.603 048 | 0.07 | 0.011 5 |
| | | 450 | 0.602 674 | 0.01 | 0.035 3 |
| | | 4 500 | 0.602 688 | 0.01 | 2.733 0 |
| 精细积分法 | 简单分解 | 15 | 0.602 503 | −0.02 | 0.003 6 |
| | | 45 | 0.600 972 | −0.28 | 0.010 6 |
| | | 150 | 0.599 762 | −0.48 | 0.035 3 |
| | | 750 | 0.599 324 | −0.55 | 0.173 5 |
| | | 3 000 | 0.599 320 | −0.55 | 0.688 0 |
| | 混合分解 | 15 | 0.602 597 | −0.01 | 0.004 9 |
| | | 45 | 0.603 052 | 0.07 | 0.014 5 |
| | | 150 | 0.602 748 | 0.02 | 0.050 0 |
| | | 750 | 0.602 631 | 0.00 | 0.246 9 |
| | | 3 000 | 0.602 640 | 0.00 | 0.985 0 |
| | 协调分解 | 15 | 0.601 703 | −0.16 | 0.006 2 |
| | | 45 | 0.601 912 | −0.12 | 0.017 5 |
| | | 150 | 0.602 816 | 0.03 | 0.056 2 |
| | | 750 | 0.602 633 | 0.00 | 0.328 0 |
| | | 3 000 | 0.602 640 | 0.00 | 1.140 0 |

注：低频激励为 $\omega = \pi$， $a = 0.01\text{m}$；采用了前 12 阶振型；参考解为 0.602 640mm

**表 2.3.5　用不同方法计算简支梁中点动位移（全梁 30 等分）效率比较**

| 计算方法 | | 总积分步数 | 梁中点动位移/mm | 计算误差/% | 计算时间/s |
|---|---|---|---|---|---|
| Newmark 法 | | 45 | 0.605 277 | 0.77 | 0.004 1 |
| | | 150 | 0.588 686 | −1.99 | 0.012 7 |
| | | 450 | 0.613 697 | 2.17 | 0.039 1 |
| | | 900 | 0.602 853 | 0.37 | 0.075 0 |
| | | 1 500 | 0.601 427 | 0.13 | 0.120 4 |
| | | 45 000 | 0.600 479 | −0.03 | 3.328 0 |
| 精细积分法 | 简单分解 | 15 | 0.576 436 | −4.03 | 0.003 7 |
| | | 45 | 0.597 141 | −0.58 | 0.010 9 |
| | | 150 | 0.594 780 | −0.98 | 0.035 9 |
| | | 750 | 0.596 308 | −0.72 | 0.172 0 |
| | | 3 000 | 0.596 827 | −0.64 | 0.703 0 |
| | 混合分解 | 15 | 0.578 651 | −3.66 | 0.005 4 |
| | | 45 | 0.603 376 | 0.45 | 0.014 1 |
| | | 150 | 0.601 352 | 0.12 | 0.046 8 |
| | | 750 | 0.600 563 | −0.01 | 0.242 2 |
| | | 3 000 | 0.600 708 | 0.01 | 0.969 0 |

续表

| 计算方法 | | 总积分步数 | 梁中点动位移/mm | 计算误差/% | 计算时间/s |
|---|---|---|---|---|---|
| 精细积分法 | 协调分解 | 15 | 0.575 589 | −4.17 | 0.006 5 |
| | | 45 | 0.599 694 | −0.16 | 0.017 2 |
| | | 150 | 0.598 575 | −0.35 | 0.057 8 |
| | | 750 | 0.600 312 | −0.06 | 0.296 0 |
| | | 3 000 | 0.600 647 | 0.00 | 1.172 0 |

注：中频激励为 $\omega=20\pi$ ， $a=0.005\text{m}$ ；采用了前 12 阶振型；参考解为 0.600 647mm

**表 2.3.6　用不同方法计算简支梁中点动位移（全梁 100 等分）效率比较**

| 计算方法 | | 总积分步数 | 梁中点动位移/mm | 计算误差/% | 计算时间/s |
|---|---|---|---|---|---|
| Newmark 法 | | 1 000 | 0.613 404 | 0.83 | 0.141 |
| | | 5 000 | 0.610 282 | 0.32 | 0.703 |
| | | 10 000 | 0.600 052 | −1.36 | 1.687 |
| | | 20 000 | 0.606 847 | −0.25 | 2.797 |
| | | 40 000 | 0.608 114 | −0.04 | 5.610 |
| 精细积分法 | 简单分解 | 50 | 0.539 359 | −11.34 | 0.025 |
| | | 250 | 0.586 400 | −3.61 | 0.109 |
| | | 1 000 | 0.607 580 | −0.13 | 0.468 |
| | | 5 000 | 0.608 120 | −0.04 | 2.360 |
| | | 20 000 | 0.608 517 | 0.03 | 9.344 |
| | 混合分解 | 50 | 0.528 860 | −13.07 | 0.029 |
| | | 250 | 0.581 892 | −4.35 | 0.156 |
| | | 1 000 | 0.607 621 | −0.12 | 0.578 |
| | | 5 000 | 0.608 000 | −0.06 | 3.719 |
| | | 20 000 | 0.608 348 | 0.00 | 12.330 |
| | 协调分解 | 50 | 0.539 940 | −11.25 | 0.039 |
| | | 250 | 0.586 361 | −3.61 | 0.187 |
| | | 1 000 | 0.607 600 | −0.12 | 0.797 |
| | | 5 000 | 0.607 997 | −0.06 | 3.859 |
| | | 20 000 | 0.608 347 | 0.00 | 18.870 |

注：中频激励为 $\omega=200\pi$ ， $a=0.000\,1\text{m}$ ；采用了前 27 阶振型；参考解为 0.608 347mm

# 参 考 文 献

[1] 林家浩, 张守云, 吕峰. 移动简谐荷载作用下桥梁响应的高效计算[J]. 计算力学学报, 2006, 23(4): 385-390.
[2] 张亚辉, 张守云, 赵岩, 等.桥梁受移动荷载动力响应的一种精细积分法[J].计算力学学报, 2006, (03): 290-294.
[3] 张志超, 林家浩. 移动质量作用下桥梁响应的精细积分[J]. 大连理工大学学报, 2006, 46(S1):22-28.
[4] 张志超. 车辆桥梁耦合振动和地震响应随机分析[D]. 大连: 大连理工大学, 2010.
[5] 吕峰, 林家浩, 张亚辉. 移动随机荷载作用下桥梁振动分析[J]. 振动与冲击, 2008, 27(12): 73-78.
[6] 吕峰. 车辆与结构相互作用随机动力分析[D]. 大连: 大连理工大学, 2008.
[7] 朱丹阳,张亚辉. 基于有限元和 Duhamel 积分的移动力问题分析方法研究[J]. 应用数学和力学, 2014, 35(12): 1287-1298.
[8] 林家浩,张亚辉. 随机振动的虚拟激励法[M]. 北京:科学出版社, 2004.
[9] 孙焕纯, 曲乃泗, 林家浩. 高等计算结构动力学[M]. 大连: 大连理工大学出版社, 1992.
[10] Bathe K J, Wilson E L. Numerical Methods in Finite Element Analysis[M]. Englewood Cliffs, NJ: Prentice-Hall, 1976.
[11] Subbaraj K, Dokainish M A. A survey of direct time integration methods in computational structural dynamics, Ⅰ.Explicit methods, Ⅱ. Implicit methods[J]. Computers and Structures, 1989, 32(6): 1371-1386, 1387-1401.

[12] Lewis R, Morgan K, Zienkiewicz O C. Numerical Methods in Heat Transfer[M]. Hoboken, New Jersey: John Wiley and Sons, 1981.

[13] 钟万勰. 子域精细积分及偏微分方程的数值解[J]. 计算结构力学及其应用, 1995, 12(3): 253-260.

[14] 谭述君, 钟万勰. 非齐次动力方程 Duhamel 项的精细积分[J]. 力学学报, 2007, 23(3): 374-381.

[15] 钟万勰. 结构动力方程的精细时程积分方法[J]. 大连理工大学学报, 1994, 34(2): 131-136.

[16] 李锡夔. 多孔介质中非线性耦合问题的数值解法[J]. 大连理工大学学报, 1999, 39(2): 166-171.

[17] 吕和祥, 于洪洁, 裘春航. 精细积分的非线性动力学积分方程及其解法[J]. 固体力学学报, 2001, 22(3): 303-308.

[18] Moler C B, van Loan C F. Nineteen dubious ways to compute the exponential of a matrix[J]. SIAM Review, 1978, 20: 801-836.

[19] 钟万勰. 计算结构力学与最优控制[M]. 大连: 大连理工大学出版社, 1993.

[20] 钟万勰. 应用力学对偶体系[M]. 北京: 科学出版社, 2002.

[21] Lee S Y, Yhim S S. Dynamic behavior of long span box girder bridges subjected to moving loads: Numerical analysis and experimental verification[J]. International Journal of Solids and Structures, 2005, 42(18):5021-5035.

[22] Law S S, Zhu X Q. Bridge dynamic responses due to road surface roughness and braking of vehicle[J]. Journal of Sound and Vibration, 2005, 282(3-5):805-830.

[23] Lee S Y, Yhim S S. Dynamic analysis of composite plates subjected to multi-moving loads based on a third order theory[J]. International Journal of Solids and Structures, 2004, 41(16): 4457-4472.

[24] Kwark J W, Choi E S, Kim Y J. Dynamic behavior of two-span continuous concrete bridges under moving high-speed train[J]. Computers and structures, 2004, 82(4): 463-474.

[25] Wu J S, Chiang L K. Dynamic analysis of an arch due to a moving load[J]. Journal of Sound and Vibration, 2004, 269(3-5):511-534.

[26] Esmailzadeh E, Jalili N. Vehicle-passenger-structure interaction of uniform bridges traversed by moving vehicles[J]. Journal of Sound and Vibration, 2003, 260(4): 611-635.

[27] Wu J J, Whittaker A R, Cartmell M P. The use of finite element techniques for calculating the dynamic response of structures to moving loads[J]. Computers and Structures, 2000, 78(6): 789-799.

[28] Yang Y B, Wu Y S. A versatile element for analyzing vehicle-bridge interaction response[J]. Engineering Structures, 2001, 23(5):452-469.

[29] 夏禾. 车辆与结构动力相互作用[M]. 北京: 科学出版社, 2002.

[30] Zhu X Q, Law S S. Precise time-step integration for the dynamic response of a continuous beam under moving loads[J].Journal of Sound and Vibration, 2001, 240(5):962-970.

# 第 3 章　虚拟激励法在车轨耦合系统随机振动中的应用

列车服役过程所承受的各种复杂环境荷载中，轨道不平顺被公认为是引起列车振动的主要激励源[1,2]。大量的实测结果和数值模拟表明，由于轨道不平顺具有较宽的波谱带，列车线路耦合系统呈现出复杂的随机动力学行为，不仅显著影响乘坐舒适性，而且是诱发列车关键构件疲劳损伤的根本原因[3,4]。随着对车辆与轨道相互作用研究的不断深入，将车辆与轨道耦合起来进行动力分析受到广泛关注。人们认识到不仅需要研究不同级别轨道对列车动力学行为的影响规律，更重要的是探讨各子系统间的动态相互机制及振动耦合关系[5-8]。虚拟激励法是一种精确、高效的随机振动分析方法，为车轨耦合系统随机振动分析提供了一种新的思路。采用该方法可将复杂的随机轨道不平顺转化为简谐的虚拟轨道不平顺，并以此作为耦合系统的激励源，从而极大程度简化了求解方法、提高了计算效率[9-20]。本章介绍虚拟激励法在二维/三维车轨耦合系统随机振动分析中的相关分析理论与方法，并进一步给出基于弹性车体模型的列车运行舒适性评估方法。

## 3.1　二维车轨耦合系统随机振动分析

由于车辆垂向振动与横向振动是弱耦合的，根据车辆结构形式特点，建立具有两系悬挂的十自由度垂向模型，能够基本满足车辆垂向振动分析的需求。二维车轨模型相对简便，在一定程度上能够把握问题的物理本质，便于探讨相对移动体系动力学分析的基本理论，被广泛应用于车轨耦合系统垂向动力问题的研究[5-8,21,22]。

在车轨耦合动力学分析中，按照车辆与轨道结构作用方式的不同，可分为车辆定点模型和车辆移动模型。定点激励模型的求解相对容易，该模型假设车辆与轨道结构相对不动，建立传统的有限长轨道模型时，可直接采用传统随机振动理论在频域下求解。但由于该模型无法模拟轨道结构不连续支承造成的周期性瞬态效应，因此只适用于计算远离轮轨接触面的车辆构件的随机动力响应。车辆移动模型更为符合实际情况，但由于系统具有时变特征，相应的分析理论和方法也较为复杂，并且轨道模型的长度较之车辆定点模型要长得多，良好的轨道动力学模型是需要考虑的一个重要问题。

本节以二维垂向车轨耦合系统多体动力学分析模型为研究对象，采用结构受多点完全相干平稳激励的虚拟激励法将轨道不平顺转化为相应的简谐轨道不平顺，将复杂的随机振动分析问题转化为广义单点确定性荷载作用下的时间历程分析。假定无限长轨道具有周期特性，将辛方法应用于与车辆轮对接触的多个轨道子结构，并通过随机波在子结构链的传播特征考虑子结构的相互作用，建立低自由度的轨道结构辛运动方程。进而通过轮轨耦合关系，将车辆和轨道结构的运动方程耦合在一起，并基于虚拟激励法进行耦合系统随机振动分析[15,23]。

### 3.1.1　垂向车轨耦合系统动力学方程

1. 车辆运动方程

垂向车轨耦合系统分析模型如图 3.1.1 所示。车辆采用多体动力学模型，包括一个车体、两个构架和四个轮对，它们之间通过一系和二系悬挂系统连接。考虑车体和构架的沉浮和点头运动，以及轮对的沉浮运动，系统具有 10 个自由度。车辆运动方程可采用任意动力学方法建立，表达为如下形式：

$$\boldsymbol{M}_v\ddot{\boldsymbol{u}}_v + \boldsymbol{C}_v\dot{\boldsymbol{u}}_v + \boldsymbol{K}_v\boldsymbol{u}_v = \boldsymbol{f}_v = \boldsymbol{I}_v^{\mathrm{T}}\boldsymbol{f}_{wr} \tag{3.1.1}$$

式中，$\boldsymbol{u}_v = \{z_c \quad \theta_c \quad z_{t1} \quad \theta_{t1} \quad z_{t2} \quad \theta_{t2} \quad z_{w1} \quad z_{w2} \quad z_{w3} \quad z_{w4}\}^{\mathrm{T}}$ 为车辆系统自由度向量；$\boldsymbol{M}_v$ 和 $\boldsymbol{K}_v$ 分别为车辆的质量阻尼和刚度矩阵，形式如下：

$$\boldsymbol{M}_v = \mathrm{diag}\left(M_c \quad J_{c\theta} \quad M_t \quad J_{t\theta} \quad M_t \quad J_{t\theta} \quad M_w \quad M_w \quad M_w \quad M_w\right)$$

$$\boldsymbol{K}_v = \begin{bmatrix} \boldsymbol{K}_{cc} & \boldsymbol{K}_{ct} & \boldsymbol{0} \\ \boldsymbol{K}_{ct}^{\mathrm{T}} & \boldsymbol{K}_{tt} & \boldsymbol{K}_{tw} \\ \boldsymbol{0} & \boldsymbol{K}_{tw}^{\mathrm{T}} & \boldsymbol{K}_{ww} \end{bmatrix} \tag{3.1.2}$$

各子矩阵形式如下：

$$\left\{\begin{aligned} &\boldsymbol{K}_{cc} = \mathrm{diag}\left(2K_{z2} \quad 2K_{z2}l_2^2\right),\ \boldsymbol{K}_{ww} = \mathrm{diag}\left(K_{z1} \quad K_{z1} \quad K_{z1} \quad K_{z1}\right) \\ &\boldsymbol{K}_{tt} = \mathrm{diag}\left(K_{z2}+2K_{z1} \quad 2K_{z1}l_1^2 \quad K_{z2}+2K_{z1} \quad 2K_{z1}l_1^2\right) \\ &\boldsymbol{K}_{ct} = \begin{bmatrix} -K_{z2} & 0 & -K_{z2} & 0 \\ K_{z2}l_2 & 0 & -K_{z2}l_2 & 0 \end{bmatrix},\ \boldsymbol{K}_{tw} = \begin{bmatrix} -K_{z1} & -K_{z1} & 0 & 0 \\ K_{z1}l_1 & -K_{z1}l_1 & 0 & 0 \\ 0 & 0 & -K_{z1} & -K_{z1} \\ 0 & 0 & K_{z1}l_1 & -K_{z1}l_1 \end{bmatrix} \end{aligned}\right. \tag{3.1.3}$$

式（3.1.1）～式（3.1.3）中，阻尼矩阵 $\boldsymbol{C}_v$ 的形式与刚度矩阵 $\boldsymbol{K}_v$ 的形式一致，只需将方程（3.1.3）中符号 $K$ 替换为符号 $C$ 即可，这里不详细列出。式（3.1.3）中各参数详见图 3.1.1。

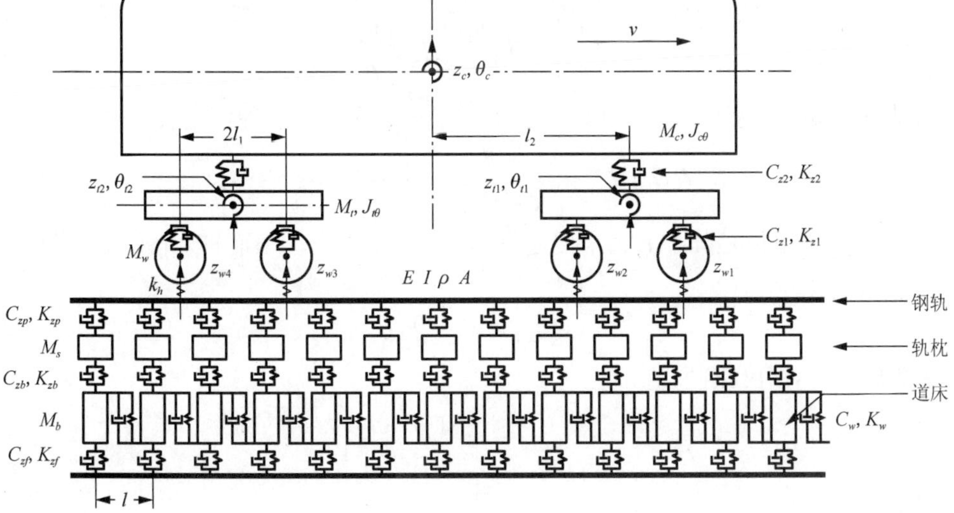


图 3.1.1　车轨耦合系统垂向分析模型

运动方程（3.1.1）右端 $\boldsymbol{f}_{wr}$ 为轮轨力向量，由四个轮对所受的轮轨力组成：

$$\boldsymbol{f}_{wr}=\left\{f_{wr1}\quad f_{wr2}\quad f_{wr3}\quad f_{wr4}\right\}^{\mathrm{T}} \tag{3.1.4}$$

式中，$f_{wrj}(j=1,2,3,4)$ 表示轮对 $j$ 所受的轮轨力。并且

$$\boldsymbol{I}_v=\begin{bmatrix}0&0&0&0&0&0&1&0&0&0\\0&0&0&0&0&0&0&1&0&0\\0&0&0&0&0&0&0&0&1&0\\0&0&0&0&0&0&0&0&0&1\end{bmatrix} \tag{3.1.5}$$

为轮轨力作用于车辆的荷载指示矩阵。

2. 轨道结构辛运动方程

轨道在一定程度上可假定为周期结构，其基本单元在空间上周期排列，同时在物理特性上具有能带结构等独特性质。1.3 节介绍了辛数学理论发展出的简谐波和随机波在链式周期结构的传播分析理论与方法。这里结合车轨耦合系统相互作用的特点，给出一种扩展的辛数学分析方法，该方法既适合车辆轨道定点激励模型（仅考虑不平顺的相对运动），又适合车辆轨道移动激励模型（较为真实模拟车辆在轨道上运行）。

下面具体介绍扩展的辛数学分析方法实现通带波传播分析的求解思路。在 1.3 节受力子结构的运动方程采用了动刚度方法进行描述，与此不同，这里采用子结构运动方程的一般形式

$$\boldsymbol{M}\ddot{\boldsymbol{u}}+\boldsymbol{C}\dot{\boldsymbol{u}}+\boldsymbol{K}\boldsymbol{u}=\boldsymbol{f}(t)+\boldsymbol{f}_b \tag{3.1.6}$$

式中，$\boldsymbol{M}$、$\boldsymbol{C}$ 和 $\boldsymbol{K}$ 为受力子结构的质量、阻尼和刚度矩阵；

$$\boldsymbol{u}=\begin{Bmatrix}\boldsymbol{u}_a\\\boldsymbol{u}_b\\\boldsymbol{u}_i\end{Bmatrix},\ \boldsymbol{f}_b=\begin{Bmatrix}\boldsymbol{p}_a\\\boldsymbol{p}_b\\\boldsymbol{0}\end{Bmatrix} \tag{3.1.7}$$

其中，$\boldsymbol{u}_a$ 和 $\boldsymbol{u}_b$ 分别表示两侧出口自由度的位移向量；$\boldsymbol{u}_i$ 表示内部自由度的位移向量；$\boldsymbol{p}_a$ 和 $\boldsymbol{p}_b$ 表示相应出口的临近子结构作用力向量。

对于不受外荷载无阻尼子结构的波传播，存在如下辛本征值问题：

$$\begin{Bmatrix}\boldsymbol{u}_b\\\boldsymbol{p}_b\end{Bmatrix}=\boldsymbol{S}\begin{Bmatrix}\boldsymbol{u}_a\\\boldsymbol{p}_a\end{Bmatrix}=\mu\begin{Bmatrix}\boldsymbol{u}_a\\\boldsymbol{p}_a\end{Bmatrix} \tag{3.1.8}$$

式中，$\boldsymbol{S}$ 为传递矩阵, 可由式（1.3.12）给出，它是一个辛矩阵，即满足表达式

$$\boldsymbol{S}^{\mathrm{T}}\boldsymbol{J}_n\boldsymbol{S}=\boldsymbol{J}_n,\ \boldsymbol{J}_n=\begin{bmatrix}\boldsymbol{0}&\boldsymbol{I}_n\\-\boldsymbol{I}_n&\boldsymbol{0}\end{bmatrix},\ \boldsymbol{J}_n^{\mathrm{T}}=\boldsymbol{J}_n^{-1}=-\boldsymbol{J}_n \tag{3.1.9}$$

这里，$\boldsymbol{I}_n$ 表示 $n$ 维单位矩阵。$\mu$ 为辛传递系数，且对于通带频率而言，$|\mu|=1$。此时，$\mu$ 可以表示为如下形式：

$$\mu=\mathrm{e}^{\mathrm{j}\theta},\ \mathrm{j}=\sqrt{-1} \tag{3.1.10}$$

其中，$\theta$ 为辐角，在 $[0,2\pi)$ 取值。记

$$\boldsymbol{T}(\theta)=\boldsymbol{T}=\begin{bmatrix}\boldsymbol{I}_n&\boldsymbol{0}\\\mathrm{e}^{\mathrm{j}\theta}\boldsymbol{I}_n&\boldsymbol{0}\\\boldsymbol{0}&\boldsymbol{I}_n\end{bmatrix} \tag{3.1.11}$$

对于 $\theta$ 的任何取值，均存在如下关系式[13,17]：

$$\begin{Bmatrix} \boldsymbol{u}_a^* \\ \boldsymbol{u}_b^* \\ \boldsymbol{u}_i^* \end{Bmatrix} = \boldsymbol{T} \begin{Bmatrix} \boldsymbol{u}_a^* \\ \boldsymbol{u}_i^* \end{Bmatrix},\ \boldsymbol{T}^{\mathrm{H}} \begin{Bmatrix} \boldsymbol{p}_a^* \\ -\boldsymbol{p}_b^* \\ \boldsymbol{0} \end{Bmatrix} = \begin{Bmatrix} \boldsymbol{p}_a^* - \mathrm{e}^{-\mathrm{j}\theta} \boldsymbol{p}_b^* \\ \boldsymbol{0} \end{Bmatrix} = \begin{Bmatrix} \boldsymbol{0} \\ \boldsymbol{0} \end{Bmatrix} \tag{3.1.12}$$

式中，$\boldsymbol{u}_a^*$、$\boldsymbol{u}_b^*$ 和 $\boldsymbol{u}_i^*$ 分别表示某通带波传播时受力子结构的响应；$\boldsymbol{p}_a^*$ 和 $\boldsymbol{p}_b^*$ 表示相应的节点力向量，它们均为辐角 $\theta$ 和时间 $t$ 的函数。上角标 H 表示共轭转置。将式（3.1.12）代入式（3.1.6），并在方程两端左乘 $\boldsymbol{T}^{\mathrm{H}}$，消去运动方程中的自由度 $\boldsymbol{u}_b^*$，得到

$$\bar{\boldsymbol{M}}^*(\theta)\ddot{\bar{\boldsymbol{u}}}^*(\theta,t) + \bar{\boldsymbol{C}}^*(\theta)\dot{\bar{\boldsymbol{u}}}^*(\theta,t) + \bar{\boldsymbol{K}}^*(\theta)\bar{\boldsymbol{u}}^*(\theta,t) = \boldsymbol{T}^{\mathrm{H}}(\theta)\boldsymbol{f}(t) \tag{3.1.13}$$

其中，

$$\bar{\boldsymbol{u}}^* = \left\{ \boldsymbol{u}_a^{*\mathrm{T}} \quad \boldsymbol{u}_i^{*\mathrm{T}} \right\}^{\mathrm{T}},\ \bar{\boldsymbol{M}}^* = \boldsymbol{T}^{\mathrm{H}}\boldsymbol{M}\boldsymbol{T},\ \bar{\boldsymbol{C}}^* = \boldsymbol{T}^{\mathrm{H}}\boldsymbol{C}\boldsymbol{T},\ \bar{\boldsymbol{K}}^* = \boldsymbol{T}^{\mathrm{H}}\boldsymbol{K}\boldsymbol{T} \tag{3.1.14}$$

如果将 $\theta$ 的某一个确定值代入方程（3.1.13），得到如下广义特征值问题

$$\bar{\boldsymbol{K}}^*\boldsymbol{\Psi} = \bar{\boldsymbol{M}}^*\boldsymbol{\Psi}\boldsymbol{\Omega}^2 \tag{3.1.15}$$

式中，$\boldsymbol{\Omega}$ 与 $\boldsymbol{\Psi}$ 为无穷周期链式结构的固有频率矩阵与相应的模态。

受力子结构运动方程（3.1.13）中的系数矩阵均为辐角 $\theta$ 的函数。根据无穷周期链式结构的性质，当且仅当结构受到某一指定频率的简谐荷载作用时，辐角 $\theta$ 才是固定的值；而当结构受任意荷载作用时，$\theta$ 的值则无法确定，此时 $\bar{\boldsymbol{u}}^*(\theta,t)$ 无法通过方程（3.1.13）直接进行求解。对此，将 $\theta$ 在 $[0,2\pi)$ 均匀离散，得到 $m$ 个 $\theta_j$ $(j=1,2,\cdots,m)$，由此可以求得相应的 $m$ 个传递系数 $\mu_j$。将其代入方程（3.1.15）进行广义特征值的求解即可得到一系列的通带频率。进一步利用这些通带频率对子结构的响应作振型叠加，即可求得结构的响应。记

$$\boldsymbol{T}(\theta_j) = \boldsymbol{T}_j,\ \boldsymbol{\Psi}(\theta_j) = \boldsymbol{\Psi}_j \tag{3.1.16}$$

$\theta_j$ 引起的响应分量为

$$\boldsymbol{u}_j = \boldsymbol{T}_j\boldsymbol{\Psi}_j\boldsymbol{q}_j \tag{3.1.17}$$

则 $\boldsymbol{f}(t)$ 作用下第 $k$ 个子结构的响应可以表示为

$$\boldsymbol{u}_k = \frac{1}{m}\sum_{j=1}^{m}\mu_j^k\boldsymbol{u}_j = \frac{1}{m}\sum_{j=1}^{m}\mu_j^k\boldsymbol{T}_j\boldsymbol{\Psi}_j\boldsymbol{q}_j \tag{3.1.18}$$

对于 $\boldsymbol{q}_j$ 的求解可按如下推导进行。对方程（3.1.13）进行相应的离散，在方程两端同乘 $\boldsymbol{\Psi}_j^{\mathrm{H}}$ 得到

$$\boldsymbol{M}_j\ddot{\boldsymbol{q}}_j + \boldsymbol{C}_j\dot{\boldsymbol{q}}_j + \boldsymbol{K}_j\boldsymbol{q}_j = \boldsymbol{\Psi}_j^{\mathrm{H}}\boldsymbol{T}_j^{\mathrm{H}}\boldsymbol{f}(t) \tag{3.1.19}$$

式中，

$$\boldsymbol{M}_j = \boldsymbol{\Psi}_j^{\mathrm{H}}\bar{\boldsymbol{M}}^*(\theta_j)\boldsymbol{\Psi}_j,\ \boldsymbol{C}_j = \boldsymbol{\Psi}_j^{\mathrm{H}}\bar{\boldsymbol{C}}^*(\theta_j)\boldsymbol{\Psi}_j,\ \boldsymbol{K}_j = \boldsymbol{\Psi}_j^{\mathrm{H}}\bar{\boldsymbol{K}}^*(\theta_j)\boldsymbol{\Psi}_j \tag{3.1.20}$$

将式（3.1.19）中的 $m$ 个方程整理为一个方程，记为

$$\boldsymbol{M}_d\ddot{\boldsymbol{q}}_d + \boldsymbol{C}_d\dot{\boldsymbol{q}}_d + \boldsymbol{K}_d\boldsymbol{q}_d = \boldsymbol{R}_d\boldsymbol{f}(t) \tag{3.1.21}$$

其中，

$$\begin{cases} \boldsymbol{M}_d = \begin{bmatrix} \boldsymbol{M}_1 & & & \\ & \boldsymbol{M}_2 & & \\ & & \ddots & \\ & & & \boldsymbol{M}_m \end{bmatrix}, \ \boldsymbol{C}_d = \begin{bmatrix} \boldsymbol{C}_1 & & & \\ & \boldsymbol{C}_2 & & \\ & & \ddots & \\ & & & \boldsymbol{C}_m \end{bmatrix} \\ \boldsymbol{K}_d = \begin{bmatrix} \boldsymbol{K}_1 & & & \\ & \boldsymbol{K}_2 & & \\ & & \ddots & \\ & & & \boldsymbol{K}_m \end{bmatrix}, \ \boldsymbol{q}_d = \begin{Bmatrix} \boldsymbol{q}_1 \\ \boldsymbol{q}_2 \\ \vdots \\ \boldsymbol{q}_m \end{Bmatrix}, \ \boldsymbol{R}_d = \begin{bmatrix} \boldsymbol{\Psi}_1^{\mathrm{H}} \boldsymbol{T}_1^{\mathrm{H}} \\ \boldsymbol{\Psi}_2^{\mathrm{H}} \boldsymbol{T}_2^{\mathrm{H}} \\ \vdots \\ \boldsymbol{\Psi}_m^{\mathrm{H}} \boldsymbol{T}_m^{\mathrm{H}} \end{bmatrix} \end{cases} \tag{3.1.22}$$

方程（3.1.21）即为任意荷载作用下无穷周期链式结构的离散求解形式，式中下角标 $d$ 代表离散。选取适当的参数 $m$ 求解得到 $\boldsymbol{q}_d$，再通过方程（3.1.18）即可求得各子结构的动力响应。上述即为用于车轨耦合随机振动分析的扩展的辛方法。

下面针对二维轨道模型给出扩展辛方法的应用。图 3.1.2 给出的轨道结构采用三层离散点支承梁模型，包括钢轨、轨枕和道床。钢轨采用 Bernoulli-Euler 梁单元离散，每个节点具有两个自由度，包括其垂向位移和转角；轨枕和道床简化为等效集总参数模型，仅考虑其垂向自由度。

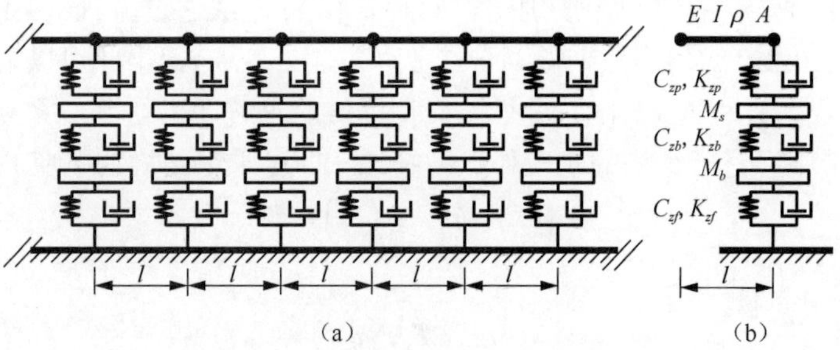


图 3.1.2　二维轨道模型子结构

二维轨道模型子结构应包括两根轨枕中间的钢轨部分，以及其中一侧的轨枕以及支承该轨枕的道床块，如图 3.1.2（b）所示。将轨道子结构中的钢轨部分视为一个梁单元，并忽略其阻尼，轨枕和道床则视为刚体。受力轨道子结构的运动方程可表达为如下形式：

$$\boldsymbol{M}_e \ddot{\boldsymbol{u}}_{ej} + \boldsymbol{C}_e \dot{\boldsymbol{u}}_{ej} + \boldsymbol{K}_e \boldsymbol{u}_{ej} = -\boldsymbol{N}_e^{\mathrm{T}}(\xi_j) \boldsymbol{f}_{wrj} + \boldsymbol{f}_{bj}^e \quad (j = 1,2,3,4) \tag{3.1.23}$$

式中，$\boldsymbol{u}_{ej}$ 为轮对 $j$ 所在轨道子结构的位移向量，包括钢轨两个节点的垂向位移和转角以及单侧轨枕和道床的垂向位移，共计 6 个自由度；方程中荷载项的负号表示轮轨力作用方向与车辆相反；$\boldsymbol{f}_{bj}^e$ 为轮对 $j$ 所在轨道子结构所受的来自临近单元的激励；$\boldsymbol{f}_{wrj}$ 为轮轨相互作用力向量；$\boldsymbol{M}_e$、$\boldsymbol{C}_e$ 和 $\boldsymbol{K}_e$ 分别为轨道子结构的质量、阻尼和刚度矩阵，可通过如下方式生成：

$$\boldsymbol{M}_e = \boldsymbol{M}_b^e + \boldsymbol{M}_p^e, \ \boldsymbol{C}_e = \boldsymbol{C}_p^e, \ \boldsymbol{K}_e = \boldsymbol{K}_b^e + \boldsymbol{K}_p^e \tag{3.1.24}$$

其中，

$$\left\{\begin{array}{l}\boldsymbol{M}_b^e=\dfrac{\rho A l}{420}\begin{bmatrix}156 & 22l & 54 & -13l & 0 & 0\\ & 4l^2 & 13l & -3l^2 & 0 & 0\\ & & 156 & -22l & 0 & 0\\ & & & 4l^2 & 0 & 0\\ & \text{sym} & & & 0 & 0\\ & & & & & 0\end{bmatrix},\ \boldsymbol{K}_b^e=\dfrac{EI}{l^3}\begin{bmatrix}12 & 6l & -12 & 6l & 0 & 0\\ & 4l^2 & -6l & 2l^2 & 0 & 0\\ & & 12 & -6l & 0 & 0\\ & & & 4l^2 & 0 & 0\\ & \text{sym} & & & 0 & 0\\ & & & & & 0\end{bmatrix}\\ \boldsymbol{M}_p^e=\operatorname{diag}\left(0\quad 0\quad 0\quad 0\quad M_s\quad M_b\right),\ \boldsymbol{K}_p^e=\begin{bmatrix}0 & 0 & 0 & 0 & 0 & 0\\ & 0 & 0 & 0 & 0 & 0\\ & & K_{zp} & 0 & -K_{zp} & 0\\ & & & 0 & 0 & 0\\ & \text{sym} & & & K_{zp}+K_{zb} & -K_{zb}\\ & & & & & K_{zb}+K_{zf}\end{bmatrix}\end{array}\right. \tag{3.1.25}$$

式中，符号 sym 表示矩阵为对称阵；阻尼阵 $\boldsymbol{C}_p^e$ 的表达式可以通过将刚度阵 $\boldsymbol{K}_p^e$ 表达式中的符号 $C$ 替换为符号 $K$ 得到。式（3.1.23）中 $\boldsymbol{N}_e\left(\xi_j\right)$ 为形函数向量，在方程（3.1.6）中用于将轮轨力分散至轨道结构相应的自由度上，其形式如下：

$$\left\{\begin{array}{l}\boldsymbol{N}_e\left(\xi_j\right)=\left\{N_1\left(\xi_j\right)\quad N_2\left(\xi_j\right)\quad N_3\left(\xi_j\right)\quad N_4\left(\xi_j\right)\quad 0\quad 0\right\}\\ N_1\left(\xi_j\right)=1-3\xi_j^2+2\xi_j^3,\ N_2\left(\xi_j\right)=\left(\xi_j-2\xi_j^2+\xi_j^3\right)l\\ N_3\left(\xi_j\right)=3\xi_j^2-2\xi_j^3,\ N_4\left(\xi_j\right)=\left(-\xi_j^2+\xi_j^3\right)l\end{array}\right. \tag{3.1.26}$$

式中，$\xi_j$ 为轮轨力 $j$ 在相应子结构梁单元的位置坐标，对于模拟车辆在轨道上运行时的移动激励模型，$\xi_j$ 是时间的函数。

类似式（3.1.19）的推导，方程（3.1.23）可表达为如下形式：

$$\boldsymbol{M}_u^e\ddot{\boldsymbol{q}}_{uj}^e+\boldsymbol{C}_u^e\dot{\boldsymbol{q}}_{uj}^e+\boldsymbol{K}_u^e\boldsymbol{q}_{uj}^e=-\boldsymbol{R}_u^e\boldsymbol{N}_e^{\mathrm{T}}\left(\xi_j\right)\boldsymbol{f}_{wrj}\quad\left(j=1,2,3,4\right) \tag{3.1.27}$$

将四个轨道子结构的运动方程整理在一起，即可得到轨道结构的运动方程

$$\boldsymbol{M}_{tr}\ddot{\boldsymbol{u}}_{tr}^*+\boldsymbol{C}_{tr}\dot{\boldsymbol{u}}_{tr}^*+\boldsymbol{K}_{tr}\boldsymbol{u}_{tr}^*=\boldsymbol{f}_{tr}=-\boldsymbol{R}_{tr}\boldsymbol{N}^{\mathrm{T}}\boldsymbol{f}_{wr} \tag{3.1.28}$$

式中，

$$\boldsymbol{u}_{tr}^*=\begin{Bmatrix}\boldsymbol{q}_{u1}^e\\ \boldsymbol{q}_{u2}^e\\ \boldsymbol{q}_{u3}^e\\ \boldsymbol{q}_{u4}^e\end{Bmatrix},\ \boldsymbol{M}_{tr}=\begin{bmatrix}\boldsymbol{M}_u^e & \boldsymbol{0} & \boldsymbol{0} & \boldsymbol{0}\\ \boldsymbol{0} & \boldsymbol{M}_u^e & \boldsymbol{0} & \boldsymbol{0}\\ \boldsymbol{0} & \boldsymbol{0} & \boldsymbol{M}_u^e & \boldsymbol{0}\\ \boldsymbol{0} & \boldsymbol{0} & \boldsymbol{0} & \boldsymbol{M}_u^e\end{bmatrix},\ \boldsymbol{N}=\begin{bmatrix}\boldsymbol{N}_e^{\mathrm{T}}\left(\xi_1\right)\\ \boldsymbol{N}_e^{\mathrm{T}}\left(\xi_2\right)\\ \boldsymbol{N}_e^{\mathrm{T}}\left(\xi_3\right)\\ \boldsymbol{N}_e^{\mathrm{T}}\left(\xi_4\right)\end{bmatrix} \tag{3.1.29}$$

$\boldsymbol{C}_{tr}$、$\boldsymbol{K}_{tr}$ 和 $\boldsymbol{R}_{tr}$ 的形式与 $\boldsymbol{M}_{tr}$ 一致，只需将方程（3.1.29）中 $\boldsymbol{M}_{tr}$ 表达式中的字母作相应的替换即可得到相应的表达式，这里不详细列出。

受力子结构对轨道结构的作用可表示为如下统一形式：

$$\boldsymbol{u}_{jl}=\boldsymbol{I}_{ejl}^{\mu}\boldsymbol{q}_{ul}^e\quad\left(j,l=1,2,3,4\right) \tag{3.1.30}$$

式中，$\boldsymbol{u}_{jl}$ 表示轮轨力 $l$ 作用下子结构 $j$ 的响应。利用式（3.1.18），$\boldsymbol{I}_{ejl}^{\mu}$ 可表达为如下形式：

$$\boldsymbol{I}_{ejl}^{\mu} = \frac{1}{m}\begin{bmatrix} \mu_1^{k_{jl}}\boldsymbol{T}_1\boldsymbol{\Psi}_1 & \mu_2^{k_{jl}}\boldsymbol{T}_2\boldsymbol{\Psi}_2 & \cdots & \mu_m^{k_{jl}}\boldsymbol{T}_m\boldsymbol{\Psi}_m \end{bmatrix} \tag{3.1.31}$$

其中，$k_{jl}$ 表示子结构 $j$ 和 $l$ 相差的子结构数，车辆运行时这一数值随时间变化。

轨道结构的实际响应，可由四个轮轨力分别作用时响应的叠加给出，根据方程（3.1.30），有

$$\boldsymbol{u}_{tr} = \begin{bmatrix} \boldsymbol{I}_{e11}^{\mu} & \boldsymbol{I}_{e12}^{\mu} & \boldsymbol{I}_{e13}^{\mu} & \boldsymbol{I}_{e14}^{\mu} \\ \boldsymbol{I}_{e21}^{\mu} & \boldsymbol{I}_{e22}^{\mu} & \boldsymbol{I}_{e23}^{\mu} & \boldsymbol{I}_{e24}^{\mu} \\ \boldsymbol{I}_{e31}^{\mu} & \boldsymbol{I}_{e32}^{\mu} & \boldsymbol{I}_{e33}^{\mu} & \boldsymbol{I}_{e34}^{\mu} \\ \boldsymbol{I}_{e41}^{\mu} & \boldsymbol{I}_{e42}^{\mu} & \boldsymbol{I}_{e43}^{\mu} & \boldsymbol{I}_{e44}^{\mu} \end{bmatrix} \begin{Bmatrix} \boldsymbol{q}_{u1}^{e} \\ \boldsymbol{q}_{u2}^{e} \\ \boldsymbol{q}_{u3}^{e} \\ \boldsymbol{q}_{u4}^{e} \end{Bmatrix} = \boldsymbol{I}_{tr}^{\mu}\boldsymbol{u}_{tr}^{*} \tag{3.1.32}$$

式中，$\boldsymbol{I}_{tr}^{\mu}$ 为车辆运行时各受力轨道子结构之间的影响矩阵。

3. 垂向车轨耦合系统运动方程

假定车辆和轨道通过线性赫兹接触弹簧连接，其刚度

$$k_h = 1.5P_0^{1/3} / G \tag{3.1.33}$$

式中，$P_0$ 为轮轨静态作用力，为

$$P_0 = \left(M_c + 2M_t + 4M_w\right)g / 8 \tag{3.1.34}$$

其中，$M_c$、$M_t$ 和 $M_w$ 分别为车体、构架和轮对的质量，如图 3.1.1 所示；$g$ 为重力加速度。式（3.1.33）中 $G$ 为轮轨接触常数，通常取 $5.135\times10^{-8}\,\mathrm{m/N^{2/3}}$。

利用式（3.1.33），轮轨力向量 $\boldsymbol{f}_{wr}$ 可表达为如下形式：

$$\boldsymbol{f}_{wr} = k_h\left(\boldsymbol{N}\boldsymbol{u}_{tr} - \boldsymbol{I}_v\boldsymbol{u}_v + \boldsymbol{r}_{ir}\right) \tag{3.1.35}$$

式中，

$$\begin{cases} \boldsymbol{r}_{ir} = \left\{r\left(x-x_1\right) \quad r\left(x-x_2\right) \quad r\left(x-x_3\right) \quad r\left(x-x_4\right)\right\}^{\mathrm{T}} \\ x_1 = 0,\ x_2 = 2l_1,\ x_3 = 2l_2,\ x_4 = 2\left(l_1 + l_2\right) \end{cases} \tag{3.1.36}$$

为轨道不平顺向量。其中，$x$ 表示轮对 1 的空间坐标；$l_1$ 和 $l_2$ 分别为半固定轴距和半构架中心距，如图 3.1.1 所示。

将方程（3.1.32）和方程（3.1.35）代入方程（3.1.1）和方程（3.1.28），将车辆和轨道的运动方程耦合在一起，即可得到车轨耦合系统的运动方程

$$\begin{bmatrix} \boldsymbol{M}_v & \\ & \boldsymbol{M}_{tr} \end{bmatrix} \begin{Bmatrix} \ddot{\boldsymbol{u}}_v \\ \ddot{\boldsymbol{u}}_{tr}^{*} \end{Bmatrix} + \begin{bmatrix} \boldsymbol{C}_v & \\ & \boldsymbol{C}_{tr} \end{bmatrix} \begin{Bmatrix} \dot{\boldsymbol{u}}_v \\ \dot{\boldsymbol{u}}_{tr}^{*} \end{Bmatrix} + \begin{bmatrix} \boldsymbol{K}_v + \boldsymbol{R}_{vv} & -\boldsymbol{R}_{vt} \\ -\boldsymbol{R}_{tv} & \boldsymbol{K}_{tr} + \boldsymbol{R}_{tt} \end{bmatrix} \begin{Bmatrix} \boldsymbol{u}_v \\ \boldsymbol{u}_{tr}^{*} \end{Bmatrix} = \begin{bmatrix} \boldsymbol{R}_{ir}^{v} \\ \boldsymbol{R}_{ir}^{tr} \end{bmatrix} \boldsymbol{r}_{ir} \tag{3.1.37}$$

其中，

$$\begin{cases} \boldsymbol{R}_{vv} = k_h\boldsymbol{I}_v^{\mathrm{T}}\boldsymbol{I}_v,\ \boldsymbol{R}_{vt} = k_h\boldsymbol{I}_v^{\mathrm{T}}\boldsymbol{N}\boldsymbol{I}_{tr}^{\mu},\ \boldsymbol{R}_{ir}^{v} = k_h\boldsymbol{I}_v^{\mathrm{T}} \\ \boldsymbol{R}_{tv} = k_h\boldsymbol{R}_{tr}\boldsymbol{N}^{\mathrm{T}}\boldsymbol{I}_v,\ \boldsymbol{R}_{tt} = k_h\boldsymbol{R}_{tr}\boldsymbol{N}^{\mathrm{T}}\boldsymbol{N}\boldsymbol{I}_{tr}^{\mu},\ \boldsymbol{R}_{ir}^{tr} = -k_h\boldsymbol{R}_{tr}\boldsymbol{N}^{\mathrm{T}} \end{cases} \tag{3.1.38}$$

耦合系统运动方程（3.1.37）简记为

$$\boldsymbol{M}_{vt}\ddot{\boldsymbol{u}}_{vt} + \boldsymbol{C}_{vt}\dot{\boldsymbol{u}}_{vt} + \boldsymbol{K}_{vt}(t)\boldsymbol{u}_{vt} = \boldsymbol{f}_{vt}(t) = \boldsymbol{R}_{ir}(t)\boldsymbol{r}_{ir} \tag{3.1.39}$$

由方程（3.1.39）可知，对于车辆移动模型，时变矩阵 $\boldsymbol{K}_{vt}(t)$ 和 $\boldsymbol{R}_{ir}(t)$ 是由形函数矩阵 $\boldsymbol{N}$ 和子结构影响矩阵 $\boldsymbol{I}_{tr}^{\mu}$ 共同造成的。其中，形函数矩阵 $\boldsymbol{N}$ 取决于车辆和轨道结构的相对位置，结构影响矩阵 $\boldsymbol{I}_{tr}^{\mu}$ 则取决于车辆各轮对之间相隔的轨道子结构数，因此当车辆匀速运行时，它们都

具有周期性

$$\boldsymbol{K}_{vt}(t)=\boldsymbol{K}_{vt}(t+T),\ \boldsymbol{R}_{ir}(t)=\boldsymbol{R}_{ir}(t+T) \tag{3.1.40}$$

式中，$T=l/v$，其中，$l$ 为轨枕间距；$v$ 为车辆运行速度。

### 3.1.2　垂向车轨耦合系统中的随机振动的虚拟激励法

假设车辆以速度 $v$ 在轨道上匀速行驶。轨道不平顺 $r(x)$ 视为空间零均值平稳高斯过程，其空间功率谱为 $S_{rr}(\Omega)$，其中 $\Omega$ 表示空间圆频率。轨道不平顺可转换为时域下的平稳随机过程。时间与空间功率谱转换关系如下：

$$S_{rr}(\omega)=S_{rr}(\Omega)/v \tag{3.1.41}$$

式中，$S_{rr}(\omega)$ 为轨道不平顺 $r(x)$ 的时间功率谱。

车辆的四个轮对运行于同一条轨道，即耦合系统所受各激励均来自同一个激励源，且彼此之间只相差一个时间差。此时，轨道不平顺向量可改写为如下形式：

$$\boldsymbol{r}_{ir}=\{r(t-t_1)\quad r(t-t_2)\quad r(t-t_3)\quad r(t-t_4)\}^{\mathrm{T}},\ t_j=x_j/v(j=1,2,3,4) \tag{3.1.42}$$

在不考虑其他干扰的情况下，认为各个激励是完全相干的，它们的自功率谱和互功率谱满足如下关系式：

$$\begin{cases}\dfrac{\left|S_{r_jr_k}(\omega)\right|^2}{S_{r_jr_j}(\omega)S_{r_kr_k}(\omega)}=\dfrac{\left|S_{r_kr_j}(\omega)\right|^2}{S_{r_jr_j}(\omega)S_{r_kr_k}(\omega)}=1(j,k=1,2,3,4)\\ r_j=r(t-t_j),\ r_k=r(t-t_k)\end{cases} \tag{3.1.43}$$

根据式（3.1.42），轨道不平顺向量 $\boldsymbol{r}_{ir}$ 的功率谱矩阵可以表示为

$$\boldsymbol{S}_{in}(\omega)=\begin{bmatrix}1 & \mathrm{e}^{\mathrm{i}\omega(t_1-t_2)} & \mathrm{e}^{\mathrm{i}\omega(t_1-t_3)} & \mathrm{e}^{\mathrm{i}\omega(t_1-t_4)}\\ \mathrm{e}^{\mathrm{i}\omega(t_2-t_1)} & 1 & \mathrm{e}^{\mathrm{i}\omega(t_2-t_3)} & \mathrm{e}^{\mathrm{i}\omega(t_2-t_4)}\\ \mathrm{e}^{\mathrm{i}\omega(t_3-t_1)} & \mathrm{e}^{\mathrm{i}\omega(t_3-t_2)} & 1 & \mathrm{e}^{\mathrm{i}\omega(t_3-t_4)}\\ \mathrm{e}^{\mathrm{i}\omega(t_4-t_1)} & \mathrm{e}^{\mathrm{i}\omega(t_4-t_2)} & \mathrm{e}^{\mathrm{i}\omega(t_4-t_3)} & 1\end{bmatrix}S_{rr}(\omega) \tag{3.1.44}$$

将车轨耦合系统运动方程（3.1.39）的解表达为卷积积分的形式

$$\boldsymbol{u}_{vt}(t)=\int_0^t \boldsymbol{h}_{vt}(t,\tau)\boldsymbol{R}_{ir}(\tau)\boldsymbol{r}_{ir}(\tau)\,\mathrm{d}\tau \tag{3.1.45}$$

式中，$\boldsymbol{h}_{vt}(t,\tau)$ 为耦合系统的脉冲响应矩阵。将 $\boldsymbol{u}_{vt}(t)$ 与其转置相乘并作用数学期望算子，得到响应的方差矩阵

$$\begin{aligned}\boldsymbol{R}_{uu}(t)&=E\left[\boldsymbol{u}_{vt}(t)(\boldsymbol{u}_{vt}(t))^{\mathrm{T}}\right]\\ &=\int_0^t\int_0^t \boldsymbol{h}_{vt}(t,\tau_1)\boldsymbol{R}_{ir}(\tau_1)E\left[\boldsymbol{r}_{ir}(\tau_1)(\boldsymbol{r}_{ir}(\tau_2))^{\mathrm{T}}\right](\boldsymbol{h}_{vt}(t,\tau_2))^{\mathrm{T}}(\boldsymbol{R}_{ir}(\tau_2))^{\mathrm{T}}\,\mathrm{d}\tau_1\mathrm{d}\tau_2\end{aligned} \tag{3.1.46}$$

根据维纳-辛钦关系

$$E\left[\boldsymbol{r}_{ir}(\tau_1)(\boldsymbol{r}_{ir}(\tau_2))^{\mathrm{T}}\right]=\int_{-\infty}^{+\infty}\boldsymbol{S}_{in}(\omega)\mathrm{e}^{\mathrm{i}\omega(\tau_2-\tau_1)}\mathrm{d}\omega \tag{3.1.47}$$

将方程（3.1.47）代入方程（3.1.46），并交换积分次序得到

$$\boldsymbol{R}_{uu}(t)=\int_{-\infty}^{+\infty}\boldsymbol{S}_{uu}(\omega,t)\mathrm{d}\omega \tag{3.1.48}$$

$$\boldsymbol{S}_{uu}(\omega,t)=\int_0^t\int_0^t\boldsymbol{h}_{vt}(t,\tau_1)\boldsymbol{R}_{ir}(\tau_1)\boldsymbol{S}_{in}(\omega)\left(\boldsymbol{R}_{ir}(\tau_2)\right)^{\mathrm{T}}\left(\boldsymbol{h}_{vt}(t,\tau_2)\right)^{\mathrm{T}}\mathrm{e}^{\mathrm{i}\omega(\tau_2-\tau_1)}\mathrm{d}\tau_1\mathrm{d}\tau_2 \tag{3.1.49}$$

上式为二重积分式，直接求解需要极大的计算成本。如采用虚拟激励法，则可构造如下虚拟轨道不平顺：

$$\tilde{\boldsymbol{r}}_{ir}=\left\{\mathrm{e}^{-\mathrm{i}\omega t_1}\quad \mathrm{e}^{-\mathrm{i}\omega t_2}\quad \mathrm{e}^{-\mathrm{i}\omega t_3}\quad \mathrm{e}^{-\mathrm{i}\omega t_4}\right\}^{\mathrm{T}}\sqrt{S_{rr}(\omega)}\mathrm{e}^{\mathrm{i}\omega t} \tag{3.1.50}$$

并计算虚拟轨道不平顺下车轨耦合系统的响应

$$\tilde{\boldsymbol{u}}_{vt}(\omega,t)=\int_0^t\boldsymbol{h}_{vt}(t,\tau)\boldsymbol{R}_{ir}(\tau)\tilde{\boldsymbol{r}}_{ir}(\omega,t)\mathrm{d}\tau \tag{3.1.51}$$

进一步得到响应的功率谱如下：

$$\boldsymbol{S}_{uu}(\omega,t)=\left(\tilde{\boldsymbol{u}}_{vt}(\omega,t)\right)^*\left(\tilde{\boldsymbol{u}}_{vt}(\omega,t)\right)^{\mathrm{T}} \tag{3.1.52}$$

可以证明，将式（3.1.51）代入式（3.1.52），并进行展开操作，即可获得与式（3.1.49）相同的表达式，即两者的计算精度是完全一致的。但如按虚拟激励法给出的式（3.1.52）计算响应的功率谱，计算效率却能够得到显著提升。

在采用虚拟激励法进行车轨耦合系统随机振动分析时，可直接将式（3.1.50）所示的虚拟激励代入耦合系统的运动方程（3.1.39），此时有

$$\boldsymbol{M}_{vt}\ddot{\tilde{\boldsymbol{u}}}_{vt}+\boldsymbol{C}_{vt}\dot{\tilde{\boldsymbol{u}}}_{vt}+\boldsymbol{K}_{vt}(t)\tilde{\boldsymbol{u}}_{vt}=\tilde{\boldsymbol{f}}_{vt}(t)=\boldsymbol{R}_{ir}(t)\boldsymbol{E}(\omega)\sqrt{S_{rr}(\omega)}\mathrm{e}^{\mathrm{i}\omega t} \tag{3.1.53}$$

式中，

$$\boldsymbol{E}(\omega)=\left\{\mathrm{e}^{-\mathrm{i}\omega t_1}\quad \mathrm{e}^{-\mathrm{i}\omega t_2}\quad \mathrm{e}^{-\mathrm{i}\omega t_3}\quad \mathrm{e}^{-\mathrm{i}\omega t_4}\right\}^{\mathrm{T}} \tag{3.1.54}$$

为虚拟激励的时滞向量。

方程（3.1.53）所示的虚拟轨道不平顺是一个广义的单点虚拟激励。通过求解该方程即可得到车辆和轨道结构的虚拟响应，再根据虚拟激励法原理通过方程（3.1.52）求得响应的功率谱，进而通过方程（3.1.48）求得响应的标准差。根据式（3.1.40）可知，虚拟激励作用下二维垂向车轨耦合系统车辆移动模型的运动方程（3.1.53）的系数矩阵也具有周期性。此外，对于方程右端的荷载系数矩阵 $\boldsymbol{R}_{ir}(t)$，其求解方法与周期荷载系数向量相同，依次选取矩阵 $\boldsymbol{R}_{ir}(t)$ 的各列作为各时刻的荷载，并将逐步积分一周期后的响应写入周期荷载系数矩阵相应的列即可[13]。

**例 3.1.1**　车辆模型参数详见表 3.1.1，轨道的模型参数详见表 3.1.2。轨道不平顺功率谱在波长大于 1m 时采用美国轨道谱，在波长小于 1m 时采用中国铁道科学研究院实测的短波不平顺谱[24]

$$\begin{cases} S_r(\varOmega)=\dfrac{kA_v\varOmega_c^2}{\varOmega^2\left(\varOmega^2+\varOmega_c^2\right)}\ [\mathrm{cm}^2/(\mathrm{rad}\cdot\mathrm{m})] \\ S_r(f)=0.036f^{-3.15}\ [\mathrm{mm}^2/(\mathrm{cycle}\cdot\mathrm{m})] \end{cases} \tag{3.1.55}$$

式（3.1.55）中美国轨道谱各参数详见表 3.1.3。计算中采用美国 6 级谱，取车速 $v=100\mathrm{km/h}$，车辆运行于两根轨枕之间的时程积分步数 $s=100$。

表 3.1.1　二维垂向车辆模型参数

| 符号 | 物理意义 | 数值 | 单位 |
|---|---|---|---|
| $M_c$ | 车体质量 | $1.7\times10^4$ | kg |
| $J_{c\theta}$ | 车体转动惯量 | $1.139\times10^6$ | $m^4$ |
| $M_t$ | 构架质量 | $1.5\times10^3$ | kg |
| $J_{t\theta}$ | 构架转动惯量 | $1.355\times10^3$ | $m^4$ |
| $M_w$ | 车轮质量 | $7\times10^2$ | kg |
| $K_{z1}$ | 一系悬挂系统刚度 | $5.5\times10^5$ | N/m |
| $K_{z2}$ | 二系悬挂系统刚度 | $4\times10^5$ | N/m |
| $C_{z1}$ | 一系悬挂系统阻尼 | $8\times10^4$ | N · s/m |
| $C_{z2}$ | 二系悬挂系统阻尼 | $6\times10^3$ | N · s/m |
| $l_1$ | 半固定轴距 | 1.2 | m |
| $l_2$ | 半构架中心距 | 9 | m |

表 3.1.2　二维轨道模型参数

| 符号 | 物理意义 | 数值 | 单位 |
|---|---|---|---|
| $EI$ | 钢轨抗弯刚度 | $6.62\times10^6$ | $N\cdot m^2$ |
| $\rho A$ | 钢轨线密度 | 60.64 | kg/m |
| $M_s$ | 轨枕质量 | 118.5kg | kg |
| $M_b$ | 道床质量 | 739 | kg |
| $K_p$ | 轨下垫片刚度 | $1.2\times10^8$ | N/m |
| $K_b$ | 道床刚度 | $1.82\times10^8$ | N/m |
| $K_f$ | 路基刚度 | $1.47\times10^8$ | N/m |
| $C_p$ | 轨下垫片阻尼 | $7.5\times10^4$ | N · s/m |
| $C_b$ | 道床阻尼 | $5.88\times10^4$ | N · s/m |
| $C_f$ | 路基阻尼 | $3.115\times10^4$ | N · s/m |
| $l$ | 轨枕间距 | 0.545 | m |

表 3.1.3　美国轨道谱参数

| 参数 | 6 级 | 5 级 | 4 级 |
|---|---|---|---|
| $k$ | 0.25 | 0.25 | 0.25 |
| $A_v$ / [$cm^2$/（rad · m）] | 0.0339 | 0.2095 | 0.5376 |
| $\Omega_c$ /（rad/m） | 0.8245 | 0.8245 | 0.8245 |

1. 车轨耦合系统垂向随机振动

考虑耦合系统响应的周期性，给出的结果为车辆在两根轨枕之间运行，即耦合系统一个周期内的响应。响应的周期在功率谱图中用一个空间轴来表示。只对相对最为敏感的耦合系统加速度响应功率谱进行研究。为了更好地研究车轨耦合系统的随机动力响应，表 3.1.4 给出了车辆的固有频率。可见，车辆第 1～6 阶的固有频率分布在 6Hz 以下的低频范围内，第 6～10 阶固有频率则较高，这是由于轮对受到较大刚度接触弹簧的约束。表 3.1.5 给出了轨道结构的频率通带。可见，轨道结构的频率通带集中在 63Hz 以上的高频范围，由于采用的轨道模型子结构具有 4 个独立的自由度，因此相应的存在 4 个频率通带。表 3.1.6 给出了车轨耦合系统的前 20 阶固有频率，通过辛方法无法直接求解耦合系统固有频率，因此求解时采用了传统的有限长轨道模型。对比表 3.1.4～表 3.1.6 可知，耦合系统的前 6 阶固有频率为车辆的前 6 阶固有频率，轨道结构的弹性使得某些固有频率在数值上略有差异；耦合系统第 11～20 阶的固有频率显然为轨道结构通带 1 中的频率，而其他通带的频率会在更高阶的耦合系统固有频率中出现；耦合系统第 7～10 阶的固有频率既不是车辆的固有频率，也不是轨道的固有频率，因此认为这些频率是由车辆和轨道结构的耦合而产生的，且这些频率的数值都集中在略大于 50Hz 的位置。

**表 3.1.4　车辆固有频率**

| 阶数 | 频率/Hz | 阶数 | 频率/Hz |
|---|---|---|---|
| 1 | 0.93 | 6 | 5.44 |
| 2 | 1.02 | 7 | 201.07 |
| 3 | 5.07 | 8 | 201.07 |
| 4 | 5.07 | 9 | 201.07 |
| 5 | 5.44 | 10 | 201.07 |

**表 3.1.5　轨道结构频率通带**

| 通带 | 频率/Hz | 通带 | 频率/Hz |
|---|---|---|---|
| 1 | 63.76～83.38 | 3 | 359.85～1813.39 |
| 2 | 185.07～259.56 | 4 | 1939.40～8887.44 |

**表 3.1.6　车轨耦合系统前 20 阶固有频率**

| 阶数 | 频率/Hz | 阶数 | 频率/Hz |
|---|---|---|---|
| 1 | 0.93 | 11 | 63.76 |
| 2 | 1.02 | 12 | 63.76 |
| 3 | 5.06 | 13 | 63.76 |
| 4 | 5.06 | 14 | 63.76 |
| 5 | 5.43 | 15 | 63.77 |
| 6 | 5.43 | 16 | 63.77 |
| 7 | 51.60 | 17 | 63.77 |
| 8 | 51.60 | 18 | 63.79 |
| 9 | 52.43 | 19 | 63.79 |
| 10 | 52.43 | 20 | 63.81 |

图 3.1.3 给出了车体垂向加速度功率谱。可见，车体的随机动力响应集中在 0～5Hz 的低频范围内，且不随车辆与轨道结构相对位置的变化而变化。这说明车体的响应并未受到轨枕离散支承的影响，可视为平稳随机过程。车体响应峰值出现在 1.4Hz 前后，这是由车辆固有频率和构架相位差共同造成的。构架相位差激起的频率可通过下式计算：

$$f_c = v / 2l_2 \tag{3.1.56}$$

本节中，$f_c$=1.5433Hz，而车辆低阶的固有频率在 1Hz 前后，车体响应峰值则出现在这两个频率之间。

图 3.1.4 给出了两个构架的垂向加速度功率谱。与车体相比，构架随机动力响应的频率分布范围更加广泛，在 150Hz 以下的频率范围内都存在峰值。其中有两处峰值较大，频率较低的峰值出现在 1～2Hz，与车体功率谱的峰值较为接近；频率较高的峰值则出现在 50Hz 前后的中频部分。与图 3.1.3 中车体的响应相比较可知，二系悬挂系统起到了很好的减振效果，且主要减弱了 30Hz 以上中频范围内的随机振动。与车体的响应略有不同，当车辆在一个周期内处于与轨道结构不同的相对位置上时，构架的随机动力响应在频率较低的峰值 $A$ 上略有波动。

其中图 3.1.4（a）中构架 1 的响应峰值 $A$ 波动范围在 $1.6633\times10^{-2}\sim1.6691\times10^{-2}\mathrm{m}^2/(\mathrm{s}^4\cdot\mathrm{Hz})$，与均值的相对误差仅为 0.35%；而频率较高的峰值则几乎没有波动，因此构架的随机动力响应仍可视为平稳随机过程。

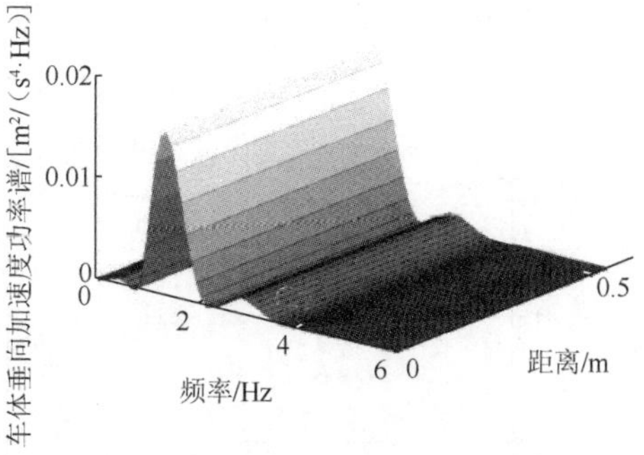


图 3.1.3　车体垂向加速度功率谱

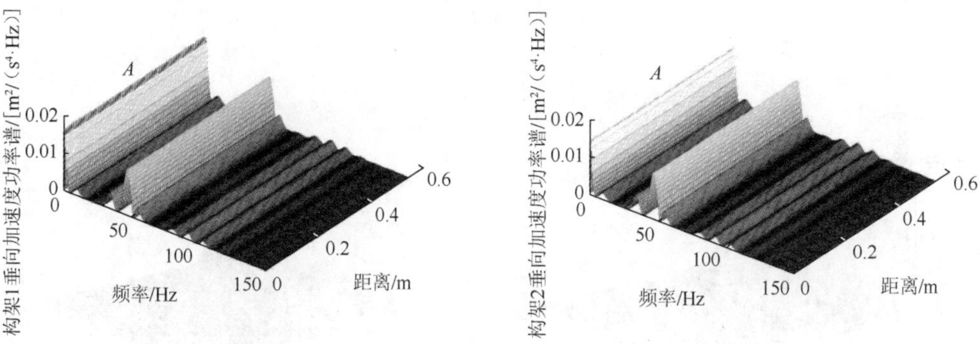


（a）构架1　　（b）构架2

图 3.1.4　构架垂向加速度功率谱

对比图 3.1.4（a）和图 3.1.4（b）中两个构架的加速度功率谱，可见峰值出现的位置几乎完全一致，但低频范围内峰值的大小略有不同。如构架 1 峰值 $A$ 最大值为 $1.6691\times10^{-2}\mathrm{m}^2/(\mathrm{s}^4\cdot\mathrm{Hz})$；而构架 2 峰值 $A$ 最大值则为 $1.4475\times10^{-2}\mathrm{m}^2/(\mathrm{s}^4\cdot\mathrm{Hz})$，与构架 1 响应值的相对误差高达 13.28%。为了进一步研究这种差异造成的影响，图 3.1.5 给出了两个构架在一个周期内的标准差，显然，两个构架的标准差曲线形态基本一致，且都呈现出了周期性，即在周期的初始时刻和末时刻数值相等。两个构架的标准差峰值分别为 $0.4394\mathrm{m/s}^2$ 和 $0.4375\mathrm{m/s}^2$，相对误差不足 0.5%。可见，构架 1 的随机动力响应较之构架 2 偏大，且这种偏差主要体现在低频部分。

图 3.1.6 给出了轮对 1 和轮对 2 的垂向加速度功率谱。可见，轮对随机动力响应的频率分布集中在中频和高频范围。各轮对均有两处较为明显的峰值 $B$ 和 $C$，分别出现在 50Hz 和 100Hz 前后，与图 3.1.4 中相应的峰值对应。从峰值的数值上看，轮对的功率谱峰值远高于构架，说明一系悬挂系统也起到了很好的减振作用。由于一系悬挂系统主要用于减弱中频和高频的随机振动传递，因此一系悬挂系统的阻尼较之二系悬挂系统要大得多。与构架类似，当车辆在一个周期内处于与轨道结构不同的相对位置上时，轮对的随机动力响应也会随之有所波动，这种波动在相对较低的频率上更为明显，且波动幅度较之构架更大。对轮对的低频和中频随

机动力响应进行研究时，需要考虑响应非平稳的特性，而高频的随机动力响应则可视为平稳随机过程。图 3.1.7 进一步给出了一周期内轮对 1 垂向加速度的标准差曲线。可见，轮对的标准差也呈现出了周期性，其数值在 28.5679～28.8771m/s$^2$ 波动，与均值的相对误差为 1.08%，因此轮对的随机动力响应总体来说也可近似地认为是平稳随机过程。

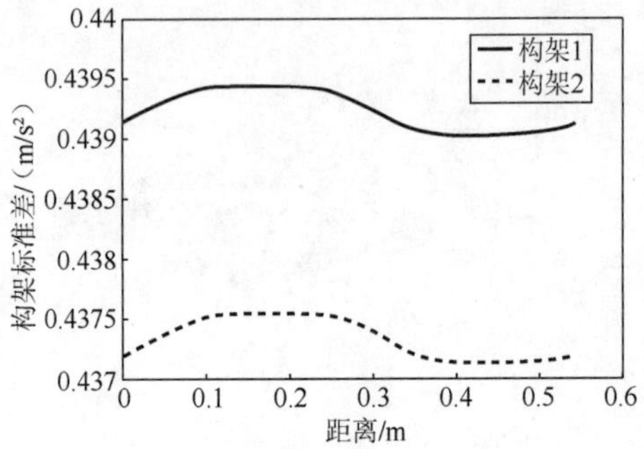


图 3.1.5　构架垂向加速度标准差

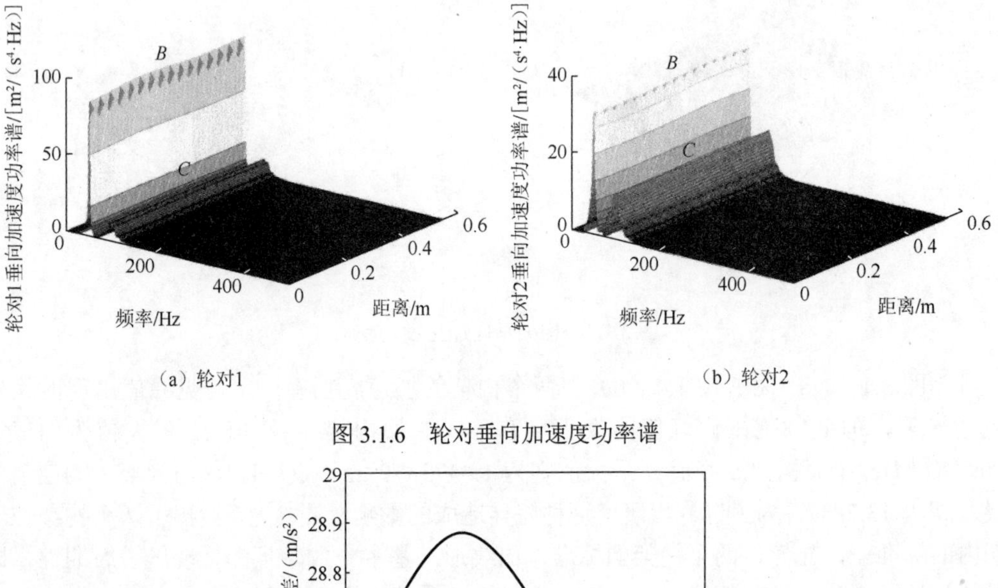


（a）轮对1　　（b）轮对2

图 3.1.6　轮对垂向加速度功率谱

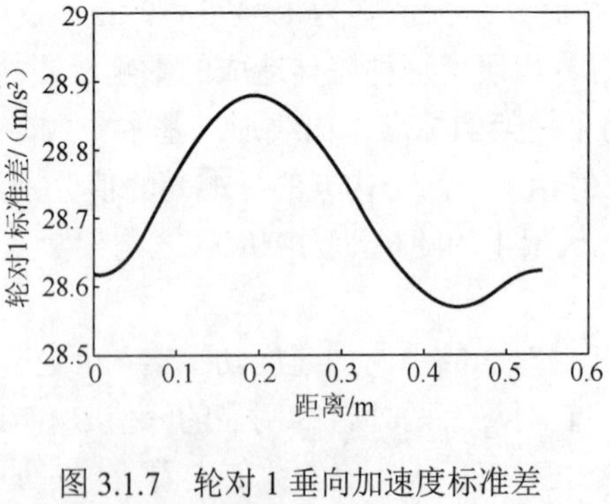


图 3.1.7　轮对 1 垂向加速度标准差

图 3.1.6（b）中，轮对 2 的加速度功率谱峰值为 $B$ 和 $C$，与图 3.1.6（a）对比可知，轮对 2 较之轮对 1 中频随机动力响应值小得多，但高频部分的响应值则略大于轮对 1。

图 3.1.8 给出了车辆经过某根轨枕时轨枕正上方钢轨的垂向加速度功率谱。其中，空间轴的原点表示轮对 1 在该轨枕正上方；负值表示轮对 1 尚未到达该轨枕；正值则表示轮对 1 已

通过该轨枕。显然车辆的 4 个轮对通过时均会激起较大的钢轨随机动力响应，其中，轮对 1 和 3 激起的钢轨随机动力响应明显大于轮对 2 和 4。从频率上看，钢轨的随机动力响应在 50Hz 前后的中频存在较大的峰值，其他峰值则集中在几百至几千赫兹的高频部分。其中，中频的峰值与车辆和轨道结构耦合产生的固有频率相一致，如表 3.1.6 所示。图 3.1.4 和图 3.1.6 中构架和轮对在该频率上的峰值也应是由此引起并传递的。钢轨高频部分的峰值虽然较之中频峰值小一些，但分布范围十分广泛，因此短波轨道不平顺对钢轨的激振作用更为明显。

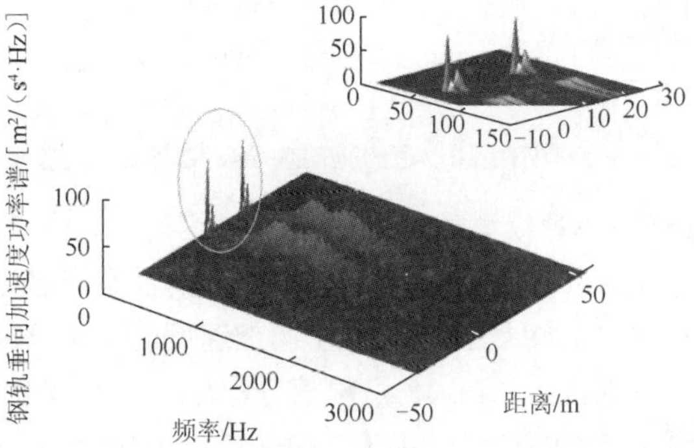


图 3.1.8　钢轨垂向加速度功率谱

图 3.1.9 给出了车辆经过某根轨枕时该轨枕的垂向加速度功率谱。与钢轨的垂向加速度功率谱对比，50Hz 前后的中频峰值仍然存在，高频的峰值则由于轨道垫片的作用被大幅度衰减掉，仅在 200～600Hz 的频率范围内还存在较小的峰值。

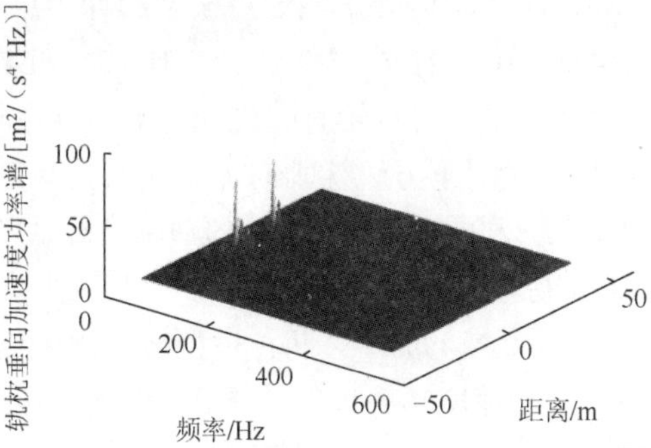


图 3.1.9　轨枕垂向加速度功率谱

图 3.1.10 给出了车辆经过某根轨枕时轨枕正下方的道床垂向加速度功率谱。与轨枕相比较，道床功率谱在 50Hz 前后的峰值仍然存在，但由于轨枕的弹性和阻尼作用，该峰值有了显著的降低。同时，道床加速度功率谱在略大于 100Hz 的位置出现了新的峰值，这一峰值频率为轨道模型中离散道床块的固有频率，可通过下面的方程简单计算：

$$f_b = \frac{1}{2\pi}\sqrt{\frac{K_b + K_f}{M_b}} \tag{3.1.57}$$

式中，各参数物理意义和取值详见表 3.1.2。其中，$f_b = 105.8711\text{Hz}$。

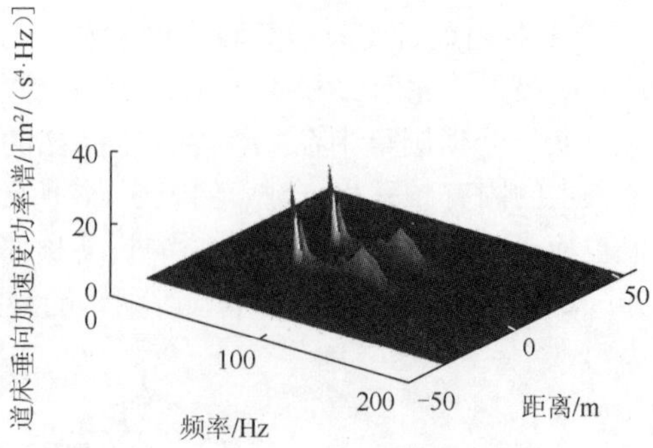


图 3.1.10 道床垂向加速度功率谱

2. 车辆定点和车辆移动两种模型的比较

下面讨论采用车辆定点和车辆移动两种模型对车轨耦合系统进行垂向随机振动分析，确定两种模型的适用范围。图 3.1.11 给出了车体垂向加速度的功率谱曲线，可以看到采用两种模型计算得到的功率谱曲线吻合较好，$A$ 点峰值处车辆定点模型的计算结果为 $1.614\,036\times10^{-2}\,\mathrm{m^2/(s^4\cdot Hz)}$，车辆移动模型的计算结果为 $1.614\,070\times10^{-2}\mathrm{m^2/(s^4\cdot Hz)}$，误差仅为 0.012‰。对构架加速度功率谱进行比较发现，两种模型的计算结果也几乎相同。图 3.1.12 给出了轮对 1 和 2 的轮轨力功率谱。可以看到两种模型的计算结果中，轮轨力 1 的功率谱曲线基本吻合，如图 3.1.12（a）所示。其中，$B$ 点峰值处车辆定点模型的计算结果为 $4.055\times10^7\mathrm{N^2/Hz}$，车辆移动模型的计算结果为 $4.1143\times10^7\mathrm{N^2/Hz}$，误差为 1.44%。而轮轨力 2 的功率谱曲线则相差较大，如图 3.12（b）所示。其中 $C$ 点峰值处车辆定点模型的计算结果为 $3.1681\times10^7\mathrm{N^2/Hz}$，车辆移动模型的计算结果为 $1.5451\times10^7\mathrm{N^2/Hz}$，误差已超过 100%。此外，随着车速的提高，采用两种模型求解的轮对力功率谱差异更大。对轮对随机动力响应的分析也可以得到类似的结论。

图 3.1.13 给出了两种模型 1 轮对下方轨枕垂向加速度的功率谱曲线。为了清楚显示响应峰值部分，这里只给出了 48～55Hz 的响应。可以看到功率谱峰值的计算结果差异较大，车辆定点模型 $D$ 点峰值处的计算结果为 $39.5725\mathrm{m^2/(s^4\cdot Hz)}$，车辆移动模型 $E$ 点峰值处的计算结果为 $52.4057\mathrm{m^2/(s^4\cdot Hz)}$，误差为 24.49%，且两种模型峰值出现的位置也有所差异。对采用两种模型计算得到的轨道和道床加速度功率谱的结果进行比较也可以得到类似的结论。

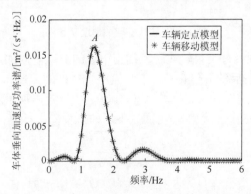

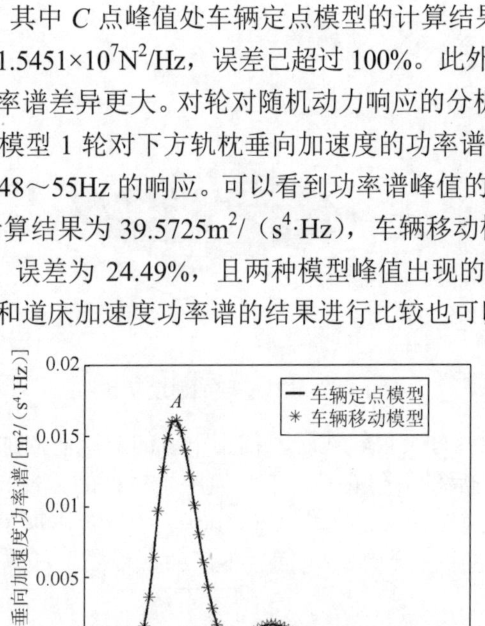


图 3.1.11 两种模型得到的车体垂向加速度功率谱

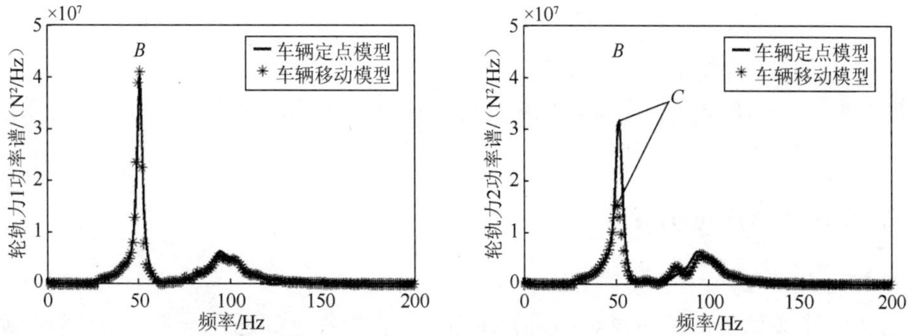


（a）轮轨力1　　（b）轮轨力2

图 3.1.12　两种模型得到的轮轨力功率谱

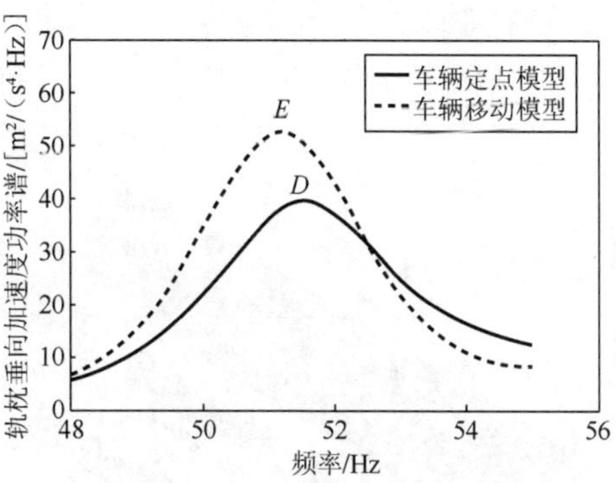


图 3.1.13　两种模型得到的轨枕垂向加速度功率谱

通过对图 3.1.11～图 3.1.13 的分析，不难得到如下结论：车体和构架的整体动力响应近似于零均值和平稳，车辆定点模型的计算结果是可靠的；而对轮对以及轨道结构的非零均值动力响应来说，车辆移动模型得到的计算结果是较为合理的。

## 3.2　三维车轨耦合系统随机振动分析

轨道不平顺是车轨耦合系统振动的主要激励源，包括高低不平顺、方向不平顺、水平不平顺和轨距不平顺。高低不平顺会激起车辆垂向振动；方向不平顺会激发轮对横向运动，导致车辆摇摆和侧滚振动；水平不平顺是造成车辆横向滚摆耦合振动的主要原因；轨距不平顺对轮轨间横向水平力及车辆运行平顺性有一定影响。由于车轨垂向耦合模型无法反映垂向以外的自由度振动，因此，对于列车安全运营，三维车轨耦合系统动力学分析具有重要意义。对于车辆的动力学模拟，可以分为三维多刚体动力学模型、三维刚柔耦合动力学模型和全三维耦合动力学模型。三维多刚体动力学模型相对简单，能够总体上反映车辆的振动情况，在运算量较大的问题研究中应用较多，诸如车辆结构参数优化、随机振动等。但是由于采用了刚性假设，忽略车辆各部件的弹性，因此无法反映其模态特性，在某些特定激励下，这会对响应分析造成较大偏差，导致不安全的评估。此外，这类模型无法进行关键位置的应力求解，因此不能用于疲劳寿命估计等问题的数值仿真。近年来，计算机硬件水平及通用有限元软件的快速发展为整车有限元分析提供了可能。在三维车轨耦合系统的随机振动分析中，采用传统的 CQC 方法进行随机振动分析的计算量是难以接受的，研究中车辆模型往往被大幅度简化，显然无法满足工程中的实际需要。在 3.1 节的基础上，本节介绍虚拟激励法结合周期轨道的辛方法进行三维车轨耦合系统随机振动分析的基本方法，这为复杂车轨耦合系统的动力学仿真提供了新的途径。

### 3.2.1　弹性车轨耦合系统分析模型

1. 车辆运动方程

图 3.2.1 所示车体、构架和轮对有限元模型中，各构件之间通过一系、二系悬挂系统连接组成车辆有限元模型。以车行方向为参考，车体上设置左前、右前、左后、右后 4 个二系悬挂连接点，其中前面的两个连接构架 1，后面的两个连接构架 2。每个构架上设置左右两个二系悬挂连接点用于连接车体，还有左前、右前、左后、右后 4 个一系悬挂连接点用于连接前后两个轮对，每个轮对上设置左右两个一系悬挂连接点和左右两个轮轨连接点用于连接构架和线性接触弹簧。

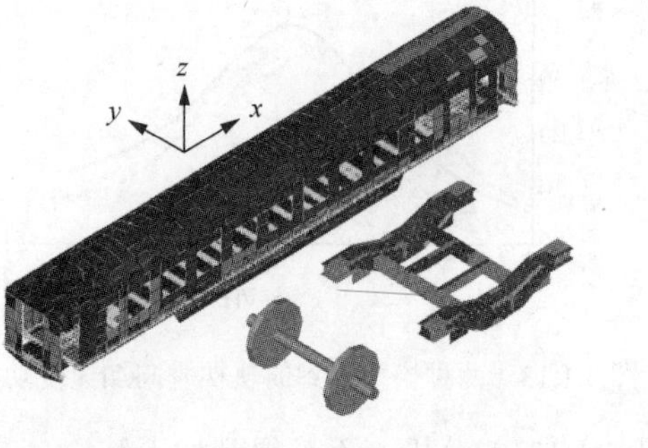


图 3.2.1　车辆各构件有限元模型

在物理空间下，车体、构架和轮对的运动方程分别表达为如下形式：

$$\boldsymbol{M}_c\ddot{\boldsymbol{u}}_c + \boldsymbol{C}_c\dot{\boldsymbol{u}}_c + \boldsymbol{K}_c\boldsymbol{u}_c = \boldsymbol{E}_{ct}^{\mathrm{T}}\boldsymbol{f}_{ct} \tag{3.2.1}$$

$$\boldsymbol{M}_t\ddot{\boldsymbol{u}}_t + \boldsymbol{C}_t\dot{\boldsymbol{u}}_t + \boldsymbol{K}_t\boldsymbol{u}_t = \boldsymbol{E}_{tw}^{\mathrm{T}}\boldsymbol{f}_{tw} - \boldsymbol{E}_{tc}^{\mathrm{T}}\boldsymbol{f}_{ct} \tag{3.2.2}$$

$$\boldsymbol{M}_w\ddot{\boldsymbol{u}}_w + \boldsymbol{C}_w\dot{\boldsymbol{u}}_w + \boldsymbol{K}_w\boldsymbol{u}_w = \boldsymbol{E}_{wr}^{\mathrm{T}}\boldsymbol{f}_{wr} - \boldsymbol{E}_{wt}^{\mathrm{T}}\boldsymbol{f}_{tw} \tag{3.2.3}$$

式中，下角标 $c$ 、$t$ 、$w$ 和 $r$ 分别表示车体、构架、轮对和钢轨；双下角标中，第 1 个下角标表示受力的构件，第 2 个下角标则表示施力的构件；$\boldsymbol{u}$ 表示位移向量，其中构架的位移向量中包含两个构架的位移，轮对的位移向量中则包含 4 个轮对的位移，即

$$\boldsymbol{u}_t = \begin{Bmatrix} \boldsymbol{u}_{t1} \\ \boldsymbol{u}_{t2} \end{Bmatrix},\ \boldsymbol{u}_w = \begin{Bmatrix} \boldsymbol{u}_{w1} \\ \boldsymbol{u}_{w2} \\ \boldsymbol{u}_{w3} \\ \boldsymbol{u}_{w4} \end{Bmatrix} \tag{3.2.4}$$

$\boldsymbol{M}$ 、$\boldsymbol{C}$ 和 $\boldsymbol{K}$ 分别表示质量、阻尼和刚度矩阵，构架和轮对相应的矩阵同样由多个构件的子矩阵组成：

$$\boldsymbol{M}_t = \begin{bmatrix} \boldsymbol{M}_t^e & \boldsymbol{0} \\ \boldsymbol{0} & \boldsymbol{M}_t^e \end{bmatrix},\ \boldsymbol{M}_w = \begin{bmatrix} \boldsymbol{M}_w^e & \boldsymbol{0} & \boldsymbol{0} & \boldsymbol{0} \\ \boldsymbol{0} & \boldsymbol{M}_w^e & \boldsymbol{0} & \boldsymbol{0} \\ \boldsymbol{0} & \boldsymbol{0} & \boldsymbol{M}_w^e & \boldsymbol{0} \\ \boldsymbol{0} & \boldsymbol{0} & \boldsymbol{0} & \boldsymbol{M}_w^e \end{bmatrix} \tag{3.2.5}$$

其中，$\boldsymbol{M}_t^e$ 和 $\boldsymbol{M}_w^e$ 分别表示单个构架和轮对的质量阵。$\boldsymbol{C}_t$、$\boldsymbol{K}_t$ 和 $\boldsymbol{C}_w$、$\boldsymbol{K}_w$ 的形式与 $\boldsymbol{M}_t$ 和 $\boldsymbol{M}_w$ 相同，只需将方程（3.2.5）中的符号 $\boldsymbol{M}$ 替换为 $\boldsymbol{C}$ 和 $\boldsymbol{K}$ 即可；$\boldsymbol{f}$ 表示荷载向量；$\boldsymbol{E}$ 为相应的荷载指示向量，由 0 和 1 组成，用于提取构件各连接点的响应和将荷载 $\boldsymbol{f}$ 施加到构件的连接点上。各荷载向量具体形式如下：

$$\begin{aligned} \boldsymbol{f}_{ct} &= \left\{ f_{z2}^{1L} \quad f_{y2}^{1L} \quad f_{x2}^{1L} \quad f_{z2}^{1R} \quad f_{y2}^{1R} \quad f_{x2}^{1R} \quad f_{z2}^{2L} \quad f_{y2}^{2L} \quad f_{x2}^{2L} \quad f_{z2}^{2R} \quad f_{y2}^{2R} \quad f_{x2}^{2R} \right\}^{\mathrm{T}} \\ &= \boldsymbol{C}_{s2}\left(\boldsymbol{E}_{tc}\dot{\boldsymbol{u}}_t - \boldsymbol{E}_{ct}\dot{\boldsymbol{u}}_c\right) + \boldsymbol{K}_{s2}\left(\boldsymbol{E}_{tc}\boldsymbol{u}_t - \boldsymbol{E}_{ct}\boldsymbol{u}_c\right) \end{aligned} \tag{3.2.6}$$

$$\begin{aligned} \boldsymbol{f}_{tw} = \{ & f_{z1}^{1L} \quad f_{y1}^{1L} \quad f_{x1}^{1L} \quad f_{z1}^{1R} \quad f_{y1}^{1R} \quad f_{x1}^{1R} \quad f_{z1}^{2L} \quad f_{y1}^{2L} \quad f_{x1}^{2L} \quad f_{z1}^{2R} \quad f_{y1}^{2R} \quad f_{x1}^{2R} \\ & f_{z1}^{3L} \quad f_{y1}^{3L} \quad f_{x1}^{3L} \quad f_{z1}^{3R} \quad f_{y1}^{3R} \quad f_{x1}^{3R} \quad f_{z1}^{4L} \quad f_{y1}^{4L} \quad f_{x1}^{4L} \quad f_{z1}^{4R} \quad f_{y1}^{4R} \quad f_{x1}^{4R} \}^{\mathrm{T}} \\ = {} & \boldsymbol{C}_{s1}\left(\boldsymbol{E}_{wt}\dot{\boldsymbol{u}}_w - \boldsymbol{E}_{tw}\dot{\boldsymbol{u}}_t\right) + \boldsymbol{K}_{s1}\left(\boldsymbol{E}_{wt}\boldsymbol{u}_w - \boldsymbol{E}_{tw}\boldsymbol{u}_t\right) \end{aligned} \tag{3.2.7}$$

$$\begin{aligned} \boldsymbol{f}_{wr} = \{ & f_{zc}^{1L} \quad f_{yc}^{1L} \quad f_{zc}^{1R} \quad f_{yc}^{1R} \quad f_{zc}^{2L} \quad f_{yc}^{2L} \quad f_{zc}^{2R} \quad f_{yc}^{2R} \\ & f_{zc}^{3L} \quad f_{yc}^{3L} \quad f_{zc}^{3R} \quad f_{yc}^{3R} \quad f_{zc}^{4L} \quad f_{yc}^{4L} \quad f_{zc}^{4R} \quad f_{yc}^{4R} \}^{\mathrm{T}} \\ = {} & \boldsymbol{K}_h\left(\boldsymbol{N}\boldsymbol{u}_{tr} - \boldsymbol{E}_{wr}\boldsymbol{u}_w + \boldsymbol{r}_{ir}\right) \end{aligned} \tag{3.2.8}$$

方程（3.2.6）～方程（3.2.8）中，$f$ 的第一个上角标表示施力构件的编号；第二个上角标表示受力构件受力节点的位置，以车行方向为参考，其中，$L$ 表示左侧，$R$ 表示右侧；第一个下角标表示荷载的方向，其中 $x$ 表示纵向，$y$ 表示横向，$z$ 表示垂向，三个方向按照以车行方向、车行左侧和竖直向上为正方向组成右手系；第二个下角标表示产生荷载的部位，其中，2 表示纵向 2 系悬挂系统，1 表示纵向 1 系悬挂系统，$c$ 表示轮轨交界面。

$$\begin{cases} \boldsymbol{K}_{s2} = \operatorname{diag}\left(\boldsymbol{K}_{s2}^e \quad \boldsymbol{K}_{s2}^e \quad \boldsymbol{K}_{s2}^e \quad \boldsymbol{K}_{s2}^e\right) \\ \boldsymbol{K}_{s1} = \operatorname{diag}\left(\boldsymbol{K}_{s1}^e \quad \boldsymbol{K}_{s1}^e \quad \boldsymbol{K}_{s1}^e \quad \boldsymbol{K}_{s1}^e \quad \boldsymbol{K}_{s1}^e \quad \boldsymbol{K}_{s1}^e \quad \boldsymbol{K}_{s1}^e \quad \boldsymbol{K}_{s1}^e\right) \\ \boldsymbol{K}_h = \operatorname{diag}\left(\boldsymbol{K}_h^e \quad \boldsymbol{K}_h^e \quad \boldsymbol{K}_h^e \quad \boldsymbol{K}_h^e \quad \boldsymbol{K}_h^e \quad \boldsymbol{K}_h^e \quad \boldsymbol{K}_h^e \quad \boldsymbol{K}_h^e\right) \\ \boldsymbol{K}_{s2}^e = \operatorname{diag}\left(K_{z2} \quad K_{y2} \quad K_{x2}\right),\ \boldsymbol{K}_{s1}^e = \operatorname{diag}\left(K_{z1} \quad K_{y1} \quad K_{x1}\right),\ \boldsymbol{K}_h^e = \operatorname{diag}\left(K_{hz} \quad K_{hy}\right) \end{cases} \tag{3.2.9}$$

式中，符号 $\operatorname{diag}(\cdot)$ 表示对角或对角分块矩阵；$K_{z2}$、$K_{y2}$、$K_{x2}$、$K_{z1}$、$K_{y1}$ 和 $K_{x1}$ 分别为悬挂系统刚度参数；$K_{hz}$ 和 $K_{hy}$ 表示连接车辆和轨道结构的线性弹簧，其中垂向的 $K_{hz}$ 采用赫兹线性接触弹簧，横向上则对 $K_{hy}$ 进行充大数操作，即假设轮轨接触点处轮对和钢轨的位移相等。矩阵 $\boldsymbol{C}_{s2}$ 和 $\boldsymbol{C}_{s1}$ 的形式与 $\boldsymbol{K}_{s2}$ 和 $\boldsymbol{K}_{s1}$ 相同，只需将方程（3.2.9）中相应位置的符号 $\boldsymbol{K}$ 和 $K$ 替换为 $\boldsymbol{C}$ 和 $C$ 即可。

方程（3.2.8）中，$\boldsymbol{u}_{tr}$ 表示钢轨的位移向量；$\boldsymbol{N}$ 为广义单元形函数矩阵，用于获得轮轨接触点处的钢轨位移，其形式如下：

$$\boldsymbol{N}=\begin{bmatrix}\boldsymbol{N}_{e1} & \boldsymbol{0} & \boldsymbol{0} & \boldsymbol{0}\\ \boldsymbol{0} & \boldsymbol{N}_{e2} & \boldsymbol{0} & \boldsymbol{0}\\ \boldsymbol{0} & \boldsymbol{0} & \boldsymbol{N}_{e3} & \boldsymbol{0}\\ \boldsymbol{0} & \boldsymbol{0} & \boldsymbol{0} & \boldsymbol{N}_{e4}\end{bmatrix} \tag{3.2.10}$$

式中，$\boldsymbol{0}$ 表示相应维度的零矩阵；$\boldsymbol{N}_{ej}$ 为轮对 $j=1,2,3,4$ 所在的广义轨道单元的形函数矩阵，所在的列即对应所在广义轨道单元的自由度：

$$\boldsymbol{N}_{ej}=\begin{bmatrix}\cdots & \boldsymbol{N}_I\left(\xi_j\right) & 0 & \boldsymbol{N}_J\left(\xi_j\right) & 0 & \cdots\\ \cdots & 0 & \boldsymbol{N}_I\left(\xi_j\right) & 0 & \boldsymbol{N}_J\left(\xi_j\right) & \cdots\end{bmatrix} \tag{3.2.11}$$

其中，第一行代表左侧钢轨，第二行代表右侧钢轨；$\boldsymbol{N}_I\left(\xi_j\right)$ 和 $\boldsymbol{N}_J\left(\xi_j\right)$ 所在的列分别对应轨道子结构中轮对所在单元前后两侧的节点，其形式如下：

$$\begin{cases}\boldsymbol{N}_I\left(\xi\right)=\begin{bmatrix}N_1 & 0 & N_5 & 0 & N_2\\ 0 & N_1 & 0 & -N_2 & 0\end{bmatrix},\ \boldsymbol{N}_J\left(\xi\right)=\begin{bmatrix}N_3 & 0 & N_6 & 0 & N_4\\ 0 & N_3 & 0 & -N_4 & 0\end{bmatrix}\\ N_1=1-3\xi^2+2\xi^3,\ N_2=\left(\xi-2\xi^2+\xi^3\right)l,\ N_3=3\xi^2-2\xi^3\\ N_4=\left(-\xi^2+\xi^3\right)l,\ N_5=-\left(1-\xi\right)h_{r1},\ N_6=-\xi h_{r1}\end{cases} \tag{3.2.12}$$

轨道不平顺向量 $\boldsymbol{r}_{ir}$ 由各轮轨接触点处垂向和横向轨道不平顺组成：

$$\begin{aligned}\boldsymbol{r}_{ir}=\{&r_z^{1L}\quad r_y^{1L}\quad r_z^{1R}\quad r_y^{1R}\quad r_z^{2L}\quad r_y^{2L}\quad r_z^{2R}\quad r_y^{2R}\\ &r_z^{3L}\quad r_y^{3L}\quad r_z^{3R}\quad r_y^{3R}\quad r_z^{4L}\quad r_y^{4L}\quad r_z^{4R}\quad r_y^{4R}\}^{\mathrm{T}}\end{aligned} \tag{3.2.13}$$

式中，上下角标的含义与方程（3.2.8）中相同。

由于车辆各构件的有限元自由度规模非常大，采用振型分解法对运动方程进行模型降阶

$$\boldsymbol{u}_c=\boldsymbol{\varPsi}_c\boldsymbol{q}_c,\ \boldsymbol{u}_t=\boldsymbol{\varPsi}_t\boldsymbol{q}_t,\ \boldsymbol{u}_w=\boldsymbol{\varPsi}_w\boldsymbol{q}_w \tag{3.2.14}$$

式中，$\boldsymbol{q}_c$、$\boldsymbol{q}_t$ 和 $\boldsymbol{q}_w$ 分别为车体、构架和轮对的模态自由度向量；$\boldsymbol{\varPsi}_c$、$\boldsymbol{\varPsi}_t$ 和 $\boldsymbol{\varPsi}_w$ 为相应的质量归一振型矩阵。同样，构架和轮对相应的矩阵也由多个构件的子矩阵组成：

$$\boldsymbol{\varPsi}_t=\begin{bmatrix}\boldsymbol{\varPsi}_t^e & \boldsymbol{0}\\ \boldsymbol{0} & \boldsymbol{\varPsi}_t^e\end{bmatrix},\quad \boldsymbol{\varPsi}_w=\begin{bmatrix}\boldsymbol{\varPsi}_w^e & \boldsymbol{0} & \boldsymbol{0} & \boldsymbol{0}\\ \boldsymbol{0} & \boldsymbol{\varPsi}_w^e & \boldsymbol{0} & \boldsymbol{0}\\ \boldsymbol{0} & \boldsymbol{0} & \boldsymbol{\varPsi}_w^e & \boldsymbol{0}\\ \boldsymbol{0} & \boldsymbol{0} & \boldsymbol{0} & \boldsymbol{\varPsi}_w^e\end{bmatrix} \tag{3.2.15}$$

其中，$\boldsymbol{\varPsi}_t^e$ 和 $\boldsymbol{\varPsi}_w^e$ 分别表示单个构架和轮对的振型矩阵。根据质量归一振型的定义，存在如下关系式：

$$\begin{cases}\boldsymbol{\varPsi}_c^{\mathrm{T}}\boldsymbol{M}_c\boldsymbol{\varPsi}_c=\boldsymbol{I},\ \boldsymbol{\varPsi}_c^{\mathrm{T}}\boldsymbol{K}_c\boldsymbol{\varPsi}_c=\boldsymbol{\varOmega}_c^2\\ \boldsymbol{\varPsi}_t^{\mathrm{T}}\boldsymbol{M}_t\boldsymbol{\varPsi}_t=\boldsymbol{I},\ \boldsymbol{\varPsi}_t^{\mathrm{T}}\boldsymbol{K}_t\boldsymbol{\varPsi}_t=\boldsymbol{\varOmega}_t^2\\ \boldsymbol{\varPsi}_w^{\mathrm{T}}\boldsymbol{M}_w\boldsymbol{\varPsi}_w=\boldsymbol{I},\ \boldsymbol{\varPsi}_w^{\mathrm{T}}\boldsymbol{K}_w\boldsymbol{\varPsi}_w=\boldsymbol{\varOmega}_w^2\end{cases} \tag{3.2.16}$$

式中，$\boldsymbol{I}$ 表示单位阵；$\boldsymbol{\varOmega}_c$、$\boldsymbol{\varOmega}_t$ 和 $\boldsymbol{\varOmega}_w$ 分别为车体、构架和轮对的固有频率组成的矩阵。将方程（3.2.14）和方程（3.2.16）代入方程（3.2.1）～方程（3.2.3），整理得到车体、构架和轮对的模态运动方程

$$\ddot{\boldsymbol{q}}_c+\left(2\boldsymbol{\xi}_c\boldsymbol{\Omega}_c+\bar{\boldsymbol{\Psi}}_c^{\mathrm{T}}\boldsymbol{C}_{s2}\bar{\boldsymbol{\Psi}}_c\right)\dot{\boldsymbol{q}}_c+\left(\boldsymbol{\Omega}_c^2+\bar{\boldsymbol{\Psi}}_c^{\mathrm{T}}\boldsymbol{K}_{s2}\bar{\boldsymbol{\Psi}}_c\right)\boldsymbol{q}_c=\bar{\boldsymbol{\Psi}}_c^{\mathrm{T}}\boldsymbol{C}_{s2}\bar{\boldsymbol{\Psi}}_{tc}\dot{\boldsymbol{q}}_t+\bar{\boldsymbol{\Psi}}_c^{\mathrm{T}}\boldsymbol{K}_{s2}\bar{\boldsymbol{\Psi}}_{tc}\boldsymbol{q}_t \tag{3.2.17}$$

$$\begin{aligned}&\ddot{\boldsymbol{q}}_t+\left(2\boldsymbol{\xi}_t\boldsymbol{\Omega}_t+\bar{\boldsymbol{\Psi}}_{tw}^{\mathrm{T}}\boldsymbol{C}_{s1}\bar{\boldsymbol{\Psi}}_{tw}+\bar{\boldsymbol{\Psi}}_{tc}^{\mathrm{T}}\boldsymbol{C}_{s2}\bar{\boldsymbol{\Psi}}_{tc}\right)\dot{\boldsymbol{q}}_t+\left(\boldsymbol{\Omega}_t^2+\bar{\boldsymbol{\Psi}}_{tw}^{\mathrm{T}}\boldsymbol{K}_{s1}\bar{\boldsymbol{\Psi}}_{tw}+\bar{\boldsymbol{\Psi}}_{tc}^{\mathrm{T}}\boldsymbol{K}_{s2}\bar{\boldsymbol{\Psi}}_{tc}\right)\boldsymbol{q}_t\\&=\bar{\boldsymbol{\Psi}}_{tc}^{\mathrm{T}}\boldsymbol{C}_{s2}\bar{\boldsymbol{\Psi}}_c\dot{\boldsymbol{q}}_c+\bar{\boldsymbol{\Psi}}_{tw}^{\mathrm{T}}\boldsymbol{C}_{s1}\bar{\boldsymbol{\Psi}}_{wt}\dot{\boldsymbol{q}}_w+\bar{\boldsymbol{\Psi}}_{tc}^{\mathrm{T}}\boldsymbol{K}_{s2}\bar{\boldsymbol{\Psi}}_c\boldsymbol{q}_c+\bar{\boldsymbol{\Psi}}_{tw}^{\mathrm{T}}\boldsymbol{K}_{s1}\bar{\boldsymbol{\Psi}}_{wt}\boldsymbol{q}_w\end{aligned} \tag{3.2.18}$$

$$\begin{aligned}&\ddot{\boldsymbol{q}}_w+\left(2\boldsymbol{\xi}_w\boldsymbol{\Omega}_w+\bar{\boldsymbol{\Psi}}_{wt}^{\mathrm{T}}\boldsymbol{C}_{s1}\bar{\boldsymbol{\Psi}}_{wt}\right)\dot{\boldsymbol{q}}_w+\left(\boldsymbol{\Omega}_w^2+\bar{\boldsymbol{\Psi}}_{wt}^{\mathrm{T}}\boldsymbol{K}_{s1}\bar{\boldsymbol{\Psi}}_{wt}+\bar{\boldsymbol{\Psi}}_{wr}^{\mathrm{T}}\boldsymbol{K}_h\bar{\boldsymbol{\Psi}}_{wr}\right)\boldsymbol{q}_w\\&=\bar{\boldsymbol{\Psi}}_{wr}^{\mathrm{T}}\boldsymbol{K}_h\boldsymbol{N}\boldsymbol{u}_{tr}+\bar{\boldsymbol{\Psi}}_{wt}^{\mathrm{T}}\boldsymbol{C}_{s1}\bar{\boldsymbol{\Psi}}_{tw}\dot{\boldsymbol{q}}_t+\bar{\boldsymbol{\Psi}}_{wt}^{\mathrm{T}}\boldsymbol{K}_{s1}\bar{\boldsymbol{\Psi}}_{tw}\boldsymbol{q}_t+\bar{\boldsymbol{\Psi}}_{wr}^{\mathrm{T}}\boldsymbol{K}_h\boldsymbol{r}_{ir}\end{aligned} \tag{3.2.19}$$

记为

$$\ddot{\boldsymbol{q}}_c+\bar{\boldsymbol{C}}_c\dot{\boldsymbol{q}}_c+\bar{\boldsymbol{K}}_c\boldsymbol{q}_c=\boldsymbol{R}_{ct}^C\dot{\boldsymbol{q}}_t+\boldsymbol{R}_{ct}^K\boldsymbol{q}_t \tag{3.2.20}$$

$$\ddot{\boldsymbol{q}}_t+\bar{\boldsymbol{C}}_t\dot{\boldsymbol{q}}_t+\bar{\boldsymbol{K}}_t\boldsymbol{q}_t=\boldsymbol{R}_{tc}^C\dot{\boldsymbol{q}}_c+\boldsymbol{R}_{tw}^C\dot{\boldsymbol{q}}_w+\boldsymbol{R}_{tc}^K\boldsymbol{q}_c+\boldsymbol{R}_{tw}^K\boldsymbol{q}_w \tag{3.2.21}$$

$$\ddot{\boldsymbol{q}}_w+\bar{\boldsymbol{C}}_w\dot{\boldsymbol{q}}_w+\bar{\boldsymbol{K}}_w\boldsymbol{q}_w=\bar{\boldsymbol{\Psi}}_{wr}^{\mathrm{T}}\boldsymbol{K}_h\boldsymbol{N}\boldsymbol{u}_{tr}+\boldsymbol{R}_{wt}^C\dot{\boldsymbol{q}}_t+\boldsymbol{R}_{wt}^K\boldsymbol{q}_t+\bar{\boldsymbol{\Psi}}_{wr}^{\mathrm{T}}\boldsymbol{K}_h\boldsymbol{r}_{ir} \tag{3.2.22}$$

式中，

$$\bar{\boldsymbol{\Psi}}_c=\boldsymbol{E}_c\boldsymbol{\Psi}_c,\ \bar{\boldsymbol{\Psi}}_{tc}=\boldsymbol{E}_{tc}\boldsymbol{\Psi}_t,\ \bar{\boldsymbol{\Psi}}_{tw}=\boldsymbol{E}_{tw}\boldsymbol{\Psi}_t,\ \bar{\boldsymbol{\Psi}}_{wt}=\boldsymbol{E}_{wt}\boldsymbol{\Psi}_w,\ \bar{\boldsymbol{\Psi}}_{wr}=\boldsymbol{E}_{wr}\boldsymbol{\Psi}_w \tag{3.2.23}$$

即各构件振型矩阵中一系、二系悬挂连接点和轮轨连接点自由度对应的列；构件的阻尼阵采用比例阻尼系统，$\boldsymbol{\xi}_c$、$\boldsymbol{\xi}_t$ 和 $\boldsymbol{\xi}_w$ 分别为车体、构架和轮对的比例阻尼系数矩阵，它是一个对角阵，由每一构件的各阶比例阻尼系数构成。

将方程（3.2.20）～方程（3.2.22）耦合在一起，即可得到车辆有限元分析模型的运动方程

$$\begin{Bmatrix}\ddot{\boldsymbol{q}}_c\\\ddot{\boldsymbol{q}}_t\\\ddot{\boldsymbol{q}}_w\end{Bmatrix}+\begin{bmatrix}\bar{\boldsymbol{C}}_c&-\boldsymbol{R}_{ct}^C&\boldsymbol{0}\\-\boldsymbol{R}_{tc}^C&\bar{\boldsymbol{C}}_t&-\boldsymbol{R}_{tw}^C\\\boldsymbol{0}&-\boldsymbol{R}_{wt}^C&\bar{\boldsymbol{C}}_w\end{bmatrix}\begin{Bmatrix}\dot{\boldsymbol{q}}_c\\\dot{\boldsymbol{q}}_t\\\dot{\boldsymbol{q}}_w\end{Bmatrix}+\begin{bmatrix}\bar{\boldsymbol{K}}_c&-\boldsymbol{R}_{ct}^K&\boldsymbol{0}\\\boldsymbol{R}_{tc}^K&\bar{\boldsymbol{K}}_t&\boldsymbol{R}_{tw}^K\\\boldsymbol{0}&-\boldsymbol{R}_{wt}^K&\bar{\boldsymbol{K}}_w\end{bmatrix}\begin{Bmatrix}\boldsymbol{q}_c\\\boldsymbol{q}_t\\\boldsymbol{q}_w\end{Bmatrix}=\begin{bmatrix}\boldsymbol{0}\\\boldsymbol{0}\\\boldsymbol{I}\end{bmatrix}\bar{\boldsymbol{\Psi}}_{wr}^{\mathrm{T}}\boldsymbol{K}_h\left(\boldsymbol{N}\boldsymbol{u}_{tr}+\boldsymbol{r}_{ir}\right) \tag{3.2.24}$$

记为

$$\ddot{\boldsymbol{q}}_v+\boldsymbol{C}_v\dot{\boldsymbol{q}}_v+\boldsymbol{K}_v\boldsymbol{q}_v=\boldsymbol{I}_v^{\mathrm{T}}\bar{\boldsymbol{\Psi}}_{wr}^{\mathrm{T}}\boldsymbol{K}_h\left(\boldsymbol{N}\boldsymbol{u}_{tr}+\boldsymbol{r}_{ir}\right) \tag{3.2.25}$$

式中，$\boldsymbol{0}$ 和 $\boldsymbol{I}$ 分别表示相应维度的零矩阵和单位阵。方程（3.2.25）也可表达为动刚度阵形式

$$\boldsymbol{K}_v^d\boldsymbol{q}_v=\left(-\omega^2\boldsymbol{I}+i\omega\boldsymbol{C}_v+\boldsymbol{K}_v\right)\boldsymbol{q}_v=\boldsymbol{I}_v^{\mathrm{T}}\bar{\boldsymbol{\Psi}}_{wr}^{\mathrm{T}}\boldsymbol{K}_h\left(\boldsymbol{N}\boldsymbol{u}_{tr}+\boldsymbol{r}_{ir}\right) \tag{3.2.26}$$

2. 三维轨道结构辛运动方程

采用辛方法建立轨道模型时，只需选取受力子结构作为研究对象。对于三维轨道模型，轨道子结构如图 3.2.2 所示，包括两根轨枕之间的两段钢轨、两根轨枕和四个道床块，建模时两侧截面的参数要减半。假设轨道子结构中每根钢轨划分为 $m$ 个梁单元，则轨道子结构前后两侧的横截面上具有 15 个自由度，而其他节点所在的横截面上具有 10 个自由度。以受力子结构为研究对象，建立运动方程

$$\boldsymbol{M}_e\ddot{\boldsymbol{u}}_e+\boldsymbol{C}_e\dot{\boldsymbol{u}}_e+\boldsymbol{K}_e\boldsymbol{u}_e=\boldsymbol{f}_e(t)+\boldsymbol{f}_b \tag{3.2.27}$$

式中，$\boldsymbol{M}_e$、$\boldsymbol{C}_e$ 和 $\boldsymbol{K}_e$ 分别为轨道子结构质量、阻尼和刚度矩阵；$\boldsymbol{f}_e(t)$ 为轨道子结构所受外荷载向量；$\boldsymbol{f}_b$ 为临近子结构施加给该子结构的荷载向量。

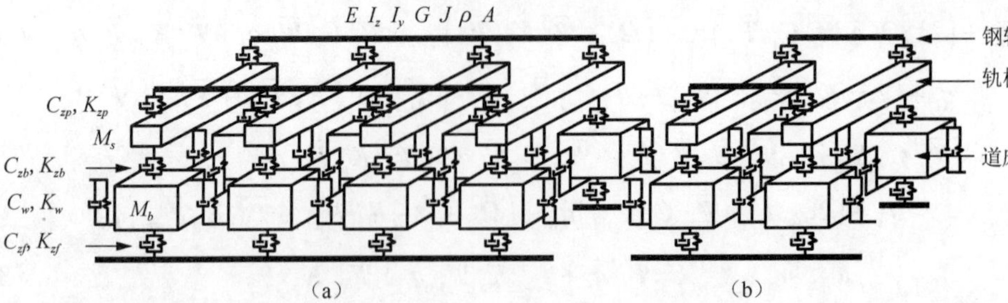


图 3.2.2　三维垂向轨道模型子结构示意图

轨道子结构中的两根钢轨和四个道床块均与临近单元连接，选取轨道子结构边界上钢轨和道床的自由度作为出口自由度，由此子结构位移向量 $\boldsymbol{u}_e$ 中各元素的位置进行互换，使得两个出口自由度和内部自由度分离：

$$\boldsymbol{u}_e=\boldsymbol{I}_e^{ex}\boldsymbol{u}_e^*,\ \boldsymbol{u}_e^*=\left\{\boldsymbol{u}_{aj}^{\mathrm{T}}\quad \boldsymbol{u}_{bj}^{\mathrm{T}}\quad \boldsymbol{u}_{ij}^{\mathrm{T}}\right\}^{\mathrm{T}} \tag{3.2.28}$$

式中，$\boldsymbol{u}_a$ 和 $\boldsymbol{u}_b$ 分别表示两侧出口自由度的凝聚的位移向量；$\boldsymbol{u}_i$ 表示内部自由度凝聚的位移向量；$\boldsymbol{I}_e^{ex}$ 为位移提取变换矩阵。

将方程（3.2.28）代入方程（3.2.27），并在方程两端同乘 $\left(\boldsymbol{I}_e^{ex}\right)^{\mathrm{T}}$，得到出口和内部自由度分离的轨道子结构运动方程

$$\boldsymbol{M}_e^*\ddot{\boldsymbol{u}}_e^*+\boldsymbol{C}_e^*\dot{\boldsymbol{u}}_e^*+\boldsymbol{K}_e^*\boldsymbol{u}_e^*=\boldsymbol{f}_e^*(t)+\boldsymbol{f}_b^* \tag{3.2.29}$$

式中，

$$\boldsymbol{M}_e^*=\left(\boldsymbol{I}_e^{ex}\right)^{\mathrm{T}}\boldsymbol{M}_e\boldsymbol{I}_e^{ex},\quad \boldsymbol{C}_e^*=\left(\boldsymbol{I}_e^{ex}\right)^{\mathrm{T}}\boldsymbol{C}_e\boldsymbol{I}_e^{ex},\quad \boldsymbol{K}_e^*=\left(\boldsymbol{I}_e^{ex}\right)^{\mathrm{T}}\boldsymbol{K}_e\boldsymbol{I}_e^{ex} \tag{3.2.30}$$

方程（3.2.29）的右端荷载项为

$$\boldsymbol{f}_e^*(t)=\left(\boldsymbol{I}_e^{ex}\right)^{\mathrm{T}}\boldsymbol{f}_e(t)=\begin{Bmatrix}\boldsymbol{f}_{ae}\\ \boldsymbol{f}_{be}\\ \boldsymbol{f}_{ie}\end{Bmatrix},\quad \boldsymbol{f}_b^*=\left(\boldsymbol{I}_e^{ex}\right)^{\mathrm{T}}\boldsymbol{f}_b=\begin{Bmatrix}\boldsymbol{p}_a\\ -\boldsymbol{p}_b\\ \boldsymbol{0}\end{Bmatrix} \tag{3.2.31}$$

式中，$\boldsymbol{f}_{ae}$、$\boldsymbol{f}_{be}$ 和 $\boldsymbol{f}_{ie}$ 分别为两侧出口节点和内部节点凝聚的外力向量；$\boldsymbol{p}_a$ 和 $\boldsymbol{p}_b$ 是临近子结构施加给该子结构的凝聚的节点力向量。

采用车辆定点模型时，虚拟激励作用下耦合系统所受荷载将为简谐函数形式。此时轨道受力子结构的运动方程（3.2.29）可改写为动刚度矩阵形式

$$\left(-\omega^2\boldsymbol{M}_e^*+\mathrm{i}\omega\boldsymbol{C}_e^*+\boldsymbol{K}_e^*\right)\boldsymbol{u}_e^*=\boldsymbol{K}_e^d\boldsymbol{u}_e^*=\boldsymbol{f}_e^*(t)+\boldsymbol{f}_b^* \tag{3.2.32}$$

将其表达为如下分块形式：

$$\begin{bmatrix}\boldsymbol{K}_{aa}^0 & \boldsymbol{K}_{ab}^0 & \boldsymbol{K}_{ai}^0\\ \boldsymbol{K}_{ba}^0 & \boldsymbol{K}_{bb}^0 & \boldsymbol{K}_{bi}^0\\ \boldsymbol{K}_{ia}^0 & \boldsymbol{K}_{ib}^0 & \boldsymbol{K}_{ii}^0\end{bmatrix}\begin{Bmatrix}\boldsymbol{u}_a\\ \boldsymbol{u}_b\\ \boldsymbol{u}_i\end{Bmatrix}=\begin{Bmatrix}\boldsymbol{f}_{ae}\\ \boldsymbol{f}_{be}\\ \boldsymbol{f}_{ie}\end{Bmatrix}+\begin{Bmatrix}\boldsymbol{p}_a\\ -\boldsymbol{p}_b\\ \boldsymbol{0}\end{Bmatrix} \tag{3.2.33}$$

按第 1.3 节虚拟激励法周期子结构中波传播分析方法的类似推导，式（3.2.33）最终可表达为如下形式：

$$\begin{bmatrix} \boldsymbol{K}_{aa}^0+\boldsymbol{P}_\beta & \boldsymbol{K}_{ab}^0 & \boldsymbol{K}_{ai}^0 \\ \boldsymbol{K}_{ba}^0 & \boldsymbol{K}_{bb}^0+\boldsymbol{P}_\alpha & \boldsymbol{K}_{bi}^0 \\ \boldsymbol{K}_{ia}^0 & \boldsymbol{K}_{ib}^0 & \boldsymbol{K}_{ii}^0 \end{bmatrix} \begin{Bmatrix} \boldsymbol{u}_a \\ \boldsymbol{u}_b \\ \boldsymbol{u}_i \end{Bmatrix} = \begin{Bmatrix} \boldsymbol{f}_{ae} \\ \boldsymbol{f}_{be} \\ \boldsymbol{f}_{ie} \end{Bmatrix} \tag{3.2.34}$$

式中，$\boldsymbol{P}_\alpha$ 和 $\boldsymbol{P}_\beta$ 为出口刚度阵。方程（3.2.33）简记为

$$\boldsymbol{K}_e^a \boldsymbol{u}_e^* = \boldsymbol{f}_e^*(t) \tag{3.2.35}$$

则第 $k$ 个临近轨道子结构的响应为[9, 15]

$$\boldsymbol{u}_{ek} = \begin{cases} \begin{bmatrix} \boldsymbol{X}_b \boldsymbol{\mu}^{-k} \boldsymbol{X}_b^{-1} \\ \boldsymbol{X}_b \boldsymbol{\mu}^{-k-1} \boldsymbol{X}_b^{-1} \\ -\left(\boldsymbol{K}_{ii}^0\right)^{-1} \boldsymbol{K}_{ia}^0 \boldsymbol{X}_b \boldsymbol{\mu}^{k} \boldsymbol{X}_b^{-1} - \left(\boldsymbol{K}_{ii}^0\right)^{-1} \boldsymbol{K}_{ib}^0 \boldsymbol{X}_b \boldsymbol{\mu}^{k-1} \boldsymbol{X}_b^{-1} \end{bmatrix} \boldsymbol{u}_a, & k<0 \\ \begin{bmatrix} \boldsymbol{X}_a \boldsymbol{\mu}^{k-1} \boldsymbol{X}_a^{-1} \\ \boldsymbol{X}_a \boldsymbol{\mu}^{k} \boldsymbol{X}_a^{-1} \\ -\left(\boldsymbol{K}_{ii}^0\right)^{-1} \boldsymbol{K}_{ia}^0 \boldsymbol{X}_a \boldsymbol{\mu}^{k-1} \boldsymbol{X}_a^{-1} - \left(\boldsymbol{K}_{ii}^0\right)^{-1} \boldsymbol{K}_{ib}^0 \boldsymbol{X}_a \boldsymbol{\mu}^{k} \boldsymbol{X}_a^{-1} \end{bmatrix} \boldsymbol{u}_b, & k>0 \end{cases} \tag{3.2.36}$$

以车辆运行方向为参考，这里 $k<0$ 表示受力子结构后方的子结构，$k>0$ 表示受力子结构前方的子结构；$\boldsymbol{\mu}$ 为 $n$ 阶传递系数矩阵，其为对角矩阵，第 $j$ 个对角元素为 $\mu_j$ ($|\mu_j| \leqslant 1$)；$\boldsymbol{X}_a$ 和 $\boldsymbol{X}_b$ 为求解辛本征值问题获得的辛本征向量，可见 1.3 节式（1.3.20）。

采用的车辆模型有四个轮对，则有四个相应的轨道受力子结构。将这四个子结构的方程耦合到一起，并将方程（3.2.31）代入，即可得到轨道结构运动方程

$$\boldsymbol{K}_{tr}^d \boldsymbol{u}_{tr}^* = \left(\boldsymbol{I}_{tr}^{ex}\right)^{\mathrm{T}} \boldsymbol{f}_{tr}(t) \tag{3.2.37}$$

式中，

$$\boldsymbol{u}_{tr}^* = \left\{ \boldsymbol{u}_{e1}^{*\mathrm{T}} \quad \boldsymbol{u}_{e2}^{*\mathrm{T}} \quad \boldsymbol{u}_{e3}^{*\mathrm{T}} \quad \boldsymbol{u}_{e4}^{*\mathrm{T}} \right\}^{\mathrm{T}} \tag{3.2.38}$$

其由四个轮轨力单独作用时四个轨道子结构的位移向量组成，即不包含各轨道子结构之间的相互作用，其中，$\boldsymbol{u}_{ej}^*\left(j=1,2,3,4\right)$ 为第 $j$ 号轨道子结构在轮轨力 $j$ 作用下的位移向量。

$$\boldsymbol{K}_{tr}^d = \begin{bmatrix} \boldsymbol{K}_e^a & \boldsymbol{0} & \boldsymbol{0} & \boldsymbol{0} \\ \boldsymbol{0} & \boldsymbol{K}_e^a & \boldsymbol{0} & \boldsymbol{0} \\ \boldsymbol{0} & \boldsymbol{0} & \boldsymbol{K}_e^a & \boldsymbol{0} \\ \boldsymbol{0} & \boldsymbol{0} & \boldsymbol{0} & \boldsymbol{K}_e^a \end{bmatrix}, \quad \boldsymbol{I}_{tr}^{ex} = \begin{bmatrix} \boldsymbol{I}_e^{ex} & \boldsymbol{0} & \boldsymbol{0} & \boldsymbol{0} \\ \boldsymbol{0} & \boldsymbol{I}_e^{ex} & \boldsymbol{0} & \boldsymbol{0} \\ \boldsymbol{0} & \boldsymbol{0} & \boldsymbol{I}_e^{ex} & \boldsymbol{0} \\ \boldsymbol{0} & \boldsymbol{0} & \boldsymbol{0} & \boldsymbol{I}_e^{ex} \end{bmatrix} \tag{3.2.39}$$

假定车辆和轨道相互作用关系采用线性弹簧模拟，此时轨道结构承受的外荷载可以表达为如下形式：

$$\boldsymbol{f}_{tr} = -\boldsymbol{N}^{\mathrm{T}} \boldsymbol{K}_h \left( \boldsymbol{N}\boldsymbol{u}_{tr} - \bar{\boldsymbol{\Psi}}_{wr} \boldsymbol{I}_v \boldsymbol{q}_v + \boldsymbol{r}_{ir} \right) \tag{3.2.40}$$

利用方程（3.2.40）即可得到用于有限元车轨耦合系统的轨道结构运动方程

$$\boldsymbol{K}_{tr}^d \boldsymbol{u}_{tr}^* = -\left(\boldsymbol{I}_{tr}^{ex}\right)^{\mathrm{T}} \boldsymbol{N}^{\mathrm{T}} \boldsymbol{K}_h \left( \boldsymbol{N}\boldsymbol{u}_{tr} - \bar{\boldsymbol{\Psi}}_{wr} \boldsymbol{I}_v \boldsymbol{q}_v + \boldsymbol{r}_{ir} \right) \tag{3.2.41}$$

需要指出，方程（3.2.41）中的位移向量 $\boldsymbol{u}_{tr}^*$ 为轨道结构的广义位移。实际轨道结构任意

位置的响应为四个子结构分别作用时响应的叠加，其可基于辛方法按波传播分析，即

$$\boldsymbol{u}_{tr}=\begin{bmatrix}\boldsymbol{I}_e^{ex} & \boldsymbol{0} & \boldsymbol{0} & \boldsymbol{0}\\ \boldsymbol{0} & \boldsymbol{I}_e^{ex} & \boldsymbol{0} & \boldsymbol{0}\\ \boldsymbol{0} & \boldsymbol{0} & \boldsymbol{I}_e^{ex} & \boldsymbol{0}\\ \boldsymbol{0} & \boldsymbol{0} & \boldsymbol{0} & \boldsymbol{I}_e^{ex}\end{bmatrix}\begin{bmatrix}\boldsymbol{I}_{e11}^{\mu} & \boldsymbol{I}_{e12}^{\mu} & \boldsymbol{I}_{e13}^{\mu} & \boldsymbol{I}_{e14}^{\mu}\\ \boldsymbol{I}_{e21}^{\mu} & \boldsymbol{I}_{e22}^{\mu} & \boldsymbol{I}_{e23}^{\mu} & \boldsymbol{I}_{e24}^{\mu}\\ \boldsymbol{I}_{e31}^{\mu} & \boldsymbol{I}_{e32}^{\mu} & \boldsymbol{I}_{e33}^{\mu} & \boldsymbol{I}_{e34}^{\mu}\\ \boldsymbol{I}_{e41}^{\mu} & \boldsymbol{I}_{e42}^{\mu} & \boldsymbol{I}_{e43}^{\mu} & \boldsymbol{I}_{e44}^{\mu}\end{bmatrix}\begin{Bmatrix}\boldsymbol{u}_{e1}^{*}\\ \boldsymbol{u}_{e2}^{*}\\ \boldsymbol{u}_{e3}^{*}\\ \boldsymbol{u}_{e4}^{*}\end{Bmatrix}=\boldsymbol{I}_{tr}^{ex}\boldsymbol{I}_{tr}^{\mu}\boldsymbol{u}_{tr}^{*} \tag{3.2.42}$$

式中，$\boldsymbol{I}_{tr}^{\mu}$ 为车辆运行时各受力轨道子结构之间的影响矩阵。当子结构 $j$ 在子结构 $l$ 后侧时，有

$$\boldsymbol{I}_{ejl}^{\mu}=\begin{bmatrix}\boldsymbol{X}_b\boldsymbol{\mu}^{(k_{jl}+1)}\boldsymbol{X}_b^{-1} & \boldsymbol{0} & \boldsymbol{0}\\ \boldsymbol{X}_b\boldsymbol{\mu}^{k_{jl}}\boldsymbol{X}_b^{-1} & \boldsymbol{0} & \boldsymbol{0}\\ -\left(\boldsymbol{K}_{ii}^{0}\right)^{-1}\boldsymbol{K}_{ia}^{0}\boldsymbol{X}_b\boldsymbol{\mu}^{(k_{jl}+1)}\boldsymbol{X}_b^{-1}-\left(\boldsymbol{K}_{ii}^{0}\right)^{-1}\boldsymbol{K}_{ib}^{0}\boldsymbol{X}_b\boldsymbol{\mu}^{k_{jl}}\boldsymbol{X}_b^{-1} & \boldsymbol{0} & \boldsymbol{0}\end{bmatrix} \tag{3.2.43}$$

而当子结构 $j$ 在子结构 $l$ 前侧时，有

$$\boldsymbol{I}_{ejl}^{\mu}=\begin{bmatrix}\boldsymbol{0} & \boldsymbol{X}_a\boldsymbol{\mu}^{k_{jl}}\boldsymbol{X}_a^{-1} & \boldsymbol{0}\\ \boldsymbol{0} & \boldsymbol{X}_a\boldsymbol{\mu}^{(k_{jl}+1)}\boldsymbol{X}_a^{-1} & \boldsymbol{0}\\ \boldsymbol{0} & -\left(\boldsymbol{K}_{ii}^{0}\right)^{-1}\boldsymbol{K}_{ia}^{0}\boldsymbol{X}_a\boldsymbol{\mu}^{k_{jl}}\boldsymbol{X}_a^{-1}-\left(\boldsymbol{K}_{ii}^{0}\right)^{-1}\boldsymbol{K}_{ib}^{0}\boldsymbol{X}_a\boldsymbol{\mu}^{(k_{jl}+1)}\boldsymbol{X}_a^{-1} & \boldsymbol{0}\end{bmatrix} \tag{3.2.44}$$

其中，$k_{jl}$ 表示子结构 $j$ 和 $l$ 相差的子结构数，在式（3.2.43）和式（3.2.44）中均取正值。

3. 有限元车轨耦合系统运动方程

利用式（3.2.42）可将有限元车辆运动方程（3.2.26）和轨道结构辛运动方程（3.2.41）进行耦合，即可得到有限元车轨耦合系统的运动方程

$$\begin{bmatrix}\boldsymbol{K}_v^{d} & -\boldsymbol{R}_{vt}\\ -\boldsymbol{R}_{tv} & \boldsymbol{K}_{tr}^{d}+\boldsymbol{R}_{tt}\end{bmatrix}\begin{Bmatrix}\boldsymbol{q}_v\\ \boldsymbol{u}_{tr}^{*}\end{Bmatrix}=\begin{bmatrix}\boldsymbol{R}_{ir}^{v}\\ \boldsymbol{R}_{ir}^{tr}\end{bmatrix}\boldsymbol{r}_{ir} \tag{3.2.45}$$

记为

$$\boldsymbol{K}_d\boldsymbol{u}=\boldsymbol{R}_{ir}\boldsymbol{r}_{ir} \tag{3.2.46}$$

式中，

$$\begin{cases}\boldsymbol{R}_{vt}=\boldsymbol{I}_v^{\mathrm{T}}\bar{\boldsymbol{\varPsi}}_{wr}^{\mathrm{T}}\boldsymbol{K}_h\boldsymbol{N}\boldsymbol{I}_{tr}^{ex}\boldsymbol{I}_{tr}^{\mu},\ \boldsymbol{R}_{tt}=\left(\boldsymbol{I}_{tr}^{ex}\right)^{\mathrm{T}}\boldsymbol{N}^{\mathrm{T}}\boldsymbol{K}_h\boldsymbol{N}\boldsymbol{I}_{tr}^{ex}\boldsymbol{I}_{tr}^{\mu}\\ \boldsymbol{R}_{tv}=\left(\boldsymbol{I}_{tr}^{ex}\right)^{\mathrm{T}}\boldsymbol{N}^{\mathrm{T}}\boldsymbol{K}_h\bar{\boldsymbol{\varPsi}}_{wr}\boldsymbol{I}_v,\ \boldsymbol{R}_{ir}^{v}=\boldsymbol{I}_v^{\mathrm{T}}\bar{\boldsymbol{\varPsi}}_{wr}^{\mathrm{T}}\boldsymbol{K}_h,\ \boldsymbol{R}_{ir}^{tr}=-\left(\boldsymbol{I}_{tr}^{ex}\right)^{\mathrm{T}}\boldsymbol{N}^{\mathrm{T}}\boldsymbol{K}_h\end{cases} \tag{3.2.47}$$

### 3.2.2　有限元车轨耦合系统随机振动的虚拟激励法

采用虚拟激励法将四类轨道不平顺转化为相应的简谐轨道不平顺。参照轨道不平顺向量式（3.2.13）的具体形式，虚拟轨道不平顺可以表达为如下形式：

$$\tilde{\boldsymbol{r}}_{ir}^{k}(\omega)=\boldsymbol{E}_k(\omega)\sqrt{S_k(\omega)}\mathrm{e}^{\mathrm{i}\omega t}\ (k=v,a,c,g) \tag{3.2.48}$$

式中，$\tilde{\boldsymbol{r}}_{ir}^{k}(\omega)$ 表示第 $k$ 类轨道不平顺对应的虚拟轨道不平顺；$v$、$a$、$c$ 和 $g$ 分别代表高低、方向、水平和轨距四类轨道不平顺；$S_k(\omega)$ 表示第 $k$ 类轨道不平顺的功率谱；$\boldsymbol{E}_k(\omega)$ 为时滞向量：

$$
\begin{cases}
\boldsymbol{E}_v = \{\mathrm{e}^{\mathrm{i}\omega t_1} \quad 0 \quad \mathrm{e}^{\mathrm{i}\omega t_1} \quad 0 \quad \mathrm{e}^{\mathrm{i}\omega t_2} \quad 0 \quad \mathrm{e}^{\mathrm{i}\omega t_2} \quad 0 \\
\qquad \mathrm{e}^{\mathrm{i}\omega t_3} \quad 0 \quad \mathrm{e}^{\mathrm{i}\omega t_3} \quad 0 \quad \mathrm{e}^{\mathrm{i}\omega t_4} \quad 0 \quad \mathrm{e}^{\mathrm{i}\omega t_4} \quad 0\}^{\mathrm{T}} \\
\boldsymbol{E}_a = \{0 \quad \mathrm{e}^{\mathrm{i}\omega t_1} \quad 0 \quad \mathrm{e}^{\mathrm{i}\omega t_1} \quad 0 \quad \mathrm{e}^{\mathrm{i}\omega t_2} \quad 0 \quad \mathrm{e}^{\mathrm{i}\omega t_2} \\
\qquad 0 \quad \mathrm{e}^{\mathrm{i}\omega t_3} \quad 0 \quad \mathrm{e}^{\mathrm{i}\omega t_3} \quad 0 \quad \mathrm{e}^{\mathrm{i}\omega t_4} \quad 0 \quad \mathrm{e}^{\mathrm{i}\omega t_4}\}^{\mathrm{T}} \\
\boldsymbol{E}_c = \dfrac{1}{2}\{\mathrm{e}^{\mathrm{i}\omega t_1} \quad 0 \quad -\mathrm{e}^{\mathrm{i}\omega t_1} \quad 0 \quad \mathrm{e}^{\mathrm{i}\omega t_2} \quad 0 \quad -\mathrm{e}^{\mathrm{i}\omega t_2} \quad 0 \\
\qquad \mathrm{e}^{\mathrm{i}\omega t_3} \quad 0 \quad -\mathrm{e}^{\mathrm{i}\omega t_3} \quad 0 \quad \mathrm{e}^{\mathrm{i}\omega t_4} \quad 0 \quad -\mathrm{e}^{\mathrm{i}\omega t_4} \quad 0\}^{\mathrm{T}} \\
\boldsymbol{E}_g = \dfrac{1}{2}\{0 \quad \mathrm{e}^{\mathrm{i}\omega t_1} \quad 0 \quad -\mathrm{e}^{\mathrm{i}\omega t_1} \quad 0 \quad \mathrm{e}^{\mathrm{i}\omega t_2} \quad 0 \quad -\mathrm{e}^{\mathrm{i}\omega t_2} \\
\qquad 0 \quad \mathrm{e}^{\mathrm{i}\omega t_3} \quad 0 \quad -\mathrm{e}^{\mathrm{i}\omega t_3} \quad 0 \quad \mathrm{e}^{\mathrm{i}\omega t_4} \quad 0 \quad -\mathrm{e}^{\mathrm{i}\omega t_4}\}^{\mathrm{T}}
\end{cases}
\tag{3.2.49}
$$

将式（3.2.48）代入方程（3.2.46），即可得到虚拟激励作用下有限元车轨耦合系统车辆定点模型的运动方程

$$
\boldsymbol{K}_d \tilde{\boldsymbol{u}}_k = \boldsymbol{R}_{ir} \boldsymbol{E}_k(\omega)\sqrt{S_k(\omega)}\mathrm{e}^{\mathrm{i}\omega t}(k = v,a,c,g) \tag{3.2.50}
$$

式中，$\tilde{\boldsymbol{u}}_k(k = v,a,c,g)$ 表示某类轨道不平顺单独作用下耦合系统的位移向量。通过求解该方程即可得到四类轨道不平顺分别作用下耦合系统凝聚的虚拟响应，进而通过下式求解出响应的功率谱和方差：

$$
\begin{cases}
\boldsymbol{S}_{uu}(\omega,t) = \sum\limits_{k=v,a,c,g} \tilde{\boldsymbol{u}}_k^{*}(\omega,t)\tilde{\boldsymbol{u}}_k^{\mathrm{T}}(\omega,t) \\
\boldsymbol{R}_{uu}(t) = \int_{-\infty}^{+\infty} \boldsymbol{S}_{uu}(\omega,t)\mathrm{d}\omega
\end{cases}
\tag{3.2.51}
$$

**例 3.2.1**　车辆一系和二系悬挂系统的参数如表 3.2.1 所示，轨道模型参数详见表 3.2.2。计算中取车速 $v = 150\mathrm{km/h}$，轨道不平顺采用图 3.2.3 中所示的实测谱。车体、构架和轮对有限元模型如图 3.2.1 所示，均选取前 50 阶振型进行计算，相应的各阶阻尼系数均取为 0.02。

**表 3.2.1　车辆一系和二系悬挂系统参数**

| 参数 | 数值 | 参数 | 数值 |
|---|---|---|---|
| 二系悬挂垂向刚度 $K_{z2}$ | $6.4\times10^5$ N/m | 二系悬挂垂向阻尼 $C_{z2}$ | $1.6\times10^5$ N·s/m |
| 二系悬挂横向刚度 $K_{y2}$ | $4\times10^5$ N/m | 二系悬挂横向阻尼 $C_{y2}$ | $5\times10^4$ N·s/m |
| 二系悬挂纵向刚度 $K_{x2}$ | $4\times10^5$ N/m | 二系悬挂纵向阻尼 $C_{x2}$ | $5\times10^4$ N·s/m |
| 一系悬挂垂向刚度 $K_{z1}$ | $6.4\times10^5$ N/m | 一系悬挂垂向阻尼 $C_{z1}$ | $3\times10^4$ N·s/m |
| 一系悬挂横向刚度 $K_{y1}$ | $1.2\times10^7$ N/m | 一系悬挂横向阻尼 $C_{y1}$ | $3\times10^4$ N·s/m |
| 一系悬挂纵向刚度 $K_{x1}$ | $2.4\times10^7$ N/m | 一系悬挂纵向阻尼 $C_{x1}$ | $3\times10^4$ N·s/m |
| 半构架中心距 $l_2$ | 9m | 半固定轴距 $l_1$ | 1.25m |

**表 3.2.2　三维轨道模型参数**

| 参数 | 数值 | 参数 | 数值 |
|---|---|---|---|
| 钢轨弹性模量 $E$ | $2.059\times10^{11}$Pa | 轨下胶垫垂向阻尼 $C_{zp}$ | $5\times10^{4}$N·s/m |
| 钢轨对 $y$ 轴惯性矩 $I_y$ | $0.3217\times10^{-4}$m$^4$ | 扣件横向阻尼 $C_{yp}$ | $5.2\times10^{4}$N·s/m |
| 钢轨对 $z$ 轴惯性矩 $I_z$ | $0.524\times10^{-5}$m$^4$ | 道床块垂向阻尼 $C_{zb}$ | $5.88\times10^{4}$N·s/m |
| 钢轨剪切模量 $G$ | $7.919\times10^{10}$Pa | 道床块横向阻尼 $C_{yb}$ | $4\times10^{4}$N·s/m |
| 钢轨极惯性矩 $J$ | $0.3741\times10^{-4}$m$^4$ | 路基离散阻尼 $C_{zf}$ | $3.1\times10^{4}$N·s/m |
| 钢轨密度 $\rho$ | $0.786\times10^{4}$kg/m$^3$ | 道床块横向剪切阻尼 $C_w$ | $8\times10^{4}$N·s/m |
| 钢轨横截面面积 $A$ | $7.715\times10^{-3}$m$^2$ | 轨下胶垫垂向刚度 $K_{zp}$ | $7.8\times10^{7}$N/m |
| 轨枕质量 $M_s$ | 237kg | 扣件横向刚度 $K_{yp}$ | $2.94\times10^{7}$N/m |
| 轨枕绕 $x$ 轴转动惯量 $J_s$ | 123.4375kg·m$^2$ | 道床块垂向刚度 $K_{zb}$ | $2.4\times10^{8}$N/m |
| 道床离散块质量 $M_b$ | 682.6kg | 道床块横向刚度 $K_{yb}$ | $5\times10^{7}$N/m |
| 钢轨中性轴与顶面之距离 $h_{r1}$ | $94.53\times10^{-3}$m | 路基离散刚度 $K_{zf}$ | $6.5\times10^{7}$N/m |
| 钢轨中性轴与底面之距离 $h_{r2}$ | $81.47\times10^{-3}$m | 道床块横向剪切刚度 $K_w$ | $7.8\times10^{7}$N/m |
| 钢轨底宽之半 $b_r$ | 0.075m | 轨枕间距 $l$ | 0.545m |
| 左右轨中心线距离之半 $b$ | 0.755m | — | — |

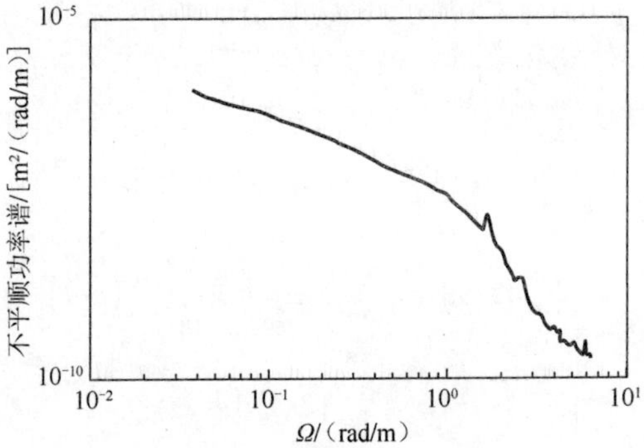


图 3.2.3　轨道不平顺功率谱

将弹性车辆模型的计算结果与多体动力学模型的计算结果进行对比，对车辆各构件弹性振动的发生机理开展研究。为了确保两种模型的分析结果具有可比性，借助自由振型的性质，选取各构件前 6 阶振型的计算结果作为多体动力学模型的计算结果。表 3.2.3～表 3.2.5 分别给出了车体、构架和轮对的固有频率。考虑自由模态的前 6 阶的固有频率均为 0，表格中从第 7 阶固有频率开始显示。

**表 3.2.3　车体固有频率**　　（单位：Hz）

| 阶数 | 频率 | 阶数 | 频率 |
|---|---|---|---|
| 7 | 8.73 | 17 | 17.09 |
| 8 | 9.39 | 18 | 17.32 |
| 9 | 14.12 | 19 | 17.43 |
| 10 | 14.23 | 20 | 17.47 |
| 11 | 14.28 | 21 | 17.83 |
| 12 | 15.93 | 22 | 18.09 |
| 13 | 16.00 | 23 | 18.17 |
| 14 | 16.07 | 24 | 18.46 |
| 15 | 16.10 | 25 | 18.49 |
| 16 | 16.99 | 26 | 18.63 |

表 3.2.4　构架固有频率　（单位：Hz）

| 阶数 | 频率 | 阶数 | 频率 |
|---|---|---|---|
| 7 | 24.32 | 12 | 64.44 |
| 8 | 36.73 | 13 | 70.76 |
| 9 | 41.97 | 14 | 79.30 |
| 10 | 47.41 | 15 | 93.08 |
| 11 | 54.28 | 16 | 105.19 |

表 3.2.5　轮对固有频率　（单位：Hz）

| 阶数 | 频率 | 阶数 | 频率 |
|---|---|---|---|
| 7 | 57.38 | 12 | 360.05 |
| 8 | 77.27 | 13 | 417.76 |
| 9 | 77.34 | 14 | 418.01 |
| 10 | 156.48 | 15 | 667.48 |
| 11 | 156.60 | 16 | 667.75 |

图 3.2.4 给出了车体底盘内部中心线的加速度功率谱。依次在该中心线上沿着图 3.2.1 所示的 $x$ 方向选取了 22 个观测点进行分析。如图 3.2.4（a）所示，采用多体动力学模型进行计算时，车体垂向加速度功率谱响应峰值集中在 0～7Hz 的低频部分，由于同时受到车体刚性平动和自由转动的影响，在纵向上有些频率位置峰值大小较为均匀，而另一些位置则越靠近车体纵向的两端，峰值就越大。此外，在中频范围内由于构架的振动也产生了一些较小的峰值，图中将 30～40Hz 频率范围内的峰值进行了放大，可以看到这些峰值其实是一些连续的碗状结构。这是由于构架之间相位差造成的增强和抑制作用。具体来说，图 3.2.4（a）中多体动力学车辆模型车体底盘内部中心线的垂向振动只受车体沉浮和点头自由度的影响。当两个构架之间的距离等于整数个轨道不平顺波长时，车体的沉浮运动较为剧烈、点头振动较为微弱，相应频率会出现纵向上无差异的峰值，本书称为 I 型峰值；而当两个构架之间的距离等于半数个轨道不平顺波长时，车体的沉浮运动较为微弱，点头振动较为剧烈，相应频率会出现纵向上中间小、两边大的峰值，本书称为Ⅱ型峰值。两种峰值交替出现，构成了上述的碗状结构。

采用有限元车辆模型的计算结果中，7Hz 以下低频处的峰值仍然存在，如图 3.2.4（b）所示，峰值的形态较之多体动力学模型的计算结果没有明显的变化，但数值略微偏大。这是由于车辆不存在 7Hz 以下或接近 7Hz 的垂向振动固有频率，因此车体的弹性不会对这一频率范围内的响应值产生较大的影响。而当车辆采用有限元模型时，其响应值会在结构刚体振动的基础上额外累加上弹性分量，因此采用有限元模型计算时响应的峰值会比较大。图 3.2.4（b）中，在 10～20Hz 出现了一些较明显的峰值。这些峰值中最大的出现在 18.1Hz 车体垂向弯曲一阶固有频率前后，其大小超出低频处原有的峰值，且越是靠近车体纵向的中心点，峰值就越大，反之则越小。该峰值是由车体的一阶弯曲振型产生，在该峰值附近同时还出现了一些相对较小的峰值，这些峰值频率与图 3.2.4（a）中 I 型峰值相同，且靠近车体一阶弯曲振型的峰值相对更大，因此可以判断，这是由构架之间的相位差和车体的固有频率共同产生的。具体来说，两个构架之间的距离等于整数个轨道不平顺波长时，会激起车体的 I 型峰值，而当这些峰值频率接近车体的垂向一阶弯曲固有频率时，就会同时激起车体相应振型的弹性振动，使得峰值显著增大。

车体的横向刚度相对较小，具有低阶的变形振型，对比图 3.2.4（c）和图 3.2.4（d）可以得到与车体垂向振动相同的结论。与垂向振动不同的是，底盘在横向上发生变形的固有频率较低，因此车体的弹性变形作用于多体动力学模型计算结果中频率较低的峰值上，同时由于振型中底盘的横向变型很小，因此这些峰值增大的幅度较之垂向一阶弯曲固有频率处的峰值小得多。此外，车体横向在 20Hz 前后和 30～35Hz 的Ⅱ型峰值也有了显著增大，这是由于车体和构架弹性的共同作用。因此对车体垂向随机振动分析中得到的结论也可推广至Ⅱ型峰值和更高阶的车体弹性振型。

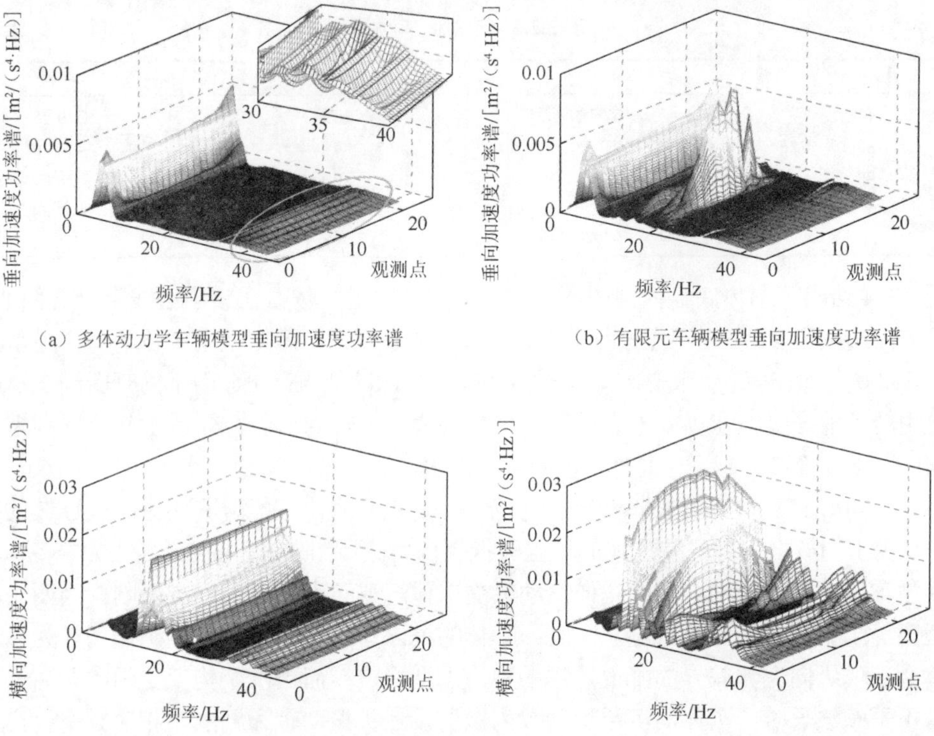


（a）多体动力学车辆模型垂向加速度功率谱　（b）有限元车辆模型垂向加速度功率谱

（c）多体动力学车辆模型横向加速度功率谱　（d）有限元车辆模型横向加速度功率谱

图 3.2.4　车体底盘中心线加速度功率谱

图 3.2.5 给出了车体左侧内部车窗上方靠近棚顶处纵向 22 个观测点的响应功率谱，观测点仍参照图 3.2.1 中的 $x$ 方向选取。与底盘不同，该部位的横向刚度很小，更容易受到车体自身弹性的影响。总体来说，该部位的横向随机动力响应变化极大，而垂向随机动力响应的变化则相对较小，只是在纵向上的分布有所不同。这是由于观测点所在的侧墙基本处于竖直的平面内，垂向的激励并不会明显激起这些结构的弹性振动。而横向的弹性振动会引发这一部位较明显的垂向振动，这一方面是由于不同部位之间振动的传递，另一方面是由于某些部位自身的翘曲变形。与之类似，车体垂向的振动也会引发车体某些部位的横向振动。因此与刚体模型不同，有限元模型在不同的方向上彼此间也存在耦合作用，这种耦合作用在刚度较小的部位上体现得尤为明显。

对比图 3.2.4（a）和图 3.2.5（a）可知，同样采用刚体动力学模型计算时，车窗上方的垂向随机动力响应较之底盘中心线在 10～20Hz 出现了一些新的峰值，这些峰值在纵向上几乎没有差异，因此可以判断它们是由车体的侧滚而产生的Ⅰ型峰值。车窗上方的横向随机动力响应峰值数量较之底盘中心线没有明显的变化，如图 3.2.4（c）和图 3.2.5（c）所示，但车窗上方响应峰值出现的频率正处于底盘中心线峰值的中间，显然这些峰值出现在两个构架之间相差半数个波长的频率位置，因此可以判断这些峰值是由车体的摇头自由度产生的II型峰值。图 3.2.5（b）和图 3.2.5（d）中，7Hz 以下的低频部分的响应较之图 3.2.5（a）和图 3.2.5（c）形态基本相同，但数值由于构架和轮对的弹性而略有提高；7Hz 以上的频率范围内，车体的弹性则在不同的频率上产生了明显的影响。图 3.2.5（d）中，横向的响应值较之图 3.2.5（c）增大了几倍，且在不同频率上不同点的峰值大小在局部上也缺乏规律性，此时局部振型引起的振动产生了极大的影响。

综合图 3.2.4 和图 3.2.5 不难得到如下结论：采用弹性车辆模型计算的车体随机动力响应可以看做两部分的累加，其一是由车辆整体结构振动引发的车体刚性平动和自由转动，其二是由车体各阶振型引起的弹性振动。前者在 7Hz 以下低频范围内较为明显，这与车辆各构件的质量、转动惯量以及一系和二系悬挂系统的阻尼和刚度等力学参数有关。此外，在其他频率上由于构架之间的相位差也会呈现一些较小峰值。这部分响应亦可通过多体动力学车辆模型进行求解。后者则是在前者的基础上发生作用的。具体来说，当车体的固有频率接近车体刚体结构振动的峰值频率时，就会激起车体自身的弹性振动，使得原有的峰值显著增大，且峰值的大小在空间上呈现出与所激起的构件振型相同的形态。对车顶、侧墙、端墙等车体其他部位的分析也可以得到同样的结论。

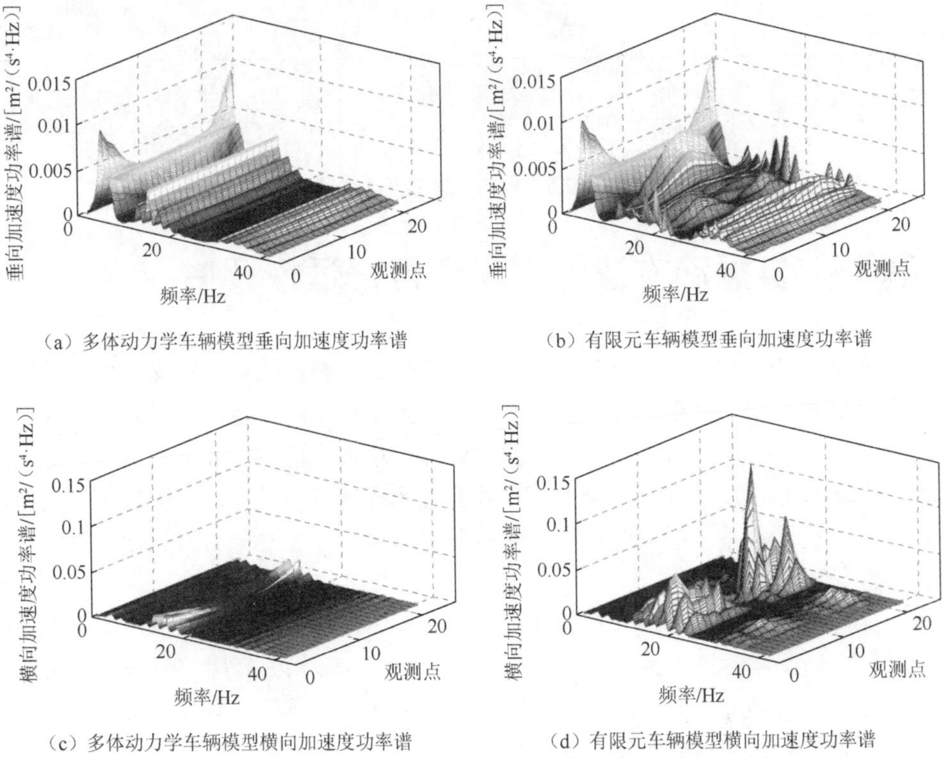


（a）多体动力学车辆模型垂向加速度功率谱　　（b）有限元车辆模型垂向加速度功率谱

（c）多体动力学车辆模型横向加速度功率谱　　（d）有限元车辆模型横向加速度功率谱

图 3.2.5　车窗上方加速度功率谱

图 3.2.6 给出了采用两种车辆分析模型计算得到的构架 1 加速度功率谱。图中实线为多体动力学车辆模型的计算结果，虚线为弹性车辆模型的计算结果；点 1 为构架左侧与车体的连接点，点 2 为构架左侧前方与轮对 1 的连接点。与车体类似，构架的随机动力响应受到车辆整体结构振动、轮对之间相位差和构架自身弹性的共同作用，同时车体的弹性也会对构架的响应产生较大的影响。由于车辆整体的结构振动尤其是构架刚性转动的影响，点 2 的随机动力响应总体上大于点 1。由于轮对之间的相位差，处于构架纵向中心的点 1 会产生等间距的Ⅰ型响应峰值，而处于构架纵向端部的点 2 则会产生Ⅱ型响应峰值，加之车辆整体结构振动的影响，图 3.2.6 中两个点响应的峰值频率并不相同。在小于 20Hz 的低频范围内，由于车体弹性的减振作用，构架在车体固有频率附近的响应会有所降低，而远离车体固有频率的响应则与多体动力学模型的计算结果较为接近；在大于 20Hz 的频率范围内，构架弹性对响应的影响则较为显著，表 3.2.4 所示的构架 7 阶和 8 阶固有频率附近有限元模型的计算结果远大于多体动力学模型的计算结果。

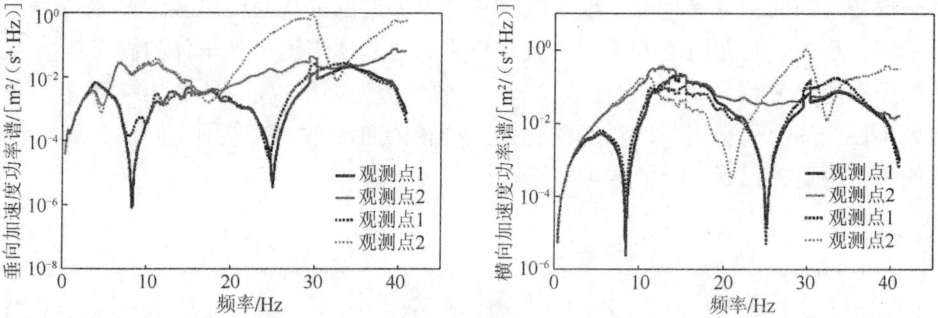


（a）垂向　　（b）横向

图 3.2.6　构架 1 加速度功率谱

## 3.3　基于随机振动方法的列车运行舒适性评估

通过对车体结构的优化和新型材料的应用，车体结构轻量化已经成为国内外铁路客车技术发展的一个重要趋势。然而车体轻量化有可能导致车体刚度不足，其引发的弹性效应将会使车体振动加速度的频率成分变得复杂，振动的幅值增大，进而导致车辆运行平稳性下降。同时，随着车辆运行速度的提高，轨道不平顺的激扰频率范围变宽，车辆轨道相互作用影响因素增多，相应的旅客乘坐舒适度将更为敏感。对车体进行弹性振动的舒适性分析显得尤为重要。

目前，采用刚柔耦合模型，针对车体弹性对列车运行舒适性的研究在国内外已经取得了很多进展[25-33]。对于实际列车系统，由于车轨耦合系统内部相互作用的复杂性和轨道不平顺激励的不确定性等各种复杂因素的影响，进行较为精确的考虑车轨耦合作用的车辆舒适性分析仍然具有极大挑战性。本节承接 3.2 节的内容，针对大型有限元车轨刚柔混合模型，介绍基于车轨耦合系统随机振动进行车辆舒适度分析的一般方法，这些工作对以列车运行舒适度指标为目标函数的参数优化问题提供了有效的参考信息。

### 3.3.1　车辆运行舒适性评价的常用准则

各国对铁道车辆运行平稳性及旅客乘坐舒适度的评价方法有很多种，综合来讲各种评价方法主要从频率加权函数和舒适度指标的应用范围来研究。频率加权函数综合考虑了人体器官的敏感频率范围及共振强弱。但不同的舒适度指标由于测量的方式、单位制、频率及轴加权方式的不同而有所差异。中国铁路系统通常采用 Sperling 方法的平稳性指标作为旅客乘坐舒适度的评定准则，国际上更多采用 ISO 2631-1:1997（E）标准及 UIC 513—1994 标准的舒适度指标来评价列车乘坐舒适性。

以下对 Sperling 方法、GB 5599—85 标准、TB/T 2630—1993 标准、ISO 2631-1:1997（E）标准及 UIC 513—1994 标准进行简要介绍[34-38]。

1. Sperling 方法

交通车辆在地面或轨道上运行，车体会受到路面不平度或者轨道不平顺通过车辆悬挂系统传来的激扰，特别是对于轨道交通，车体的振动具有周期性和并发性的特点。一般而言，车体振动具有随机平移和旋转加速度，包括：轨道不平顺产生的横向、垂向加速度及变速运行产生的纵向加速度。由频域分析的傅里叶原理可知，周期振动函数可以表示成若干正弦振动函数的叠加，非周期振动函数可以分解为无穷简谐振动函数的积分。这是 Sperling 方法的理论基础，也是目前评价车辆运行品质的基本出发点。

1）Sperling 单频振动平稳性指标

对于单频幅值的振动，客车运行平稳性指标按下式计算：

$$W_i = 0.896\left(\frac{a_i^3}{f_i}F(f_i)\right)^{0.1} \tag{3.3.1}$$

式中，$W_i$ 为平稳性指标；$a_i$ 为加速度（$\mathrm{cm/s^2}$）；$f_i$ 为振动频率（Hz）；$F(f_i)$ 为频率修正系数。该指标综合考虑了振动加速度及其变化率和振动位移对人体的影响，对于垂向振动和横向振动，频率修正系数取值如表 3.3.1 所示。

对式（3.3.1）进行变换，有单频振动平稳性指标的另一种表示形式

$$W_i = 0.896\left(a_i^2 B^2(f_i)\right)^{1/6.67} \tag{3.3.2}$$

式中，$B(f_i)=\left(F(f_i)/f_i\right)^{1/3}$。

**表 3.3.1　频率修正系数**

| 垂向振动 | | 横向振动 | |
|---|---|---|---|
| 频率范围/Hz | 修正系数 | 频率范围/Hz | 修正系数 |
| 0.5～5.9 | $F(f)=0.325f^2$ | 0.5～5.4 | $F(f)=0.8f^2$ |
| 5.9～20 | $F(f)=400/f^2$ | 5.4～26 | $F(f)=650/f^2$ |
| >20 | $F(f)=1$ | >26 | $F(f)=1$ |

2）Sperling 随机振动平稳性指标

轨道不平顺等原因使列车运行时产生随机性的振动，响应的频率和幅值是时间的函数。基于线性随机振动理论，可求出每段频率范围的幅值，计算各段频率的平稳性指标 $W_i$，然后再求出全部频段总的平稳性指标，即由式（3.3.1）得总的平稳性指标

$$W=\left(W_1^{10}+W_2^{10}+\cdots+W_n^{10}\right)^{0.1} \tag{3.3.3}$$

由式（3.3.2）也可以得到总的平稳性指标的另一种形式

$$W=\left(W_1^{6.67}+W_2^{6.67}+\cdots+W_n^{6.67}\right)^{1/6.67} \tag{3.3.4}$$

比较式（3.3.3）和式（3.3.4）的计算结果，Sperling 认为在一般情况下计算结果相差很小。

根据式（3.3.2）和式（3.3.4）可得

$$W=0.896\left(a_1^2B^2\left(f_1\right)+a_2^2B^2\left(f_2\right)+\cdots+a_n^2B^2\left(f_n\right)\right)^{1/6.67} \tag{3.3.5}$$

将上式中的系数 0.896 计入加权系数 $B\left(f_i\right)$

$$W=\left(a_1^2C^2\left(f_1\right)+a_2^2C^2\left(f_2\right)+\cdots+a_n^2C^2\left(f_n\right)\right)^{1/6.67} \tag{3.3.6}$$

式中，

$$C\left(f_i\right)=\sqrt{\left(0.896\right)^{6.67}}\times B\left(f_i\right)\approx 0.69B\left(f_i\right) \tag{3.3.7}$$

根据 Sperling 的定义，式（3.3.6）中的 $a_i$ 是由随机时域信号经快速傅里叶变换后得到的频谱幅值。因此式（3.3.6）可写成连续函数的形式

$$W=\left(2\int_{f_1}^{f_2}G\left(f\right)C^2\left(f\right)\mathrm{d}f\right)^{1/6.67} \tag{3.3.8}$$

式中，

$$G\left(f\right)=\frac{2}{T}\left|\int_0^T a\left(t\right)\mathrm{e}^{-2\pi f\mathrm{i}t}\mathrm{d}t\right|^2 \tag{3.3.9}$$

为随机信号的功率谱密度函数；$f_1$ 和 $f_2$ 为截断频率，即应考虑的频率范围的下限和上限。

按式（3.3.8）可进行客车运行平稳性指标计算。Sperling 方法仅按照垂向和横向单方向的平稳性指标来评定车辆运行中乘坐的舒适度，并没有考虑垂向及横向相互耦合作用对人体产生的影响。但是由于人体对垂向和横向振动的敏感频率范围及程度不同，将垂向及横向的振动分开考虑，易于优化车辆横向及垂向刚度阻尼参数，因此这种单轴平稳性指标的评定方法也有很多优势。

2. GB 5599—85 标准

GB 5599—85 标准全称为《铁道车辆动力学性能评定和试验鉴定规范》，适用于准轨铁路客货车辆在线路上运行动力学性能的试验鉴定。若加速度单位按 $g$ 计算，GB 5599—85 标准的平稳性指标按如下表达式进行计算：

$$W=7.08\left(\frac{A^3}{f}F\left(f\right)\right)^{0.1} \tag{3.3.10}$$

式中，$W$ 为平稳性指标；$A$ 为振动加速度（$g$）；$f$ 为振动频率（Hz）；$F\left(f\right)$ 为频率修正系数（同表 3.3.1）。

与 Sperling 方法给出的平稳性指标对比，如果将振动加速度 $A$ 的单位由 $g$ 换成 $\mathrm{cm/s^2}$，忽略计算机的舍入误差，则两种规范将得到相同的平稳性指标。Sperling 方法及 GB 5599—85 标准依平稳性指标 $W$ 确定车辆运行平稳性指标等级，见表 3.3.2。表中垂向和横向平稳性采取相同评定等级。

**表 3.3.2　平稳性评定等级值**

| 平稳性等级 | 评定 | 平稳性指标 $W$ |
|---|---|---|
| 1 级 | 优 | <2.5 |
| 2 级 | 良好 | 2.5～2.75 |
| 3 级 | 合格 | 2.75～3.0 |

注：一般新造客车应不低于 2 级标准

3. TB/T 2630—1993 标准

TB/T 2630—1993 标准全称为《铁道机车动力学性能试验鉴定方法及评定标准》，规定了电力机车和内燃机车动力学性能试验的方法和评定指标。评定机车运行平稳性的主要指标是车体的垂直方向、水平横向振动加速度的最大值以及司机室振动加权加速度的有效值( $m/s^2$ )，并根据表 3.3.3 进行运行平稳性等级评定。指标 $A_w$ 综合考虑了人的感觉和引起疲劳的频率因素，被用来评定机车悬挂系统的运行平稳性，在频域内的定义和计算方法为

$$A_w = \left(2\int_1^{80} G(f) B^2(f) \mathrm{d}f\right)^{1/2} \tag{3.3.11}$$

式中，$G(f)$ 为试验加速度样本的平均功率谱密度[ $m^2/(s^4 \cdot Hz)$ ]；$B(f)$ 为频率加权函数，其取值如下：

$$\text{垂向振动：} B(f) = \begin{cases} 0.5\left|\sqrt{f}\right|, & 1\sim4\text{Hz} \\ 1, & 4\sim8\text{Hz} \\ 8/f, & 8\sim30\text{Hz} \end{cases} \tag{3.3.12}$$

$$\text{水平振动：} B(f) = \begin{cases} 1, & 1\sim2\text{Hz} \\ 2/f, & 2\sim30\text{Hz} \end{cases} \tag{3.3.13}$$

式（3.3.11）中的 $A_w$ 与 Sperling 标准平稳性指标 $W$ 的换算如下：

$$\begin{cases} \text{垂向振动：} W = 0.914 {A_w}^{0.3} \\ \text{水平振动：} W = 1.02 {A_w}^{0.3} \end{cases} \tag{3.3.14}$$

式中，$A_w$ 的单位为 $m/s^2$ 。

**表 3.3.3　平稳性评定等级值**

| 等级 | $A_w/(m/s^2)$ | |
|---|---|---|
| | 垂向 | 横向 |
| 优良 | 0.393 | 0.273 |
| 良好 | 0.586 | 0.407 |
| 合格 | 0.840 | 0.580 |

4. ISO 2631-1:1997（E）标准

ISO 2631-1:1997（E）标准的全称为《人承受全身振动的评价——第 1 部分：一般要求》，该标准评价多点及多轴向的振动输入对人体的影响，对于舒适性分析具有多种领域的适用性。

如图 3.3.1 所示，该标准规定了人体坐姿、站姿及横卧的三种受振模型。人体坐姿受振模型考虑座椅支承面处输入点 3 个方向的线振动和角振动，以及座椅靠背和脚支承面两个输入点各 3 个方向的线振动。人体站姿受振模型只考虑脚支承面处输入点 3 个方向的线振动。人

体横卧受振模型考虑身体支承面处输入点 3 个方向的线振动。

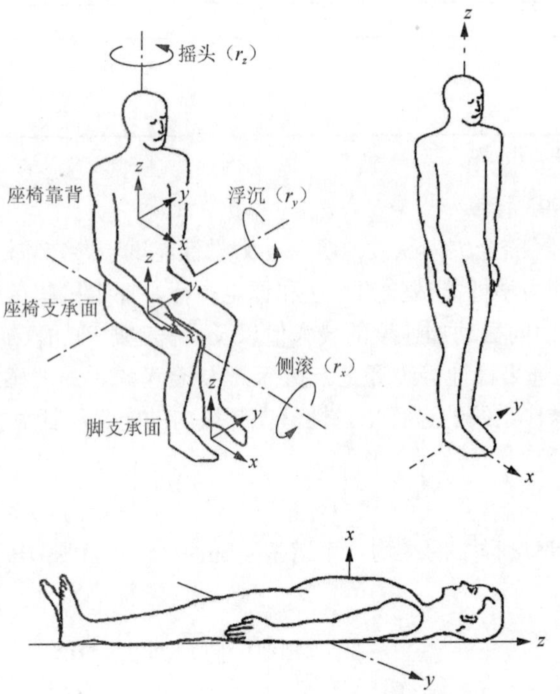


图 3.3.1　人体坐姿、站姿及横卧振动模型图[37]

此标准认为人体对不同频率及轴向的振动敏感程度有差异，图 3.3.2 给出了各轴向 0.5～100Hz 的频率加权函数。表 3.3.4 给出了三个输入点 12 个轴向分别对应的频率加权函数以及相应的轴加权系数 $k$。可以看出：椅面输入点 $X_s$、$Y_s$、$Z_s$ 三个线振动的轴加权系数 $k=1$，是 12 个轴向中对人体影响最大的。此外，该标准还规定在评价振动对人体健康的影响时，仅考虑 $X_s$、$Y_s$、$Z_s$ 这三个轴向，且 $X_s$、$Y_s$ 两个水平轴向的轴加权系数取 $k=1.4$，比垂直轴向更敏感。

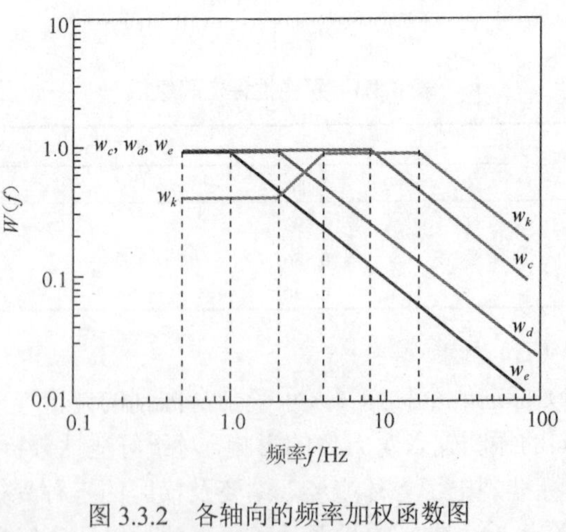


图 3.3.2　各轴向的频率加权函数图

在各轴向的频率加权函数图（图 3.3.2）中，座椅支承面、脚支承面、身体支承面的垂向

频率加权函数为

$$w_k(f)=\begin{cases}0.5, & 0.5\sim2\text{Hz}\\ f/4, & 2\sim4\text{Hz}\\ 1, & 4\sim12.5\text{Hz}\\ 12.5/f, & 12.5\sim80\text{Hz}\end{cases} \tag{3.3.15}$$

座椅支承面（纵向、横向）、坐椅靠背（横向、垂向）、脚支承面（纵向、横向）和身体支承面（纵向、横向）频率加权函数为

$$w_d(f)=\begin{cases}1, & 0.5\sim2\text{Hz}\\ 2/f, & 2\sim80\text{Hz}\end{cases} \tag{3.3.16}$$

坐椅靠背纵向频率加权函数为

$$w_c(f)=\begin{cases}1, & 0.5\sim8\text{Hz}\\ 8/f, & 8\sim80\text{Hz}\end{cases} \tag{3.3.17}$$

坐椅靠背（垂向、横向和纵向）转角频率加权函数为

$$w_e(f)=\begin{cases}1, & 0.5\sim1\text{Hz}\\ 1/f, & 1\sim80\text{Hz}\end{cases} \tag{3.3.18}$$

**表 3.3.4 频率加权函数和轴加权系数**

| 位置 | 坐标轴名称 | 频率加权函数 | 轴加权系数 $k$ |
|---|---|---|---|
| 座椅支承面 | $X_s$ | $w_d$ | 1.00 |
| | $Y_s$ | $w_d$ | 1.00 |
| | $Z_s$ | $w_k$ | 1.00 |
| | $r_x$ | $w_e$ | 0.63 |
| | $r_y$ | $w_e$ | 0.40 |
| | $r_z$ | $w_e$ | 0.20 |
| 坐椅靠背 | $X_b$ | $w_c$ | 0.80 |
| | $Y_b$ | $w_d$ | 0.50 |
| | $Z_b$ | $w_d$ | 0.40 |
| 脚支承面 | $X_f$ | $w_k$ | 0.25 |
| | $Y_f$ | $w_k$ | 0.25 |
| | $Z_f$ | $w_k$ | 0.40 |

通过傅里叶变换，将加速度时间历程 $a(t)$ 转换为功率谱密度函数 $G_a(f)$，按下式计算加权加速度均方根值：

$$a_w=\left(\int_{0.5}^{80}W^2(f)G_a(f)\mathrm{d}f\right)^{1/2} \tag{3.3.19}$$

由于要评价振动对人体的舒适性影响，因此考虑椅面 $X_s$、$Y_s$、$Z_s$ 三个轴向振动，总加权加速度均方根值按下式计算：

$$a_w=\sqrt{(1.4a_{xw})^2+(1.4a_{yw})^2+a_{zw}^2} \tag{3.3.20}$$

对人体受振的测量有时也采用加权振级 $L_{aw}$ 衡量，它与加权加速度均方根值 $a_w$ 按下式进行换算：

$$L_{aw}=20\lg\left(a_w/a_0\right) \tag{3.3.21}$$

式中，$a_0$ 为参考加速度均方根值，$a_0=10^{-6}\text{ms}^{-2}$。表 3.3.5 给出了加权振级 $L_{aw}$ 和加权加速度均方根值 $a_w$ 与人体主观感受之间的关系。

**表 3.3.5　$L_{aw}$ 和 $a_w$ 与人体主观感受之间的关系**

| 加权加速度均方根值 $a_w$ | 加权振级 $L_{aw}$ | 人体主观感受 |
|---|---|---|
| <315 | 110 | 没有不舒服 |
| 0.315～0.63 | 110～116 | 有一些不舒服 |
| 0.55～1.0 | 114～120 | 相当不舒服 |
| 0.85～1.6 | 118～124 | 不舒服 |
| 1.255～2.5 | 112～128 | 很不舒服 |
| >2.0 | 126 | 极不舒服 |

5. UIC 513—1994 标准

UIC 513—1994 标准全称为《对于有关铁路车辆振动中评估乘客乘坐舒适性的指导》，是一个专用于铁路环境的文件标准，其包括振动的测量、振动的分析和舒适性评估。依据对某种加速度的测量，使用该标准可以对特殊车辆上及在给定运行条件（速度、轨道类型等）下的乘客乘坐舒适性进行评估。

1）在坐立或者站立位置上的简化测量方法

在舒适性评价中采用对应 $X$、$Y$、$Z$ 三个轴向测量位置固定在地板上的加速度值 $a_{XP}$、$a_{YP}$ 和 $a_{ZP}$，根据如下公式进行舒适性评价：

$$N_{MV}=6\sqrt{\left(a_{XP95}^{w_d}\right)^2+\left(a_{YP95}^{w_d}\right)^2+\left(a_{ZP95}^{w_d}\right)^2} \tag{3.3.22}$$

由于铁路车辆的振动不是稳定的，而是波动的，故 $a_{XP95}^{w_d}$ 取的是统计值，它是在某一段时间间隔内的加权均方根值，$w_d$ 表示按照 ISO-2631 标准规定的滤波曲线 $w_d$ 进行加权，95 表示分布概率分位点 95%。为了在车辆端部能够使用该公式，对于值 $\left(a_{XP95}^{w_d}\right)^2$ 应给出允差，该值可以在车辆中心处获得。

2）在坐姿位置上的完整测量方法

在舒适性评价中采用地板水平高度加速度值 $a_{ZP}$，座椅椅盘水平高度加速度值 $a_{YA}$、$a_{ZA}$ 和座椅靠背水平高度加速度值 $a_{XD}$，按下式进行评价：

$$N_{VA}=4\left(a_{ZP95}^{w_b}\right)+2\sqrt{\left(a_{YA95}^{w_d}\right)^2+\left(a_{ZA95}^{w_b}\right)^2}+4\left(a_{XD95}^{w_c}\right) \tag{3.3.23}$$

3）在站姿位置上的完整测量方法

在舒适性评价中采用地板水平高度加速度值 $a_{XP}$、$a_{YP}$ 和 $a_{ZP}$，按如下公式进行舒适性评价：

$$N_{VD}=3\sqrt{16\left(a_{XP50}^{w_d}\right)^2+4\left(a_{YP50}^{w_d}\right)^2+\left(a_{ZP50}^{w_b}\right)^2}+5\left(a_{YP95}^{w_d}\right) \tag{3.3.24}$$

最终根据表 3.3.6 进行舒适性等级评估。

表 3.3.6　*N* 值的评估等级

| 舒适度等级 | 舒适度指标 | 人体感觉 |
|---|---|---|
| 一级 | $N<1$ | 最佳舒适性 |
| 二级 | $1<N<2$ | 良好舒适性 |
| 三级 | $2<N<4$ | 中等舒适性 |
| 四级 | $4<N<5$ | 不好舒适性 |
| 五级 | $N>5$ | 极差舒适性 |

## 3.3.2　影响车辆运行舒适性的主要因素

采用大型有限元车轨耦合系统模型，按 3.2 节介绍的方法进行车轨耦合系统随机振动分析，进而按本节介绍的 ISO 2631-1:1997（E）等标准进行舒适性评价。列车和轨道相关的结构参数同 3.2 节例 3.2.1。以下内容讨论振型阶数、车辆运行速度和轨道谱等级对舒适度指标的影响，并分析比较了不同舒适度评价标准的异同，其中选取车体底板面观测点如图 3.3.3 所示。

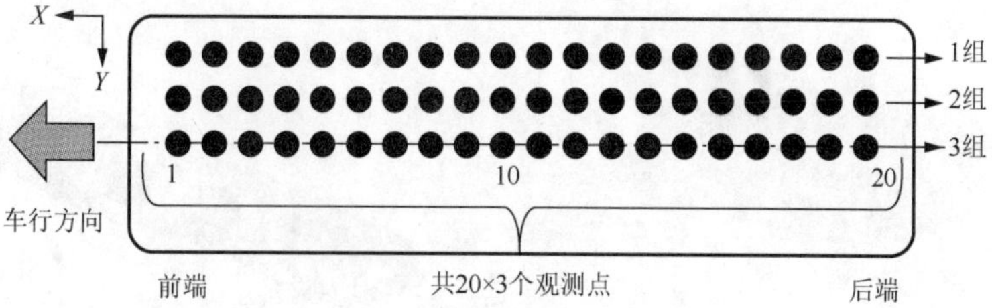


图 3.3.3　车体底板面观测点（俯视图）

1. 振型阶数对舒适度指标仿真分析的影响

按中国某实测谱计算，取车速为 200km/h，车体振型阻尼比为 0.02，分别截取前 6 阶和 50 阶振型，按照 ISO 2631-1:1997（E）标准计算沿车体纵向第 1、2、3 组（分别为靠窗一列、中间一列和靠近通道一列，顺序与车行方向相同）观测点的舒适度指标。对多体动力学车辆模型，采用振型叠加法计算时所用的振型为车体的自由模态，即前 6 阶刚体模态。图 3.3.4（a）和图 3.3.4（b）分别为取前 6 阶和前 50 阶振型的计算结果，可以看出舒适度指标均小于 0.315m/s$^2$，即人体没有不舒适的主观感觉。

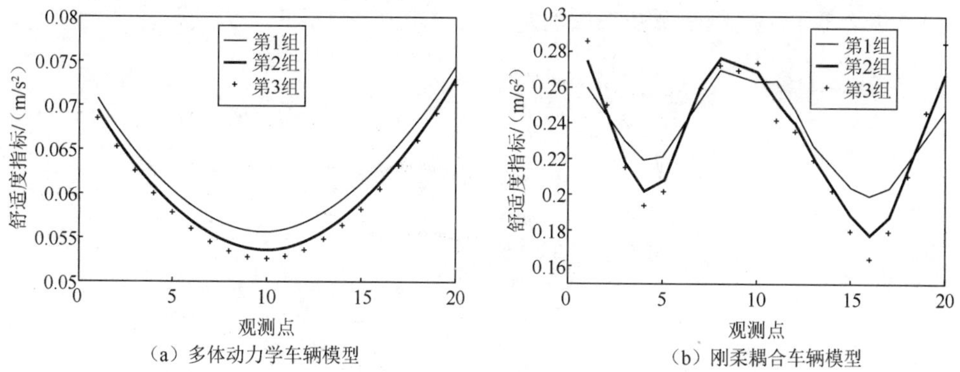


（a）多体动力学车辆模型　　（b）刚柔耦合车辆模型

图 3.3.4　三组观测点的舒适度指标

图 3.3.4（a）中，沿车体纵向三组观测点的舒适度指标均为前后高、中间低，这是由刚体车体模型的点头自由度造成的，而三组观测点中舒适度指标沿横向自车窗向中间过道逐次递减，验证了刚体模型侧滚自由度对舒适度指标的影响。图 3.3.4（b）中，沿车体纵向三组观测点的舒适度指标均在车体前、后及中间位置取极大值，而在第 5 和第 15 个观测点附近取极小值。取舒适度指标变化较大的第 3 组观测点分析，取前 50 阶振型，计算其垂向加速度功率谱（图 3.3.5），沿车体纵向舒适度指标的变化趋势同该组观测点的垂向功率谱在 40Hz 处的分布情况相似，同时与第 21 阶固有模态对应（自振频率为 42.493Hz 的三阶弯曲模态），与图 3.3.6 相符合，这说明有限元车体模型计入了弹性变形对耦合系统的影响，相比刚体动力学模型，刚柔混合模型在舒适度的分析中更加科学合理。值得注意的是，对比图 3.3.4（a）、图 3.3.4（b）可以发现，由多体动力学车辆模型计算的舒适度指标远小于由刚柔耦合车辆模型计算的值，说明计入弹性变形的有限元车体模型使加速度的响应值增加，也更加符合实际情况。

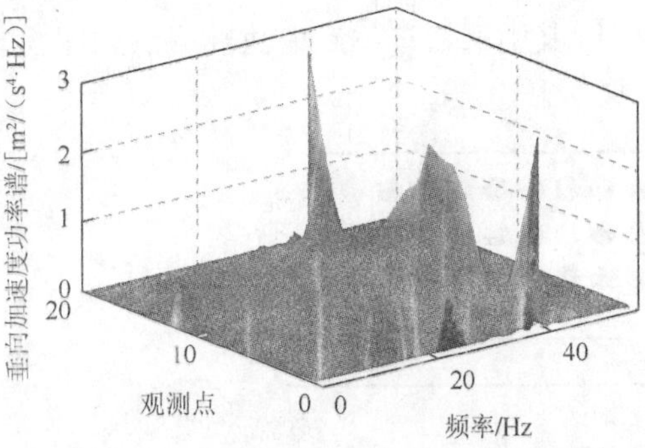


图 3.3.5　第 3 组观测点的垂向加速度功率谱

图 3.3.6　有限元车体模型第 21 阶自振振型

2. 车辆运行速度对舒适度指标的影响

按中国某实测谱计算，取前 50 阶振型，按照 ISO 2631-1:1997（E）标准，分别计算车速为 100～350km/h 时第 3 组观测点的舒适度指标。由图 3.3.7 可知，当车速增加时，舒适度指标整体有增加趋势。同时，舒适度指标沿车体纵向的分布也发生变化，在 150～350km/h 的速度区间内，舒适度指标存在两个对称的极小值点，随着速度的增加，向车体两端移动。图 3.3.8 计算了车体底板面纵轴两端点及中点的舒适度指标，可以看出，在某些特定的速度点，纵轴前端、中点、后端的舒适度指标存在极大值或驻值。为进一步讨论车速对加速度功率谱的影响，表 3.3.7 给出了时空频率及功率谱的定义及转换关系，其中 $\lambda$ 为波长，$V$ 为速度，$T$ 为

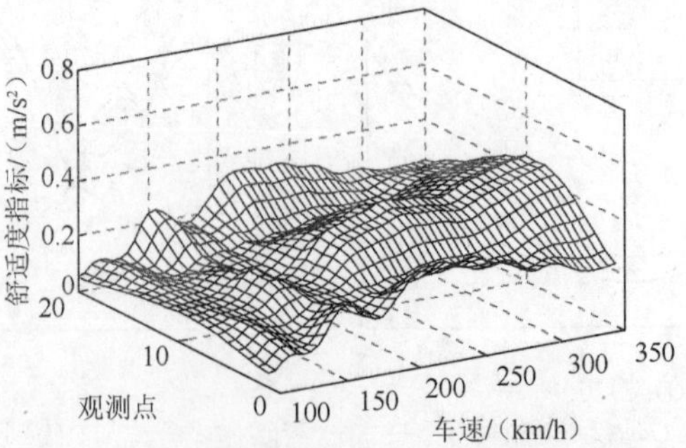


图 3.3.7　第 3 组观测点的舒适度指标随车速变化趋势

周期。由于功率谱的物理意义为单位频率处的能量，因而存在积分等式 $\int S(F)\mathrm{d}F = \int S(\Omega)\mathrm{d}\Omega = \int S(f)\mathrm{d}f = \int S(\omega)\mathrm{d}\omega$，进而得出 $S(F)=V\cdot S(f)$。

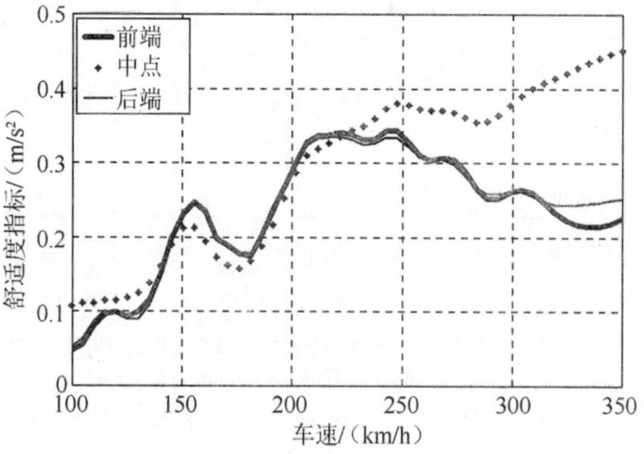


图 3.3.8　中间点及两端点的舒适度指标随车速变化趋势

**表 3.3.7　空间频率与时间频率及功率谱的定义及转换关系**

| 名称 | 符号 | 单位 | 转换关系 | 加速度功率谱 | 加速度功率谱单位 |
|---|---|---|---|---|---|
| 空间频率 | $F$ | 1/m | $F=1/\lambda$ | $S(F)$ | $m^3/s^4$ |
| 空间圆频率 | $\Omega$ | rad/m | $\Omega=2\pi F$，$\Omega=\omega/V$ | $S(\Omega)$ | $m^3/(s^4\cdot rad)$ |
| 时间频率 | $F$ | Hz | $f=1/T$ | $S(f)$ | $m^3/(s^4\cdot Hz)$ |
| 时间圆频率 | $\omega$ | rad/s | $\omega=2\pi f$，$\omega=\Omega V$ | $S(\omega)$ | $m^2/(s^3\cdot rad)$ |

考虑到轨道不平顺是一个随机过程，因而包含不同波长的谐波分量，以共振的角度分析，即对任意速度，总有一组与之对应的轨道不平顺波长可以激发车体特定阶的振型。图 3.3.9 通过对比三种车速下车体底板面纵轴中点（第 3 组观测点中的第 10 个）的空间垂向加速度功率谱可以发现：不同车速下，功率谱的峰值与谷值对应的波长基本一致。其中，峰值对应的波长满足下式：

$$\lambda_m = \frac{d}{m}\ (m=1,2,3,\cdots) \tag{3.3.25}$$

即车辆定距 $d=2l_2$（$d$=17.5m）是波长 $\lambda_m$ 的整数倍，车体与构架接触点保持同相位运动，此时将加剧对称振型的激发，车体纵轴中点的功率谱在这组波长下将出现极大值。谷值对应的波长则满足下式：

$$\lambda = \frac{2d}{2m-1}\ (m=1,2,3,\cdots) \tag{3.3.26}$$

即车辆定距是半波长的奇数倍，车体与构架接触点保持相反相位运动，此时将加剧反对称振型的激发。由于车体的定距较大，同时也会减弱对称振型的激发，因而车体中点的功率谱在这组波长下将出现极小值。

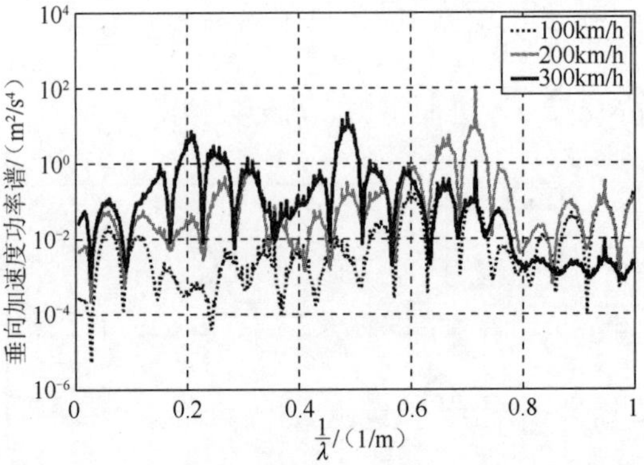


图 3.3.9　三种车速下纵轴中点的垂向加速度功率谱

进一步分析不同车速对车体响应功率谱的影响，图 3.3.10 给出了车体底板面纵轴中点在 100～350km/h 的速度区间内空间垂向功率谱的变化趋势。表 3.3.8 记录了图 3.3.10 中比较明显的 7 处峰值 $A$～$G$ 对应的车速、空间频率（$1/\lambda$，为波长的倒数，表示每米包含的波长数）及时间频率（$f$），从而得到其对应的时间频率，可以看出峰值点对应的时间频率都在 41Hz 附近。结合图 3.3.5 和图 3.3.6 可以看出：在不同车速下，弹性车体的第 21 阶自振振型成为主要的参振振型，且峰值对应的波长和速度与理论计算的激发对称振型的波长和临界速度基本相符，这印证了轨道不平顺若能激发弹性车体特定阶的振型，除了波长需满足式（3.3.25）和式（3.3.26），同时，轨道不平顺谱对应的频率应与车体某阶自振频率相等，即满足式（3.3.27），而对应的速度则成为激发该阶振型的运行速度。

$$\frac{V_i}{\lambda_i}=f_i\ (i=1,2,3,\cdots) \tag{3.3.27}$$

由以上分析可得，车辆运行速度应尽量远离主要振型的运行速度，从而降低车体弹性效应对舒适度指标的影响。

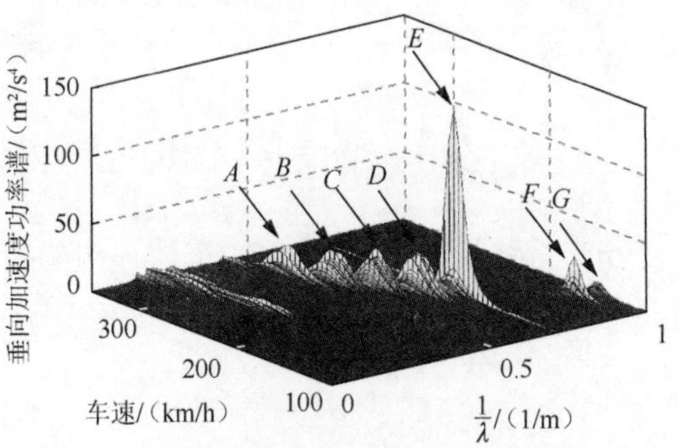


图 3.3.10　纵轴中点的垂向加速度功率谱随车速变化趋势

**表 3.3.8　峰值 $A$～$G$ 对应的时间频率**

| 参数 | $A$ | $B$ | $C$ | $D$ | $E$ | $F$ | $G$ |
|---|---|---|---|---|---|---|---|
| $V$/（km/h） | 273 | 248 | 223 | 207 | 205 | 156 | 145 |
| $\frac{1}{\lambda}$/（1/m） | 0.537 | 0.597 | 0.657 | 0.715 | 0.715 | 0.945 | 0.995 |
| $f$/Hz | 40.73 | 41.11 | 40.71 | 41.10 | 40.70 | 40.97 | 40.08 |

3. 轨道谱等级对舒适度指标的影响

按中国某实测谱、美国轨道 5 级谱和 6 级谱，采用 ISO 2631-1:1997（E）标准，计算车体第 1 组观测点在 200km/h 下的舒适度指标，美国轨道谱如式（3.1.55）所示，参数见表 3.1.3，由图 3.3.11 可以看出：当轨道谱等级升高时，舒适度指标下降，中国实测谱具有最高等级的舒适度，可见中国的高速铁路在轨道不平顺的处理上优于美国轨道 6 级谱。

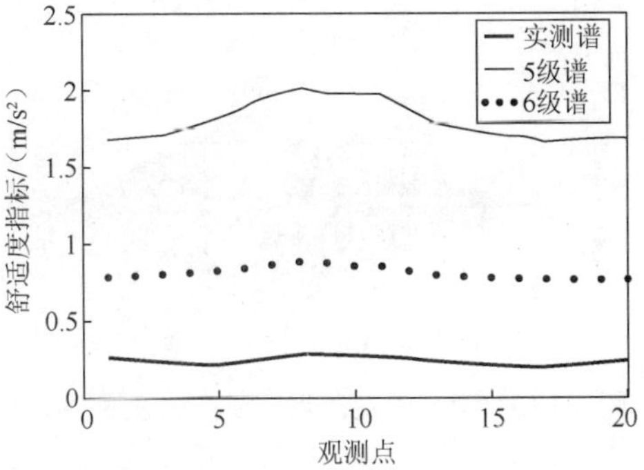


图 3.3.11　三种轨道谱车体第 1 组观测点的舒适度指标

4. 不同舒适度评价标准间的对比

按中国某实测谱，取前 50 阶振型，计算车速为 200km/h 的第 3 组观测点的舒适度指标，其中舒适度评价规范依次使用 Sperling 方法、GB 5599—85 标准、TB/T 2630—1993 标准、ISO 2631-1:1997（E）标准、UIC 513—1994 标准。

由图 3.3.12 可知，Sperling 方法和 GB 5599—85 标准得到的垂向和横向平稳性指标相同，且均小于 2.5，即达到了一级平稳性（优）。垂向平稳性指标与图 3.3.5 所示的垂向加速度功率谱在 40Hz 处的峰值有相同的变化趋势，而横向平稳性指标与图 3.3.13 所示的横向加速度功率谱在 8Hz 处的峰值有相同的变化趋势。结合式（3.3.15）给出的垂向频率加权函数可知，垂向平稳性指标对 4～12Hz 的振动较为敏感，但是对于该速度下行驶的车辆来说，发生了较为明显的共振现象，第 21 阶振型被激发，振动的能量主要集中在 40Hz 处，因而垂向平稳性指标的变化趋势体现了共振模态的振型。而横向平稳性指标对 4～7Hz 的振动较为敏感，且横向加速度功率谱未发生集中的共振现象，因而该方向的平稳性指标的变化趋势体现了 8Hz 处共振模态的振型。

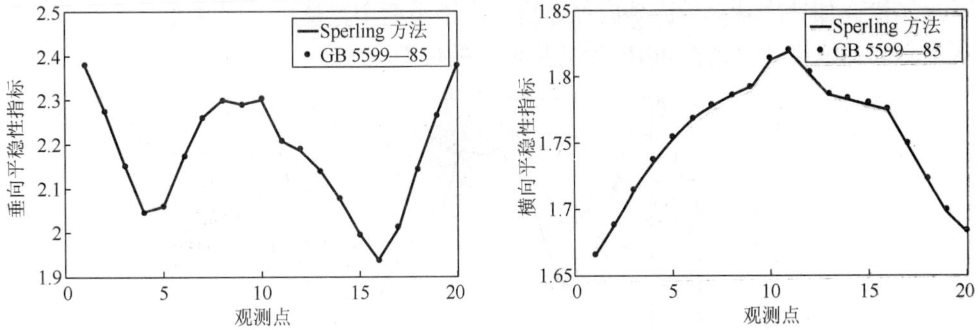


（a）垂向　　（b）横向

图 3.3.12　Sperling 方法及 GB 5599—85 标准计算的垂向及横向平稳性指标

由图 3.3.14 可以看出，采用 TB/T 2630—1993 标准计算的垂向及横向运行平稳性指标均达到了优良级别。基于前面所述的原因，垂向平稳性指标与图 3.3.5 所示的垂向加速度功率谱在 40Hz 处的峰值有相同的变化趋势。而横向平稳性指标综合了图 3.3.13 中该方向加速度功率谱在 8Hz 及 17Hz 处共振模态的振型，这是由于 TB/T 2630—1993 标准水平振动的频率加权函数的敏感频率集中在 1～2Hz，并未突出 8Hz 及 17Hz 处的共振模态振型。

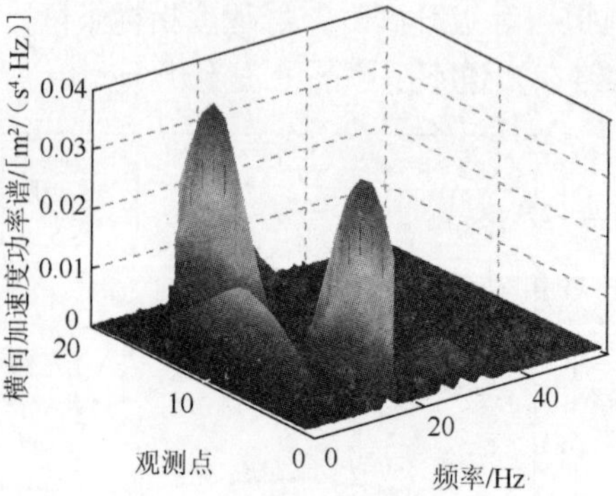


图 3.3.13　第三组观测点的横向加速度功率谱

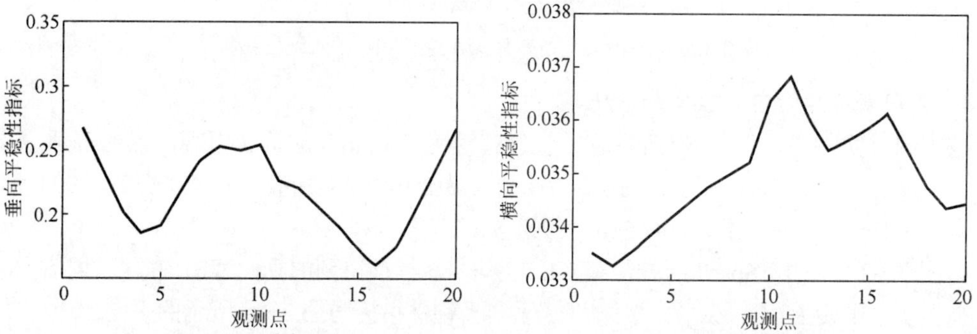


（a）垂向　（b）横向

图 3.3.14　TB/T 2630—1993 标准计算的垂向及横向平稳性指标

结合图 3.3.13 和图 3.3.15，采用 ISO 2631-1:1997（E）标准、UIC 513—1994 标准得到的舒适度指标，即加权加速度均方根均达到了较好的舒适度等级，并且与图 3.3.5 所示的垂向加速度功率谱在 40Hz 处的峰值有相同的变化趋势。这两种标准的舒适度指标不仅考虑了人体对不同频率的敏感程度不同，还考虑了各轴向对舒适度的综合影响。而比较图 3.3.5 和图 3.3.13 可以看出，横向加速度功率谱比垂向加速度功率谱小两个数量级，因此舒适度指标的变化趋势体现了垂向加速度功率谱在 40Hz 处共振模态的振型。

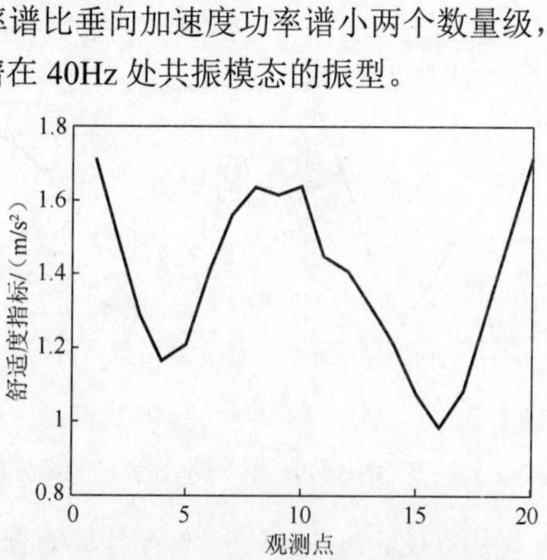


图 3.3.15　UIC 513—1994 标准计算的舒适度指标

# 参考文献

[1] Andersson E, Berg M, Sebastian S. Rail vehicle dynamics[C]. Centre for Research and Education in Railway Engineering. Railway Group KTH, 2007.

[2] Lombaert G, Degrande G, Kogut J, et al. The experimental validation of a numerical model for the prediction of railway induced vibrations[J]. Journal of Sound and Vibration, 2006, 297(3):512-535.

[3] Fröhling R D. Low frequency dynamic vehicle/track interaction: modelling and simulation[J]. Vehicle System Dynamics, 1998, 29 (S1):30-46.

[4] Popp K, Kruse H, Kaiser I. Vehicle-track dynamics in the mid-frequency range[J]. Vehicle System Dynamics, 1999, 31 (5-6):423-464.

[5] Lei X Y, Noda N A. Analyses of dynamic response of vehicle and track coupling system with random irregularity of track vertical profile[J]. Journal of Sound and Vibration, 2002, 258(1):147-165.

[6] Zhai W M, Wang K Y, Cai C B. Fundamentals of vehicle-track coupled dynamics[J]. Vehicle System Dynamics, 2009, 47(11):1349-1376.

[7] 翟婉明. 车辆-轨道耦合动力学[M]. 4 版. 北京: 科学出版社, 2015.

[8] 翟婉明, 夏禾, 等. 列车-轨道-桥梁动力相互作用理论与工程应用[M]. 北京: 科学出版社, 2011.

[9] 吕峰, 林家浩, 张业辉. 车辆-轨道系统垂向随机振动的辛方法分析[J]. 力学学报, 2008, (3): 381-387.

[10] 张有为, 赵岩, 林家浩. 三维车辆-轨道耦合系统随机动力分析[J]. 武汉理工大学学报, 2010,(9): 331-334.

[11] 赵岩, 项盼, 张有为, 等. 具有不确定参数车轨耦合系统随机振动灵敏度分析[J]. 工程力学, 2013, 30(4): 360-366.

[12] 张有为, 项盼, 赵岩, 等. 车轨系统随机响应周期性拟稳态分析[J]. 力学学报, 2012, 44(06):1046-1056.

[13] 张有为, 赵岩, 林家浩. 车辆轨道耦合系统随机动力响应周期性拟稳态分析方法[J]. 力学学报, 2012, 44(6): 1046-1056.

[14] 张有为, 项盼, 赵岩. 基于对称性的三维车辆轨道耦合系统随机振动虚拟激励方法[J]. 计算力学学报, 2013, 30(3):349-355.

[15] Lu F, Kennedy D, Williams F W, et al. Symplectic analysis of vertical random vibration for coupled vehicle-track systems[J]. Journal of Sound and Vibration, 2008, 317: 236-249.

[16] Zhang Y W, Zhao Y, Lin J H. A general symplectic method for the response analysis of infinitely periodic structures subjected to random excitations[J]. Latin American Journal of Solids and Structures, 2012, 9(5):1-11.

[17] Zhang Y W, Lin J H, Zhao Y. Symplectic random vibration analysis of a vehicle moving on an infinitely long periodic track[J]. Journal of Sound and Vibration, 2010, 329(21): 4440-4454.

[18] Zhang Y W, Zhao Y, Zhang Y H. Riding comfort optimization of railway trains based on pseudo-excitation method and symplectic method[J]. Journal of Sound and Vibration, 2013, 332(21): 5255-5270.

[19] Xiang P, Zhao Y, Zhang Y. Riding quality analysis for high-speed trains based on pseudo-excitation method and symplectic algorithm[C]. The 2st International Conference on Railway Engineering, Beijing, 2012.

[20] Zhang J, Zhao Y, Zhang Y H, et al. Non-stationary random vibration of a coupled vehicle-slab track system using a parallel algorithm based on the pseudo excitation method[J]. Proceedings of the Institution of Mechanical Engineers-Part F: Journal of Rail and Rapid Transit，2013, 227(F3):203-216.

[21] Galvín P, Romero A, Domínguez J. Fully three-dimensional analysis of high-speed train-track-soil-structure dynamic interaction[J]. Journal of Sound and Vibration, 2010, 329(24): 5147-5163.

[22] Kouroussis G, Verlinden O. Prediction of railway ground vibrations: Accuracy of a coupled lumped mass model for representing the track/soil interaction[J]. Soil Dynamics and Earthquake Engineering, 2015, 69:220-226.

[23] 张有为. 车辆-轨道耦合系统高效随机振动分析及优化[D]. 大连: 大连理工大学, 2013.

[24] 陈果. 车辆-轨道耦合系统随机振动分析[D]. 成都:西南交通大学, 2000.

[25] Suzuki H. Research trends on riding comfort evaluation in Japan[J]. Proceedings of the Institution of Mechanical Engineers, Part F: Journal of Rail and Rapid Transit, 1998,212(1):61-72.

[26] Zhai W, Wang K. Lateral hunting stability of railway vehicles running on elastic track structures[J]. Journal of Computational and Nonlinear Dynamics, 2010, 5(4):41009.

[27] 郭向荣,曾庆元.京沪高速铁路南京长江斜拉桥方案行车临界风速分析[J].铁道学报, 2001, (05):75-80.

[28] Diana G, Cheli F, Bruni S. Dynamic interaction between rail vehicles and track for high speed train[J]. Vehicle System Dynamics, 1995, 24(S1):15-30.

[29] 曾京, 罗仁. 考虑车体弹性效应的铁道客车系统振动分析[J]. 铁道学报, 2007, (06):19-25.

[30] Zhou J, Goodall R, Ren L. Influences of car body vertical flexibility on ride quality of passenger railway vehicles[J]. Proceedings of the Institution of Mechanical Engineers, Part F: Journal of Rail and Rapid Transit, 2009,223(5):461-471.

[31] 周劲松, 宫岛, 孙文静. 铁道客车车体垂向弹性对运行平稳性的影响[J]. 铁道学报, 2009, (2):32-37.
[32] Diana G, Cheli F, Collina A. The development of a numerical model for railway vehicles comfort assessment through comparison with experimental measurements[J]. Vehicle System Dynamics, 2002, 38(3):165-183.
[33] Stribersky A, Moser F, Rulka W. Structural dynamics and ride comfort of a rail vehicle system[J]. Advances in Engineering Software, 2002, 33(7):541-552.
[34] 刘转华. 铁道车辆运行平稳性评价方法研究[D]. 成都: 西南交通大学, 2007.
[35] 铁道车辆动力学性能评定和试验鉴定规范：GB 5599—85[S]. 北京: 中国标准出版社, 1986.
[36] 铁道机车动力学性能试验鉴定方法及评定标准：TB/T 2360—1993[S]. 北京: 中国铁道出版社, 1993.
[37] Mechanical vibration and shock - evaluation of human exposure to whole-body vibration - part 1: general requirements[S]:ISO 2631-1:1997(E)ISO,1997.
[38] 对于有关铁路车辆振动中评估乘客乘坐舒适性的指导：UIC 513—1994[S]. 国际铁路联盟, 1994.

# 第 4 章　车轨耦合系统灵敏度分析及平顺性优化

灵敏度信息能够反映设计变量或者参数对结构关心指标的影响，其对于结构优化中确定最优解的搜索方向以及鲁棒性设计中系统性能对参数敏感程度的讨论具有重要意义。随机荷载下结构响应的灵敏度一直是结构动力灵敏度研究领域的重要内容。悬挂系统的性能参数是决定车辆运行平顺性的关键因素，许多学者都对这一系统的优化问题开展了相关研究[1-3]。目前，对车辆悬挂系统的优化方法主要分为两种：梯度优化算法和智能优化算法。不管何种类型优化算法，都需要对车轨耦合系统的随机振动响应进行重分析，由前述章节可以看出，虚拟激励法对此提供了非常有效的求解策略。本章介绍基于虚拟激励法进行参数灵敏度分析的基本方法，进而进行具有不确定参数车轨耦合系统随机振动灵敏度分析，最后给出针对有限元车轨耦合系统的运行平顺性优化方法[4-12]。

## 4.1　基于虚拟激励法的参数灵敏度分析

结构随机振动分析主要计算关键位置的位移、内力等响应量的功率谱密度，然后计算出响应的谱矩。进而根据谱矩计算各种应用于工程设计的统计量，例如首次穿越破坏的概率和疲劳寿命等。本节可以看到虚拟激励法将平稳随机激励转化为确定性的简谐激励，通过推导确定性虚拟响应的灵敏度分析，就可计算随机响应功率谱和方差的灵敏度。此外，对一阶灵敏度分析方法进行拓展，可以导出随机响应的高阶灵敏度计算方法。对于复杂的结构体系，可借助于振型叠加法，将结构虚拟响应的灵敏度转化到模态坐标下进行求解，从而大大提高计算效率。

### 4.1.1　结构平稳随机响应的一阶灵敏度分析

多自由度线性结构受单源同相位平稳随机激励的运动方程为

$$\boldsymbol{M}(\boldsymbol{\alpha})\ddot{\boldsymbol{y}}(t)+\boldsymbol{C}(\boldsymbol{\alpha})\dot{\boldsymbol{y}}(t)+\boldsymbol{K}(\boldsymbol{\alpha})\boldsymbol{y}(t)=\boldsymbol{F}(t)=\boldsymbol{p}f(t) \tag{4.1.1}$$

式中，$\boldsymbol{M}$、$\boldsymbol{C}$ 和 $\boldsymbol{K}$ 分别为结构的质量、阻尼和刚度矩阵，其中 $\boldsymbol{\alpha}$ 为结构参数向量；$\boldsymbol{p}$ 为作用力指示向量；$f(t)$ 为平稳随机外力，其自功率谱为 $S_{ff}(\omega)$。

应用虚拟激励法求解结构的随机响应时，首先需要求解结构在虚拟激励作用下的虚拟位移响应，再由虚拟位移计算任意虚拟响应，如虚拟内力、虚拟应力和虚拟应变等，进而可以计算随机响应的功率谱和方差等。与此相似，随机响应的灵敏度分析，可首先计算结构虚拟响应的灵敏度，再计算随机响应功率谱和方差的灵敏度。下面介绍虚拟响应的灵敏度分析。

*1. 虚拟响应的一阶灵敏度分析*

由运动方程（4.1.1），假设结构的动刚度矩阵为 $\boldsymbol{G}(\boldsymbol{\alpha},\omega)=-\omega^2\boldsymbol{M}(\boldsymbol{\alpha})+\mathrm{i}\omega\boldsymbol{C}(\boldsymbol{\alpha})+\boldsymbol{K}(\boldsymbol{\alpha})$，频响函数矩阵为 $\boldsymbol{H}(\boldsymbol{\alpha},\omega)$，则两者之间有关系式

$$\boldsymbol{H}(\boldsymbol{\alpha},\omega)\boldsymbol{G}(\boldsymbol{\alpha},\omega)=\boldsymbol{I} \tag{4.1.2}$$

上式两边同时对结构参数$\alpha_i$求导，可得

$$\frac{\partial \boldsymbol{H}(\boldsymbol{\alpha},\omega)}{\partial \alpha_i}\boldsymbol{G}(\boldsymbol{\alpha},\omega)+\boldsymbol{H}(\boldsymbol{\alpha},\omega)\frac{\partial \boldsymbol{G}(\boldsymbol{\alpha},\omega)}{\partial \alpha_i}=\boldsymbol{0} \tag{4.1.3}$$

由式（4.1.3）可得频响函数对结构参数的灵敏度

$$\frac{\partial \boldsymbol{H}(\boldsymbol{\alpha},\omega)}{\partial \alpha_i}=-\boldsymbol{H}(\boldsymbol{\alpha},\omega)\frac{\partial \boldsymbol{G}(\boldsymbol{\alpha},\omega)}{\partial \alpha_i}\boldsymbol{H}(\boldsymbol{\alpha},\omega) \tag{4.1.4}$$

式中，$\dfrac{\partial \boldsymbol{G}(\boldsymbol{\alpha},\omega)}{\partial \alpha_i}$为结构动刚度矩阵对结构参数的灵敏度。假设$\alpha_i$为结构的刚度参数，且参数$\alpha_i$与结构刚度矩阵有线性关系，则$\dfrac{\partial \boldsymbol{G}(\boldsymbol{\alpha},\omega)}{\partial \alpha_i}=\boldsymbol{K}_U^i$为常数矩阵。

结构在虚拟激励作用下，由运动方程求得虚拟位移

$$\tilde{\boldsymbol{y}}(\boldsymbol{\alpha},\omega,t)=\boldsymbol{H}(\boldsymbol{\alpha},\omega)\tilde{\boldsymbol{F}}(t) \tag{4.1.5}$$

式中，$\tilde{\boldsymbol{F}}$为平稳虚拟激励。上式对于激励为单源同相位或单源异相位激励均成立。

为了方便推导，这里假设虚拟激励与结构参数无关，对于虚拟激励与结构参数相关的问题，可以对此进行拓展。由式（4.1.5），虚拟位移对结构参数$\alpha_i$的灵敏度为

$$\begin{aligned}\frac{\partial \tilde{\boldsymbol{y}}(\boldsymbol{\alpha},\omega,t)}{\partial \alpha_i}&=\frac{\partial}{\partial \alpha_i}\left(\boldsymbol{H}(\boldsymbol{\alpha},\omega)\tilde{\boldsymbol{F}}(t)\right)=\frac{\partial \boldsymbol{H}(\boldsymbol{\alpha},\omega)}{\partial \alpha_i}\tilde{\boldsymbol{F}}(t)=-\boldsymbol{H}(\boldsymbol{\alpha},\omega)\frac{\partial \boldsymbol{G}(\boldsymbol{\alpha},\omega)}{\partial \alpha_i}\boldsymbol{H}(\boldsymbol{\alpha},\omega)\tilde{\boldsymbol{F}}(t)\\&=-\boldsymbol{H}(\boldsymbol{\alpha},\omega)\frac{\partial \boldsymbol{G}(\boldsymbol{\alpha},\omega)}{\partial \alpha_i}\tilde{\boldsymbol{y}}(\omega,t)\end{aligned} \tag{4.1.6}$$

由结构的整体虚拟位移向量中提取出单元的虚拟位移$\tilde{\boldsymbol{y}}_{\mathrm{e}}$向量，则单元的虚拟内力$\tilde{\boldsymbol{F}}_{\mathrm{e}}$可以表示为$\tilde{\boldsymbol{F}}_{\mathrm{e}}=\boldsymbol{K}_{\mathrm{e}}\tilde{\boldsymbol{y}}_{\mathrm{e}}$，$\boldsymbol{K}_{\mathrm{e}}$为单元的刚度矩阵。进而，虚拟内力的一阶灵敏度为

$$\frac{\partial \tilde{\boldsymbol{F}}_{\mathrm{e}}}{\partial \alpha_i}=\frac{\partial \boldsymbol{K}_{\mathrm{e}}}{\partial \alpha_i}\tilde{\boldsymbol{y}}_{\mathrm{e}}+\boldsymbol{K}_{\mathrm{e}}\frac{\partial \tilde{\boldsymbol{y}}_{\mathrm{e}}}{\partial \alpha_i} \tag{4.1.7}$$

由单元虚拟位移$\tilde{\boldsymbol{y}}_{\mathrm{e}}$，可求得单元虚拟应变为$\tilde{\boldsymbol{\varepsilon}}=\boldsymbol{B}\tilde{\boldsymbol{y}}_{\mathrm{e}}$，其中，$\boldsymbol{B}$为由单元节点位移求解单元应变的算子矩阵，与结构参数无关。则虚拟应变对结构参数的灵敏度为

$$\frac{\partial \tilde{\boldsymbol{\varepsilon}}}{\partial \alpha_i}=\boldsymbol{B}\frac{\partial \tilde{\boldsymbol{y}}_{\mathrm{e}}}{\partial \alpha_i} \tag{4.1.8}$$

响应的虚拟应力可表示为$\tilde{\boldsymbol{\sigma}}=\boldsymbol{D}\tilde{\boldsymbol{\varepsilon}}$，其中$\boldsymbol{D}$为弹性矩阵，则可求得虚拟应力对结构不确定参数的灵敏度为

$$\frac{\partial \tilde{\boldsymbol{\sigma}}}{\partial \alpha_i}=\frac{\partial \boldsymbol{D}}{\partial \alpha_i}\tilde{\boldsymbol{\varepsilon}}+\boldsymbol{D}\frac{\partial \tilde{\boldsymbol{\varepsilon}}}{\partial \alpha_i} \tag{4.1.9}$$

2. 功率谱/方差的一阶灵敏度分析

对由虚拟激励法给出的位移响应功率谱表达式求导，可得位移响应功率谱矩阵$\boldsymbol{S}_{yy}$对结构参数$\alpha_i$的灵敏度为

$$\begin{aligned}\frac{\partial \boldsymbol{S}_{yy}(\boldsymbol{\alpha},\omega)}{\partial \alpha_i}&=\frac{\partial}{\partial \alpha_i}\left(\tilde{\boldsymbol{y}}^*(\boldsymbol{\alpha},\omega,t)\tilde{\boldsymbol{y}}^{\mathrm{T}}(\boldsymbol{\alpha},\omega,t)\right)\\&=\frac{\partial \tilde{\boldsymbol{y}}^*(\boldsymbol{\alpha},\omega,t)}{\partial \alpha_i}\tilde{\boldsymbol{y}}^{\mathrm{T}}(\boldsymbol{\alpha},\omega,t)+\tilde{\boldsymbol{y}}^*(\boldsymbol{\alpha},\omega,t)\frac{\partial \tilde{\boldsymbol{y}}^{\mathrm{T}}(\boldsymbol{\alpha},\omega,t)}{\partial \alpha_i}\end{aligned} \tag{4.1.10}$$

将虚拟位移灵敏度代入上式，即可求得位移响应功率谱对结构参数的灵敏度。

将任意响应（如应变、应力等）功率谱计算表达式对结构参数求导，得任意响应功率谱的灵敏度为

$$\begin{aligned}\frac{\partial S_{rr}(\boldsymbol{\alpha},\omega)}{\partial \alpha_i} &= \frac{\partial}{\partial \alpha_i}\left(\tilde{r}^*(\boldsymbol{\alpha},\omega,t)\tilde{r}(\boldsymbol{\alpha},\omega,t)\right) \\ &= \frac{\partial \tilde{r}^*(\omega,t)}{\partial \alpha_i}\tilde{r}(\boldsymbol{\alpha},\omega,t) + \tilde{r}^*(\boldsymbol{\alpha},\omega,t)\frac{\partial \tilde{r}(\boldsymbol{\alpha},\omega,t)}{\partial \alpha_i}\end{aligned} \tag{4.1.11}$$

同理，将虚拟响应 $\tilde{r}$ 的灵敏度代入上式，即可求得任意响应功率谱的灵敏度。

将随机振动响应的二阶统计量对结构参数求导，可得其相应的灵敏度表达式，如方差的灵敏度为

$$\frac{\partial \sigma^2(\boldsymbol{\alpha})}{\partial \alpha_i} = 2\int_0^{\infty} \frac{\partial S(\boldsymbol{\alpha},\omega)}{\partial \alpha_i}\mathrm{d}\omega \tag{4.1.12}$$

通过以上分析可知，只要求得结构虚拟响应的灵敏度，代入式（4.1.10）或式（4.1.11）中，即可求得结构随机响应功率谱的灵敏度。进一步，将响应功率谱的灵敏度代入式（4.1.12）中，可求得响应方差的灵敏度。

### 4.1.2　结构平稳随机响应的高阶灵敏度分析

在上述一阶灵敏度的基础上进一步拓展，可导出随机响应的高阶灵敏度计算方法。与一阶灵敏度相似，首先推导出虚拟响应对结构参数的高阶灵敏度，进而给出结构随机响应功率谱和方差的高阶灵敏度。

1. 虚拟响应的高阶灵敏度分析

将公式（4.1.6）对结构参数继续求导计算虚拟位移响应的二阶、三阶灵敏度，为

$$\begin{aligned}\frac{\partial^2 \tilde{\boldsymbol{y}}(\boldsymbol{\alpha},\omega,t)}{\partial \alpha_i \partial \alpha_j} &= \frac{\partial}{\partial \alpha_j}\left(-\boldsymbol{H}(\boldsymbol{\alpha},\omega)\frac{\partial \boldsymbol{G}(\boldsymbol{\alpha},\omega)}{\partial \alpha_i}\tilde{\boldsymbol{y}}(\boldsymbol{\alpha},\omega,t)\right) \\ &= -\left(-\boldsymbol{H}(\boldsymbol{\alpha},\omega)\frac{\partial \boldsymbol{G}(\boldsymbol{\alpha},\omega)}{\partial \alpha_j}\boldsymbol{H}(\boldsymbol{\alpha},\omega)\frac{\partial \boldsymbol{G}(\boldsymbol{\alpha},\omega)}{\partial \alpha_i}\tilde{\boldsymbol{y}}(\boldsymbol{\alpha},\omega,t)\right. \\ &\quad \left. + \boldsymbol{H}(\boldsymbol{\alpha},\omega)\frac{\partial \boldsymbol{G}(\boldsymbol{\alpha},\omega)}{\partial \alpha_i}\frac{\partial \tilde{\boldsymbol{y}}(\boldsymbol{\alpha},\omega,t)}{\partial \alpha_j}\right) \\ &= -\boldsymbol{H}(\boldsymbol{\alpha},\omega)\left(\frac{\partial \boldsymbol{G}(\boldsymbol{\alpha},\omega)}{\partial \alpha_j}\frac{\partial \tilde{\boldsymbol{y}}(\boldsymbol{\alpha},\omega,t)}{\partial \alpha_i} + \frac{\partial \boldsymbol{G}(\boldsymbol{\alpha},\omega)}{\partial \alpha_i}\frac{\partial \tilde{\boldsymbol{y}}(\boldsymbol{\alpha},\omega,t)}{\partial \alpha_j}\right)\end{aligned} \tag{4.1.13}$$

$$\begin{aligned}\frac{\partial^3 \tilde{\boldsymbol{y}}(\boldsymbol{\alpha},\omega,t)}{\partial \alpha_i \partial \alpha_j \partial \alpha_k} &= \frac{\partial}{\partial \alpha_k}\left(-\boldsymbol{H}(\boldsymbol{\alpha},\omega)\left(\frac{\partial \boldsymbol{G}(\boldsymbol{\alpha},\omega)}{\partial \alpha_j}\frac{\partial \tilde{\boldsymbol{y}}(\boldsymbol{\alpha},\omega,t)}{\partial \alpha_i} + \frac{\partial \boldsymbol{G}(\boldsymbol{\alpha},\omega)}{\partial \alpha_i}\frac{\partial \tilde{\boldsymbol{y}}(\boldsymbol{\alpha},\omega,t)}{\partial \alpha_j}\right)\right) \\ &= -\left(-\boldsymbol{H}(\boldsymbol{\alpha},\omega)\frac{\partial \boldsymbol{G}(\boldsymbol{\alpha},\omega)}{\partial \alpha_k}\boldsymbol{H}(\boldsymbol{\alpha},\omega)\left(\frac{\partial \boldsymbol{G}(\boldsymbol{\alpha},\omega)}{\partial \alpha_j}\frac{\partial \tilde{\boldsymbol{y}}(\boldsymbol{\alpha},\omega,t)}{\partial \alpha_i} + \frac{\partial \boldsymbol{G}(\boldsymbol{\alpha},\omega)}{\partial \alpha_i}\frac{\partial \tilde{\boldsymbol{y}}(\boldsymbol{\alpha},\omega,t)}{\partial \alpha_j}\right)\right. \\ &\quad \left. + \boldsymbol{H}(\boldsymbol{\alpha},\omega)\frac{\partial \boldsymbol{G}(\boldsymbol{\alpha},\omega)}{\partial \alpha_j}\frac{\partial^2 \tilde{\boldsymbol{y}}(\boldsymbol{\alpha},\omega,t)}{\partial \alpha_i \partial \alpha_k} + \boldsymbol{H}(\boldsymbol{\alpha},\omega)\frac{\partial \boldsymbol{G}(\boldsymbol{\alpha},\omega)}{\partial \alpha_i}\frac{\partial^2 \tilde{\boldsymbol{y}}(\boldsymbol{\alpha},\omega,t)}{\partial \alpha_j \partial \alpha_k}\right)\end{aligned}$$

$$
=-\boldsymbol{H}(\boldsymbol{\alpha},\omega)\left(\frac{\partial \boldsymbol{G}}{\partial \alpha_k}\frac{\partial^2 \tilde{\boldsymbol{y}}(\boldsymbol{\alpha},\omega,t)}{\partial \alpha_i \partial \alpha_j}+\frac{\partial \boldsymbol{G}}{\partial \alpha_i}\frac{\partial^2 \tilde{\boldsymbol{y}}(\boldsymbol{\alpha},\omega,t)}{\partial \alpha_j \partial \alpha_k}+\frac{\partial \boldsymbol{G}}{\partial \alpha_j}\frac{\partial^2 \tilde{\boldsymbol{y}}(\boldsymbol{\alpha},\omega,t)}{\partial \alpha_i \partial \alpha_k}\right) \tag{4.1.14}
$$

将式（4.1.7）对结构参数继续求导，可得虚拟内力响应对结构参数的二阶、三阶灵敏度，分别为

$$
\frac{\partial^2 \tilde{\boldsymbol{F}}_{\mathrm{e}}}{\partial \alpha_i \partial \alpha_j}=\frac{\partial^2 \boldsymbol{K}_{\mathrm{e}}}{\partial \alpha_i \partial \alpha_j}\tilde{\boldsymbol{y}}_{\mathrm{e}}+\frac{\partial \boldsymbol{K}_{\mathrm{e}}}{\partial \alpha_i}\frac{\partial \tilde{\boldsymbol{y}}_{\mathrm{e}}}{\partial \alpha_j}+\frac{\partial \boldsymbol{K}_{\mathrm{e}}}{\partial \alpha_j}\frac{\partial \tilde{\boldsymbol{y}}_{\mathrm{e}}}{\partial \alpha_i}+\boldsymbol{K}_{\mathrm{e}}\frac{\partial^2 \tilde{\boldsymbol{y}}_{\mathrm{e}}}{\partial \alpha_i \partial \alpha_j} \tag{4.1.15}
$$

$$
\begin{aligned}
\frac{\partial^3 \tilde{\boldsymbol{F}}_{\mathrm{e}}}{\partial \alpha_i \partial \alpha_j \partial \alpha_k}=&\frac{\partial^3 \boldsymbol{K}_{\mathrm{e}}}{\partial \alpha_i \partial \alpha_j \partial \alpha_k}\tilde{\boldsymbol{y}}_{\mathrm{e}}+\frac{\partial^2 \boldsymbol{K}_{\mathrm{e}}}{\partial \alpha_i \partial \alpha_j}\frac{\partial \tilde{\boldsymbol{y}}_{\mathrm{e}}}{\partial \alpha_k}+\frac{\partial^2 \boldsymbol{K}_{\mathrm{e}}}{\partial \alpha_i \partial \alpha_k}\frac{\partial \tilde{\boldsymbol{y}}_{\mathrm{e}}}{\partial \alpha_j}+\frac{\partial \boldsymbol{K}_{\mathrm{e}}}{\partial \alpha_i}\frac{\partial^2 \tilde{\boldsymbol{y}}_{\mathrm{e}}}{\partial \alpha_j \partial \alpha_k}\\
&+\frac{\partial^2 \boldsymbol{K}_{\mathrm{e}}}{\partial \alpha_j \partial \alpha_k}\frac{\partial \tilde{\boldsymbol{y}}_{\mathrm{e}}}{\partial \alpha_i}+\frac{\partial \boldsymbol{K}_{\mathrm{e}}}{\partial \alpha_j}\frac{\partial^2 \tilde{\boldsymbol{y}}_{\mathrm{e}}}{\partial \alpha_i \partial \alpha_k}+\frac{\partial \boldsymbol{K}_{\mathrm{e}}}{\partial \alpha_k}\frac{\partial^2 \tilde{\boldsymbol{y}}_{\mathrm{e}}}{\partial \alpha_i \partial \alpha_j}+\boldsymbol{K}_{\mathrm{e}}\frac{\partial^3 \tilde{\boldsymbol{y}}_{\mathrm{e}}}{\partial \alpha_i \partial \alpha_j \partial \alpha_k}
\end{aligned} \tag{4.1.16}
$$

同理，将式（4.1.8）对结构参数继续求导，可得虚拟应变响应对结构参数的二阶、三阶灵敏度，分别为

$$
\frac{\partial^2 \tilde{\boldsymbol{\varepsilon}}}{\partial \alpha_i \partial \alpha_j}=\frac{\partial}{\partial \alpha_j}\left(\boldsymbol{B}\frac{\partial \tilde{\boldsymbol{y}}_{\mathrm{e}}}{\partial \alpha_i}\right)=\boldsymbol{B}\frac{\partial^2 \tilde{\boldsymbol{y}}_{\mathrm{e}}}{\partial \alpha_i \partial \alpha_j} \tag{4.1.17}
$$

$$
\frac{\partial^3 \tilde{\boldsymbol{\varepsilon}}}{\partial \alpha_i \partial \alpha_j \partial \alpha_k}=\frac{\partial}{\partial \alpha_k}\left(\boldsymbol{B}\frac{\partial^2 \tilde{\boldsymbol{y}}_{\mathrm{e}}}{\partial \alpha_i \partial \alpha_j}\right)=\boldsymbol{B}\frac{\partial^3 \tilde{\boldsymbol{y}}_{\mathrm{e}}}{\partial \alpha_i \partial \alpha_j \partial \alpha_k} \tag{4.1.18}
$$

为获得虚拟应力响应对结构参数的二阶、三阶灵敏度，可将式（4.1.9）对结构参数继续求导，得

$$
\frac{\partial^2 \tilde{\boldsymbol{\sigma}}}{\partial \alpha_i \partial \alpha_j}=\frac{\partial^2 \boldsymbol{D}}{\partial \alpha_i \partial \alpha_j}\tilde{\boldsymbol{\varepsilon}}+\frac{\partial \boldsymbol{D}}{\partial \alpha_i}\frac{\partial \tilde{\boldsymbol{\varepsilon}}_{\mathrm{e}}}{\partial \alpha_j}+\frac{\partial \boldsymbol{D}}{\partial \alpha_j}\frac{\partial \tilde{\boldsymbol{\varepsilon}}}{\partial \alpha_i}+\boldsymbol{D}\frac{\partial^2 \tilde{\boldsymbol{\varepsilon}}}{\partial \alpha_i \partial \alpha_j} \tag{4.1.19}
$$

$$
\begin{aligned}
\frac{\partial^3 \tilde{\boldsymbol{\sigma}}}{\partial \alpha_i \partial \alpha_j \partial \alpha_k}=&\frac{\partial^3 \boldsymbol{D}}{\partial \alpha_i \partial \alpha_j \partial \alpha_k}\tilde{\boldsymbol{\varepsilon}}+\frac{\partial^2 \boldsymbol{D}}{\partial \alpha_i \partial \alpha_j}\frac{\partial \tilde{\boldsymbol{\varepsilon}}}{\partial \alpha_k}+\frac{\partial^2 \boldsymbol{D}}{\partial \alpha_i \partial \alpha_k}\frac{\partial \tilde{\boldsymbol{\varepsilon}}}{\partial \alpha_j}+\frac{\partial \boldsymbol{D}}{\partial \alpha_i}\frac{\partial^2 \tilde{\boldsymbol{\varepsilon}}}{\partial \alpha_j \partial \alpha_k}\\
&+\frac{\partial^2 \boldsymbol{D}}{\partial \alpha_j \partial \alpha_k}\frac{\partial \tilde{\boldsymbol{\varepsilon}}}{\partial \alpha_i}+\frac{\partial \boldsymbol{D}}{\partial \alpha_j}\frac{\partial^2 \tilde{\boldsymbol{\varepsilon}}}{\partial \alpha_i \partial \alpha_k}+\frac{\partial \boldsymbol{D}}{\partial \alpha_k}\frac{\partial^2 \tilde{\boldsymbol{\varepsilon}}}{\partial \alpha_i \partial \alpha_j}+\boldsymbol{D}\frac{\partial^3 \tilde{\boldsymbol{\varepsilon}}}{\partial \alpha_i \partial \alpha_j \partial \alpha_k}
\end{aligned} \tag{4.1.20}
$$

2. *功率谱/方差的高阶灵敏度分析*

求得结构的虚拟响应的高阶灵敏度后，很容易求得结构随机响应功率谱和方差的高阶灵敏度。如将式（4.1.11）对结构参数继续求导，可得任意结构的随机响应功率谱的二阶、三阶灵敏度，分别为

$$
\begin{aligned}
\frac{\partial^2 S_{rr}(\boldsymbol{\alpha},\omega)}{\partial \alpha_i \partial \alpha_j}&=\frac{\partial}{\partial \alpha_j}\left(\frac{\partial \tilde{r}^*(\boldsymbol{\alpha},\omega,t)}{\partial \alpha_i}\tilde{r}(\boldsymbol{\alpha},\omega,t)+\tilde{r}^*(\boldsymbol{\alpha},\omega,t)\frac{\partial \tilde{r}(\boldsymbol{\alpha},\omega,t)}{\partial \alpha_i}\right)\\
&=\frac{\partial^2 \tilde{r}^*(\boldsymbol{\alpha},\omega,t)}{\partial \alpha_i \partial \alpha_j}\tilde{r}(\boldsymbol{\alpha},\omega,t)+\frac{\partial \tilde{r}^*(\boldsymbol{\alpha},\omega,t)}{\partial \alpha_i}\frac{\partial \tilde{r}(\boldsymbol{\alpha},\omega,t)}{\partial \alpha_j}\\
&\quad+\frac{\partial \tilde{r}^*(\boldsymbol{\alpha},\omega,t)}{\partial \alpha_j}\frac{\partial \tilde{r}(\boldsymbol{\alpha},\omega,t)}{\partial \alpha_i}+\tilde{r}^*(\boldsymbol{\alpha},\omega,t)\frac{\partial^2 \tilde{r}(\boldsymbol{\alpha},\omega,t)}{\partial \alpha_i \partial \alpha_j}
\end{aligned} \tag{4.1.21}
$$

$$
\frac{\partial^3 S_{rr}(\boldsymbol{\alpha},\omega)}{\partial \alpha_i \partial \alpha_j \partial \alpha_k}=\frac{\partial}{\partial \alpha_k}\left(\frac{\partial^2 \tilde{r}^*(\boldsymbol{\alpha})}{\partial \alpha_i \partial \alpha_j}\tilde{r}(\boldsymbol{\alpha})+\frac{\partial \tilde{r}^*(\boldsymbol{\alpha})}{\partial \alpha_i}\frac{\partial \tilde{r}(\boldsymbol{\alpha})}{\partial \alpha_j}+\frac{\partial \tilde{r}^*(\boldsymbol{\alpha})}{\partial \alpha_j}\frac{\partial \tilde{r}(\boldsymbol{\alpha})}{\partial \alpha_i}+\tilde{r}^*(\boldsymbol{\alpha})\frac{\partial^2 \tilde{r}(\boldsymbol{\alpha})}{\partial \alpha_i \partial \alpha_j}\right)
$$

$$=\frac{\partial^3\tilde{r}^*(\boldsymbol{\alpha})}{\partial\alpha_i\partial\alpha_j\partial\alpha_k}\tilde{r}(\boldsymbol{\alpha})+\frac{\partial^2\tilde{r}^*(\boldsymbol{\alpha})}{\partial\alpha_i\partial\alpha_j}\frac{\partial\tilde{r}(\boldsymbol{\alpha})}{\partial\alpha_k}+\frac{\partial^2\tilde{r}^*(\boldsymbol{\alpha})}{\partial\alpha_i\partial\alpha_k}\frac{\partial\tilde{r}(\boldsymbol{\alpha})}{\partial\alpha_j}+\frac{\partial\tilde{r}^*(\boldsymbol{\alpha})}{\partial\alpha_i}\frac{\partial^2\tilde{r}(\boldsymbol{\alpha})}{\partial\alpha_j\partial\alpha_k}$$
$$+\frac{\partial^2\tilde{r}^*(\boldsymbol{\alpha})}{\partial\alpha_j\partial\alpha_k}\frac{\partial\tilde{r}(\boldsymbol{\alpha})}{\partial\alpha_i}+\frac{\partial\tilde{r}^*(\boldsymbol{\alpha})}{\partial\alpha_j}\frac{\partial^2\tilde{r}(\boldsymbol{\alpha})}{\partial\alpha_i\partial\alpha_k}+\frac{\partial\tilde{r}^*(\boldsymbol{\alpha})}{\partial\alpha_k}\frac{\partial^2\tilde{r}(\boldsymbol{\alpha})}{\partial\alpha_i\partial\alpha_j}+\frac{\partial^3\tilde{r}(\boldsymbol{\alpha})}{\partial\alpha_i\partial\alpha_j\partial\alpha_k}\tilde{r}^*(\boldsymbol{\alpha}) \tag{4.1.22}$$

同理，将式（4.1.12）对结构参数继续求导，可得结构的随机响应方差的二阶、三阶灵敏度，分别为

$$\frac{\partial^2\sigma^2(\boldsymbol{\alpha})}{\partial\alpha_i\partial\alpha_j}=2\frac{\partial^2}{\partial\alpha_i\partial\alpha_j}\int_0^\infty S(\boldsymbol{\alpha},\omega)\mathrm{d}\omega=2\int_0^\infty\frac{\partial^2 S(\boldsymbol{\alpha},\omega)}{\partial\alpha_i\partial\alpha_j}\mathrm{d}\omega \tag{4.1.23}$$

$$\frac{\partial^3\sigma^2(\boldsymbol{\alpha})}{\partial\alpha_i\partial\alpha_j\partial\alpha_k}=2\frac{\partial^3}{\partial\alpha_i\partial\alpha_j\partial\alpha_k}\int_0^\infty S(\boldsymbol{\alpha},\omega)\mathrm{d}\omega=2\int_0^\infty\frac{\partial^3 S(\boldsymbol{\alpha},\omega)}{\partial\alpha_i\partial\alpha_j\partial\alpha_k}\mathrm{d}\omega \tag{4.1.24}$$

显然，求得虚拟响应的二阶、三阶灵敏度后，分别代入式（4.1.21）和式（4.1.22）中，可获得响应功率谱的二阶、三阶灵敏度。进一步，将响应功率谱的二阶、三阶灵敏度分别代入式（4.1.23）和式（4.1.24）中，即可计算响应方差的二阶、三阶灵敏度。该方法易于推广至随机响应功率谱和方差的高阶灵敏度分析。

### 4.1.3　基于振型叠加法的随机响应灵敏度分析

如前所述，对于具有较大规模自由度复杂结构的随机振动分析，采用振型叠加法将结构运动方程降阶，可以大大提高计算效率。同样，对于复杂自由度结构随机振动响应的灵敏度计算也可采用振型叠加法求解，下面进行具体介绍。

1. 虚拟响应的灵敏度分析

假设当结构参数为 $\boldsymbol{\alpha}$ 时，前 $q$ 阶振型矩阵为 $\boldsymbol{\Phi}_\alpha$，结构模态坐标下的动刚度矩阵可表示为 $\hat{\boldsymbol{G}}(\boldsymbol{\alpha},\omega)=\boldsymbol{\Phi}_\alpha^{\mathrm{T}}\boldsymbol{G}(\boldsymbol{\alpha},\omega)\boldsymbol{\Phi}_\alpha$，相应的结构运动方程为

$$\hat{\boldsymbol{G}}(\boldsymbol{\alpha},\omega)\tilde{\boldsymbol{u}}(\boldsymbol{\alpha},\omega,t)=\tilde{\boldsymbol{f}}(t) \tag{4.1.25}$$

式中，$\tilde{\boldsymbol{u}}$ 和 $\tilde{\boldsymbol{f}}(t)$ 分别为模态坐标下的虚拟位移和虚拟激励。

求解结构在模态坐标下的虚拟位移响应

$$\tilde{\boldsymbol{u}}(\boldsymbol{\alpha},\omega,t)=\hat{\boldsymbol{H}}(\boldsymbol{\alpha},\omega)\tilde{\boldsymbol{f}}(t) \tag{4.1.26}$$

式中，$\hat{\boldsymbol{H}}(\boldsymbol{\alpha},\omega)$ 为模态坐标下的频响函数矩阵。$\hat{\boldsymbol{H}}(\boldsymbol{\alpha},\omega)$ 与 $\hat{\boldsymbol{G}}(\boldsymbol{\alpha},\omega)$ 互为逆矩阵，满足关系式 $\hat{\boldsymbol{H}}(\boldsymbol{\alpha},\omega)\hat{\boldsymbol{G}}(\boldsymbol{\alpha},\omega)=\boldsymbol{I}$。当结构采用正交阻尼时，$\hat{\boldsymbol{G}}(\boldsymbol{\alpha},\omega)$ 和 $\hat{\boldsymbol{H}}(\boldsymbol{\alpha},\omega)$ 均为对角阵，此时 $\hat{\boldsymbol{H}}(\boldsymbol{\alpha},\omega)$ 的求解极为简便。

如果将等式 $\hat{\boldsymbol{H}}(\boldsymbol{\alpha},\omega)\hat{\boldsymbol{G}}(\boldsymbol{\alpha},\omega)=\boldsymbol{I}$ 等号两边同时对结构参数 $\alpha_i$ 求导，可以得到

$$\frac{\partial\hat{\boldsymbol{H}}(\boldsymbol{\alpha},\omega)}{\partial\alpha_i}\hat{\boldsymbol{G}}(\boldsymbol{\alpha},\omega)+\hat{\boldsymbol{H}}(\boldsymbol{\alpha},\omega)\frac{\partial\hat{\boldsymbol{G}}(\boldsymbol{\alpha},\omega)}{\partial\alpha_i}=\boldsymbol{0} \tag{4.1.27}$$

由上式，可得 $\hat{\boldsymbol{H}}(\boldsymbol{\alpha},\omega)$ 对结构参数 $\alpha_i$ 的灵敏度为

$$\frac{\partial\hat{\boldsymbol{H}}(\boldsymbol{\alpha},\omega)}{\partial\alpha_i}=-\hat{\boldsymbol{H}}(\boldsymbol{\alpha},\omega)\frac{\partial\hat{\boldsymbol{G}}(\boldsymbol{\alpha},\omega)}{\partial\alpha_i}\hat{\boldsymbol{H}}(\boldsymbol{\alpha},\omega) \tag{4.1.28}$$

对于模态坐标下的动刚度阵 $\hat{\boldsymbol{G}}(\boldsymbol{\alpha},\omega)=\boldsymbol{\Phi}_{\alpha}^{\mathrm{T}}\boldsymbol{G}(\boldsymbol{\alpha},\omega)\boldsymbol{\Phi}_{\alpha}$，其对结构参数 $\alpha_i$ 求导，有

$$\frac{\partial\hat{\boldsymbol{G}}(\boldsymbol{\alpha},\omega)}{\partial\alpha_i}=\boldsymbol{\Phi}_{\alpha}^{\mathrm{T}}\frac{\partial\boldsymbol{G}(\boldsymbol{\alpha},\omega)}{\partial\alpha_i}\boldsymbol{\Phi}_{\alpha} \tag{4.1.29}$$

式中，$\dfrac{\partial\boldsymbol{G}(\boldsymbol{\alpha},\omega)}{\partial\alpha_i}$ 为结构动刚度矩阵对结构参数的灵敏度。假设 $\alpha_i$ 为结构的刚度参数，且参数 $\alpha_i$ 与结构刚度矩阵有线性关系，则 $\dfrac{\partial\boldsymbol{G}(\boldsymbol{\alpha},\omega)}{\partial\alpha_i}=\boldsymbol{K}_U^i$ 为常数矩阵。

由 $\tilde{\boldsymbol{y}}=\boldsymbol{\Phi}_{\alpha}\tilde{\boldsymbol{u}}$，可得虚拟位移对结构参数的一阶灵敏度为

$$\frac{\partial\tilde{\boldsymbol{y}}}{\partial\alpha_i}=\frac{\partial\tilde{\boldsymbol{y}}}{\partial\tilde{\boldsymbol{u}}}\frac{\partial\tilde{\boldsymbol{u}}}{\partial\alpha_i}=\boldsymbol{\Phi}_{\alpha}\frac{\partial\tilde{\boldsymbol{u}}}{\partial\alpha_i} \tag{4.1.30}$$

式中，$\dfrac{\partial\tilde{\boldsymbol{u}}}{\partial\alpha_i}$ 为模态坐标下虚拟位移响应对结构参数的灵敏度。

按 4.1.2 小节，结构的虚拟位移响应 $\tilde{\boldsymbol{y}}$ 对结构参数的二阶、三阶灵敏度分别为

$$\frac{\partial^2\tilde{\boldsymbol{y}}}{\partial\alpha_i\partial\alpha_j}=\frac{\partial}{\partial\alpha_j}\left(\boldsymbol{\Phi}_{\alpha}\frac{\partial\tilde{\boldsymbol{u}}}{\partial\alpha_i}\right)=\boldsymbol{\Phi}_{\alpha}\frac{\partial^2\tilde{\boldsymbol{u}}}{\partial\alpha_i\partial\alpha_j} \tag{4.1.31}$$

$$\frac{\partial^3\tilde{\boldsymbol{y}}}{\partial\alpha_i\partial\alpha_j\partial\alpha_k}=\frac{\partial}{\partial\alpha_k}\left(\boldsymbol{\Phi}_{\alpha}\frac{\partial\tilde{\boldsymbol{u}}}{\partial\alpha_i\partial\alpha_j}\right)=\boldsymbol{\Phi}_{\alpha}\frac{\partial^3\tilde{\boldsymbol{u}}}{\partial\alpha_i\partial\alpha_j\partial\alpha_k} \tag{4.1.32}$$

式中，$\dfrac{\partial^2\tilde{\boldsymbol{u}}}{\partial\alpha_i\partial\alpha_j}$ 和 $\dfrac{\partial^3\tilde{\boldsymbol{u}}}{\partial\alpha_i\partial\alpha_j\partial\alpha_k}$ 分别为模态坐标下虚拟位移响应对结构参数的二阶、三阶灵敏度。同理，也可以推导出更高阶的虚拟位移灵敏度。

假设模态坐标下的虚拟激励向量 $\tilde{\boldsymbol{f}}=\boldsymbol{\Phi}_{\alpha}^{\mathrm{T}}\tilde{\boldsymbol{F}}$ 与结构参数无关，结构的虚拟位移响应 $\tilde{\boldsymbol{u}}$ 对结构参数的一阶灵敏度 $\alpha_i$ 为

$$\frac{\partial\tilde{\boldsymbol{u}}}{\partial\alpha_i}=\frac{\partial}{\partial\alpha_i}(\hat{\boldsymbol{H}}\tilde{\boldsymbol{f}})=\frac{\partial\hat{\boldsymbol{H}}}{\partial\alpha_i}\tilde{\boldsymbol{f}}=-\hat{\boldsymbol{H}}\frac{\partial\hat{\boldsymbol{G}}}{\partial\alpha_i}\tilde{\boldsymbol{u}} \tag{4.1.33}$$

对上式继续求导，可得结构模态坐标下虚拟位移响应 $\tilde{\boldsymbol{u}}$ 的二阶、三阶灵敏度分别为

$$\frac{\partial^2\tilde{\boldsymbol{u}}}{\partial\alpha_i\partial\alpha_j}=\frac{\partial}{\partial\alpha_j}\left(-\hat{\boldsymbol{H}}\frac{\partial\hat{\boldsymbol{G}}}{\partial\alpha_i}\tilde{\boldsymbol{u}}\right)=-\hat{\boldsymbol{H}}\left(\frac{\partial\hat{\boldsymbol{G}}}{\partial\alpha_j}\frac{\partial\tilde{\boldsymbol{u}}}{\partial\alpha_i}+\frac{\partial\hat{\boldsymbol{G}}}{\partial\alpha_i}\frac{\partial\tilde{\boldsymbol{u}}}{\partial\alpha_j}\right) \tag{4.1.34}$$

$$\begin{aligned}\frac{\partial^3\tilde{\boldsymbol{u}}}{\partial\alpha_i\partial\alpha_j\partial\alpha_k}&=\frac{\partial}{\partial\alpha_k}\left(-\hat{\boldsymbol{H}}\left(\frac{\partial\hat{\boldsymbol{G}}}{\partial\alpha_j}\frac{\partial\tilde{\boldsymbol{u}}}{\partial\alpha_i}+\frac{\partial\hat{\boldsymbol{G}}}{\partial\alpha_i}\frac{\partial\tilde{\boldsymbol{u}}}{\partial\alpha_j}\right)\right)\\&=-\hat{\boldsymbol{H}}\left(\frac{\partial\hat{\boldsymbol{G}}}{\partial\alpha_k}\frac{\partial^2\tilde{\boldsymbol{u}}}{\partial\alpha_i\partial\alpha_j}+\frac{\partial\hat{\boldsymbol{G}}}{\partial\alpha_i}\frac{\partial^2\tilde{\boldsymbol{u}}}{\partial\alpha_j\partial\alpha_k}+\frac{\partial\hat{\boldsymbol{G}}}{\partial\alpha_j}\frac{\partial^2\tilde{\boldsymbol{u}}}{\partial\alpha_i\partial\alpha_k}\right)\end{aligned} \tag{4.1.35}$$

由式（4.1.30）～式（4.1.32）可知，将结构在模态坐标下的虚拟位移响应灵敏度代入，即可获得结构虚拟位移 $\tilde{\boldsymbol{y}}$ 的灵敏度。结构虚拟位移 $\tilde{\boldsymbol{y}}$ 的灵敏度转化到模态坐标下进行求解，可以大大提高计算效率。根据式（4.1.7）～式（4.1.9）和式（4.1.15）～式（4.1.20），由虚拟位移响应灵敏度同样可以求解任意虚拟响应的灵敏度。

2. 功率谱/方差的灵敏度分析

求得结构的虚拟响应的灵敏度后，很容易求得结构随机响应功率谱的灵敏度。可得结构任意随机响应功率谱的一阶、二阶、三阶灵敏度分别为

$$\frac{\partial S(\boldsymbol{\alpha},\omega)}{\partial \alpha_i}=\frac{\partial \tilde{r}^*(\boldsymbol{\alpha},\omega)}{\partial \alpha_i}\tilde{r}(\boldsymbol{\alpha},\omega)+\tilde{r}^*(\boldsymbol{\alpha},\omega)\frac{\partial \tilde{r}(\boldsymbol{\alpha},\omega)}{\partial \alpha_i}=2\,\mathrm{Re}\left(\frac{\partial \tilde{r}^*(\boldsymbol{\alpha},\omega)}{\partial \alpha_i}\tilde{r}(\boldsymbol{\alpha},\omega)\right) \tag{4.1.36}$$

$$\frac{\partial^2 S(\boldsymbol{\alpha},\omega)}{\partial \alpha_i \partial \alpha_j}=2\,\mathrm{Re}\left(\frac{\partial^2 \tilde{r}^*(\boldsymbol{\alpha},\omega)}{\partial \alpha_i \partial \alpha_j}\tilde{r}(\boldsymbol{\alpha},\omega)+\frac{\partial \tilde{r}^*(\boldsymbol{\alpha},\omega)}{\partial \alpha_i}\frac{\partial \tilde{r}(\boldsymbol{\alpha},\omega)}{\partial \alpha_j}\right) \tag{4.1.37}$$

$$\begin{aligned}\frac{\partial^3 S(\boldsymbol{\alpha},\omega)}{\partial \alpha_i \partial \alpha_j \partial \alpha_k}=2\,\mathrm{Re}\Bigg(&\frac{\partial^3 \tilde{r}^*(\boldsymbol{\alpha},\omega)}{\partial \alpha_i \partial \alpha_j \partial \alpha_k}\tilde{r}(\boldsymbol{\alpha},\omega)+\frac{\partial^2 \tilde{r}^*(\boldsymbol{\alpha},\omega)}{\partial \alpha_i \partial \alpha_j}\frac{\partial \tilde{r}(\boldsymbol{\alpha},\omega)}{\partial \alpha_k}\\&+\frac{\partial^2 \tilde{r}^*(\boldsymbol{\alpha},\omega)}{\partial \alpha_i \partial \alpha_k}\frac{\partial \tilde{r}(\boldsymbol{\alpha},\omega)}{\partial \alpha_j}+\frac{\partial \tilde{r}^*(\boldsymbol{\alpha},\omega)}{\partial \alpha_i}\frac{\partial^2 \tilde{r}(\boldsymbol{\alpha},\omega)}{\partial \alpha_j \partial \alpha_k}\Bigg)\end{aligned} \tag{4.1.38}$$

式中，Re 表示取实部。

进一步，可得任意随机响应方差的一阶、二阶、三阶灵敏度分别为

$$\frac{\partial \sigma^2(\boldsymbol{\alpha})}{\partial \alpha_i}=2\frac{\partial}{\partial \alpha_i}\int_0^\infty S_{rr}(\boldsymbol{\alpha},\omega)\mathrm{d}\omega=2\int_0^\infty \frac{\partial S_{rr}(\boldsymbol{\alpha},\omega)}{\partial \alpha_i}\mathrm{d}\omega \tag{4.1.39}$$

$$\frac{\partial^2 \sigma^2(\boldsymbol{\alpha})}{\partial \alpha_i \partial \alpha_j}=2\frac{\partial^2}{\partial \alpha_i \partial \alpha_j}\int_0^\infty S_{rr}(\boldsymbol{\alpha},\omega)\mathrm{d}\omega=2\int_0^\infty \frac{\partial^2 S_{rr}(\boldsymbol{\alpha},\omega)}{\partial \alpha_i \partial \alpha_j}\mathrm{d}\omega \tag{4.1.40}$$

$$\frac{\partial^3 \sigma^2(\boldsymbol{\alpha})}{\partial \alpha_i \partial \alpha_j \partial \alpha_k}=2\frac{\partial^3}{\partial \alpha_i \partial \alpha_j \partial \alpha_k}\int_0^\infty S_{rr}(\boldsymbol{\alpha},\omega)\mathrm{d}\omega=2\int_0^\infty \frac{\partial^3 S_{rr}(\boldsymbol{\alpha},\omega)}{\partial \alpha_i \partial \alpha_j \partial \alpha_k}\mathrm{d}\omega \tag{4.1.41}$$

很明显，求得虚拟响应的灵敏度后，由式（4.1.36）～式（4.1.38）可获得响应功率谱的灵敏度，进一步，代入式（4.1.39）～式（4.1.41）中，即可计算响应方差的灵敏度。上述采用振型叠加法将虚拟响应的灵敏度分析转化到模态坐标下求解，可以拓展到更高阶的灵敏度分析问题。

## 4.2　具有不确定参数车轨耦合系统随机振动灵敏度分析

随机荷载作用下结构响应的灵敏度分析具有概率统计信息，是动力灵敏度研究的一个重要方向，许多学者对此开展了相关的工作。文献[13]提出了高斯和非高斯随机荷载作用下结构随机响应灵敏度分析的时域方法，并应用该方法讨论了附有弹簧振子剪切框架结构动力响应对系统参数的灵敏度变化。文献[14]对不确定参数结构受随机地震作用下的响应灵敏度问题进行研究，结合 Neumann 级数展开，应用 Monte Carlo 模拟法计算了响应灵敏度的概率特征。文献[15]在频域内推导了结构非平稳地震激励响应功率谱和各阶谱矩的灵敏度计算公式，并进一步给出结构可靠度的灵敏度分析方法。文献[16]在半解析法的框架下，在时域内提出了结构非平稳随机荷载下的随机响应灵敏度分析方法，利用模态叠加法将灵敏度方程转化到模态空间下，并应用逐步积分法进行求解。在应用虚拟激励法进行不确定系统随机振动方面，文献[7]利用虚拟激励法将随机路面不平度转换成确定性的虚拟简谐激励，计算了车桥耦合系统的

灵敏度信息，进而对车辆参数优化问题进行了探讨。文献[17]利用差分法计算随机响应的灵敏度，并通过虚拟激励摄动法计算了线性随机结构在随机荷载作用下的响应统计特性。

本节以车轨耦合系统为研究对象，对轨道不平顺作用下具有不确定结构参数的车轨耦合系统随机振动灵敏度问题进行研究。在哈密顿对偶体系下建立了车轨耦合系统混合物理坐标及辛对偶坐标的动力学方程，并应用解析手段推导出其相对系统不确定参数的灵敏度控制方程，进一步基于虚拟激励法和辛方法建立车轨耦合系统随机振动响应灵敏度分析方法，该灵敏度分析方法同虚拟激励法的确定性分析具有相同的精度，并保留了虚拟激励法高效的特性。

### 4.2.1　耦合系统动力学方程

1. 轨道周期子结构链状态方程及本征值分析

轨道假设为具有周期特性的无穷长链式结构。采用动刚度阵进行周期子结构链运动方程描述，暂不考虑阻尼，其一般形式为

$$\left(\boldsymbol{K}-\omega^2\boldsymbol{M}\right)\begin{Bmatrix}\boldsymbol{u}_i^0\\ \boldsymbol{u}_a^0\\ \boldsymbol{u}_b^0\end{Bmatrix}=\begin{bmatrix}\boldsymbol{K}_{ii}^0 & \boldsymbol{K}_{ia}^0 & \boldsymbol{K}_{ib}^0\\ \boldsymbol{K}_{ai}^0 & \boldsymbol{K}_{aa}^0 & \boldsymbol{K}_{ab}^0\\ \boldsymbol{K}_{bi}^0 & \boldsymbol{K}_{ba}^0 & \boldsymbol{K}_{bb}^0\end{bmatrix}\begin{Bmatrix}\boldsymbol{u}_i^0\\ \boldsymbol{u}_a^0\\ \boldsymbol{u}_b^0\end{Bmatrix}=\begin{Bmatrix}\boldsymbol{p}_i^0\\ \boldsymbol{p}_a^0\\ \boldsymbol{p}_b^0\end{Bmatrix}\tag{4.2.1}$$

式中，$\boldsymbol{K}$、$\boldsymbol{M}$ 分别为周期子结构链的刚度阵和质量阵；$\boldsymbol{u}_a^0$ 为左端自由度；$\boldsymbol{u}_b^0$ 为右端自由度；$\boldsymbol{u}_i^0$ 为内部自由度。

周期子结构链运动方程（4.2.1）的右端荷载包括两部分：子结构所受实际外荷载和相邻子结构的作用荷载。利用此关系，运动方程（4.2.1）可以进一步写成如下形式：

$$\begin{bmatrix}\boldsymbol{K}_{ii}^0 & \boldsymbol{K}_{ia}^0 & \boldsymbol{K}_{ib}^0\\ \boldsymbol{K}_{ai}^0 & \boldsymbol{K}_{aa}^0 & \boldsymbol{K}_{ab}^0\\ \boldsymbol{K}_{bi}^0 & \boldsymbol{K}_{ba}^0 & \boldsymbol{K}_{bb}^0\end{bmatrix}\begin{Bmatrix}\boldsymbol{u}_i^0\\ \boldsymbol{u}_a^0\\ \boldsymbol{u}_b^0\end{Bmatrix}=\begin{Bmatrix}\boldsymbol{p}_{ie}\\ \boldsymbol{p}_{ae}\\ \boldsymbol{p}_{be}\end{Bmatrix}+\begin{Bmatrix}0\\ \boldsymbol{p}_{ar}\\ -\boldsymbol{p}_{br}\end{Bmatrix}\tag{4.2.2}$$

方程（4.2.2）中右端荷载项的第二部分，即相邻子结构链相互作用荷载的影响，可采用周期子结构链的出口刚度阵计入，即

$$\boldsymbol{p}_{ar}=-\boldsymbol{P}_\beta\boldsymbol{u}_a^0,\quad \boldsymbol{p}_{br}=\boldsymbol{P}_\alpha\boldsymbol{u}_b^0\tag{4.2.3}$$

式中，$\boldsymbol{P}_\alpha$ 和 $\boldsymbol{P}_\beta$ 为出口刚度阵。

利用上述关系式，运动方程（4.2.2）最终可写为如下表达式，即周期子结构链在物理坐标下的运动平衡方程：

$$\begin{bmatrix}\boldsymbol{K}_{ii}^0 & \boldsymbol{K}_{ia}^0 & \boldsymbol{K}_{ib}^0\\ \boldsymbol{K}_{ai}^0 & \boldsymbol{K}_{aa}^0+\boldsymbol{P}_\beta & \boldsymbol{K}_{ab}^0\\ \boldsymbol{K}_{bi}^0 & \boldsymbol{K}_{ba}^0 & \boldsymbol{K}_{bb}^0+\boldsymbol{P}_\alpha\end{bmatrix}\begin{Bmatrix}\boldsymbol{u}_i^0\\ \boldsymbol{u}_a^0\\ \boldsymbol{u}_b^0\end{Bmatrix}=\begin{Bmatrix}\boldsymbol{p}_{ie}\\ \boldsymbol{p}_{ae}\\ \boldsymbol{p}_{be}\end{Bmatrix}\tag{4.2.4}$$

消去周期子结构链运动方程（4.2.4）的内部自由度 $\boldsymbol{u}_i^0$，可以得到以出口位移描述的运动方程

$$\begin{bmatrix}\boldsymbol{K}_{aa}+\boldsymbol{P}_\beta & \boldsymbol{K}_{ab}\\ \boldsymbol{K}_{ba} & \boldsymbol{K}_{bb}+\boldsymbol{P}_\alpha\end{bmatrix}\begin{Bmatrix}\boldsymbol{u}_a\\ \boldsymbol{u}_b\end{Bmatrix}=\begin{Bmatrix}\boldsymbol{p}_a^*\\ \boldsymbol{p}_b^*\end{Bmatrix}\tag{4.2.5}$$

式中，各项表达式如下：

$$\begin{cases} \boldsymbol{K}_{aa}=\boldsymbol{K}_{aa}^{0}-\boldsymbol{K}_{ai}^{0}\left[\boldsymbol{K}_{ii}^{0}\right]^{-1}\boldsymbol{K}_{ia}^{0}, \quad \boldsymbol{K}_{ab}=\boldsymbol{K}_{ab}^{0}-\boldsymbol{K}_{ai}^{0}\left[\boldsymbol{K}_{ii}^{0}\right]^{-1}\boldsymbol{K}_{ib}^{0} \\ \boldsymbol{K}_{ba}=\left[\boldsymbol{K}_{ab}\right]^{\mathrm{T}}, \quad \boldsymbol{K}_{bb}=\boldsymbol{K}_{bb}^{0}-\boldsymbol{K}_{bi}^{0}\left[\boldsymbol{K}_{ii}^{0}\right]^{-1}\boldsymbol{K}_{ib}^{0} \\ \boldsymbol{p}_{a}^{*}=\boldsymbol{p}_{ae}-\boldsymbol{K}_{ai}^{0}\left[\boldsymbol{K}_{ii}^{0}\right]^{-1}\boldsymbol{p}_{ie}, \quad \boldsymbol{p}_{b}^{*}=\boldsymbol{p}_{be}-\boldsymbol{K}_{bi}^{0}\left[\boldsymbol{K}_{ii}^{0}\right]^{-1}\boldsymbol{p}_{ie} \end{cases} \tag{4.2.6}$$

考虑周期子结构链运动方程的辛本征问题，有 $\boldsymbol{p}_{ae}=\boldsymbol{p}_{be}=\boldsymbol{p}_{ie}=\boldsymbol{0}$，此时运动方程（4.2.5）转化为本征值方程

$$\begin{bmatrix} \boldsymbol{K}_{aa} & \boldsymbol{K}_{ab} \\ \boldsymbol{K}_{ba} & \boldsymbol{K}_{bb} \end{bmatrix}\begin{Bmatrix} \boldsymbol{u}_{a} \\ \boldsymbol{u}_{b} \end{Bmatrix}=\begin{Bmatrix} \boldsymbol{p}_{a} \\ -\boldsymbol{p}_{b} \end{Bmatrix} \tag{4.2.7}$$

以位移和力为状态向量，周期子结构链本征值方程（4.2.7）的状态空间形式为

$$\begin{Bmatrix} \boldsymbol{u}_{b} \\ \boldsymbol{p}_{b} \end{Bmatrix}=\begin{bmatrix} \boldsymbol{S}_{aa} & \boldsymbol{S}_{ab} \\ \boldsymbol{S}_{ba} & \boldsymbol{S}_{bb} \end{bmatrix}\begin{Bmatrix} \boldsymbol{u}_{a} \\ \boldsymbol{p}_{a} \end{Bmatrix} \tag{4.2.8}$$

式中，

$$\begin{gathered} \boldsymbol{S}_{aa}=-\boldsymbol{K}_{ab}^{-1}\boldsymbol{K}_{aa}, \quad \boldsymbol{S}_{ab}=\boldsymbol{K}_{ab}^{-1} \\ \boldsymbol{S}_{ba}=-\boldsymbol{K}_{ba}+\boldsymbol{K}_{bb}\boldsymbol{K}_{ab}^{-1}\boldsymbol{K}_{aa}, \quad \boldsymbol{S}_{bb}=-\boldsymbol{K}_{bb}\boldsymbol{K}_{ab}^{-1} \end{gathered} \tag{4.2.9}$$

可以验证，$\boldsymbol{S}^{-\mathrm{T}}=\boldsymbol{J}\boldsymbol{S}\boldsymbol{J}^{-1}$ 或 $\boldsymbol{S}^{\mathrm{T}}\boldsymbol{J}\boldsymbol{S}=\boldsymbol{J}$，$\boldsymbol{S}$ 矩阵为保辛传递矩阵。这里 $\boldsymbol{J}$ 矩阵为

$$\boldsymbol{J}=\begin{bmatrix} \boldsymbol{0} & \boldsymbol{I}_{n} \\ -\boldsymbol{I}_{n} & \boldsymbol{0} \end{bmatrix} \tag{4.2.10}$$

由第 1 章介绍的辛数学理论可知，周期子结构链本征值方程（4.2.8）的辛特征值具有成对出现的特性，并且如果 $|\mu_i|\leqslant 1$ 为方程的特征值，则 $\mu_{n+i}=1/\mu_i$ 同样也为方程的特征值。将特征值和特征向量分类排序有

$$\begin{cases} \mu_{i} & (i=1,2,\cdots,n), \quad |\mu_{i}|\leqslant 1 \\ \mu_{n+i}=1/\mu_{i} & (i=1,2,\cdots,n), \quad |\mu_{i}|\geqslant 1 \end{cases} \tag{4.2.11}$$

$$\boldsymbol{\Phi}=\{\varphi_{1},\varphi_{2},\cdots,\varphi_{2n}\}=\begin{bmatrix} \boldsymbol{X}_{a} & \boldsymbol{X}_{b} \\ \boldsymbol{N}_{a} & \boldsymbol{N}_{b} \end{bmatrix} \tag{4.2.12}$$

至此，周期子结构链运动方程（4.2.3）中的出口刚度矩阵可由辛模态矩阵（4.2.12）式给出，如下：

$$\boldsymbol{P}_{\alpha}=\boldsymbol{N}_{a}\boldsymbol{X}_{a}^{-1}, \quad \boldsymbol{P}_{\beta}=-\boldsymbol{N}_{b}\boldsymbol{X}_{b}^{-1} \tag{4.2.13}$$

应用辛模态进行坐标变换，有

$$\boldsymbol{u}_{a}=\boldsymbol{X}_{b}\boldsymbol{b}, \quad \boldsymbol{u}_{b}=\boldsymbol{X}_{a}\boldsymbol{a} \tag{4.2.14}$$

将上式代入以出口位移表示的周期子结构链运动方程（4.2.5），可以得到以辛模态坐标表示的运动方程

$$\begin{bmatrix} \bar{\boldsymbol{K}}_{aa}^{*} & \bar{\boldsymbol{K}}_{ab}^{*} \\ \bar{\boldsymbol{K}}_{ba}^{*} & \bar{\boldsymbol{K}}_{bb}^{*} \end{bmatrix}\begin{Bmatrix} \boldsymbol{b} \\ \boldsymbol{a} \end{Bmatrix}=\begin{Bmatrix} \boldsymbol{p}_{a}^{*} \\ \boldsymbol{p}_{b}^{*} \end{Bmatrix} \tag{4.2.15}$$

式中，

$$\begin{bmatrix} \bar{\boldsymbol{K}}_{aa}^* & \bar{\boldsymbol{K}}_{ab}^* \\ \bar{\boldsymbol{K}}_{ba}^* & \bar{\boldsymbol{K}}_{bb}^* \end{bmatrix} = \begin{bmatrix} \boldsymbol{K}_{aa}^* & \boldsymbol{K}_{ab}^* \\ \boldsymbol{K}_{ba}^* & \boldsymbol{K}_{bb}^* \end{bmatrix} \begin{bmatrix} \boldsymbol{X}_b & \boldsymbol{0} \\ \boldsymbol{0} & \boldsymbol{X}_a \end{bmatrix} \tag{4.2.16}$$

求解运动方程（4.2.15）得到辛模态坐标后，则有简谐波在周期子结构链传播状态，即各周期子结构的端口状态位移响应为（$k$ 为截口号，从 0 开始编号）

$$\begin{cases} \boldsymbol{u}_{kl} = \boldsymbol{X}_b \boldsymbol{\mu}^{-k} \boldsymbol{b}, \quad \boldsymbol{p}_{kl} = -\boldsymbol{P}_\beta \boldsymbol{u}_{kl}, \quad k \leqslant 0\text{（向左）} \\ \boldsymbol{u}_{kr} = \boldsymbol{X}_a \boldsymbol{\mu}^{k} \boldsymbol{a}, \quad \boldsymbol{p}_{kr} = \ \ \boldsymbol{P}_\alpha \boldsymbol{u}_{kr}, \quad k \geqslant 0\text{（向右）} \end{cases} \tag{4.2.17}$$

由式（4.2.17）可以看出，仅当$|\mu_i|=1$时，简谐波可以在整个子结构链内传播，此时称为顺通波；而其余在传播过程中迅速衰减掉的简谐波称为阻碍波。

对于具有滞变阻尼的周期轨道子结构系统，以上分析过程仍然成立，具体可参见文献[18]，这里不再赘述。

2. 车轨耦合运动方程的建立及随机振动分析

考虑如图 4.2.1 所示车轨耦合系统，其中刚体车辆系统模型具有 10 个自由度。系统各自由度如下：车体具有两个自由度，构架具有 4 个自由度，轮对具有 4 个自由度。采用向量表示各自由度如下：

$$\boldsymbol{u}_v = \{ u_c, \theta_c, u_{t1}, \theta_{t1}, u_{t2}, \theta_{t2}, u_{w1}, u_{w2}, u_{w3}, u_{w4} \}^{\mathrm{T}} \tag{4.2.18}$$

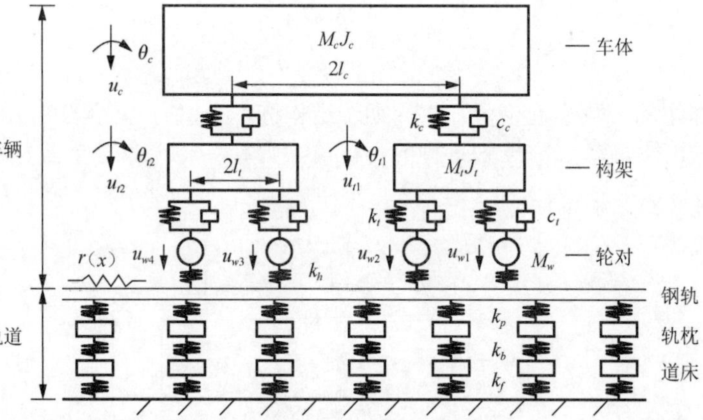


图 4.2.1　车轨耦合系统

由拉格朗日方程建立车辆系统的刚体动力学方程

$$\boldsymbol{M}_v \ddot{\boldsymbol{u}}_v + \boldsymbol{C}_v \dot{\boldsymbol{u}}_v + \boldsymbol{K}_v \boldsymbol{u}_v = \boldsymbol{f}_v \tag{4.2.19}$$

式中，$\boldsymbol{M}_v$、$\boldsymbol{C}_v$和$\boldsymbol{K}_v$分别为车辆系统的质量阵、阻尼阵和刚度阵；$\boldsymbol{f}_v$为车辆系统所受外荷载向量。

车辆轨道间相互作用按线性赫兹理论假设由线性弹簧$k_h$连接[19]，则接触力可以表示为

$$f_i = k_h(u_{ti} - r_i - u_{wi}) \quad (i=1,2,3,4) \tag{4.2.20}$$

式中，$u_{ti}$为接触点轨道位移；$r_i$为轨道不平顺；$u_{wi}$为车轮位移。

由前述分析，第$i$个子结构左、右两端位移$\boldsymbol{u}_{l,i}$、$\boldsymbol{u}_{r,i}$可按辛方法由下式给出：

$$\boldsymbol{u}_{l,i} = \sum_{j=1}^{4} \boldsymbol{u}_{l,ji}, \quad \boldsymbol{u}_{r,i} = \sum_{j=1}^{4} \boldsymbol{u}_{r,ji} \tag{4.2.21}$$

式中，$\boldsymbol{u}_{l,ji}$ 为第 $j$ 个受力子结构在第 $i$ 个子结构左端产生的位移；$\boldsymbol{u}_{r,ji}$ 为第 $j$ 个受力子结构在第 $i$ 个子结构右端产生的位移。

进一步，第 $i$ 个子结构内轮轨接触点轨道位移由有限元形函数分解得到

$$u_{ti}=\boldsymbol{N}^{\mathrm{T}}(\xi_i)\begin{Bmatrix}\boldsymbol{u}_{l,i}\\ \boldsymbol{u}_{r,i}\end{Bmatrix}\quad(i=1,2,3,4)\tag{4.2.22}$$

利用耦合关系式（4.2.20）～式（4.2.22），进行周期轨道运动方程（4.2.15）和车辆运动方程（4.2.19）耦合得到车轨耦合运动方程

$$\tilde{\boldsymbol{K}}\tilde{\boldsymbol{y}}=\tilde{\boldsymbol{F}}\tag{4.2.23}$$

式中，

$$\tilde{\boldsymbol{y}}=\{\boldsymbol{u}_v\quad \boldsymbol{b}_1\quad \boldsymbol{a}_1\quad \boldsymbol{b}_2\quad \boldsymbol{a}_2\quad \boldsymbol{b}_3\quad \boldsymbol{a}_3\quad \boldsymbol{b}_4\quad \boldsymbol{a}_4\}^{\mathrm{T}}$$

$$\tilde{\boldsymbol{F}}=\{\boldsymbol{0}_{1\times 6}\quad r_1(t)\quad r_2(t)\quad r_3(t)\quad r_4(t)\quad \boldsymbol{N}(\xi_1)r_1(t)\quad \boldsymbol{N}(\xi_2)r_2(t)\quad \boldsymbol{N}(\xi_3)r_3(t)\quad \boldsymbol{N}(\xi_4)r_4(t)\}^{\mathrm{T}}$$

对于车轨耦合运动方程（4.2.23）中刚度阵的具体表达形式，可以下列方式按自由度排序进行累加生成：

$$\tilde{\boldsymbol{K}}=\sum_{i=1}^{3}\tilde{\boldsymbol{K}}_i\tag{4.2.24}$$

式中，

$$\begin{cases}\tilde{\boldsymbol{K}}_1=\mathrm{diag}(\boldsymbol{K}_v,\boldsymbol{K}_{tt}^{11},\boldsymbol{K}_{tt}^{22},\boldsymbol{K}_{tt}^{33},\boldsymbol{K}_{tt}^{44}),\tilde{\boldsymbol{K}}_2=-k_h\begin{bmatrix}-1&0&0&0\\0&-1&0&0\\0&0&-1&0\\0&0&0&-1\\\boldsymbol{N}(\xi_1)&0&0&0\\0&\boldsymbol{N}(\xi_2)&0&0\\0&0&\boldsymbol{N}(\xi_3)&0\\0&0&0&\boldsymbol{N}(\xi_4)\end{bmatrix}\\ \tilde{\boldsymbol{K}}_3=-k_h\begin{bmatrix}\boldsymbol{N}^{\mathrm{T}}(\xi_1)\boldsymbol{w}^{11}&\boldsymbol{N}^{\mathrm{T}}(\xi_1)\boldsymbol{w}^{12}&\boldsymbol{N}^{\mathrm{T}}(\xi_1)\boldsymbol{w}^{13}&\boldsymbol{N}^{\mathrm{T}}(\xi_1)\boldsymbol{w}^{14}\\\boldsymbol{N}^{\mathrm{T}}(\xi_2)\boldsymbol{w}^{21}&\boldsymbol{N}^{\mathrm{T}}(\xi_2)\boldsymbol{w}^{22}&\boldsymbol{N}^{\mathrm{T}}(\xi_2)\boldsymbol{w}^{23}&\boldsymbol{N}^{\mathrm{T}}(\xi_2)\boldsymbol{w}^{24}\\\boldsymbol{N}^{\mathrm{T}}(\xi_3)\boldsymbol{w}^{31}&\boldsymbol{N}^{\mathrm{T}}(\xi_3)\boldsymbol{w}^{32}&\boldsymbol{N}^{\mathrm{T}}(\xi_3)\boldsymbol{w}^{33}&\boldsymbol{N}^{\mathrm{T}}(\xi_3)\boldsymbol{w}^{34}\\\boldsymbol{N}^{\mathrm{T}}(\xi_4)\boldsymbol{w}^{41}&\boldsymbol{N}^{\mathrm{T}}(\xi_4)\boldsymbol{w}^{42}&\boldsymbol{N}^{\mathrm{T}}(\xi_4)\boldsymbol{w}^{43}&\boldsymbol{N}^{\mathrm{T}}(\xi_4)\boldsymbol{w}^{44}\\-\boldsymbol{N}(\xi_1)\boldsymbol{N}^{\mathrm{T}}(\xi_1)\boldsymbol{w}^{11}&-\boldsymbol{N}(\xi_1)\boldsymbol{N}^{\mathrm{T}}(\xi_1)\boldsymbol{w}^{12}&-\boldsymbol{N}(\xi_1)\boldsymbol{N}^{\mathrm{T}}(\xi_1)\boldsymbol{w}^{13}&-\boldsymbol{N}(\xi_1)\boldsymbol{N}^{\mathrm{T}}(\xi_1)\boldsymbol{w}^{14}\\-\boldsymbol{N}(\xi_2)\boldsymbol{N}^{\mathrm{T}}(\xi_2)\boldsymbol{w}^{21}&-\boldsymbol{N}(\xi_2)\boldsymbol{N}^{\mathrm{T}}(\xi_2)\boldsymbol{w}^{22}&-\boldsymbol{N}(\xi_2)\boldsymbol{N}^{\mathrm{T}}(\xi_2)\boldsymbol{w}^{23}&-\boldsymbol{N}(\xi_2)\boldsymbol{N}^{\mathrm{T}}(\xi_2)\boldsymbol{w}^{24}\\-\boldsymbol{N}(\xi_3)\boldsymbol{N}^{\mathrm{T}}(\xi_3)\boldsymbol{w}^{31}&-\boldsymbol{N}(\xi_3)\boldsymbol{N}^{\mathrm{T}}(\xi_3)\boldsymbol{w}^{32}&-\boldsymbol{N}(\xi_3)\boldsymbol{N}^{\mathrm{T}}(\xi_3)\boldsymbol{w}^{33}&-\boldsymbol{N}(\xi_3)\boldsymbol{N}^{\mathrm{T}}(\xi_3)\boldsymbol{w}^{34}\\-\boldsymbol{N}(\xi_4)\boldsymbol{N}^{\mathrm{T}}(\xi_4)\boldsymbol{w}^{41}&-\boldsymbol{N}(\xi_4)\boldsymbol{N}^{\mathrm{T}}(\xi_4)\boldsymbol{w}^{42}&-\boldsymbol{N}(\xi_4)\boldsymbol{N}^{\mathrm{T}}(\xi_4)\boldsymbol{w}^{43}&-\boldsymbol{N}(\xi_4)\boldsymbol{N}^{\mathrm{T}}(\xi_4)\boldsymbol{w}^{44}\end{bmatrix}\end{cases}\tag{4.2.25}$$

其中，

$$\begin{cases}\boldsymbol{w}^{ii}=\begin{bmatrix}\boldsymbol{X}_b&\boldsymbol{0}\\\boldsymbol{0}&\boldsymbol{X}_a\end{bmatrix}(i=1,2,\cdots,4),\quad \boldsymbol{w}^{ij}=\begin{bmatrix}\boldsymbol{X}_b\boldsymbol{\mu}^{(k_j-k_i)}&\boldsymbol{0}\\\boldsymbol{X}_b\boldsymbol{\mu}^{(k_j-k_i)-1}&\boldsymbol{0}\end{bmatrix}(4\geqslant j>i\geqslant 1)\\ \boldsymbol{w}^{ij}=\begin{bmatrix}\boldsymbol{0}&\boldsymbol{X}_a\boldsymbol{\mu}^{(k_i-k_j)-1}\\\boldsymbol{0}&\boldsymbol{X}_a\boldsymbol{\mu}^{(k_i-k_j)}\end{bmatrix}(4\geqslant i>j\geqslant 1)\end{cases}\tag{4.2.26}$$

列车以速度 $v$ 匀速行驶，车轮沿轨道移动不发生滑动，且无爬轨、跳轨和脱离轨道现象。假设轨道不平顺 $r(x)$ 是以空间坐标 $x$ 为自变量的零均值平稳随机过程，其自功率谱密度函数 $S_{rr}(\Omega)$ 已知。通过速度与位移之间关系式 $x = vt$ 可以将随机轨道不平顺由空间域转换到时间域 $r(t)$，即以时间坐标 $t$ 为自变量的零均值平稳随机过程，其自功率谱密度函数的转换关系为

$$S_{rr}(\omega) = S_{rr}(\Omega) / v, \quad \omega = \Omega v = 2\pi v / \lambda \tag{4.2.27}$$

对于车轨耦合运动方程（4.2.23）右端荷载，4 个轮轨接触点处随机轨道不平顺具有完全相干特性，即

$$\boldsymbol{r}(t) = \left\{ r(t-t_1), r(t-t_2), r(t-t_3), r(t-t_4) \right\}^{\mathrm{T}} \tag{4.2.28}$$

为采用虚拟激励法进行车轨耦合运动方程随机振动分析，可构造虚拟激励

$$\begin{aligned}\hat{\boldsymbol{F}} = \{ \boldsymbol{0}_{1\times6} \quad & \mathrm{e}^{-\mathrm{i}\omega t_1} \quad \mathrm{e}^{-\mathrm{i}\omega t_2} \quad \mathrm{e}^{-\mathrm{i}\omega t_3} \quad \mathrm{e}^{-\mathrm{i}\omega t_4} \quad \boldsymbol{N}(\xi_1)\mathrm{e}^{-\mathrm{i}\omega t_1} \\ & \boldsymbol{N}(\xi_2)\mathrm{e}^{-\mathrm{i}\omega t_2} \quad \boldsymbol{N}(\xi_3)\mathrm{e}^{-\mathrm{i}\omega t_3} \quad \boldsymbol{N}(\xi_4)\mathrm{e}^{-\mathrm{i}\omega t_4} \}^{\mathrm{T}} \sqrt{S_{rr}(\omega)}\mathrm{e}^{\mathrm{i}\omega t}\end{aligned} \tag{4.2.29}$$

将上式代入运动方程（4.2.23），可计算虚拟激励下结构响应

$$\hat{\boldsymbol{y}} = \tilde{\boldsymbol{K}}^{-1}\hat{\boldsymbol{F}} \tag{4.2.30}$$

进而可计算耦合系统的功率谱密度响应矩阵为

$$\boldsymbol{S}_{\hat{y}\hat{y}} = \hat{\boldsymbol{y}}^{*}\hat{\boldsymbol{y}}^{\mathrm{T}} \tag{4.2.31}$$

### 4.2.2 车轨耦合系统随机振动的灵敏度分析

假设车辆一系、二系连接系统具有不确定参数，其通过有限元组装映射，最终表现为车辆系统的动力学方程中刚度矩阵具有不确定性。一般用下式进行不确定性描述[20]：

$$\tilde{\boldsymbol{K}} = \tilde{\boldsymbol{K}}_0 + \tilde{\boldsymbol{K}}_1(\boldsymbol{\alpha}) \tag{4.2.32}$$

式中，$\tilde{\boldsymbol{K}}_0$、$\tilde{\boldsymbol{K}}_1$ 分别表示随机刚度矩阵的均值（确定性）部分和随机部分；$\boldsymbol{\alpha}$ 为具有已知概率分布特性的随机变量组成的向量。

为进行具有不确定参数车轨耦合运动方程概率统计响应的灵敏度分析，首先进行虚拟简谐激励作用下系统虚拟简谐响应的灵敏度分析，之后由虚拟激励法进行随机响应功率谱的灵敏度分析。由车轨耦合运动方程（4.2.23）对不确定参数进行一阶微分，可得系统一阶灵敏度方程为

$$\frac{\partial\tilde{\boldsymbol{K}}}{\partial\alpha_i}\hat{\boldsymbol{y}} + \tilde{\boldsymbol{K}}\frac{\partial\hat{\boldsymbol{y}}}{\partial\alpha_i} = \boldsymbol{0} \tag{4.2.33}$$

由此可计算虚拟激励响应对不确定参数的一阶灵敏度

$$\frac{\partial\hat{\boldsymbol{y}}}{\partial\alpha_i} = -\tilde{\boldsymbol{K}}^{-1}\frac{\partial\tilde{\boldsymbol{K}}}{\partial\alpha_i}\hat{\boldsymbol{y}} \tag{4.2.34}$$

由车轨耦合运动一阶灵敏度方程（4.2.33）对不确定参数再次进行微分，可得系统二阶灵敏度方程为

$$\frac{\partial\tilde{\boldsymbol{K}}}{\partial\alpha_i\partial\alpha_j}\hat{\boldsymbol{y}} + \frac{\partial\tilde{\boldsymbol{K}}}{\partial\alpha_i}\frac{\partial\hat{\boldsymbol{y}}}{\partial\alpha_j} + \frac{\partial\tilde{\boldsymbol{K}}}{\partial\alpha_j}\frac{\partial\hat{\boldsymbol{y}}}{\partial\alpha_i} + \tilde{\boldsymbol{K}}\frac{\partial\hat{\boldsymbol{y}}}{\partial\alpha_i\partial\alpha_j} = \boldsymbol{0} \tag{4.2.35}$$

由此可计算虚拟激励响应对不确定参数的二阶灵敏度

$$\frac{\partial \hat{\boldsymbol{y}}}{\partial \alpha_i \partial \alpha_j} = -\tilde{\boldsymbol{K}}^{-1}\left(\frac{\partial \tilde{\boldsymbol{K}}}{\partial \alpha_i}\frac{\partial \hat{\boldsymbol{y}}}{\partial \alpha_j} + \frac{\partial \tilde{\boldsymbol{K}}}{\partial \alpha_j}\frac{\partial \hat{\boldsymbol{y}}}{\partial \alpha_i}\right) \tag{4.2.36}$$

由虚拟激励原理可知系统任一响应 $u$（如位移、加速度和应变等）的功率谱密度函数可由虚拟响应向量的复共轭和转置相乘得到，由此可进行随机振动功率谱灵敏度分析。类似于虚拟简谐响应的灵敏度计算方法，可进行耦合系统功率谱一阶、二阶灵敏度分析。

结构随机响应功率谱密度的一阶灵敏度为

$$\begin{aligned}\frac{\partial S_{uu}(\boldsymbol{\alpha},\omega)}{\partial \alpha_i} &= \frac{\partial}{\partial \alpha_i}\left(\tilde{u}^*(\boldsymbol{\alpha},\omega)\tilde{u}(\boldsymbol{\alpha},\omega)\right)\\ &= \frac{\partial \tilde{u}^*(\boldsymbol{\alpha},\omega)}{\partial \alpha_i}\tilde{u}(\boldsymbol{\alpha},\omega) + \tilde{u}^*(\boldsymbol{\alpha},\omega)\frac{\partial \tilde{u}(\boldsymbol{\alpha},\omega)}{\partial \alpha_i}\end{aligned} \tag{4.2.37}$$

结构随机响应功率谱密度的二阶灵敏度为

$$\begin{aligned}\frac{\partial^2 S_{uu}(\boldsymbol{\alpha},\omega)}{\partial \alpha_i \partial \alpha_j} &= \frac{\partial}{\partial \alpha_j}\left(\frac{\partial \tilde{u}^*(\boldsymbol{\alpha},\omega)}{\partial \alpha_i}\tilde{u}(\boldsymbol{\alpha},\omega) + \tilde{u}^*(\boldsymbol{\alpha},\omega)\frac{\partial \tilde{u}(\boldsymbol{\alpha},\omega)}{\partial \alpha_i}\right)\\ &= \frac{\partial^2 \tilde{u}^*(\boldsymbol{\alpha},\omega)}{\partial \alpha_i \partial \alpha_j}\tilde{u}(\boldsymbol{\alpha},\omega) + \frac{\partial \tilde{u}^*(\boldsymbol{\alpha},\omega)}{\partial \alpha_i}\frac{\partial \tilde{u}(\boldsymbol{\alpha},\omega)}{\partial \alpha_j}\\ &\quad + \frac{\partial \tilde{u}^*(\boldsymbol{\alpha},\omega)}{\partial \alpha_j}\frac{\partial \tilde{u}(\boldsymbol{\alpha},\omega)}{\partial \alpha_i} + \tilde{u}^*(\boldsymbol{\alpha},\omega)\frac{\partial^2 \tilde{u}(\boldsymbol{\alpha},\omega)}{\partial \alpha_i \partial \alpha_j}\end{aligned} \tag{4.2.38}$$

**例 4.2.1**　图 4.2.1 所示车轨耦合系统，仿真数据取自文献[19]。车辆参数、轨道参数分别如表 4.2.1 和表 4.2.2 所示，弹性轨道系统的滞变阻尼系数取 0.2。随机轨道不平顺采用美国轨道 6 级谱和中国短波不平顺谱。

**表 4.2.1　车辆参数**

| 参数 | 数值 | 参数 | 数值 |
|---|---|---|---|
| 车体质量 | $34\times10^3$kg | 二系悬挂系统刚度 | $800\times10^3$N/m |
| 构架质量 | 3000kg | 二系悬挂系统阻尼 | $160\times10^3$N·s/m |
| 车轮质量 | 1400kg | 一系悬挂系统刚度 | $1100\times10^3$N/m |
| 车体转动惯量 | $2.277\times10^6$m$^4$ | 一系悬挂系统阻尼 | $12\times10^3$N·s/m |
| 构架转动惯量 | 2710m$^4$ | 半车长度 | 9m |
| 轮轨接触常数 | $5.135\times10^{-8}$m/N$^{2/3}$ | 半轮距长度 | 1.2m |

**表 4.2.2　轨道参数**

| 参数 | 数值 | 参数 | 数值 |
|---|---|---|---|
| 单位长度质量 | 121.28kg/m | 垫片垂向刚度 | $15.6\times10^7$N/m |
| 抗弯刚度 | $13.25\times10^6$Nm$^2$ | 道床垂向刚度 | $4.8\times10^8$N/m |
| 轨枕质量 | 237kg | 路基垂向刚度 | $13\times10^7$N/m |
| 道床质量 | 1365.2kg | 轨枕间距 | 0.545m |

考虑列车行驶速度为 100km/h，轨道不平顺采用表达式（3.1.55），利用时间频率与空间频率的转换关系获得耦合系统所承受的时间频率内随机荷载功率谱输入。假设车辆系统的一系 4 个弹簧刚度 $k_{t1}=k_{t2}=k_{t3}=k_{t4}=k_t$，二系两个弹簧刚度 $k_{c1}=k_{c2}=k_c$，并且 $k_t$ 和 $k_c$ 具有不确定性，应用本节方法进行车体垂向加速度功率谱响应对不确定参数的灵敏度分析，计算结

果如图 4.2.2～图 4.2.5 所示。图 4.2.2 给出了不确定参数 $k_t$ 具有变异系数分别为 0.1 和 0.2 时，按式（4.2.37）进行车体垂向加速度功率谱响应一阶灵敏度分析的结果。从图中可以看出灵敏度曲线随频率的变化波动，在 1.07Hz 处有一个波谷，在 1.55Hz 和 2.82Hz 处有两个波峰。此外，随着变异系数的增大，灵敏度相应的幅值也变大。为验证本节提出方法的正确性，另外采用一阶差分法进行了响应灵敏度分析，差分步长取为均值的 0.001 倍，由此计算的结果与本节提出的方法相比前 5 位有效数字一致，图中两条曲线是重合的。图 4.2.3 给出了按式（4.2.38）进行车体垂向加速度功率谱响应二阶灵敏度的分析结果，从图中可以看出，仅在 1.38Hz 处具有一个较大的波谷。对于方法的验证，同样与二阶差分法进行了对比，精度与上述类似。图 4.2.4 和图 4.2.5 给出了不确定参数 $k_c$ 具有不同变异系数分别为 0.1 和 0.2 时，车体垂向加速度功率谱响应一、二阶灵敏度分析结果。

列车行驶速度是对车轨耦合系统响应产生影响的一个重要因素。考虑列车行驶速度分别为 120km/h、160km/h 和 200km/h 时，进行车体垂向加速度功率谱响应对不确定参数的灵敏度分析，计算结果如图 4.2.6～图 4.2.9 所示。图 4.2.6 给出了不确定参数 $k_t$ 变异系数为 0.2 时，按式（4.2.37）进行车体垂向加速度功率谱响应一阶灵敏度的分析结果。从图 4.2.6 中可以看出，三条曲线分别在 1.75Hz、2.18Hz 和 2.68Hz 处有一个较大的波峰，即随着速度的增加，波峰所对应的频率增大。同样采用差分法进行响应灵敏度分析，差分步长取为均值的 0.001 倍，图中两条分析曲线是重合的。图 4.2.7 给出了按式（4.2.38）进行车体垂向加速度功率谱响应二阶灵敏度分析结果。图 4.2.8 和图 4.2.9 分别给出了不确定参数 $k_c$ 变异系数为 0.2 时，车行驶速度分别为 120km/h、160km/h 和 200km/h 时车体垂向加速度功率谱响应一、二阶灵敏度分析结果。

以上仅对 $k_t$ 或者 $k_c$ 进行了响应灵敏度分析，实际上对于系统中任意参数都可按上述方法得到响应的一阶、二阶灵敏度曲线。由图 4.2.2～图 4.2.9 可以看出，灵敏度有正、有负，这说明不确定性对响应的影响可能增大，也可能减小。对于序列二次规划等优化算法，灵敏度信息构成的 Hessian（黑塞）矩阵可确定优化的方向，本节所建立的方法对此提供了一个有效手段。

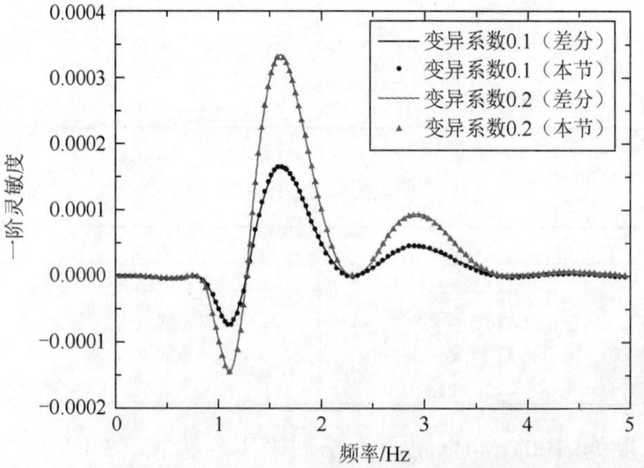


图 4.2.2　车体垂向加速度功率谱响应对不确定参数 $k_t$ 的一阶灵敏度

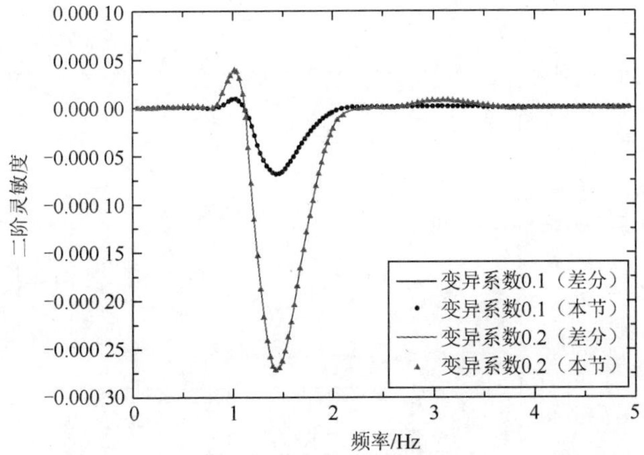


图 4.2.3　车体垂向加速度功率谱响应对不确定参数 $k_t$ 的二阶灵敏度

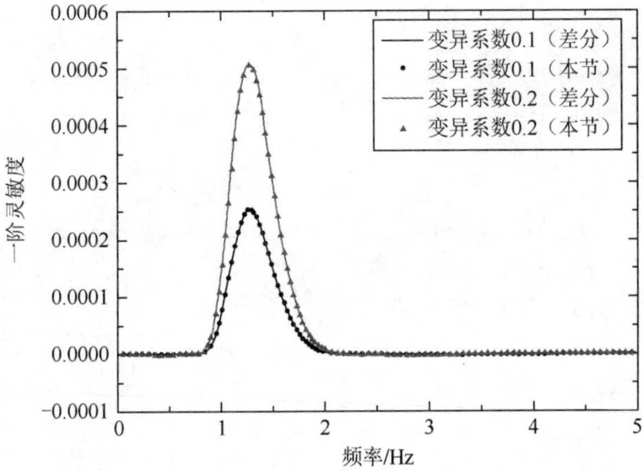


图 4.2.4　车体垂向加速度功率谱响应对不确定参数 $k_c$ 的一阶灵敏度

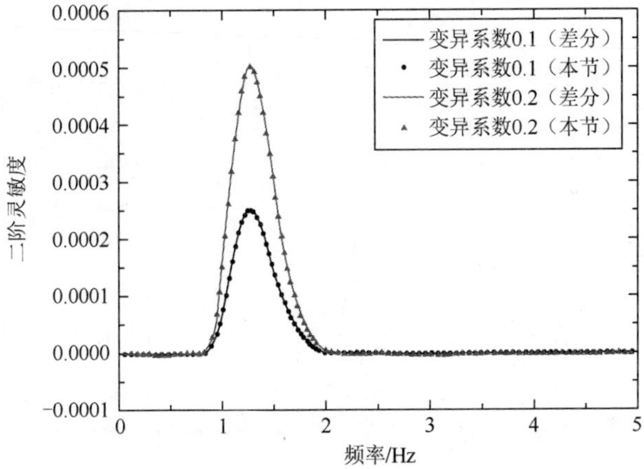


图 4.2.5　车体垂向加速度功率谱响应对不确定参数 $k_c$ 的二阶灵敏度

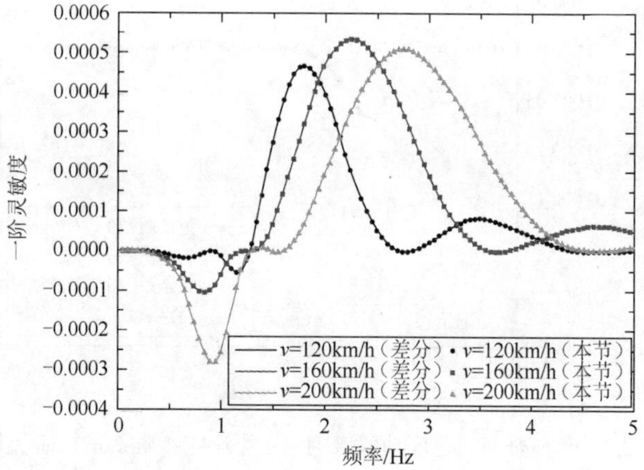


图 4.2.6　不同行车速度车体垂向加速度响应对不确定参数 $k_t$ 的一阶灵敏度

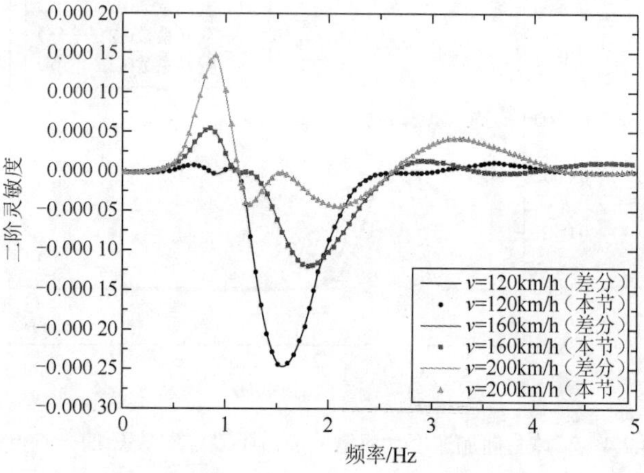


图 4.2.7　不同行车速度车体垂向加速度响应对不确定参数 $k_t$ 的二阶灵敏度

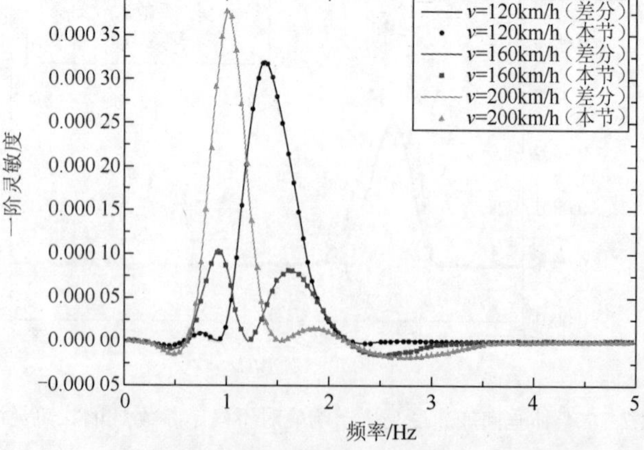


图 4.2.8　不同行车速度车体垂向加速度响应对不确定参数 $k_c$ 的一阶灵敏度

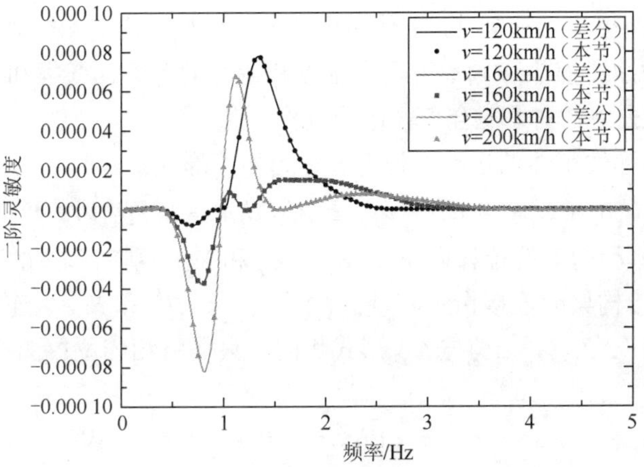


图 4.2.9　不同行车速度车体垂向加速度响应对不确定参数 $k_c$ 的二阶灵敏度

## 4.3　基于有限元车轨耦合系统的车辆平顺性优化

车辆的悬挂系统是决定车辆运行平顺性的关键机械系统，许多学者都对该系统的优化问题进行了研究。文献[21]、[22]采用无约束序列最小化方法对一个受零均值高斯随机激励作用的单自由度系统进行了优化，降低了加速度峰值的均值。文献[23]建立了 9 自由度客车模型，采用 ARPO 软件对其进行了平顺性优化。考虑到目标函数和约束不等式的高度非线性，优化过程采用了拟牛顿乘子法。文献[24]同样以车辆平顺性为目标，采用 Powell 直接法进行一维搜索，并将优化结果拟合得到了刚度和阻尼的特性曲线，用于指导主动或半主动悬架的设计。文献[25]采用序列二次规划方法对一个简单俯仰平面的车辆模型的非线性阻尼系统进行了优化，其中非线性阻尼采用分段的 Hermite 样条建模。文献[26]采用有限元方法建立了一个含有线性和非线性阻尼的 4 轮独立悬架模型，并在时域路面不平顺激励下对其参数进行了优化。文献[27]采用序列线性规划方法对车辆底盘加速度约束下三种路面起伏作用时内部悬架最大偏转进行了最小化优化。优化过程涉及大量的重分析，通常的研究均采用较为简单的车辆模型，由于分析模型的限制，在平顺性分析时不能同时兼顾不同位置上乘客的舒适度。这里介绍采用精细车体有限元刚柔混合车轨耦合系统模型进行列车悬挂系统的平顺性优化设计研究方法。优化中选取车体地板一组观测点为研究对象，采用 ISO 2631-1:1997（E）国际标准对其舒适度进行评估，提出了以一系和二系悬挂系统的刚度和阻尼为设计变量、以各点舒适度指标的最大值为目标函数的最小-最大优化问题，并基于前述随机振动灵敏度分析的虚拟激励法，确定最优解的搜索方向[11, 28]。

### 4.3.1　刚柔混合车轨耦合系统运动方程及运行舒适度分析

优化过程中需要对耦合系统的随机动力响应及其灵敏度进行大量的重分析，为了降低车辆结构的计算自由度、提高计算效率，采用刚柔混合车辆分析模型进行平顺性优化。车辆由一个车体、两个构架和四个轮对组成，各构件之间通过一系、二系悬挂系统进行连接。以车行方向为参考，车体上设置左前、右前、左后、右后四个二系悬挂连接点，其中前面的两个连接构架 1，后面的两个连接构架 2。车体采用有限元模型，构架和轮对则视为刚体，考虑构架的沉浮、点头、横摆、摇头和侧滚五个自由度和轮对的沉浮、横摆和侧滚三个自由度。采用与 3.2 节类似的方法建立刚柔混合车辆运动方程。

经有限元离散，弹性车体的运动方程可表达为如下形式：

$$\boldsymbol{M}_c\ddot{\boldsymbol{u}}_c+\boldsymbol{C}_c\dot{\boldsymbol{u}}_c+\boldsymbol{K}_c\boldsymbol{u}_c=\boldsymbol{E}_{ct}^{\mathrm{T}}\boldsymbol{Q}_{ct}^{C}\dot{\boldsymbol{u}}_t-\boldsymbol{E}_{ct}^{\mathrm{T}}\boldsymbol{C}_{s2}\boldsymbol{E}_{ct}\dot{\boldsymbol{u}}_c+\boldsymbol{E}_{ct}^{\mathrm{T}}\boldsymbol{Q}_{ct}^{K}\boldsymbol{u}_t-\boldsymbol{E}_{ct}^{\mathrm{T}}\boldsymbol{K}_{s2}\boldsymbol{E}_{ct}\boldsymbol{u}_c \tag{4.3.1}$$

式中，$\boldsymbol{u}_c$ 和 $\boldsymbol{u}_t$ 为车体和构架的位移向量；$\boldsymbol{M}_c$、$\boldsymbol{C}_c$ 和 $\boldsymbol{K}_c$ 分别为车体的质量、阻尼和刚度矩阵；$\boldsymbol{E}_{ct}$ 为与车体连接构架的连接指示向量；$\boldsymbol{Q}_{ct}^{C}$、$\boldsymbol{C}_{s2}$、$\boldsymbol{Q}_{ct}^{K}$ 和 $\boldsymbol{K}_{s2}$ 为连接系统的阻尼和刚度矩阵，其中 $\boldsymbol{K}_{s2}$ 见式（3.2.9），$\boldsymbol{C}_{s2}$ 与 $\boldsymbol{K}_{s2}$ 形式相同，只需将相应位置的符号 $\boldsymbol{K}$ 和 $K$ 替换为 $\boldsymbol{C}$ 和 $C$ 即可。

$$\boldsymbol{Q}_{ct}^{K}=\frac{1}{2}\begin{bmatrix}\boldsymbol{Q}_{ct}^{Ke} & \boldsymbol{0}\\ \boldsymbol{0} & \boldsymbol{Q}_{ct}^{Ke}\end{bmatrix},\ \boldsymbol{Q}_{ct}^{Ke}=\begin{bmatrix}K_{z2} & 0 & 0 & 0 & K_{z2}b_2\\ 0 & 0 & K_{y2} & 0 & -K_{y2}h_2\\ 0 & K_{x2}h_2 & 0 & -K_{x2}b_2 & 0\\ K_{z2} & 0 & 0 & 0 & -K_{z2}b_2\\ 0 & 0 & K_{y2} & 0 & -K_{y2}h_2\\ 0 & K_{x2}h_2 & 0 & K_{x2}b_2 & 0\end{bmatrix} \tag{4.3.2}$$

方程（4.3.1）中，矩阵 $\boldsymbol{Q}_{ct}^{C}$ 的形式与 $\boldsymbol{Q}_{ct}^{K}$ 一致，只需将 $\boldsymbol{Q}_{ct}^{K}$ 中的符号 $K$ 换成 $C$ 即可。

根据方程（3.2.14）对方程（4.3.1）进行模态叠加，并将方程（3.2.16）和方程（3.2.23）代入，即可得到降阶的车体运动方程

$$\ddot{\boldsymbol{q}}_c+\left(2\boldsymbol{\xi}_c\boldsymbol{\Omega}_c+\bar{\boldsymbol{\Psi}}_c^{\mathrm{T}}\boldsymbol{C}_{s2}\bar{\boldsymbol{\Psi}}_c\right)\dot{\boldsymbol{q}}_c+\left(\boldsymbol{\Omega}_c^2+\bar{\boldsymbol{\Psi}}_c^{\mathrm{T}}\boldsymbol{K}_{s2}\bar{\boldsymbol{\Psi}}_c\right)\boldsymbol{q}_c=\boldsymbol{\Psi}_c^{\mathrm{T}}\boldsymbol{E}_{ct}^{\mathrm{T}}\boldsymbol{Q}_{ct}^{C}\dot{\boldsymbol{u}}_t+\boldsymbol{\Psi}_c^{\mathrm{T}}\boldsymbol{E}_{ct}^{\mathrm{T}}\boldsymbol{Q}_{ct}^{K}\boldsymbol{u}_t \tag{4.3.3}$$

记为

$$\ddot{\boldsymbol{q}}_c+\bar{\boldsymbol{C}}_c\dot{\boldsymbol{q}}_c+\bar{\boldsymbol{K}}_c\boldsymbol{q}_c=\boldsymbol{R}_{ct}^{C}\dot{\boldsymbol{u}}_t+\boldsymbol{R}_{ct}^{K}\boldsymbol{u}_t \tag{4.3.4}$$

构架运动方程可表达为如下形式：

$$\boldsymbol{M}_t\ddot{\boldsymbol{u}}_t+\boldsymbol{C}_t\dot{\boldsymbol{u}}_t+\boldsymbol{K}_t\boldsymbol{u}_t=\boldsymbol{R}_{tc}^{C}\dot{\boldsymbol{u}}_c+\boldsymbol{R}_{tc}^{K}\boldsymbol{u}_c+\boldsymbol{R}_{tw}^{C}\dot{\boldsymbol{u}}_w+\boldsymbol{R}_{tw}^{K}\boldsymbol{u}_w \tag{4.3.5}$$

式中，

$$\boldsymbol{M}_t=\begin{bmatrix}\boldsymbol{M}_{te} & \boldsymbol{0}\\ \boldsymbol{0} & \boldsymbol{M}_{te}\end{bmatrix},\ \boldsymbol{C}_t=\begin{bmatrix}\boldsymbol{C}_{te} & \boldsymbol{0}\\ \boldsymbol{0} & \boldsymbol{C}_{te}\end{bmatrix},\ \boldsymbol{K}_t=\begin{bmatrix}\boldsymbol{K}_{te} & \boldsymbol{0}\\ \boldsymbol{0} & \boldsymbol{K}_{te}\end{bmatrix} \tag{4.3.6}$$

分别为构架的质量、阻尼和刚度矩阵；$\boldsymbol{u}_w$ 为轮对的位移向量；系数矩阵为

$$\begin{cases}\boldsymbol{R}_{tc}^{C}=\left(\boldsymbol{R}_{ct}^{C}\right)^{\mathrm{T}},\ \boldsymbol{R}_{tw}^{C}=\begin{bmatrix}\boldsymbol{R}_{tw}^{Ce} & \boldsymbol{0}\\ \boldsymbol{0} & \boldsymbol{R}_{tw}^{Ce}\end{bmatrix}\\ \boldsymbol{R}_{tw}^{Ce}=\begin{bmatrix}C_{z1} & 0 & 0 & C_{z1} & 0 & 0\\ -C_{z1}l_1 & 0 & 0 & C_{z1}l_1 & 0 & 0\\ 0 & C_{y1} & 0 & 0 & C_{y1} & 0\\ 0 & C_{y1}l_1 & 0 & 0 & -C_{y1}l_1 & 0\\ 0 & C_{y1}h_3 & C_{z1}b_1^2 & 0 & C_{y1}h_3 & C_{z1}b_1^2\end{bmatrix}\end{cases} \tag{4.3.7}$$

矩阵 $\boldsymbol{K}_{te}$、$\boldsymbol{R}_{tc}^{K}$ 和 $\boldsymbol{R}_{tw}^{K}$ 亦可通过对矩阵 $\boldsymbol{C}_{te}$、$\boldsymbol{R}_{tc}^{C}$ 和 $\boldsymbol{R}_{tw}^{C}$ 进行符号替换而得到。

采用密贴式轮轨关系，轮对的自由度不独立，将降阶车体运动方程（4.3.4）和构架的运动方程（4.3.5）耦合在一起，即可得到车辆的运动方程

$$\begin{bmatrix} \boldsymbol{I} & \boldsymbol{0} \\ \boldsymbol{0} & \boldsymbol{M}_t \end{bmatrix}\begin{Bmatrix} \ddot{\boldsymbol{q}}_c \\ \ddot{\boldsymbol{u}}_t \end{Bmatrix}+\begin{bmatrix} \bar{\boldsymbol{C}}_c & -\boldsymbol{R}_{ct}^C \\ -\boldsymbol{R}_{tc}^C & \boldsymbol{C}_t \end{bmatrix}\begin{Bmatrix} \dot{\boldsymbol{q}}_c \\ \dot{\boldsymbol{u}}_t \end{Bmatrix}+\begin{bmatrix} \bar{\boldsymbol{K}}_c & -\boldsymbol{R}_{ct}^K \\ -\boldsymbol{R}_{tc}^K & \boldsymbol{K}_t \end{bmatrix}\begin{Bmatrix} \boldsymbol{q}_c \\ \boldsymbol{u}_t \end{Bmatrix}=\begin{bmatrix} \boldsymbol{0} \\ \boldsymbol{R}_{tw}^C \end{bmatrix}\dot{\boldsymbol{u}}_w+\begin{bmatrix} \boldsymbol{0} \\ \boldsymbol{R}_{tw}^K \end{bmatrix}\boldsymbol{u}_w \tag{4.3.8}$$

记为

$$\boldsymbol{M}_v\ddot{\boldsymbol{u}}_v+\boldsymbol{C}_v\dot{\boldsymbol{u}}_v+\boldsymbol{K}_v\boldsymbol{u}_v=\boldsymbol{Q}_{vt}^C\dot{\boldsymbol{u}}_w+\boldsymbol{Q}_{vt}^K\boldsymbol{u}_w \tag{4.3.9}$$

将其整理为动态刚度形式

$$\boldsymbol{K}_v^d\boldsymbol{u}_v=\left(-\omega^2\boldsymbol{M}_v+\mathrm{i}\omega\boldsymbol{C}_v+\boldsymbol{K}_v\right)\boldsymbol{u}_v=\left(\mathrm{i}\omega\boldsymbol{Q}_{vt}^C+\boldsymbol{Q}_{vt}^K\right)\boldsymbol{u}_w \tag{4.3.10}$$

轨道结构采用 3.2 节中图 3.2.2 所示的三维三层离散点支承梁模型，仍可按式（3.2.27）～式（3.2.37）所给出的辛方法进行轨道运动方程的推导，对于密贴式轮轨关系，有

$$\boldsymbol{K}_{tr}^d\boldsymbol{u}_{tr}^*=-\left(\boldsymbol{I}_{tr}^{ex}\right)^{\mathrm{T}}\boldsymbol{N}^{\mathrm{T}}\left(\left(-\omega^2\boldsymbol{Q}_{tt}^M+i\omega\boldsymbol{Q}_{tt}^C+\boldsymbol{Q}_{tt}^K\right)\boldsymbol{u}_w+\left(\mathrm{i}\omega\boldsymbol{Q}_{tv}^C+\boldsymbol{Q}_{tv}^K\right)\boldsymbol{u}_v\right) \tag{4.3.11}$$

由密贴式轮轨关系的耦合边界条件，有

$$\boldsymbol{u}_w=\boldsymbol{T}_{wt}\boldsymbol{N}\boldsymbol{u}_{tr}+\boldsymbol{Q}_{ir}\boldsymbol{r}_{ir} \tag{4.3.12}$$

式中，

$$\begin{cases} \boldsymbol{T}_{wt}=\begin{bmatrix} \boldsymbol{T}_{wt}^e & \boldsymbol{0} & \boldsymbol{0} & \boldsymbol{0} \\ \boldsymbol{0} & \boldsymbol{T}_{wt}^e & \boldsymbol{0} & \boldsymbol{0} \\ \boldsymbol{0} & \boldsymbol{0} & \boldsymbol{T}_{wt}^e & \boldsymbol{0} \\ \boldsymbol{0} & \boldsymbol{0} & \boldsymbol{0} & \boldsymbol{T}_{wt}^e \end{bmatrix},\ \boldsymbol{Q}_{ir}=\begin{bmatrix} \boldsymbol{Q}_{ir}^e & \boldsymbol{0} & \boldsymbol{0} & \boldsymbol{0} \\ \boldsymbol{0} & \boldsymbol{Q}_{ir}^e & \boldsymbol{0} & \boldsymbol{0} \\ \boldsymbol{0} & \boldsymbol{0} & \boldsymbol{Q}_{ir}^e & \boldsymbol{0} \\ \boldsymbol{0} & \boldsymbol{0} & \boldsymbol{0} & \boldsymbol{Q}_{ir}^e \end{bmatrix} \\ \boldsymbol{T}_{wt}^e=\dfrac{1}{2}\begin{bmatrix} 0 & 1 & 0 & 1 \\ 1 & 0 & 1 & 0 \\ 0 & 1/b & 0 & -1/b \end{bmatrix},\ \boldsymbol{Q}_{ir}^e=\mathrm{diag}\begin{pmatrix} 1 & 1 & \dfrac{1}{2b} \end{pmatrix} \end{cases} \tag{4.3.13}$$

利用关系式 $\boldsymbol{u}_{tr}=\boldsymbol{I}_{tr}^{ex}\boldsymbol{I}_{tr}^{\mu}\boldsymbol{u}_{tr}^*$ [见式（3.2.42）]，同时将车辆运动方程（4.3.10）和轨道运动方程（4.3.11）代入式（4.3.12），即可得到刚柔混合车轨耦合系统的运动方程，如下：

$$\begin{bmatrix} \boldsymbol{K}_v^d & -\boldsymbol{R}_{vt} \\ -\boldsymbol{R}_{tv} & \boldsymbol{K}_{tr}^d+\boldsymbol{R}_{tt} \end{bmatrix}\begin{Bmatrix} \boldsymbol{u}_v \\ \boldsymbol{u}_{tr}^* \end{Bmatrix}=\begin{bmatrix} \boldsymbol{R}_v^{ir} \\ \boldsymbol{R}_{tr}^{ir} \end{bmatrix}\boldsymbol{r}_{ir} \tag{4.3.14}$$

记为

$$\boldsymbol{K}_d\boldsymbol{u}=\boldsymbol{R}_{ir}\boldsymbol{r}_{ir} \tag{4.3.15}$$

式中，

$$\begin{cases} \boldsymbol{R}_{vt}=\left(\mathrm{i}\omega\boldsymbol{Q}_{vt}^C+\boldsymbol{Q}_{vt}^K\right)\boldsymbol{T}_{wt}\boldsymbol{N}\boldsymbol{D}_{tr}\boldsymbol{I}_{tr}^{ex}\boldsymbol{I}_{tr}^{\mu},\ \boldsymbol{R}_v^{ir}=\left(\mathrm{i}\omega\boldsymbol{Q}_{vt}^C+\boldsymbol{Q}_{vt}^K\right)\boldsymbol{Q}_{ir} \\ \boldsymbol{R}_{tt}=\left(\boldsymbol{I}_{tr}^{ex}\right)^{\mathrm{T}}\boldsymbol{D}_{tr}^{\mathrm{T}}\boldsymbol{N}^{\mathrm{T}}\left(-\omega^2\boldsymbol{Q}_{tt}^M+\mathrm{i}\omega\boldsymbol{Q}_{tt}^C+\boldsymbol{Q}_{tt}^K\right)\boldsymbol{T}_{wt}\boldsymbol{N}\boldsymbol{D}_{tr}\boldsymbol{I}_{tr}^{ex}\boldsymbol{I}_{tr}^{\mu} \\ \boldsymbol{R}_{tv}=-\left(\boldsymbol{I}_{tr}^{ex}\right)^{\mathrm{T}}\boldsymbol{D}_{tr}^{\mathrm{T}}\boldsymbol{N}^{\mathrm{T}}\left(\mathrm{i}\omega\boldsymbol{Q}_{tv}^C+\boldsymbol{Q}_{tv}^K\right),\ \boldsymbol{R}_{tr}^{ir}=-\left(\boldsymbol{I}_{tr}^{ex}\right)^{\mathrm{T}}\boldsymbol{D}_{tr}^{\mathrm{T}}\boldsymbol{N}^{\mathrm{T}}\left(-\omega^2\boldsymbol{Q}_{tt}^M+\mathrm{i}\omega\boldsymbol{Q}_{tt}^C+\boldsymbol{Q}_{tt}^K\right)\boldsymbol{Q}_{ir} \end{cases} \tag{4.3.16}$$

构造虚拟激励代入方程（4.3.15），得到虚拟激励作用下刚柔混合车轨耦合系统的运动方程

$$\boldsymbol{K}_d\tilde{\boldsymbol{u}}_k=\boldsymbol{R}_{tr}\boldsymbol{I}_k^R\boldsymbol{E}(\omega)\sqrt{S_k(\omega)}\mathrm{e}^{\mathrm{i}\omega t}\quad(k=v,a,c) \tag{4.3.17}$$

求解该方程即可得到凝聚的耦合系统虚拟响应 $\tilde{\boldsymbol{u}}_k$，根据方程（4.3.8）和方程（4.3.14）中位移向量的具体形式可从中提取出车体的模态虚拟响应

$$\tilde{\boldsymbol{q}}_c = \boldsymbol{I}_c \tilde{\boldsymbol{u}}_k \tag{4.3.18}$$

式中，$\boldsymbol{I}_c$ 为车体响应的对号矩阵。将方程（4.3.18）代入方程（3.2.14），得到车体的虚拟响应

$$\tilde{\boldsymbol{u}}_{ck} = \boldsymbol{\Psi}_c \boldsymbol{I}_c \tilde{\boldsymbol{u}}_k \tag{4.3.19}$$

根据虚拟激励法车体位移响应的功率谱为

$$\boldsymbol{S}_{uu}(\omega) = \sum_{k=v,a,c} \tilde{\boldsymbol{u}}_{ck}^{\ *}(\omega,t) \tilde{\boldsymbol{u}}_{ck}^{\ \mathrm{T}}(\omega,t) \tag{4.3.20}$$

进一步，由随机振动理论得到车体加速度功率谱为

$$\boldsymbol{S}_{\ddot{u}\ddot{u}}(\omega) = \omega^4 \boldsymbol{S}_{uu}(\omega) \tag{4.3.21}$$

采用 ISO 2631-1:1997（E）国际标准[29]对各观测点的舒适度进行评价。标准中定义了用于测量人体对振动加速度的反应的舒适度评价指标，该指标常常作为优化的目标函数。在获得车体加速度功率谱之后，即可按 3.2 节进行舒适性分析。根据 ISO 2631-1:1997（E），第 $n$ 号观测点 $x$ 、 $y$ 、 $z$ 三个方向加权加速度均方根定义为

$$a_w^{nq} = \left( \int_{0.5}^{80} w_q^2(f) S_{\ddot{u}\ddot{u}}^{nq}(f) \mathrm{d}f \right)^{0.5} \quad (n = 1,2,\cdots,M\ ;\ q = x,y,z) \tag{4.3.22}$$

式中，$w_q$ 为频率加权函数，可按式（3.3.15）～式（3.3.18）选取；$S_{\ddot{u}\ddot{u}}^{nq}(f)$ 为 $n$ 号观测点 $q$ 方向上以频率为变量的加速度功率谱，根据随机振动理论存在如下转换关系：

$$S_{\ddot{u}\ddot{u}}^{nq}(f) = 2\pi S_{\ddot{u}\ddot{u}}^{nq}(\omega) \tag{4.3.23}$$

而 $S_{\ddot{u}\ddot{u}}^{nq}(\omega)$ 可通过方程（4.3.21）求得。进一步，三个方向总加权加速度均方根为

$$a_{wn} = \sqrt{\sum_{q=x,y,z} k_q^2 \left(a_w^{nq}\right)^2} \tag{4.3.24}$$

站姿参数取 $k_x = k_y = k_z = 1$ 。

### 4.3.2　车辆悬挂系统平顺性优化设计

悬挂系统是决定乘客舒适性的关键机械系统，将车辆一系和二系悬挂系统的垂向及横向阻尼和刚度共 8 个参数作为优化的设计变量

$$\boldsymbol{\alpha} = \left\{ C_{z2} \quad C_{y2} \quad C_{z1} \quad C_{y1} \quad K_{z2} \quad K_{y2} \quad K_{z1} \quad K_{y1} \right\}^{\mathrm{T}} \tag{4.3.25}$$

为了使车体不同位置各观测点的加权加速度均方根整体降低，提出如下最小-最大优化问题

$$\begin{cases} \text{Find} & \boldsymbol{\alpha} \\ \text{Min} & \max(a_{wn}) \qquad (n = 1,2,\cdots,54) \\ \text{s.t.} & \boldsymbol{\alpha}_l \leqslant \boldsymbol{\alpha} \leqslant \boldsymbol{\alpha}_u \end{cases} \tag{4.3.26}$$

式中，$a_{wn}$ 为第 $n$ 号观测点的加权加速度均方根；$\boldsymbol{\alpha}_l$ 和 $\boldsymbol{\alpha}_u$ 分别为设计变量的下限和上限。

1979 年，Kreisselmeier 和 Steinhauser 提出了 K-S 函数方法[30]，可以对多个函数进行拟合，具有良好的整体性、光滑性和可微性，在优化领域获得了广泛的应用。这里提出的最小-最大优化问题目标函数不可微，且车体不同位置观测点的舒适度在数值上相差较小，因此利用 K-S 函数对方程（4.3.26）提出的优化问题进行简化。K-S 函数的数学表达式为

$$\mathrm{KS}(\boldsymbol{\alpha})=\frac{1}{\rho}\ln\left(\sum_{n=1}^{M}\mathrm{e}^{\rho a_{wn}(\boldsymbol{\alpha})}\right) \tag{4.3.27}$$

当参数 $\rho\to\infty$ 时，它具有如下性质[31]：

$$\max(a_{wn})\leqslant \mathrm{KS}\leqslant \max(a_{wn})+\frac{1}{\rho}\ln(54) \tag{4.3.28}$$

则方程（4.3.26）所提出的优化问题可以表述如下：

$$\begin{cases}\text{Find} & \boldsymbol{\alpha}\\ \text{Min} & \mathrm{KS}(\boldsymbol{\alpha})\\ \text{s.t.} & \boldsymbol{\alpha}_l\leqslant\boldsymbol{\alpha}\leqslant\boldsymbol{\alpha}_u\end{cases} \tag{4.3.29}$$

新的目标函数是可微的。

按 4.1 节方法进行解析灵敏度推导，建立虚拟激励作用下耦合系统的灵敏度方程。记设计变量 $\boldsymbol{\alpha}$ 中的第 $j$ 个参数为 $\alpha_j$，对车轨耦合系统运动方程（4.3.17）求偏导，即可得到耦合系统的一阶灵敏度方程

$$\boldsymbol{K}_d\frac{\partial\tilde{\boldsymbol{u}}_k}{\partial\alpha_j}=\frac{\partial\boldsymbol{R}_{tr}}{\partial\alpha_j}\boldsymbol{I}_k^R\boldsymbol{E}(\omega)\sqrt{S_k(\omega)}\mathrm{e}^{\mathrm{i}\omega t}-\frac{\partial\boldsymbol{K}_d}{\partial\alpha_j}\tilde{\boldsymbol{u}}_k\quad(k=v,a,c;\ j=1,2,\cdots,8) \tag{4.3.30}$$

对方程（4.3.30）再次求偏导，即可得到耦合系统的二阶灵敏度方程

$$\begin{cases}\boldsymbol{K}_d\dfrac{\partial^2\tilde{\boldsymbol{u}}_k}{\partial\alpha_j\partial\alpha_l}=\dfrac{\partial^2\boldsymbol{R}_{tr}}{\partial\alpha_j\partial\alpha_l}\boldsymbol{I}_k^R\boldsymbol{E}(\omega)\sqrt{S_k(\omega)}\mathrm{e}^{\mathrm{i}\omega t}-\left(\dfrac{\partial^2\boldsymbol{K}_d}{\partial\alpha_j\partial\alpha_l}\tilde{\boldsymbol{u}}_k+\dfrac{\partial\boldsymbol{K}_d}{\partial\alpha_j}\dfrac{\partial\tilde{\boldsymbol{u}}_k}{\partial\alpha_l}\right)\\ k=v,a,c;\ j,l=1,2,\cdots,8\end{cases} \tag{4.3.31}$$

应用虚拟激励法，方程（4.3.30）和方程（4.3.31）右端荷载项也是简谐的。此外，对于采用辛方法建模，灵敏度方程也具有较低的自由度，这些都极大程度地降低了方程求解的计算量。通过方程（4.3.17）求解出耦合系统的简谐虚拟响应 $\tilde{\boldsymbol{u}}_k$ 之后，只要依次求出方程（4.3.30）和方程（4.3.31）的稳态解即可得到 $\tilde{\boldsymbol{u}}_k$ 的一阶和二阶灵敏度。以此类推，亦可方便地求解出虚拟响应更高阶的灵敏度。再通过对方程（4.3.19）求导即可得到车体虚拟响应 $\tilde{\boldsymbol{u}}_{ck}$ 的各阶敏度

$$\frac{\partial\tilde{\boldsymbol{u}}_{ck}}{\partial\alpha_j}=\boldsymbol{\Psi}_c\boldsymbol{I}_c\frac{\partial\tilde{\boldsymbol{u}}_k}{\partial\alpha_j},\quad\frac{\partial^2\tilde{\boldsymbol{u}}_{ck}}{\partial\alpha_j\partial\alpha_l}=\boldsymbol{\Psi}_c\boldsymbol{I}_c\frac{\partial^2\tilde{\boldsymbol{u}}_k}{\partial\alpha_j\partial\alpha_l} \tag{4.3.32}$$

根据求得的虚拟响应灵敏度，可进一步得到优化目标函数的灵敏度。对方程（4.3.20）求偏导，得到车体位移响应功率谱的灵敏度

$$\frac{\partial\boldsymbol{S}_{uu}(\omega)}{\partial\alpha_j}=\sum_{k=v,a,c}\left(\frac{\partial\tilde{\boldsymbol{u}}_{ck}^{*}(\omega,t)}{\partial\alpha_j}\tilde{\boldsymbol{u}}_{ck}^{\mathrm{T}}(\omega,t)+\tilde{\boldsymbol{u}}_{ck}^{*}(\omega,t)\frac{\partial\tilde{\boldsymbol{u}}_{ck}^{\mathrm{T}}(\omega,t)}{\partial\alpha_j}\right) \tag{4.3.33}$$

$$\begin{aligned}\frac{\partial^2\boldsymbol{S}_{uu}(\omega)}{\partial\alpha_j\partial\alpha_l}=\sum_{k=v,a,c}\Bigg(&\frac{\partial^2\tilde{\boldsymbol{u}}_{ck}^{*}(\omega,t)}{\partial\alpha_j\partial\alpha_l}\tilde{\boldsymbol{u}}_{ck}^{\mathrm{T}}(\omega,t)+\frac{\partial\tilde{\boldsymbol{u}}_{ck}^{*}(\omega,t)}{\partial\alpha_j}\frac{\partial\tilde{\boldsymbol{u}}_{ck}^{\mathrm{T}}(\omega,t)}{\partial\alpha_l}\\&+\frac{\partial\tilde{\boldsymbol{u}}_{ck}^{*}(\omega,t)}{\partial\alpha_l}\frac{\partial\tilde{\boldsymbol{u}}_{ck}^{\mathrm{T}}(\omega,t)}{\partial\alpha_j}+\tilde{\boldsymbol{u}}_{ck}^{*}(\omega,t)\frac{\partial^2\tilde{\boldsymbol{u}}_{ck}^{\mathrm{T}}(\omega,t)}{\partial\alpha_j\partial\alpha_l}\Bigg)\end{aligned} \tag{4.3.34}$$

则根据方程（4.3.21），相应的加速度功率谱密度为

$$\frac{\partial \boldsymbol{S}_{\ddot{u}\ddot{u}}(\omega)}{\partial \alpha_j}=\omega^4\frac{\partial \boldsymbol{S}_{uu}(\omega)}{\partial \alpha_j},\ \frac{\partial^2 \boldsymbol{S}_{\ddot{u}\ddot{u}}(\omega)}{\partial \alpha_j \partial \alpha_l}=\omega^4\frac{\partial^2 \boldsymbol{S}_{uu}(\omega)}{\partial \alpha_j \partial \alpha_l} \tag{4.3.35}$$

其次，将方程（4.3.22）两边平方并求偏导，得到

$$\begin{cases}\dfrac{\partial\left(a_w^{nq}\right)^2}{\partial \alpha_j}=\displaystyle\int_{0.5}^{80} w_q^2(f)\frac{\partial S_{\ddot{u}\ddot{u}}^{nq}(f)}{\partial \alpha_j}\mathrm{d}f,\ \dfrac{\partial^2\left(a_w^{nq}\right)^2}{\partial \alpha_j \partial \alpha_l}=\displaystyle\int_{0.5}^{80} w_q^2(f)\frac{\partial^2 S_{\ddot{u}\ddot{u}}^{nq}(f)}{\partial \alpha_j \partial \alpha_l}\mathrm{d}f \\ n=1,2,\cdots,M,\ q=x,y,z\end{cases} \tag{4.3.36}$$

对方程（4.3.24）也进行同样的操作，得到第 $n$ 号观测点加权加速度均方根的灵敏度

$$\frac{\partial a_{wn}}{\partial \alpha_j}=\left(\sum_{q=x,y,z} k_q^2\frac{\partial\left(a_w^{nq}\right)^2}{\partial \alpha_j}\right)\Bigg/\left(2a_{wn}\right) \tag{4.3.37}$$

$$\frac{\partial^2 a_{wn}}{\partial \alpha_j \partial \alpha_l}=\left(\sum_{q=x,y,z} k_q^2\frac{\partial^2\left(a_w^{nq}\right)^2}{\partial \alpha_j \partial \alpha_l}-2\frac{\partial a_{wn}}{\partial \alpha_l}\frac{\partial a_{wn}}{\partial \alpha_j}\right)\Bigg/\left(2a_{wn}\right) \tag{4.3.38}$$

最后，将方程（4.3.27）改写为如下形式：

$$e^{\rho \mathrm{KS}(\boldsymbol{\alpha})}=\sum_{n=1}^{M}\mathrm{e}^{\rho a_{wn}(\boldsymbol{\alpha})} \tag{4.3.39}$$

对方程（4.3.39）求偏导，即可得到 K-S 函数的灵敏度

$$\frac{\partial \mathrm{KS}}{\partial \alpha_j}=\left(\sum_{n=1}^{M}\mathrm{e}^{\rho a_{wn}}\frac{\partial a_{wn}}{\partial \alpha_j}\right)\Bigg/\mathrm{e}^{\rho \mathrm{KS}} \tag{4.3.40}$$

$$\frac{\partial^2 \mathrm{KS}}{\partial \alpha_j \partial \alpha_l}=\left(\sum_{n=1}^{M}\left(\rho \mathrm{e}^{\rho a_{wn}}\frac{\partial a_{wn}}{\partial \alpha_l}\frac{\partial a_{wn}}{\partial \alpha_j}+\mathrm{e}^{\rho a_{wn}}\frac{\partial^2 a_{wn}}{\partial \alpha_j \partial \alpha_l}\right)-\rho \mathrm{e}^{\rho \mathrm{KS}}\frac{\partial \mathrm{KS}}{\partial \alpha_l}\frac{\partial \mathrm{KS}}{\partial \alpha_j}\right)\Bigg/\mathrm{e}^{\rho \mathrm{KS}} \tag{4.3.41}$$

上述对 K-S 函数灵敏度的求解过程中没有引入其他近似，因此提出的方法具有极好的精度，并保留了基于虚拟激励法和辛方法的耦合系统随机响应分析方法高效的特性。由于优化问题（4.3.39）中目标函数的一阶和二阶灵敏度已在方程（4.3.40）和方程（4.3.41）中给出，则可以根据基于灵敏度的优化方法对车辆平顺性进行优化，可采用 MATLAB 优化工具箱中的 fmincon 函数进行优化计算。此函数所使用的优化算法是序列二次规划方法，每次优化迭代中，将 K-S 函数的值、由一阶灵敏度构成的梯度向量和由二阶灵敏度构成的 Hessian 矩阵代入，即可方便地得到优化结果。

**例 4.3.1**　车辆有限元模型如图 4.3.1 所示，构架、轮对及连接系统的模型参数详见表 4.3.1，轨道模型参数和设计变量初值及上下限详见表 4.3.2。取车体的前 35 阶模态进行分析。轨道

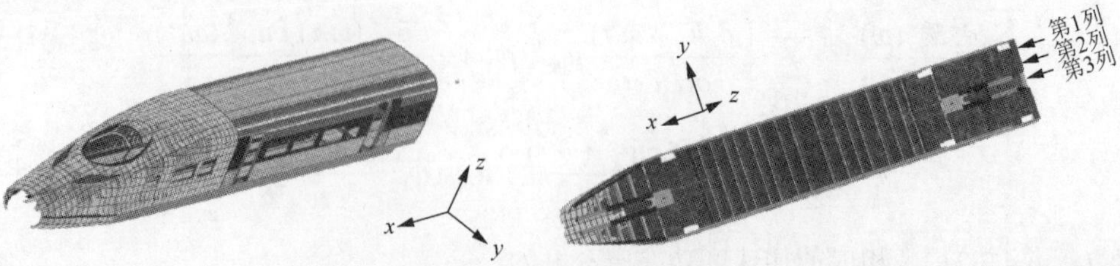


图 4.3.1　车体有限元模型

不平顺的功率谱在波长大于1m 时采用美国轨道谱，同时考虑中国铁道科学研究院实测的 0.01～1m 垂向短波不平顺谱。计算中使用美国轨道 6 级谱，并取车速 $v = 200$km/h 。

**表 4.3.1 车辆模型参数**

| 符号 | 物理意义 | 数值 | 单位 |
|---|---|---|---|
| $M_t$ | 构架质量 | 2400 | kg |
| $J_{t\theta}$ | 构架绕 $y$ 轴转动惯量 | 1249 | $kg \cdot m^2$ |
| $J_{t\psi}$ | 构架绕 $z$ 轴转动惯量 | 2280 | $kg \cdot m^2$ |
| $J_{t\varphi}$ | 构架绕 $x$ 轴转动惯量 | 1847 | $kg \cdot m^2$ |
| $M_w$ | 轮对质量 | 1900 | kg |
| $J_{w\varphi}$ | 轮对绕 $x$ 轴转动惯量 | 685 | $kg \cdot m^2$ |
| $C_{x2}$ | 二系悬挂系统纵向阻尼 | $4.9\times10^6$ | N·s/m |
| $C_{x1}$ | 一系悬挂系统纵向阻尼 | 0 | N·s/m |
| $K_{x2}$ | 二系悬挂系统纵向刚度 | $3.8\times10^5$ | N/m |
| $K_{x1}$ | 一系悬挂系统纵向刚度 | $2.74\times10^7$ | N/m |
| $h_2$ | 二系悬挂下平面至构架重心距离 | 0.34 | m |
| $h_3$ | 一系悬挂下平面至构架重心距离 | 0.118 | m |
| $b_1$ | 一系悬挂横向跨距之半 | 0.1 | m |
| $b_2$ | 二系悬挂横向跨距之半 | 1.23 | m |
| $l_1$ | 半固定轴距 | 1.25 | m |
| $l_2$ | 半构架中心距 | 8.75 | m |

**表 4.3.2 轨道模型参数和设计变量初值及上下限**

| 符号 | 物理意义 | 单位 | 初值 | 下限 | 上限 |
|---|---|---|---|---|---|
| $C_{z2}$ | 二系悬挂系统垂向阻尼 | N·s/m | $4\times10^4$ | $1\times10^3$ | $1\times10^5$ |
| $C_{y2}$ | 二系悬挂系统横向阻尼 | N·s/m | $1.18\times10^5$ | $1\times10^4$ | $1\times10^6$ |
| $C_{z1}$ | 一系悬挂系统垂向阻尼 | N·s/m | $4\times10^4$ | $1\times10^3$ | $1\times10^5$ |
| $C_{y1}$ | 一系悬挂系统横向阻尼 | N·s/m | 0 | $1\times10^3$ | $1\times10^5$ |
| $K_{z2}$ | 二系悬挂系统垂向刚度 | N/m | $4.8\times10^5$ | $1\times10^4$ | $1\times10^6$ |
| $K_{y2}$ | 二系悬挂系统横向刚度 | N/m | $3.8\times10^5$ | $1\times10^4$ | $1\times10^6$ |
| $K_{z1}$ | 一系悬挂系统垂向刚度 | N/m | $2.34\times10^6$ | $1\times10^5$ | $1\times10^7$ |
| $K_{y1}$ | 一系悬挂系统横向刚度 | N/m | $1.1\times10^7$ | $1\times10^6$ | $1\times10^8$ |

根据 ISO 2631-1:1997（E），人体敏感频率范围为垂向 4～12.5Hz、横向及纵向 0.5～2Hz。考虑车体的对称性，选取车体地板左侧三列座椅相应的位置作为研究对象，每一列选取 18 个分析点，共 $M = 54$ 个观测点，对这些点处乘客的舒适度指标进行优化。图 4.3.2 给出了优化前后车体全部观测点的加权加速度的均方根值。可见，靠近车窗位置的舒适度较之靠近车体中间位置的舒适度总体较差，加权加速度均方根峰值出现在车体第 3 列纵向中心位置 $A$ 点处，而第 1 和第 2 列加权加速度均方根最大值既可能出现在纵向中心位置，也可能出现在前后两边的位置，经过优化设计之后，车体各观测点的舒适度整体下降，且三列的差异也明显减少。表 4.3.3 给出了优化前后三列观测点加权加速度均方根的最大值，可见原始设计中加权加速度

均方根较高的点获得了较大程度的优化，其中峰值点 $A$ 的加权加速度均方根降低了 58.34%，这充分说明了前述方法的有效性。

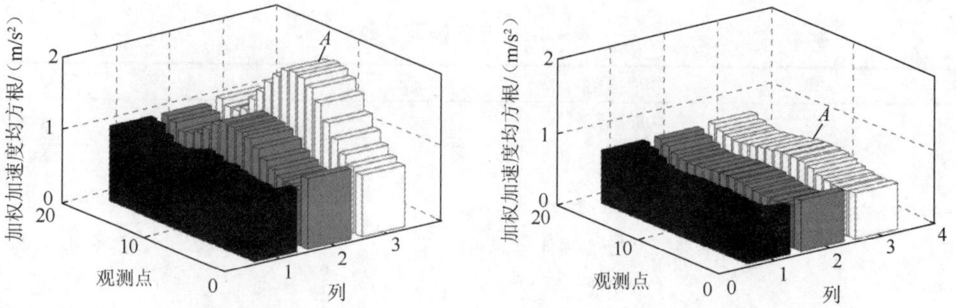


（a）优化前　　（b）优化后

图 4.3.2　车体观测点加权加速度均方根

**表 4.3.3　优化前后三列观测点加权加速度均方根最大值**

| 项目 | 第 1 列 | 第 2 列 | 第 3 列 |
| --- | --- | --- | --- |
| 优化前/（$m/s^2$） | 1.0172 | 1.2391 | 1.8462 |
| 优化后/（$m/s^2$） | 0.7211 | 0.7298 | 0.7691 |
| 降低比例/% | 29.11 | 41.10 | 58.34 |

计算过程重点考虑人体最敏感频率范围，即垂向 4～12.5Hz、横向及纵向 0.5～2Hz 的加速度功率谱密度。由于第 3 列的加权加速度均方根总体最大，因此图 4.3.3 只给出了第 3 列的加速度功率谱密度。如图 4.3.3（a）所示，原始设计的垂向功率谱密度在纵向上差异较大。其中在小于 5Hz 的频率范围内，车体前后位置的垂向功率谱明显高于中间位置；在大于 5Hz 的频率范围内则刚好相反。而优化后这一频率范围的垂向功率谱在不同位置上分布却较为均匀，如图 4.3.3（b）所示，且在整体上有了显著的降低。与垂向的情况不同，在计算的频率范围内优化前后车体前后位置的横向功率谱均高于中间位置，如图 4.3.3（c）和图 4.3.3（d）所示，且降低的幅度相对垂向也较小，其中 $B$ 点峰值处优化前后的数值分别为 0.0863 $m^2$/（$s^4$ · Hz）和 0.0726 $m^2$/（$s^4$ · Hz），只降低了 15.87%，而图 4.3.3（a）和图 4.3.3（b）所示的垂向功率谱却降低了一半以上。

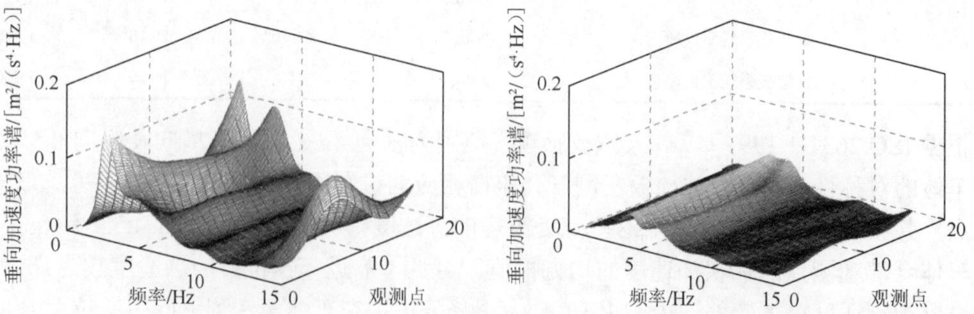


（a）优化前　　（b）优化后

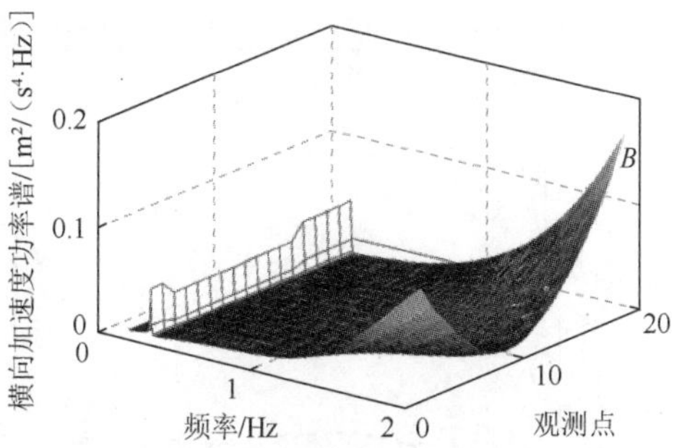


（c）优化前

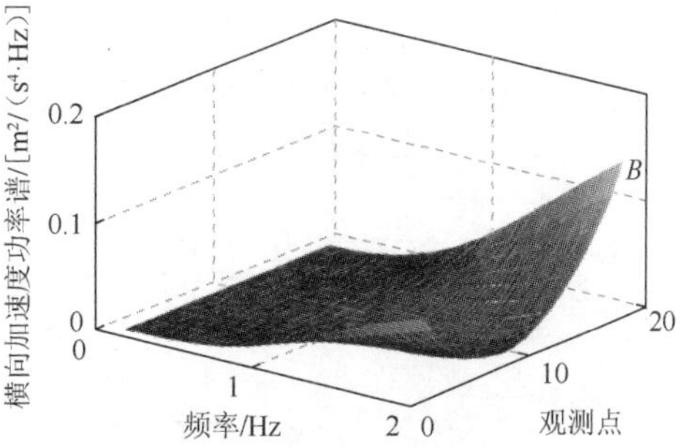


（d）优化后

图 4.3.3　第 3 列加速度功率谱密度

对采用刚柔混合车辆模型和刚性车体多体动力学模型的优化结果进行对比，各阶敏度的求解方式与前述相同，只需将相关公式中 54 个观测点修改为 1 个即可。具体优化步骤为：首先通过有限元软件计算得到车体质量，车体绕 $x$、$y$、$z$ 三个方向的转动惯量，以及车体质心到二系悬挂上平面距离 $h_2$ 等参数；然后将车体视为刚性体，以这些参数为基础，建立三维车轨耦合系统分析模型，并以车体刚性体的加权加速度均方根为目标函数进行优化，得到优化后的一系、二系悬挂系统的阻尼和刚度；最后，将这些优化后的参数代入弹性车体模型，计算得到用于比较的各观测点的加权加速度均方根，如图 4.3.4 所示。可见，采用刚体模型进行优化的效果相对并不明显。其中 $A$ 点处峰值为 1.5595 m/s$^2$，较之原始设计只降低了 15.53%，而采用有限元车体进行优化，该峰值则降低了 58.34%，如表 4.3.3 所示。由此可知，车体的弹性对优化结果有着极大的影响，采用多体动力学模型进行优化，其结果是不可靠的。

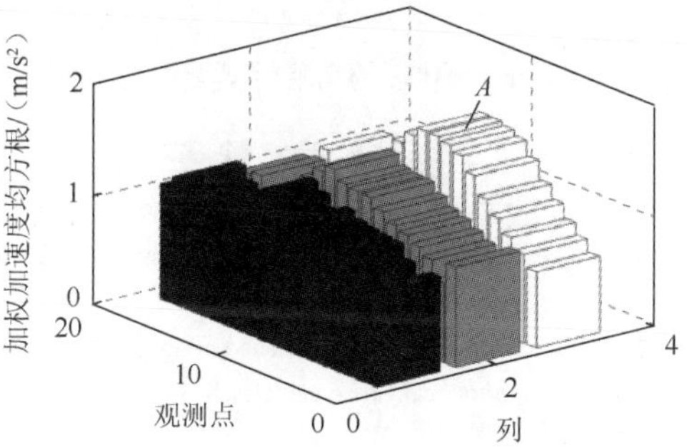


图 4.3.4　采用多体动力学车辆模型优化的车体观测点加权加速度均方根

下面讨论不同车速、不同轨道不平顺等级对优化结果的影响。不同等级美国轨道谱参数详见表 3.1.3。图 4.3.5 给出了不同车速和不同轨道谱等级下优化后车体第 3 列的加权加速度均方根值。可见，观测点的加权加速度均方根随着车速的增加或轨道谱等级的降低而提高。这说明在恶劣的工况下，不能仅通过对悬挂系统参数进行优化的手段达到对车辆平顺性的控制，应考虑采取主动控制等更为有效的手段来提高乘客的舒适度。

图 4.3.6 给出了不同车速和不同轨道谱等级下优化后的车辆悬架无量纲参数，即不同工况下优化后的参数与它们的均值的比，横坐标参数的排列方式与方程（4.3.25）一致。可以看到，无论是在不同的车速下，还是在不同的轨道谱等级下，这些参数的取值都没有特定的规律。

因此对车辆进行平顺性优化设计时，首先需要确定车辆的设计时速和轨道不平顺状况等工况，然后再进行优化计算才能取得较好的设计方案。

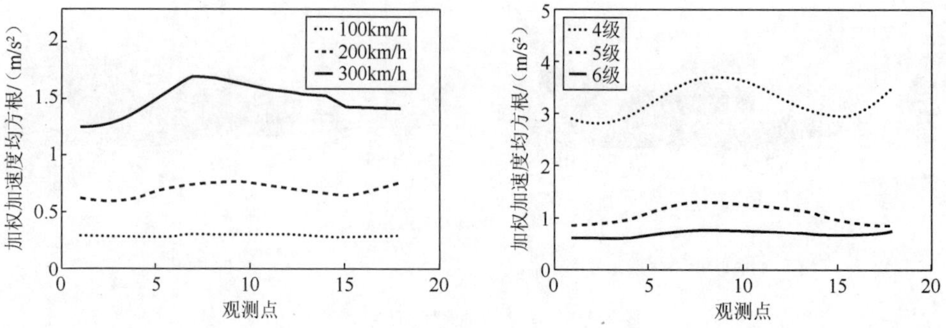


（a）不同车速　　（b）不同轨道谱等级

图 4.3.5　优化后车体第 3 列加权加速度均方根

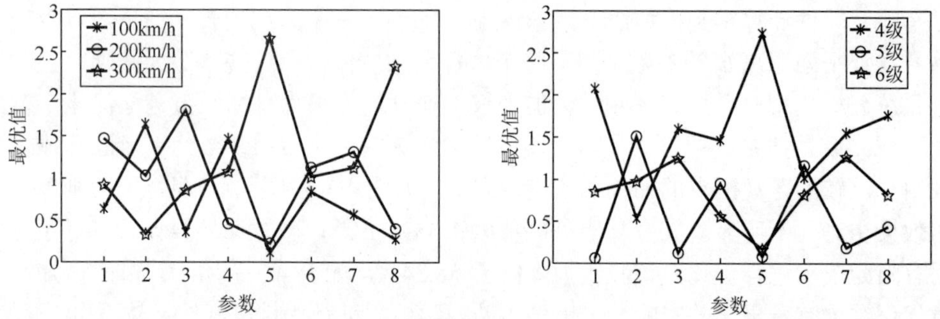


（a）不同车速　　（b）不同轨道谱等级

图 4.3.6　优化后的车辆悬架无量纲参数

# 参 考 文 献


[1] Chu K H, Garg V K, Dhar C L. Railway-bridge impact: simplified train and bridge model[J]. Journal of the Structural Division, 1979, 105(9):1823-1844.

[2] Chu K H, Garg V K, Wiriyachai A. Dynamic interaction of railway train and bridges[J]. Vehicle System Dynamics, 1980, 9(4):207-236.

[3] David J C. Fundamental issues in suspension design for heavy road vehicles[J]. Vehicle System Dynamics, 2001, 35(4-5):319-360.

[4] 王凤阳. 基于虚拟激励的随机振动灵敏度分析及其应用[D]. 大连: 大连理工大学, 2010.

[5] 王凤阳, 赵岩, 林家浩. 参数不确定结构平稳随机响应虚拟激励摄动方法[J].大连理工大学学报, 2011, 51(3):320-325.

[6] Xu W T, Lin J H, Zhang Y H, et al. Pseudo-excitation-method-based sensitivity analysis and optimization for vehicle ride comfort[J]. Engineering Optimization, 2009, 41(7): 699-711.

[7] Xu W T, Zhang Y H, Lin J H. Sensitivity analysis and optimization of vehicle-bridge systems based on combined PEM-PIM strategy[J]. Computers and Structures, 2011, 89(3): 339-345.

[8] Sun W, Xu W T, Lin J H. Ride-comfort-oriented suspension optimization using the pseudo-excitation method[J]. Proceedings of the Institution of Mechanical Engineers, Part D: Journal of Automobile Engineering, 2010, 224(11): 1357-1367.

[9] 徐文涛, 张亚辉, 林家浩. 基于虚拟激励法的车辆振动灵敏度分析及优化[J]. 机械强度, 2010, 32(03): 347-352.

[10] Xiang P, Zhao Y, Zhang Y. Riding quality analysis for high-speed trains based on pseudo-excitation method and symplectic algorithm[C]. The 2st International Conference on Railway Engineering, Beijing, 2012.

[11] Zhang Y W, Zhao Y, Zhang Y H. Riding comfort optimization of railway trains based on pseudo-excitation method and symplectic method[J]. Journal of Sound and Vibration, 2013, 332(21):5255-5270.

[12] 赵岩, 项盼, 张有为, 等. 具有不确定参数车轨耦合系统随机振动灵敏度分析[J]. 工程力学, 2013, 30(4): 360-366.

[13] Benfratello S, Caddemi S, Muscolino G. Gaussian and non-Gaussian stochastic sensitivity analysis of discrete structural system[J]. Computer and Structures, 2000, 78:425-434.

[14] Bhattacharyya B, Chakraborty S. Stochastic dynamic sensitivity of uncertain structures subjected to random earthquake loading[J]. Journal of Sound and Vibration, 2002, 249(3): 543-556.

[15] Chaudhuri A, Chakraborty S. Sensitivity evaluation in seismic reliability analysis of structures[J]. Computer Methods in Applied Mechanics and Engineering, 2004, 193(1-2):59-68.

[16] Cacciola P, Colajanni P, Muscolino G. A modal approach for the evaluation of the response sensitivity of structural systems subjected to non-stationary random processes[J]. Computer Methods in Applied Mechanics and Engineering, 2005, 194:4344-4361.

[17] 林家浩, 易平. 线性随机结构的平稳随机响应[J]. 计算力学学报, 2001,18(4):402-408.

[18] Lin J H, Fan Y, Bennett P N, et al. Propagation of stationary random waves along sub-structural chains[J]. Journal of Sound and Vibration, 1995, 180(5):757-767.

[19] Lu F, Kennedy D, Williams F W, Lin J H. Symplectic analysis of vertical random vibration for coupled vehicle-track systems[J]. Journal of Sound and Vibration, 2008, 317:236-249.

[20] Schuëller G I, Pradlwarter H J. Uncertain linear systems in dynamics: Retrospective and recent developments by stochastic approaches[J]. Engineering Structures, 2009, 31:2507-2517.

[21] Dahlberg T. Parametric optimisation of a 1-DOF vehicle travelling on a randomly profiled road[J]. Journal of Sound and Vibration, 1977, 55(2):245-253.

[22] Dahlberg T. An optimised speed controlled suspension of a 2-DOF vehicle travelling on a randomly profiled road[J]. Journal of Sound and Vibration, 1979, 62(4):541-546.

[23] 谢卫国, 汪红心. 客车平顺性预测与优化[J]. 汽车科技, 1991, (01):50-61.

[24] 于翔. 汽车悬挂参数的多级优化[J]. 汽车技术, 1994, (07):10-12.

[25] Eberhard P, Bestle D, Piram U. Optimisation of damping characteristics in non-linear dynamic systems[C]. The First World Congress of Structural and Multidisciplinary Optimisation, Goslar, 1995:863-870.

[26] Sun T C, Luo A C J, Hamidzadeh H R. Dynamic response and optimization for suspension systems with nonlinear viscous damping[J]. Journal of Multibody Dynamics, 2000, 214(3): 181-187.

[27] Etman L F P, Vermeulen R C N, van Heck J, et al. Design of a stroke dependent damper for the front axle suspension of a truck using multibody system dynamics and numerical optimization[J]. Vehicle System Dynamics, 2002, 38(2):85-101.

[28] 张有为. 车辆-轨道耦合系统高效随机振动分析及优化[D]. 大连：大连理工大学, 2013.

[29] Mechanical vibration and shock - evaluation of human exposure to whole-body vibration - part 1: general requirements[S]:ISO 2631-1:1997(E)ISO,1997.

[30] Kreisselmeier G, Steinhauser R. Systematic control design by optimizing a vector performance index[C]. IFAC Symposium on Computer Aided, Zürich, 1979:113-117.

[31] Bsrthelemy J, Riley M F. An improved multilevel optimization approach for design of complex engineering system[J]. AIAA Journal, 1988, 26: 353-360.

# 第 5 章　虚拟激励法在车桥耦合系统随机振动中的应用

为了满足线路平顺性和稳定性的极高要求，高速铁路不可避免要大量建造高架桥梁。列车与桥梁系统的随机振动分析是一个涉及学科交叉的研究领域，它与车桥系统耦合振动理论以及随机振动理论的发展紧密相关。影响车桥耦合系统振动的因素包括车辆和桥梁的质量、刚度和阻尼以及车辆的行驶状态等。早期学者将桥上车辆简化为移动力，发现桥梁在移动力作用下的响应显著大于静力作用时的响应[1,2]。由于移动力问题忽略了桥上车辆的惯性及其与桥梁的相互作用，不能考虑车辆的动力学性质以及车辆与桥梁之间的动力耦合。因此，为了研究车辆与桥梁之间的动力相互作用以及整个车辆桥梁耦合系统的振动问题，学者们逐步提出并发展了各种具有不同自由度的车辆模型来模拟桥上车辆，而桥梁模型也随着现代设计的发展而逐渐由简单的简支梁到多跨箱型截面梁，再发展到更为复杂的具有完整细节的大规模精细有限元模型，并且在分析理论与数值方法方面也取得了丰富成果[3-6]。随着模型复杂程度的增加，计算方法的选择成为车桥耦合系统动力学分析的关键。本章首先介绍结合虚拟激励法和精细积分法实现车桥耦合系统垂向随机振动分析基本原理，进一步给出虚拟激励法在三维车桥耦合系统随机振动分析中的应用，最后对耦合系统振动分析的预估免迭代方法进行介绍[7-16]。

## 5.1　车桥耦合系统垂向随机振动分析

随着对车桥耦合振动随机激励源认识的逐步深入，人们普遍认为应用随机振动理论进行相关的统计分析是合理的。采用传统随机振动方法计算高自由度系统不仅方法复杂，所需计算量也十分庞大，而且车桥耦合系统的质量、阻尼和刚度矩阵以及相互作用力都是随时间变化的。常见的做法是采用实际测量的一条轨道不平顺记录或者由轨道不平顺功率谱函数随机生成的一条时间历程样本作为系统输入，通过逐步积分求解系统响应，并以此来分析耦合系统的振动特性。这其实只是随机过程的一次实现，并未体现出系统本身的随机振动特性。为了克服这一不足，通常的方法是根据功率谱函数随机生成多条轨道不平顺样本，然后采用时间历程分析和统计处理来估计车辆和桥梁的随机响应。

Monte Carlo 法是一种可靠的随机分析方法，但是当系统响应的离散性较大时，必须取较多的样本才能确保统计的可靠性。但这势必会耗费大量的计算时间和费用，计算效率成为制约其应用的瓶颈。本节以具有两系悬挂的 10 自由度垂向车辆模型为研究对象，采用虚拟激励-精细积分法（pseudo excitation method-precise integration method，PEM-PIM）详细研究车桥耦合系统的垂向随机振动特性。充分考虑由车轮间距所产生的轮轨间随机激励的相位关系，将轨道高低不平顺激励假设为多点完全相干随机激励。根据前述时变系统虚拟激励法，将其转化为一系列虚拟的确定性激励，并采用精细积分简单分解迭代格式进行分析计算[12,13]。

### 5.1.1　垂向车桥耦合系统运动方程

垂向车桥耦合系统动力学模型如图 5.1.1 所示，车辆采用具有两系悬挂的四轮模型，每节车辆具有 10 个自由度，包括车体和前后构架的沉浮和点头运动，以及四个轮对的沉浮运动。图中车辆模型中的各参数意义为：$M_c$ 为车体质量，$J_c$ 为车体转动惯量，$l_c$ 为车体定距之半；$M_t$ 为构架质量，$J_t$ 为构架转动惯量，$l_t$ 为构架固定轴距之半；$M_w$ 为轮对质量；$k_1$ 和 $c_1$、$k_2$ 和 $c_2$ 分别为一系、二系悬挂弹簧刚度和阻尼系数。桥梁长度为 $L$，抗弯刚度为 $EI(x)$，单位长度梁的质量为 $\bar{m}(x)$。

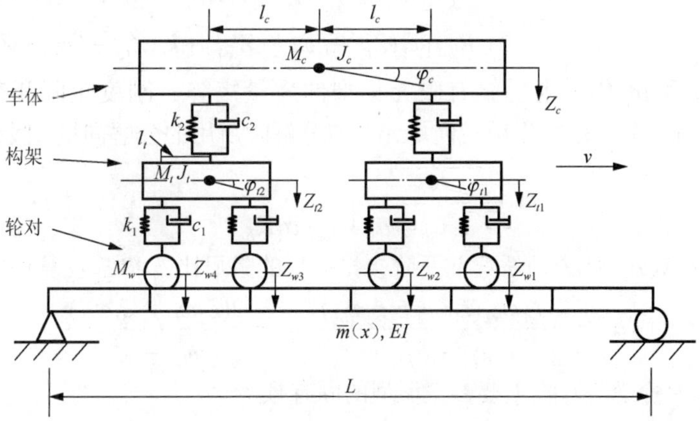


图 5.1.1　车桥垂向系统力学模型

假定车辆始终以速度 $v$ 匀速运行，车轮沿梁长移动而不脱离梁体，且车轮在轨道上滚动时不发生滑动，无爬轨、跳轨和脱轨现象发生。在这种情况下，同一轨道上的四个车轮不具有独立自由度，车辆系统独立自由度为 6 个，分别为：车体沉浮位移 $Z_c$、点头位移 $\varphi_c$、前后构架沉浮位移 $Z_{t1}$ 和 $Z_{t2}$、点头位移 $\varphi_{t1}$ 和 $\varphi_{t2}$。根据达朗贝尔原理，可以建立车辆系统的运动方程

$$\boldsymbol{M}_v\ddot{\boldsymbol{u}}_v + \boldsymbol{C}_v\dot{\boldsymbol{u}}_v + \boldsymbol{K}_v\boldsymbol{u}_v = \boldsymbol{f}_v \tag{5.1.1}$$

式中，

$$\left\{\begin{aligned}
&\boldsymbol{M}_v = \begin{bmatrix} M_c & 0 & 0 & 0 & 0 & 0 \\ 0 & J_c & 0 & 0 & 0 & 0 \\ 0 & 0 & M_t & 0 & 0 & 0 \\ 0 & 0 & 0 & J_t & 0 & 0 \\ 0 & 0 & 0 & 0 & M_t & 0 \\ 0 & 0 & 0 & 0 & 0 & J_t \end{bmatrix}, \boldsymbol{K}_v = \begin{bmatrix} 2k_2 & 0 & -k_2 & 0 & -k_2 & 0 \\ 0 & 2k_2 l_c^2 & -k_2 l_c & 0 & k_2 l_c & 0 \\ -k_2 & -k_2 l_c & 2k_1+k_2 & 0 & 0 & 0 \\ 0 & 0 & 0 & 2k_1 l_t^2 & 0 & 0 \\ -k_2 & k_2 l_c & 0 & 0 & 2k_1+k_2 & 0 \\ 0 & 0 & 0 & 0 & 0 & 2k_1 l_t^2 \end{bmatrix} \\
&\boldsymbol{u}_v = \begin{Bmatrix} Z_c \\ \varphi_c \\ Z_{t1} \\ \varphi_{t1} \\ Z_{t2} \\ \varphi_{t2} \end{Bmatrix}, \quad \boldsymbol{f}_v = \begin{Bmatrix} 0 \\ 0 \\ c_1(\dot{Z}_{w1}+\dot{Z}_{w2}) + k_1(Z_{w1}+Z_{w2}) \\ c_1 l_t(\dot{Z}_{w1}-\dot{Z}_{w2}) + k_1 l_t(Z_{w1}-Z_{w2}) \\ c_1(\dot{Z}_{w3}+\dot{Z}_{w4}) + k_1(Z_{w3}+Z_{w4}) \\ c_1 l_t(\dot{Z}_{w3}-\dot{Z}_{w4}) + k_1 l_t(Z_{w3}-Z_{w4}) \end{Bmatrix}
\end{aligned}\right. \tag{5.1.2}$$

车辆运动方程（5.1.1）中的阻尼矩阵 $\boldsymbol{C}_v$ 与刚度矩阵 $\boldsymbol{K}_v$ 具有相同的形式，只需将刚度矩阵 $\boldsymbol{K}_v$ 中的 $k$ 全部用 $c$ 代替即可得到。

桥梁的运动方程可以通过 Bernoulli-Euler 梁单元进行有限元离散而得到，为

$$\begin{aligned}\boldsymbol{M}_b\ddot{\boldsymbol{u}}_b+\boldsymbol{C}_b\dot{\boldsymbol{u}}_b+\boldsymbol{K}_b\boldsymbol{u}_b=&\left(\frac{M_c}{4}+\frac{M_t}{2}+M_w\right)g\sum_{i=1}^{4}\boldsymbol{R}_{fi}-\sum_{i=1}^{4}M_w\ddot{Z}_{wi}\boldsymbol{R}_{fi}\\&+\boldsymbol{R}_{f1}\left[c_1(\dot{Z}_{t1}+l_t\dot{\varphi}_{t1}-\dot{Z}_{w1})+k_1(Z_{t1}+l_t\varphi_{t1}-Z_{w1})\right]\\&+\boldsymbol{R}_{f2}\left[c_1(\dot{Z}_{t1}-l_t\dot{\varphi}_{t1}-\dot{Z}_{w2})+k_1(Z_{t1}-l_t\varphi_{t1}-Z_{w2})\right]\\&+\boldsymbol{R}_{f3}\left[c_1(\dot{Z}_{t2}+l_t\dot{\varphi}_{t2}-\dot{Z}_{w3})+k_1(Z_{t2}+l_t\varphi_{t2}-Z_{w3})\right]\\&+\boldsymbol{R}_{f4}\left[c_1(\dot{Z}_{t2}-l_t\dot{\varphi}_{t2}-\dot{Z}_{w4})+k_1(Z_{t2}-l_t\varphi_{t2}-Z_{w4})\right]\end{aligned}\tag{5.1.3}$$

式中，$\boldsymbol{M}_b$、$\boldsymbol{K}_b$ 和 $\boldsymbol{u}_b$ 分别为桥梁有限元模型的质量矩阵、刚度矩阵和节点位移向量；$\boldsymbol{R}_{fi}$ $(i=1,\cdots,4)$ 为第 $i$ 个车轮的作用力向单元节点分解时所用的分解向量。假设 $\boldsymbol{C}_b$ 为瑞利阻尼矩阵，即

$$\boldsymbol{C}_b=\alpha_0\boldsymbol{M}_b+\alpha_1\boldsymbol{K}_b\tag{5.1.4}$$

其中，瑞利阻尼系数 $\alpha_0$ 和 $\alpha_1$ 由桥梁前两阶参振振型的阻尼比 $\xi_1$ 和 $\xi_2$ 反算得到：

$$\alpha_0=\frac{2\omega_{b1}\omega_{b2}(\xi_1\omega_{b2}-\xi_2\omega_{b1})}{\omega_{b2}^2-\omega_{b1}^2},\ \alpha_1=\frac{2(\xi_2\omega_{b2}-\xi_1\omega_{b1})}{\omega_{b2}^2-\omega_{b1}^2}\tag{5.1.5}$$

式中，$\omega_{b1}$ 和 $\omega_{b2}$ 为桥梁前两阶主要参振振型的固有频率。

假定第 $i$ 个车轮垂向位移为 $Z_{wi}$，其作用位置处桥梁垂向位移和轨道不平顺分别为 $Z_{bi}$ 和 $r(t+t_i)$，其中 $i=1,\cdots,4$。根据车轮始终不脱离梁体的假定，可以得到如下轮轨几何关系：

$$Z_{wi}=Z_{bi}+r(t+t_i)\tag{5.1.6}$$

式中，$t_i$ 为第 $i$ 个车轮与第一个车轮作用时间上相差的常因子，显然 $t_1=0$。

将式（5.1.6）代入车辆运动方程（5.1.1）和桥梁运动方程（5.1.3），可以得到车桥耦合系统的时变运动方程

$$\boldsymbol{M}\ddot{\boldsymbol{u}}+\boldsymbol{C}\dot{\boldsymbol{u}}+\boldsymbol{K}\boldsymbol{u}=\boldsymbol{f}_g+\boldsymbol{f}_r\tag{5.1.7}$$

式中，

$$\left\{\begin{aligned}&\boldsymbol{M}=\begin{bmatrix}\boldsymbol{M}_v&\boldsymbol{0}\\\boldsymbol{0}&\bar{\boldsymbol{M}}_b\end{bmatrix},\boldsymbol{K}=\begin{bmatrix}\boldsymbol{K}_v&\boldsymbol{K}_{vb}\\\boldsymbol{K}_{vb}^{\mathrm{T}}&\bar{\boldsymbol{K}}_b\end{bmatrix},\boldsymbol{u}=\begin{Bmatrix}\boldsymbol{u}_v\\\boldsymbol{u}_b\end{Bmatrix}\\&\bar{\boldsymbol{M}}_b=\boldsymbol{M}_b+\sum_{i=1}^{4}\boldsymbol{R}_{fi}M_w\boldsymbol{R}_{fi}^{\mathrm{T}},\bar{\boldsymbol{K}}_b=\boldsymbol{K}_b+\sum_{i=1}^{4}\boldsymbol{R}_{fi}k_1\boldsymbol{R}_{fi}^{\mathrm{T}}\\&\boldsymbol{K}_{vb}=-k_1\begin{bmatrix}\boldsymbol{0}&\boldsymbol{0}&\boldsymbol{R}_f^1&l_t\boldsymbol{R}_f^2&\boldsymbol{R}_f^3&l_t\boldsymbol{R}_f^4\end{bmatrix}^{\mathrm{T}}\\&\boldsymbol{R}_f^1=\boldsymbol{R}_{f1}+\boldsymbol{R}_{f2},\boldsymbol{R}_f^2=\boldsymbol{R}_{f1}-\boldsymbol{R}_{f2},\boldsymbol{R}_f^3=\boldsymbol{R}_{f3}+\boldsymbol{R}_{f4},\boldsymbol{R}_f^4=\boldsymbol{R}_{f3}-\boldsymbol{R}_{f4}\end{aligned}\right.\tag{5.1.8}$$

式（5.1.7）中的阻尼矩阵 $\boldsymbol{C}$ 与刚度矩阵 $\boldsymbol{K}$ 形式相同。右端激励项分别为

$$\left\{\begin{aligned}&\boldsymbol{f}_g(t)=\left(\frac{M_c}{4}+\frac{M_t}{2}+M_w\right)g\begin{Bmatrix}\boldsymbol{0}\\\sum\limits_{i=1}^{4}\boldsymbol{R}_{fi}\end{Bmatrix}\\&\boldsymbol{f}_r(t)=\boldsymbol{T}_0(t)\boldsymbol{r}(t)+\boldsymbol{T}_1(t)\dot{\boldsymbol{r}}(t)+\boldsymbol{T}_2(t)\ddot{\boldsymbol{r}}(t)\end{aligned}\right.\tag{5.1.9}$$

且

$$\begin{cases} \boldsymbol{r}(t) = \{r(t-t_1) \quad r(t-t_2) \quad r(t-t_3) \quad r(t-t_4)\}^{\mathrm{T}} \\ \boldsymbol{T}_0(t) = -k_1\begin{bmatrix}\boldsymbol{R}_v \\ \boldsymbol{R}_f\end{bmatrix}, \boldsymbol{T}_1(t) = -c_1\begin{bmatrix}\boldsymbol{R}_v \\ \boldsymbol{R}_f\end{bmatrix}, \boldsymbol{T}_2(t) = -M_w\begin{bmatrix}\boldsymbol{0} \\ \boldsymbol{R}_f\end{bmatrix} \\ \boldsymbol{R}_v = \begin{bmatrix} 0 & 0 & -1 & -l_t & 0 & 0 \\ 0 & 0 & -1 & l_t & 0 & 0 \\ 0 & 0 & 0 & 0 & -1 & -l_t \\ 0 & 0 & 0 & 0 & -1 & l_t \end{bmatrix}^{\mathrm{T}}, \boldsymbol{R}_f = \begin{bmatrix}\boldsymbol{R}_{f1} & \boldsymbol{R}_{f2} & \boldsymbol{R}_{f3} & \boldsymbol{R}_{f4}\end{bmatrix} \end{cases} \tag{5.1.10}$$

## 5.1.2　虚拟激励法求解车桥耦合系统的垂向随机响应

从式（5.1.9）可以看出，车桥耦合系统的激励项可以分为两种不同性质的激励：由车辆重力产生的确定性激励 $\boldsymbol{f}_g(t)$ 和由轨道不平顺引起的单维均匀调制多点完全相干随机性激励 $\boldsymbol{f}_r(t)$。根据线性系统的叠加原理，对于两种不同性质的激励，运动方程可以分开求解。值得注意的是，对于随机性激励 $\boldsymbol{f}_r(t)$ 中轨道不平顺激励的一阶导数项 $\dot{\boldsymbol{r}}(t)$ 和二阶导数项 $\ddot{\boldsymbol{r}}(t)$，一般都认为它们对桥梁系统振动响应的影响很小而忽略不计。这里采用虚拟激励法，在建立系统运动方程时未将其忽略。

当只考虑随机性激励 $\boldsymbol{f}_r$ 时，车桥耦合时变系统运动方程为

$$\boldsymbol{M}\ddot{\boldsymbol{u}} + \boldsymbol{C}\dot{\boldsymbol{u}} + \boldsymbol{K}\boldsymbol{u} = \boldsymbol{f}_r \tag{5.1.11}$$

随机激励 $\boldsymbol{f}_r$ 中除了包括轨道不平顺本身，还包括其一阶导数和二阶导数项。对于这种激励形式，可以将其分为如下三部分：

$$\boldsymbol{f}_{r1}(t) = \boldsymbol{T}_0(t)\boldsymbol{r}(t)，\quad \boldsymbol{f}_{r2}(t) = \boldsymbol{T}_1(t)\dot{\boldsymbol{r}}(t)，\quad \boldsymbol{f}_{r3}(t) = \boldsymbol{T}_2(t)\ddot{\boldsymbol{r}}(t) \tag{5.1.12}$$

轨道高低不平顺 $r(x)$ 是假设以空间坐标 $x$ 为自变量的零均值平稳随机过程，其功率谱密度函数 $S_{rr}(\Omega)$ 已知。通过关系式 $x = vt$ 可以将轨道不平顺由空间域转换到时间域 $r(t)$，相应的功率谱密度函数变为

$$S_{rr}(\omega) = S_{rr}(\Omega)/v，\quad \omega = \Omega v = 2\pi v/\lambda \tag{5.1.13}$$

根据随机振动理论可知零均值平稳随机过程 $r(t)$ 与其一、二阶导数的自谱存在如下关系：

$$S_{\dot{r}\dot{r}}(\omega) = \omega^2 S_{rr}(\omega)，\quad S_{\ddot{r}\ddot{r}}(\omega) = \omega^4 S_{rr}(\omega) \tag{5.1.14}$$

根据 1.3 节时变线性系统的虚拟激励法，并结合式（5.1.14）可以分别构造如下形式的虚拟激励：

$$\tilde{\boldsymbol{f}}_{r1}(\omega,t) = \boldsymbol{T}_0(t)\boldsymbol{V}\sqrt{S_{rr}(\omega)}\mathrm{e}^{\mathrm{i}\omega t} \tag{5.1.15}$$

$$\tilde{\boldsymbol{f}}_{r2}(\omega,t) = \boldsymbol{T}_1(t)\boldsymbol{V}\sqrt{S_{\dot{r}\dot{r}}(\omega)}\mathrm{e}^{\mathrm{i}\omega t} = \mathrm{i}\omega\boldsymbol{T}_1(t)\boldsymbol{V}\sqrt{S_{rr}(\omega)}\mathrm{e}^{\mathrm{i}\omega t} \tag{5.1.16}$$

$$\tilde{\boldsymbol{f}}_{r3}(\omega,t) = \boldsymbol{T}_2(t)\boldsymbol{V}\sqrt{S_{\ddot{r}\ddot{r}}(\omega)}\mathrm{e}^{\mathrm{i}\omega t} = -\omega^2\boldsymbol{T}_2(t)\boldsymbol{V}\sqrt{S_{rr}(\omega)}\mathrm{e}^{\mathrm{i}\omega t} \tag{5.1.17}$$

式中，

$$\boldsymbol{V} = \left\{\mathrm{e}^{-\mathrm{i}\omega t_1} \quad \mathrm{e}^{-\mathrm{i}\omega t_2} \quad \mathrm{e}^{-\mathrm{i}\omega t_3} \quad \mathrm{e}^{-\mathrm{i}\omega t_4}\right\}^{\mathrm{T}} \tag{5.1.18}$$

因此，可得到随机激励 $\boldsymbol{f}_r$ 的虚拟激励

$$\tilde{\boldsymbol{f}}_r(\omega,t)=\tilde{\boldsymbol{f}}_{r1}(\omega,t)+\tilde{\boldsymbol{f}}_{r2}(\omega,t)+\tilde{\boldsymbol{f}}_{r3}(\omega,t)=\left(\boldsymbol{T}_0(t)+\mathrm{i}\omega\boldsymbol{T}_1(t)-\omega^2\boldsymbol{T}_2(t)\right)\boldsymbol{V}\sqrt{S_{rr}(\omega)}\mathrm{e}^{\mathrm{i}\omega t} \tag{5.1.19}$$

将其代入方程（5.1.11），并将方程左端随时间变化的项移到方程右端，可以得到由虚拟激励引起的确定性时不变运动方程

$$\boldsymbol{M}\ddot{\tilde{\boldsymbol{u}}}(\omega,t)+\boldsymbol{C}\dot{\tilde{\boldsymbol{u}}}(\omega,t)+\boldsymbol{K}\tilde{\boldsymbol{u}}(\omega,t)=\tilde{\boldsymbol{f}}_r(\omega,t)+\tilde{\boldsymbol{f}}_{in}(t) \tag{5.1.20}$$

式中，$\tilde{\boldsymbol{u}}(\omega,t)$ 为系统的虚拟响应，且

$$\tilde{\boldsymbol{f}}_{in}(t)=\begin{Bmatrix}\boldsymbol{0}\\ \boldsymbol{R}_f\end{Bmatrix}\left(-M_w\boldsymbol{R}_f^{\mathrm{T}}\ddot{\tilde{\boldsymbol{u}}}_b-c_1\boldsymbol{R}_v^{\mathrm{T}}\dot{\tilde{\boldsymbol{u}}}_v-k_1\boldsymbol{R}_v^{\mathrm{T}}\tilde{\boldsymbol{u}}_v\right)+\begin{Bmatrix}\boldsymbol{R}_v\\ \boldsymbol{R}_f\end{Bmatrix}\left(-c_1\boldsymbol{R}_f^{\mathrm{T}}\dot{\tilde{\boldsymbol{u}}}_b-k_1\boldsymbol{R}_f^{\mathrm{T}}\tilde{\boldsymbol{u}}_b\right) \tag{5.1.21}$$

对方程（5.1.20）采用 2.3 节精细积分简单分解格式进行迭代计算，可求得相应的虚拟响应 $\tilde{\boldsymbol{u}}(\omega,t)$，进而可以得到系统响应的演变功率谱矩阵和相关矩阵

$$\boldsymbol{S}_{uu}(\omega,t)=\tilde{\boldsymbol{u}}^*(\omega,t)\tilde{\boldsymbol{u}}^{\mathrm{T}}(\omega,t),\quad \boldsymbol{R}_{uu}(t)=\int_{-\infty}^{+\infty}\boldsymbol{S}_{uu}(\omega,t)\mathrm{d}\omega \tag{5.1.22}$$

**例 5.1.1** 车桥模型如图 5.1.1 所示，简支梁桥参数为：桥长 $L=60\mathrm{m}$，抗弯刚度 $EI=2.658\times10^9\,\mathrm{N\cdot m^2}$，单位长度质量 $\bar{m}=6067\mathrm{kg/m}$，式（5.1.5）中前两阶参振振型阻尼比取为 $\xi_1=\xi_2=0.03$。表 5.1.1 给出了该桥前 8 阶振动的固有频率。两种车辆的模型参数见表 5.1.2。

轨道不平顺采用美国 5 级轨道谱，车辆自距桥头 200m 处开始以 $v=41.67\mathrm{m/s}$ 匀速运行，直至完全过桥。全桥划分为 50 个有限单元，采用振型分解法对系统运动方程进行降阶处理（取前 20 阶振型），使用 PEM-PIM 求解系统随机响应。

**表 5.1.1　简支梁前 8 阶固有频率**

| 固有振型 | 固有频率/Hz | 固有振型 | 固有频率/Hz |
|---|---|---|---|
| 1 阶 | 0.91 | 5 阶 | 22.90 |
| 2 阶 | 3.65 | 6 阶 | 33.02 |
| 3 阶 | 8.23 | 7 阶 | 45.02 |
| 4 阶 | 14.64 | 8 阶 | 58.91 |

**表 5.1.2　车辆参数**

| 参数 | 数值 | | 单位 |
|---|---|---|---|
| | 车辆 1 | 车辆 2 | |
| 车体质量 $M_c$ | 41 750 | 39 500 | kg |
| 车体转动惯量 $J_c$ | 2 080 000 | 2 312 000 | $\mathrm{kg\cdot m^2}$ |
| 构架质量 $M_t$ | 3 040 | 2 200 | kg |
| 构架转动惯量 $J_t$ | 3 930 | 2 200 | $\mathrm{kg\cdot m^2}$ |
| 轮对质量 $M_w$ | 1 780 | 1 900 | kg |
| 一系悬挂系统刚度 $k_1$（两侧） | 1 180 | 2 130 | kN/m |
| 二系悬挂系统刚度 $k_2$（两侧） | 530 | 800 | kN/m |
| 一系悬挂系统阻尼 $c_1$（两侧） | 39.2 | 120 | kN·s/m |
| 二系悬挂系统阻尼 $c_2$（两侧） | 90.2 | 217.4 | kN·s/m |

续表

| 参数 | 数值 | | 单位 |
|---|---|---|---|
| | 车辆 1 | 车辆 2 | |
| 车体定长之半 $l_c$ | 8.75 | 9 | m |
| 构架轴距之半 $l_t$ | 1.25 | 1.2 | m |

为进行对比验证，同时采用 Monte Carlo 法进行分析，使用三角级数叠加法生成平稳轨道不平顺 $r(t)$ 的随机样本[17]

$$r_s(t)=\sqrt{2}\sum_{k=1}^{N}\sqrt{S_{rr}(\omega_k)\Delta\omega}\cos(\omega_k t+\phi_k) \tag{5.1.23}$$

式中，$\omega_k(k=1,2,\cdots,N)$ 为所考虑的频点，$N$ 为频点数；$\Delta\omega$ 为频率间隔的带宽；$\phi_k$ 为相应第 $k$ 个频率的相位，一般可按 0～2π 均匀分布取值。轨道不平顺样本分别取 200、2000 和 10 000 个，并用 Newmark 法进行时程积分计算。

图 5.1.2 给出了桥梁中点垂向位移和车体垂向加速度的标准差曲线。可见，用 10 000 个样本通过时程积分计算得到的标准差曲线显然比用 200 个样本计算得到的曲线好得多。以车体垂向加速度为例进行比较，取 200 个样本时，与 PEM-PIM 计算结果的最大偏差为 10.31%；取 2000 个样本时，最大偏差减小为 3.15%；而如果采用 10 000 个样本，则最大偏差减小至 0.86%。随着所取样本数目的增加，Monte Carlo 法所得结果逐渐趋近于 PEM-PIM 的计算结果。而就计算时间而言，PEM-PIM 仅需要花费 16.03s，而按 Monte Carlo 法取 200 个、2000 个和 10 000 个激励样本作时程积分的计算时间分别为 92.35s、920.16s 和 6789.38s，分别是 PEM-PIM 所花费时间的 5.8 倍、57.4 倍和 423.5 倍。上述计算都在 AMD Athlon(TM)计算机上完成。

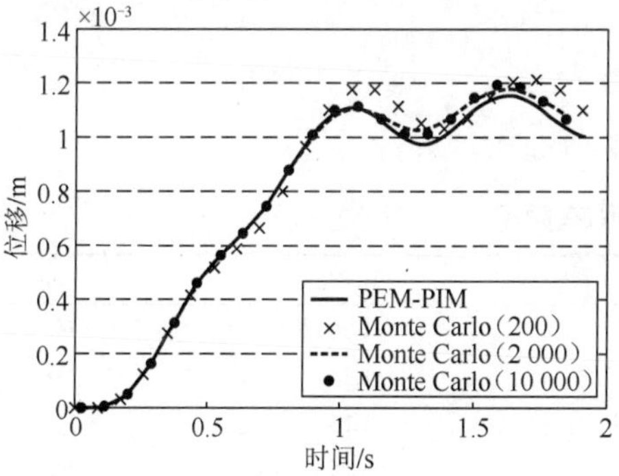

（a）桥梁中点垂向位移标准差曲线

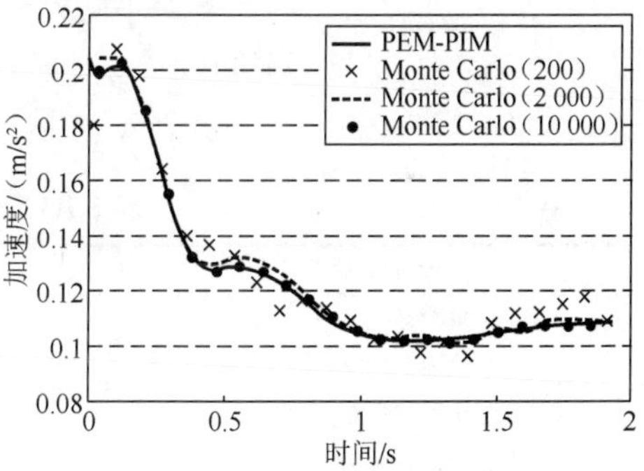

（b）车体垂向加速度标准差曲线

图 5.1.2　PEM-PIM 和 Monte Carlo 法计算结果比较

在应用虚拟激励法的基础上，也可以使用 PEM-Newmark 法对系统的虚拟响应进行数值积分计算。但应用 PEM-Newmark 法时须采用 300 积分步、花费 57.81s 计算时间，才能获得与精细积分格式采用 50 积分步、花费 16.03s 计算时间基本相同的计算精度。计算得到的桥梁中点垂向位移和车体垂向加速度标准差曲线列于图 5.1.3。在计算结果基本一致的情况下，采用 PEM-PIM 的计算效率比采用 PEM-Newmark 法高了两倍多。通过以上的比较可看出，PEM-PIM 为车桥非平稳随机振动分析提供了高效精确的途径。

图 5.1.4 给出了车辆车体和桥梁中点垂向加速度的时变功率谱图。如图所示，车辆车体垂向加速度功率谱的峰值出现在 0.75Hz 的位置，这与表 5.1.3 中车辆 1 阶固有频率 0.81Hz（车体沉浮振动）十分接近。桥梁中点垂向加速度功率谱不止在一个频率出现峰值，它的振动频

率主要集中在 0.7～1Hz、12～19Hz 和 30～37Hz。除了第一个频率区间 0.7～1Hz 与桥梁基频 0.91Hz 接近外，其他峰值并未完全出现在桥梁各阶固有频率处。这主要是由轨道不平顺的速度和加速度项以及各车轮间激励的相位差造成的。

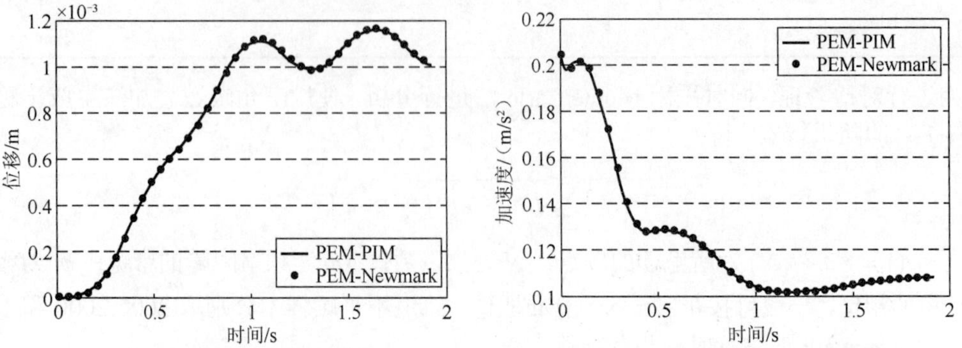


（a）桥梁中点垂向位移标准差曲线　　（b）车体垂向加速度标准差曲线

图 5.1.3　PEM-PIM 和 PEM-Newmark 法计算结果比较

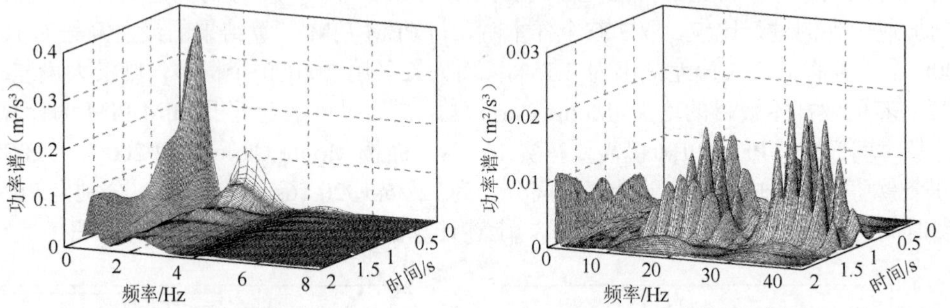


（a）车体垂向　　（b）桥梁中点垂向

图 5.1.4　系统加速度响应的功率谱

**表 5.1.3　车辆固有频率**

| 项目 | 车辆 1 | 车辆 2 | 单位 |
|---|---|---|---|
| 1 阶固有频率 | 0.81 | 1.06 | Hz |
| 2 阶固有频率 | 0.99 | 1.24 | Hz |
| 3 阶固有频率 | 3.27 | 5.15 | Hz |
| 4 阶固有频率 | 3.27 | 5.15 | Hz |
| 5 阶固有频率 | 4.41 | 6.67 | Hz |
| 6 阶固有频率 | 4.46 | 6.72 | Hz |

车辆运行速度对系统随机响应的影响是很重要的。这里计算 $v=27.78\text{m/s}$、$v=41.67\text{m/s}$ 和 $v=55.56\text{m/s}$ 三种不同行车速度下系统的随机响应，其标准差曲线如图 5.1.5 所示，并且相应的标准差曲线峰值都列于表 5.1.3 中，据此分析车速对系统随机振动的影响。由图 5.1.5 可见，系统随机响应随着车速的提高均有不同程度的增大。车速提高一倍，桥梁中点垂向位移和加速度标准差曲线峰值分别增大 124%和 227%，车体垂向位移和加速度标准差曲线峰值分别增大了 39%和 74%。车体垂向随机响应受车速影响相对较小，而桥梁垂向随机响应受车速影响却很大。另外，从图 5.1.5（b）和图 5.1.5（d）还可以看出，随着车速的提高，车体随机响应的非平稳性表现得越来越明显。

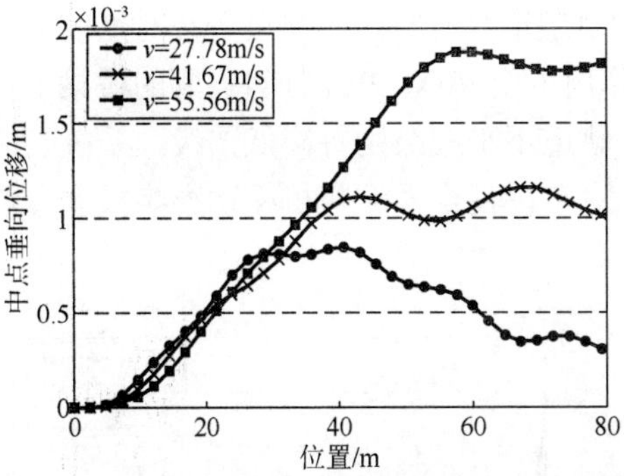

（a）桥梁中点垂向位移

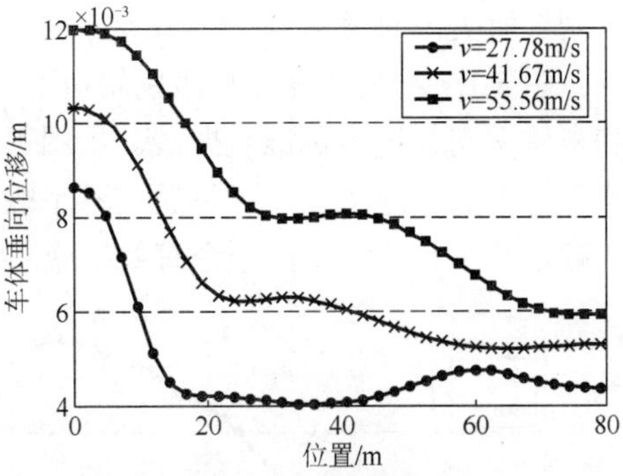

（b）车体垂向位移

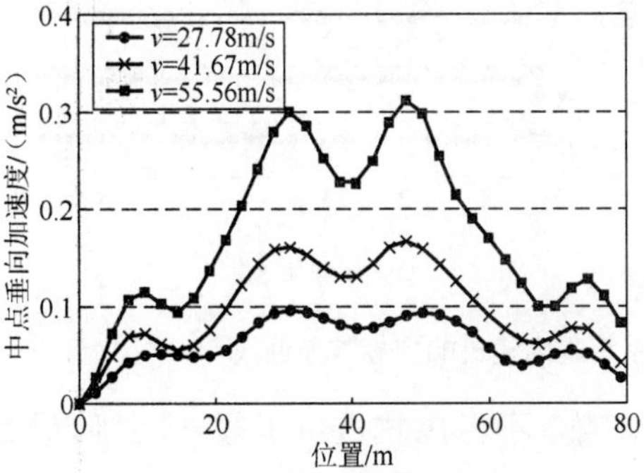

（c）桥梁中点垂向加速度

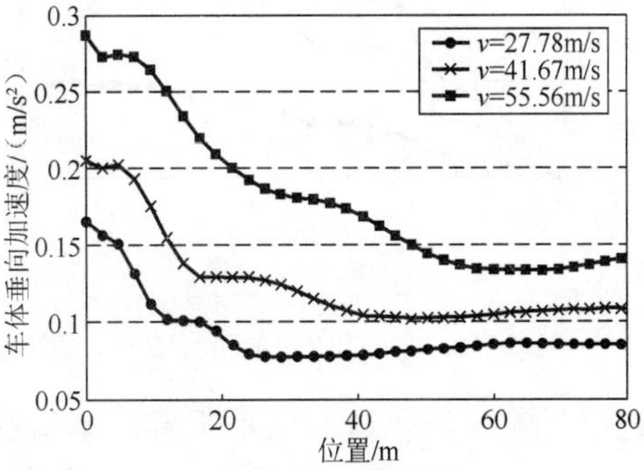

（d）车体垂向加速度

图 5.1.5　不同车速下系统随机响应时变标准差

**例 5.1.2**　如图 5.1.6 所示，桥梁模型采用五跨弹性支承非均匀梁。模型参数取值为：支承弹簧的刚度 $k=3.735\times10^6\,\text{N/m}$；左右边跨抗弯刚度 $EI_1=7.56\times10^{10}\,\text{N}\cdot\text{m}^2$，线密度 $\bar{m}_1=9400\,\text{kg/m}$；中间三跨抗弯刚度 $EI_2=2.89\times10^{11}\,\text{N}\cdot\text{m}^2$，线密度 $\bar{m}_2=11\,200\,\text{kg/m}$；桥面前两阶垂向振型的阻尼比为 $\xi_1=0.02$ 和 $\xi_2=0.03$。车辆采用提速客车模型[18]，具体参数见表 5.1.2 中“车辆 2”。车辆自距桥头 200m 处开始以 $v=41.67\text{m/s}$ 匀速运行，直至完全过桥。

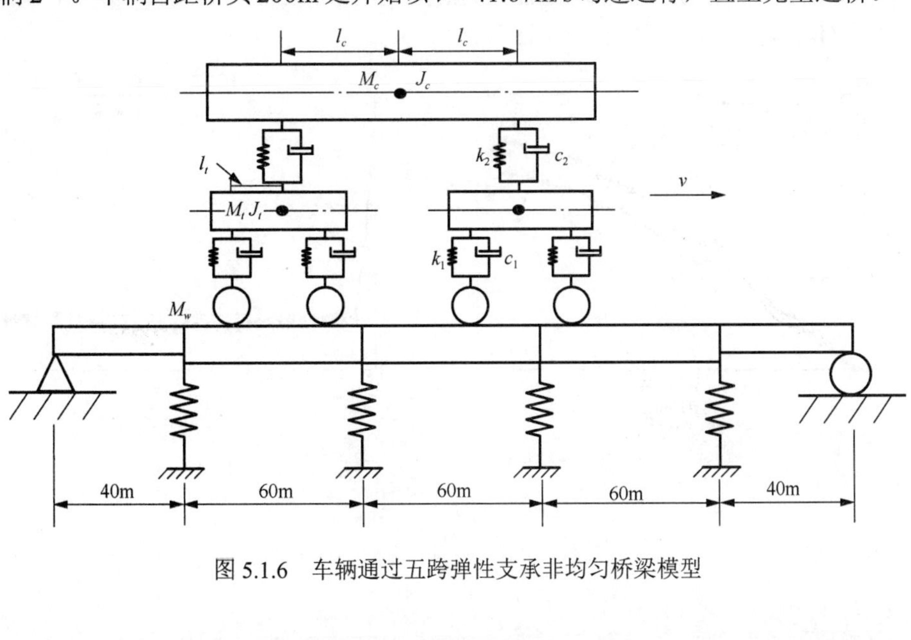


图 5.1.6　车辆通过五跨弹性支承非均匀桥梁模型

分别选取美国轨道谱 4、5、6 级三种不同的轨道谱分析轨道不平度等级对系统随机响应的影响。图 5.1.7 给出了在三种级别轨道不平顺作用下由 PEM-PIM 计算得到的桥梁中点垂向位移和车体垂向加速度标准差曲线。由图可见，轨道不平顺级别每降低一级，系统响应的标准差值都大体成倍地增加。可见轨道不平顺级别对车桥耦合系统随机振动影响很大，控制轨道不平顺是减小系统振动的一个有效措施。

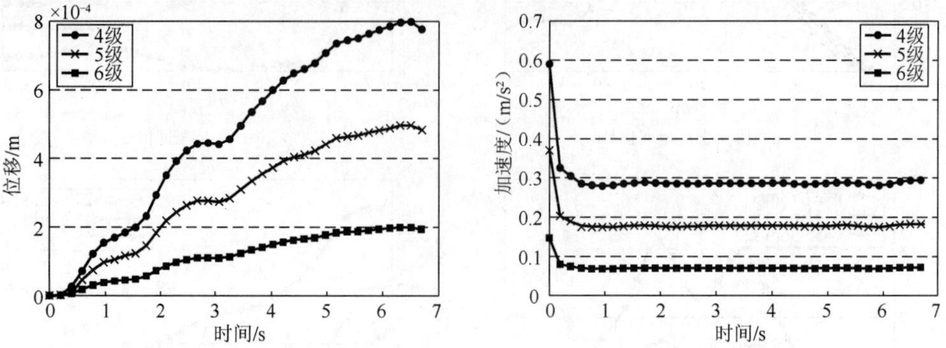


（a）桥梁中点位移　　（b）车体加速度

图 5.1.7　不同轨道不平顺等级下系统垂向随机响应标准差曲线

选取美国 6 级轨道高低不平顺功率谱密度函数，不考虑轨道不平顺一、二阶导数［即式（5.1.9）中速度项和加速度项］影响的系统随机响应曲线（图中标为 conventional）和考虑其影响的随机响应曲线（图中标为 accurate）皆列于图 5.1.8。当考虑这两项的影响时，车体和桥梁中点垂向位移随机响应变化相对较小，其标准差曲线峰值分别增大了 2.9%和 16.8%。但系统垂向加速度随机响应却明显增大，如图 5.1.8（c）和图 5.1.8（d）所示，车体垂向加速度标准差曲线峰值增大了 41.4%，而桥梁中点垂向加速度标准差曲线峰值增大了 4.4 倍之多。另外，将两种情况下桥梁中点垂向加速度随机响应的时变功率谱列于图 5.1.9。如图所示，若不考虑轨道不平顺一、二阶导数的影响，桥梁中点垂向加速度响应表现为低频振动，其主要振动频率都在 0.7～3Hz。而若考虑其影响，桥梁中点垂向加速度的主要振动频率将明显增大，分布在 0.7～2Hz、15～23Hz 和 35～40Hz 范围内。

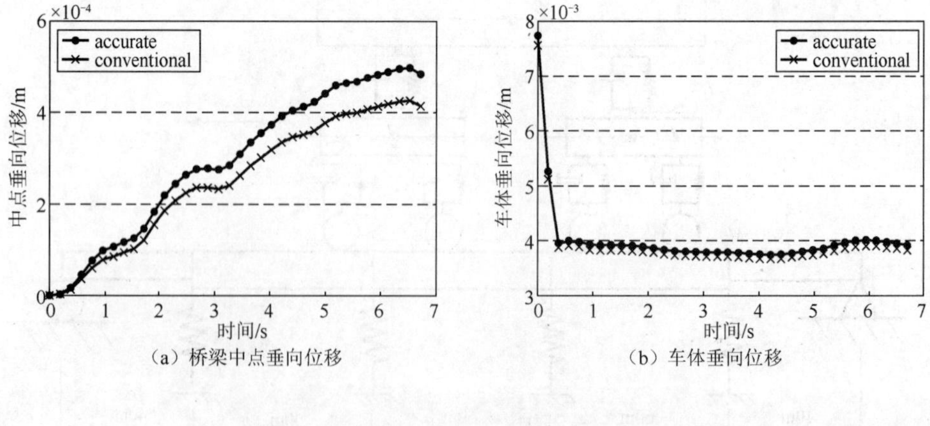


（a）桥梁中点垂向位移　　（b）车体垂向位移

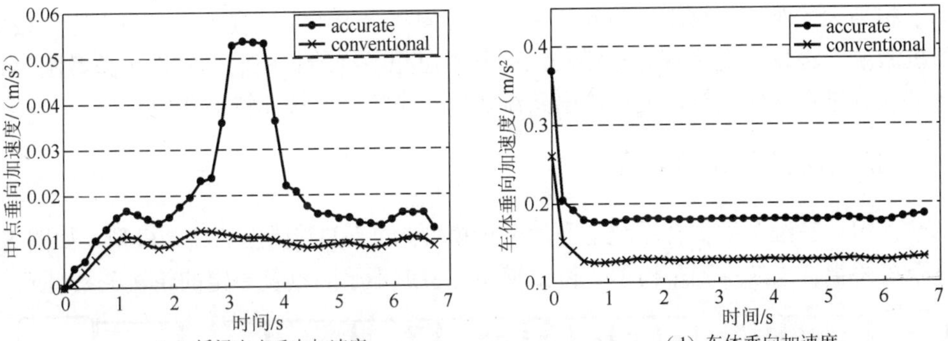


(c) 桥梁中点垂向加速度　　(d) 车体垂向加速度

图 5.1.8　有无轨道不平顺速度和加速度项时系统随机响应的标准差曲线

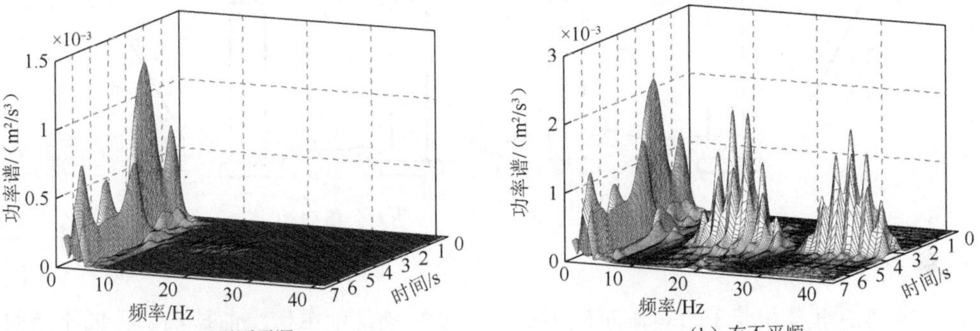


(a) 无不平顺　　(b) 有不平顺

图 5.1.9　有无轨道不平顺速度和加速度项时桥梁中点垂向加速度的功率谱图

从式（5.1.16）和式（5.1.17）可见，轨道不平顺一、二阶导数项中分别含有频率的一次和二次乘积项，富含高频分量，因此其势必激起系统加速度较高频率的随机振动。并且，由系统随机振动方程（5.1.20）可以看出，轨道不平顺一阶导数项激励在车辆和桥梁系统都有作用，而含有更多高频分量的二阶导数项激励只作用在桥梁系统上，这是考虑这两项影响时桥梁加速度响应变化更大的原因。通过以上分析可见，轨道不平顺一、二阶导数项对系统加速度随机响应影响较大，在进行车桥耦合系统随机振动分析时应予注意。

## 5.2　三维车桥耦合系统随机振动分析

列车在桥梁上高速运行时，由于轨道不平顺、荷载的不对称性等复杂因素的影响，整个车桥耦合系统不仅会出现强烈的垂向振动，而且会不可避免地产生明显的横向振动。这是一个复杂的空间振动问题。大幅度的空间振动不仅会对桥梁的强度产生影响，而且严重影响列车运行的安全性和舒适性。随着高速列车的迅速发展，车桥耦合系统空间振动问题显得日益突出[19-21]。现今有限元技术的广泛应用和计算机计算能力的大幅提高已经使得人们可以建立更为符合实际情况的三维车桥分析模型。但是在计算分析方面，人们普遍采用的方法仍然只有两种：难以体现系统随机振动特性的时程法和计算量过于庞大的 Monte Carlo 法。本节的研究范围将扩展到更加复杂的车桥空间随机振动。三维车桥耦合系统不仅自由度大幅增加，而且激励源也需要同时考虑轨道高低不平顺、方向不平顺和水平不平顺，这些都给随机振动分析增加了相当大的难度。这里，将轨道高低、方向和水平不平顺视为三维多点完全相干均匀调制随机激励，根据时变系统虚拟激励法的基本思想，构造相应的确定性虚拟激励形式，并采用精细积分进行迭代计算，最后给出系统随机响应的时变统计特征[10,13]。

## 5.2.1 车桥系统耦合运动方程

本节采用的三维车桥耦合系统动力学分析模型为文献[17]提出的耦合模型，如图 5.2.1 所示。整个车桥耦合系统由列车模型、桥梁模型、轨道不平顺以及一定的轮轨关系组成。

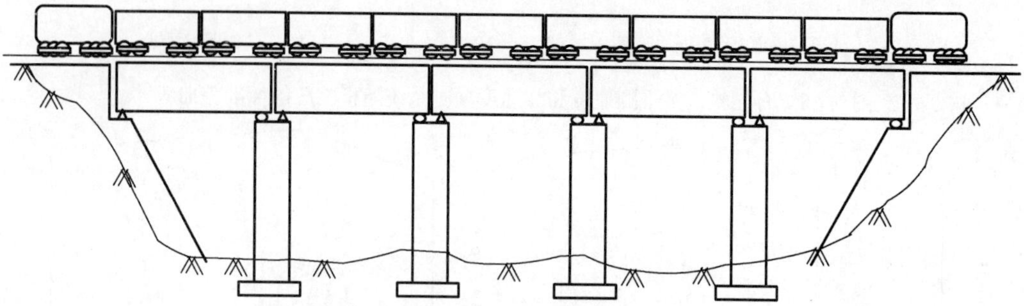

图 5.2.1　三维车桥耦合系统动力分析简图

1. 车辆运动方程

列车模型由机车和若干节客车车辆组成，每节车辆是由车体、前后构架、四个轮对以及一系和二系悬挂系统组成的多自由度振动系统。其中车体、构架和轮对均视为刚体，忽略弹性变形，一系和二系悬挂系统由弹簧-阻尼器组成。第 $i$ 节车体考虑横摆 $Y_{ci}$、侧滚 $\theta_{ci}$、摇头 $\psi_{ci}$、沉浮 $Z_{ci}$ 和点头 $\varphi_{ci}$ 五个自由度，第 $i$ 节车第 $j$ 个构架（第 $ij$ 构架）考虑横摆 $Y_{tij}$、侧滚 $\theta_{tij}$、摇头 $\psi_{tij}$、沉浮 $Z_{tij}$ 和点头 $\varphi_{tij}$ 五个自由度，第 $i$ 节车第 $j$ 个构架第 $l$ 个轮对（第 $ijl$ 轮对）考虑横摆 $Y_{wijl}$、侧滚 $\theta_{wijl}$ 和沉浮 $Z_{wijl}$ 三个自由度，每节车辆共有 27 个自由度。

图 5.2.2 给出了车辆与桥梁相互作用分析模型，各参数说明如下：$M_{ci}$ 和 $J_{c\theta i}$、$J_{c\psi i}$、$J_{c\varphi i}$ 分别为第 $i$ 节车体的质量和绕车体 $x$ 轴、$z$ 轴、$y$ 轴的质量惯性矩；$M_{tij}$ 和 $J_{t\theta ij}$、$J_{t\psi ij}$、$J_{t\varphi ij}$ 分别为第 $ij$ 构架的质量和绕车体 $x$ 轴、$z$ 轴、$y$ 轴的质量惯性矩；$m_{wijl}$ 和 $J_{wijl}$ 分别为第 $ijl$ 轮对的质量和质量惯性矩；对于第 $ij$ 构架，$k_{1ij}^h$、$c_{1ij}^h$ 和 $k_{2ij}^h$、$c_{2ij}^h$ 分别为一系和二系的横向弹簧刚度和阻尼系数，$k_{1ij}^v$、$c_{1ij}^v$ 和 $k_{2ij}^v$、$c_{2ij}^v$ 分别为一系和二系的垂向弹簧刚度和阻尼系数；$h_{1i}$、$h_{2i}$ 和 $h_{3i}$ 为第 $i$ 节车辆三个部分之间的垂向距离，$h_{4i}$ 为车轮至梁体中心的垂向距离，$a_i$、$b_i$、$d_i$ 和 $s_i$ 分别为车辆各车轮或各轴之间的纵向或横向距离之半，$e$ 为轨道中心至梁体中心的偏心距。

采用拉格朗日方程建立车辆系统的动力学方程，以第 $i$ 节车辆为例（$i=1,2,\cdots,N_v$，$N_v$ 为桥上行驶的车辆总数），假定振动系统的总动能、总弹性势能和阻尼总耗散能分别为 $T_i$、$V_i$ 和 $Q_i$，则有

$$\frac{\mathrm{d}}{\mathrm{d}t}\left(\frac{\partial T_i}{\partial \dot{q}_k}\right)-\frac{\partial T_i}{\partial q_k}+\frac{\partial V_i}{\partial q_k}+\frac{\partial Q_i}{\partial \dot{q}_k}=0,\quad k=1,2,\cdots,27 \tag{5.2.1}$$

式中，$q_k$ 和 $\dot{q}_k$ 分别为第 $k$ 个自由度的位移和速度。

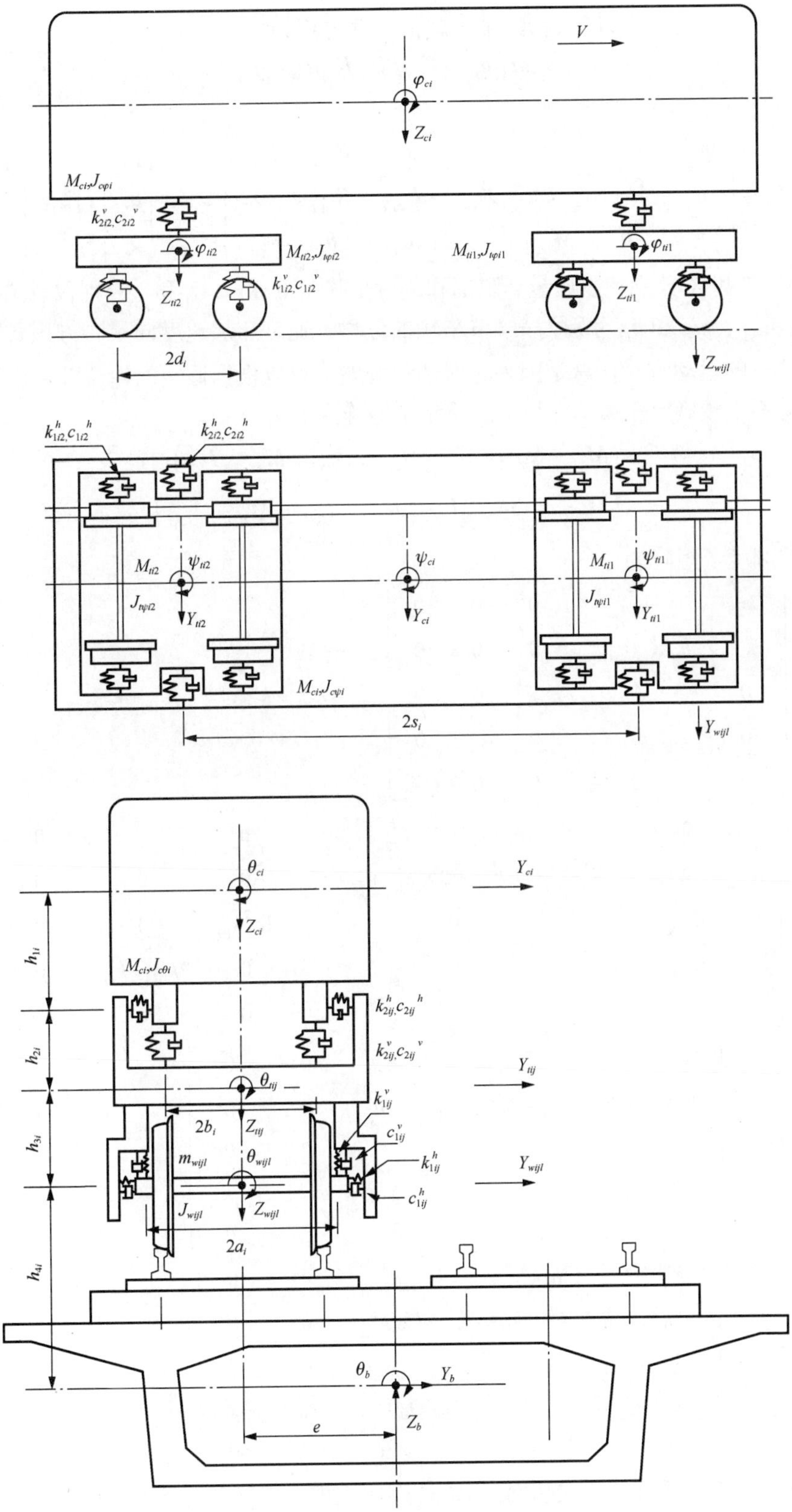


图 5.2.2　车辆桥梁相互作用力学模型

利用方程（5.2.1）可以得到第$i$节车辆的运动方程为

$$\boldsymbol{M}_{vi}\ddot{\boldsymbol{u}}_{vi}+\boldsymbol{C}_{vi}\dot{\boldsymbol{u}}_{vi}+\boldsymbol{K}_{vi}\boldsymbol{u}_{vi}=\boldsymbol{f}_{vi} \tag{5.2.2}$$

式中，

$$\boldsymbol{M}_{vi}=\begin{bmatrix}\boldsymbol{M}_{cci} & \boldsymbol{0} & \boldsymbol{0}\\ \boldsymbol{0} & \boldsymbol{M}_{t_1t_1i} & \boldsymbol{0}\\ \boldsymbol{0} & \boldsymbol{0} & \boldsymbol{M}_{t_2t_2i}\end{bmatrix},\boldsymbol{K}_{vi}=\begin{bmatrix}\boldsymbol{K}_{cci} & \boldsymbol{K}_{t_1ci} & \boldsymbol{K}_{t_2ci}\\ \boldsymbol{K}_{ct_1i} & \boldsymbol{K}_{t_1t_1i} & \boldsymbol{0}\\ \boldsymbol{K}_{ct_2i} & \boldsymbol{0} & \boldsymbol{K}_{t_2t_2i}\end{bmatrix},\boldsymbol{u}_{vi}=\begin{Bmatrix}\boldsymbol{u}_{ci}\\ \boldsymbol{u}_{t_1i}\\ \boldsymbol{u}_{t_2i}\end{Bmatrix},\boldsymbol{f}_{vi}=\begin{Bmatrix}\boldsymbol{f}_{ci}\\ \boldsymbol{f}_{t_1i}\\ \boldsymbol{f}_{t_2i}\end{Bmatrix} \tag{5.2.3}$$

其中，$\boldsymbol{M}$、$\boldsymbol{C}$和$\boldsymbol{K}$分别代表质量、阻尼和刚度矩阵；下标$c$、$t_1$和$t_2$分别代表车体、前构架和后构架；$\boldsymbol{u}_{vi}$、$\dot{\boldsymbol{u}}_{vi}$和$\ddot{\boldsymbol{u}}_{vi}$分别为第$i$节车辆的位移、速度和加速度向量。方程式（5.2.3）中没有包含轮对的运动方程，这是因为轮对的动力响应可以根据假定的轮轨关系由桥梁的动力响应和轨道不平顺确定。运动方程中的质量子矩阵为

$$\begin{cases}\boldsymbol{M}_{cci}=\mathrm{diag}\left(M_{ci}\quad J_{c\theta i}\quad J_{c\psi i}\quad M_{ci}\quad J_{c\varphi i}\right)\\ \boldsymbol{M}_{t_jt_ji}=\mathrm{diag}\left(M_{tij}\quad J_{t\theta ij}\quad J_{t\psi ij}\quad M_{tij}\quad J_{t\varphi ij}\right)\end{cases} \tag{5.2.4}$$

运动方程的刚度子矩阵为

$$\begin{cases}\boldsymbol{K}_{cci}=\begin{bmatrix}k_2^h & -h_{1i}k_2^h & 0 & 0 & 0\\ -h_{1i}k_2^h & h_{1i}^2k_2^h+b_i^2k_2^v & 0 & 0 & 0\\ 0 & 0 & s_i^2k_2^h & 0 & 0\\ 0 & 0 & 0 & k_2^v & 0\\ 0 & 0 & 0 & 0 & s_i^2k_2^v\end{bmatrix},k_2^h=k_{2i1}^h+k_{2i2}^h,\ k_2^v=k_{2i1}^v+k_{2i2}^v\\ \boldsymbol{K}_{t_jt_ji}=\begin{bmatrix}k_{2ij}^h+2k_{1ij}^h & h_{2i}k_{2ij}^h-2h_{3i}k_{1ij}^h & 0 & 0 & 0\\ h_{2i}k_{2ij}^h-2h_{3i}k_{1ij}^h & h_{2i}^2k_{2ij}^h+b_i^2k_{2ij}^v+2h_{3i}^2k_{1ij}^h+2a_i^2k_{1ij}^v & 0 & 0 & 0\\ 0 & 0 & 2d_i^2k_{1ij}^h & 0 & 0\\ 0 & 0 & 0 & 2k_{1ij}^v+k_{2ij}^v & 0\\ 0 & 0 & 0 & 0 & 2d_i^2k_{1ij}^v\end{bmatrix}\\ \boldsymbol{K}_{ct_1i}=\boldsymbol{K}_{t_1ci}^{\mathrm{T}}=\begin{bmatrix}-k_{2i1}^h & h_{1i}k_{2i1}^h & -s_ik_{2i1}^h & 0 & 0\\ -h_{2i}k_{2i1}^h & h_{1i}h_{2i}k_{2i1}^h-b_i^2k_{2i1}^v & -h_{2i}s_ik_{2i1}^h & 0 & 0\\ 0 & 0 & 0 & 0 & 0\\ 0 & 0 & 0 & -k_{2i1}^v & -s_ik_{2i1}^v\\ 0 & 0 & 0 & 0 & 0\end{bmatrix}\\ \boldsymbol{K}_{ct_2i}=\boldsymbol{K}_{t_2ci}^{\mathrm{T}}=\begin{bmatrix}-k_{2i2}^h & h_{1i}k_{2i2}^h & s_ik_{2i2}^h & 0 & 0\\ -h_{2i}k_{2i2}^h & h_{1i}h_{2i}k_{2i2}^h-b_i^2k_{2i2}^v & h_{2i}s_ik_{2i2}^h & 0 & 0\\ 0 & 0 & 0 & 0 & 0\\ 0 & 0 & 0 & -k_{2i2}^v & s_ik_{2i2}^v\\ 0 & 0 & 0 & 0 & 0\end{bmatrix}\end{cases} \tag{5.2.5}$$

阻尼子矩阵与刚度子矩阵的形式相同，只需将刚度矩阵中的$k$用$c$代替即可。

车体和两个构架的位移子向量为

$$\boldsymbol{u}_{ci}=\begin{Bmatrix}Y_{ci}\\\theta_{ci}\\\psi_{ci}\\Z_{ci}\\\varphi_{ci}\end{Bmatrix},\boldsymbol{u}_{t_1i}=\begin{Bmatrix}Y_{t_1i}\\\theta_{t_1i}\\\psi_{t_1i}\\Z_{t_1i}\\\varphi_{t_1i}\end{Bmatrix},\boldsymbol{u}_{t_2i}=\begin{Bmatrix}Y_{t_2i}\\\theta_{t_2i}\\\psi_{t_2i}\\Z_{t_2i}\\\varphi_{t_2i}\end{Bmatrix}\tag{5.2.6}$$

荷载子向量为

$$\boldsymbol{f}_{ci}=\boldsymbol{0}，\quad \boldsymbol{f}_{t_ji}=\sum_{l=1}^{2}\begin{Bmatrix}(k_{1ij}^{h}Y_{wijl}+c_{1ij}^{h}\dot{Y}_{wijl})\\a_i^2(k_{1ij}^{v}\theta_{wijl}+c_{1ij}^{v}\dot{\theta}_{wijl})-h_{3i}(k_{1ij}^{h}Y_{wijl}+c_{1ij}^{h}\dot{Y}_{wijl})\\\eta_{jl}d_i(k_{1ij}^{h}Y_{wijl}+c_{1ij}^{h}\dot{Y}_{wijl})\\(k_{1ij}^{v}Z_{wijl}+c_{1ij}^{v}\dot{Z}_{wijl})\\\eta_{jl}d_i(k_{1ij}^{v}Z_{wijl}+c_{1ij}^{v}\dot{Z}_{wijl})\end{Bmatrix}\tag{5.2.7}$$

式中，$\eta_{jl}$ 是轮对位置函数，当轮对 $l$ 位于构架 $j$ 的前位时，$\eta_{jl}=1$，位于构架 $j$ 的后位时，$\eta_{jl}=-1$；$\boldsymbol{f}_{ci}$ 表示车体所受的外激励，当不考虑风荷载等外力因素时，其值为零；$\boldsymbol{f}_{t_1i}$ 和 $\boldsymbol{f}_{t_2i}$ 分别表示由轮对传到构架上的激励。

2. 桥梁运动方程

铁路桥梁除了具有桥体本身外，还应该具有桥上轨道结构。这里重点研究车桥耦合系统随机振动的分析方法，桥梁模型中暂不考虑轨道结构。假设轨道与桥梁之间没有相对位移，轮轨力通过轨道直接作用在桥梁上。采用有限元方法建立桥梁模型，桥梁运动方程可以表示为

$$\boldsymbol{M}_b\ddot{\boldsymbol{u}}_b+\boldsymbol{C}_b\dot{\boldsymbol{u}}_b+\boldsymbol{K}_b\boldsymbol{u}_b=\boldsymbol{f}_b\tag{5.2.8}$$

式中，$\boldsymbol{M}_b$、$\boldsymbol{C}_b$ 和 $\boldsymbol{K}_b$ 分别为桥梁有限元模型的质量、阻尼和刚度矩阵；$\boldsymbol{u}_b$、$\dot{\boldsymbol{u}}_b$ 和 $\ddot{\boldsymbol{u}}_b$ 分别为桥梁节点的位移、速度和加速度向量；$\boldsymbol{f}_b$ 为作用于桥梁节点的力向量，当不考虑外部激励（如风或地震）时，它表示桥上运行列车通过轨道结构传来的轮对力。

桥梁结构任一横截面上任一点的运动可以由横截面质心的横向位移 $Y_b$、垂向位移 $Z_b$ 和相应于梁体横截面剪切中心的扭转 $\theta_b$ 确定，见图 5.2.2。第 $\boldsymbol{ijl}$ 轮对作用于桥面的横向、垂向力和扭转力矩可以根据该轮对的运动加速度及其与桥面结构的相对位移和速度确定，即

$$\begin{cases}F_{hijl}=-m_{wijl}\ddot{Y}_{wijl}+c_{1ij}^{h}(\dot{Y}_{t_ji}-h_{3i}\dot{\theta}_{t_ji}+\eta_{jl}d_i\dot{\psi}_{t_ji}-\dot{Y}_{wijl})+k_{1ij}^{h}(Y_{t_ji}-h_{3i}\theta_{t_ji}+\eta_{jl}d_i\psi_{t_ji}-Y_{wijl})\\F_{vijl}=-m_{wijl}\ddot{Z}_{wijl}+c_{1ij}^{v}(\dot{Z}_{t_ji}+2\eta_{jl}d_i\dot{\varphi}_{t_ji}-\dot{Z}_{wijl})+k_{1ij}^{v}(Z_{t_ji}+2\eta_{jl}d_i\varphi_{t_ji}-Z_{wijl})\\\qquad+g(m_{wijl}+(0.5M_{ci}+M_{tij})/N_{wi})\\F_{\theta ijl}=F'_{\theta jl}+h_{4i}F_{hijl}+e_iF_{vijl}=-J_{wijl}\ddot{\theta}_{wijl}+2a_i^2c_{1ij}^{v}(\dot{\theta}_{t_ji}-\dot{\theta}_{wijl})\\\qquad+2a_i^2k_{1ij}^{v}(\theta_{t_ji}-\theta_{wijl})+h_{4i}F_{hijl}+e_iF_{vijl}\end{cases}\tag{5.2.9}$$

因此可以得到 $\boldsymbol{f}_b$ 的表达式：

$$\boldsymbol{f}_b=\sum_{i=1}^{N_v}\sum_{j=1}^{2}\sum_{l=1}^{2}(F_{hijl}\boldsymbol{R}_{hijl}+F_{vijl}\boldsymbol{R}_{vijl}+F_{\theta ijl}\boldsymbol{R}_{\theta ijl})\tag{5.2.10}$$

式中，$\boldsymbol{R}_{hijl}$、$\boldsymbol{R}_{vijl}$ 和 $\boldsymbol{R}_{\theta ijl}$ 分别为 $F_{hijl}$、$F_{vijl}$ 和 $F_{\theta ijl}$ 向单元节点分解时所用的分解向量。

3. 车桥耦合运动方程

轨道不平顺是指用来支承和引导车轮的轨道接触面沿轨道长度方向与理论平顺轨道面之间的偏差。在实际线路上存在的各种轨道不平顺是由不同波长、不同相位和不同幅值的随机不平顺波叠加而成的，是与线路里程有关的复杂随机过程。就无限长的轨道来说，它是一个近似各态历经的弱平稳过程。目前描述轨道不平顺统计特性最有效的方法是功率谱法。它可以完全反映出轨道不平顺振幅相对于不平顺波长的分布特征。英国、美国、德国等很多国家都已经公布了各自国家标准的轨道不平顺功率谱密度函数，其中德国轨道谱是欧洲铁路统一采用的谱密度函数。一般在车桥分析中，只考虑高低、方向、水平三种不平顺。根据其在三维空间坐标系内的位置可以分为四类，即高低不平顺 $z_v$、轨向（方向）不平顺 $y_a$、水平不平顺 $z_c$ 和轨距不平顺 $y_g$。图 5.2.3 给出了上述四种不平顺的定义。

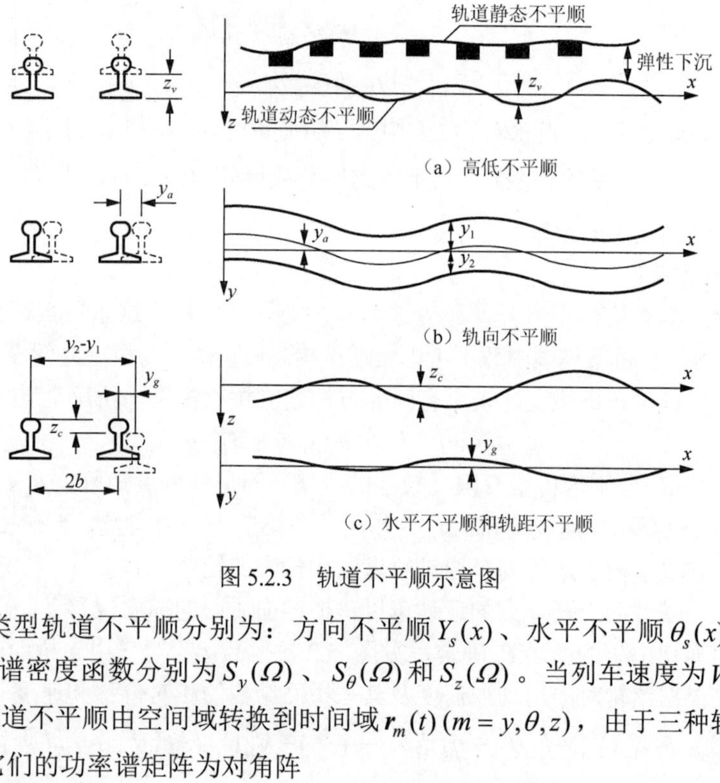


（a）高低不平顺

（b）轨向不平顺

（c）水平不平顺和轨距不平顺

图 5.2.3　轨道不平顺示意图

假设三种类型轨道不平顺分别为：方向不平顺 $Y_s(x)$、水平不平顺 $\theta_s(x)$ 和高低不平顺 $Z_s(x)$，其功率谱密度函数分别为 $S_y(\Omega)$、$S_\theta(\Omega)$ 和 $S_z(\Omega)$。当列车速度为 $V$，通过关系式 $x=Vt$ 可以将轨道不平顺由空间域转换到时间域 $\boldsymbol{r}_m(t)$ $(m=y,\theta,z)$，由于三种轨道不平顺之间没有相关性，它们的功率谱矩阵为对角阵

$$\boldsymbol{S}_R(\omega)=\mathrm{diag}\left[S_y(\Omega)/V \quad S_\theta(\Omega)/V \quad S_z(\Omega)/V\right]=\mathrm{diag}\left[S_y(\omega) \quad S_\theta(\omega) \quad S_z(\omega)\right] \tag{5.2.11}$$

列车和桥梁之间的相互作用是通过轮轨关系实现的。假设车轮与轨道始终保持接触，且车轮在轨道上滚动时不发生滑动，无爬轨、跳轨和脱轨现象发生，则第 $ijl$ 轮对位移 $\{Y_{wijl} \quad \theta_{wijl} \quad Z_{wijl}\}^{\mathrm{T}}$ 和桥梁位移 $Y_b$、$\theta_b$、$Z_b$ 有如下关系：

$$\begin{Bmatrix} Y_{wijl} \\ \theta_{wijl} \\ Z_{wijl} \end{Bmatrix}=\begin{Bmatrix} Y_b(x_{ijl})+h_{4i}\theta_b(x_{ijl})+Y_s(x_{ijl}) \\ \theta_b(x_{ijl})+\theta_s(x_{ijl}) \\ Z_b(x_{ijl})+e\theta_b(x_{ijl})+Z_s(x_{ijl}) \end{Bmatrix} \tag{5.2.12}$$

式中，$x_{ijl}$ 是第 $ijl$ 轮对沿梁长度的位置。

将列车运动方程（5.2.2）和桥梁运动方程（5.2.8）通过轮轨关系进行耦合，便可得到车桥系统耦合的时变运动方程

$$\begin{bmatrix}\boldsymbol{M}_v & \boldsymbol{0}\\ \boldsymbol{0} & \bar{\boldsymbol{M}}_b\end{bmatrix}\begin{Bmatrix}\ddot{\boldsymbol{u}}_v\\ \ddot{\boldsymbol{u}}_b\end{Bmatrix}+\begin{bmatrix}\boldsymbol{C}_v & \boldsymbol{C}_{vb}\\ \boldsymbol{C}_{bv} & \bar{\boldsymbol{C}}_b\end{bmatrix}\begin{Bmatrix}\dot{\boldsymbol{u}}_v\\ \dot{\boldsymbol{u}}_b\end{Bmatrix}+\begin{bmatrix}\boldsymbol{K}_v & \boldsymbol{K}_{vb}\\ \boldsymbol{K}_{bv} & \bar{\boldsymbol{K}}_b\end{bmatrix}\begin{Bmatrix}\boldsymbol{u}_v\\ \boldsymbol{u}_b\end{Bmatrix}=\boldsymbol{f}_g(t)+\boldsymbol{f}_r(t) \tag{5.2.13}$$

式中，

$$\begin{cases}\boldsymbol{M}_v=\begin{bmatrix}\boldsymbol{M}_{v1} & \boldsymbol{0} & \cdots & \boldsymbol{0}\\ \boldsymbol{0} & \boldsymbol{M}_{v2} & \cdots & \boldsymbol{0}\\ \vdots & \vdots & \ddots & \vdots\\ \boldsymbol{0} & \boldsymbol{0} & \cdots & \boldsymbol{M}_{vN_v}\end{bmatrix},\ \boldsymbol{K}_v=\begin{bmatrix}\boldsymbol{K}_{v1} & \boldsymbol{0} & \cdots & \boldsymbol{0}\\ \boldsymbol{0} & \boldsymbol{K}_{v2} & \cdots & \boldsymbol{0}\\ \vdots & \vdots & \ddots & \vdots\\ \boldsymbol{0} & \boldsymbol{0} & \cdots & \boldsymbol{K}_{vN_v}\end{bmatrix},\ \boldsymbol{u}_v=\begin{Bmatrix}\boldsymbol{u}_{v1}\\ \boldsymbol{u}_{v2}\\ \vdots\\ \boldsymbol{u}_{vN_v}\end{Bmatrix}\\ \bar{\boldsymbol{M}}_b=\boldsymbol{M}_b+\sum_{i=1}^{N_v}\sum_{j=1}^{2}\sum_{l=1}^{2}(m_{wijl}\bar{\boldsymbol{R}}_{hijl}\bar{\boldsymbol{R}}_{hijl}^{\mathrm{T}}+m_{wijl}\bar{\boldsymbol{R}}_{vijl}\bar{\boldsymbol{R}}_{vijl}^{\mathrm{T}}+J_{wijl}\boldsymbol{R}_{\theta ijl}\boldsymbol{R}_{\theta ijl}^{\mathrm{T}})\\ \bar{\boldsymbol{K}}_b=\boldsymbol{K}_b+\sum_{i=1}^{N_v}\sum_{j=1}^{2}\sum_{l=1}^{2}(k_{1ij}^h\bar{\boldsymbol{R}}_{hijl}\bar{\boldsymbol{R}}_{hijl}^{\mathrm{T}}+k_{1ij}^v\boldsymbol{R}'_{vijl}\boldsymbol{R}'^{\mathrm{T}}_{vijl}+a_i^2k_{1ij}^v\boldsymbol{R}_{\theta ijl}\boldsymbol{R}_{\theta ijl}^{\mathrm{T}})\\ \boldsymbol{K}_{vb}=\boldsymbol{K}_{bv}^{\mathrm{T}}=\begin{bmatrix}\boldsymbol{K}_{vb1}\\ \boldsymbol{K}_{vb2}\\ \vdots\\ \boldsymbol{K}_{vbN_v}\end{bmatrix},\ \boldsymbol{K}_{vbi}=\begin{bmatrix}\boldsymbol{0}\\ \boldsymbol{K}_{t_1b}^i\\ \boldsymbol{K}_{t_2b}^i\end{bmatrix},\ \boldsymbol{K}_{t_jb}^i=-\begin{bmatrix}k_{1ij}^h\bar{\boldsymbol{R}}_{hijl}^{\mathrm{T}}\\ a_i^2k_{1ij}^v\boldsymbol{R}_{\theta ijl}^{\mathrm{T}}-h_{3i}k_{1ij}^h\bar{\boldsymbol{R}}_{hijl}^{\mathrm{T}}\\ \eta_{jl}d_ik_{1ij}^h\bar{\boldsymbol{R}}_{hijl}^{\mathrm{T}}\\ k_{1ij}^v\bar{\boldsymbol{R}}_{vijl}^{\mathrm{T}}\\ \eta_{jl}d_ik_{1ij}^v\bar{\boldsymbol{R}}_{vijl}^{\mathrm{T}}\end{bmatrix}\\ \bar{\boldsymbol{R}}_{hijl}=\boldsymbol{R}_{hijl}+h_{4i}\boldsymbol{R}_{\theta ijl},\ \bar{\boldsymbol{R}}_{vijl}=\boldsymbol{R}_{vijl}+e_i\boldsymbol{R}_{\theta ijl}\end{cases} \tag{5.2.14}$$

式（5.2.13）中的阻尼矩阵与刚度矩阵具有相同的形式，只需将刚度矩阵中的 $k$ 和 $\boldsymbol{K}$ 全部用 $c$ 和 $\boldsymbol{C}$ 代替即可得到。$\boldsymbol{f}_g(t)$ 代表由列车重力引起的确定性激励；而 $\boldsymbol{f}_r(t)$ 代表由三种轨道不平顺引起的随机激励，考虑列车各车轮与轨道间随机激励的相位差，轨道不平顺激励 $\boldsymbol{f}_r(t)$ 假设为多点完全相干随机激励，它具有如下形式：

$$\boldsymbol{f}_r(t)=\boldsymbol{P}_{r1}\boldsymbol{u}_r^{st}(t)+\boldsymbol{P}_{r2}\dot{\boldsymbol{u}}_r^{st}(t)+\boldsymbol{P}_{r3}\ddot{\boldsymbol{u}}_r^{st}(t) \tag{5.2.15}$$

式中，

$$\begin{cases}\boldsymbol{u}_r^{st}(t)=\begin{bmatrix}\boldsymbol{r}_y(t) & \boldsymbol{r}_\theta(t) & \boldsymbol{r}_z(t)\end{bmatrix}^{\mathrm{T}}\\ \boldsymbol{r}_m(t)=\{r_m(t-t_1)\quad r_m(t-t_2)\quad \cdots\quad r_m(t-t_n)\}^{\mathrm{T}},\quad m=y,\theta,z\end{cases} \tag{5.2.16}$$

$$\boldsymbol{P}_{r1}=\begin{bmatrix}\boldsymbol{P}_{r1}^{v\mathrm{T}} & \boldsymbol{P}_{r1}^{b\mathrm{T}}\end{bmatrix}^{\mathrm{T}},\quad \boldsymbol{P}_{r3}=\begin{bmatrix}\boldsymbol{0} & \boldsymbol{P}_{r3}^{b\mathrm{T}}\end{bmatrix}^{\mathrm{T}} \tag{5.2.17}$$

式中，$\boldsymbol{P}_{r2}$ 和 $\boldsymbol{P}_{r1}$ 具有相同的形式，只需将 $\boldsymbol{P}_{r1}$ 中的 $k$ 全部用 $c$ 代替即可得到，并且

$$\boldsymbol{P}_{r1}^v=\begin{Bmatrix}\boldsymbol{P}_{r1}^{vy}\\ \boldsymbol{P}_{r1}^{v\theta}\\ \boldsymbol{P}_{r1}^{vz}\end{Bmatrix},\ \boldsymbol{P}_{r1}^b=\begin{Bmatrix}\boldsymbol{P}_{r1}^{by}\\ \boldsymbol{P}_{r1}^{b\theta}\\ \boldsymbol{P}_{r1}^{bz}\end{Bmatrix},\ \boldsymbol{P}_{r3}^b=\begin{Bmatrix}\boldsymbol{P}_{r3}^{by}\\ \boldsymbol{P}_{r3}^{b\theta}\\ \boldsymbol{P}_{r3}^{bz}\end{Bmatrix} \tag{5.2.18}$$

$$\begin{cases} \boldsymbol{P}_{r1}^{vm} = \mathrm{diag}\begin{bmatrix} \boldsymbol{P}_{r1}^{m1} & \boldsymbol{P}_{r1}^{m2} & \cdots & \boldsymbol{P}_{r1}^{mN_v} \end{bmatrix}, \boldsymbol{P}_{r1}^{bm} = \begin{bmatrix} \boldsymbol{P}_{r1}^{bm1} & \boldsymbol{P}_{r1}^{bm2} & \cdots & \boldsymbol{P}_{r1}^{bmN_v} \end{bmatrix} \\ \boldsymbol{P}_{r3}^{bm} = \begin{bmatrix} \boldsymbol{P}_{r3}^{bm1} & \boldsymbol{P}_{r3}^{bm2} & \cdots & \boldsymbol{P}_{r3}^{bmN_v} \end{bmatrix}, \quad m = y, \theta, z \\ \boldsymbol{P}_{r1}^{mi} = \mathrm{diag}\begin{bmatrix} \boldsymbol{0} & \boldsymbol{P}_{r1}^{mi1} & \boldsymbol{P}_{r1}^{mi2} \end{bmatrix}, \boldsymbol{P}_{r1}^{bmi} = \begin{bmatrix} \boldsymbol{P}_{r1}^{bmi1} & \boldsymbol{P}_{r1}^{bmi2} \end{bmatrix} \\ \boldsymbol{P}_{r3}^{bmi} = \begin{bmatrix} \boldsymbol{P}_{r3}^{bmi1} & \boldsymbol{P}_{r3}^{bmi2} \end{bmatrix}, \quad m = y, \theta, z \end{cases} \tag{5.2.19}$$

$$\begin{cases} \boldsymbol{P}_{r1}^{yij} = k_{1ij}^{h}\begin{bmatrix} 1 & 1 \\ -h_{3i} & -h_{3i} \\ d_i & -d_i \\ 0 & 0 \\ 0 & 0 \end{bmatrix}, \ \boldsymbol{P}_{r1}^{\theta ij} = k_{1ij}^{v}\begin{bmatrix} 0 & 0 \\ a_i^2 & a_i^2 \\ 0 & 0 \\ 0 & 0 \\ 0 & 0 \end{bmatrix}, \ \boldsymbol{P}_{r1}^{zij} = k_{1ij}^{v}\begin{bmatrix} 0 & 0 \\ 0 & 0 \\ 0 & 0 \\ 1 & 1 \\ d_i & -d_i \end{bmatrix} \\ \boldsymbol{P}_{r1}^{byij} = -k_{1ij}^{h}\begin{bmatrix} \bar{\boldsymbol{R}}_{hij1} & \bar{\boldsymbol{R}}_{hij2} \end{bmatrix}, \ \boldsymbol{P}_{r1}^{b\theta ij} = -a_i^2 k_{1ij}^{v}\begin{bmatrix} \boldsymbol{R}_{\theta ij1} & \boldsymbol{R}_{\theta ij2} \end{bmatrix}, \ \boldsymbol{P}_{r1}^{bzij} = -k_{1ij}^{v}\begin{bmatrix} \bar{\boldsymbol{R}}_{vij1} & \bar{\boldsymbol{R}}_{vij2} \end{bmatrix} \\ \boldsymbol{P}_{r3}^{byij} = -m_{wijl}\begin{bmatrix} \bar{\boldsymbol{R}}_{hij1} & \bar{\boldsymbol{R}}_{hij2} \end{bmatrix}, \ \boldsymbol{P}_{r1}^{b\theta ij} = -J_{wijl}\begin{bmatrix} \boldsymbol{R}_{\theta ij1} & \boldsymbol{R}_{\theta ij2} \end{bmatrix}, \ \boldsymbol{P}_{r1}^{bzij} = -m_{wijl}\begin{bmatrix} \bar{\boldsymbol{R}}_{vij1} & \bar{\boldsymbol{R}}_{vij2} \end{bmatrix} \end{cases} \tag{5.2.20}$$

## 5.2.2  PEM-PIM 求解三维车桥耦合系统随机响应

如果考虑确定性激励 $\boldsymbol{f}_g(t)$，系统运动方程可以写成时不变的形式

$$\begin{bmatrix} \boldsymbol{M}_v & \boldsymbol{0} \\ \boldsymbol{0} & \boldsymbol{M}_b \end{bmatrix}\begin{Bmatrix} \ddot{\bar{\boldsymbol{u}}}_v \\ \ddot{\bar{\boldsymbol{u}}}_b \end{Bmatrix} + \begin{bmatrix} \boldsymbol{C}_v & \boldsymbol{0} \\ \boldsymbol{0} & \boldsymbol{C}_b \end{bmatrix}\begin{Bmatrix} \dot{\bar{\boldsymbol{u}}}_v \\ \dot{\bar{\boldsymbol{u}}}_b \end{Bmatrix} + \begin{bmatrix} \boldsymbol{K}_v & \boldsymbol{0} \\ \boldsymbol{0} & \boldsymbol{K}_b \end{bmatrix}\begin{Bmatrix} \bar{\boldsymbol{u}}_v \\ \bar{\boldsymbol{u}}_b \end{Bmatrix} = \boldsymbol{f}_g(t) + \boldsymbol{f}^{in}(t) \tag{5.2.21}$$

式中，$\bar{\boldsymbol{u}} = \left\{ \bar{\boldsymbol{u}}_v^{\mathrm{T}} \quad \bar{\boldsymbol{u}}_b^{\mathrm{T}} \right\}^{\mathrm{T}}$ 为系统的确定性响应；$\boldsymbol{f}^{in}(t)$ 为列车与桥梁之间的耦合作用力，它具有如下形式：

$$\begin{cases} \boldsymbol{f}^{in} = \left\{ \left(\boldsymbol{f}_v^{in}\right)^{\mathrm{T}} \quad \left(\boldsymbol{f}_b^{in}\right)^{\mathrm{T}} \right\}^{\mathrm{T}}, \ \boldsymbol{f}_v^{in} = \left[ \left(\boldsymbol{f}_{v1}^{in}\right)^{\mathrm{T}} \quad \left(\boldsymbol{f}_{v2}^{in}\right)^{\mathrm{T}} \quad \cdots \quad \left(\boldsymbol{f}_{vN_v}^{in}\right)^{\mathrm{T}} \right]^{\mathrm{T}}, \ \boldsymbol{f}_{vi}^{in} = \left[ \boldsymbol{0} \quad \left(\boldsymbol{f}_{ti1}^{in}\right)^{\mathrm{T}} \quad \left(\boldsymbol{f}_{ti2}^{in}\right)^{\mathrm{T}} \right]^{\mathrm{T}} \\ \boldsymbol{f}_{tij}^{in} = \sum_{l=1}^{2}\begin{Bmatrix} k_{1ij}^{h}(Y_b(x_{ijl}) + h_{4i}\theta_b(x_{ijl})) + c_{1ij}^{h}(\dot{Y}_b(x_{ijl}) + h_{4i}\dot{\theta}_b(x_{ijl})) \\ a_i^2(k_{1ij}^{v}\theta_b(x_{ijl}) + c_{1ij}^{v}\dot{\theta}_b(x_{ijl})) - h_{3i}(k_{1ij}^{h}(Y_b(x_{ijl}) + h_{4i}\theta_b(x_{ijl})) + c_{1ij}^{h}(\dot{Y}_b(x_{ijl}) + h_{4i}\dot{\theta}_b(x_{ijl}))) \\ \eta_{jl}d_i(k_{1ij}^{h}(Y_b(x_{ijl}) + h_{4i}\theta_b(x_{ijl})) + c_{1ij}^{h}(\dot{Y}_b(x_{ijl}) + h_{4i}\dot{\theta}_b(x_{ijl}))) \\ k_{1ij}^{v}(Z_b(x_{ijl}) + e_i\theta_b(x_{ijl})) + c_{1ij}^{v}(\dot{Z}_b(x_{ijl}) + e_i\dot{\theta}_b(x_{ijl})) \\ \eta_{jl}d_i(k_{1ij}^{v}(Z_b(x_{ijl}) + e_i\theta_b(x_{ijl})) + c_{1ij}^{v}(\dot{Z}_b(x_{ijl}) + e_i\dot{\theta}_b(x_{ijl}))) \end{Bmatrix} \\ \boldsymbol{f}_b^{in} = \sum_{i=1}^{N_v}\sum_{j=1}^{2}\sum_{l=1}^{2}(F_{bhijl}^{in}\bar{\boldsymbol{R}}_{hijl} + F_{b\theta ijl}^{in}\boldsymbol{R}_{\theta ijl} + F_{bvijl}^{in}\bar{\boldsymbol{R}}_{vijl}) \\ F_{bhijl}^{in} = -m_{wijl}[\ddot{Y}_b(x_{ijl}) + h_{4i}\ddot{\theta}_b(x_{ijl})] - c_{1ij}^{h}[\dot{Y}_b(x_{ijl}) + h_{4i}\dot{\theta}_b(x_{ijl})] - k_{1ij}^{h}[Y_b(x_{ijl}) + h_{4i}\theta_b(x_{ijl})] \\ \qquad + c_{1ij}^{h}(\dot{Y}_{t_ji} - h_{3i}\dot{\theta}_{t_ji} + \eta_{jl}d_i\dot{\psi}_{t_ji}) + k_{1ij}^{h}(Y_{t_ji} - h_{3i}\theta_{t_ji} + \eta_{jl}d_i\psi_{t_ji}) \\ F_{b\theta ijl}^{in} = -J_{wijl}\ddot{\theta}_b(x_{ijl}) - a_i^2 c_{1ij}^{v}\dot{\theta}_b(x_{ijl}) - a_i^2 k_{1ij}^{v}\theta_b(x_{ijl}) + a_i^2 c_{1ij}^{v}\dot{\theta}_{t_ji} + a_i^2 k_{1ij}^{v}\theta_{t_ji} \\ F_{bvijl}^{in} = -m_{wijl}[\ddot{Z}_b(x_{ijl}) + e_i\ddot{\theta}_b(x_{ijl})] - c_{1ij}^{v}[\dot{Z}_b(x_{ijl}) + e_i\dot{\theta}_b(x_{ijl})] - k_{1ij}^{v}[Z_b(x_{ijl}) + e_i\theta_b(x_{ijl})] \\ \qquad + c_{1ij}^{v}(\dot{Z}_{t_ji} + \eta_{jl}d_i\dot{\varphi}_{t_ji}) + k_{1ij}^{v}(Z_{t_ji} + \eta_{jl}d_i\varphi_{t_ji}) \end{cases} \tag{5.2.22}$$

对于方程式（5.2.21），可以直接使用精细积分简单分解格式迭代计算，从而求得系统随机响应的均值。

当考虑随机激励 $\boldsymbol{f}_r(t)$ 时，车桥耦合时变系统运动方程为

$$\begin{bmatrix} \boldsymbol{M}_v & \boldsymbol{0} \\ \boldsymbol{0} & \bar{\boldsymbol{M}}_b \end{bmatrix} \begin{Bmatrix} \ddot{\boldsymbol{u}}_v \\ \ddot{\boldsymbol{u}}_b \end{Bmatrix} + \begin{bmatrix} \boldsymbol{C}_v & \boldsymbol{C}_{vb} \\ \boldsymbol{C}_{bv} & \bar{\boldsymbol{C}}_b \end{bmatrix} \begin{Bmatrix} \dot{\boldsymbol{u}}_v \\ \dot{\boldsymbol{u}}_b \end{Bmatrix} + \begin{bmatrix} \boldsymbol{K}_v & \boldsymbol{K}_{vb} \\ \boldsymbol{K}_{bv} & \bar{\boldsymbol{K}}_b \end{bmatrix} \begin{Bmatrix} \boldsymbol{u}_v \\ \boldsymbol{u}_b \end{Bmatrix} = \boldsymbol{f}_r(t) \tag{5.2.23}$$

随机激励 $\boldsymbol{f}_r(t)$ 中除了包括轨道不平顺本身，还包括其一阶导数和二阶导数项。

将轨道不平顺激励 $\boldsymbol{f}_r(t)$ 分为如下三部分：

$$\boldsymbol{f}_{r1}(t) = \boldsymbol{P}_{r1}\boldsymbol{u}_r^{st}(t)\text{，}\quad \boldsymbol{f}_{r2}(t) = \boldsymbol{P}_{r2}\dot{\boldsymbol{u}}_r^{st}(t)\text{，}\quad \boldsymbol{f}_{r3}(t) = \boldsymbol{P}_{r3}\ddot{\boldsymbol{u}}_r^{st}(t) \tag{5.2.24}$$

根据随机振动理论可知零均值平稳随机过程 $r_y(x)$、$r_\theta(x)$ 和 $r_z(x)$ 的功率谱矩阵与其一、二阶导数的功率谱矩阵存在如下关系：

$$\boldsymbol{S}_{\dot{r}}(\omega) = \omega^2 \boldsymbol{S}_r(\omega)\text{，}\quad \boldsymbol{S}_{\ddot{r}}(\omega) = \omega^4 \boldsymbol{S}_r(\omega) \tag{5.2.25}$$

由于任意功率谱矩阵必为 Hermitian 矩阵，则

$$\boldsymbol{S}_r(\omega) = \sum_{d=1}^{m=3} \lambda_d \boldsymbol{\varphi}_d^* \boldsymbol{\varphi}_d^{\mathrm{T}} \tag{5.2.26}$$

式中，$\lambda_d$ 和 $\boldsymbol{\varphi}_d$ 分别为 $\boldsymbol{S}_r(\omega)$ 的第 $d$ 阶特征值和特征向量，且

$$\begin{cases} \lambda_{d=1} = S_y(\omega),\ \lambda_{d=2} = S_\theta(\omega),\ \lambda_{d=3} = S_z(\omega) \\ \boldsymbol{\varphi}_{d=1} = \{1 \quad 0 \quad 0\}^{\mathrm{T}}\text{，}\ \boldsymbol{\varphi}_{d=2} = \{0 \quad 1 \quad 0\}^{\mathrm{T}}\text{，}\ \boldsymbol{\varphi}_{d=3} = \{0 \quad 0 \quad 1\}^{\mathrm{T}} \end{cases} \tag{5.2.27}$$

根据多点完全相干随机激励下时变系统的虚拟激励法，并结合式（5.2.26）可以构造 $\boldsymbol{f}_{r1}(t)$ 的虚拟激励

$$\tilde{\boldsymbol{f}}_{r1}^d(\omega,t) = \sqrt{\lambda_d}\,\boldsymbol{P}_{r1}\boldsymbol{V}\boldsymbol{\varphi}_d \mathrm{e}^{\mathrm{i}\omega t},\quad d = 1,2,3 \tag{5.2.28}$$

式中，

$$\boldsymbol{V} = \mathrm{diag}([\boldsymbol{v}_0 \quad \boldsymbol{v}_0 \quad \boldsymbol{v}_0])\text{，}\quad \boldsymbol{v}_0 = \left\{\mathrm{e}^{-\mathrm{i}\omega t_1} \quad \mathrm{e}^{-\mathrm{i}\omega t_2} \quad \cdots \quad \mathrm{e}^{-\mathrm{i}\omega t_n}\right\}^{\mathrm{T}} \tag{5.2.29}$$

而 $\boldsymbol{f}_{r2}(t)$ 和 $\boldsymbol{f}_{r3}(t)$ 的虚拟激励也可以按照同样的方法并结合式（5.2.25）来构造

$$\tilde{\boldsymbol{f}}_{r2}^d(\omega,t) = \mathrm{i}\omega\sqrt{\lambda_d}\,\boldsymbol{P}_{r2}\boldsymbol{V}\boldsymbol{\varphi}_d \mathrm{e}^{\mathrm{i}\omega t},\quad d = 1,2,3 \tag{5.2.30}$$

且

$$\tilde{\boldsymbol{f}}_{r3}^d(\omega,t) = -\omega^2\sqrt{\lambda_d}\,\boldsymbol{P}_{r3}\boldsymbol{V}\boldsymbol{\varphi}_d \mathrm{e}^{\mathrm{i}\omega t},\quad d = 1,2,3 \tag{5.2.31}$$

将式（5.2.28）～式（5.2.31）中的虚拟激励分别相加，并且结合式（5.2.27）便可得到 $\boldsymbol{f}_r(t)$ 的虚拟激励

$$\begin{cases} \tilde{\boldsymbol{f}}_r^1(\omega,t) = \sqrt{S_y(\omega)}(\boldsymbol{P}_{r1} + \mathrm{i}\omega\boldsymbol{P}_{r2} - \omega^2\boldsymbol{P}_{r3})\boldsymbol{V}\boldsymbol{\varphi}_1\mathrm{e}^{\mathrm{i}\omega t} \\ \tilde{\boldsymbol{f}}_r^2(\omega,t) = \sqrt{S_\theta(\omega)}(\boldsymbol{P}_{r1} + \mathrm{i}\omega\boldsymbol{P}_{r2} - \omega^2\boldsymbol{P}_{r3})\boldsymbol{V}\boldsymbol{\varphi}_2\mathrm{e}^{\mathrm{i}\omega t} \\ \tilde{\boldsymbol{f}}_r^3(\omega,t) = \sqrt{S_z(\omega)}(\boldsymbol{P}_{r1} + \mathrm{i}\omega\boldsymbol{P}_{r2} - \omega^2\boldsymbol{P}_{r3})\boldsymbol{V}\boldsymbol{\varphi}_3\mathrm{e}^{\mathrm{i}\omega t} \end{cases} \tag{5.2.32}$$

将其代入式（5.2.23），并将方程左端随时间变化的项移到方程右端，可以得到由虚拟激励引起的确定性时不变运动方程

$$\begin{bmatrix} \boldsymbol{M}_v & \boldsymbol{0} \\ \boldsymbol{0} & \boldsymbol{M}_b \end{bmatrix} \begin{Bmatrix} \ddot{\tilde{\boldsymbol{u}}}_v^d \\ \ddot{\tilde{\boldsymbol{u}}}_b^d \end{Bmatrix} + \begin{bmatrix} \boldsymbol{C}_v & \boldsymbol{0} \\ \boldsymbol{0} & \boldsymbol{C}_b \end{bmatrix} \begin{Bmatrix} \dot{\tilde{\boldsymbol{u}}}_v^d \\ \dot{\tilde{\boldsymbol{u}}}_b^d \end{Bmatrix} + \begin{bmatrix} \boldsymbol{K}_v & \boldsymbol{0} \\ \boldsymbol{0} & \boldsymbol{K}_b \end{bmatrix} \begin{Bmatrix} \tilde{\boldsymbol{u}}_v^d \\ \tilde{\boldsymbol{u}}_b^d \end{Bmatrix} = \tilde{\boldsymbol{f}}_h^d(\omega,t) + \tilde{\boldsymbol{f}}^{in}(t) \tag{5.2.33}$$

式中，$\tilde{\boldsymbol{u}}^d = \left\{\left(\tilde{\boldsymbol{u}}_v^d\right)^{\mathrm{T}} \quad \left(\tilde{\boldsymbol{u}}_b^d\right)^{\mathrm{T}}\right\}^{\mathrm{T}}$ 为系统的虚拟响应；$\tilde{\boldsymbol{f}}^{in}(t)$ 与 $\boldsymbol{f}^{in}(t)$ 形式相同，只需将 $\boldsymbol{f}^{in}(t)$ 中的

响应量用相应的虚拟响应代替便可得到。对方程（5.2.33）采用精细积分简单分解格式进行迭代计算，可求得相应的虚拟响应 $\tilde{\boldsymbol{u}}^d(\omega,t)$，进而可以方便地得到系统响应的演变功率谱矩阵和相关矩阵

$$\boldsymbol{S}_{uu}(\omega,t)=\sum_{d=1}^{m=3}\left(\tilde{\boldsymbol{u}}^d\right)^*(\omega,t)\left(\tilde{\boldsymbol{u}}^d\right)^{\mathrm{T}}(\omega,t)\,,\quad \boldsymbol{R}_{uu}(t)=\int_{-\infty}^{+\infty}\boldsymbol{S}_{uu}(\omega,t)\mathrm{d}\omega \tag{5.2.34}$$

**例 5.2.1**　应用 PEM-PIM 研究列车通过七跨简支梁桥时系统的随机动力响应。列车编组含首尾机车和 9 节客车，车辆参数列于表 5.2.1。桥梁有限元模型采用 Bernoulli-Euler 梁单元，其参数为：跨长 $L_s=32\text{m}$，总长 $L=32\times7\text{m}=224\text{m}$，横截面面积 $A=7.47\text{m}^2$，抗扭惯性矩 $I_\rho=18.64\text{m}^4$，水平抗弯惯性矩 $I_z=71.37\text{m}^4$，垂直抗弯惯性矩 $I_y=4.78\text{m}^4$，混凝土密度 $\rho=2500\text{kg/m}^3$，弹性模量 $E=2\times10^{10}\text{N/m}$。采用瑞利阻尼，并按前两阶参振振型阻尼比为 0.05 来确定其系数。桥梁每跨划分为等长度的 20 个有限单元。为保证高精度，取前 20 阶振型用于振型分解。计算结果中桥梁横向位移是指桥面的横向位移，即桥梁截面质心横向位移+转角×质心到桥面的距离。

列车运行速度为 $V=100\text{km/h}$。为了得到列车上桥时的初始条件，假定列车自距桥头 50m 处开始运动。三种轨道不平顺都采用德国高速线路不平顺功率谱，为

$$\begin{cases} S_y(\varOmega)=\dfrac{A_a\cdot\varOmega_c^2}{(\varOmega^2+\varOmega_r^2)(\varOmega^2+\varOmega_c^2)} & [\text{m}^2/(\text{rad/m})] \\[2ex] S_\theta(\varOmega)=\dfrac{A_v\cdot(0.75)^{-2}\cdot\varOmega_c^2\cdot\varOmega^2}{(\varOmega^2+\varOmega_r^2)(\varOmega^2+\varOmega_c^2)(\varOmega^2+\varOmega_s^2)} & [1/(\text{rad/m})] \\[2ex] S_z(\varOmega)=\dfrac{A_v\cdot\varOmega_c^2}{(\varOmega^2+\varOmega_r^2)(\varOmega^2+\varOmega_c^2)} & [\text{m}^2/(\text{rad/m})] \end{cases} \tag{5.2.35}$$

式中，$\varOmega_c$、$\varOmega_r$、$\varOmega_s$ 为截断频率；$A_a$、$A_v$ 为粗糙度常数，它们的取值见参考文献[5]。轨道不平顺频率 $\varOmega$ 的取值范围为 $0.01\times2\pi\sim0.4\times2\pi\ \text{rad/m}$。

**表 5.2.1　车辆参数**

| 参数 | 机车车辆 | 客车车辆 | 单位 |
|---|---|---|---|
| 车体质量 $M_c$ | 50 000 | 48 200 | kg |
| 车体侧滚（绕 $x$ 轴）惯量 $J_{c\theta}$ | 119 597 | 816 720 | kg·m$^2$ |
| 车体点头（绕 $y$ 轴）惯量 $J_{c\varphi}$ | 1 255 159 | 2 999 000 | kg·m$^2$ |
| 车体摇头（绕 $z$ 轴）惯量 $J_{c\psi}$ | 1 022 549 | 2 999 000 | kg·m$^2$ |
| 构架质量 $M_t$ | 15 260 | 3 086 | kg |
| 构架侧滚（绕 $x$ 轴）惯量 $J_{t\theta}$ | 5 031 | 2 132 | kg·m$^2$ |
| 构架点头（绕 $y$ 轴）惯量 $J_{t\varphi}$ | 13 665 | 4 730 | kg·m$^2$ |
| 构架摇头（绕 $z$ 轴）惯量 $J_{t\psi}$ | 13 147 | 4 730 | kg·m$^2$ |
| 轮对质量 $M_w$ | 2 670 | 1 675 | kg |
| 轮对侧滚（绕 $x$ 轴）惯量 $J_w$ | 2 426 | 900 | kg·m$^2$ |
| 一系垂向弹簧刚度（一侧）$k_1^v$ | 16 000 | 7 800 | kN/m |
| 一系横向弹簧刚度（一侧）$k_1^h$ | 3 740 | 2 538 | kN/m |
| 二系垂向弹簧刚度（一侧）$k_2^v$ | 500 | 370 | kN/m |
| 二系横向弹簧刚度（一侧）$k_2^h$ | 2 300 | 960 | kN/m |
| 一系垂向阻尼系数（一侧）$c_1^v$ | 30 | 6 | kN·s/m |

续表

| 参数 | 机车车辆 | 客车车辆 | 单位 |
|---|---|---|---|
| 一系横向阻尼系数（一侧） $c_1^h$ | 120 | 20 | kN·s/m |
| 二系垂向阻尼系数（一侧） $c_2^v$ | 100 | 45 | kN·s/m |
| 二系横向阻尼系数（一侧） $c_2^h$ | 72 | 140 | kN·s/m |
| 车体定距之半 $s$ | 4.500 | 9.250 | m |
| 构架轴距之半 $d$ | 1.450 | 1.200 | m |
| 一系悬挂横向跨距之半 $a$ | 1.050 | 0.978 | m |
| 二系悬挂横向跨距之半 $b$ | 1.050 | 1.120 | m |
| 轮对横向长度之半 $B$ | 1.025 | 1 | m |
| 轮对到桥梁质心横向距离 $e$ | 2.500 | 2.500 | m |
| 车体到二系悬挂垂向距离 $h_1$ | 0.740 | 1.792 | m |
| 二系悬挂到构架垂向距离 $h_2$ | 0.590 | 0.078 | m |
| 构架到轮对垂向距离 $h_3$ | 0.015 | 0.042 | m |
| 轮对到桥梁质心垂向距离 $h_4$ | 1.8 | 1.8 | m |

分别采用 PEM-PIM 和 Monte Carlo 法求解列车通过时的系统随机响应。在 Monte Carlo 法中，由三角级数叠加分别生成 50 和 500 个轨道不平顺随机样本，对每一样本用 Newmark 逐步积分法计算动力响应。图 5.2.4 给出了首节机车车体垂向位移和横向加速度的标准差曲线，图 5.2.5 给出了桥梁中点横向位移和垂向加速度的标准差曲线。如图所示，与建议的方法计算结果相比，Monte Carlo 法取 50 个样本时，机车车体垂向位移标准差和横向加速度标准差的最大偏差分别为 20.2%和 30.8%，桥梁中点横向位移标准差和垂向加速度标准差的最大偏

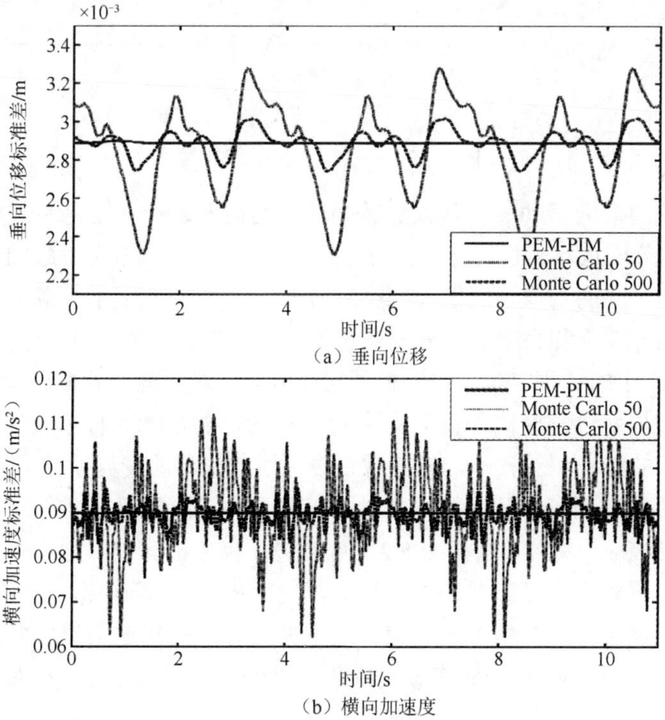


（a）垂向位移

（b）横向加速度

图 5.2.4 首节机车车体标准差曲线

差分别为 22.6%和 24.6%；当取 500 个样本时，最大偏差分别降为 5.0%、7.7%和 5.0%、10.0%。随着所取样本数目的增加，Monte Carlo 法的计算结果将逐渐趋近于本节严格随机振动方法所得的计算结果。但就其计算时间而言，PEM-PIM 仅需要 8.5min，而 Monte Carlo 法取 50 个样本就需要 226.0min，是 PEM-PIM 的 26.6 倍。

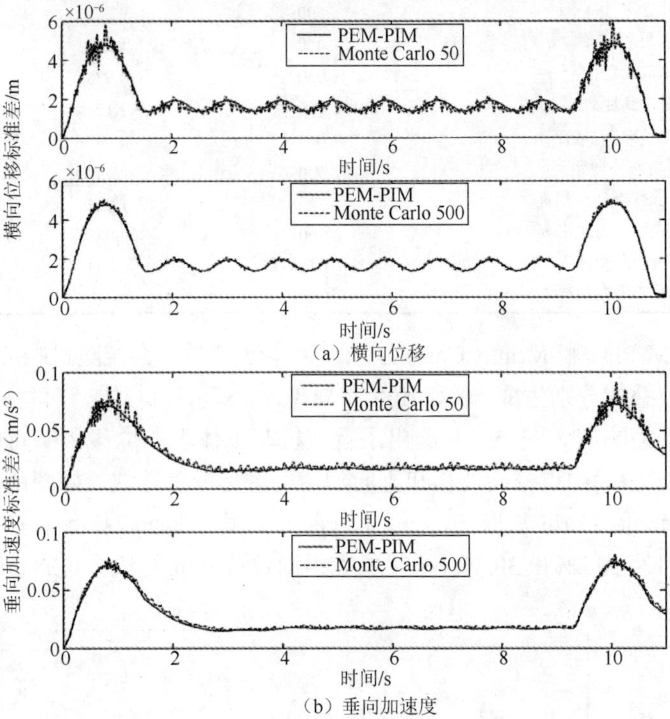


（a）横向位移

（b）垂向加速度

图 5.2.5　桥梁中点标准差曲线

车桥耦合系统的横向振动一直是人们较为关注的问题之一。它是引起列车倾覆、脱轨的主要原因，因此本节重点对其进行分析。图 5.2.6 给出了由列车重力引起的机车车体横向加速度和桥梁中点横向位移的均值响应曲线。图 5.2.7 给出了三类轨道不平顺分别作用时和同时作用时机车车体横向加速度和桥梁中点横向位移的随机响应标准差曲线。比较图 5.2.6 中的均值响应曲线和图 5.2.7 中的三类轨道不平顺曲线可以发现，对于列车的横向响应，轨道不平顺引起的随机响应占主导地位。而对于桥梁的横向响应，起主要作用的是列车重力产生的确定性响应，轨道不平顺的影响相对较小，例如桥梁中点横向位移的变异系数为 6.5%。这是因为所选的桥梁为双线桥，当列车从其一侧通过时，车辆重力将给桥梁扭转作用力，从而引起桥面较大的确定性横向响应。另外，根据图 5.2.7 可以进一步分析三类轨道不平顺对系统横向随机响应的影响：①方向轨道不平顺对整个系统的横向随机振动都有很大的影响，尤其是对桥梁横向随机振动，图 5.2.7（b）中方向轨道不平顺曲线和三类轨道不平顺曲线最大值比值达到 94.9%；②水平轨道不平顺是引起列车横向随机振动的一个重要因素，相对而言其对桥梁的横向随机振动影响要小一些；③高低轨道不平顺几乎对列车的横向随机振动没有影响，但对双线桥梁还是有一定的影响。

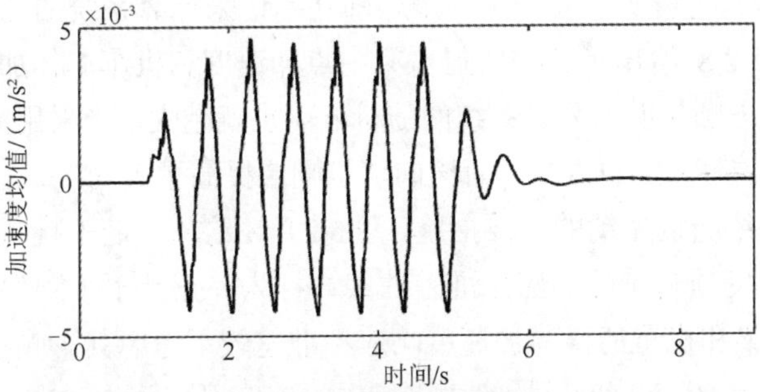


（a）机车车体加速度

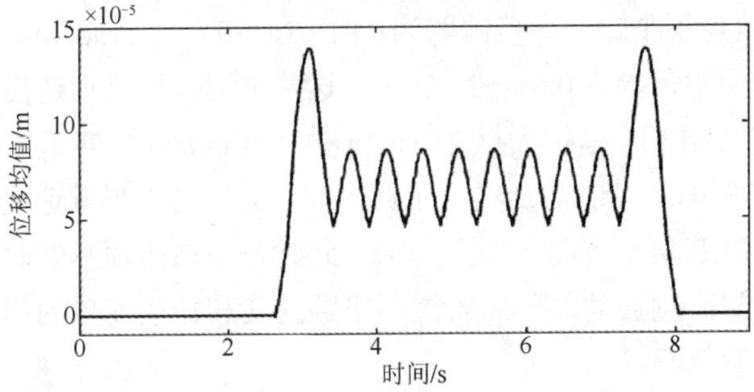


（b）桥梁中点位移

图 5.2.6　列车重力引起的横向均值响应

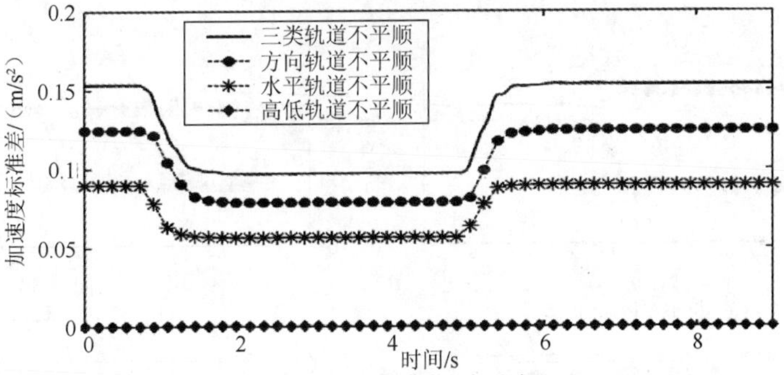


（a）机车车体加速度

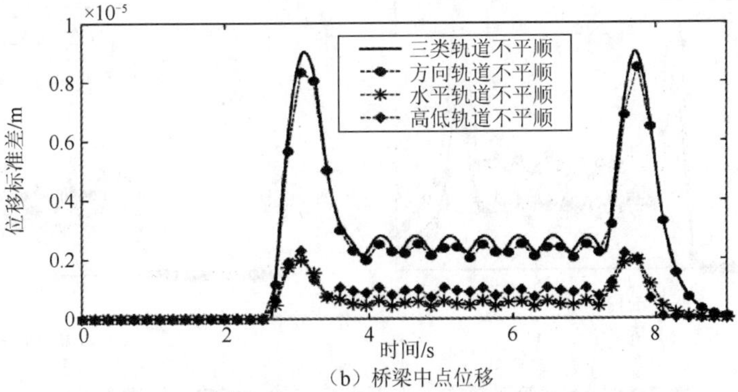


（b）桥梁中点位移

图 5.2.7　轨道不平顺引起的横向随机响应标准差曲线

分别选取德国高速线路低、高干扰不平顺的功率谱来计算系统的随机响应。列车速度取为$V$=200km/h 。图 5.2.8 给出了计算所得桥梁中点加速度和机车车体加速度的标准差曲线。该图表明，桥上轨道平顺状况越差，系统的随机响应也就越大，当采用高干扰轨道功率谱时，系统垂向随机响应提高了大约 1.6 倍，而横向随机响应提高了大约 1.7 倍，可见控制轨道不平顺是减小车桥耦合系统随机振动的重要措施。图 5.2.8 还给出了低干扰轨道功率谱下不考虑轨道不平顺速度和加速度项影响的响应标准差曲线（标为“正常不平顺”）。如图所示，当考虑这两项的影响时，桥梁和机车的横向加速度响应标准差较不考虑其影响都有不同程度的提高，机车车体横向加速度提高了 8.0%，桥梁中点横向加速度提高了 73.0%；相对而言，垂向加速度却变化不大。由于轨道不平顺频率范围取为$0.01\times2\pi\sim0.4\times2\pi$ rad/m，当车速为$V$=200km/h 时轨道不平顺激励的频率范围为 0.56～22.2Hz，这并未达到桥梁加速度高频振动所需频率。如果将轨道不平顺空间频率范围扩大至$0.01\times2\pi\sim1\times2\pi$ rad/m，轨道不平顺激励的频率范围相应地将变为 0.56～55.6Hz。图 5.2.9 给出了此时有、无轨道不平顺速度和加速度项两种情况下桥梁中点加速度的时变功率谱图。如图所示，此时考虑这两项影响时，桥梁横向和垂向加速度均会有比较明显的高频振动。因此轨道不平顺速度和加速度项的影响在车桥耦合系统随机振动分析中不应随意忽略。

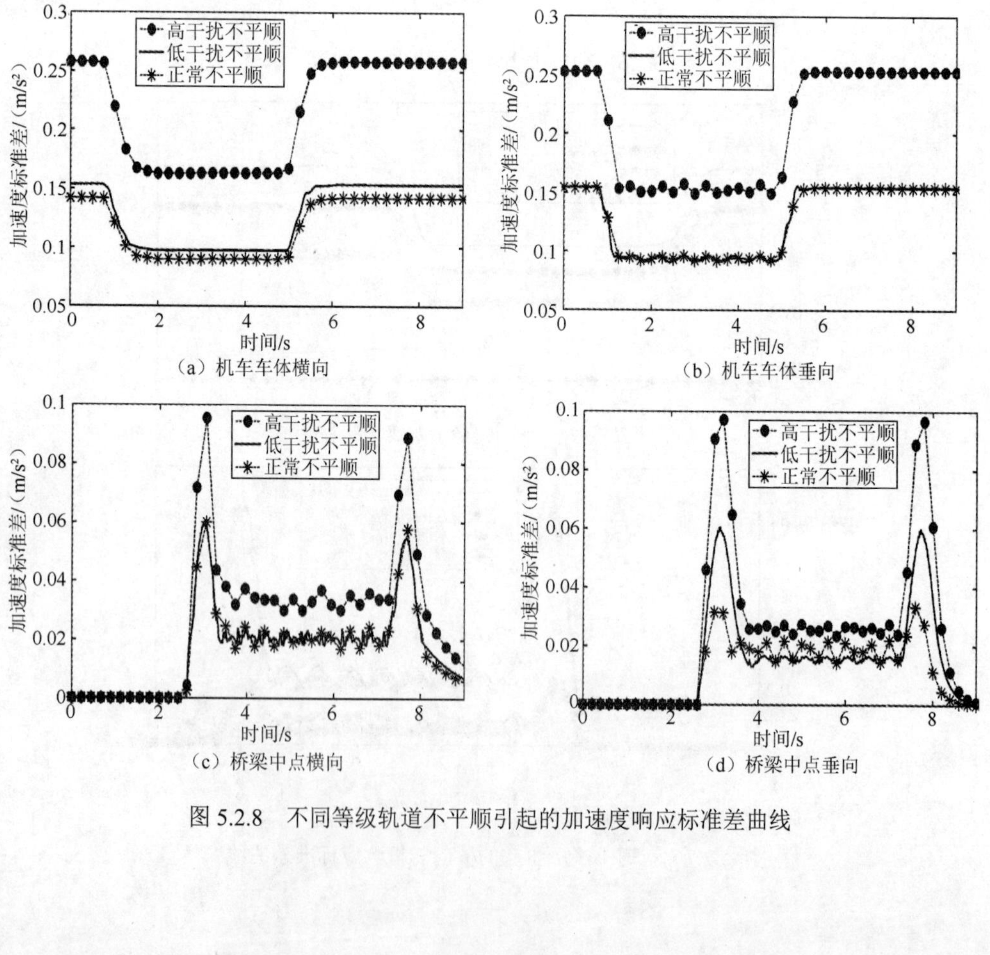


（a）机车车体横向　（b）机车车体垂向

（c）桥梁中点横向　（d）桥梁中点垂向

图 5.2.8　不同等级轨道不平顺引起的加速度响应标准差曲线

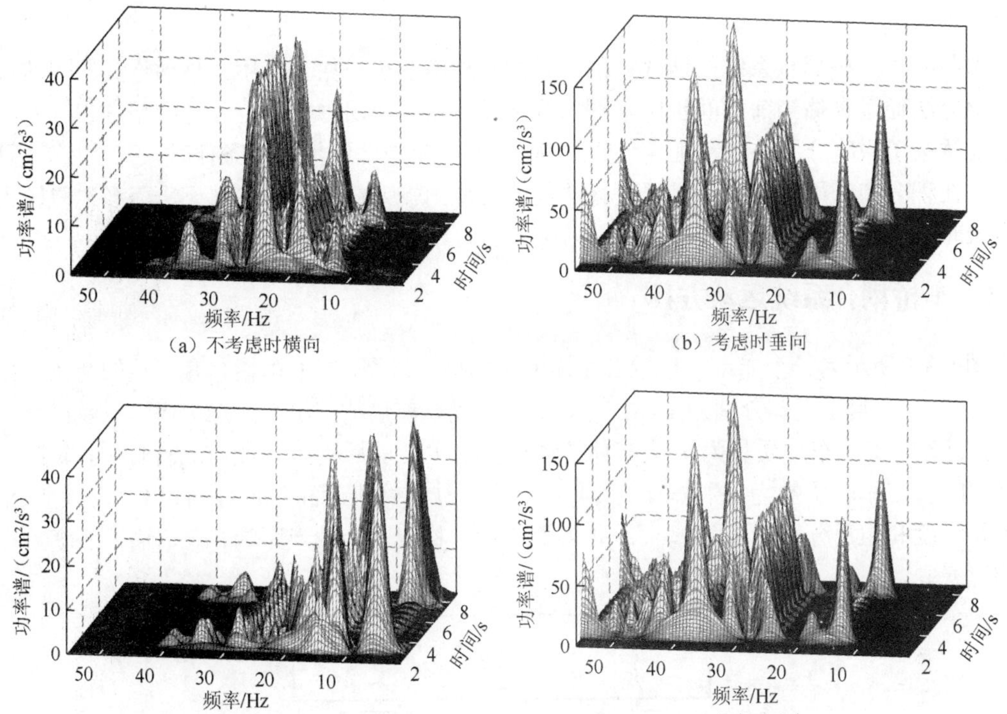


（a）不考虑时横向　（b）考虑时垂向

（c）不考虑时垂向　（d）考虑时垂向

图 5.2.9　有无轨道不平顺速度和加速度项时桥梁中点加速度功率谱

## 5.3　车桥耦合系统振动分析的预估免迭代方法

车桥耦合系统动力学模型的系数矩阵大多随着车辆位置的变化而改变。对于这类时变耦合系统的动力学问题，目前主要采用以下两类分析方法：第一类是将耦合系统作为一个整体，应用逐步积分方法对时变运动方程组直接进行求解。第二类分析方法是分别对车辆和桥梁的非时变运动方程进行迭代求解。此时，将车辆与桥梁分别作为两个独立的子系统，根据他们之间的相互作用关系，通过多次迭代得到整个系统的动力响应。由于时变方法在每个时间步内近似认为该系统是不随时间变化的，并且在每一个时间步内均需要重新生成整个系统的系数矩阵。因此，当计算时间步长非常小时可以近似认为是正确的，但是当时间积分步长较大时则会引入较大的误差，而过小的时间积分步长又将极大影响计算效率。迭代方法则是将车辆子系统动力学分析看成一个常规的结构动力学问题，只是在车轮处受到随时间变化的荷载作用，而桥梁子系统的动力学分析则是一个在位置连续变化的力作用下的动力学问题。

迭代方法突出的优点是将车辆和桥梁分别作为两个非时变动力学系统单独进行处理，一方面可以避免时变方法中因车桥耦合系统参数差异过大可能引起的系数矩阵病态问题；另一方面，当采用时间步内的迭代方法时，车辆子系统动力学分析是一个常规的结构动力学问题，而桥梁子系统可以看成一个移动力问题，此时可分别针对车辆和桥梁结构特点各自独立地发展更为高效的分析方法。然而，迭代方法必须对车辆和桥梁的响应进行多次迭代，才能得到较为精确的计算结果。因此，若能在计算过程中减少迭代次数甚至避免整个迭代过程，显然可以提高这类方法的计算效率。

本节针对车桥耦合系统的迭代方法，介绍一种基于车桥相互作用力预估格式的免迭代方法。该方法通过预估当前时间步内车辆与桥梁间的相互作用力，结合改进的精细积分方法对车辆与桥梁子系统分别进行精确高效的求解，并且当考虑非线性连接条件时该方法依然适用。该方法在积分步长不太大时不需要进行迭代即可得到较为精确的计算结果，而当选取较大积分步长时，可以通过少量迭代来获得更为精确的计算结果[7-9]。

## 5.3.1 车桥耦合系统运动方程

图 5.3.1 所示为一个二维车桥耦合系统的垂向振动模型，其中车辆具有完整的两系悬挂系统，含有 10 个自由度，分别为车体沉浮、点头运动，前后构架沉浮、点头运动以及四个车轮的沉浮运动。其中车体质量为 $m_c$，车体转动惯量为 $J_c$，前后构架质量为 $m_{t1}$ 和 $m_{t2}$，转动惯量为 $J_{t1}$ 和 $J_{t2}$，车轮质量为 $m_{wj}\,(j=1,2,3,4)$；一系悬挂弹簧刚度和阻尼分别为 $k_1$ 和 $c_1$，二系悬挂弹簧刚度和阻尼分别为 $k_2$ 和 $c_2$；车体半距为 $l_c$，构架固定轴半距为 $l_t$。车辆以速度 $V$ 在桥上匀速行驶。

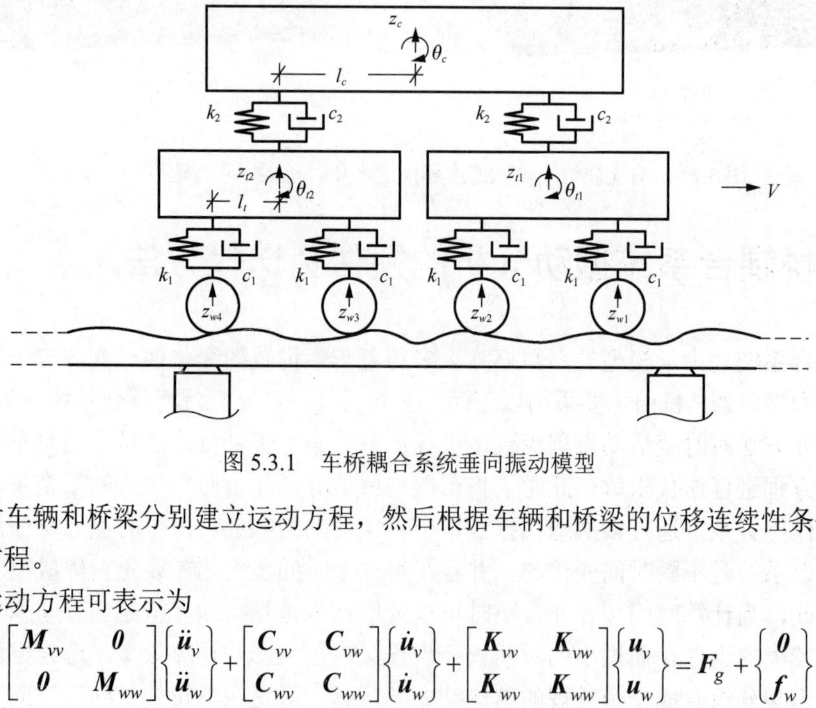


图 5.3.1 车桥耦合系统垂向振动模型

下面对车辆和桥梁分别建立运动方程，然后根据车辆和桥梁的位移连续性条件建立车桥耦合运动方程。

车辆运动方程可表示为

$$\begin{bmatrix} \boldsymbol{M}_{vv} & \boldsymbol{0} \\ \boldsymbol{0} & \boldsymbol{M}_{ww} \end{bmatrix} \begin{Bmatrix} \ddot{\boldsymbol{u}}_v \\ \ddot{\boldsymbol{u}}_w \end{Bmatrix} + \begin{bmatrix} \boldsymbol{C}_{vv} & \boldsymbol{C}_{vw} \\ \boldsymbol{C}_{wv} & \boldsymbol{C}_{ww} \end{bmatrix} \begin{Bmatrix} \dot{\boldsymbol{u}}_v \\ \dot{\boldsymbol{u}}_w \end{Bmatrix} + \begin{bmatrix} \boldsymbol{K}_{vv} & \boldsymbol{K}_{vw} \\ \boldsymbol{K}_{wv} & \boldsymbol{K}_{ww} \end{bmatrix} \begin{Bmatrix} \boldsymbol{u}_v \\ \boldsymbol{u}_w \end{Bmatrix} = \boldsymbol{F}_g + \begin{Bmatrix} \boldsymbol{0} \\ \boldsymbol{f}_w \end{Bmatrix} \tag{5.3.1}$$

式中，

$$\boldsymbol{u}_v = \{z_c \quad \theta_c \quad z_{t1} \quad \theta_{t1} \quad z_{t2} \quad \theta_{t2}\}^{\mathrm{T}}, \boldsymbol{u}_w = \{z_{w1} \quad z_{w2} \quad z_{w3} \quad z_{w4}\}^{\mathrm{T}} \tag{5.3.2}$$

方程（5.3.1）可以写成简化的形式

$$\boldsymbol{M}_v \ddot{\boldsymbol{z}}_v + \boldsymbol{C}_v \dot{\boldsymbol{z}}_v + \boldsymbol{K}_v \boldsymbol{z}_v = \boldsymbol{F}_g + \boldsymbol{I}_v \boldsymbol{f}_w \tag{5.3.3}$$

式中，$\boldsymbol{z}_v = \{\boldsymbol{u}_v^{\mathrm{T}} \quad \boldsymbol{u}_w^{\mathrm{T}}\}^{\mathrm{T}}$；$\boldsymbol{I}_v$ 为车辆位置指示矩阵，由元素 0 和 1 构成。式（5.3.1）中，质量阵 $\boldsymbol{M}_{vv}$ 与刚度阵 $\boldsymbol{K}_{vv}$ 的组成与式（5.1.2）类似；$\boldsymbol{M}_{ww}$、$\boldsymbol{K}_{ww}$ 和 $\boldsymbol{K}_{wv}$ 分别为

$$\begin{cases} \boldsymbol{M}_{ww} = \mathrm{diag}\left(m_w, m_w, m_w, m_w\right), \quad \boldsymbol{K}_{ww} = \mathrm{diag}\left(k_1, k_1, k_1, k_1\right) \\ \boldsymbol{K}_{wv} = \boldsymbol{K}_{vw}^{\mathrm{T}} = \begin{bmatrix} 0 & 0 & -k_1 & k_1 l_t & 0 & 0 \\ 0 & 0 & -k_1 & -k_1 l_t & 0 & 0 \\ 0 & 0 & 0 & 0 & -k_1 & k_1 l_t \\ 0 & 0 & 0 & 0 & -k_1 & -k_1 l_t \end{bmatrix} \end{cases} \tag{5.3.4}$$

运动方程（5.3.3）的阻尼阵与刚度阵的形式完全一致，只需要把对应的刚度系数用阻尼系数代替即可。

$$\boldsymbol{F}_g = -\left\{ m_c g \quad 0 \quad m_t g \quad 0 \quad m_t g \quad 0 \quad m_w g \quad m_w g \quad m_w g \quad m_w g \right\}^{\mathrm{T}} \tag{5.3.5}$$

式中，$g$ 为重力加速度，且

$$\boldsymbol{f}_w = \left\{ f_{z1} \quad f_{z2} \quad f_{z3} \quad f_{z4} \right\}^{\mathrm{T}} \tag{5.3.6}$$

其中，$f_{zj}(j=1,2,3,4)$ 为桥梁对 4 个车轮的垂向作用力。

对于桥梁模型，同样采用有限元方法建模，其运动方程可以表示为

$$\boldsymbol{M}_b \ddot{\boldsymbol{u}}_b + \boldsymbol{C}\dot{\boldsymbol{u}}_b + \boldsymbol{K}_b \boldsymbol{u}_b = \boldsymbol{F}_b \tag{5.3.7}$$

式中，$\boldsymbol{F}_b$ 为桥梁总节点荷载向量，是由车辆对桥梁的作用产生的。通过利用车轮所在单元的形函数，将车轮对桥梁的作用力分解到各个节点上，再利用单元位置指示矩阵形成总的节点荷载向量。

以平面梁单元为例，类似于第 2 章中移动力作用下桥梁荷载向量的推导，可以得到第 $j$ 个车轮作用于桥梁的第 $k$ 个单元上时桥梁受到的节点荷载

$$\boldsymbol{f}_{bj} = -\boldsymbol{T}_j \boldsymbol{N}\left(\xi_k^j\right) f_{zj} = -\boldsymbol{R}_j f_{zj} \tag{5.3.8}$$

式中，$\boldsymbol{T}_j$ 为第 $j$ 个力所在单元的位置指示矩阵，它由元素 0 和 1 构成；$\boldsymbol{N}\left(\xi_k^j\right)$ 为形函数；$\boldsymbol{R}_j$ 为一个 $N$ 维向量，它的作用是将第 $j$ 个移动力 $f_{zj}$ 转化为节点力向量。因此，所有 4 个车轮作用力产生的桥梁总节点荷载为

$$\boldsymbol{F}_b = -\boldsymbol{T}_1 \boldsymbol{N}_1 f_{z1} - \boldsymbol{T}_2 \boldsymbol{N}_2 f_{z2} - \boldsymbol{T}_3 \boldsymbol{N}_3 f_{z3} - \boldsymbol{T}_4 \boldsymbol{N}_4 f_{z4} = -\boldsymbol{R}\boldsymbol{f}_w \tag{5.3.9}$$

式中，

$$\boldsymbol{R} = \left[ \boldsymbol{T}_1 \boldsymbol{N}_1 \quad \boldsymbol{T}_2 \boldsymbol{N}_2 \quad \boldsymbol{T}_3 \boldsymbol{N}_3 \quad \boldsymbol{T}_4 \boldsymbol{N}_4 \right] \tag{5.3.10}$$

采用振型叠加法进行桥梁动力响应分析：

$$\boldsymbol{u}_b = \sum_{i=1}^{n} \boldsymbol{\varphi}_i \boldsymbol{q}_i = \boldsymbol{\Phi}_b \boldsymbol{q}_b \tag{5.3.11}$$

式中，$n$ 为参振振型数；$\boldsymbol{q}_b = \left\{ q_1, q_2, \cdots, q_n \right\}^{\mathrm{T}}$ 为模态坐标向量；$\boldsymbol{\Phi}_b = \left[ \boldsymbol{\varphi}_1, \boldsymbol{\varphi}_2, \cdots, \boldsymbol{\varphi}_n \right]$ 为结构振型矩阵。将式（5.3.11）和式（5.3.9）代入方程（5.3.7），并左乘 $\boldsymbol{\Phi}_b$ 的转置，可得

$$\bar{\boldsymbol{M}}_b \ddot{\boldsymbol{q}}_b + \bar{\boldsymbol{C}}_b \dot{\boldsymbol{q}}_b + \bar{\boldsymbol{K}}_b \boldsymbol{q}_b = \bar{\boldsymbol{F}}_b = -\bar{\boldsymbol{R}}\boldsymbol{f}_w \tag{5.3.12}$$

式中，

$$\bar{\boldsymbol{M}}_b = \boldsymbol{\Phi}_b^{\mathrm{T}} \boldsymbol{M}_b \boldsymbol{\Phi}_b, \bar{\boldsymbol{K}}_b = \boldsymbol{\Phi}_b^{\mathrm{T}} \boldsymbol{K}_b \boldsymbol{\Phi}_b, \bar{\boldsymbol{C}}_b = \boldsymbol{\Phi}_b^{\mathrm{T}} \boldsymbol{C}_b \boldsymbol{\Phi}_b, \bar{\boldsymbol{R}} = \boldsymbol{\Phi}_b^{\mathrm{T}} \boldsymbol{R} \tag{5.3.13}$$

方程（5.3.3）和方程（5.3.12）构成了车辆桥梁系统的运动方程。但应该注意到，各个车轮与桥梁之间的相互作用力是未知的，计算该相互作用力是整个系统求解的关键。由于车轮与桥梁之间的连接关系的不同，轮轨相互作用力也具有不同的表达形式。目前对于轮轨接触

的模拟有两种不同的模型：刚性连接模型和弹性连接模型。刚性连接模型是指车轮与桥梁直接连接，车轮与桥梁的接触点具有共同的位移、速度和加速度，并且不会出现滑动、爬轨等现象；弹性连接模型则是考虑车轮与桥梁连接的弹性。一般均假设车轮与桥梁不会发生脱离。

对于刚性连接模型，第 $j$ 个车轮位移 $u_{wj}$ 与桥梁接触点位移 $u_{ej}$ 具有如下关系：

$$u_{wj} = u_{ej} + u_{rj} \tag{5.3.14}$$

式中，$u_{rj}$ 为第 $j$ 个车轮与桥梁接触点处的路面不平度。$u_{ej}$ 可以通过形函数位置矩阵 $\boldsymbol{R}_j$ 从整体位移 $\boldsymbol{u}_b$ 中提取得到，即

$$u_{ej} = \boldsymbol{R}_j^{\mathrm{T}} \boldsymbol{u}_b = \bar{\boldsymbol{R}}_j^{\mathrm{T}} \boldsymbol{q}_b \tag{5.3.15}$$

对于所有 4 个车轮则具有以下关系：

$$\boldsymbol{u}_w = \boldsymbol{I}_v \boldsymbol{z}_v = \bar{\boldsymbol{R}}^{\mathrm{T}} \boldsymbol{q}_b + \boldsymbol{u}_r \tag{5.3.16}$$

其中，$\boldsymbol{u}_r = \{u_{r1}, u_{r2}, u_{r3}, u_{r4}\}^{\mathrm{T}}$。在刚性连接模型中车轮不再具有独立的自由度，可以在整个运动方程中消去该自由度。为进行此操作，可以采用如下关系：

$$\begin{Bmatrix} \boldsymbol{u}_v \\ \boldsymbol{u}_w \\ \boldsymbol{u}_b \end{Bmatrix} = \begin{bmatrix} \boldsymbol{I} & \boldsymbol{0} \\ \boldsymbol{0} & \bar{\boldsymbol{R}}^{\mathrm{T}} \\ \boldsymbol{0} & \boldsymbol{I} \end{bmatrix} \begin{Bmatrix} \boldsymbol{u}_v \\ \boldsymbol{q}_b \end{Bmatrix} + \begin{bmatrix} \boldsymbol{0} \\ \boldsymbol{I} \\ \boldsymbol{0} \end{bmatrix} \boldsymbol{u}_r = \boldsymbol{Q} \begin{Bmatrix} \boldsymbol{u}_v \\ \boldsymbol{q}_b \end{Bmatrix} + \alpha \boldsymbol{u}_r \tag{5.3.17}$$

联立方程（5.3.3）和方程（5.3.12），并将式（5.3.17）代入其中，左乘变换矩阵 $\boldsymbol{Q}^{\mathrm{T}}$ 消去车轮的自由度，得到整个耦合系统的运动方程：

$$\begin{gathered} \begin{bmatrix} \boldsymbol{M}_{vv} & \boldsymbol{0} \\ \boldsymbol{0} & \bar{\boldsymbol{R}} \boldsymbol{M}_{ww} \bar{\boldsymbol{R}}^{\mathrm{T}} + \boldsymbol{I} \end{bmatrix} \begin{Bmatrix} \ddot{\boldsymbol{u}}_v \\ \ddot{\boldsymbol{q}}_b \end{Bmatrix} + \begin{bmatrix} \boldsymbol{C}_{vv} & \boldsymbol{C}_{vw} \bar{\boldsymbol{R}}^{\mathrm{T}} \\ \bar{\boldsymbol{R}} \boldsymbol{C}_{wv} & \bar{\boldsymbol{R}} \boldsymbol{C}_{ww} \bar{\boldsymbol{R}}^{\mathrm{T}} + \boldsymbol{C}_b \end{bmatrix} \begin{Bmatrix} \dot{\boldsymbol{u}}_v \\ \dot{\boldsymbol{q}}_b \end{Bmatrix} \\ + \begin{bmatrix} \boldsymbol{K}_{vv} & \boldsymbol{K}_{vw} \bar{\boldsymbol{R}}^{\mathrm{T}} \\ \bar{\boldsymbol{R}} \boldsymbol{K}_{wv} & \bar{\boldsymbol{R}} \boldsymbol{K}_{ww} \bar{\boldsymbol{R}}^{\mathrm{T}} + \boldsymbol{\Omega}_b \end{bmatrix} \begin{Bmatrix} \boldsymbol{u}_v \\ \boldsymbol{q}_b \end{Bmatrix} = \begin{Bmatrix} \boldsymbol{0} \\ -\bar{\boldsymbol{R}} \boldsymbol{f}_g \end{Bmatrix} - \begin{Bmatrix} \boldsymbol{0} \\ \bar{\boldsymbol{R}} \boldsymbol{M}_{ww} \end{Bmatrix} \ddot{\boldsymbol{u}}_r + \begin{Bmatrix} \boldsymbol{C}_{vw} \\ -\bar{\boldsymbol{R}} \boldsymbol{C}_{ww} \end{Bmatrix} \dot{\boldsymbol{u}}_r + \begin{Bmatrix} \boldsymbol{K}_{vw} \\ -\bar{\boldsymbol{R}} \boldsymbol{K}_{ww} \end{Bmatrix} \boldsymbol{u}_r \end{gathered} \tag{5.3.18}$$

由于形函数位置矩阵 $\bar{\boldsymbol{R}}$ 随着车辆位置变化而变化，因此该方程的质量阵、阻尼阵、刚度阵和荷载向量都将随着车辆位置的变化而变化。因此，对于耦合运动方程的求解，需要在每一个时刻 $t_k$ 重新生成质量阵、阻尼阵、刚度阵及荷载向量，并假设在该时间步 $\Delta t$ 内车辆的位置不再变化。

对于弹性连接模型，一般采用 Hertz 接触理论，假定第 $j$ 个车轮与桥梁之间的垂向作用力为

$$f_{zj} = k_s (u_{ej} - u_{wj} + u_{rj}) \tag{5.3.19}$$

式中，$k_s$ 为弹簧刚度。此时，所有车轮与桥梁之间的相互作用力 $\boldsymbol{f}_w$ 可以表示为

$$\boldsymbol{f}_w = k_s \left( \bar{\boldsymbol{R}}^{\mathrm{T}} \boldsymbol{q}_b - \boldsymbol{u}_w + \boldsymbol{u}_r \right) \tag{5.3.20}$$

将式（5.3.20）代入方程（5.3.3）和方程（5.3.12）中，可得车辆和桥梁的运动方程分别为

$$\boldsymbol{M}_v \ddot{\boldsymbol{z}}_v + \boldsymbol{C}_v \dot{\boldsymbol{z}}_v + \boldsymbol{K}_v \boldsymbol{z}_v = \boldsymbol{I}_v^{\mathrm{T}} \boldsymbol{f}_w + \boldsymbol{F}_g \tag{5.3.21}$$

$$\bar{\boldsymbol{M}}_b \ddot{\boldsymbol{q}}_b + \bar{\boldsymbol{C}}_b \dot{\boldsymbol{q}}_b + \bar{\boldsymbol{K}}_b \boldsymbol{q}_b = -\bar{\boldsymbol{R}} \boldsymbol{f}_w \tag{5.3.22}$$

方程（5.3.21）和方程（5.3.22）构成了考虑轨道不平顺时车辆桥梁耦合系统的运动方程。对于耦合系统响应的求解，车辆与桥梁是分别独立进行的。由于方程右端的作用力是由它们

的响应确定的，因此，在计算中需要对其进行多次迭代才能获得准确的结果。

对于弹性连接模型，同样可以将车桥耦合系统作为一个整体，应用逐步积分方法对时变运动方程组直接进行求解。此时，将车辆与桥梁的运动方程式（5.3.21）和式（5.3.22）联立起来，并将所有未知量放到方程左端，整理可得耦合系统的时变运动方程：

$$\begin{bmatrix} \boldsymbol{M}_v & \boldsymbol{0} \\ \boldsymbol{0} & \bar{\boldsymbol{M}}_b \end{bmatrix}\begin{Bmatrix} \ddot{\boldsymbol{z}}_v \\ \ddot{\boldsymbol{q}}_b \end{Bmatrix}+\begin{bmatrix} \boldsymbol{C}_v & \boldsymbol{0} \\ \boldsymbol{0} & \bar{\boldsymbol{C}}_b \end{bmatrix}\begin{Bmatrix} \dot{\boldsymbol{z}}_v \\ \dot{\boldsymbol{q}}_b \end{Bmatrix}+\begin{bmatrix} \boldsymbol{K}_v+k_s\boldsymbol{I}_v\boldsymbol{I}_v^{\mathrm{T}} & -k_s\boldsymbol{I}_v\bar{\boldsymbol{R}}^{\mathrm{T}} \\ -k_s\bar{\boldsymbol{R}}\boldsymbol{I}_v^{T} & \bar{K}_b+k_s\bar{\boldsymbol{R}}\bar{\boldsymbol{R}}^{\mathrm{T}} \end{bmatrix}\begin{Bmatrix} \boldsymbol{z}_v \\ \boldsymbol{q}_b \end{Bmatrix}$$

$$=k_s\begin{Bmatrix} \boldsymbol{I}_v \\ -\bar{\boldsymbol{R}} \end{Bmatrix}\boldsymbol{u}_r+\begin{Bmatrix} \boldsymbol{F}_g \\ \boldsymbol{0} \end{Bmatrix} \tag{5.3.23}$$

车轮与桥梁间的连接关系并不影响求解方法的选择，无论是刚性连接模型还是弹性连接模型，均可以采用上述两类方法进行求解。对于刚性连接模型，也可以得到车轮与桥梁间相互作用力的形式，然后建立两个子系统的运动方程，采用迭代方法求解，在此不再赘述。

### 5.3.2 预估格式的车桥耦合问题精细积分法

在车辆桥梁耦合系统迭代求解方法中，核心问题是确定车辆与桥梁之间的相互作用力。因此，若能通过适当的方法进行预测，得到满足一定精度的相互作用力，则可避免复杂、耗时的迭代计算过程，提高计算效率。不妨设在区间$(t_k,t_k+\Delta t]$内任一时刻$\tau$，第$j$个车轮与桥梁相互作用力$f_{zj}$可以表示为

$$f_{zj}=\sum_{s=0}^{m}c_{sj}\tau^s \tag{5.3.24}$$

式中，$m$为选取的最高阶次；$c_{sj}$为待定系数。此时，将前面$m$个时刻已知的相互作用力代入上式即可得到系数$c_{sj}$。一般情况下，适当增加多项式的阶数，可能有助于提高计算精度，然而过高的次数反而会引起不良的效果，并且也需要更多的已知时刻才能确定待定系数。在此选取$m=2$，可将$t_k$、$t_{k-1}$和$t_{k-2}$时刻的相互作用力$f_{zj}^k$、$f_{zj}^{k-1}$和$f_{zj}^{k-2}$代入其中，可得

$$f_{zj}=c_{0j}+c_{1j}\tau+c_{2j}\tau^2 \tag{5.3.25}$$

式中，

$$c_{0j}=f_{zj}^k,c_{1j}=\frac{f_{zj}^{k-2}-4f_{zj}^{k-1}+3f_{zj}^k}{2\Delta t},c_{2j}=\frac{f_{zj}^{k-2}-2f_{zj}^{k-1}+f_{zj}^k}{2\Delta t^2} \tag{5.3.26}$$

因此，车辆与桥梁之间所有的相互作用力可以表示为

$$\boldsymbol{f}_w=\boldsymbol{c}_0+\boldsymbol{c}_1\tau+\boldsymbol{c}_2\tau^2 \tag{5.3.27}$$

式中，

$$\boldsymbol{c}_0=\begin{Bmatrix} c_{01} \\ c_{02} \\ c_{03} \\ c_{04} \end{Bmatrix},\boldsymbol{c}_1=\begin{Bmatrix} c_{11} \\ c_{12} \\ c_{13} \\ c_{14} \end{Bmatrix},\boldsymbol{c}_2=\begin{Bmatrix} c_{21} \\ c_{22} \\ c_{23} \\ c_{24} \end{Bmatrix} \tag{5.3.28}$$

由于桥上车辆是连续移动的，因此桥梁受到的车辆对其的作用力亦是连续移动的。对于该类移动力问题，可以通过连续形函数将移动力分解到各个单元节点上。此时，设第$j$个力$f_{zj}$在一个时间步$(t_k,t_{k+1}]$内从位置$x$移动到了$x+V\Delta t$，则其位置坐标$\xi$可以表示为

$$\xi(\tau)=\xi_1+\xi_2\tau \tag{5.3.29}$$

式中，$\xi_1=(t-t_k)/l$，$x_k$ 为该力作用处单元左节点位置坐标，$l$ 为单元的长度；$\xi_2=V/l$。利用式（5.3.29）可得形函数向量为

$$\boldsymbol{N}_j=\begin{bmatrix}N_1(\xi_j(\tau)) & N_2(\xi_j(\tau)) & N_3(\xi_j(\tau)) & N_4(\xi_j(\tau))\end{bmatrix}^{\mathrm T}=\boldsymbol{d}_0^j+\boldsymbol{d}_1^j\tau+\boldsymbol{d}_2^j\tau^2+\boldsymbol{d}_3^j\tau^3 \tag{5.3.30}$$

式中，

$$\begin{cases}\boldsymbol{d}_0=\left\{1-3\xi_1^2+2\xi_1^3 \quad l\left(\xi_1-2\xi_1^2+\xi_1^3\right) \quad 3\xi_1^2-2\xi_1^3 \quad l\left(-\xi_1^2+\xi_1^3\right)\right\}^{\mathrm T}\\ \boldsymbol{d}_1=\left\{6\xi_1^2\xi_2-6\xi_1\xi_2 \quad l(\xi_2-4\xi_1\xi_2+3\xi_1^2\xi_2) \quad 6\xi_1\xi_2-6\xi_1^2\xi_2 \quad l(3\xi_1^2\xi_2-2\xi_1\xi_2)\right\}^{\mathrm T}\\ \boldsymbol{d}_2=\left\{-3\xi_2^2+6\xi_1\xi_2^2 \quad l(-2\xi_2^2+3\xi_1\xi_2^2) \quad 3\xi_2^2-6\xi_1\xi_2^2 \quad l\left(-\xi_2^2+3\xi_1\xi_2^2\right)\right\}^{\mathrm T}\\ \boldsymbol{d}_3=\left\{2\xi_2^3 \quad l\xi_2^3 \quad -2\xi_2^3 \quad l\xi_2^3\right\}^{\mathrm T}\end{cases} \tag{5.3.31}$$

将式（5.3.27）和式（5.3.30）代入式（5.3.12）中，可得

$$\begin{aligned}\bar{\boldsymbol{F}}_b&=\boldsymbol{\Phi}_b^{\mathrm T}\sum_{j=1}^{4}\boldsymbol{T}_j(\boldsymbol{d}_0^j+\boldsymbol{d}_1^j\tau+\boldsymbol{d}_2^j\tau^2+\boldsymbol{d}_3^j\tau^3)(c_{0j}+c_{1j}\tau+c_{2j}\tau^2)\\&=\boldsymbol{\Phi}_b^{\mathrm T}\sum_{j=1}^{4}\boldsymbol{T}_j(\boldsymbol{b}_0^j+\boldsymbol{b}_1^j\tau+\boldsymbol{b}_2^j\tau^2+\boldsymbol{b}_3^j\tau^3+\boldsymbol{b}_4^j\tau^4+\boldsymbol{b}_5^j\tau^5)\end{aligned} \tag{5.3.32}$$

式中，

$$\begin{cases}\boldsymbol{b}_0^j=c_{0i}\boldsymbol{d}_0^j,\boldsymbol{b}_1^j=c_{0i}\boldsymbol{d}_1^j+c_{1i}\boldsymbol{d}_0^j,\boldsymbol{b}_2^j=c_{2i}\boldsymbol{d}_0^j+c_{1i}\boldsymbol{d}_1^j+c_{0i}\boldsymbol{d}_2^j\\ \boldsymbol{b}_5^j=c_{2i}\boldsymbol{d}_3^j,\boldsymbol{b}_4^j=c_{2i}\boldsymbol{d}_2^j+c_{1i}\boldsymbol{d}_3^j,\boldsymbol{b}_3^j=c_{2i}\boldsymbol{d}_1^j+c_{1i}\boldsymbol{d}_2^j+c_{0i}\boldsymbol{d}_3^j\end{cases} \tag{5.3.33}$$

因此，对于每一个力 $f_{zj}$ 所产生的节点荷载均可以表示为多项式的形式，此时可以采用精细积分法对桥梁运动方程进行求解。当在一个积分步内，移动力跨越了一个单元时，上述分解形式不再有效。此时，由于在同一个积分步内不能采用同一个单元的形函数直接得到多项式形式的外载向量，因此，在该积分步内构造长度为 $l_{\text{temp}}=V\Delta t$ 的临时单元，如图 5.3.2 所示。在该时间段内移动力 $f_{zj}$ 将在该临时单元内移动，此时式（5.3.29）中对应的系数为

$$\xi_1=0,\xi_2=1/\Delta t \tag{5.3.34}$$

将该时间段内的力分解到两个临时节点上，当仅考虑垂向力时，可得

$$f_{\text{left}}=\left(1-\frac{3}{\Delta t}\tau+\frac{2}{\Delta t^2}\tau^2\right)f_{zj},\ f_{\text{right}}=\left(\frac{3}{\Delta t^2}\tau^2-\frac{2}{\Delta t^3}\tau^3\right)f_{zj} \tag{5.3.35}$$

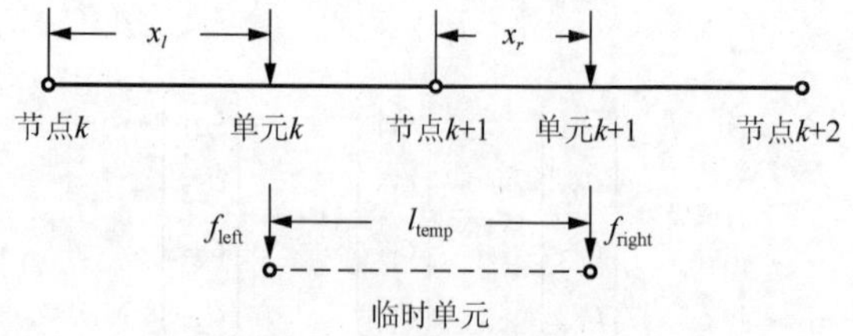


图 5.3.2　跨单元移动荷载方法

再将这两个作用力通过形函数分解到原单元的两个节点上，则可得到移动力 $f_{zi}$ 作用下桥梁的整体节点荷载向量为

$$\bar{\boldsymbol{f}}_{bj} = \boldsymbol{\Phi}_b^{\mathrm{T}}[\boldsymbol{T}_l\boldsymbol{N}(\xi_l)f_{\mathrm{left}} + \boldsymbol{T}_r\boldsymbol{N}(\xi_r)f_{\mathrm{right}}] \tag{5.3.36}$$

式中，$\boldsymbol{T}_l$ 为力 $f_{\mathrm{left}}$ 所在单元的位置扩展矩阵；$\xi_l = x_l / l_l$ 为左端作用力的单元位置坐标；$\boldsymbol{T}_r$ 为力 $f_{\mathrm{right}}$ 所在单元的位置扩展矩阵；$\xi_r = x_r / l_r$ 为右端作用力的单元位置坐标，其中 $l_l$ 和 $l_r$ 分别为左端和右端单元的长度。最后，将移动力 $\bar{\boldsymbol{f}}_{bj}$ 的表达式（5.3.25）代入其中，即可得到桥梁受到的节点荷载向量

$$\bar{\boldsymbol{F}}_b = \sum_{j=1}^{4}\bar{\boldsymbol{f}}_{bj} = \boldsymbol{\Phi}_b^{\mathrm{T}}\sum_{j=1}^{4}\boldsymbol{b}_0^j + \boldsymbol{b}_1^j\tau + \boldsymbol{b}_2^j\tau^2 + \boldsymbol{b}_3^j\tau^3 + \boldsymbol{b}_4^j\tau^4 + \boldsymbol{b}_5^j\tau^5 \tag{5.3.37}$$

其中，

$$\begin{cases}\boldsymbol{b}_0^j = c_0\boldsymbol{T}_l\boldsymbol{N}\left(\xi_1^j\right),\ \boldsymbol{b}_1^j = \boldsymbol{T}_l\boldsymbol{N}(\xi_1^j)\left(c_1 - c_0\dfrac{3}{\Delta t}\right)\\ \boldsymbol{b}_2^j = \boldsymbol{T}_l\boldsymbol{N}\left(\xi_1^j\right)\left(\dfrac{2c_0}{\Delta t^2} - \dfrac{3c_2}{\Delta t} + c_2\right) + \boldsymbol{T}_r\boldsymbol{N}\left(\xi_2^j\right)\dfrac{3c_0}{\Delta t^2}\tau^2\\ \boldsymbol{b}_3^j = \boldsymbol{T}_l\boldsymbol{N}\left(\xi_1^j\right)\left(\dfrac{2c_1}{\Delta t^2} - \dfrac{3c_2}{\Delta t}\right) + \boldsymbol{T}_r\boldsymbol{N}(\xi_2^j)\left(\dfrac{3c_1}{\Delta t^2} - \dfrac{2c_0}{\Delta t^3}\right)\\ \boldsymbol{b}_4^j = \boldsymbol{T}_l\boldsymbol{N}\left(\xi_1^j\right)\dfrac{2}{\Delta t^2}c_2 + \boldsymbol{T}_r\boldsymbol{N}(\xi_2^j)\left(\dfrac{3c_2}{\Delta t^2} - \dfrac{2c_1}{\Delta t^3}\right)\boldsymbol{b}_5^j = -\dfrac{2c_2}{\Delta t^3}\tau^5\boldsymbol{T}_r\boldsymbol{N}(\xi_2^j)\end{cases} \tag{5.3.38}$$

综上可知，不论在一个积分步内桥上任意的移动力 $f_{zj}$ 是否跨过了一个单元，桥梁受到的总体荷载向量均可以表示为多项式形式。因此，桥梁在所有力作用下的总荷载向量可以表示为

$$\bar{\boldsymbol{F}}_b = \boldsymbol{D}_0 + \boldsymbol{D}_1\tau + \boldsymbol{D}_2\tau^2 + \boldsymbol{D}_3\tau^3 + \boldsymbol{D}_4\tau^4 + \boldsymbol{D}_5\tau^5 \tag{5.3.39}$$

式中，向量 $\boldsymbol{D}_k(k = 1,2,\cdots,5)$ 可根据是否跨单元的具体情况由式（5.3.32）或（5.3.37）获得。

此时，将桥梁的运动方程（5.3.12）转换到状态空间，可得

$$\dot{\boldsymbol{v}}_b = \boldsymbol{H}_b\boldsymbol{v}_b + \boldsymbol{r}_b(t) \tag{5.3.40}$$

式中，

$$\boldsymbol{H}_b = \begin{bmatrix} 0 & \boldsymbol{I} \\ \bar{\boldsymbol{M}}_b^{-1}\bar{\boldsymbol{K}}_b & -\bar{\boldsymbol{M}}_b^{-1}\bar{\boldsymbol{C}}_b \end{bmatrix}, \boldsymbol{v}_b = \begin{Bmatrix} \boldsymbol{q}_b \\ \dot{\boldsymbol{q}}_b \end{Bmatrix}, \boldsymbol{r}_b = \begin{Bmatrix} 0 \\ -\bar{\boldsymbol{M}}_b^{-1}\bar{\boldsymbol{F}}_b \end{Bmatrix} \tag{5.3.41}$$

由第 2 章，在一个积分步 $t \in [t_k, t_{k+1}]$，方程（5.3.40）的通解可以表述为如下递推关系：

$$\boldsymbol{v}_b(t_{k+1}) = \boldsymbol{T}_0(\tau)\left(\boldsymbol{v}_b(t_k) - \boldsymbol{v}_b^p(t_k)\right) + \boldsymbol{v}_b^p(t_{k+1}) \tag{5.3.42}$$

指数矩阵 $\boldsymbol{T}_0(\tau)$ 的计算，可以采用 $2^N$ 类算法得到计算机上的精确解[22]。对于本节中的多项式外载，设其特解为

$$\boldsymbol{v}_b^p = \boldsymbol{s}_0 + \boldsymbol{s}_1\tau + \boldsymbol{s}_2\tau^2 + \boldsymbol{s}_3\tau^3 + \boldsymbol{s}_4\tau^4 + \boldsymbol{s}_5\tau^5 \tag{5.3.43}$$

将式（5.3.39）和式（5.3.43）代入方程（5.3.40），并令方程两端同阶次的 $\tau$ 的系数相对，就可以得到待定系数向量 $\boldsymbol{s}_i(i = 0,1,2,3,4,5)$，为

$$\begin{cases} s_5 = -H_b^{-1} r_{b5}, \quad s_4 = H_b^{-1}(5s_5 - r_{b4}) \\ s_3 = H_b^{-1}\left(4s_4 - r_{b3}\right), s_2 = H_b^{-1}(3s_3 - r_{b2}) \\ s_1 = H_b^{-1}\left(2s_2 - r_{b1}\right), s_0 = H_b^{-1}(s_1 - r_{b0}) \end{cases} \tag{5.3.44}$$

式中，

$$r_{bi} = \begin{Bmatrix} 0 \\ -\bar{M}_b^{-1} D_i \end{Bmatrix} \tag{5.3.45}$$

对于车辆模型，运动方程（5.3.3）也可写成状态空间的形式

$$\dot{v}_v = H_v v_v + r_v(t) \tag{5.3.46}$$

式中，

$$\begin{cases} H_v = \begin{bmatrix} 0 & I \\ -\bar{M}_v^{-1} K_v & -M_v^{-1} C_v \end{bmatrix}, v_v = \begin{Bmatrix} z_v \\ \dot{z}_v \end{Bmatrix} \\ r_v\left(t\right) = \begin{Bmatrix} 0 \\ -M_v^{-1}(F_g + I_v f_w) \end{Bmatrix} = E_0 \tau + E_1 \tau^2 + E_2 \tau^3 \\ E_0 = \begin{Bmatrix} 0 \\ -M_v^{-1}\left(F_g + I_v c_0\right) \end{Bmatrix}, E_1 = \begin{Bmatrix} 0 \\ -M_v^{-1} I_v c_1 \end{Bmatrix}, E_2 = \begin{Bmatrix} 0 \\ -M_v^{-1} I_v c_2 \end{Bmatrix} \end{cases} \tag{5.3.47}$$

对于方程（5.3.46）的求解，由于车辆具有刚体运动，其状态矩阵 $H_v$ 的逆阵不存在，因此，前述特解形式的精细积分法对车辆系统不适用。文献[23]针对状态矩阵不能求逆的情况，推广了精细积分方法，该方法不需要对状态矩阵进行求逆运算，仍可得到计算机上的精确解。这里将这种方法应用于具有刚体运动车辆的动力学分析中。由精细积分方法可知，方程（5.3.46）的解可表示为

$$v_v\left(t\right) = \mathrm{e}^{H_v t} v_{v_0} + \int_0^t \mathrm{e}^{H_v (t-\tau)} r_v\left(\tau\right) \mathrm{d}\tau \tag{5.3.48}$$

式中，右端第二项为 Duhamel 积分项，是由非齐次项引起的响应。计算中，一般将非齐次项的作用时间划分成一系列步长为 $\Delta t$ 的间隔，对任意时刻，可以得到 $v_v\left(t_{k+1}\right)$ 和 $v_v\left(t_k\right)$ 之间的递推关系

$$v_v\left(t\right) = \mathrm{e}^{H_v \Delta t} v_v\left(t_k\right) + \int_{t_k}^{t_{k+1}} \mathrm{e}^{H_v\left(t_{k+1} - \tau\right)} r_v\left(\tau\right) \mathrm{d}\tau = \phi_0\left(\Delta t\right) v_v\left(t_k\right) + \int_0^{\Delta t} \mathrm{e}^{H_v \tau} r_v\left(t_{k+1} - \tau\right) \mathrm{d}\tau \tag{5.3.49}$$

式中，

$$\phi_0\left(\Delta t\right) = \mathrm{e}^{H_v \Delta t} \tag{5.3.50}$$

Duhamel 积分的重点在于计算下式：

$$\phi_m\left(\Delta t\right) = \int_0^{\Delta t} \mathrm{e}^{H_v (\Delta t - \tau)} \tau^m \mathrm{d}\tau \tag{5.3.51}$$

对式（5.3.51）进行分部积分，可得

$$
\begin{cases}
\boldsymbol{\phi}_1(\Delta t)=\int_0^{\Delta t}\mathrm{e}^{\boldsymbol{H}_v\tau}\mathrm{d}\tau=\mathrm{e}^{\boldsymbol{H}_v\Delta t}\Delta t-\boldsymbol{H}_v\int_0^{\Delta t}\tau\mathrm{e}^{\boldsymbol{H}_v\tau}\mathrm{d}\tau=\Delta t\boldsymbol{\phi}_0(\Delta t)-\boldsymbol{H}_v\boldsymbol{\phi}_2(\Delta t)\\
\boldsymbol{\phi}_2(\Delta t)=\int_0^{\Delta t}\tau\mathrm{e}^{\boldsymbol{H}_v\tau}\mathrm{d}\tau=\dfrac{1}{2}\left(\Delta t^2\boldsymbol{\phi}_0(\Delta t)-\boldsymbol{H}_v\boldsymbol{\phi}_3(\Delta t)\right)\\
\qquad\vdots\\
\boldsymbol{\phi}_k(\Delta t)=\int_0^{\Delta t}\tau^{k-1}\mathrm{e}^{\boldsymbol{H}_v\tau}\mathrm{d}\tau=\dfrac{1}{k}\left(\Delta t^k\boldsymbol{\phi}_0(\Delta t)-\boldsymbol{H}_v\boldsymbol{\phi}_{k+1}(\Delta t)\right)\\
\qquad\vdots
\end{cases}
\tag{5.3.52}
$$

观察上面结果可知，如果多项式的最高次数为 $m$，那么较低次数的多项式对应的 Duhamel 积分皆可由 $\boldsymbol{\phi}_0(\Delta t)$ 和 $\boldsymbol{\phi}_{m+1}(\Delta t)$ 得到。只需求出最高次多项式对应的 Duhamel 积分就可以了。前述已知车辆受到的作用力为二次多项式，计算的关键在于精确得到 $\boldsymbol{\phi}_0(\Delta t)$ 和 $\boldsymbol{\phi}_3(\Delta t)$。

构造加法准则，即

$$\boldsymbol{\phi}_0(2\Delta t)=\mathrm{e}^{\boldsymbol{H}_v 2\Delta t}=\mathrm{e}^{\boldsymbol{H}_v\Delta t}\mathrm{e}^{\boldsymbol{H}_v\Delta t}=\boldsymbol{\phi}_0(\Delta t)\boldsymbol{\phi}_0(\Delta t) \tag{5.3.53}$$

$$\boldsymbol{\phi}_3(2\Delta t)=\int_0^{\Delta t}\mathrm{e}^{\boldsymbol{H}_v\tau}\tau^2\mathrm{d}\tau=\boldsymbol{\phi}_3(\Delta t)+\boldsymbol{\phi}_0(\Delta t)\left(\boldsymbol{\phi}_3(\Delta t)+2\Delta t\boldsymbol{\phi}_2(\Delta t)+\Delta t^2\boldsymbol{\phi}_1(\Delta t)\right) \tag{5.3.54}$$

将式（5.3.52）和式（5.3.53）代入式（5.3.54），可得

$$\boldsymbol{\phi}_3(2\Delta t)=\boldsymbol{\phi}_3(\Delta t)+\boldsymbol{\phi}_0(\Delta t)\left[\left(\boldsymbol{I}-\Delta t\boldsymbol{H}_v+\frac{\Delta t^2\boldsymbol{H}_v^2}{2}\right)\boldsymbol{\phi}_3(\Delta t)+2\Delta t^3\left(\boldsymbol{I}-\frac{\Delta t\boldsymbol{H}_v}{4}\right)\boldsymbol{\phi}_0(\Delta t)\right] \tag{5.3.55}$$

将整个积分区段进行精细划分，记 $\eta=\Delta t/2^N$，一般可取 $N=20$。因此，$\boldsymbol{\phi}_0(\Delta t)$ 和 $\boldsymbol{\phi}_3(\Delta t)$ 可以采用泰勒级数展开有限项进行近似

$$
\begin{cases}
\boldsymbol{\phi}_0(\eta)=\mathrm{e}^{\boldsymbol{H}_v\eta}=\displaystyle\sum_{k=0}^{\infty}\frac{\boldsymbol{H}_v^k\eta^k}{k!}\approx\boldsymbol{I}+\boldsymbol{H}_v\eta+\frac{\boldsymbol{H}_v^2\eta^2}{2}+\frac{\boldsymbol{H}_v^3\eta^3}{6}+\frac{\boldsymbol{H}_v^4\eta^4}{24}=\boldsymbol{I}+\boldsymbol{\phi}'_0(\eta)\\
\boldsymbol{\phi}_3(\eta)=\displaystyle\int_0^{\eta}\mathrm{e}^{\boldsymbol{H}_v\tau}\tau^2\mathrm{d}\tau=\sum_{k=0}^{\infty}\int_0^{\eta}\frac{\boldsymbol{H}_v^k\eta^{k+2}}{k!}=\sum_{k=0}^{\infty}\frac{\boldsymbol{H}_v^k\eta^{k+3}}{k!(k+3)}\approx\eta^3\left(\frac{\boldsymbol{I}}{3}+\frac{\boldsymbol{H}_v\eta}{4}+\frac{\boldsymbol{H}_v^2\eta^2}{10}\right)
\end{cases}
\tag{5.3.56}
$$

由于 $\eta$ 已经非常小，截断到 $\eta^5$ 就足够了。根据上两式并结合加法准则，通过 $N$ 次合并便可得到 $\boldsymbol{\phi}_1(\Delta t)$ 和 $\boldsymbol{\phi}_3(\Delta t)$。由于 $\boldsymbol{\phi}_0(\eta)$ 本身已非常接近单位阵，为了避免计算机的“大数吃小数”现象，可将式（5.3.56）中的增量部分 $\boldsymbol{\phi}'_0(\eta)$ 从整体中提出，从而加法准则式（5.3.53）可以改写为关于增量 $\boldsymbol{\phi}'_0(\eta)$ 的函数

$$\boldsymbol{\phi}'_0(2\eta)=2\boldsymbol{\phi}'_0(\eta)+\boldsymbol{\phi}'_0(\eta)\boldsymbol{\phi}'_0(\eta) \tag{5.3.57}$$

因此式（5.3.54）可以改写为

$$\boldsymbol{\phi}_3(2\eta)=\boldsymbol{\phi}_3(\eta)+\left(\boldsymbol{I}+\boldsymbol{\phi}'_0(\eta)\right)\left[\left(\boldsymbol{I}-\eta\boldsymbol{H}_v+\frac{\eta^2\boldsymbol{H}_v^2}{2}\right)\boldsymbol{\phi}_3(\eta)+2\eta^3\left(\boldsymbol{I}-\frac{\eta\boldsymbol{H}_v}{4}\right)\left(\boldsymbol{I}+\boldsymbol{\phi}'_0(\eta)\right)\right] \tag{5.3.58}$$

通过增量的计算，避免了由计算机的舍入误差引起的精度损失。因此，对式（5.3.57）和式(5.3.58)进行 $N$ 次叠加计算，就可以求得 $\boldsymbol{\phi}_0(\Delta t)$ 和 $\boldsymbol{\phi}_3(\Delta t)$，再通过式(5.3.52)即可得到 $\boldsymbol{\phi}_1(\Delta t)$ 和 $\boldsymbol{\phi}_2(\Delta t)$。因此，方程（5.3.46）的解就可以表示为

$$\boldsymbol{v}_v(t_{k+1})=\boldsymbol{\phi}_0(\Delta t)\boldsymbol{v}_v(t_k)+\boldsymbol{\phi}_1(\Delta t)\boldsymbol{E}_0+\boldsymbol{\phi}_2(\Delta t)\boldsymbol{E}_1+\boldsymbol{\phi}_3(\Delta t)\boldsymbol{E}_2 \tag{5.3.59}$$

由于相互作用力不需要迭代，对桥梁子系统可以采用更多的方法进行精确求解。此时，

车辆系统的运动方程仍为式（5.3.3），而车辆与桥梁间的相互作用力则可以通过预估得到，可以将整个积分拆分为各个时间段内的积分，并假定在时间$\left[t_k,t_{k+1}\right]$内任一时刻$\tau$，该作用力也可通过式（5.3.25）预估得到，因此，可得$f_{zj}$作用下桥梁的响应为

$$\begin{aligned}q_i(t)&=\frac{1}{\omega_{di}}\int_0^t f_{zj}(\tau)\phi_{wi}\left(V\left(\tau-T_j\right)\right)\mathrm{e}^{-\varsigma_i\omega_i(t-\tau)}\sin\omega_{di}(t-\tau)\mathrm{d}\tau\\&=\frac{1}{\omega_{di}}\{\sum_{k=1}^{r-1}\int_{t_k}^{t_{k+1}}f_{zj}(\tau)\phi_{wi}^k\left(V\left(t-T_j\right)\right)\mathrm{e}^{-\varsigma_i\omega_i(t-\tau)}\sin\omega_{di}(t-\tau)\mathrm{d}\tau\\&\quad+\int_{t_r}^{t}f_{zj}(\tau)\phi_{wi}^r\left(V\left(t-T_j\right)\right)\mathrm{e}^{-\varsigma_i\omega_i(t-\tau)}\sin\omega_{di}(t-\tau)\mathrm{d}\tau\}\end{aligned}\tag{5.3.60}$$

在计算中，式（5.3.25）中系数$c_{0j}$、$c_{1j}$和$c_{2j}$可以通过之前时刻的相互作用力得到。该积分的计算方式仅需要对当前时间步进行积分，而前面时刻的积分可以通过累加的方式直接获得。由于二次多项式形式荷载的引入，积分中的指数函数和多项式乘积的积分比常数移动力时有着更高的阶数，但是它们仍然有解析形式。该方法中由于相互作用力可以通过预估得到，在计算中不需要进行迭代。

预估格式的计算方法是通过前面时刻的相互作用力预估得到当前时刻的相互作用力，然而该相互作用力与真实情况必然有一定的误差。只是当时间积分步长相对较小时，该误差不会对计算结果产生较大的影响，然而当计算积分步长较大时，则可能产生较大误差而影响整个计算结果的精确性。因此，为了得到更为精确的计算结果，可以通过适当的迭代进行改进。通过预估格式得到的相互作用力$f_{zi}$如式（5.3.25）所示，根据免迭代方法可以得到整个系统的响应，然后再通过式（5.3.19）计算得到该时刻的相互作用力为$\hat{f}_{zi}$，将相互作用力之间的误差记为

$$\varepsilon_i=\left(\hat{f}_{zi}-f_{zi}\right)/\hat{f}_{zi}\tag{5.3.61}$$

设定允许误差为$\varepsilon$，若$\varepsilon_i>\varepsilon$，则表明计算结果误差不满足要求，需要进一步迭代计算。此时，类似于式（5.3.24），通过当前时刻$t_{k+1}$以及$t_k$、$t_{k-1}$时刻的相互作用力构造修正的当前时间步$\left[t_k,t_{k+1}\right]$内的作用力形式

$$f'_{zj}=c'_{0j}+c'_{1j}\tau+c'_{2j}\tau^2\tag{5.3.62}$$

式中，$c'_{0j}$可类似于式（5.3.26）推导得到

$$c'_{0j}=f'_{zj},c'_{1j}=\frac{f_{zj}^{k-1}-4f_{zj}^k+3f'_{zj}}{2\Delta t},c'_{2j}=\frac{f_{zj}^{k-1}-2f_{zj}^k+f'_{zj}}{2\Delta t^2}\tag{5.3.63}$$

根据前述推导，则可以通过新的相互作用力式（5.3.63）求得整个车桥耦合系统的动力响应。该方法本质上就是车桥耦合的迭代算法，然而由于预估相互作用力的存在，相互作用力的迭代收敛速度增加，大多数时候仅需一次（甚至不必要）迭代即可得到满足精度要求的解。

### 5.3.3 轨道不平顺下的随机振动分析

当考虑轨道不平顺的随机性时，可采用随机振动方法对其进行求解。对于采用线性弹簧连接的车桥耦合系统，其时变运动方程如式（5.3.23），因此可以构造虚拟不平顺激励$\tilde{\boldsymbol{F}}_r$为

$$\tilde{\boldsymbol{F}}_r = k_s \begin{Bmatrix} \boldsymbol{I}_v \\ -\overline{\boldsymbol{R}} \end{Bmatrix} \boldsymbol{V} \sqrt{S_{rr}(\omega)} \mathrm{e}^{\mathrm{i}\omega t} \tag{5.3.64}$$

式中，$\boldsymbol{V} = \left\{ \mathrm{e}^{-\mathrm{i}\omega T_1} \ \mathrm{e}^{-\mathrm{i}\omega T_2} \ \mathrm{e}^{-\mathrm{i}\omega T_3} \ \mathrm{e}^{-\mathrm{i}\omega T_4} \right\}$，$T_j$ 为第 $j$ 个车轮上桥的时间。将其代入式（5.3.23），可得虚拟激励下车辆、桥梁子系统的运动方程分别为

$$\boldsymbol{M}_v \ddot{\tilde{\boldsymbol{z}}}_v + \boldsymbol{C}_v \dot{\tilde{\boldsymbol{z}}}_v + \boldsymbol{K}_v \tilde{\boldsymbol{z}}_v = \boldsymbol{I}_v \tilde{\boldsymbol{f}}_w \tag{5.3.65}$$

$$\boldsymbol{M}_b \ddot{\tilde{\boldsymbol{q}}}_b + \boldsymbol{C}_b \dot{\tilde{\boldsymbol{q}}}_b + \boldsymbol{K}_b \tilde{\boldsymbol{q}}_b = -\overline{\boldsymbol{R}} \tilde{\boldsymbol{f}}_w \tag{5.3.66}$$

其中，

$$\tilde{\boldsymbol{f}}_w = -k_s \overline{\boldsymbol{R}} (\overline{\boldsymbol{R}}^{\mathrm{T}} \tilde{\boldsymbol{q}}_b - \boldsymbol{I}_v^{\mathrm{T}} \tilde{\boldsymbol{z}}_v + \boldsymbol{V} \sqrt{S_{rr}(\omega)} \mathrm{e}^{\mathrm{i}\omega t}) \tag{5.3.67}$$

此时，可以通过前述类似的方法，采用式（5.3.27）的方式来预估车桥耦合系统虚拟的相互作用力，即

$$\tilde{\boldsymbol{f}}_w = \tilde{\boldsymbol{c}}_0 + \tilde{\boldsymbol{c}}_1 \tau + \tilde{\boldsymbol{c}}_2 \tau^2 \tag{5.3.68}$$

式中，$\tilde{\boldsymbol{c}}_0$、$\tilde{\boldsymbol{c}}_1$ 和 $\tilde{\boldsymbol{c}}_2$ 与式（5.3.28）的表达形式相同。此时，车辆与桥梁的虚拟响应 $\tilde{\boldsymbol{z}}_v$ 和 $\tilde{\boldsymbol{q}}_b$ 可以通过求解方程（5.3.65）和方程（5.3.66）得到。对于车辆子系统（5.3.65），其受到的虚拟作用力也是多项式格式，因此可以采用预估免迭代方法进行求解。对于式（5.3.66）的桥梁系统的运动方程，它与式（5.3.12）的求解方式也完全一致，可以通过式（5.3.40）转换到状态空间，并采用精细积分进行高效求解。

最后，应用虚拟激励法，对于任意的响应 $x(\omega,t)$，可以通过其虚拟响应 $\tilde{x}(\omega,t)$ 得到它的功率谱和相关函数

$$S_{xx}(\omega,t) = \tilde{x}^*(\omega,t) \tilde{x}^{\mathrm{T}}(\omega,t), \quad R_{xx}(\omega,t) = 2\int_0^{\infty} S_{xx}(\omega,t) \mathrm{d}\omega \tag{5.3.69}$$

**例 5.3.1**　考虑图 5.3.1 所示车桥耦合系统，车辆以速度 $V$=30m/s 运行在桥上。车辆参数如表 5.3.1 所示。桥梁为简支 Bernoulli-Euler 梁，抗弯刚度 $EI = 9.92\times10^{10}\,\mathrm{N\cdot m^2}$，单位长度质量 $\bar{m} = 11\,400\mathrm{kg}$，桥全长 $L = 34\mathrm{m}$，共划分为 20 个单元。

**表 5.3.1　车辆参数**

| 参数 | 数值 | 单位 |
|---|---|---|
| 车体质量 $M_c$ | 34 231 | kg |
| 车体点头惯量 $J_c$ | 2 080 000 | $\mathrm{kg\cdot m^2}$ |
| 构架质量 $M_t$ | 2 760 | kg |
| 构架点头惯量 $J_t$ | 3 930 | $\mathrm{kg\cdot m^2}$ |
| 轮对质量 $M_w$ | 1 583 | kg |
| 一系垂向弹簧刚度 $k_1$ | 808 740 | N / m |
| 二系垂向弹簧刚度 $k_2$ | 180 554 | N / m |
| 一系垂向阻尼系数 $c_1$ | 7 500 | N·s / m |
| 二系垂向阻尼系数 $c_2$ | 16 250 | N·s / m |
| 车体定距之半 $l_c$ | 12.80 | m |
| 构架轴距之半 $l_t$ | 1.25 | m |

分别采用本章的预估免迭代法、传统的迭代法和时变耦合法对该耦合系统进行求解。在

计算中，所有方法均选取同样的积分步长，并且认为桥梁为完全光滑的。车体和桥梁中点的位移、车体加速度以及第四个车轮与桥梁的相互作用力如图 5.3.3 所示。

由图 5.3.3 可见，各种方法计算得到的响应几乎完全一致。这是由于三种方法的积分步长均较小，因此误差也比较小。进一步计算表明，预估免迭代法在计算步长不太大的情况下可以得到较为精确的计算结果，而时变耦合法则需要更小的计算步长。表 5.3.2 中用迭代方法并取时间步长 $\Delta t = 10^{-4}$ 的计算结果、计算误差和耗时作为参考解与三种方法进行对比。由表 5.3.2 可见，在相同的计算时间步长下，时变耦合法往往具有最高的计算效率，然而它必须选择非常小的时间步长才能保证计算结果的正确性。而迭代法可以采用更大的积分步长并得到精确的计算结果，但是由于在每一个时间步都需要对计算结果进行迭代，效率较低。而预估免迭代法在较大的积分步长下不需要进行迭代依然可以得到较为精确的计算结果，是一种兼顾精度和效率的方法。

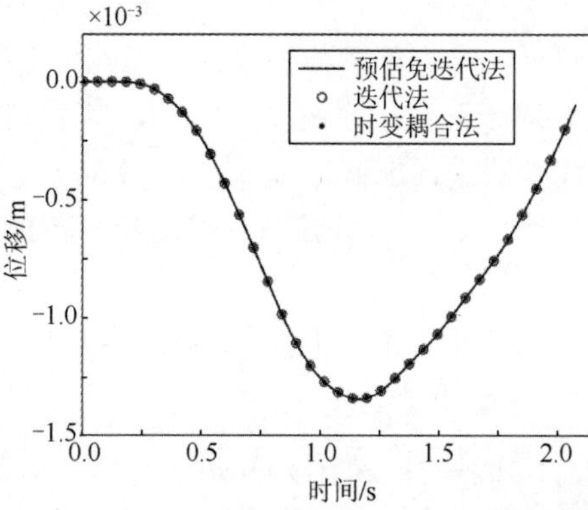

(a) 车体位移

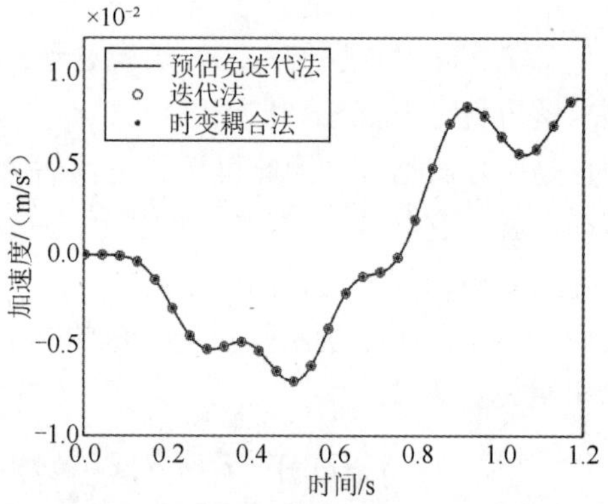

(b) 车体加速度

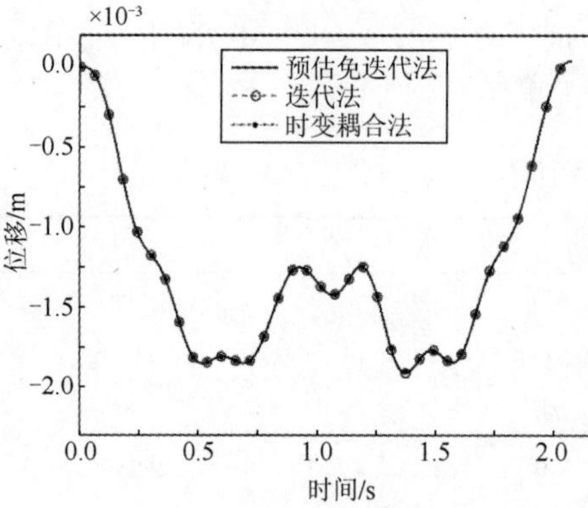

(c) 桥梁中点位移

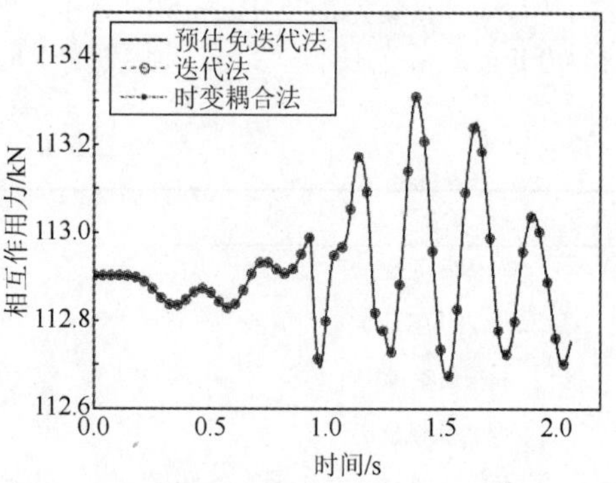

(d) 第四个车轮与桥梁的相互作用力

图 5.3.3　不考虑不平顺时不同方法的计算结果

**表 5.3.2　不同计算误差和计算耗时的对比**

| 对比项目 | 时间步长 $\Delta t$ /s | 车体加速度/(m/s²) | 误差/% | 桥梁位移/m | 误差/% | 耗时/s |
|---|---|---|---|---|---|---|
| 参考解 | $10^{-4}$ | 0.006 193 | — | −0.001 409 | — | 8.367 2 |
| 预估免迭代法 | 0.004 2 | 0.006 196 | 0.056 | −0.001 408 | 0.072 | 0.190 5 |
| | 0.01 | 0.006 209 | 0.258 | −0.001 404 | 0.330 | 0.111 1 |

续表

| 对比项目 | 时间步长 $\Delta t$ /s | 车体加速度/（m/s$^2$） | 误差/% | 桥梁位移/m | 误差/% | 耗时/s |
|---|---|---|---|---|---|---|
| 迭代法 | 0.004 2 | 0.006 197 | 0.057 8 | −0.001 408 | 0.070 | 0.280 2 |
| | 0.01 | 0.006 195 | 0.031 8 | −0.001 405 | 0.254 | 0.411 3 |
| 时变耦合法 | 0.001 | 0.005 976 | 3.501 | −0.001 402 | 0.451 | 0.281 0 |
| | 0.004 2 | 0.005 783 | 6.627 | −0.001 401 | 0.577 | 0.103 2 |

图 5.3.4 为考虑路面不平顺时本章预估免迭代法和不同步长下 Newmark 法计算结果的对比。由图 5.3.4 可见，当考虑不平顺时，本章方法在取 500 积分步时得到了与 Newmark 法取 10 000 积分步时相接近的计算结果，而 Newmark 法在取 2000 步时计算结果与 10 000 积分步时的结果差异显著，误差过大。这是由于 Newmark 法假设在每个时间步内荷载是不变的，因此必须采用非常小的积分步长才能准确描述不平顺激励的变化。而本章方法采用连续变化的荷载来描述整个系统激励的变化，使得在较大步长下依然可以得到比较好的计算结果。

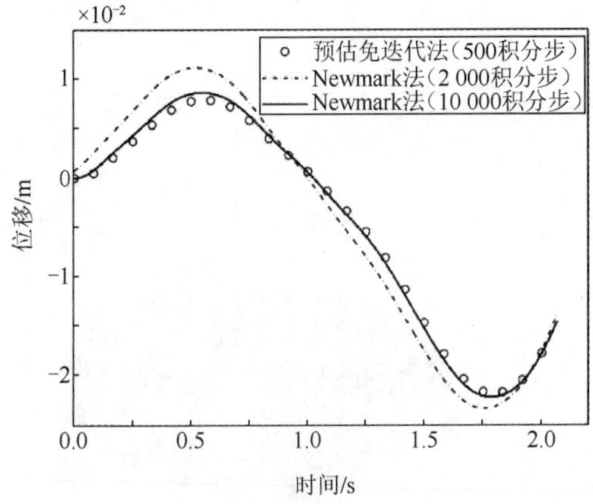

（a）车体位移

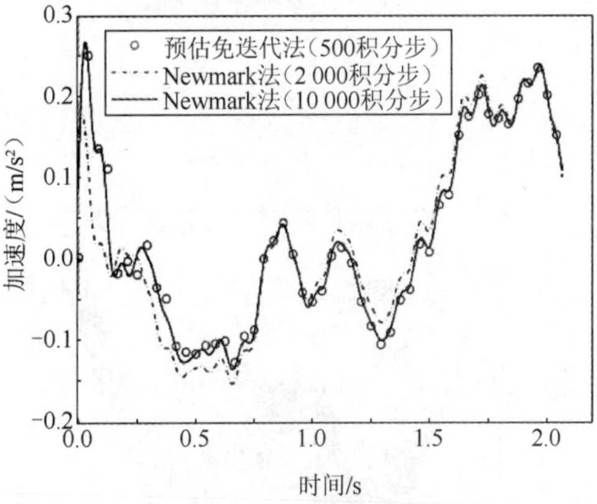

（b）车体加速度

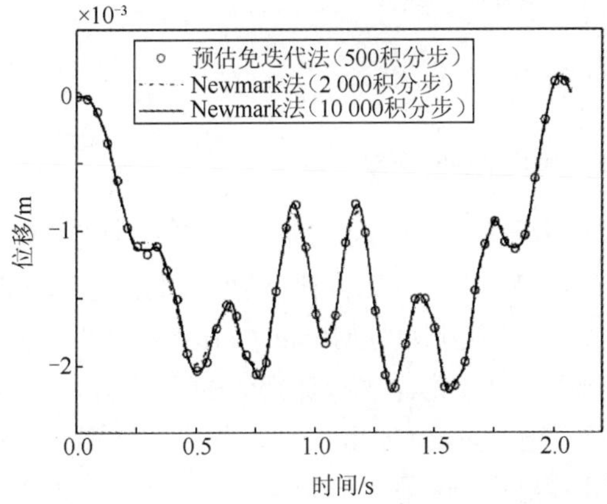

（c）桥梁中点位移

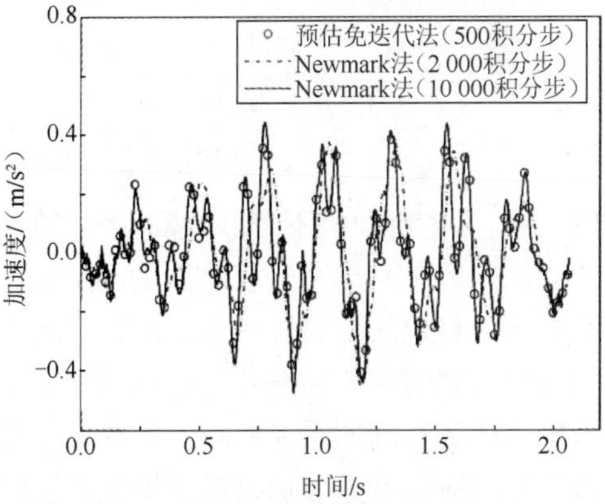

（d）桥梁中点加速度

图 5.3.4　考虑不平顺时不同方法的计算结果

图 5.3.5 为考虑随机路面不平顺并考虑车辆上桥后才受到不平顺作用时得到的车桥耦合系统响应的时程曲线。其中粗实线为响应的均值，上下包络的虚线是根据 $3\sigma$ 法估计的最大值，细实线为不同样本下系统响应时程，在计算中选取 1000 条样本。不平顺功率谱密度函数采用

美国 5 级轨道高低不平顺谱，而不平顺样本则采用三角级数法生成。由图 5.3.5 可见，随机不平顺对系统响应影响非常大，并且在不同不平顺样本下系统响应的差异也非常显著。然而，不同不平顺样本下系统的响应绝大多数均在 $E(x)\pm 3\sigma$ 区间内，仅有极少数响应超出了该区间。因此，可以根据 $3\sigma$ 准则，近似认为系统的响应将极大程度集中在 $\left[E(x)-3\sigma, E(x)+3\sigma\right]$ 区间内。并且由于随机性不平顺的存在，车桥耦合系统的响应可能数倍于仅考虑重力时的响应，因此考虑随机性对车桥耦合系统的影响是非常必要的。

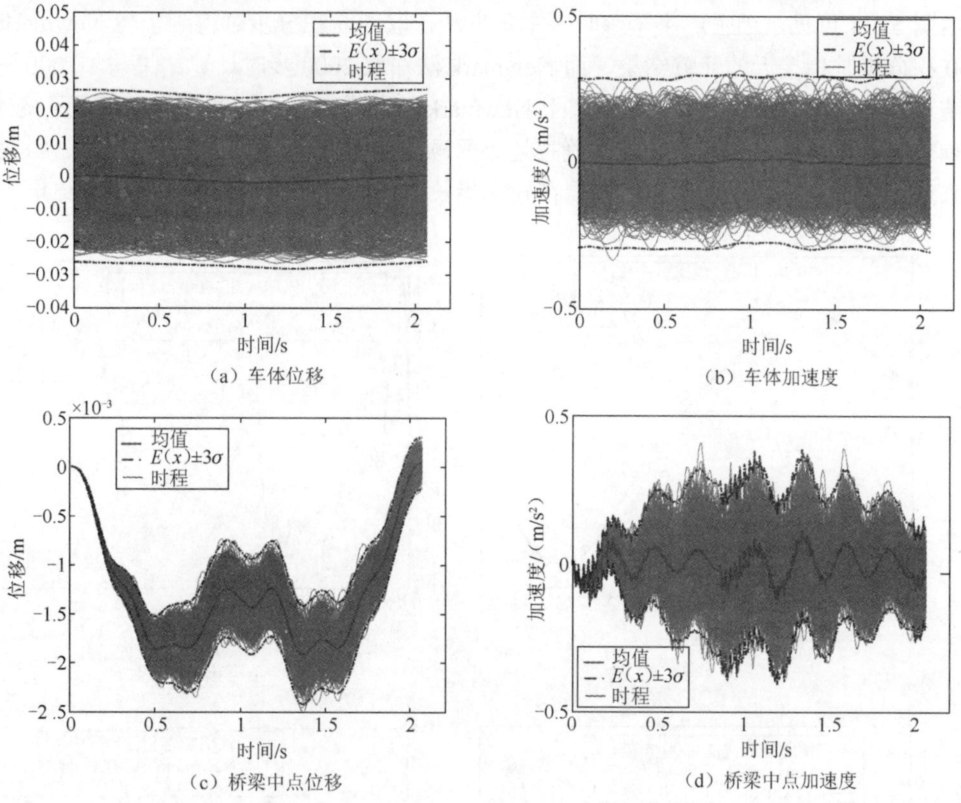

（a）车体位移　（b）车体加速度
（c）桥梁中点位移　（d）桥梁中点加速度

图 5.3.5　车桥耦合系统响应的时程曲线

图 5.3.6 为考虑随机不平顺时，免迭代的虚拟激励法与 Monte Carlo 法计算得到的响应标准差的对比。此时考虑车辆在路面上亦受到不平顺作用，并在上桥时刻近似认为车辆的振动达到稳态（计算中从距离桥头 100m 处开始计算）。图中分别为 Monte Carlo 法采用 500 条响应样本统计得到的响应标准差、Monte Carlo 法采用 1000 条样本统计得到的系统响应标准差、虚拟激励法计算得到的系统响应的标准差。可见，当 Monte Carlo 法选择的样本数增多时，它计算得到的响应标准差更加接近虚拟激励法的计算结果。这是由于 Monte Carlo 法的计算结果精确性与样本数的选取密切相关，当样本数目足够多时，其结果才是精确的。由图 5.3.6 可见，在该计算中，当选取样本数目为 1000 时，可基本认为其结果是可靠的。免迭代虚拟激励法计算耗时 2.48s，Monte Carlo 法选取 500 样本时计算耗时为 68.39s，若采用迭代的虚拟激励法进行计算，其耗时仅为 9.83s，且其结果与免迭代方法一致，故而并未在图中绘出。

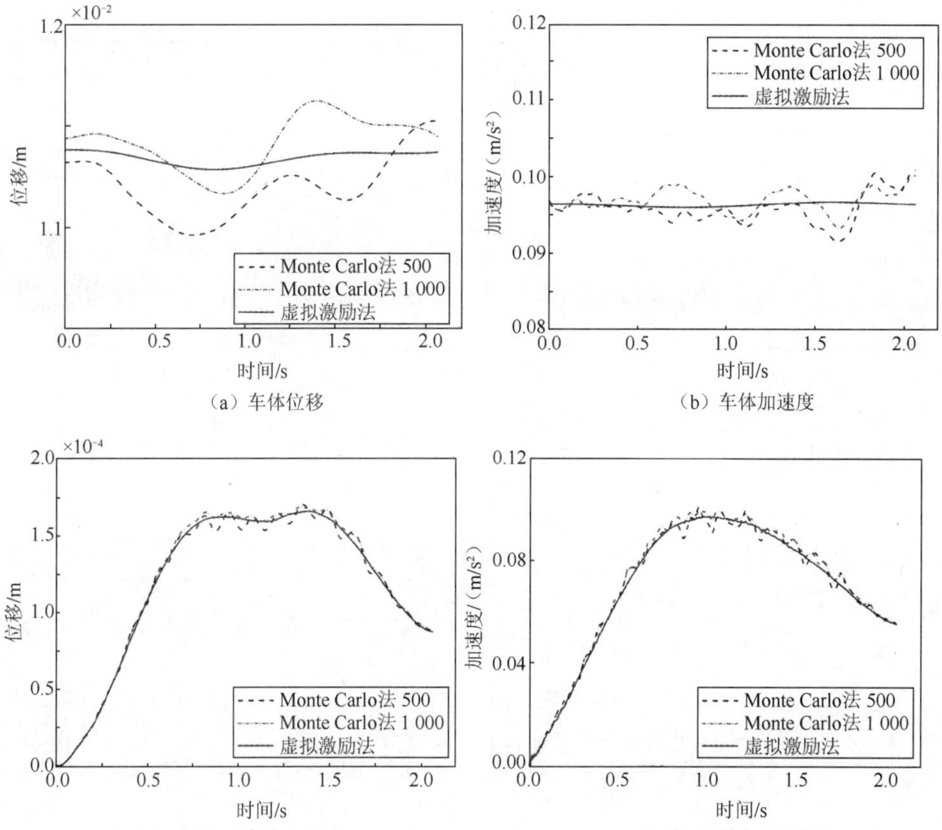


（a）车体位移　（b）车体加速度

（c）桥梁中点位移　（d）桥梁中点加速度

图 5.3.6　虚拟激励法和 Monte Carlo 法计算的响应标准差

图 5.3.7 为不同车辆运行速度下车桥耦合系统响应均值时程曲线，暂不考虑不平顺的影响，认为桥面是完全光滑的。图中横坐标为时间比例坐标，即时刻 $t$ 除以整个时长 $T$。车辆分别以 30m/s、60m/s 和 80m/s 的速度匀速通过该桥梁。由图 5.3.7 可见，车辆的运行速度是影响车桥耦合系统响应均值的一个重要因素。车速对系统响应均值的影响非常大，尤其对于加速度响应，而桥梁中点的位移则受影响较小。一般而言，车辆运行速度越大，其响应也越大。由于随机性不平顺对系统响应亦有非常显著的影响，因此图 5.3.8 给出了考虑随机不平顺时，不同车辆运行速度下车桥耦合系统响应标准差。由图 5.3.8 可见，车辆运行速度对系统随机响应标准差的影响显著，并且车辆和桥梁受速度变化的影响趋势亦不相同。对桥梁而言，在一定车辆运行速度范围内，速度越快系统随机响应的标准差也越大。然而对车辆而言，它的位移响应标准差在车速 80m/s 时反而最小。因此，不论车辆还是桥梁，均存在某临界速度，当车速达到或超过该临界速度时，速度的增大反而会使得系统随机响应标准差减小。

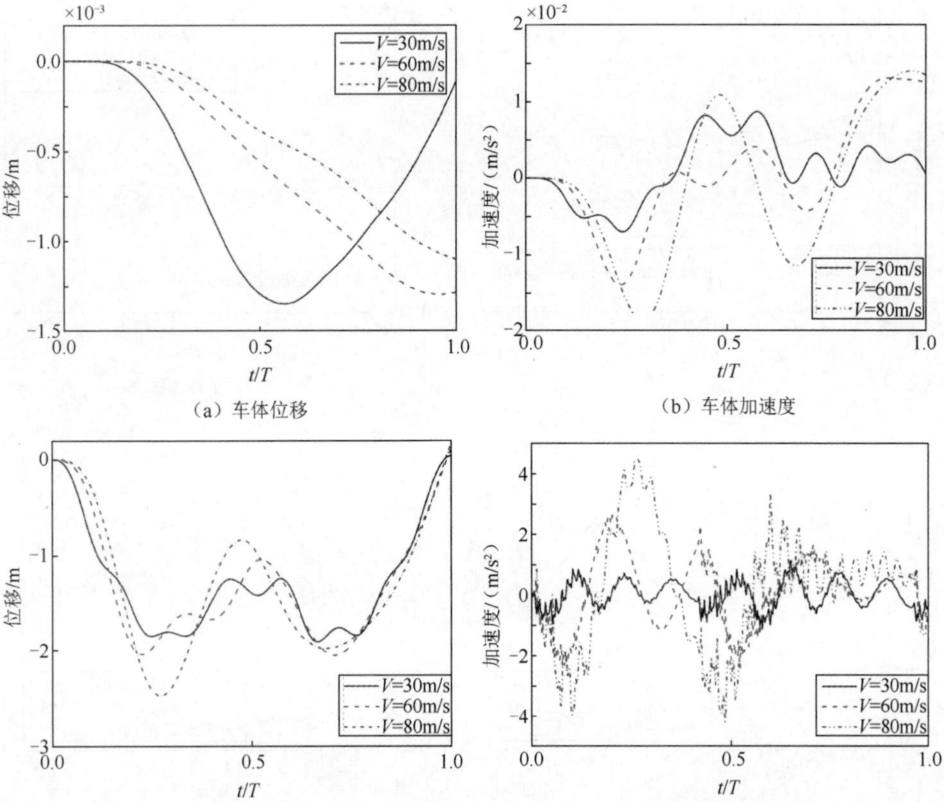


（a）车体位移　（b）车体加速度

（c）桥梁中点位移　（d）桥梁中点加速度

图 5.3.7　不同车辆运行速度下车桥耦合系统响应均值时程曲线

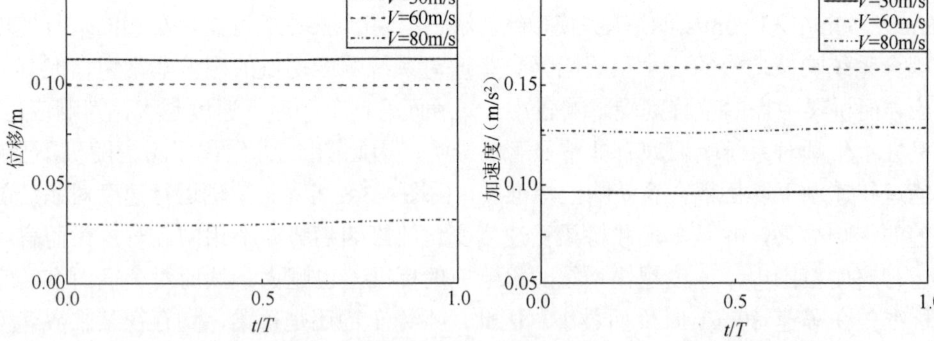


（a）车体位移　（b）车体加速度

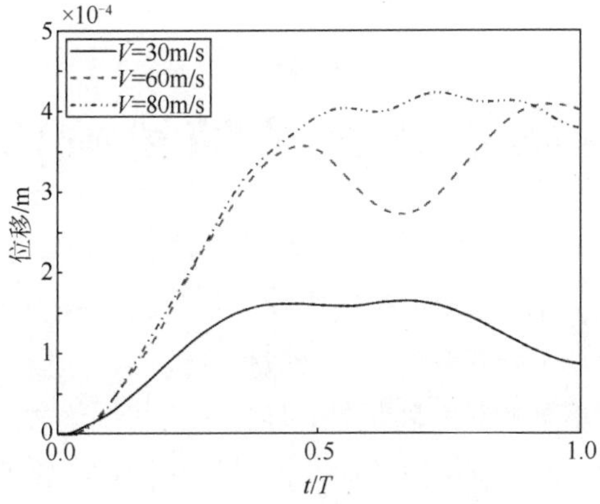

（c）桥梁中点位移

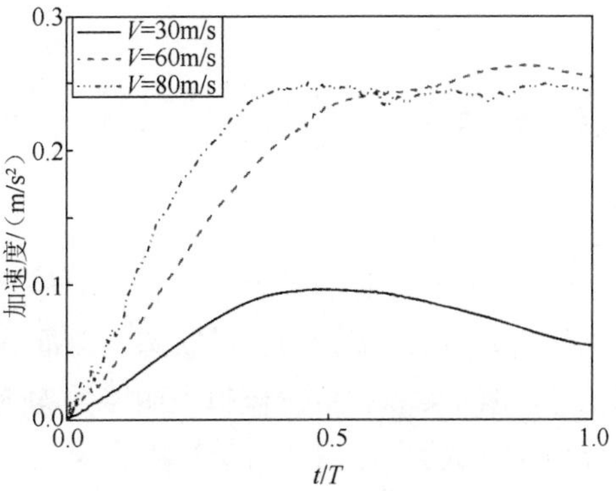

（d）桥梁中点加速度

图 5.3.8　不同车辆运行速度下车桥耦合系统响应的标准差

# 参 考 文 献


[1] Tan C P, Shore S. Response of horizontally curved bridge to moving load[J]. Journal of the Structural Division, 1968, 94(9): 2135-2151.

[2] Ting E, Yener M. Vehicle-structure interactions in bridge dynamics[J]. The Shock and Vibration Digest, 1983, 15(12):3-9.

[3] 曾庆元, 郭向荣. 列车桥梁时变系统振动分析理论与应用[M]. 北京: 中国铁道出版社, 1999.

[4] 李小珍, 晋智斌, 朱艳. 车辆-桥梁时变系统随机振动——理论与工程应用[M]. 北京: 科学出版社, 2017.

[5] Au F T K, Wang J J, Cheung YK. Impact study of cable-stayed bridge under railway traffic using various models[J]. Journal of Sound and Vibration, 2001, 240(3):447-465.

[6] Kim C W, Kawatani M. Three-dimensional dynamic analysis for bridge-vehicle interaction with road roughness[J]. Computers and Structures, 2005, 83(19):1627-1645.

[7] 朱丹阳, 张亚辉. 考虑轮轨脱离的车桥耦合系统动力响应分析[J]. 计算力学学报, 2015, 32(3): 359-365.

[8] Zhu D Y, Zhang Y H, Ouyang H. A linear complementarity method for dynamic analysis of bridges under moving vehicles considering separation and surface roughness[J]. Computers and Structures, 2015, 154: 135-144.

[9] 朱丹阳. 车桥耦合系统动力相互作用与多点地震响应数值方法研究[D]. 大连：大连理工大学, 2015.

[10] 张志超. 车辆桥梁耦合振动和地震响应随机分析[D]. 大连：大连理工大学, 2010.

[11] 张志超, 张亚辉, 赵岩. 车桥系统非平稳随机振动的 PEM-PIM 算法[J]. 计算力学学报, 2009, 26(1): 26-32.

[12] Zhang Z C, Lin J H, Zhang Y H. Nonstationary random vibration analysis of coupled vehicle-bridge systems[J]. Engineering Computations, 2010, 27(6): 712-732.

[13] Zhang Z C, Lin J H, Zhang Y H. Non-stationary random vibration analysis of three-dimensional train-bridge systems[J]. Vehicle System Dynamics, 2010, 48(4):457-480.

[14] 张志超, 张亚辉, 林家浩. 车桥耦合系统非平稳随机振动分析的虚拟激励-精细积分法[J]. 工程力学, 2008, 25(11):197-204.

[15] 张志超, 赵岩, 林家浩. 车桥耦合系统非平稳随机振动分析[J]. 振动工程学报, 2007, 20(5): 439-446.

[16] 林家浩, 张志超. 车桥耦合系统随机振动的虚拟激励分析[C]//固体力学进展及应用——庆贺李敏华院士 90 华诞文集. 北京: 科学出版社, 2007.

[17] 夏禾. 车辆与结构动力相互作用[M]. 北京:科学出版社, 2002.

[18] 翟婉明. 车辆-轨道耦合动力学[M]. 3 版. 北京:科学出版社, 2007.

[19] 铁路第三勘察设计院. 京沪高速铁路设计暂行规定[M]. 北京:中国铁道出版社, 2003.

[20] 吕峰. 车辆与结构相互作用随机动力分析[D]. 大连:大连理工大学, 2008.

[21] 张亚辉, 李丽媛, 陈艳. 大跨度结构地震行波效应研究[J]. 大连理工大学学报, 2005, 45(4):480-486.

[22] Zhong W X, Williams F W. A precise time step integration method[J]. Proceedings of the Institution of Mechanical Engineers, Part C: Journal of Mechanical Engineering Science,1994,2008(6):427-430.

[23] 谭述君, 钟万勰. 非齐次动力方程 Duhamel 项的精细积分[J]. 力学学报, 2007, 23(3): 374-381.

# 第 6 章　地震作用下车桥耦合系统随机响应

桥梁与在其上行驶的车辆之间的动力相互作用问题与很多因素相关，包括车辆和桥梁的质量、刚度和阻尼，车辆的行驶状态，路面或轨道的不平度以及可能受到的风、地震等外部作用[1,2]。大量的实测和数值模拟表明路面/轨道不平顺具有随机性，导致车辆与桥梁之间产生相互耦合的随机动力作用，直接影响桥梁的工作状态与使用寿命，同时也对运行车辆的平稳性和安全性产生重要影响。在现代交通中桥梁在线路中所占比重的增加，使得地震发生时车辆在桥梁上的概率也大为增加。此时耦合系统内部的时频非平稳特性与非线性作用关系、桥梁的高柔性和低阻尼等动力特性以及外部地震地面运动的非均匀性和非平稳性等都使得耦合系统的振动更为复杂，进一步影响桥上车辆运行的安全性、乘客的舒适性以及桥梁结构的可靠性。尤其对于高速列车桥梁系统，列车行驶速度很快，其与桥梁的动力作用也更为显著，车轮与桥梁发生脱离的概率也可能由于地震的影响而显著增加[3,4]。因此，对车桥耦合系统动力相互作用及地震问题的研究具有重要的理论意义与应用价值。本章首先介绍地震输入功率谱模型及其空间效应，进一步介绍考虑地震一致/非一致激励作用下，应用虚拟激励法进行车桥耦合系统随机振动分析的基本理论与数值方法[5-11]。

## 6.1　地震输入功率谱模型及其空间效应

### 6.1.1　地面运动功率谱模型

地面上任意一点的加速度自功率谱密度函数 $S(\omega)$ 反映了该点局部地震动的频谱特征。它不仅和地震动烈度以及其与震源之间的距离有关，还和该点处土壤、岩层等地质条件有关。许多学者根据不同的场地特性提出了多种地面加速度功率谱密度模型，通过合理确定场地土壤、基岩等模型中的统计参数，就可以根据他们提出的表达式得到该场地的功率谱密度。目前，常用的功率谱密度模型主要有以下几种。

（1）Housner[12]提出将地震地面运动简化为平稳脉冲系列，并把加速度功率谱密度函数假定为白噪声

$$S(\omega)=S_0 \tag{6.1.1}$$

这一模型最为简单，而且在数学上非常容易处理，成为后来各种功率谱模型的基础。

（2）Kanai[13]假定基岩地震动为白噪声，考虑场地特性提出了一种具有明确物理意义的随机过程过滤白噪声模型——Kanai-Tajimi 谱

$$S(\omega)=\frac{1+4\xi_g^2\left(\omega/\omega_g\right)^2}{\left[1-\left(\omega/\omega_g\right)^2\right]^2+4\xi_g^2\left(\omega/\omega_g\right)^2}S_0 \tag{6.1.2}$$

式中，$\omega_g$ 和 $\xi_g$ 分别为场地土的卓越圆频率和阻尼比；$S_0$ 为基岩地震动白谱强度。

（3）Kanai-Tajimi 谱不能反映基岩的频谱特性，对此，欧进萍和牛获涛[14]采用马尔可夫有色谱来模拟基岩加速度谱，建立了地面加速度过滤有色谱模型

$$S(\omega)=\frac{1+4\xi_g^2\left(\omega/\omega_g\right)^2}{\left[1-\left(\omega/\omega_g\right)^2\right]^2+4\xi_g^2\left(\omega/\omega_g\right)^2}\frac{1}{1+\left(\omega/\omega_h\right)^2}S_0 \tag{6.1.3}$$

式中，$\omega_h$ 是基岩谱特性参数。

（4）胡聿贤和周锡元[15]针对 Kanai-Tajimi 谱夸大了低频地震动的能量且不能满足地面运动速度和位移在频率 $\omega=0$ 处是有限的这个要求，通过引入参数 $\omega_c$ 将 Kanai-Tajimi 谱的低频分量进行合理的缩减，提出了一个修正模型

$$S(\omega)=\frac{1+4\xi_g^2\left(\omega/\omega_g\right)^2}{\left[1-\left(\omega/\omega_g\right)^2\right]^2+4\xi_g^2\left(\omega/\omega_g\right)^2}\frac{\omega^6}{\omega^6+\omega_c^6}S_0 \tag{6.1.4}$$

式中，$\omega_c$ 为控制低频含量的参数，$\omega_c$ 越大，地震动低频分量越小。

（5）Ruiz 和 Penzien[16]同样对 Kanai-Tajimi 谱进行了修正，提出了另外一种形式的功率谱模型

$$S(\omega)=\frac{1+4\xi_g^2\left(\omega/\omega_g\right)^2}{\left[1-\left(\omega/\omega_g\right)^2\right]^2+4\xi_g^2\left(\omega/\omega_g\right)^2}\frac{\omega^4}{\left(\omega^2-\omega_f^2\right)^2+4\omega^2\omega_f^2\xi_f^2}S_0 \tag{6.1.5}$$

式中，$\omega_f$ 和 $\xi_f$ 均为地面过滤参数。该修正主要是采用双过滤白噪声模型来模拟地震功率谱，并且它能够非常好地抑制低频地震动分量。

需要说明的是，上述所有模型及其确定的参数均只是针对某些特定地震记录而得到的功率谱密度，它们并不是真正意义上严格的地震功率谱。从工程实践上来讲，更为普遍适用的地震功率谱模型有待进一步研究[17]。

### 6.1.2　地面运动的空间效应

随着现代新型材料以及桥梁技术发展，桥梁结构的跨度已由几百米达到了几千米，如温福铁路宁德特大桥全长约 8169m。对于这种大跨度桥梁的抗震设计，地震动在各方向引起的响应数量级一般相同，地面运动呈现出明显的多维性[18]。为了更真实地掌握结构地震反应，必须考虑地震地面运动的空间效应。已有的文献研究表明，地震动传播过程中的空间变化由以下三种原因导致：①地震动是以波的形式进行传播，它在传播过程中到达地面各节点的时间不同；②地震波在介质中传播存在一定的反射和折射，并且不同位置、不同传播方向上，波的叠加方式各有不同，从而在传播过程中产生一定的损失；③地面土壤结构不是完全均匀的，土壤介质和岩层以及各种不同传播媒介的周期和运动特性不同，波在传播过程中可能因衰减而发生改变，使得结构支座处的位移各不相同。学者们建立了考虑空间效应的地震模型，并将这三种原因引起的空间效应分别称为行波效应、相干效应和局部效应。虚拟激励法是考虑多维多点空间地震动的高效、精确随机振动方法，能够同时考虑地震动的各种空间效应，已成功地应用于诸多随机振动问题中[19]。

考虑空间效应的地震动一般可以采用地面观测点加速度的功率谱密度矩阵表示

$$
\boldsymbol{S}(\mathrm{i}\omega)=\begin{bmatrix} S_{\ddot{x}_1\ddot{x}_1}(\mathrm{i}\omega) & S_{\ddot{x}_1\ddot{x}_2}(\mathrm{i}\omega) & \cdots & S_{\ddot{x}_1\ddot{x}_N}(\mathrm{i}\omega) \\ S_{\ddot{x}_2\ddot{x}_1}(\mathrm{i}\omega) & S_{\ddot{x}_2\ddot{x}_2}(\mathrm{i}\omega) & \cdots & S_{\ddot{x}_2\ddot{x}_N}(\mathrm{i}\omega) \\ \vdots & \vdots & \ddots & \vdots \\ S_{\ddot{x}_N\ddot{x}_1}(\mathrm{i}\omega) & S_{\ddot{x}_N\ddot{x}\ddot{x}}(\mathrm{i}\omega) & \cdots & S_{\ddot{x}_N\ddot{x}_N}(\mathrm{i}\omega) \end{bmatrix} \tag{6.1.6}
$$

式中，

$$
S_{\ddot{x}_k\ddot{x}_l}(\mathrm{i}\omega)=\rho_{kl}(\mathrm{i}\omega)\sqrt{S_{\ddot{x}_k}(\mathrm{i}\omega)S_{\ddot{x}_l}(\mathrm{i}\omega)} \tag{6.1.7}
$$

且

$$
\rho_{kl}(\mathrm{i}\omega)=\left|\rho_{kl}(\mathrm{i}\omega)\right|\mathrm{e}^{\mathrm{i}\theta_{kl}(\omega)} \tag{6.1.8}
$$

称为相干函数，其模满足

$$
\left|\rho_{kl}(\mathrm{i}\omega)\right|\leqslant 1 \tag{6.1.9}
$$

相应地，幅角可以表示为

$$
\theta_{kl}(\omega)=\tan^{-1}\left[\frac{\mathrm{Im}(\rho_{kl}(\mathrm{i}\omega))}{\mathrm{Re}(\rho_{kl}(\mathrm{i}\omega))}\right] \tag{6.1.10}
$$

因此，可以通过地面各点的自功率谱密度函数和各点之间的相干函数来描述整个地面运动的随机场。故而，将式（6.1.8）代入式（6.1.7）中，可得

$$
S_{\ddot{x}_k\ddot{x}_l}(\mathrm{i}\omega)=\left|\rho_{kl}(\mathrm{i}\omega)\right|\mathrm{e}^{\mathrm{i}\theta_{kl}(\omega)}\sqrt{S_{\ddot{x}_k}(\mathrm{i}\omega)S_{\ddot{x}_l}(\mathrm{i}\omega)} \tag{6.1.11}
$$

从式（6.1.11）中可以看出，地面上任意两点 $k$ 和 $l$ 的加速度互谱 $S_{\ddot{x}_k\ddot{x}_l}(\mathrm{i}\omega)$ 分别与两点的自功率谱 $S_{\ddot{x}_k}(\mathrm{i}\omega)$ 和 $S_{\ddot{x}_l}(\mathrm{i}\omega)$、相干函数的模 $\left|\rho_{kl}(\mathrm{i}\omega)\right|$ 和幅角 $\mathrm{e}^{\mathrm{i}\theta_{kl}(\omega)}$ 有关。其中，$\mathrm{e}^{\mathrm{i}\theta_{kl}(\omega)}$ 体现了行波效应的影响，且当所有 $\theta_{kl}=0$ 时，表示不考虑行波效应；$\left|\rho_{kl}(\mathrm{i}\omega)\right|$ 反映了部分相干效应的影响，且当所有点之间的相干函数 $\rho_{kl}=1$ 时，表示各激励间完全相干；而 $S_{\ddot{x}_k}(\mathrm{i}\omega)$ 和 $S_{\ddot{x}_l}(\mathrm{i}\omega)$ 则表征了场地上 $k$ 点和 $l$ 点的局部效应。

1. *行波效应模型*

由于地震动波在传播过程中到达地面各观测点的时间不同而导致的行波效应，一般采用如下的行波效应因子[20-22]来描述：

$$
\mathrm{e}^{\mathrm{i}\theta_{kl}(\omega)}=\exp(-\mathrm{i}\omega d_{kl}^{L}/v_{\mathrm{app}}) \tag{6.1.12}
$$

它也可以改写为如下形式：

$$
\mathrm{e}^{\mathrm{i}\theta_{kl}(\omega)}=\exp(-\mathrm{i}\omega\frac{\vec{v}_{\mathrm{app}}\vec{d}_{kl}}{v_{\mathrm{app}}^{2}}) \tag{6.1.13}
$$

式中，$d_{kl}$ 是两个地面节点之间的水平距离；$d_{kl}^{L}$ 是 $d_{kl}$ 沿地震波传播方向上的投影；$v_{\mathrm{app}}$ 是地震地面波视波速。

由于视波速随频率的变化有着非常大的离散性，并且它的具体量也难以确定，因此在实际工程应用中一般可以根据不同情况，通过如下的方式获得近似的视波速：假设地面各点参照坐标原点的运动时间差分别为 $T_1, T_2, \cdots, T_N$，则

$$
\frac{d_{kl}^{L}}{v_{\mathrm{app}}}=T_l-T_k \tag{6.1.14}
$$

将式（6.1.14）代入式（6.1.12）中，可得行波效应因子的表达式为

$$e^{i\theta_{kl}(\omega)}=\exp(i\omega(T_k-T_l)) \tag{6.1.15}$$

2. 部分相干效应模型

部分相干效应是指地震波在传播过程中由于不同位置、不同传播方向上波的反射和折射等，各个位置叠加效果各不相同，相干性作用将产生部分损失。在地震功率谱密度的公式（6.1.11）中，相干效应通过相干函数的模$\left|\rho_{kl}(i\omega)\right|$来反映。根据对强震地观测以及统计分析，学者们提出了以下几种主要的地面运动加速度相干函数模型。

（1）冯启民和胡聿贤[23]通过对海城和日本新潟地震的观测和统计，得到了如下相干模型：

$$\left|\rho_{kl}(\omega,d_{kl})\right|=e^{(-\rho_1\omega+\rho_2)d_{kl}} \tag{6.1.16}$$

式中，$\rho_1$、$\rho_2$为相干性参数，海城和日本新潟地震时对应的参数为

$$海城：\ \rho_1=2\times10^{-5}\,\text{s/m},\ \rho_2=88\times10^{-4}\,\text{s/m}$$

$$新潟：\ \rho_1=4\times10^{-4}\,\text{s/m},\ \rho_2=19\times10^{-4}\,\text{s/m}$$

（2）Harichandran[21]根据 SMART-1 地震台网的加速度记录，提出了如下相干模型

$$\left|\rho_{kl}(\omega,d_{kl})\right|=A\exp\left[-\frac{2d}{\alpha\theta(\omega)}(1-A+\alpha A)\right]+(1-A)\exp\left[-\frac{2d}{\theta(\omega)}(1-A+\alpha A)\right] \tag{6.1.17}$$

式中，$A=0.736$；$\alpha=0.147$；

$$\theta(\omega)=K\sqrt{1+(\omega/\omega_0)^b} \tag{6.1.18}$$

其中，$K=5210$；$\omega_0=6.85\text{rad/s}$；$b=2.78$。

（3）Loh[24]根据 SMART-1 地震台网的第 40 次加速度记录，提出了如下相干函数模型：

$$\left|\rho_{kl}(\omega,d_{kl})\right|=\exp(-\alpha\frac{\omega d_{kl}}{2\pi v_{\text{app}}}) \tag{6.1.19}$$

式中，$\alpha$是地面运动波数，取$\alpha$=0.125。

（4）Oliveira 等[20]提出的相干函数模型为

$$\left|\rho_{kl}(\omega,d_{kl})\right|=\exp\left(-\beta_1 d_{kl}^L-\beta_2 d_{kl}^T\right)\cdot\exp\left[-\left(\alpha_1\sqrt{d_{kl}^L}-\alpha_2\sqrt{d_{kl}^T}\right)\cdot(\omega/2\pi)^2\right] \tag{6.1.20}$$

式中，$\alpha_i=\frac{2\pi a_i}{\omega}+\frac{\omega b_i}{2\pi}+c_i$；$d_{kl}^L$和$d_{kl}^T$分别是两点间的水平距离$d_{kl}$沿传播方向上和沿与传播方向垂直方向上的投影。根据 SMART-1 地震台网的 17 条地震实测数据，文献[20]给出了每次地震对应的参数$\beta_1$、$\beta_2$、$a_1$、$a_2$、$b_1$、$b_2$、$c_1$和$c_2$。

（5）Luco 和 Wang[22]提出的相干函数模型为

$$\left|\rho_{kl}\right|=\exp\left[-\left(\frac{\alpha\omega d_{kl}}{v_s}\right)^2\right] \tag{6.1.21}$$

式中，$\alpha$是相干性系数；$d_{kl}$是两点间的水平距离；$v_s$是地震波在介质中传播的剪切波速。

（6）屈铁军等[25]提出的相干函数模型为

$$\left|\rho_{kl}\right|=\exp\left[-a(\omega)d_{kl}^{b(\omega)}\right] \tag{6.1.22}$$

式中，

$$a(\omega)=a_1\omega^2+a_2,\quad b(\omega)=b_1\omega+b_2 \tag{6.1.23}$$

其中，$a_1$=0.000 016 78；$a_2$=0.001 219；$b_1$=−0.005 5；$b_2$=0.767 4。该模型综合了以 SMART-1 为主的 4 个密集台阵的几十次地震记录，应用效果颇好。

从数学角度来说，上述模型都是通过对实际已发生的地震进行统计，从而确定模型中的参数值。因此严格来说，它们均只适用于该模型的该次地震。在实际使用中，还需要根据当地的具体情况来选择合理的模型及参数值。

# 6.2　一致地震作用下车桥耦合系统随机响应

随着铁路设计标准的提高，桥梁在线路中所占的比重越来越大，尤其是高速铁路，为了保证列车运行的平稳性，可能建造连续几公里甚至几十公里的高架桥，如京沪高速铁路桥梁占线路总长的 80%以上。这使得地震发生时列车在桥上的概率大为增加。车桥耦合系统本身是一个具有时变性的复杂系统，并且由于列车过桥的时间往往与地震作用的持续时间相当（10～20s），将地震动假设为非平稳随机过程更为合理。对于受非平稳随机激励的时变系统，结构抗震分析中广泛使用的反应谱方法无法应用，而常规的随机振动方法也因其复杂的计算过程和庞大的计算量而难以使用。目前用得最多的仍然是时程分析方法，但这种方法得到的结果过于依赖所选取的地震加速度时间历程曲线，并且难以体现系统本身的随机振动特性。这里借助虚拟激励法结合精细积分法研究水平地震和轨道不平顺同时作用下车桥耦合系统的随机振动，假设水平地震激励为均匀调制非平稳随机激励，轨道不平顺激励为多点完全相干平稳随机激励，采用 PEM-PIM 来求解多维随机激励下车桥耦合系统的非平稳随机响应[5-6]。

## 6.2.1　地震作用下车桥耦合系统运动方程

列车和桥梁都采用 5.2 节中的模型（图 5.2.2）。假设车轮与轨道始终保持接触，且车轮在轨道上滚动时不发生滑动，无爬轨、跳轨和脱轨现象发生。通过给定轮轨关系将车辆和桥梁系统进行耦合，可以得到地震作用下车桥耦合系统运动方程

$$\begin{bmatrix} \boldsymbol{M}_v & \boldsymbol{0} \\ \boldsymbol{0} & \boldsymbol{M}_b \end{bmatrix} \begin{Bmatrix} \ddot{\boldsymbol{u}}_v \\ \ddot{\boldsymbol{u}}_b \end{Bmatrix} + \begin{bmatrix} \boldsymbol{C}_v & \boldsymbol{C}_{vb} \\ \boldsymbol{C}_{bv} & \boldsymbol{C}_b \end{bmatrix} \begin{Bmatrix} \dot{\boldsymbol{u}}_v \\ \dot{\boldsymbol{u}}_b \end{Bmatrix} + \begin{bmatrix} \boldsymbol{K}_v & \boldsymbol{K}_{vb} \\ \boldsymbol{K}_{bv} & \boldsymbol{K}_b \end{bmatrix} \begin{Bmatrix} \boldsymbol{u}_v \\ \boldsymbol{u}_b \end{Bmatrix} = \boldsymbol{f}_g(t) + \boldsymbol{f}_e(t) + \boldsymbol{f}_r(t) \tag{6.2.1}$$

式中，下标 $v$ 和 $b$ 分别代表车辆系统和桥梁系统；$\boldsymbol{M}$、$\boldsymbol{C}$ 和 $\boldsymbol{K}$ 则分别为各系统对应的质量阵、阻尼阵和刚度阵；下标 $vb$ 和 $bv$ 代表车辆和桥梁系统之间的耦合；$\boldsymbol{f}_g(t)$ 为列车轴重引起的确定性激励向量；$\boldsymbol{f}_e(t)$ 为地震引起的均匀调制单点随机激励向量；$\boldsymbol{f}_r(t)$ 为轨道不平顺引起的多点完全相干平稳随机激励向量。

地震引起的荷载向量具有如下形式：

$$\boldsymbol{f}_e(t) = \boldsymbol{P}_e \ddot{x}_g \tag{6.2.2}$$

由于地震作用的有效时间往往与列车通过桥梁的时间大致相当，因此将地震动作为非平稳过程来处理。这里假设水平地震动为均匀调制演变随机过程，其功率谱密度函数 $S_{\ddot{x}\ddot{x}}(\omega)$ 选用 Ruiz 和 Penzien[16]建议的修正过滤白噪声模型，调制函数选用三段时间包络函数。

式（6.2.2）中地震作用的系数矩阵 $\boldsymbol{P}_e$ 为

$$\boldsymbol{P}_e = \left[ \left( \boldsymbol{P}_e^v \right)^{\mathrm{T}} \quad \left( \boldsymbol{P}_e^b \right)^{\mathrm{T}} \right]^{\mathrm{T}} \tag{6.2.3}$$

式中，

$$\boldsymbol{P}_e^v = \begin{bmatrix} \boldsymbol{P}_e^{v1} \\ \boldsymbol{P}_e^{v2} \\ \vdots \\ \boldsymbol{P}_e^{vN_v} \end{bmatrix}, \quad \boldsymbol{P}_e^{vi} = \boldsymbol{M}_{vi} \begin{bmatrix} \boldsymbol{E}_{\mathrm{ct}} \\ \boldsymbol{E}_{\mathrm{ct}} \\ \boldsymbol{E}_{\mathrm{ct}} \end{bmatrix}, \quad \boldsymbol{E}_{\mathrm{ct}} = \begin{bmatrix} 1 \\ 0 \\ 0 \\ 0 \end{bmatrix} \tag{6.2.4}$$

$$\boldsymbol{P}_e^b = \boldsymbol{M}_{bb} \boldsymbol{E}_b + \sum_{i=1}^{N_v} \sum_{j=2}^{2} \sum_{l=1}^{2} m_{wijl} \boldsymbol{R}_{hijl} \tag{6.2.5}$$

由轨道不平顺引起的三维多点完全相干平稳随机激励向量 $\boldsymbol{f}_r(t)$ 为

$$\boldsymbol{f}_r(t) = \boldsymbol{P}_{r1} \boldsymbol{u}_r^{st}(t) + \boldsymbol{P}_{r2} \dot{\boldsymbol{u}}_r^{st}(t) + \boldsymbol{P}_{r3} \ddot{\boldsymbol{u}}_r^{st}(t) \tag{6.2.6}$$

轨道不平顺考虑三种类型：方向不平顺 $r_y(x)$ 、水平不平顺 $r_\theta(x)$ 和高低不平顺 $r_z(x)$ 。假设它们为零均值平稳随机过程，其功率谱密度函数分别为 $S_y(\Omega)$ 、 $S_\theta(\Omega)$ 和 $S_z(\Omega)$ 。当列车以匀速 $V$ 运行时，通过关系式 $x = Vt$ 可以将轨道不平顺由空间域转换到时间域，即 $r_y(t)$ 、 $r_\theta(t)$ 和 $r_z(t)$ ，相应地，其功率谱密度函数矩阵为

$$\boldsymbol{S}_{rr}(\omega) = \mathrm{diag}\left[ S_y(\Omega)/V \quad S_\theta(\Omega)/V \quad S_z(\Omega)/V \right] = \mathrm{diag}\left[ S_y(\omega) \quad S_\theta(\omega) \quad S_z(\omega) \right] \tag{6.2.7}$$

## 6.2.2　PEM-PIM 求解车桥耦合系统随机地震响应

对于耦合系统运动方程（6.2.1）右端的三种类型激励荷载，可以根据线性系统叠加原理，分别予以求解。下面给出由水平地震和轨道不平顺引起的随机响应的具体求解过程。

当只考虑地震引起的随机性激励 $\boldsymbol{f}_e(t)$ 时，系统时变随机振动方程为

$$\begin{bmatrix} \boldsymbol{M}_v & \boldsymbol{0} \\ \boldsymbol{0} & \boldsymbol{M}_b \end{bmatrix} \begin{Bmatrix} \ddot{\boldsymbol{u}}_v^e \\ \ddot{\boldsymbol{u}}_b^e \end{Bmatrix} + \begin{bmatrix} \boldsymbol{C}_v & \boldsymbol{C}_{vb} \\ \boldsymbol{C}_{bv} & \boldsymbol{C}_b \end{bmatrix} \begin{Bmatrix} \dot{\boldsymbol{u}}_v^e \\ \dot{\boldsymbol{u}}_b^e \end{Bmatrix} + \begin{bmatrix} \boldsymbol{K}_v & \boldsymbol{K}_{vb} \\ \boldsymbol{K}_{bv} & \boldsymbol{K}_b \end{bmatrix} \begin{Bmatrix} \boldsymbol{u}_v^e \\ \boldsymbol{u}_b^e \end{Bmatrix} = \boldsymbol{f}_e(t) \tag{6.2.8}$$

根据时变系统的虚拟激励法，可以构造如下虚拟地震激励：

$$\tilde{\boldsymbol{f}}_e(t) = \sqrt{S_{\ddot{x}\ddot{x}}(\omega)} \boldsymbol{P}_e g(t) \mathrm{e}^{\mathrm{i}\omega t} \tag{6.2.9}$$

式中， $S_{\ddot{x}\ddot{x}}(\omega)$ 为平稳随机地震加速度的功率谱密度； $g(t)$ 为非平稳随机过程的幅值调制函数； $\boldsymbol{P}_e$ 为作用荷载指示向量。将式（6.2.9）代入式（6.2.8），并将方程左端随时间变化的项移到方程右端，可以得到由此虚拟激励引起的确定性时不变系统运动方程

$$\begin{bmatrix} \boldsymbol{M}_v & \boldsymbol{0} \\ \boldsymbol{0} & \boldsymbol{M}_b \end{bmatrix} \begin{Bmatrix} \ddot{\tilde{\boldsymbol{u}}}_v^e \\ \ddot{\tilde{\boldsymbol{u}}}_b^e \end{Bmatrix} + \begin{bmatrix} \boldsymbol{C}_v & \boldsymbol{0} \\ \boldsymbol{0} & \boldsymbol{C}_b \end{bmatrix} \begin{Bmatrix} \dot{\tilde{\boldsymbol{u}}}_v^e \\ \dot{\tilde{\boldsymbol{u}}}_b^e \end{Bmatrix} + \begin{bmatrix} \boldsymbol{K}_v & \boldsymbol{0} \\ \boldsymbol{0} & \boldsymbol{K}_b \end{bmatrix} \begin{Bmatrix} \tilde{\boldsymbol{u}}_v^e \\ \tilde{\boldsymbol{u}}_b^e \end{Bmatrix} = \tilde{\boldsymbol{f}}_e(\omega, t) + \tilde{\boldsymbol{f}}^{in}(t) \tag{6.2.10}$$

式中， $\tilde{\boldsymbol{u}}^e = \left\{ \tilde{\boldsymbol{u}}_v^{e\mathrm{T}} \quad \tilde{\boldsymbol{u}}_b^{e\mathrm{T}} \right\}^{\mathrm{T}}$ 为由虚拟地震激励引起的系统虚拟响应。

对方程（6.2.10）采用精细积分简单分解格式进行迭代计算，可求得相应的虚拟响应 $\tilde{\boldsymbol{u}}^e(\omega, t)$ 。进而得到由地震激励引起的系统响应时变功率谱矩阵

$$\boldsymbol{S}_{uu}^e(\omega, t) = \tilde{\boldsymbol{u}}^{e*}(\omega, t) \tilde{\boldsymbol{u}}^{e\mathrm{T}}(\omega, t) \tag{6.2.11}$$

当只考虑轨道不平顺引起的随机性激励 $\boldsymbol{f}_r(t)$ 时，车桥耦合时变系统的运动方程为

$$\begin{bmatrix} \boldsymbol{M}_v & \boldsymbol{0} \\ \boldsymbol{0} & \boldsymbol{M}_b \end{bmatrix}\begin{Bmatrix} \ddot{\boldsymbol{X}}_v^r \\ \ddot{\boldsymbol{X}}_b^r \end{Bmatrix}+\begin{bmatrix} \boldsymbol{C}_v & \boldsymbol{C}_{vb} \\ \boldsymbol{C}_{bv} & \boldsymbol{C}_b \end{bmatrix}\begin{Bmatrix} \dot{\boldsymbol{X}}_v^r \\ \dot{\boldsymbol{X}}_b^r \end{Bmatrix}+\begin{bmatrix} \boldsymbol{K}_v & \boldsymbol{K}_{vb} \\ \boldsymbol{K}_{bv} & \boldsymbol{K}_b \end{bmatrix}\begin{Bmatrix} \boldsymbol{X}_v^r \\ \boldsymbol{X}_b^r \end{Bmatrix}=\boldsymbol{f}_r(t) \tag{6.2.12}$$

方程右端轨道不平顺激励 $\boldsymbol{f}_r(t)$ 可分为如下三部分：

$$\boldsymbol{f}_{r1}(t)=\boldsymbol{P}_{r1}\boldsymbol{u}_r^{st}(t)\,,\quad \boldsymbol{f}_{r2}(t)=\boldsymbol{P}_{r2}\dot{\boldsymbol{u}}_r^{st}(t)\,,\quad \boldsymbol{f}_{r3}(t)=\boldsymbol{P}_{r3}\ddot{\boldsymbol{u}}_r^{st}(t) \tag{6.2.13}$$

对轨道不平顺功率谱矩阵 $\boldsymbol{S}_{rr}(\omega)$ 进行分解

$$\boldsymbol{S}_{rr}(\omega)=\sum_{d=1}^{m=3}\lambda_d\boldsymbol{\varphi}_d^*\boldsymbol{\varphi}_d^{\mathrm{T}} \tag{6.2.14}$$

根据时变系统的虚拟激励法，并结合式（6.2.14）构造如下 $\boldsymbol{f}_{r1}(t)$ 的虚拟激励：

$$\tilde{\boldsymbol{f}}_{r1}^d(\omega,t)=\sqrt{\lambda_d}\,\boldsymbol{P}_{r1}\boldsymbol{V}\boldsymbol{\varphi}_d\mathrm{e}^{\mathrm{i}\omega t}\qquad (d=1,2,3) \tag{6.2.15}$$

式中，

$$\boldsymbol{V}=\mathrm{diag}(\begin{bmatrix}\boldsymbol{V}_0 & \boldsymbol{V}_0 & \boldsymbol{V}_0\end{bmatrix})\,,\quad \boldsymbol{V}_0=\begin{Bmatrix}\mathrm{e}^{-\mathrm{i}\omega t_1} & \mathrm{e}^{-\mathrm{i}\omega t_2} & \cdots & \mathrm{e}^{-\mathrm{i}\omega t_n}\end{Bmatrix}^{\mathrm{T}}$$

可以按照同样的方法来构造 $\boldsymbol{f}_{r2}(t)$ 和 $\boldsymbol{f}_{r3}(t)$ 的虚拟激励

$$\tilde{\boldsymbol{f}}_{r2}^d(\omega,t)=\mathrm{i}\omega\sqrt{\lambda_d}\,\boldsymbol{P}_{r2}\boldsymbol{V}\boldsymbol{\varphi}_d\mathrm{e}^{\mathrm{i}\omega t}\qquad (d=1,2,3) \tag{6.2.16}$$

$$\tilde{\boldsymbol{f}}_{r3}^d(\omega,t)=-\omega^2\sqrt{\lambda_d}\,\boldsymbol{P}_{r3}\boldsymbol{V}\boldsymbol{\varphi}_d\mathrm{e}^{\mathrm{i}\omega t}\qquad (d=1,2,3) \tag{6.2.17}$$

将式（6.2.15）～式（6.2.17）的虚拟激励分别相加，便可得到 $\boldsymbol{f}_r(t)$ 的虚拟激励

$$\tilde{\boldsymbol{f}}_r^d(\omega,t)=\sqrt{\lambda_d}\,(\boldsymbol{P}_{r1}+\mathrm{i}\omega\boldsymbol{P}_{r2}-\omega^2\boldsymbol{P}_{r3})\boldsymbol{V}\boldsymbol{\varphi}_d\mathrm{e}^{\mathrm{i}\omega t}\qquad (d=1,2,3) \tag{6.2.18}$$

将其代入式（6.2.12），并将方程左端随时间变化的项移到方程右端，得到由虚拟激励引起的确定性时不变系统运动方程

$$\begin{bmatrix} \boldsymbol{M}_v & \boldsymbol{0} \\ \boldsymbol{0} & \boldsymbol{M}_b \end{bmatrix}\begin{Bmatrix} \ddot{\tilde{\boldsymbol{u}}}_v^{rd} \\ \ddot{\tilde{\boldsymbol{u}}}_b^{rd} \end{Bmatrix}+\begin{bmatrix} \boldsymbol{C}_v & \boldsymbol{0} \\ \boldsymbol{0} & \boldsymbol{C}_b \end{bmatrix}\begin{Bmatrix} \dot{\tilde{\boldsymbol{u}}}_v^{rd} \\ \dot{\tilde{\boldsymbol{u}}}_b^{rd} \end{Bmatrix}+\begin{bmatrix} \boldsymbol{K}_v & \boldsymbol{0} \\ \boldsymbol{0} & \boldsymbol{K}_b \end{bmatrix}\begin{Bmatrix} \tilde{\boldsymbol{u}}_v^{rd} \\ \tilde{\boldsymbol{u}}_b^{rd} \end{Bmatrix}=\tilde{\boldsymbol{f}}_r^d(\omega,t)+\tilde{\boldsymbol{f}}^{in}(t) \tag{6.2.19}$$

式中，$\tilde{\boldsymbol{u}}^{rd}=\begin{Bmatrix}\tilde{\boldsymbol{u}}_v^{rd} & \tilde{\boldsymbol{u}}_b^{rd}\end{Bmatrix}^{\mathrm{T}}$ 为由轨道不平顺引起的虚拟响应。

对方程（6.2.19）采用精细积分简单分解格式进行迭代计算，可求得相应的虚拟响应 $\tilde{\boldsymbol{u}}^{rd}(\omega,t)$。进而得到由轨道不平顺引起的系统响应时变功率谱矩阵

$$\boldsymbol{S}_{uu}^r(\omega,t)=\sum_{d=1}^{m=3}\tilde{\boldsymbol{u}}^{rd*}(\omega,t)\tilde{\boldsymbol{u}}^{rd\mathrm{T}}(\omega,t) \tag{6.2.20}$$

由于地震激励和轨道不平顺激励之间不存在相关性，因此系统总随机响应的功率谱和相关矩阵可由下式求得：

$$\boldsymbol{S}_{uu}(\omega,t)=\boldsymbol{S}_{uu}^e(\omega,t)+\boldsymbol{S}_{uu}^r(\omega,t)\,,\quad \boldsymbol{R}_{uu}(t)=2\int_0^{+\infty}\boldsymbol{S}_{uu}(\omega,t)\mathrm{d}\omega \tag{6.2.21}$$

### 6.2.3　非平稳随机响应最大值估计

地震作用下车桥耦合系统动力响应的最大值是工程设计中最为关心的问题。通常的做法是采用实际记录的样本作为输入，通过响应时程曲线最大值来确定。但随机性问题采用确定性方法来分析难以保证计算结果的可靠性。这里基于首次穿越破坏准则，对系统非平稳随机地震响应进行最大值估计。

对于零均值平稳随机过程 $y(t)$，记 $y_m$ 和 $\sigma_y$ 分别为 $y(t)$ 的极值（绝对最大值）和标准差，定义无量纲参数，即峰值因子 $\eta = y_m/\sigma_y$。根据 Davenport 的水平跨越次数是 Poisson 过程的假定[26]，$\eta$ 的极值期望值和标准差近似为

$$E(\eta) \approx \sqrt{2\ln \nu t_d} + \frac{0.5772}{\sqrt{2\ln \nu t_d}}, \quad \sigma_\eta \approx \frac{\pi}{\sqrt{6}} \frac{0.5772}{\sqrt{2\ln \nu t_d}} \tag{6.2.22}$$

式中，

$$\nu = \frac{1}{\pi}\sqrt{\frac{\gamma_2}{\gamma_0}}, \quad \gamma_i = 2\int_0^{+\infty} \omega^i S_y(\omega)\mathrm{d}\omega \quad (i = 0, 2) \tag{6.2.23}$$

即 $\nu$ 为平均穿零率，其中 $\gamma_i$ 为 $y(t)$ 的第 $i$ 阶谱距；$t_d$ 为地震动持时。

为了能够应用上述平稳随机振动极值分析理论，需要对地震作用下车桥耦合系统的非平稳随机响应 $\hat{y}(t)$ 进行平稳化处理[27]。将由非平稳时变功率谱得到的时变方差 $\sigma_{\hat{y}}^2(t)$ 以及各阶谱矩 $\gamma_i$ 在地震持时上取平均可得等效平稳化方差和谱矩

$$\bar{\sigma}_{\hat{y}}^2 = \left(\int_{t_1/\sqrt{2}}^{t_d + t_1/\sqrt{2}} \sigma_{\hat{y}}^2(t)\mathrm{d}t\right)\Big/ t_d, \quad \bar{\gamma}_i = \left(\int_{t_1/\sqrt{2}}^{t_d + t_1/\sqrt{2}} \gamma_i(t)\mathrm{d}t\right)\Big/ t_d \tag{6.2.24}$$

将其代入式（6.2.22）可近似得到系统非平稳响应极值的期望值和标准差

$$\hat{y}_e(t) \approx E(\bar{\eta})\bar{\sigma}_{\hat{y}} = \left(\sqrt{2\ln \bar{\nu} t_d} + \frac{0.5772}{\sqrt{2\ln \bar{\nu} t_d}}\right)\bar{\sigma}_{\hat{y}}, \quad \sigma_{\hat{y}_e} \approx \sigma_{\bar{\eta}}\bar{\sigma}_{\hat{y}} = \frac{\pi}{\sqrt{6}} \frac{0.5772}{\sqrt{2\ln \bar{\nu} t_d}} \bar{\sigma}_{\hat{y}} \tag{6.2.25}$$

其中，$\bar{\nu} = \sqrt{\bar{\gamma}_2/\bar{\gamma}_0}\Big/\pi$。

在结构抗震分析中一般直接用响应的期望极值 $E(\eta)\bar{\sigma}_y$ 或首次超越可靠度来评估结构的安全性。鉴于车桥耦合系统中列车安全运行极其重要，对于这类零均值的非平稳随机响应 $\hat{y}(t)$ 建议使用下列更为安全的最大值估计方法，即

$$\hat{y}_{\max} = \eta_{\max}\bar{\sigma}_y = (E(\eta) + \kappa\sigma_\eta)\bar{\sigma}_y \tag{6.2.26}$$

式中，$\kappa$ 为安全系数。

这种最大值估计方法是在平稳随机振动理论的基础上经过半经验的修正而得到的，可以借助非平稳随机响应的动力可靠度计算公式来分析其可靠性。对于非平稳随机响应，基于交差次数为 Poisson 过程的对称双侧 D 界限的动力可靠度计算公式[28]为

$$P(b, -b) = \exp\left\{\int_0^T -\nu(t)\exp\left(\frac{-b^2}{2\sigma_y^2(t)}\right)\mathrm{d}t\right\} \tag{6.2.27}$$

在由式（6.2.26）计算得到 $\hat{y}_{\max}$ 后，令 $b = \hat{y}_{\max}$，并将其代入式（6.2.27）来计算该随机响应安全界限为 $\hat{y}_{\max}$ 时的可靠度，即时程分析法所得响应样本极值落在 $(-\hat{y}_{\max}, \hat{y}_{\max})$ 的概率。较多的数值分析表明，当 $\kappa = 3$ 时，该概率都在 98%以上，故建议取 $\kappa = 3$。

车桥耦合系统随机响应为非零均值非平稳响应，均值部分 $\bar{y}(t)$（即由列车重力引起的响应）可单独计算。根据叠加原理，系统响应的峰值估计为

$$\max(y(t)) = \max(\bar{y}(t)) + (E(\eta) + \kappa\sigma_\eta)\bar{\sigma}_y \tag{6.2.28}$$

**例 6.2.1**　应用 PEM-PIM 研究水平地震作用下中华之星列车通过五跨简支梁桥时系统的随机动力响应。中华之星列车编组含首尾机车和 9 节客车车体，计算参数列于表 6.2.1。桥梁有限元模型采用 Bernoulli-Euler 梁单元，其参数为：每跨长 $L_s = 32\text{m}$，总长 $L = 32\times 5\text{m}=160\text{m}$，

横截面面积 $A = 7.465\text{m}^2$，抗扭惯性矩 $I_\rho = 15.64\text{m}^4$，水平抗弯惯性矩 $I_z = 59.37\text{m}^4$，垂直抗弯惯性矩 $I_y = 4.78\text{m}^4$，混凝土密度 $\rho = 2500\text{kg/m}^3$，弹性模量 $E = 2\times10^{10}\text{N/m}$。采用瑞利阻尼，并按前两阶参振振型阻尼比为 0.05 来确定其系数。

**表 6.2.1　中华之星列车参数**

| 参数 | 单位 | 机车车辆 | 客车车辆 |
|---|---|---|---|
| 车体质量 $M_c$ | kg | 59 364 | 40 000 |
| 车体侧滚（绕 $x$ 轴）惯量 $J_{c\theta}$ | kg·m² | 130 493 | 90 000 |
| 车体点头（绕 $y$ 轴）惯量 $J_{c\varphi}$ | kg·m² | 1 723 415 | 2 560 000 |
| 车体摇头（绕 $z$ 轴）惯量 $J_{c\psi}$ | kg·m² | 1 796 565 | 2 560 000 |
| 构架质量 $M_t$ | kg | 5 631 | 2 100 |
| 构架侧滚（绕 $x$ 轴）惯量 $J_{t\theta}$ | kg·m² | 2 202 | 1 701 |
| 构架点头（绕 $y$ 轴）惯量 $J_{t\varphi}$ | kg·m² | 9 488 | 2 100 |
| 构架摇头（绕 $z$ 轴）惯量 $J_{t\psi}$ | kg·m² | 11 233 | 2 100 |
| 轮对质量 $M_w$ | kg | 1 844 | 1 950 |
| 轮对侧滚（绕 $x$ 轴）惯量 $J_w$ | kg·m² | 1 263 | 1 248 |
| 一系垂向弹簧刚度（一侧）$k_1^v$ | kN/m | 2 400 | 600 |
| 一系横向弹簧刚度（一侧）$k_1^h$ | kN/m | 4 878 | 4 500 |
| 二系垂向弹簧刚度（一侧）$k_2^v$ | kN/m | 886 | 260 |
| 二系横向弹簧刚度（一侧）$k_2^h$ | kN/m | 316 | 125 |
| 一系垂向阻尼系数（一侧）$c_1^v$ | kN·s/m | 30 | 10 |
| 一系横向阻尼系数（一侧）$c_1^h$ | kN·s/m | 80 | 20 |
| 二系垂向阻尼系数（一侧）$c_2^v$ | kN·s/m | 45 | 60 |
| 二系横向阻尼系数（一侧）$c_2^h$ | kN·s/m | 50 | 20 |
| 车体定距之半 $s$ | m | 5.730 | 9.000 |
| 构架轴距之半 $d$ | m | 1.500 | 1.280 |
| 一系悬挂横向跨距之半 $a$ | m | 1.025 | 1.000 |
| 二系悬挂横向跨距之半 $b$ | m | 1.025 | 1.000 |
| 轮对横向长度之半 $B$ | m | 0.746 5 | 0.746 5 |
| 轮对到桥梁质心横向距离 $e$ | m | 2.500 | 2.500 |
| 车体到二系悬挂垂向距离 $h_1$ | m | 0.740 | 1.792 |
| 二系悬挂到构架垂向距离 $h_2$ | m | 0.590 | 0.078 |
| 构架到轮对垂向距离 $h_3$ | m | 0.015 | 0.042 |
| 轮对到桥梁质心垂向距离 $h_4$ | m | 1.8 | 1.8 |

桥梁每跨划分为等长度的 20 个有限单元。为保证高精度，取前 10 阶振型用于振型分解。为了得到列车上桥时的初始条件，计算时假定列车自距桥头 200m 处开始以 $V = 180\text{km/h}$ 匀速运动，当它运行至距桥头 50m 时发生地震，且此时开始计时。

设计地震分组均为第一组，不同场地条件下地震动模型的具体参数见表 6.2.2，且其频率积分区间取为 $\omega\in[1,100]\text{rad/s}$。轨道不平顺功率谱采用德国高速线路不平顺功率谱密度函数，其空间频率 $\Omega$ 的取值范围为 $0.01\times2\pi\sim0.4\times2\pi\ \text{rad/m}$。

需要指出的是，以讨论中“桥梁中点”是指桥梁中间跨的中点，“机车车辆”是指第 1 节机车车辆，“客车车辆”是指第 5 节客车车辆。

**表 6.2.2　不同场地条件下地震动模型的计算参数**

| 参数 | 场地类别 | | |
|---|---|---|---|
| | I | II | III |
| $\omega_g$/（rad/s） | 25.13 | 17.95 | 13.96 |
| $\zeta_g$ | 0.64 | 0.72 | 0.80 |
| $t_1$/s | 0.5 | 0.8 | 1.2 |
| $t_2$/s | 5.5 | 7.0 | 9.0 |
| $c$ | 0.45 | 0.35 | 0.25 |
| 地震持续时间 $t_d$/s | 6.69 | 8.41 | 10.92 |
| 7 烈度地震 $S_0$/（$cm^2/s^3$）（DBGA: 0.15$g$） | 275 | 364 | 440 |
| 8 烈度地震 $S_0$/（$cm^2/s^3$）（DBGA: 0.30$g$） | 1099 | 1456 | 1759 |
| 9 烈度地震 $S_0$/（$cm^2/s^3$）（DBGA: 0.40$g$） | 1780 | 2359 | 2849 |

注：DBGA 是指设计基本地震加速度值；$g$ 为重力加速度

假设地震烈度为 8，对于 II 类场地的情况，分别采用建议方法（PEM-PIM）和时程积分法（time history method，THM）求解水平地震作用下列车通过桥梁时的随机响应。时程积分法中，由三角级数叠加分别随机生成轨道不平顺样本和横向地面加速度样本（都取 5 个、20 个、200 个样本），用 Newmark 逐步积分法进行计算并对结果进行统计处理。图 6.2.1 给出了两种方法计算得到的机车车体横向加速度和桥梁中点横向位移的时变标准差曲线。如图所示，与建议方法计算结果相比，随着时程积分法所取样本数目的增加，系统响应的最大偏差逐步变小，计算结果逐渐趋近于建议方法计算结果。以图 6.2.1（a）机车车体横向加速度为例，当时程积分法取 20 个样本时，其最大偏差为 51%，而取 200 个样本时，最大偏差减小为 13%，如果进一步增加样本数目，则其最大偏差将进一步减小。而就计算效率而言，正如表 6.2.3 所示，时程积分法取 200 个样本花费的计算时间是建议方法计算时间的 32.4 倍。可见建议方法能精确高效地进行水平地震作用下车桥时变系统的非平稳随机振动分析。

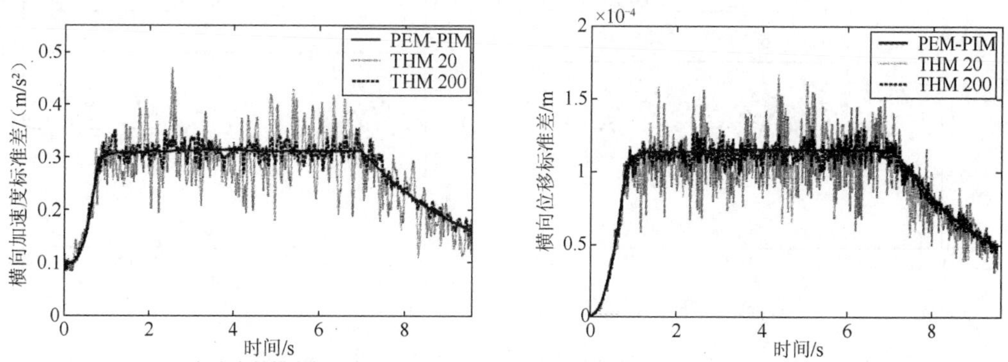

（a）机车车辆横向加速度　　（b）桥梁中点横向位移

图 6.2.1　PEM-PIM 和时程积分法所得标准差曲线

表 6.2.3 列出了由建议的最大值估计方法［即式（6.2.26）并取 $\kappa=3$］和时程积分法取 5 个和 200 个样本所得系统响应的极值分析结果。图 6.2.2 给出了式（6.2.28）估计最大值与 200

个时程响应样本最大值的关系。从表 6.2.3 可知由单一样本计算所得时程响应的极值离散性很大，例如对于桥梁中点横向加速度，200 个响应样本中最大极值和最小极值相差 93.7%。这表明采用单一样本通过时程积分法来进行地震作用下车桥耦合系统的振动特性研究将无法保证分析精度。从表 6.2.3 可以看出，由建议方法得到的系统响应极值期望与时程积分法 200 个响应样本极值的平均值比较接近，并且对于所分析的各系统响应，时程积分法 200 个响应样本的极值均小于由建议估计方法得到的最大值，这可以从图 6.2.2 中机车车体和桥梁中点横向加速度样本的极值分布很清楚地看出。除此以外，将由式（6.2.25）得到的估计最大值代入式（6.2.26）计算可靠度，其值都在 98%以上，即时程积分法所得响应样本极值小于建议方法所得最大值的概率在 98%以上。建议的非平稳随机响应最大值估计方法能较好地控制住地震作用下车桥耦合系统响应的最大值。

**表 6.2.3　不同方法所得系统响应最大值（或极值）、均值**

| 方法 | 参数 | 机车车辆横向加速度/(m/s$^2$) | 桥梁中点横向位移/mm | 桥梁中点横向加速度/(m/s$^2$) | 计算时间/min |
|---|---|---|---|---|---|
| THM | 5 个时程样本的最大值 | 1.187（+24.1%） | 0.396（−9.9%） | 1.640（+4.2%） | 43.6（5 个样本） |
| | | 1.034（+8.0%） | 0.434（−1.3%） | 1.498（−4.8%） | |
| | | 0.886（−7.5%） | 0.513（+16.9%） | 1.553（−1.4%） | |
| | | 0.961（+0.4%） | 0.447（+1.9%） | 1.561（−0.8%） | |
| | | 0.850（−11.2%） | 0.531（+21.2%） | 1.919（+21.9%） | |
| | 200 个时程样本最大值的区间 | 0.745～1.278（−22.2%～+33.5%） | 0.364～0.569（−17.0%～+29.6%） | 1.199～2.322（−23.8%～+34.8%） | 1279.8（200 个样本） |
| | 200 个时程样本最大值的均值 | 0.957 | 0.439 | 1.594 | |
| 建议方法 | 式（6.2.22）的期望极值 | 0.937 | 0.489 | 1.805 | 39.5 |
| | 式（6.2.26）的估计最大值 | 1.312 | 0.609 | 2.401 | |
| | 式（6.2.27）的可靠性 | 99.12% | 98.76% | 98.71% | |

注：括号中数值为与 200 个时程样本最大值均值的绝对误差

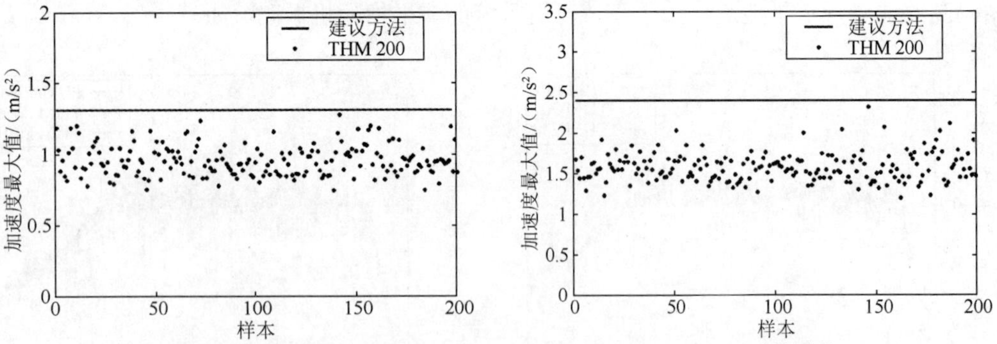


（a）机车车辆　　（b）桥梁中点

图 6.2.2　不同计算方法所得系统横向加速度最大值

图 6.2.3 和图 6.2.4 分别给出了场地土类别为Ⅱ类时，地震烈度为 0（无水平地震）、7、8、9 时，中华之星高速列车通过五跨简支梁桥时列车和桥梁横向响应的时变标准差。图 6.2.5 给出了无水平地震和地震烈度为 8、场地土类别为Ⅱ类的水平地震作用下，机车车体和桥梁中点垂向加速度的时变标准差。从图 6.2.3 和图 6.2.4 中可以看出，无论考虑哪个地震烈度的水

平地震激励作用，系统横向随机振动的标准差均较不考虑水平地震作用时增大很多，例如选取 8 度Ⅱ类场地地震时，机车车体和桥梁中点横向加速度标准差分别增大 2 倍和 3 倍，这充分说明水平地震对系统横向随机振动具有较大影响。而从图 6.2.5 可以看出，机车车体和桥梁中点垂向加速度标准差在有、无地震两种情况下差别很小，这说明水平方向地震对系统垂向随机振动几乎没有影响。

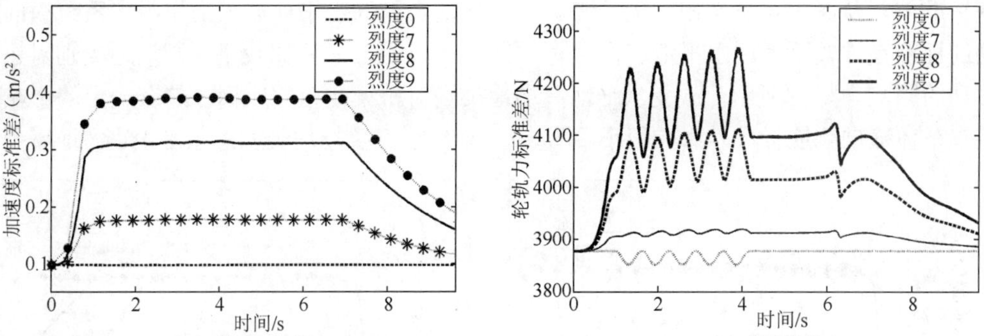


（a）横向加速度　（b）横向轮轨力

图 6.2.3　Ⅱ类场地不同烈度下机车车辆横向响应的标准差

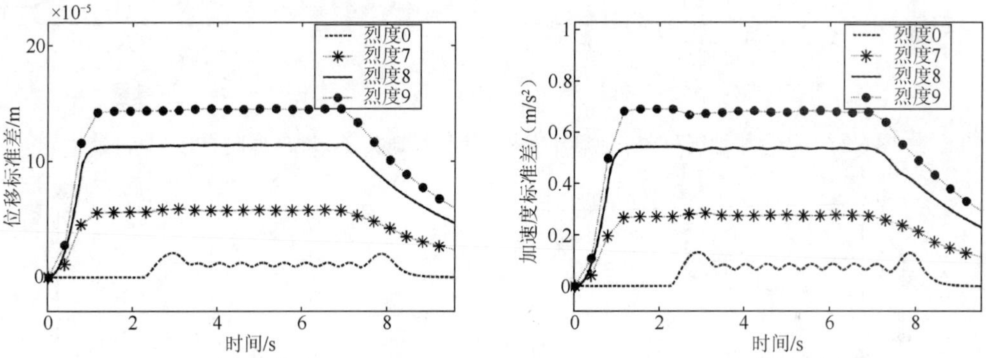


（a）横向位移　（b）横向加速度

图 6.2.4　Ⅱ类场地不同地震烈度桥梁中点横向响应的标准差

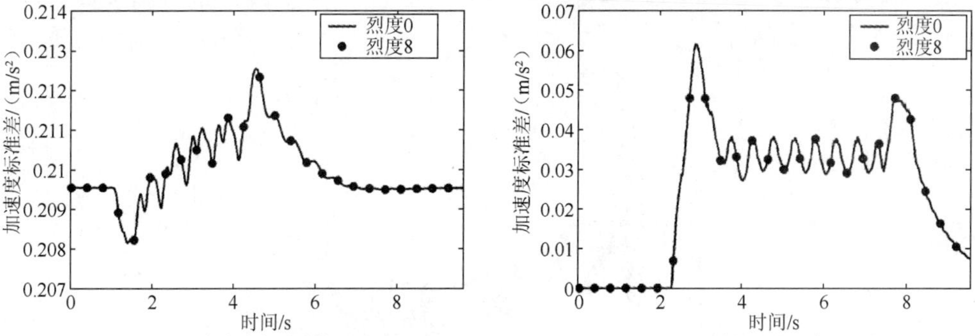


（a）机车车辆垂向加速度　（b）桥梁中点垂向加速度

图 6.2.5　Ⅱ类场地有、无地震下系统垂向响应的标准差

图 6.2.3 和图 6.2.4 比较了不同地震烈度对系统随机响应的影响。如图所示，随着地震烈度等级的提高，机车车体和桥梁横向振动都明显增强，例如地震烈度每提高一个等级，图 6.2.4（a）

中桥梁中点横向位移标准差大约能增大 1 倍。这说明地震烈度在很大程度上会直接影响系统随机振动的强度。对于图 6.2.3（b）中的轮轨横向力，虽然它受水平地震影响的程度不及系统横向随机响应，但考虑 9 度地震时其标准差较无震时也增大不少，由于横向轮轨力是衡量列车能否安全运行的重要指标，因此这种影响是不容忽视的。

图 6.2.6 给出了无水平地震和地震烈度为 8 的三类场地机车车体和桥梁中点横向加速度的时变标准差。从图中可以看出，无论考虑哪类场地类型的水平地震激励作用，系统横向随机振动的标准差均较不考虑水平地震作用时增大很多。图 6.2.6 还比较了不同场地类别对系统随机振动的影响。如图所示，改变水平地震场地类别对桥梁横向响应标准差有一定的影响，但对机车车体横向响应标准差影响很小。图 6.2.7 给出了三类场地类别的水平地震（地震烈度为

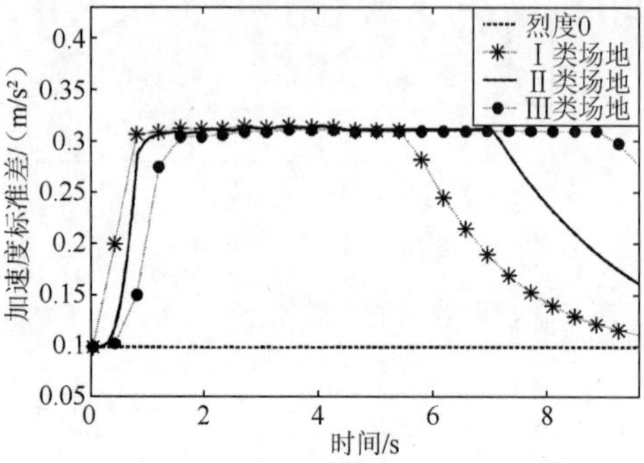


（a）机车车辆加速度

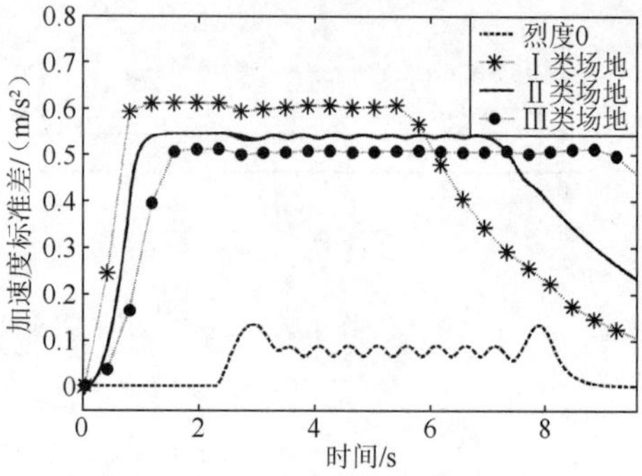


（b）桥梁中点加速度

图 6.2.6　无水平地震和水平地震烈度 8 时不同场地类别下系统横向响应的标准差

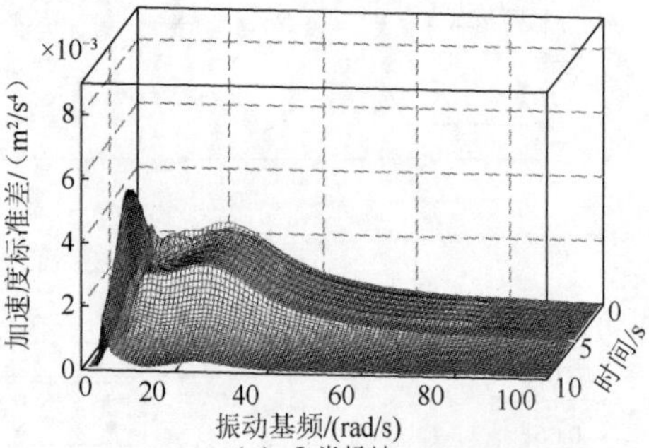


（a）Ⅰ类场地

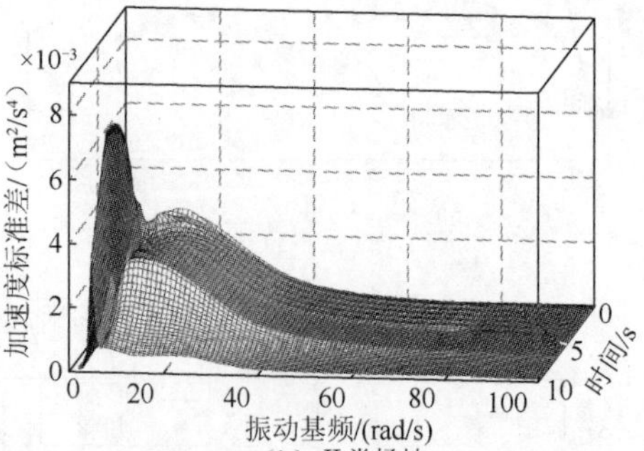


（b）Ⅱ类场地

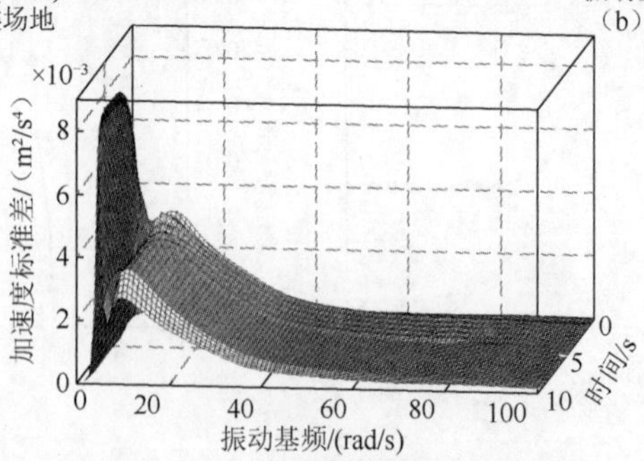


（c）Ⅲ类场地

图 6.2.7　地震烈度 8 时不同场地类别下机车车体横向加速度的功率谱图

8 度）作用下机车车体横向加速度的功率谱图。从图中可以看出，改变水平地震场地类别使机车车体横向随机振动的频率分布产生变化。三类场地地震分别作用时，机车车体横向加速度功率谱除了都在机车车体横向振动圆频率 3.6rad/s 处出现峰值外，其他峰值出现的频率位置都不相同，这是由不同类别场地的卓越频率不同引起的。

## 6.3　考虑行波效应的车桥耦合系统随机地震响应

对于较大跨度的桥梁，地震发生时不同支座处的地面运动往往差异很大，系统地震响应与基于均匀地面运动假定的结果会有很大差别。在大跨度桥梁的抗震分析中一般需要考虑地震地面运动的空间变化效应。在进行列车-较大跨度桥梁系统的地震响应分析时，考虑行波效应、部分相干效应等地震地面运动的空间变化效应是十分有必要的。文献[29]在分析移动荷载和垂向地震动联合作用下大跨度悬索桥动力响应时考虑了行波效应，但将列车简化为一系列没有惯性质量的移动荷载，无法分析列车的动力响应及行车安全性。文献[30]、[31]在分析地震作用下列车通过大跨度桥梁的行车安全性时考虑了行波效应。尽管地震和轨道不平顺激励的随机性使得车桥耦合系统的动力响应表现为很强的随机振动，但是由于车桥耦合系统本身的复杂性和时变性，目前在处理这一问题时还只能借助于时程法。虚拟激励法在处理大跨度结构的多点随机激励问题时，不但完全计及参振振型之间的互相关项，而且精确地计及各激励点之间的互相关项。

本节借助于时变系统的虚拟激励法来研究考虑行波效应的非一致地震激励作用下车桥时变系统的随机振动特性。将列车运动方程和桥梁非支座部分的广义坐标方程耦合为一个整体，推导建立考虑行波效应的多点地震作用下车桥耦合系统时变运动方程。根据时变系统虚拟激励法，将多点地震和轨道不平顺随机激励转化为一系列确定性的虚拟激励，并采用直接积分法对时变运动方程进行求解，进而方便地得到系统随机响应的时变功率谱密度函数和标准差[6,9-10]。

### 6.3.1　考虑行波效应地震作用下车桥系统耦合运动方程

如图 6.3.1 所示，非一致地震作用下车桥振动系统分析模型可看成由列车子系统和桥梁子系统按照一定的轮轨关系联系起来的空间耦合系统，其随机激励源为轮轨间轨道不平顺和作用于桥梁支承处的非一致水平地震动。

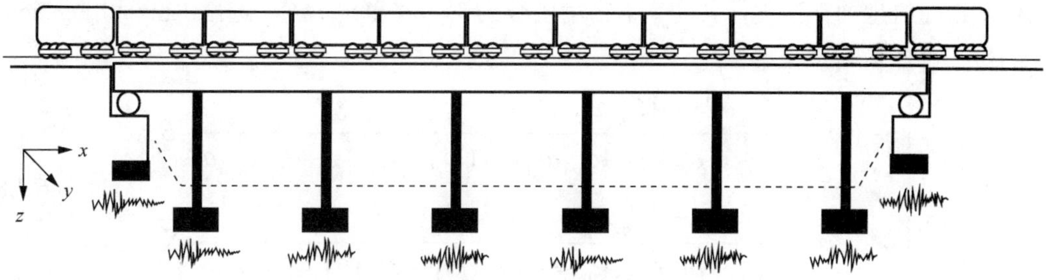


图 6.3.1　多点地震作用下车桥耦合系统动力分析模型

列车模型由机车和若干节客车车辆组成，每节车辆是由车体、构架、轮对及弹簧-阻尼器悬挂系统组成的 27 自由度振动系统。车辆运动方程通过拉格朗日运动方程建立：

$$\boldsymbol{M}_{vi}\ddot{\boldsymbol{u}}_{vi} + \boldsymbol{C}_{vi}\dot{\boldsymbol{u}}_{vi} + \boldsymbol{K}_{vi}\boldsymbol{u}_{vi} = \boldsymbol{f}_{vi} \tag{6.3.1}$$

桥梁由空间梁单元进行离散，将桥梁结构运动方程按非支座节点和地面支座节点进行分块，可得

$$\begin{bmatrix} \boldsymbol{M}_b & \boldsymbol{M}_{bs} \\ \boldsymbol{M}_{bs}^{\mathrm{T}} & \boldsymbol{M}_s \end{bmatrix}\begin{Bmatrix} \ddot{\boldsymbol{u}}_b \\ \ddot{\boldsymbol{u}}_s \end{Bmatrix} + \begin{bmatrix} \boldsymbol{C}_b & \boldsymbol{C}_{bs} \\ \boldsymbol{C}_{bs}^{\mathrm{T}} & \boldsymbol{C}_s \end{bmatrix}\begin{Bmatrix} \dot{\boldsymbol{u}}_b \\ \dot{\boldsymbol{u}}_s \end{Bmatrix} + \begin{bmatrix} \boldsymbol{K}_b & \boldsymbol{K}_{bs} \\ \boldsymbol{K}_{bs}^{\mathrm{T}} & \boldsymbol{K}_s \end{bmatrix}\begin{Bmatrix} \boldsymbol{u}_b \\ \boldsymbol{u}_s \end{Bmatrix} = \begin{Bmatrix} \boldsymbol{f}_b \\ \boldsymbol{f}_s \end{Bmatrix} \tag{6.3.2}$$

式中，$\boldsymbol{M}_b$、$\boldsymbol{C}_b$ 和 $\boldsymbol{K}_b$ 分别为桥梁非支座节点部分质量、阻尼和刚度子矩阵；$\boldsymbol{u}_b$ 为相应的非支座节点位移列向量；$\boldsymbol{M}_s$、$\boldsymbol{C}_s$ 和 $\boldsymbol{K}_s$ 分别为桥梁支座节点部分质量、阻尼和刚度子矩阵；$\boldsymbol{u}_s$ 为相应的支座节点位移列向量；$\boldsymbol{M}_{bs}$ ($\boldsymbol{M}_{sb}$)、$\boldsymbol{C}_{bs}$ ($\boldsymbol{C}_{sb}$) 和 $\boldsymbol{K}_{bs}$ ($\boldsymbol{K}_{sb}$) 分别为桥梁非支座节点和支座节点相互耦合的质量、阻尼和刚度子矩阵；$\boldsymbol{f}_s$ 为地面作用于支座节点的力；$\boldsymbol{f}_b$ 为列车作用于桥梁非支座部分的力。

为了减少计算成本，引入振型叠加法进行桥梁模型降阶。首先对桥梁非支座部分进行模态分析，计算其前 $n$ 阶振型矩阵 $\boldsymbol{Q}_b$，设其广义位移列向量为 $\boldsymbol{v}_b$，则

$$\boldsymbol{u}_b = \boldsymbol{Q}_b\boldsymbol{v}_b \tag{6.3.3}$$

构造如下变换矩阵：

$$\begin{Bmatrix} \boldsymbol{u}_b \\ \boldsymbol{u}_s \end{Bmatrix} = \begin{bmatrix} \boldsymbol{Q}_b & \boldsymbol{0} \\ \boldsymbol{0} & \boldsymbol{I} \end{bmatrix}\begin{Bmatrix} \boldsymbol{v}_b \\ \boldsymbol{u}_s \end{Bmatrix} \equiv \boldsymbol{Q}\begin{Bmatrix} \boldsymbol{v}_b \\ \boldsymbol{u}_s \end{Bmatrix} \tag{6.3.4}$$

将 $\boldsymbol{Q}$ 代入式（6.3.2），并将式（6.3.2）左右同时左乘 $\boldsymbol{Q}^{\mathrm{T}}$ 可得

$$\begin{bmatrix} \bar{\boldsymbol{M}}_B & \boldsymbol{M}_{Bs} \\ \boldsymbol{M}_{sB} & \boldsymbol{M}_s \end{bmatrix}\begin{Bmatrix} \ddot{\boldsymbol{v}}_b \\ \ddot{\boldsymbol{u}}_s \end{Bmatrix} + \begin{bmatrix} \bar{\boldsymbol{C}}_B & \boldsymbol{C}_{Bs} \\ \boldsymbol{C}_{sB} & \boldsymbol{C}_s \end{bmatrix}\begin{Bmatrix} \dot{\boldsymbol{v}}_b \\ \dot{\boldsymbol{u}}_s \end{Bmatrix} + \begin{bmatrix} \bar{\boldsymbol{K}}_B & \boldsymbol{K}_{Bs} \\ \boldsymbol{K}_{sB} & \boldsymbol{K}_s \end{bmatrix}\begin{Bmatrix} \boldsymbol{v}_b \\ \boldsymbol{u}_s \end{Bmatrix} = \begin{Bmatrix} \boldsymbol{f}_B \\ \boldsymbol{f}_s \end{Bmatrix} \tag{6.3.5}$$

式中，

$$\begin{cases} \bar{\boldsymbol{M}}_B = \boldsymbol{Q}_b^{\mathrm{T}}\boldsymbol{M}_b\boldsymbol{Q}_b, \quad \boldsymbol{M}_{Bs} = \boldsymbol{Q}_b^{\mathrm{T}}\boldsymbol{M}_{bs}, \quad \boldsymbol{M}_{sB} = \boldsymbol{M}_{sb}\boldsymbol{Q}_b \\ \bar{\boldsymbol{C}}_B = \boldsymbol{Q}_b^{\mathrm{T}}\boldsymbol{C}_b\boldsymbol{Q}_b, \quad \boldsymbol{C}_{Bs} = \boldsymbol{Q}_b^{\mathrm{T}}\boldsymbol{C}_{bs}, \quad \boldsymbol{C}_{sB} = \boldsymbol{C}_{sb}\boldsymbol{Q}_b \\ \bar{\boldsymbol{K}}_B = \boldsymbol{Q}_b^{\mathrm{T}}\boldsymbol{K}_b\boldsymbol{Q}_b, \quad \boldsymbol{K}_{Bs} = \boldsymbol{Q}_b^{\mathrm{T}}\boldsymbol{K}_{bs}, \quad \boldsymbol{K}_{sB} = \boldsymbol{K}_{sb}\boldsymbol{Q}_b, \quad \boldsymbol{F}_B = \boldsymbol{Q}_b^{\mathrm{T}}\boldsymbol{F}_b \end{cases} \tag{6.3.6}$$

将地震动作为非平稳过程来处理，假设沿桥长方向传播的地震存在水平横向分量和垂向分量，它们采用如下形式的均匀调制演变模型：

$$\ddot{x}_{gh} = g_e(t)\ddot{x}_h(t), \quad \ddot{x}_{gv} = g_e(t)\ddot{x}_v(t) \tag{6.3.7}$$

式中，$g_e(t)$ 为均匀调制函数，选用工程中常见的三段式时间包络函数；$\ddot{x}_h(t)$ 和 $\ddot{x}_v(t)$ 假定为零均值平稳随机地面加速度，其功率谱密度函数为 $S_{\ddot{x}\ddot{x}}^{h}(\omega)$ 和 $S_{\ddot{x}\ddot{x}}^{v}(\omega)$，选用 Ruiz 和 Penzien[16] 建议的修正过滤白噪声模型

$$\begin{cases} S_{\ddot{x}\ddot{x}}^{h}(\omega) = \dfrac{\omega_{gh}^4 + 4\zeta_{gh}^2\omega_{gh}^2\omega^2}{(\omega_{gh}^2 - \omega^2)^2 + 4\zeta_{gh}^2\omega_{gh}^2\omega^2}\dfrac{\omega^4}{(\omega_{fh}^2 - \omega^2)^2 + 4\zeta_{fh}^2\omega_{fh}^2\omega^2}S_{0h} \\ S_{\ddot{x}\ddot{x}}^{v}(\omega) = \dfrac{\omega_{gv}^4 + 4\zeta_{gv}^2\omega_{gv}^2\omega^2}{(\omega_{gv}^2 - \omega^2)^2 + 4\zeta_{gv}^2\omega_{gv}^2\omega^2}\dfrac{\omega^4}{(\omega_{fv}^2 - \omega^2)^2 + 4\zeta_{fv}^2\omega_{fv}^2\omega^2}S_{0v} \end{cases} \tag{6.3.8}$$

其中，$S_{0h}$ 和 $S_{0v}$ 为谱强度因子；$\zeta_{gh}$ 和 $\zeta_{gv}$、$\omega_{gh}$ 和 $\omega_{gv}$ 分别为地基土的阻尼比和卓越频率；$\zeta_{fh}$

和$\zeta_{fv}$、$\omega_{fh}$和$\omega_{fv}$为地面过滤参数。存在如下关系：

$$\begin{cases} S_{0v}=0.218S_{0h},\ \zeta_{gv}=\zeta_{gh},\ \omega_{gv}=1.58\omega_{gh} \\ \zeta_{fh}=\zeta_{gh},\ \omega_{fh}=0.1\omega_{gh}\sim0.2\omega_{gh},\ \zeta_{fv}=\zeta_{gv},\ \omega_{fv}=0.1\omega_{gv}\sim0.2\omega_{gv} \end{cases} \tag{6.3.9}$$

地震横向和垂向分量的互谱按如下取值：

$$S_{\ddot{x}\ddot{x}}^{hv}(\omega)=S_{\ddot{x}\ddot{x}}^{vh}(\omega)=0.6\sqrt{S_{\ddot{x}\ddot{x}}^{h}(\omega)S_{\ddot{x}\ddot{x}}^{v}(\omega)} \tag{6.3.10}$$

轨道不平顺同样考虑方向、水平和高低三种不平顺类型，其功率谱密度函数矩阵为式（6.2.7）。假设车轮与轨道始终保持接触，且车轮在轨道上滚动时不发生滑动，无爬轨、跳轨和脱轨现象发生。通过给定轮轨关系进行列车系统和桥梁系统耦合，并将列车自由度和桥梁非支座自由度作为一个整体进行分块，可得到地震作用下车桥系统耦合运动方程

$$\begin{bmatrix} \boldsymbol{M}_{VB} & \boldsymbol{M}_{VBs} \\ \boldsymbol{M}_{VBs}^{\mathrm{T}} & \boldsymbol{M}_s \end{bmatrix}\begin{Bmatrix} \ddot{\boldsymbol{u}}_{VB} \\ \ddot{\boldsymbol{u}}_s \end{Bmatrix}+\begin{bmatrix} \boldsymbol{C}_{VB} & \boldsymbol{C}_{VBs} \\ \boldsymbol{C}_{VBs}^{\mathrm{T}} & \boldsymbol{C}_s \end{bmatrix}\begin{Bmatrix} \dot{\boldsymbol{u}}_{VB} \\ \dot{\boldsymbol{u}}_s \end{Bmatrix}+\begin{bmatrix} \boldsymbol{K}_{VB} & \boldsymbol{K}_{VBs} \\ \boldsymbol{K}_{VBs}^{\mathrm{T}} & \boldsymbol{K}_s \end{bmatrix}\begin{Bmatrix} \boldsymbol{u}_{VB} \\ \boldsymbol{u}_s \end{Bmatrix}=\begin{Bmatrix} \boldsymbol{0} \\ \boldsymbol{f}_s \end{Bmatrix}+\begin{Bmatrix} \boldsymbol{f}_r \\ \boldsymbol{0} \end{Bmatrix}+\begin{Bmatrix} \boldsymbol{f}_g \\ \boldsymbol{0} \end{Bmatrix} \tag{6.3.11}$$

式中，

$$\begin{cases} \boldsymbol{M}_{VB}=\begin{bmatrix} \boldsymbol{M}_v & \boldsymbol{0} \\ \boldsymbol{0} & \boldsymbol{M}_B \end{bmatrix},\ \boldsymbol{K}_{VB}=\begin{bmatrix} \boldsymbol{K}_v & \boldsymbol{K}_{vB} \\ \boldsymbol{K}_{vB}^{\mathrm{T}} & \boldsymbol{K}_B \end{bmatrix},\ \boldsymbol{M}_{VBs}=\begin{bmatrix} \boldsymbol{0} \\ \boldsymbol{M}_{Bs} \end{bmatrix},\ \boldsymbol{K}_{VBs}=\begin{bmatrix} \boldsymbol{0} \\ \boldsymbol{K}_{Bs} \end{bmatrix},\ \boldsymbol{u}_{VB}=\begin{Bmatrix} \boldsymbol{u}_v \\ \boldsymbol{v}_b \end{Bmatrix} \\ \boldsymbol{M}_v=\begin{bmatrix} \boldsymbol{M}_{v1} & \boldsymbol{0} & \cdots & \boldsymbol{0} \\ \boldsymbol{0} & \boldsymbol{M}_{v2} & \cdots & \boldsymbol{0} \\ \vdots & \vdots & \ddots & \vdots \\ \boldsymbol{0} & \boldsymbol{0} & \cdots & \boldsymbol{M}_{vN_v} \end{bmatrix},\ \boldsymbol{K}_v=\begin{bmatrix} \boldsymbol{K}_{v1} & \boldsymbol{0} & \cdots & \boldsymbol{0} \\ \boldsymbol{0} & \boldsymbol{K}_{v2} & \cdots & \boldsymbol{0} \\ \vdots & \vdots & \ddots & \vdots \\ \boldsymbol{0} & \boldsymbol{0} & \cdots & \boldsymbol{K}_{vN_v} \end{bmatrix},\ \boldsymbol{u}_v=\begin{Bmatrix} \boldsymbol{u}_{v1} \\ \boldsymbol{u}_{v2} \\ \vdots \\ \boldsymbol{u}_{vN_v} \end{Bmatrix} \\ \boldsymbol{M}_B=\bar{\boldsymbol{M}}_B+\sum_{i=1}^{N_v}\sum_{j=1}^{2}\sum_{l=1}^{2}(m_{wijl}\bar{\boldsymbol{R}}_{hijl}\bar{\boldsymbol{R}}_{hijl}^{\mathrm{T}}+m_{wijl}\bar{\boldsymbol{R}}_{vijl}\bar{\boldsymbol{R}}_{vijl}^{\mathrm{T}}+J_{wijl}\bar{\boldsymbol{R}}_{\theta ijl}\bar{\boldsymbol{R}}_{\theta ijl}^{\mathrm{T}}) \\ \boldsymbol{K}_B=\bar{\boldsymbol{K}}_B+\sum_{i=1}^{N_v}\sum_{j=1}^{2}\sum_{l=1}^{2}(k_{1ij}^h\bar{\boldsymbol{R}}_{hijl}\bar{\boldsymbol{R}}_{hijl}^{\mathrm{T}}+k_{1ij}^v\bar{\boldsymbol{R}}_{vijl}\bar{\boldsymbol{R}}_{vijl}^{\mathrm{T}}+a_i^2k_{1ij}^v\bar{\boldsymbol{R}}_{\theta ijl}\bar{\boldsymbol{R}}_{\theta ijl}^{\mathrm{T}}) \\ \boldsymbol{K}_{vB}=\begin{bmatrix} \boldsymbol{K}_{vB1}^{\mathrm{T}} & \boldsymbol{K}_{vB2}^{\mathrm{T}} & \cdots & \boldsymbol{K}_{vBN_v}^{\mathrm{T}} \end{bmatrix}^{\mathrm{T}} \\ \boldsymbol{K}_{vBi}=\begin{bmatrix} \boldsymbol{0} \\ \boldsymbol{K}_{t_1B}^i \\ \boldsymbol{K}_{t_2B}^i \end{bmatrix},\ \boldsymbol{K}_{t_jB}^i=-\begin{bmatrix} k_{1ij}^h\bar{\boldsymbol{R}}_{hijl}^{\mathrm{T}} \\ a_i^2k_{1ij}^v\bar{\boldsymbol{R}}_{\theta ijl}^{\mathrm{T}}-h_{3i}k_{1ij}^h\bar{\boldsymbol{R}}_{hijl}^{\mathrm{T}} \\ \eta_{jl}d_ik_{1ij}^h\bar{\boldsymbol{R}}_{hijl}^{\mathrm{T}} \\ k_{1ij}^v\bar{\boldsymbol{R}}_{vijl}^{\mathrm{T}} \\ \eta_{jl}d_ik_{1ij}^v\bar{\boldsymbol{R}}_{vijl}^{\mathrm{T}} \end{bmatrix} \\ \bar{\boldsymbol{R}}_{hijl}=\boldsymbol{Q}_b^{\mathrm{T}}\left(\boldsymbol{R}_{hijl}+h_{4i}\boldsymbol{R}_{\theta ijl}\right),\ \bar{\boldsymbol{R}}_{\theta ijl}=\boldsymbol{Q}_b^{\mathrm{T}}\boldsymbol{R}_{\theta ijl},\ \bar{\boldsymbol{R}}_{vijl}=\boldsymbol{Q}_b^{\mathrm{T}}\left(\boldsymbol{R}_{vijl}+e\boldsymbol{R}_{\theta ijl}\right) \end{cases} \tag{6.3.12}$$

其中，各阻尼子矩阵与刚度子矩阵形式相同，只需将刚度子矩阵中$\boldsymbol{K}$和$k$分别用$\boldsymbol{C}$和$c$代替即可得到。式（6.3.11）中，$\boldsymbol{f}_s$为地面作用于桥梁支座节点的作用力向量；$\boldsymbol{f}_g$为列车重力产生的作用于桥梁非支座节点的确定性激励向量；$\boldsymbol{f}_r$为轨道不平顺引起的系统随机激励向量，其形式如下

$$\boldsymbol{f}_r(t)=\boldsymbol{P}_{r1}\boldsymbol{u}_r^{st}(t)+\boldsymbol{P}_{r2}\dot{\boldsymbol{u}}_r^{st}(t)+\boldsymbol{P}_{r3}\ddot{\boldsymbol{u}}_r^{st}(t) \tag{6.3.13}$$

### 6.3.2　车桥耦合系统随机地震响应求解

根据线性系统叠加原理，对于式（6.3.11）中的三种激励，运动方程可以分开求解。当只考虑列车重力作用时，运动方程可写为

$$\begin{bmatrix} \boldsymbol{M}_{VB} & \boldsymbol{M}_{VBs} \\ \boldsymbol{M}_{VBs}^{\mathrm{T}} & \boldsymbol{M}_s \end{bmatrix}\begin{Bmatrix} \ddot{\bar{\boldsymbol{u}}}_{VB} \\ \ddot{\bar{\boldsymbol{u}}}_s \end{Bmatrix}+\begin{bmatrix} \boldsymbol{C}_{VB} & \boldsymbol{C}_{VBs} \\ \boldsymbol{C}_{VBs}^{\mathrm{T}} & \boldsymbol{C}_s \end{bmatrix}\begin{Bmatrix} \dot{\bar{\boldsymbol{u}}}_{VB} \\ \dot{\bar{\boldsymbol{u}}}_s \end{Bmatrix}+\begin{bmatrix} \boldsymbol{K}_{VB} & \boldsymbol{K}_{VBs} \\ \boldsymbol{K}_{VBs}^{\mathrm{T}} & \boldsymbol{K}_s \end{bmatrix}\begin{Bmatrix} \bar{\boldsymbol{u}}_{VB} \\ \bar{\boldsymbol{u}}_s \end{Bmatrix}=\begin{Bmatrix} \boldsymbol{f}_g \\ \boldsymbol{0} \end{Bmatrix} \quad (6.3.14)$$

此时，桥梁支座节点位移为零，即 $\bar{\boldsymbol{u}}_s=\boldsymbol{0}$，因此运动方程式（6.3.14）可简化为

$$\boldsymbol{M}_{VB}\ddot{\bar{\boldsymbol{u}}}_{VB}+\boldsymbol{C}_{VB}\dot{\bar{\boldsymbol{u}}}_{VB}+\boldsymbol{K}_{VB}\bar{\boldsymbol{u}}_{VB}=\boldsymbol{f}_g \quad (6.3.15)$$

由式（6.3.12）知系数矩阵 $\boldsymbol{M}_{VB}$、$\boldsymbol{C}_{VB}$ 和 $\boldsymbol{K}_{VB}$ 都随列车过桥时间的变化而变化，这里采用 Newmark 法进行逐步积分来求解其随机响应均值 $\bar{\boldsymbol{u}}_{VB}$。

当只考虑地震地面作用力 $\boldsymbol{f}_s$ 时，车桥耦合系统运动方程为

$$\begin{bmatrix} \boldsymbol{M}_{VB} & \boldsymbol{M}_{VBs} \\ \boldsymbol{M}_{VBs}^{\mathrm{T}} & \boldsymbol{M}_s \end{bmatrix}\begin{Bmatrix} \ddot{\boldsymbol{u}}_{VB}^e \\ \ddot{\boldsymbol{u}}_s^e \end{Bmatrix}+\begin{bmatrix} \boldsymbol{C}_{VB} & \boldsymbol{C}_{VBs} \\ \boldsymbol{C}_{VBs}^{\mathrm{T}} & \boldsymbol{C}_s \end{bmatrix}\begin{Bmatrix} \dot{\boldsymbol{u}}_{VB}^e \\ \dot{\boldsymbol{u}}_s^e \end{Bmatrix}+\begin{bmatrix} \boldsymbol{K}_{VB} & \boldsymbol{K}_{VBs} \\ \boldsymbol{K}_{VBs}^{\mathrm{T}} & \boldsymbol{K}_s \end{bmatrix}\begin{Bmatrix} \boldsymbol{u}_{VB}^e \\ \boldsymbol{u}_s^e \end{Bmatrix}=\begin{Bmatrix} \boldsymbol{0} \\ \boldsymbol{f}_s \end{Bmatrix} \quad (6.3.16)$$

式中，上标 $e$ 表示由地震激励引起的随机响应。将式（6.3.16）中绝对位移分解为拟静力位移和动态相对位移

$$\begin{Bmatrix} \boldsymbol{u}_{VB}^e \\ \boldsymbol{u}_s^e \end{Bmatrix}=\begin{Bmatrix} \boldsymbol{u}_{VB}^{ep} \\ \boldsymbol{u}_s^e \end{Bmatrix}+\begin{Bmatrix} \boldsymbol{u}_{VB}^{ed} \\ \boldsymbol{0} \end{Bmatrix} \quad (6.3.17)$$

其中拟静力位移满足方程

$$\begin{bmatrix} \boldsymbol{K}_{VB} & \boldsymbol{K}_{VBs} \\ \boldsymbol{K}_{sVB} & \boldsymbol{K}_s \end{bmatrix}\begin{Bmatrix} \boldsymbol{u}_{VB}^{ep} \\ \boldsymbol{u}_s^e \end{Bmatrix}=\begin{Bmatrix} \boldsymbol{0} \\ \boldsymbol{f}'_s \end{Bmatrix} \quad (6.3.18)$$

则

$$\boldsymbol{u}_{VB}^{ep}=-\boldsymbol{K}_{VB}^{-1}\boldsymbol{K}_{VBs}\boldsymbol{u}_s^e\equiv\boldsymbol{R}_{VBs}(t)\boldsymbol{u}_s^e \quad (6.3.19)$$

将式（6.3.19）、式（6.3.17）代入式（6.3.16），并且假定阻尼力与动态相对速度 $\dot{\boldsymbol{u}}_{VB}^{ed}$ 成正比，则可以得到

$$\boldsymbol{M}_{VB}\ddot{\boldsymbol{u}}_{VB}^{ed}+\boldsymbol{C}_{VB}\dot{\boldsymbol{u}}_{VB}^{ed}+\boldsymbol{K}_{VB}\boldsymbol{u}_{VB}^{ed}=(\boldsymbol{M}_{VB}\boldsymbol{K}_{VB}^{-1}\boldsymbol{K}_{VBs}-\boldsymbol{M}_{VBs})\ddot{\boldsymbol{u}}_s^e=\boldsymbol{P}_{\ddot{\boldsymbol{X}}_s^e}\ddot{\boldsymbol{u}}_s^e=\boldsymbol{f}_e \quad (6.3.20)$$

由式（6.3.20）可知，将地面运动加速度向量 $\ddot{\boldsymbol{u}}_s^e$ 按非一致形式进行取值便可考虑行波效应的影响。需要注意的是，式（6.3.19）和式（6.3.20）中各个系数矩阵都是随时间变化的，这是与大跨度结构多点抗震分析运动方程所不同的地方。

考虑各支座间的相位差，则式（6.3.20）中地面运动加速度向量 $\ddot{\boldsymbol{u}}_s^e$ 可写为

$$\ddot{\boldsymbol{u}}_s^e(t)=\mathrm{diag}\left[\boldsymbol{G}_{0e}(t)\quad \boldsymbol{G}_{0e}(t)\right]\left\{\ddot{\boldsymbol{x}}_h^{\mathrm{T}}(t)\quad \ddot{\boldsymbol{x}}_v^{\mathrm{T}}(t)\right\}^{\mathrm{T}}=\boldsymbol{G}_e(t)\ddot{\boldsymbol{x}}_e(t) \quad (6.3.21)$$

式中，

$$\begin{cases} \boldsymbol{G}_{0e}(t)=\mathrm{diag}\left[g_e(t-t_1)\quad g_e(t-t_2)\quad \cdots\quad g_e(t-t_N)\right] \\ \ddot{\boldsymbol{x}}_h(t)=\left\{\ddot{x}_h(t-t_1)\quad \ddot{x}_h(t-t_2)\quad \cdots\quad \ddot{x}_h(t-t_N)\right\}^{\mathrm{T}} \\ \ddot{\boldsymbol{x}}_v(t)=\left\{\ddot{x}_v(t-t_1)\quad \ddot{x}_v(t-t_2)\quad \cdots\quad \ddot{x}_v(t-t_N)\right\}^{\mathrm{T}} \end{cases} \quad (6.3.22)$$

式中，$N$ 为桥梁支座个数。由于平稳随机过程 $\ddot{x}_h(t)$ 和 $\ddot{x}_v(t)$ 的功率谱矩阵 $\boldsymbol{S}_e(\omega)$ 为 Hermitian

矩阵，它可进行如下分解：

$$\boldsymbol{S}_e(\omega)=\begin{bmatrix} S_{\ddot{x}\ddot{x}}^{h}(\omega) & S_{\ddot{x}\ddot{x}}^{hv}(\omega) \\ S_{\ddot{x}\ddot{x}}^{vh}(\omega) & S_{\ddot{x}\ddot{x}}^{v}(\omega) \end{bmatrix}=\sum_{m=1}^{2}\lambda_{em}\boldsymbol{q}_{em}^{*}\boldsymbol{q}_{em}^{\mathrm{T}} \tag{6.3.23}$$

式中，$\lambda_{em}$ 和 $\boldsymbol{q}_{em}$ 分别为 $\boldsymbol{S}_e(\omega)$ 的第 $m$ 阶特征值和特征向量。

根据线性时变系统的虚拟激励法，可以构造如下虚拟地震激励：

$$\tilde{\boldsymbol{f}}_{em}(t)=\boldsymbol{P}_{\ddot{u}_s^e}(t)\sqrt{\lambda_{em}}\boldsymbol{G}_e(t)\boldsymbol{V}_e\boldsymbol{q}_{em}\mathrm{e}^{\mathrm{i}\omega t}=\boldsymbol{P}_{\ddot{u}_s^e}(t)\ddot{\tilde{\boldsymbol{u}}}_s^{em} \tag{6.3.24}$$

式中，

$$\ddot{\tilde{\boldsymbol{u}}}_{sm}^{e}=\sqrt{\lambda_{em}}\boldsymbol{G}_e(t)\boldsymbol{V}_e\boldsymbol{q}_{em}\mathrm{e}^{\mathrm{i}\omega t} \tag{6.3.25}$$

为虚拟地面加速度向量。将虚拟地震激励 $\tilde{\boldsymbol{f}}_{em}(t)$ 代入式（6.2.20），并采用 Newmark 逐步积分法进行积分计算，可求得相应的虚拟动态相对位移响应 $\tilde{\boldsymbol{u}}_{VB}^{ed}$。

虚拟地面位移向量可以通过虚拟地面加速度向量得到

$$\tilde{\boldsymbol{u}}_{sm}^{e}=-\ddot{\tilde{\boldsymbol{u}}}_{sm}^{e}/\omega^2 \tag{6.3.26}$$

将式（6.3.26）代入式（6.3.19）可得系统虚拟拟静力位移

$$\tilde{\boldsymbol{u}}_{VBm}^{ep}=-\boldsymbol{K}_{VB}^{-1}\boldsymbol{K}_{VBs}\tilde{\boldsymbol{u}}_{sm}^{e}\equiv\boldsymbol{R}_{VBs}(t)\tilde{\boldsymbol{u}}_{sm}^{e} \tag{6.3.27}$$

则系统的虚拟绝对位移响应为

$$\tilde{\boldsymbol{u}}_{VBm}^{e}(\omega,t)=\tilde{\boldsymbol{u}}_{VBm}^{ep}(\omega,t)+\tilde{\boldsymbol{u}}_{VBm}^{ed}(\omega,t) \tag{6.3.28}$$

非一致地震激励引起的随机响应的时变功率谱矩阵为

$$\boldsymbol{S}_{u_{VB}^{e}u_{VB}^{e}}(\omega,t)=\sum_{m=1}^{2}\tilde{\boldsymbol{u}}_{VBm}^{e\ *}(\omega,t)\tilde{\boldsymbol{u}}_{VBm}^{e\ \mathrm{T}}(\omega,t) \tag{6.3.29}$$

当只考虑轨道不平顺激励的作用时，车桥耦合系统运动方程为

$$\begin{bmatrix} \boldsymbol{M}_{VB} & \boldsymbol{M}_{VBs} \\ \boldsymbol{M}_{VBs}^{\mathrm{T}} & \boldsymbol{M}_{s} \end{bmatrix}\begin{Bmatrix} \ddot{\boldsymbol{u}}_{VB}^{r} \\ \ddot{\boldsymbol{u}}_{s}^{r} \end{Bmatrix}+\begin{bmatrix} \boldsymbol{C}_{VB} & \boldsymbol{C}_{VBs} \\ \boldsymbol{C}_{VBs}^{\mathrm{T}} & \boldsymbol{C}_{s} \end{bmatrix}\begin{Bmatrix} \dot{\boldsymbol{u}}_{VB}^{r} \\ \dot{\boldsymbol{u}}_{s}^{r} \end{Bmatrix}+\begin{bmatrix} \boldsymbol{K}_{VB} & \boldsymbol{K}_{VBs} \\ \boldsymbol{K}_{VBs}^{\mathrm{T}} & \boldsymbol{K}_{s} \end{bmatrix}\begin{Bmatrix} \boldsymbol{u}_{VB}^{r} \\ \boldsymbol{u}_{s}^{r} \end{Bmatrix}=\begin{Bmatrix} \boldsymbol{f}_{r} \\ \boldsymbol{0} \end{Bmatrix} \tag{6.3.30}$$

由于桥梁支座节点位移为零，即 $\boldsymbol{u}_s^r=\boldsymbol{0}$，则由轨道不平顺引起的系统随机振动方程写为

$$\boldsymbol{M}_{VB}\ddot{\boldsymbol{u}}_{VB}^{r}+\boldsymbol{C}_{VB}\dot{\boldsymbol{u}}_{VB}^{r}+\boldsymbol{K}_{VB}\boldsymbol{u}_{VB}^{r}=\boldsymbol{f}_{r} \tag{6.3.31}$$

式中，上标 $r$ 表示由轨道不平顺激励引起的随机响应。

由于轨道不平顺的功率谱密度函数矩阵为 Hermitian 矩阵，因此可进行如下分解：

$$\boldsymbol{S}_{rr}(\omega)=\mathrm{diag}\left[S_y(\omega)\quad S_z(\omega)\quad S_\theta(\omega)\right]=\sum_{m=1}^{3}\lambda_{rm}\boldsymbol{q}_{rm}^{*}\boldsymbol{q}_{rm}^{\mathrm{T}} \tag{6.3.32}$$

式中，$\lambda_{rm}$ 和 $\boldsymbol{q}_{rm}$ 分别为 $\boldsymbol{S}_{rr}(\omega)$ 的第 $m$ 阶特征值和特征向量。前面已经详细介绍了 $\boldsymbol{f}_r(t)$ 的虚拟激励的构造过程，这里直接将其列出

$$\tilde{\boldsymbol{f}}_{rm}(t)=\sqrt{\lambda_{rm}}(\boldsymbol{P}_{r1}+\mathrm{i}\omega\boldsymbol{P}_{r2}-\omega^2\boldsymbol{P}_{r3})\boldsymbol{V}_r\boldsymbol{q}_{rm}\mathrm{e}^{\mathrm{i}\omega t}\qquad(m=1,2,3) \tag{6.3.33}$$

将虚拟轨道不平顺激励 $\tilde{\boldsymbol{f}}_{rm}(t)$ 代入式（6.3.30），并采用 Newmark 逐步积分法进行积分计算，可求得相应的虚拟位移响应 $\tilde{\boldsymbol{u}}_{VB}^{r}$。

进而得到由轨道不平顺引起的系统响应的时变功率谱矩阵

$$\boldsymbol{S}_{u_{VB}^{r}u_{VB}^{r}}(\omega,t)=\sum_{m=1}^{3}\tilde{\boldsymbol{u}}_{VB}^{r\ *}(\omega,t)\tilde{\boldsymbol{u}}_{VB}^{r\ \mathrm{T}}(\omega,t) \tag{6.3.34}$$

由于地震激励和轨道不平顺激励之间不存在相关性，因此系统总随机响应的功率谱和相关矩阵可由下式求得：

$$\boldsymbol{S}_{u_{VB}u_{VB}}(\omega,t)=\boldsymbol{S}_{u_{VB}^{e}u_{VB}^{e}}(\omega,t)+\boldsymbol{S}_{u_{VB}^{r}u_{VB}^{r}}(\omega,t)\text{，}\ \boldsymbol{R}_{u_{VB}u_{VB}}(t)=\int_{-\infty}^{+\infty}\boldsymbol{S}_{u_{VB}u_{VB}}(\omega,t)\mathrm{d}\omega \tag{6.3.35}$$

**例 6.3.1**　如图 6.3.1 所示车桥耦合动力模型示意图。桥梁为 $40+64\times5+40\mathrm{(m)}$ 的七跨连续梁桥，梁体参数为：横截面面积 $A=12.83\mathrm{m}^2$，抗扭惯性矩 $I_\rho=51.9\mathrm{m}^4$，水平抗弯惯性矩 $I_z=134.0\mathrm{m}^4$，垂直抗弯惯性矩 $I_y=19.2\mathrm{m}^4$，混凝土密度为 $\rho=2500\mathrm{kg/m}^3$，弹性模量 $E=2.5\times10^{10}\mathrm{N/m}$。桥墩参数为：墩高 $H_p=16.0\mathrm{m}$，横截面面积 $A_p=6.2\mathrm{m}^2$，抗扭惯性矩 $I_{p\rho}=10.17\mathrm{m}^4$，水平抗弯惯性矩 $I_{pz}=28.7\mathrm{m}^4$，垂直抗弯惯性矩 $I_{py}=2.4\mathrm{m}^4$。采用瑞利阻尼，并按前两阶参振振型阻尼比为 0.05 来确定其系数。梁体和桥墩都采用 Bernoulli-Euler 梁单元进行离散，梁体划分 100 个有限元单元。其第一阶固有振型为梁体垂向振动，基频为 11.42rad/s（1.82Hz），而第一阶横向固有频率为 15.38rad/s（2.45Hz）。取前 60 阶振型进行计算。列车模型同样采用中华之星高速列车，其编组含首尾机车和 9 节客车，计算参数列于表 6.2.1。为了得到列车上桥时的初始条件，计算时假定列车自距桥头 50m 处开始以一定速度匀速运动，且此时开始发生地震。假设地震动沿桥的长度方向传播，按 7 度（设计基本地震加速度值为 $0.15g$）Ⅱ类一组场地考虑，频率积分区间取为 $\omega\in[1,80]\mathrm{rad/s}$。轨道不平顺功率谱采用德国高速线路高干扰不平顺功率谱密度函数，其空间频率 $\Omega$ 的取值范围为 $0.01\times2\pi$～$0.4\times2\pi\ \mathrm{rad/m}$。

假设地震波视波速为 $v_e=1000\mathrm{m/s}$，列车运行速度为 $V=180\mathrm{km/h}$，分别采用虚拟激励方法（PEM）与 Monte Carlo（MC）法对系统随机响应进行计算，通过比较两种方法的计算结果来验证 PEM 的正确性和有效性。在 Monte Carlo 法中，由三角级数叠加法分别随机生成水平横向、垂向地面加速度样本和轨道不平顺样本（各取 50 个、500 个样本），用 Newmark 逐步积分法进行计算并对结果进行统计处理。由于 Monte Carlo 法无法考虑水平横向和垂向地震间的相关性，故暂时假定两个方向地震波之间没有相关性。

图 6.3.2 给出了两种方法计算所得机车车体横向和垂向加速度的时变标准差曲线。图 6.3.3 给出了两种方法计算所得桥梁中点横向和垂向位移的标准差曲线。可以看出，随着所取样本数目的增加，由 Monte Carlo 法所得各响应标准差曲线与 PEM 所得响应曲线的偏差明显变小，逐渐趋近于 PEM 所得计算结果。与 PEM 计算结果相比，Monte Carlo 法取 50 个样本时，机

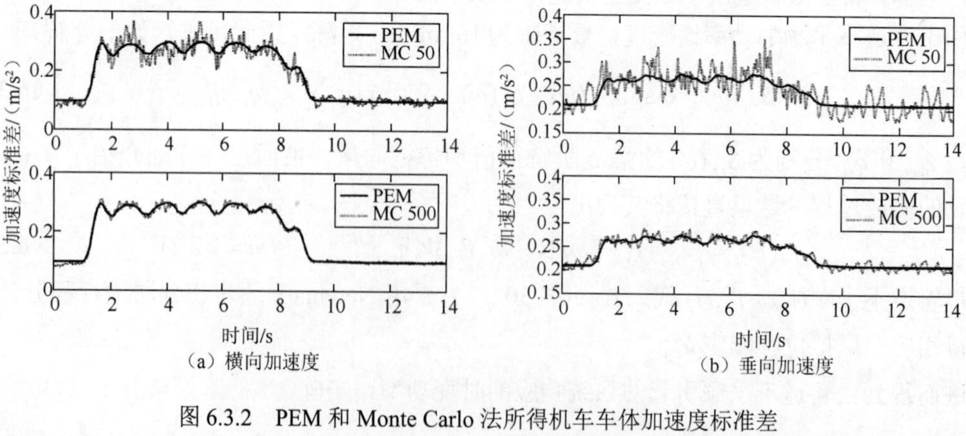


图 6.3.2　PEM 和 Monte Carlo 法所得机车车体加速度标准差

车横向和垂向加速度标准差的最大偏差分别为 28.8%和 31.7%，桥梁中点横向和垂向位移标准差的最大偏差分别为 39.2%和 32.2%；当取 500 个样本时，最大偏差分别降为 10.7%、6.9%和 9.9%、7.9%。而就计算时间而言，在 Pentium(R)D 计算机（主频 3.2Hz，内存 1 GB）上采用 PEM 计算共需要 48.7 min。可见 PEM 能精确地实现非一致多点地震激励作用下车桥时变系统的非平稳随机振动分析。

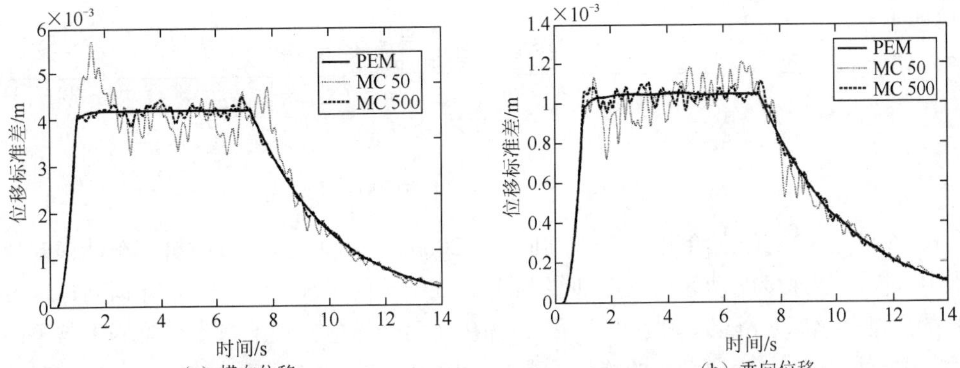


（a）横向位移　　（b）垂向位移

图 6.3.3　PEM 和 Monte Carlo 法所得桥梁中点加速度标准差

为了分析行波效应对车桥耦合系统随机振动的影响，采用 PEM 分别计算视波速为 600m/s、1200m/s、1800m/s、+∞ 时系统的随机响应。当视波速为无穷大时，相当于所有支座同相位运动，即不考虑行波效应的情况。车速仍假设为 $V=180\text{km/h}$，且考虑地震动水平横向分量和垂向分量之间的相关性。图 6.3.4 分别给出了不同视波速时机车车体横向和垂向加速度的标准差。图 6.3.5 分别给出了不同视波速时桥梁中点横向和垂向加速度的标准差。可以看出，当考虑桥梁各支座间相位差时，列车和桥梁系统随机响应的标准差较不考虑行波效应的情况均有显著变化。视波速为 600m/s 时，机车车体横向和垂向加速度标准差最大值分别变化了 −19.1%和−4.8%，桥梁中点横向和垂向加速度标准差最大值分别变化了−32.3%和−38.9%。视波速增大到1800m/s 时，各响应标准差最大值虽然有所提高，但与 $V_e=+\infty$ 的情况相比仍有一定变化，即−4.5%、−2.0%和−11.3%、−23.7%。另外，通过以上分析还可看出行波效应对桥梁响应的影响更为明显，这是因为地震对桥梁的作用是通过桥墩直接传到桥梁体上的，而对列车的作用则是需要通过轮轨关系由桥梁体间接地传到列车上。

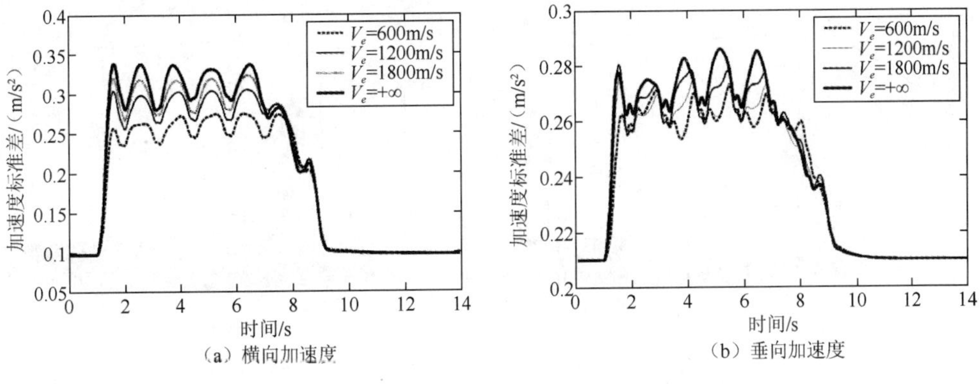


（a）横向加速度　　（b）垂向加速度

图 6.3.4　不同视波速下机车车辆响应标准差

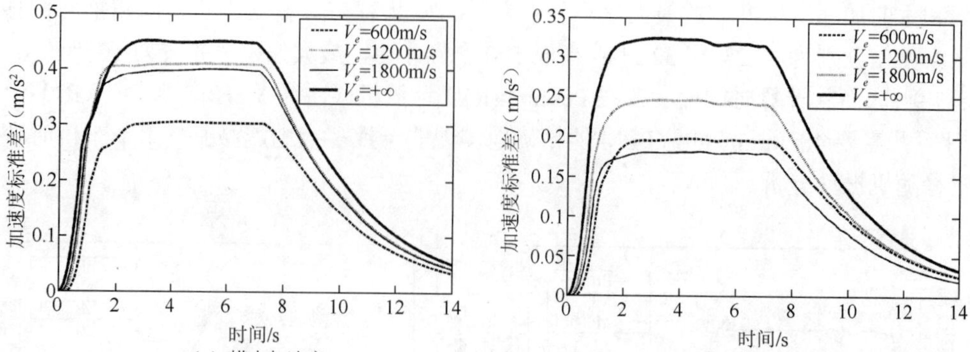


（a）横向加速度　　（b）垂向加速度

图 6.3.5　不同视波速下桥梁中点响应标准差比较

图 6.3.6 和图 6.3.7 分别给出了 $V_e = 600$m/s、1200m/s、1800m/s、+∞ 时机车车体横向加速度和桥梁中点横向加速度的功率谱密度曲线。图 6.3.6 中不同视波速时机车车体横向加速度的功率谱都在其固有频率 3.6rad/s 附近出现第二峰值，而第一峰值出现的频率位置基本与不同视波速时桥梁中点横向加速度功率谱的峰值位置相对应。如图 6.3.7 所示，当 $V_e$=600m/s 时，桥梁中点横向加速度的功率谱峰值出现在桥梁第 1 阶横向固有频率 15.38rad/s（2.45Hz）、第 3 阶横向固有频率 17.55rad/s（2.79Hz）和第 5 阶横向固有频率 22.63rad/s（3.60Hz）附近。当 $V_e$=1200m/s、1800m/s 时，其峰值向第 1、3 阶横向固有频率靠拢。最终当 $V_e = +\infty$ 时，其峰值完全集中在第 1 阶横向固有频率处。由此可见，行波效应会在一定程度上改变系统响应的振动频率特征，当地震视波速较低时，会使振动的能量分布于不同的频点，不同于不考虑行波效应时振动能量主要集中在某一频域区间。

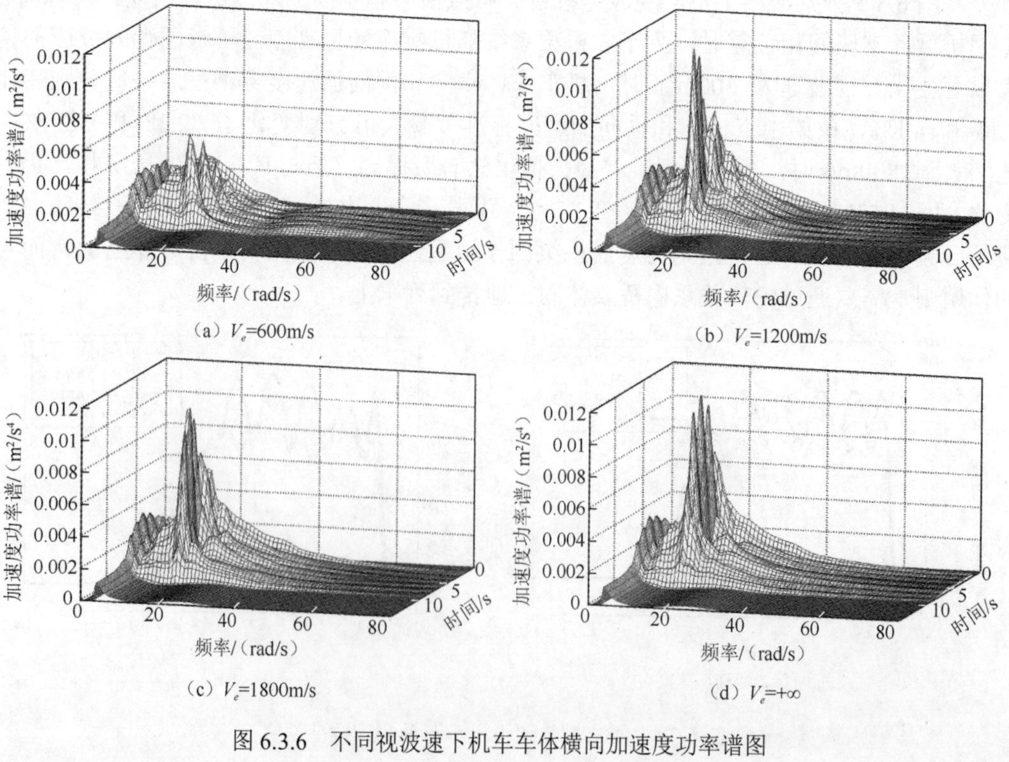


（a）$V_e$=600m/s　　（b）$V_e$=1200m/s

（c）$V_e$=1800m/s　　（d）$V_e$=+∞

图 6.3.6　不同视波速下机车车体横向加速度功率谱图

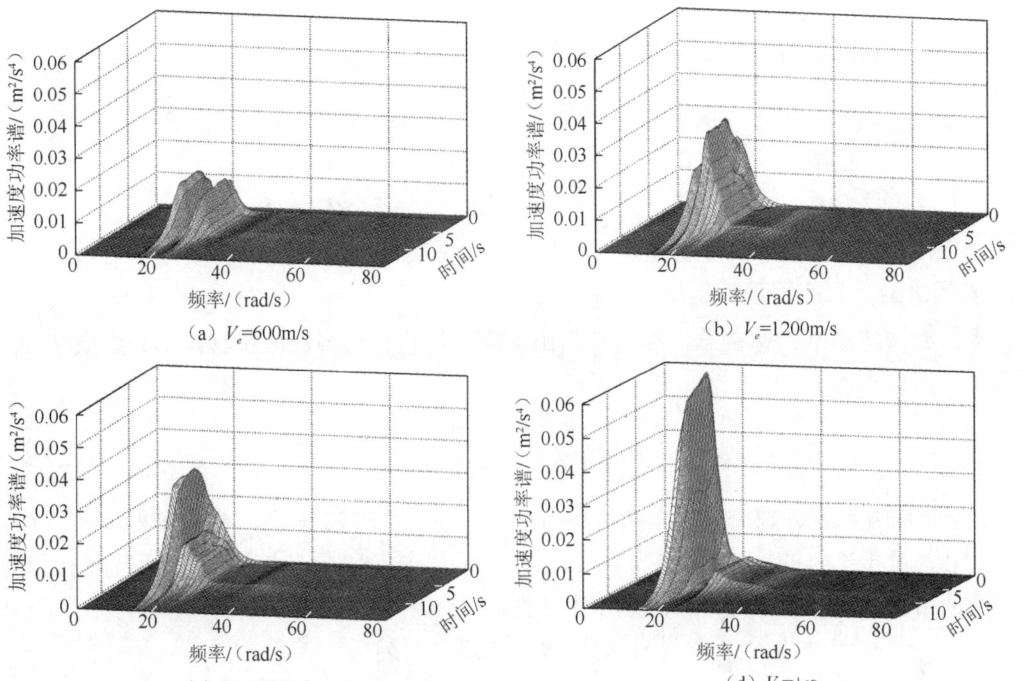


（a）$V_e$=600m/s

（b）$V_e$=1200m/s

（c）$V_e$=1800m/s

（d）$V_e$=+∞

图 6.3.7　不同视波速下桥梁中点横向加速度功率谱图

## 6.4　多点随机地震作用下车桥耦合系统随机响应分析

地震作用下车桥耦合系统的动态响应是人们关心的一个重要问题。文献[32]、[33]研究了悬索桥同时受到垂向地震以及移动荷载作用时的动力响应，并探讨了行波效应的影响。文献[34]基于拟静态位移理论，采用七跨连续箱梁桥模型，利用时程法分析了车桥耦合系统在地震作用下的响应，并讨论了列车运行速度和地震行波效应对耦合系统响应的影响。文献[5]、[8]利用虚拟激励法研究了三跨简支桥梁在受到多点随机地震作用时，列车桥梁耦合系统的随机响应，并讨论了列车运行速度以及行波效应对车桥耦合系统响应的影响。上述研究一般将桥梁假设为连续的 Bernoulli-Euler 梁，这种桥梁模型并不能完全模拟现代桥梁复杂的动力特性，更不能研究特定位置、特定结构下的动力特征。并且，大多的研究都没有考虑地震动的空间效应对耦合系统响应的影响，仅采用一条或者数条特定的地震动记录作为输入来研究系统的响应，不能有效地描述非平稳随机地震下结构的响应特征。

车桥耦合系统在地震作用下的响应问题，一般是将车辆与桥梁看成一个整体，再将它们的整个位移分为拟静力位移和动力反应位移两部分，直接得到整个系统在地震作用下的运动方程。然而，由于整体结构的刚度阵随时间变化，只能对车桥耦合系统的时变刚度矩阵在每一个时刻形成新的拟静力位移影响矩阵，并且采用此时耦合系统的振型进行降阶，结构较为复杂时，计算效率尤其低下。这里将车辆和桥梁两个子系统分别进行处理，并采用大跨斜拉桥精细有限元模型，同时考虑车辆和桥梁子系统在地震作用下的拟静力位移对系统响应的影响，研究平稳随机轨道不平顺和非平稳多点地震作用下的车桥耦合系统的随机动力响应，并探讨行波效应、部分相干效应和场地效应对耦合系统动力响应的影响[7,11]。

### 6.4.1　考虑地震作用的车桥耦合系统运动方程

桥梁在地震动作用下的运动方程可以表示为

$$\begin{bmatrix} \boldsymbol{M}_b & \boldsymbol{M}_{bs} \\ \boldsymbol{M}_{bs}^{\mathrm{T}} & \boldsymbol{M}_s \end{bmatrix}\begin{Bmatrix} \ddot{\boldsymbol{u}}_b \\ \ddot{\boldsymbol{u}}_s \end{Bmatrix}+\begin{bmatrix} \boldsymbol{C}_b & \boldsymbol{C}_{bs} \\ \boldsymbol{C}_{bs}^{\mathrm{T}} & \boldsymbol{C}_s \end{bmatrix}\begin{Bmatrix} \dot{\boldsymbol{u}}_b \\ \dot{\boldsymbol{u}}_s \end{Bmatrix}+\begin{bmatrix} \boldsymbol{K}_b & \boldsymbol{K}_{bs} \\ \boldsymbol{K}_{bs}^{\mathrm{T}} & \boldsymbol{K}_s \end{bmatrix}\begin{Bmatrix} \boldsymbol{u}_b \\ \boldsymbol{u}_s \end{Bmatrix}=\begin{Bmatrix} \boldsymbol{f}_b \\ \boldsymbol{f}_s \end{Bmatrix}$$

式中，下标 $b$ 表示桥梁非支座自由度；下标 $s$ 表示桥梁支座自由度。$\boldsymbol{f}_b$ 为车辆对桥梁的作用力；$\boldsymbol{f}_s$ 为桥梁受到的因基础运动产生的作用力。

多点激振作用下的结构总位移可视为由拟静力位移和动力反应位移两部分组成，即总位移向量可以表示为

$$\boldsymbol{u}_b=\begin{Bmatrix} \boldsymbol{u}_b \\ \boldsymbol{u}_s \end{Bmatrix}=\begin{Bmatrix} \boldsymbol{u}_b^p \\ \boldsymbol{u}_{sg} \end{Bmatrix}+\begin{Bmatrix} \boldsymbol{u}_b^d \\ \boldsymbol{0} \end{Bmatrix} \tag{6.4.1}$$

式中，上角标 $p$ 和 $d$ 分别表示结构的拟静力位移和动力反应部分；$\boldsymbol{u}_{sg}$ 为桥梁支承点处的基础运动位移，对于确定的地震输入它为已知量。对于一个仅是支承点发生静位移而不受其他任何荷载的结构，其静力平衡方程满足以下条件：

$$\begin{bmatrix} \boldsymbol{K}_b & \boldsymbol{K}_{bs} \\ \boldsymbol{K}_{sb} & \boldsymbol{K}_s \end{bmatrix}\begin{Bmatrix} \boldsymbol{u}_b^p \\ \boldsymbol{u}_{sg} \end{Bmatrix}=\begin{Bmatrix} \boldsymbol{0} \\ \boldsymbol{0} \end{Bmatrix} \tag{6.4.2}$$

将式（6.4.2）的第一行展开，可得

$$\boldsymbol{u}_b^p=-\boldsymbol{K}_b^{-1}\boldsymbol{K}_{bs}\boldsymbol{u}_{sg} \tag{6.4.3}$$

记 $\boldsymbol{F}_{bs}=-\boldsymbol{K}_b^{-1}\boldsymbol{K}_{bs}$ 为拟静力位移影响矩阵，其物理意义为桥梁支座自由度发生单位位移而引起的桥梁非支座自由度产生的位移。因此，桥梁非支座部分的拟静力位移可以表示为

$$\boldsymbol{u}_b^p=\boldsymbol{F}_{bs}\boldsymbol{u}_{sg} \tag{6.4.4}$$

将式（6.4.2）和式（6.4.4）代入方程（6.3.2）第一行中，可得

$$\boldsymbol{M}_b\ddot{\boldsymbol{u}}_b^d+\boldsymbol{C}_b\dot{\boldsymbol{u}}_b^d+\boldsymbol{K}_b\boldsymbol{u}_b^d=-\left(\boldsymbol{M}_b\boldsymbol{F}_{bs}+\boldsymbol{M}_{bs}\right)\ddot{\boldsymbol{u}}_{sg}-\left(\boldsymbol{C}_b\boldsymbol{F}_{bs}+\boldsymbol{C}_{bs}\right)\dot{\boldsymbol{u}}_{sg}+\boldsymbol{f}_b \tag{6.4.5}$$

在此假定阻尼力与动态相对速度成正比，则桥梁子系统的运动方程（6.4.5）可以写为

$$\boldsymbol{M}_b\ddot{\boldsymbol{u}}_b^d+\boldsymbol{C}_b\dot{\boldsymbol{u}}_b^d+\boldsymbol{K}_b\boldsymbol{u}_b^d=-\left(\boldsymbol{M}_b\boldsymbol{F}_{bs}+\boldsymbol{M}_{bs}\right)\ddot{\boldsymbol{u}}_{sg}+\boldsymbol{f}_b \tag{6.4.6}$$

对桥梁采用振型叠加法，则方程（6.4.6）可以表示为

$$\bar{\boldsymbol{M}}_b\ddot{\boldsymbol{q}}_b^d+\bar{\boldsymbol{C}}_b\dot{\boldsymbol{q}}_b^d+\bar{\boldsymbol{K}}_b\boldsymbol{q}_b^d=-\boldsymbol{\Phi}_b^{\mathrm{T}}\left(\boldsymbol{M}_b\boldsymbol{F}_{bs}+\boldsymbol{M}_{bs}\right)\ddot{\boldsymbol{u}}_{sg}+\boldsymbol{\Phi}_b^{\mathrm{T}}\boldsymbol{f}_b \tag{6.4.7}$$

式中，$\boldsymbol{\Phi}_b$ 是桥梁振型矩阵；$\boldsymbol{q}_b^d$ 为桥梁模态坐标。

对于三维车辆子系统，其在考虑轨道不平顺时的运动方程可以通过类似 6.3 节的推导，得到车辆子系统的运动方程为

$$\begin{bmatrix} \boldsymbol{M}_{vv} & \boldsymbol{0} \\ \boldsymbol{0} & \boldsymbol{M}_{ww} \end{bmatrix}\begin{Bmatrix} \ddot{\boldsymbol{u}}_v \\ \ddot{\boldsymbol{u}}_w \end{Bmatrix}+\begin{bmatrix} \boldsymbol{C}_{vv} & \boldsymbol{C}_{vw} \\ \boldsymbol{C}_{wv} & \boldsymbol{C}_{ww} \end{bmatrix}\begin{Bmatrix} \dot{\boldsymbol{u}}_v \\ \dot{\boldsymbol{u}}_w \end{Bmatrix}+\begin{bmatrix} \boldsymbol{K}_v & \boldsymbol{K}_{vw} \\ \boldsymbol{K}_{wv} & \boldsymbol{K}_{ww} \end{bmatrix}\begin{Bmatrix} \boldsymbol{u}_v \\ \boldsymbol{u}_w \end{Bmatrix}=\boldsymbol{f}_g+\begin{Bmatrix} 0 \\ \boldsymbol{f}_w \end{Bmatrix} \tag{6.4.8}$$

式中，

$$\boldsymbol{u}_v=\begin{Bmatrix} \boldsymbol{u}_c \\ \boldsymbol{u}_t \end{Bmatrix}=\begin{Bmatrix} \boldsymbol{u}_c \\ \boldsymbol{u}_{t1} \\ \boldsymbol{u}_{t2} \end{Bmatrix} \tag{6.4.9}$$

为车辆（含车体和构架）的位移向量，且

$$\boldsymbol{u}_c=\left\{Z_c,\theta_c,Y_c,\psi_{\mathrm{c}},\varphi_c\right\}^{\mathrm{T}},\quad \boldsymbol{u}_{tj}=\left\{Z_{tj},\theta_{tj},Y_{tj},\psi_{tj},\varphi_{tj}\right\}^{\mathrm{T}}\ (j=1,2) \tag{6.4.10}$$

分别为车体、前后构架的位移向量。

轮对的位移向量$\boldsymbol{u}_w$为

$$\boldsymbol{u}_w=\left\{\boldsymbol{u}_{w1}^{\mathrm{T}}\quad \boldsymbol{u}_{w2}^{\mathrm{T}}\quad \boldsymbol{u}_{w3}^{\mathrm{T}}\quad \boldsymbol{u}_{w4}^{\mathrm{T}}\right\}^{\mathrm{T}} \tag{6.4.11}$$

式中，$\boldsymbol{u}_{wj}$为第$j$个轮对形心的位移，为

$$\boldsymbol{u}_{wj}=\left\{Z_{wj}\quad Y_{wj}\quad \varphi_{wj}\right\}\quad (j=1,2,3,4) \tag{6.4.12}$$

其中，$Z_{wj}$、$Y_{wj}$分别为第$j$个车轮的垂向和侧向位移；$\varphi_{wj}$为纵向转角。

$$\boldsymbol{f}_w=\left\{\boldsymbol{f}_{w1}^{\mathrm{T}}\quad \boldsymbol{f}_{w2}^{\mathrm{T}}\quad \boldsymbol{f}_{w3}^{\mathrm{T}}\quad \boldsymbol{f}_{w4}^{\mathrm{T}}\right\}^{\mathrm{T}} \tag{6.4.13}$$

为桥梁（轨道）对轮对的荷载向量，且

$$\boldsymbol{f}_{wj}=\left\{f_{zj}\quad f_{yj}\quad M_{\varphi j}\right\}^{\mathrm{T}}\quad (j=1,2,3,4) \tag{6.4.14}$$

为桥梁作用于第$j$个轮对形心上的荷载向量，其中$f_{zj}$、$f_{yj}$和$M_{\varphi j}$分别为第$j$个车轮受到的垂向、侧向作用力和绕轴力矩。由于车辆位置不在桥梁中心线上，而是存在偏心，因此，桥梁截面将受到垂向和横向的力，以及绕$x$轴的力矩作用。

实际上，第$j$个轮对受到的荷载向量$\boldsymbol{f}_{wj}$可以通过该轮对的左右车轮所受到的桥梁的作用力得到，表示为

$$\boldsymbol{f}_{wj}=\begin{Bmatrix}f_{zj}\\ f_{yj}\\ M_{\varphi j}\end{Bmatrix}=\begin{bmatrix}1 & 1 & 0 & 0\\ 0 & 0 & 1 & 1\\ b_1 & -b_1 & -\varphi_{wj}b_1 & \varphi_{wj}b_1\end{bmatrix}\begin{Bmatrix}f_{zj}^L\\ f_{zj}^r\\ f_{yj}^l\\ f_{yj}^r\end{Bmatrix}=\boldsymbol{T}_w\boldsymbol{f}_{\mathrm{int}} \tag{6.4.15}$$

考虑车轮与桥梁之间采用弹性连接，第$j$个轮对的位移$\boldsymbol{u}_{wj}$与其左右车轮的垂向和横向位移（$z_{wj}^L$、$z_{wj}^R$、$y_{wj}^L$和$y_{wj}^R$）之间具有如下关系（忽略转角对横向位移的影响）：

$$\begin{Bmatrix}z_{wj}^L\\ z_{wj}^R\\ y_{wj}^L\\ y_{wj}^R\end{Bmatrix}=\begin{bmatrix}1 & 0 & b_1\\ 1 & 0 & -b_1\\ 0 & 1 & 0\\ 0 & 1 & 0\end{bmatrix}\begin{Bmatrix}Z_{\mathrm{wj}}\\ Y_{wj}\\ \varphi_{wj}\end{Bmatrix}=\boldsymbol{T}_{wj}^{\mathrm{T}}\boldsymbol{u}_{wj} \tag{6.4.16}$$

因此，左右车轮受到的作用力向量$\boldsymbol{f}_{\mathrm{int}}^j$可以表示为

$$\boldsymbol{f}_{\mathrm{int}}^j=\begin{Bmatrix}f_{zj}^L\\ f_{zj}^R\\ f_{yj}^L\\ f_{yj}^R\end{Bmatrix}=\begin{Bmatrix}K_s^z(z_{ej}^L-z_{wj}^L+u_{zj}^L)\\ K_s^z(z_{ej}^R-z_{wj}^R+u_{zj}^R)\\ K_s^z(y_{ej}^L-y_{wj}^L+y_{zj}^L)\\ K_s^z(y_{ej}^R-y_{wj}^R+y_{zj}^R)\end{Bmatrix} \tag{6.4.17}$$

其中，$z_{ej}^L$、$z_{ej}^R$、$y_{ej}^L$和$y_{ej}^R$分别为桥梁与左右车轮接触点处的垂向和横向位移，可以通过桥梁

节点位移表示出来，为

$$\begin{Bmatrix} z_{ej}^L \\ z_{ej}^R \\ y_{ej}^L \\ y_{ej}^R \end{Bmatrix} = \begin{bmatrix} 1 & 0 & 0 & 0 & e+b_1 \\ 1 & 0 & 0 & 0 & e-b_1 \\ 0 & 1 & 1 & 0 & -h_4 \\ 0 & 1 & 1 & 0 & -h_4 \end{bmatrix} \begin{Bmatrix} z_{bj}^e \\ \theta_{bj}^e \\ y_{bj}^e \\ \psi_{\mathrm{bj}}^e \\ \varphi_{bj}^e \end{Bmatrix} = \boldsymbol{Q}_j \boldsymbol{u}_{bj}^e \tag{6.4.18}$$

其中，$\boldsymbol{u}_{bj}^e = \left\{ z_{bj}^e \quad \theta_{bj}^e \quad y_{bj}^e \quad \psi_{\mathrm{bj}}^e \quad \varphi_{bj}^e \right\}^{\mathrm{T}}$ 为桥梁与车轮接触点处位移向量，它也可以通过形函数从桥梁整体位移向量中得到，即

$$\begin{Bmatrix} z_{bj}^e \\ \theta_{bj}^e \\ y_{bj}^e \\ \psi_{bj}^e \\ \varphi_{bj}^e \end{Bmatrix} = \begin{bmatrix} N_1 & N_2 & 0 & 0 & 0 & N_3 & N_4 & 0 & 0 & 0 \\ 0 & 0 & 0 & 0 & 0 & 0 & 0 & 0 & 0 & 0 \\ 0 & 0 & N_1 & 0 & N_2 & 0 & 0 & N_3 & 0 & N_4 \\ 0 & 0 & 0 & 0 & 0 & 0 & 0 & 0 & 0 & 0 \\ 0 & 0 & 0 & N_5 & 0 & 0 & 0 & 0 & N_6 & 0 \end{bmatrix} \begin{Bmatrix} \boldsymbol{u}_{bej}^L \\ \boldsymbol{u}_{bej}^R \end{Bmatrix} \tag{6.4.19}$$

其中，$\boldsymbol{u}_{bej}^L$ 和 $\boldsymbol{u}_{bej}^R$ 分别为接触点所在单元的左右节点位移向量；$N_j\ (j=1,2,\cdots,6)$ 为梁单元形函数。

接触点位移向量 $\boldsymbol{u}_{bj}^e$ 可以用整体位移向量 $\boldsymbol{u}_b$ 表示，为

$$\boldsymbol{u}_{bj}^e = \boldsymbol{N}_j^{\mathrm{T}} \boldsymbol{T}_j \boldsymbol{u}_b \tag{6.4.20}$$

式中，$\boldsymbol{T}_j$ 为第 $j$ 个车轮所在单元的位置扩展矩阵，由元素 0 和 1 构成。式（6.4.17）中，$u_{zj}^L$、$u_{zj}^R$、$u_{yj}^L$ 和 $u_{yi}^R$ 分别为桥梁与车轮左右两个接触点处的不平度，它可以表示为

$$\begin{Bmatrix} u_{zj}^L \\ u_{zj}^R \\ u_{yj}^L \\ u_{yi}^R \end{Bmatrix} = \begin{bmatrix} 1 & 0 & b_1 \\ 1 & 0 & -b_1 \\ 0 & 1 & 0 \\ 0 & 1 & 0 \end{bmatrix} \begin{Bmatrix} u_{rj}^z \\ u_{rj}^y \\ u_{rj}^\varphi \end{Bmatrix} = \boldsymbol{T}_w^{\mathrm{T}} \boldsymbol{u}_r \tag{6.4.21}$$

式中，$u_{rj}^z$、$u_{rj}^y$ 和 $u_{rj}^\varphi$ 分别为高低不平顺、方向不平顺和水平不平顺。将式（6.4.18）、式（6.4.20）和式（6.4.21）代入式（6.4.17）可得

$$\begin{aligned} \boldsymbol{f}_{wj} = \boldsymbol{T}_{wj} \boldsymbol{f}_{\mathrm{int}}^j &= \boldsymbol{T}_{wj} \begin{bmatrix} k_s^z & 0 & 0 & 0 \\ 0 & k_s^z & 0 & 0 \\ 0 & 0 & k_s^y & 0 \\ 0 & 0 & 0 & K_s^y \end{bmatrix} \left( \boldsymbol{Q}_j \boldsymbol{N}_j^{\mathrm{T}} \boldsymbol{T}_j \boldsymbol{u}_b - \boldsymbol{T}_{wj}^{\mathrm{T}} \boldsymbol{u}_{wj} + \boldsymbol{T}_{wj}^{\mathrm{T}} \boldsymbol{u}_r \right) \\ &= \boldsymbol{T}_{wj} \boldsymbol{K}_{hj} (\boldsymbol{R}_j^{\mathrm{T}} \boldsymbol{u}_b - \boldsymbol{T}_{wj}^{\mathrm{T}} \boldsymbol{u}_{wj} + \boldsymbol{T}_{wj}^{\mathrm{T}} \boldsymbol{u}_r) \end{aligned} \tag{6.4.22}$$

式中，$\boldsymbol{R}_j^{\mathrm{T}} = \boldsymbol{Q}_j \boldsymbol{N}_j^{\mathrm{T}} \boldsymbol{T}_j$，且

$$\boldsymbol{K}_{hj} = \begin{bmatrix} k_s^z & 0 & 0 & 0 \\ 0 & k_s^z & 0 & 0 \\ 0 & 0 & k_s^y & 0 \\ 0 & 0 & 0 & K_s^y \end{bmatrix} \tag{6.4.23}$$

同理，桥梁受到的车轮对其的作用力为

$$\boldsymbol{f}_{bj} = \boldsymbol{R}_j \begin{bmatrix} 1 & 1 & 0 & 0 \\ 0 & 0 & 0 & 0 \\ 0 & 0 & 1 & 1 \\ 0 & 0 & 0 & 0 \\ e+b_1 & e-b_1 & -h_4 & -h_4 \end{bmatrix} \begin{Bmatrix} f_{zj}^L \\ f_{zj}^R \\ f_{yj}^L \\ f_{yj}^R \end{Bmatrix} = \boldsymbol{R}_j \boldsymbol{f}_{\mathrm{int}}^j = \boldsymbol{R}_j \boldsymbol{K}_{hj} (\boldsymbol{R}_j^{\mathrm{T}} \boldsymbol{u}_b - \boldsymbol{T}_{wj}^{\mathrm{T}} \boldsymbol{u}_{wj} + \boldsymbol{T}_{wj}^{\mathrm{T}} \boldsymbol{u}_r) \tag{6.4.24}$$

因此，所有车轮对桥梁的作用力可以表示为

$$\boldsymbol{f}_b = \sum_{j=1}^{4} \boldsymbol{f}_{bj} = \sum_{j=1}^{4} \left( \boldsymbol{R}_j \boldsymbol{f}_{\mathrm{int}}^j \right) = \boldsymbol{R} \boldsymbol{f}_{\mathrm{int}} \tag{6.4.25}$$

式中，$\boldsymbol{R} = \begin{bmatrix} \boldsymbol{R}_1 & \boldsymbol{R}_2 & \boldsymbol{R}_3 & \boldsymbol{R}_4 \end{bmatrix}^{\mathrm{T}}$，且

$$\boldsymbol{K}_h = \begin{bmatrix} \boldsymbol{K}_{h1} & 0 & 0 & 0 \\ 0 & \boldsymbol{K}_{h2} & 0 & 0 \\ 0 & 0 & \boldsymbol{K}_{h3} & 0 \\ 0 & 0 & 0 & \boldsymbol{K}_{h4} \end{bmatrix} \tag{6.4.26}$$

$$\boldsymbol{f}_{\mathrm{int}} = \begin{Bmatrix} \boldsymbol{f}_{\mathrm{int}}^1 \\ \boldsymbol{f}_{\mathrm{int}}^2 \\ \boldsymbol{f}_{\mathrm{int}}^3 \\ \boldsymbol{f}_{\mathrm{int}}^4 \end{Bmatrix} = \begin{bmatrix} \boldsymbol{R}_1^{\mathrm{T}} \boldsymbol{u}_b - \boldsymbol{T}_{w1}^{\mathrm{T}} \boldsymbol{u}_{w1} + \boldsymbol{T}_{w1}^{\mathrm{T}} \boldsymbol{u}_{r1} \\ \boldsymbol{R}_2^{\mathrm{T}} \boldsymbol{u}_b - \boldsymbol{T}_{w2}^{\mathrm{T}} \boldsymbol{u}_{w2} + \boldsymbol{T}_{w2}^{\mathrm{T}} \boldsymbol{u}_{r2} \\ \boldsymbol{R}_3^{\mathrm{T}} \boldsymbol{u}_b - \boldsymbol{T}_{w3}^{\mathrm{T}} \boldsymbol{u}_{w3} + \boldsymbol{T}_{w3}^{\mathrm{T}} \boldsymbol{u}_{r3} \\ \boldsymbol{R}_4^{\mathrm{T}} \boldsymbol{u}_b - \boldsymbol{T}_{w4}^{\mathrm{T}} \boldsymbol{u}_{w4} + \boldsymbol{T}_{w4}^{\mathrm{T}} \boldsymbol{u}_{r4} \end{bmatrix} \tag{6.4.27}$$

其中，

$$\boldsymbol{T}_w = \begin{bmatrix} \boldsymbol{T}_{w1} & 0 & 0 & 0 \\ 0 & \boldsymbol{T}_{w2} & 0 & 0 \\ 0 & 0 & \boldsymbol{T}_{w3} & 0 \\ 0 & 0 & 0 & \boldsymbol{T}_{w4} \end{bmatrix} \tag{6.4.28}$$

将式（6.4.27）代入式（6.4.25），可得

$$\boldsymbol{f}_b = \boldsymbol{R} \boldsymbol{K}_h (\boldsymbol{R}^{\mathrm{T}} \boldsymbol{u}_b - \boldsymbol{T}_w^{\mathrm{T}} \boldsymbol{u}_w + \boldsymbol{T}_w^{\mathrm{T}} \boldsymbol{u}_r) \tag{6.4.29}$$

由于桥梁的运动将通过车轮与桥梁之间的连接向上传递至整个系统，此时车辆的位移应该等于桥梁的总位移，即

$$\boldsymbol{u}_w = \boldsymbol{u}_{be}^d + \boldsymbol{u}_{be}^p = \boldsymbol{Q} \boldsymbol{R}_j \left( \boldsymbol{u}_b^d + \boldsymbol{u}_b^p \right) = \boldsymbol{Q} \boldsymbol{R}_j (\boldsymbol{u}_b^d + \boldsymbol{F}_{bs} \boldsymbol{u}_{sg}) \tag{6.4.30}$$

将式（6.4.30）代入式（6.4.24）和式（6.4.8）中，可得车辆的运动方程为

$$\boldsymbol{M}_v \ddot{\boldsymbol{u}}_v + \boldsymbol{C}_v \dot{\boldsymbol{u}}_v + \boldsymbol{K}_v \boldsymbol{u}_v = \boldsymbol{f}_{gv} - \boldsymbol{I}_v \boldsymbol{T}_w \boldsymbol{K}_h [\boldsymbol{R}^{\mathrm{T}} (\boldsymbol{u}_b^d + \boldsymbol{F}_{bs} \boldsymbol{u}_{sg}) - \boldsymbol{T}_w^{\mathrm{T}} \boldsymbol{u}_w + \boldsymbol{T}_w^{\mathrm{T}} \boldsymbol{u}_r] \tag{6.4.31}$$

将式（6.4.24）代入方程（6.4.7）中即可得到桥梁的运动方程为

$$\bar{\boldsymbol{M}}_b\ddot{\boldsymbol{q}}_b^d+\bar{\boldsymbol{C}}_b\dot{\boldsymbol{q}}_b^d+\bar{\boldsymbol{K}}_b\boldsymbol{q}_b^d=-\boldsymbol{\Phi}_b^{\mathrm{T}}\left(\boldsymbol{M}_b\boldsymbol{F}_{bs}+\boldsymbol{M}_{bs}\right)\ddot{\boldsymbol{u}}_{sg}+\bar{\boldsymbol{R}}\boldsymbol{K}_h(\bar{\boldsymbol{R}}^{\mathrm{T}}\boldsymbol{q}_b^d-\boldsymbol{T}_w^{\mathrm{T}}\boldsymbol{u}_w+\boldsymbol{T}_w^{\mathrm{T}}\boldsymbol{u}_r) \tag{6.4.32}$$

方程（6.4.31）和方程（6.4.32）共同构成了弹性连接的车桥耦合系统在地震和轨道不平顺作用下的运动方程。

若车轮与桥梁之间采用密贴连接方式，同样可通过车轮位移和桥梁接触点处位移相同的关系，得到车辆的运动方程为

$$\begin{aligned}\boldsymbol{M}_{vv}\ddot{\boldsymbol{u}}_v+\boldsymbol{C}_{vv}\dot{\boldsymbol{u}}_v+\boldsymbol{K}_{vv}\boldsymbol{u}_v=\boldsymbol{f}_{gv}-\boldsymbol{C}_{vw}\bar{\boldsymbol{R}}^T\dot{q}_b-\boldsymbol{K}_{vw}\bar{\boldsymbol{R}}^{\mathrm{T}}\boldsymbol{q}_b\\-\boldsymbol{C}_{vw}\dot{\boldsymbol{u}}_r-\boldsymbol{K}_{vw}\boldsymbol{u}_r+\boldsymbol{M}_{vv}\boldsymbol{F}_{vw}\boldsymbol{R}\boldsymbol{F}_{bs}\boldsymbol{u}_{sg}\end{aligned} \tag{6.4.33}$$

此时，通过类似于 5.3 节的推导，可以得到桥梁受到的作用力 $\boldsymbol{f}_b$ 为

$$\boldsymbol{f}_b=-\boldsymbol{M}_{ww}\bar{\boldsymbol{R}}^{\mathrm{T}}\ddot{q}_b-\boldsymbol{C}_{ww}\bar{\boldsymbol{R}}^{\mathrm{T}}\dot{\boldsymbol{q}}_b-\boldsymbol{K}_{ww}\bar{\boldsymbol{R}}^{\mathrm{T}}\boldsymbol{q}_b-\boldsymbol{C}_{wv}\dot{\boldsymbol{u}}_v-\boldsymbol{K}_{wv}\boldsymbol{u}_v-\boldsymbol{M}_{ww}\ddot{\boldsymbol{u}}_r-\boldsymbol{C}_{ww}\dot{\boldsymbol{u}}_r-\boldsymbol{K}_{ww}\boldsymbol{u}_r \tag{6.4.34}$$

将式（6.4.34）代入方程（6.4.7）即可得到桥梁子系统同时受到地震和不平顺激励下的运动方程。对于车辆桥梁耦合系统在非平稳随机地震和平稳的轨道不平顺作用下的运动方程，同样也可以采用 5.3 节的免迭代或改进的迭代方法进行精确高效的计算。

### 6.4.2　虚拟激励法在车桥多点地震分析中的应用

地震及随机轨道不平顺作用下的车桥耦合系统的运动方程如式（6.4.33）所示，显然该系统的激励项共包含三部分：车辆子系统的重力项、随机轨道不平顺项以及多点地面运动激励项。由于轨道不平顺和地震作用是两个相互独立的随机过程，因此可以根据线性叠加原理，对方程不同性质的激励分开求解，然后再将各响应叠加合成系统的总体响应。需要说明的是，由于轨道不平顺和地震动均为零均值随机过程，因此重力激励作用下引起的结构确定性响应即为系统随机响应的均值。对于平稳轨道不平顺作用下车桥耦合系统，可以采用第 5 章中 5.1.2 小节的方法对车桥耦合系统运动方程进行求解，得到系统（桥梁和车辆）虚拟响应，并且它们的功率谱矩阵为

$$\boldsymbol{S}_{u_r u_r}^r(\omega,t)=\tilde{\boldsymbol{u}}_r^*(\omega,t)\tilde{\boldsymbol{u}}_r^{\mathrm{T}}(\omega,t) \tag{6.4.35}$$

在结构多点随机地震响应分析中，一般假定地震波沿水平方向传播。因此，对于具有 $n$ 个地面支座的桥梁结构，在地震波传播方向上的地面加速度 $\ddot{\boldsymbol{u}}_{sg}$ 与 $m$ 维的地面加速度向量 $\ddot{\boldsymbol{u}}_s$ 的转换关系为

$$\ddot{\boldsymbol{u}}_s=\boldsymbol{E}_{mn}\ddot{\boldsymbol{u}}_{sg} \tag{6.4.36}$$

式中，$\boldsymbol{E}_{mn}$ 为一个 $m\times n$ 的矩阵，具体形式为

$$\boldsymbol{E}_{mn}=\mathrm{diag}[\boldsymbol{E}_1\quad \boldsymbol{E}_2\quad \cdots\quad \boldsymbol{E}_n] \tag{6.4.37}$$

当考虑三个平动分量时，$m=3n$。并且，对于沿水平方向传播的不同类型的地震波，$\boldsymbol{E}_{mn}$ 具有不同的表达形式。假设波的传播方向与 $x$ 轴的夹角为 $\theta$，则对于 P 波（primary wave）、SH（shear-H）波和 SV（shear-V）波，$\boldsymbol{E}_i$ 分别为 $[\cos\theta,\sin\theta,0]^{\mathrm{T}}$、$[-\sin\theta,\cos\theta,0]^{\mathrm{T}}$ 和 $[0,0,1]^{\mathrm{T}}$。

当考虑地震运动的空间效应时，由式（6.1.6）、式（6.1.11）和式（6.1.15），可将功率谱密度矩阵 $\boldsymbol{S}(\mathrm{i}\omega)$ 转化为以下形式：

$$\boldsymbol{S}(\mathrm{i}\omega)=\begin{bmatrix} S_{\ddot{x}_1} & \sqrt{S_{\ddot{x}_1\ddot{x}_2}}\left|\rho_{12}\right|\mathrm{e}^{\mathrm{i}\omega(T_1-T_2)} & \cdots & \sqrt{S_{\ddot{x}_1\ddot{x}_N}}\left|\rho_{1N}\right|\mathrm{e}^{\mathrm{i}\omega(T_1-T_N)} \\ \sqrt{S_{\ddot{x}_2\ddot{x}_1}}\left|\rho_{21}\right|\mathrm{e}^{\mathrm{i}\omega(T_2-T_1)} & S_{\ddot{x}_2} & \cdots & \sqrt{S_{\ddot{x}_2\ddot{x}_N}}\left|\rho_{2N}\right|\mathrm{e}^{\mathrm{i}\omega(T_2-T_N)} \\ \vdots & \vdots & \ddots & \vdots \\ \sqrt{S_{\ddot{x}_N\ddot{x}_1}}\left|\rho_{N1}\right|\mathrm{e}^{\mathrm{i}\omega(T_N-T_1)} & \sqrt{S_{\ddot{x}_N\ddot{x}_2}}\left|\rho_{N2}\right|\mathrm{e}^{\mathrm{i}\omega(T_N-T_2)} & \cdots & S_{\ddot{x}_N} \end{bmatrix}$$

$$=\boldsymbol{V}^*\boldsymbol{S}_{\ddot{x}}\boldsymbol{\rho}\boldsymbol{S}_{\ddot{x}}\boldsymbol{V} \tag{6.4.38}$$

式中，

$$\boldsymbol{V}=\mathrm{diag}[\mathrm{e}^{-\mathrm{i}\omega T_1} \quad \mathrm{e}^{-\mathrm{i}\omega T_2} \quad \cdots \quad \mathrm{e}^{-\mathrm{i}\omega T_N}] \tag{6.4.39}$$

$$\boldsymbol{S}_{\ddot{x}}=\mathrm{diag}[\sqrt{S_{\ddot{x}_1}} \quad \sqrt{S_{\ddot{x}_2}} \quad \cdots \quad \sqrt{S_{\ddot{x}_N}}] \tag{6.4.40}$$

$$\boldsymbol{\rho}=\begin{bmatrix} 1 & |\rho_{12}| & \cdots & |\rho_{1N}| \\ |\rho_{21}| & 1 & \cdots & |\rho_{2N}| \\ \vdots & \vdots & \ddots & \vdots \\ |\rho_{N1}| & |\rho_{N2}| & \cdots & 1 \end{bmatrix} \tag{6.4.41}$$

$\boldsymbol{S}(\mathrm{i}\omega)$ 是半正定的 Hermitian 矩阵，从而 $\boldsymbol{\rho}$ 是实对称半正定矩阵，可分解为一个实阵 $\boldsymbol{Q}$ 和其转装置的乘积：

$$\boldsymbol{\rho}=\boldsymbol{Q}\boldsymbol{Q}^{\mathrm{T}} \tag{6.4.42}$$

于是式（6.4.38）可写为

$$\boldsymbol{S}(\mathrm{i}\omega)=\boldsymbol{V}^*\boldsymbol{S}_{\ddot{x}}\boldsymbol{Q}\boldsymbol{Q}^{\mathrm{T}}\boldsymbol{\rho}\boldsymbol{S}_{\ddot{x}}\boldsymbol{V}=\boldsymbol{P}^*\boldsymbol{P}^{\mathrm{T}} \tag{6.4.43}$$

式中，

$$\boldsymbol{P}=\boldsymbol{V}^*\boldsymbol{S}_{\ddot{x}}\boldsymbol{Q} \tag{6.4.44}$$

若所有地面节点的 $S_{\ddot{x}_j}\ (j=1,2,\cdots,N)$ 都相等，记为 $S_{\ddot{x}}$，则式（6.4.44）成为

$$\boldsymbol{P}=\sqrt{S_{\ddot{x}}}\boldsymbol{V}\boldsymbol{Q} \tag{6.4.45}$$

若在以上三种效应中仅考虑行波效应，则式（6.4.43）中所有 $\left|\rho_{ij}\right|=1$，于是公式（6.4.41）可改写为

$$\boldsymbol{\rho}=\begin{Bmatrix} 1 \\ 1 \\ \vdots \\ 1 \end{Bmatrix}\{1 \quad 1 \quad \cdots \quad 1\}=\boldsymbol{I}_e\boldsymbol{I}_e^{\mathrm{T}} \tag{6.4.46}$$

式（6.4.45）可改写为

$$\boldsymbol{P}=\sqrt{S_{\ddot{x}}}\boldsymbol{v} \tag{6.4.47}$$

式中，向量 $\boldsymbol{v}=\left\{\mathrm{e}^{-\mathrm{i}\omega T_1} \quad \mathrm{e}^{-\mathrm{i}\omega T_2} \quad \cdots \quad \mathrm{e}^{-\mathrm{i}\omega T_N}\right\}^{\mathrm{T}}$。若三种效应都不考虑，即均匀一致地面运动时

$$\boldsymbol{P}=\sqrt{S_0}\boldsymbol{I}_e \tag{6.4.48}$$

式中，$\boldsymbol{I}_e$ 为所有元素都是 1 的 $N$ 维向量。

只考虑多点地震运动时，车桥耦合系统的运动方程为

$$\boldsymbol{M}_{vv}\ddot{\boldsymbol{u}}_v^d+\boldsymbol{C}_{vv}\dot{\boldsymbol{u}}_v^d+\boldsymbol{K}_{vv}\boldsymbol{u}_v^d=\boldsymbol{M}_{vv}\boldsymbol{F}_{vw}\boldsymbol{R}\boldsymbol{F}_{bs}\boldsymbol{u}_{sg} \tag{6.4.49}$$

和

$$\bar{\boldsymbol{M}}_b\ddot{\boldsymbol{q}}_b^d+\bar{\boldsymbol{C}}_b\dot{\boldsymbol{q}}_b^d+\bar{\boldsymbol{K}}_b\boldsymbol{q}_b^d=\boldsymbol{\Phi}_b^{\mathrm{T}}\sum_{j=1}^{4}\boldsymbol{R}_j^{\mathrm{T}}\boldsymbol{Q}^{\mathrm{T}}\boldsymbol{K}_h(\boldsymbol{Q}\boldsymbol{R}_j\boldsymbol{u}_b-\boldsymbol{T}_w^{\mathrm{T}}\boldsymbol{u}_{wj}+\boldsymbol{T}_w^{\mathrm{T}}\boldsymbol{u}_r) \tag{6.4.50}$$

针对车桥耦合系统地震作用下动力响应问题，可以根据虚拟激励法，构造虚拟地面加速度激励为

$$\ddot{\tilde{\boldsymbol{u}}}_{\mathrm{sg}}=\boldsymbol{S}\boldsymbol{V}_{\ddot{x}}\boldsymbol{Q}\mathrm{e}^{\mathrm{i}\omega t} \tag{6.4.51}$$

将式（6.4.51）代入车桥耦合系统地震作用下的运动方程式（6.4.49）和式（6.4.50），可以求得车桥耦合系统（车辆与桥梁）在地震作用下的虚拟动态响应，再加上结构的虚拟静力位移得到结构虚拟总位移，从而得到总位移的功率谱密度

$$\boldsymbol{S}_{u_s u_s}^{s}(\omega,t)=\tilde{\boldsymbol{u}}_s^{*}(\omega,t)\tilde{\boldsymbol{u}}_s^{\mathrm{T}}(\omega,t) \tag{6.4.52}$$

可以得到结构在随机轨道不平顺和多点地震动共同作用下响应的功率谱密度和方差分别为

$$\boldsymbol{S}_{uu}(\omega,t)=\boldsymbol{S}_{u_r u_r}^{r}(\omega,t)+\boldsymbol{S}_{u_s u_s}^{s}(\omega,t),\quad \boldsymbol{\sigma}_{uu}^2=\int_{-\infty}^{+\infty}\boldsymbol{S}_{uu}(\omega,t)\mathrm{d}\omega \tag{6.4.53}$$

**例 6.4.1**　采用的桥梁模型如图 6.4.1 所示，总跨长 847.88m，共有 3972 自由度。而列车为中间 8 节客车，首尾各一节机车组成的列车编组，每节车辆均为如图 5.2.2 所示的弹簧阻尼质量系统构成 27 自由度刚体模型。

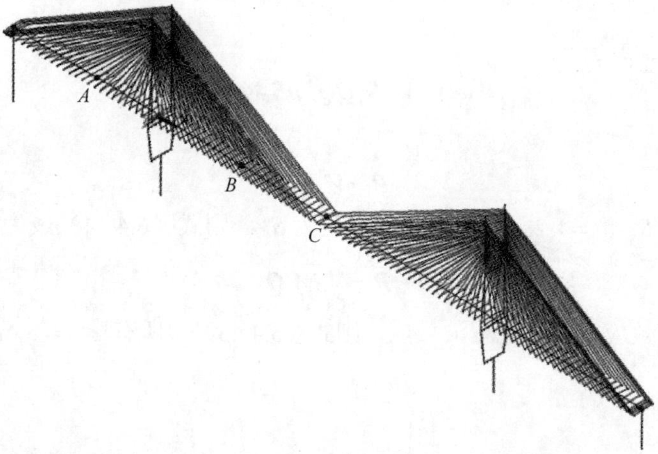


图 6.4.1　大跨度斜拉桥模型以及观测点 $A$、$B$ 和 $C$

假设当列车行驶进入桥上时地震才发生，地震功率谱采用 Ruiz-Penzien 功率谱模型，相干函数采用海城地震参数的 Loh-Yeh 模型，地震烈度为 7，轨道不平顺采用德国低干扰谱[35]，在振型叠加法中采用桥梁的前 300 阶模态进行计算，桥梁各阶振型阻尼比为 0.02。采用表 5.2.1 列出的车辆的所有力学及几何参数，表 6.4.1 给出了斜拉桥的前 14 阶以及最后 7 阶的自振频率。

**表 6.4.1　斜拉桥梁部分自振频率**

| 阶数 | 自振频率/(rad/s) | | | | | | |
|---|---|---|---|---|---|---|---|
| 1～7 | 0.395 | 1.160 | 1.6890 | 1.800 | 1.949 | 2.258 | 2.446 |
| 8～14 | 2.642 | 2.887 | 3.1704 | 3.340 | 3.629 | 4.250 | 4.569 |
| 294～300 | 131.490 | 133.497 | 133.9358 | 135.127 | 135.671 | 136.488 | 137.631 |

1. 车桥耦合系统响应均值

图 6.4.2 为仅考虑重力作用时和同时考虑轨道不平顺和地震作用时采用 Monte Carlo 法得到的系统响应均值的对比。列车速度为 150km/h。由于轨道不平顺以及地震动均是零均值的随机过程，因此车桥耦合系统的均值就是重力作用下系统的响应。由图 6.4.2 可见，采用 Monte Carlo 法统计得到的系统响应均值与样本数的选取有较大的关系，并且当样本数较多（500 时）其统计得到的响应均值结果更加接近于仅受到重力作用时系统的响应。图 6.4.3 为视波速为

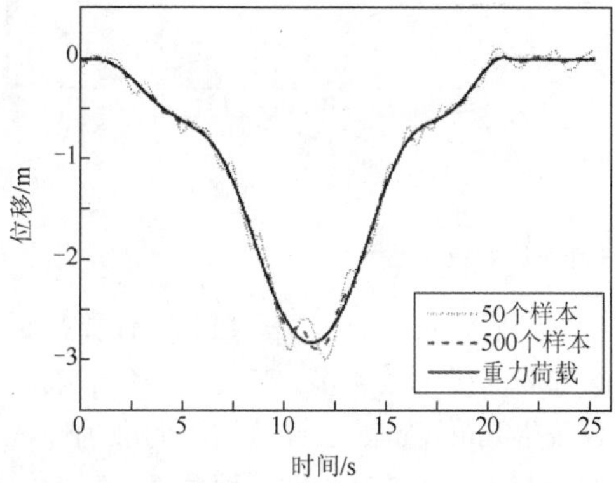


（a）首节机车的位移

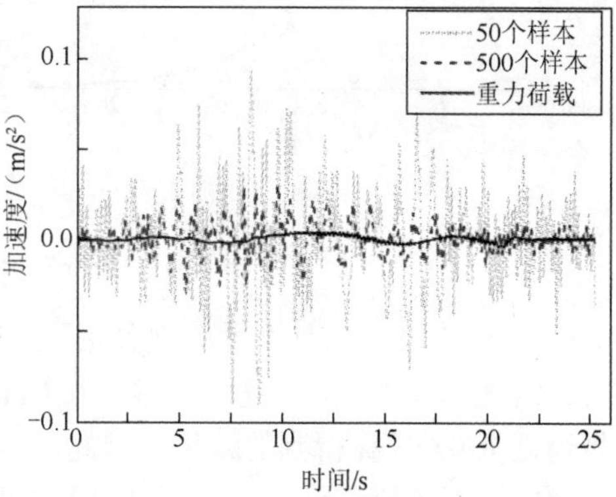


（b）首节机车的加速度

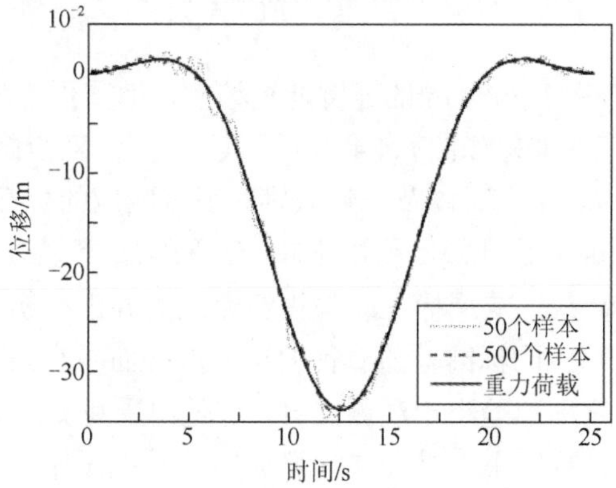


（c）桥梁观测点C的位移

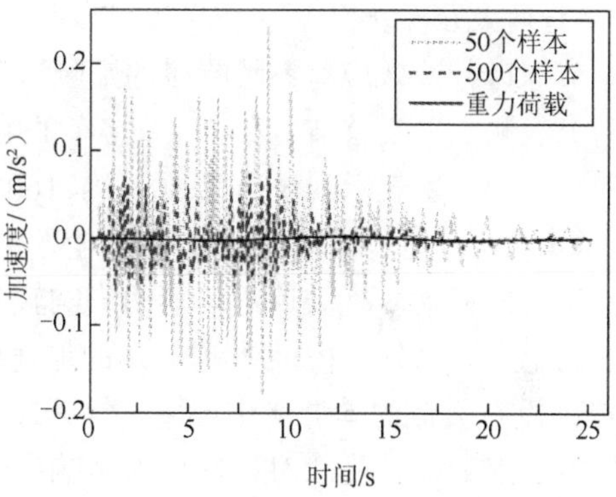


（d）桥梁观测点C的加速度

图 6.4.2　车桥耦合系统响应均值

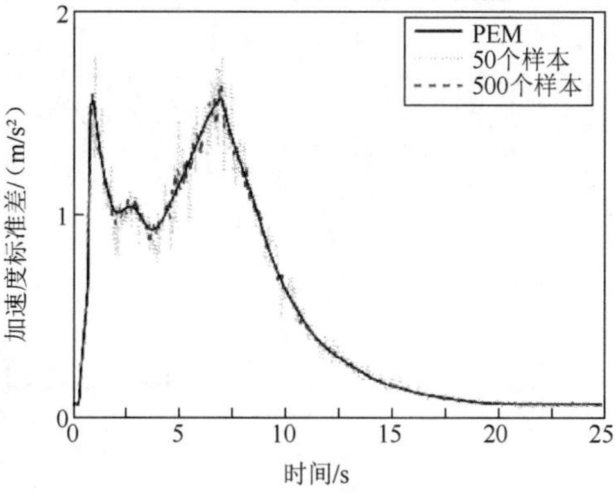


（a）首节机车的加速度

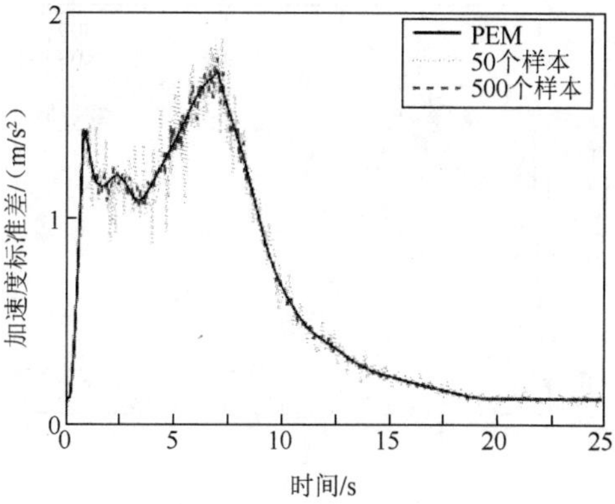


（b）首节客车的加速度

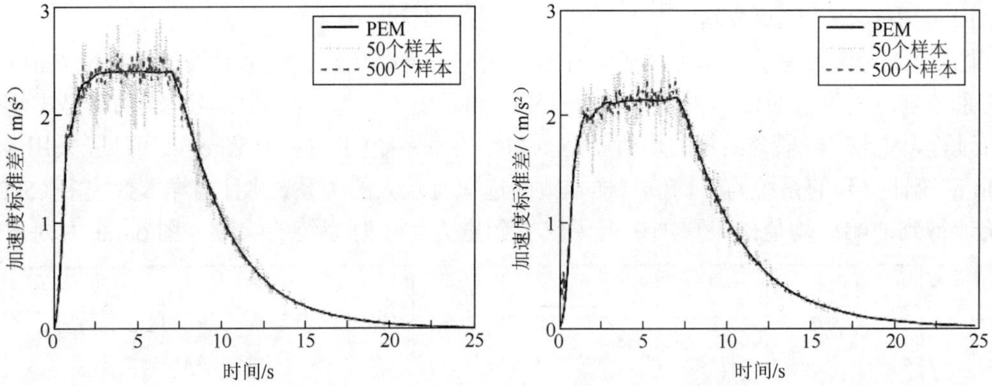


（c）桥梁观测点A的加速度　　（d）桥梁观测点C的加速度

图 6.4.3　车桥耦合系统加速度响应标准差

1200m/s、地震烈度为 7 且不考虑部分相干效应时，采用 Monte Carlo 法和 PEM 计算得到的车桥耦合系统加速度响应标准差。当 Monte Carlo 法选取的样本数越多，其统计得到的响应标准差也越逼近 PEM 计算得到的结果。因此，为了保证 Monte Carlo 法计算结果的准确性，需要选取足够多的样本进行统计，这样的计算是非常耗时的。而 PEM 是一种精确、高效的随机振动方法，在本问题中，它的计算耗时约为采用 500 样本的 Monte Carlo 法的 8%。

2. 行波效应对耦合系统响应的影响

本节探讨行波效应对系统响应的影响。车辆以 150km/h 的速度通过该桥，地震烈度为 7。桥梁两个观测点以及首节机车、首节客车的响应标准差如图 6.4.4 所示。其中实线、双点画线、虚线和空心圆分别表示视波速为 800m/s、1600m/s、正无穷以及一致激励时系统响应的标准差。如图 6.4.4 所示，地震波传播速度对结构受多点非平稳地震动作用下响应的影响非常显著。由于桥上车辆的移动，视波速对车辆的影响较为复杂，响应标准差与视波速之间并没有明显的单调变化趋势。另外，桥梁观测点 $A$ 的加速度响应的标准差随着视波速的增加而减小，而观测点 $C$ 则没有类似的单调变化规律，且其加速度标准差小于观测点 $A$。这是由于观测点 $C$ 位于桥梁中心点处，结构的对称性使得其响应受影响较小。进一步计算表明，当视波速趋于无穷大时，系统的响应与一致地震作用下的响应几乎完全一致，这也进一步验证了本节多点地震分析方法的正确性。

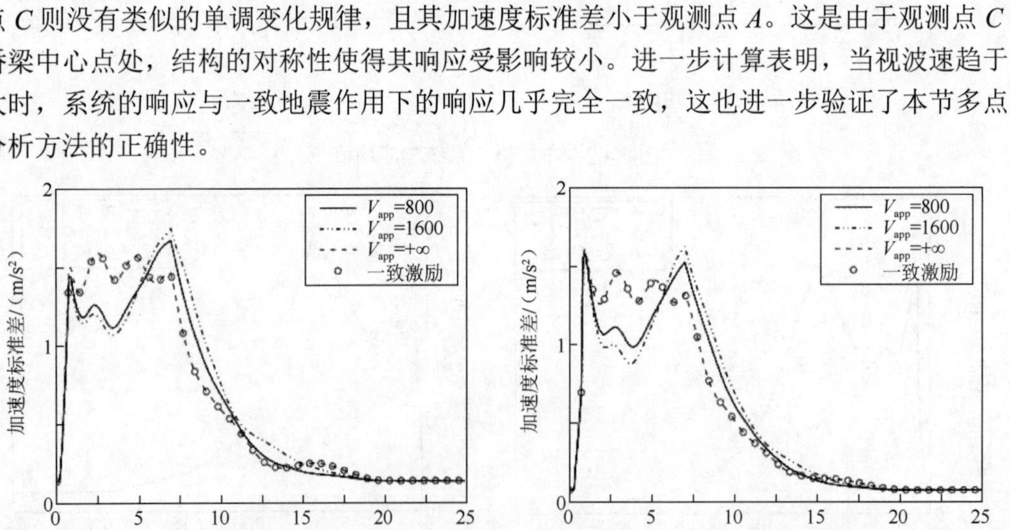


（a）首节机车的加速度　　（b）首节客车的加速度

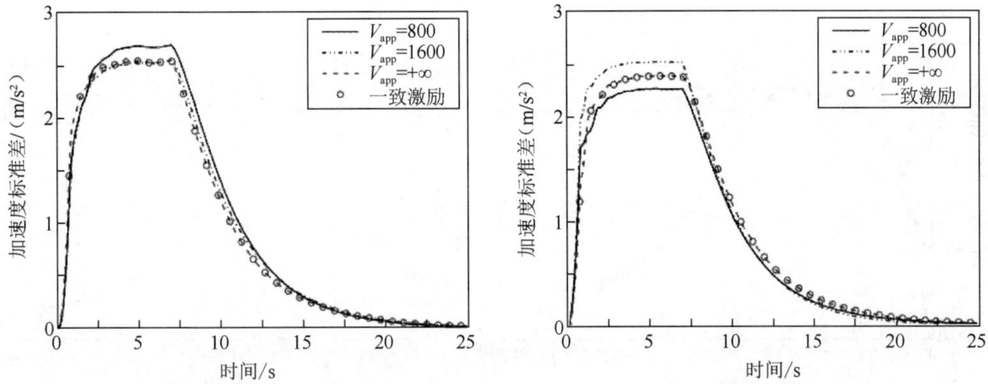


（c）桥梁观测点$A$的加速度　　（d）桥梁观测点$C$的加速度

图 6.4.4　不同视波速时车桥耦合系统加速度响应标准差

3. 相干效应对耦合系统响应的影响

本节研究不同相干模型对耦合系统加速度响应标准差的影响。在此，车辆以 200km/h 的速度通过该桥，并且地震烈度为 7，视波速为 1200m/s，选取四种普遍采用的相干模型并计算桥梁两个观测点（$A$ 和 $C$）以及首节机车、首节客车的加速度响应标准差，如图 6.4.5 所示。其中，实线、空心圆、虚线和实心圆点分别表示冯启民-胡聿贤相干函数模型、Harichandran-Vanmarcke 相干函数模型、Loh-Yeh 相干函数模型和屈铁军-王君杰-王前信相干函数模型的系统响应的标准差。

由图 6.4.5 可见，不同的相干模型对耦合系统加速度响应的影响非常大。对车辆而言，冯启民-胡聿贤相干函数模型与 Harichandran-Vanmarcke 相干函数模型得到的结果较为接近，而 Loh-Yeh 相干函数模型和屈铁军-王君杰-王前信相干函数模型的结果也较为接近。但是对桥梁不同节点而言，则没有这种规律。比如观测点 $A$，除了 Loh-Yeh 相干函数模型之外，其他三种模型计算得到的结果都较为接近，而对于桥梁观测点 $C$，冯启民-胡聿贤相干函数模型的结果和 Harichandran-Vanmarcke 相干函数模型的结果非常接近，然而与其他两种模型的结果有较大差异。这也说明，对于该类问题，选择不同的相干函数模型对于结构整体响应的影响很大，需要根据实际情况选择合适的相干函数模型，才能得到符合实际的计算结果。

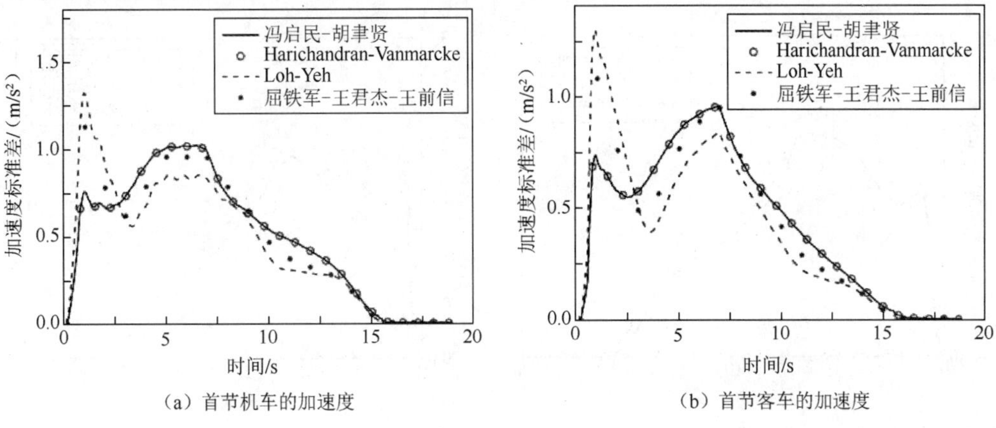


（a）首节机车的加速度　　（b）首节客车的加速度

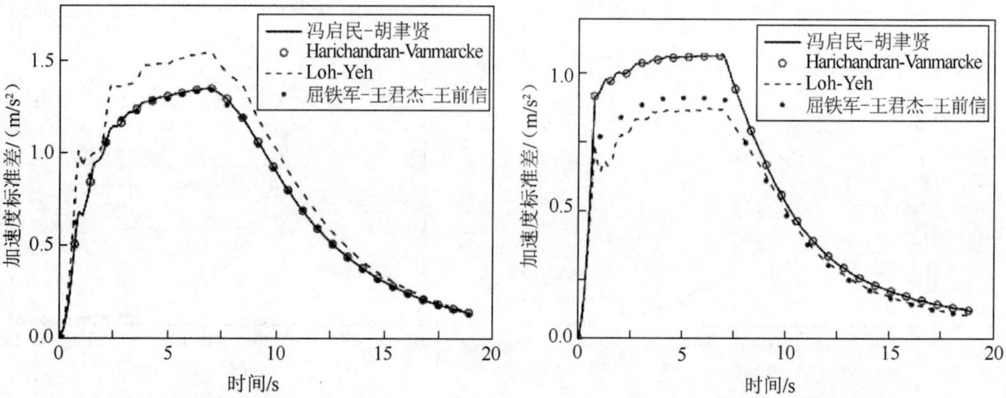


（c）桥梁观测点A的加速度　　（d）桥梁观测点C的加速度

图 6.4.5　不同相干模型车桥耦合系统加速度响应标准差

4. 场地效应对耦合系统响应的影响

本节讨论不同的场地条件对耦合系统加速度响应标准差的影响。在此，假设车辆以200km/h 的速度通过该桥，并且地震烈度为 7，视波速为 1200m/s。在计算中选取三种不同的场地条件，并计算了首节机车、首节客车以及桥梁两个节点（$A$ 和 $C$）的加速度响应标准差，如图 6.4.6 所示。不同场地条件下的参数在表 6.4.2 中列出。由图 6.4.6 可见，不同场地条件对于耦合系统地震作用下的响应影响非常大。一般来说，土质条件越软，其响应越大，这是由于不同地质条件下通过地震功率谱模型生成的功率谱曲线亦不相同，并且场地条件对于该功率谱的数值的大小起着决定性的作用。因此，当土质较软时，其功率谱数值更大，也就使得耦合系统的响应更大。

**表 6.4.2　不同场地条件的参数**

| 类别 | 支座 1 和 2 | | | | 支座 3 和 4 | | | |
|---|---|---|---|---|---|---|---|---|
| | $\omega_g$ | $\xi_g$ | $\omega_f$ | $\xi_f$ | $\omega_g$ | $\xi_g$ | $\omega_f$ | $\xi_f$ |
| 场地类别 1 | 25.13 | 0.64 | 10 | 2.0 | 25.13 | 0.64 | 10 | 2.0 |
| 场地类别 2 | 13.96 | 0.8 | 12 | 1.6 | 13.96 | 0.8 | 12 | 1.6 |
| 场地类别 3 | 25.13 | 0.64 | 10 | 2.0 | 13.96 | 0.8 | 12 | 1.6 |

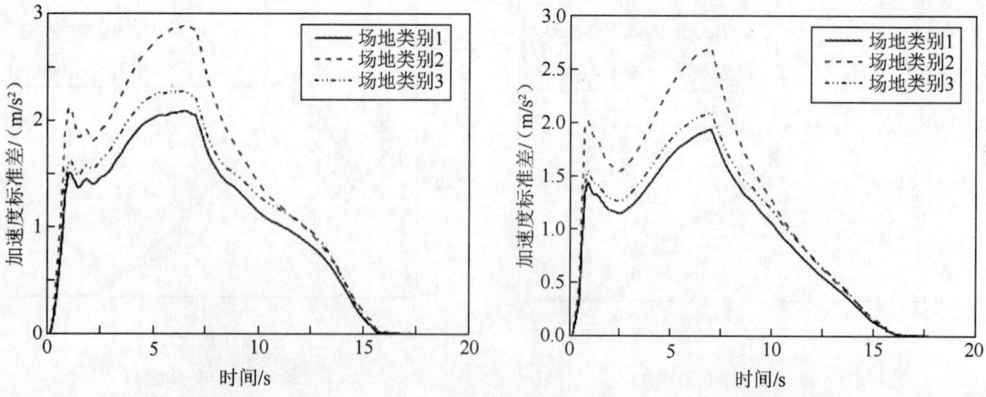


（a）首节机车的加速度　　（b）首节客车的加速度

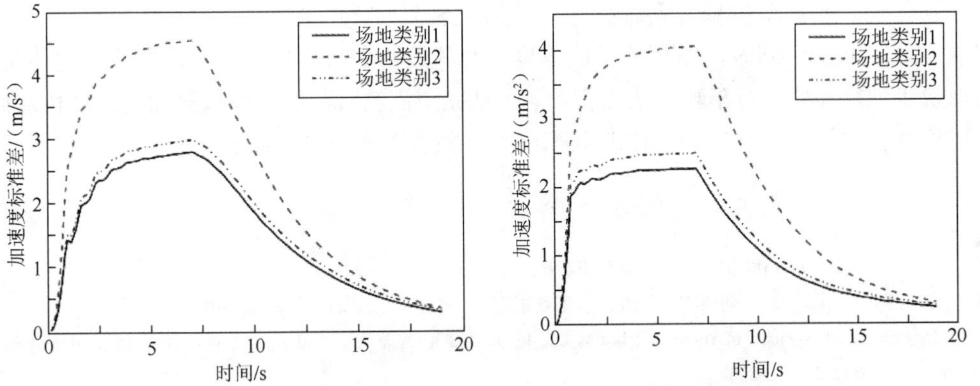


（c）桥梁观测点A的加速度　　（d）桥梁观测点C的加速度

图 6.4.6　不同场地条件时车桥耦合系统加速度响应标准差

5. 列车速度对于耦合系统响应的影响

本节研究列车运行速度对车辆桥梁耦合系统动力响应的影响。地震烈度为 7，视波速为 1200m/s。图 6.4.7 为在不同列车行驶速度下系统加速度的标准差。如图 6.4.7 所示，车速对车辆结构的动力响应的影响非常大，然而对桥梁结构的动力响应的影响则微乎其微。这是因为地震功率谱密度比轨道不平顺功率谱密度更大，使得地震作用对整个结构的影响远超过轨道

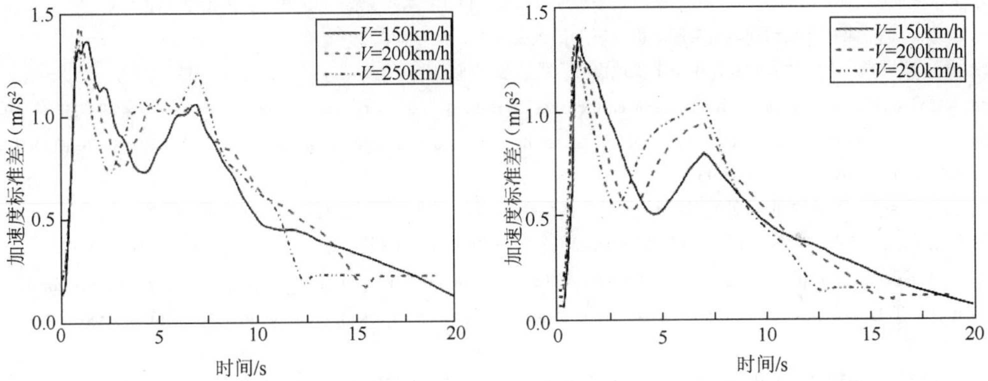


（a）首节机车的加速度　　（b）首节客车的加速度

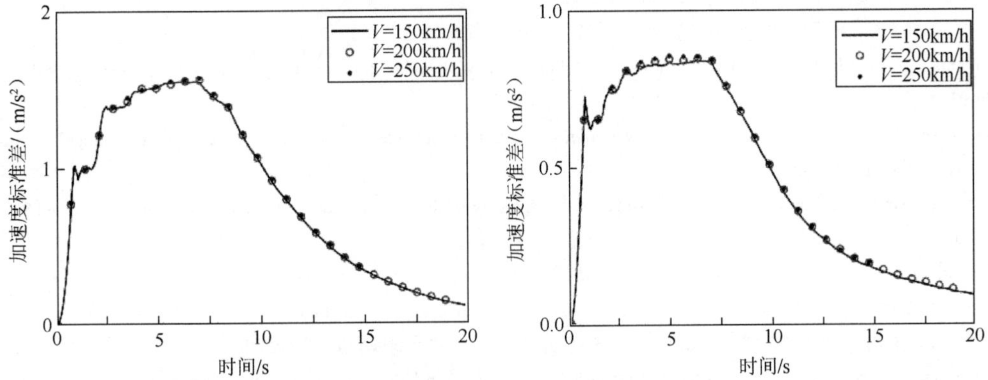


（c）桥梁观测点A的加速度　　（d）桥梁观测点C的加速度

图 6.4.7　不同列车行驶速度下系统响应的标准差

不平顺的影响，因此车桥耦合系统在同时受到轨道不平顺和地震作用时，桥梁结构的响应主要取决于地震激励。同时，车辆的行驶速度对整体结构的改变较小，因此桥梁结构的响应更多地取决于地震激励。对车辆结构而言，其振动完全由轮对与桥梁的接触面的振动传递而来，而行驶速度会对激励产生影响，因此其响应也将随着车速的变化而显著改变。

## 参 考 文 献

[1] 夏禾. 车辆与结构动力相互作用[M]. 北京: 科学出版社, 2002.

[2] 翟婉明，夏禾，等. 列车-轨道-桥梁动力相互作用理论与工程应用[M]. 北京: 科学出版社，2011.

[3] Yau J D, Frýba L. Responses of suspended beams due to moving loads and vertical seismic ground excitations[J]. Engineering Structures, 2007, 29 (12):3255-3262.

[4] Xia H, Han Y, Zhang N, et al. Dynamic analysis of train-bridge system subjected to non-uniform seismic excitations[J]. Earthquake Engineering and Structural Dynamics, 2006, 35 (12):1536-1579.

[5] Zhang Z C, Lin J H, Zhang Y H. Non-stationary random vibration analysis for train－bridge systems subjected to horizontal earthquakes[J]. Engineering Structures, 2010, 32(11): 3571-3582.

[6] Zhang Z, Zhang Y, Lin J H. Random vibration of a train traversing a bridge subjected to traveling seismic waves[J]. Engineering Structures, 2011, 33(12):3546-3558.

[7] Zhu D Y, Zhang Y H, Kennedy D. Stochastic vibration of the vehicle－bridge system subject to non-uniform ground motions[J]. Vehicle System Dynamics, 2014, 52(3):410-428.

[8] 张志超, 张亚辉, 林家浩. 水平地震下列车过桥的非平稳随机响应及其极值估计[J]. 工程力学, 2011, 28(1):178-185.

[9] 张志超, 张亚辉, 林家浩. 考虑行波效应的车桥系统地震响应分析[J]. 地震工程与工程振动, 2010, 30(4): 8-16.

[10] 张志超. 车辆桥梁耦合振动和地震响应随机分析[D]. 大连：大连理工大学, 2010.

[11] 朱丹阳. 车桥耦合系统动力相互作用与多点地震响应数值方法研究[D]. 大连：大连理工大学, 2015.

[12] Housner G W. Characteristics of strong-motion earthquakes[J]. Bulletin of the Seismological Society of America, 1947,37(1): 19-31.

[13] Kanai K. An empirical formula for the spectum of strong earthquake motion[J]. Bulletin of the Earthquake Research Institute, University of Tokyo,1961,39(1):85-95.

[14] 欧进萍, 牛荻涛. 地震地面运动随机模型的参数及其结构效应[J]. 哈尔滨建筑工程学院学报, 1990,10(2): 70-76.

[15] 胡聿贤, 周锡元. 弹性体系在平稳和平稳化地面运动下的反应[C]//地震工程研究报告集. 北京：科学出版社, 1962.

[16] Ruiz P, Penzien J. Probabilistic Study of the Behavior of Structures During Earthquakes[M]. Berkeley: University of California, 1969.

[17] Vanmarcke E H, Fenton G A. Conditioned simulation of local fields of earthquake ground motion[J].Structural Safety, 1991, 10(1-3): 247-264.

[18] 曹资, 薛素铎, 张毅刚. 20 年来我国空间结构抗震计算理论与方法的发展[C]//第十届空间结构学术会议论文集, 北京: 中国土木工程学会, 桥梁及结构工程学会, 空间结构委员会, 2002.

[19] 林家浩, 张亚辉. 随机振动的虚拟激励法[M]. 北京:科学出版社, 2004.

[20] Oliveira C S, Hao H, Penjien J. Ground motion modeling for multiple-input structural analysis[J]. Structural Safety, 1991, 10(1-3): 79-93.

[21] Harichandran R S. Estimating the spatial variation of earthquake ground motion from dense array recordings[J]. Structural Safety,1991,10(1-3):219-233.

[22] Luco J E, Wang H L. Response of a rigid foundation to a spatially random groundmotion. Earthquake[J]. Engineering and Structural Dynamics, 1986,14(6):891-908.

[23] 冯启民, 胡聿贤.空间相关地面运动的数学模型[J].地震工程与工程振动,1981,1(2): 1-8.

[24] Loh C H. Spatial variability of seismic waves and its engineering application[J]. Structural Safety, 1991,10(1-3): 95-111.

[25] 屈铁军, 王君杰, 王前信. 空间变化的地震动功率谱的实用模型[J].地震学报,1996,18(1):55-62.

[26] Davenport A G. Note on the distribution of the largest value of a random function with application to gust loading[J]. Proceedings of the Institution of Civil Engineers, 1964, 28: 187-196.

[27] 江近仁, 洪峰. 功率谱与反应谱的转换和人造地震波[J]. 地震工程与工程振动, 1984, 4(3):1-10.

[28] 李桂青, 李秋胜. 工程结构时变可靠度理论及其应用[M]. 北京: 科学出版社, 2001: 152-190.

[29] Yau J D, Fryba L. Response of suspended beams due to moving loads and vertical seismic ground excitations[J]. Engineering Structures, 2007, 29(12):3255-3262.

[30] Xia H, Han Y, Zhang N. Dynamic analysis of train-bridge system subjected to non-uniform seismic excitations[J]. Earthquake Engineering and Structural Dynamic, 2006, 35(12):1563-1579.

[31] 韩艳. 地震作用下高速铁路桥梁的动力响应及行车安全性研究[D]. 北京: 北京交通大学, 2005.

[32] Fryba L. A rough assessment of railway bridges for high speed trains[J]. Engineering Structures, 2001, 23(5): 548-556.

[33] Yau J D, Fryba L. Response of suspended beams due to moving loads and vertical seismic ground excitations[J]. Engineering Structures, 2007, 29(12): 3255-3262.

[34] 张楠, 夏禾. 地震对多跨简支梁桥上列车运行安全的影响[J]. 世界地震工程, 2001, 17(4): 93-99.

[35] 翟婉明. 车辆-轨道耦合动力学[M]. 3 版. 北京: 科学出版社, 2007.

# 第 7 章　移动随机荷载作用下连续体随机振动分析

移动荷载作用下结构的响应一直是人们研究的一个重要领域，有着广泛的工程背景[1-4]。相对于结构动力学中的复杂精细模型，移动荷载模型是最为简化的一种描述方式。从物理角度而言，其可以探讨很多机理方面的内容，如用来研究临界状态、共振特性和稳定性分析等。对于受移动确定性荷载作用下结构的稳态响应，结构的阻尼和刚度参数，以及荷载移动速度及频率等成为参数分析的重要内容。而移动随机荷载作用下连续结构的动力响应问题具有一定的复杂性。虚拟激励法是线性系统随机振动响应求解的有效工具，它改进了响应功率谱密度的计算方法，本质上是快速 CQC 算法，与传统精确算法具有同样的精度。本章介绍虚拟激励法处理连续系统的随机动力分析，给出基于虚拟激励法的变换域方法，针对各种类型的移动随机荷载，将连续体动力学控制方程和构造的虚拟激励转入频率-波数域中，从而把偏微分方程转化为代数方程或常微分方程，大幅降低方程求解的难度[5-9]。

## 7.1　移动随机荷载作用下 Kelvin 地基上无限长梁的随机振动分析

移动荷载的一个最重要的应用领域为探讨车辆与结构的动力相互作用问题。而对于此类问题，随机不平顺产生的动力效应是需要考虑的一个重要方面。对于移动随机荷载方面的研究与讨论，所采用的求解策略大多是基于时域分析的 Monte Carlo 法，以随机不平顺样本为输入荷载，通过大量样本模拟获得响应统计特性。Monte Carlo 法可以处理线性/非线性问题[10]，具有一定的优势，但通过 Monte Carlo 法求解，系统的频域特性却不能直观体现，不易进行结构共振机理相关的讨论。此外，由于要采用大量样本，Monte Carlo 法要消耗较多的计算成本，不得不考虑它的效率问题。近年来，对于荷载具有随机性的问题，以频率能量分布强度的功率谱描述方法论已经广为人们接受[11,12]。

基于随机振动理论从功率谱角度完全实现频域分析极为吸引人，本节将针对连续型的结构受移动随机荷载作用的动力学问题，介绍虚拟激励-傅里叶变换法。利用该方法可得到系统响应演变功率谱的闭合解，具有简捷的表达形式。而且该方法与时域内的 Monte Carlo 法相比，计算用时非常少。此外，该方法的另一个优势在于它可在频域内分析系统的动力学特性，为探讨系统的机理提供便利[5]。

### 7.1.1　结构动力学模型及控制微分方程

如图 7.1.1 所示，对于移动荷载作用下 Kelvin 地基上无限长 Bernoulli-Euler 梁的模型，以

位移表示的系统控制微分方程为

$$EI\frac{\partial^4 w(x,t)}{\partial x^4}+Kw(x,t)+\eta\frac{\partial w(x,t)}{\partial t}+\bar{m}\frac{\partial^2 w(x,t)}{\partial t^2}=f(x,t) \tag{7.1.1}$$

式中，$w(x,t)$为梁的挠度；$EI$和$\bar{m}$分别为梁的抗弯刚度和单位长度质量；$K$和$\eta$分别为地基弹性模量和阻尼系数。

以常速$v$行驶的移动随机荷载可表达为如下形式：

$$f(x,t)=q(t)\delta(x-vt) \tag{7.1.2}$$

式中，$\delta(\cdot)$为狄拉克函数；$q(t)$为功率谱密度已知的平稳随机荷载，自功率谱密度为$S_{qq}(\omega)$。由于狄拉克函数$\delta(x-vt)$的存在，即使对于移动平稳随机荷载，结构响应也是非平稳的。

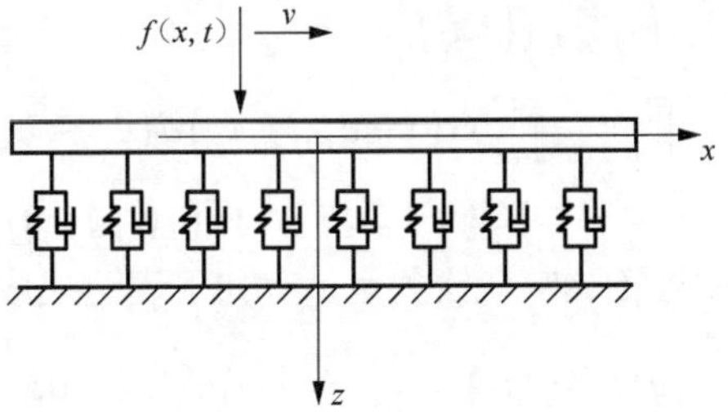


图 7.1.1 移动随机荷载作用下 Kelvin 地基上无限长 Bernoulli-Euler 梁模型

对于稳态响应问题，运动方程（7.1.1）的边界条件可表示为

$$\lim_{x\to\pm\infty}\frac{\partial^n w}{\partial x^n}=0,\quad n=0,1,2,3,\cdots \tag{7.1.3}$$

式（7.1.1）和式（7.1.3）构成了移动荷载作用下 Kelvin 地基上无限长 Bernoulli-Euler 梁稳态响应的数学模型。

### 7.1.2 结构非平稳随机响应的功率谱分析

定义对空间变量$x$和时间变量$t$的傅里叶变换如下：

$$\tilde{\tilde{g}}(k_x,\theta)=\int_{-\infty}^{\infty}\int_{-\infty}^{\infty}g(x,t)\mathrm{e}^{-\mathrm{j}k_x x}\mathrm{e}^{-\mathrm{j}\theta t}\mathrm{d}x\mathrm{d}t \tag{7.1.4}$$

在$t=0$时刻，将作用于坐标原点的单位脉冲荷载$\bar{q}(x,t)=\delta(x)\delta(t)$，代替式（7.1.1）的右端荷载项，并采用积分变换法进行单位脉冲荷载作用下 Kelvin 地基梁上无限长梁动力响应求解。

利用式（7.1.4）进行积分变换，在变换域内式（7.1.1）可化为代数方程

$$EIk_x^4\tilde{\tilde{w}}+K\tilde{\tilde{w}}+\mathrm{j}\eta\theta\tilde{\tilde{w}}-\bar{m}\theta^2\tilde{\tilde{w}}=1 \tag{7.1.5}$$

求解响应，有

$$H(k_x,\theta)=\tilde{\tilde{w}}_{\bar{q}}(k_x,\theta)=\frac{1}{EIk_x^4+K+\mathrm{j}\eta\theta-\bar{m}\theta^2} \tag{7.1.6}$$

式（7.1.6）变换到物理域内，可以得到系统响应

$$G(x,t)=w_{\bar{q}}(x,t)=\frac{1}{4\pi^2}\int_{-\infty}^{\infty}\int_{-\infty}^{\infty}H(k_x,\theta)\mathrm{e}^{\mathrm{j}\theta t}\mathrm{e}^{\mathrm{j}k_x x}\mathrm{d}k_x\mathrm{d}\theta \tag{7.1.7}$$

上式即为 Kelvin 地基上无限长梁动力系统的 Green 函数，以此为基础可得到梁在任意动荷载作用下的位移。

应用 Green 函数，结构在移动荷载作用下的位移响应可由广义 Duhamel 积分求得，即

$$w(x,t)=\int_{-\infty}^{\infty}\int_{-\infty}^{\infty}G(x-\zeta,t-\tau)f(\zeta,\tau)\mathrm{d}\zeta\mathrm{d}\tau \tag{7.1.8}$$

对不同时刻 $t_k$ 和 $t_l$，响应 $w(x,t_k)$ 与 $w(x,t_l)$ 的乘积为

$$\begin{aligned}w(x,t_k)w(x,t_l)=&\int_{-\infty}^{+\infty}\int_{-\infty}^{+\infty}\int_{-\infty}^{+\infty}\int_{-\infty}^{+\infty}G(x-\zeta_k,t-\tau_k)f(\zeta_k,\tau_k)\\&\times f(\zeta_l,\tau_l)G(x-\zeta_l,t-\tau_l)\mathrm{d}\zeta_k\mathrm{d}\zeta_l\mathrm{d}\tau_k\mathrm{d}\tau_l\end{aligned} \tag{7.1.9}$$

将式（7.1.2）代入式（7.1.9）并进行均值操作，有

$$\begin{aligned}R_w(x,t_k,t_l)&=E\left[w(x,t_k)w(x,t_l)\right]\\&=\int_{-\infty}^{+\infty}\int_{-\infty}^{+\infty}\int_{-\infty}^{+\infty}\int_{-\infty}^{+\infty}G(x-\zeta_k,t-\tau_k)\delta(\zeta_k-v\tau_k)\\&\quad\times\delta(\zeta_l-v\tau_l)G(x-\zeta_l,t-\tau_l)E[q(\tau_k)q(\tau_l)]\mathrm{d}\zeta_k\mathrm{d}\zeta_l\mathrm{d}\tau_k\mathrm{d}\tau_l\end{aligned} \tag{7.1.10}$$

由于 $q(t)$ 是平稳随机过程，根据维纳-辛钦关系，有如下表达式成立：

$$E[q(\tau_k)q(\tau_l)]=\int_{-\infty}^{\infty}S_{qq}(\omega)\mathrm{e}^{\mathrm{j}\omega(\tau_l-\tau_k)}\mathrm{d}\omega \tag{7.1.11}$$

将式（7.1.11）代入式（7.1.10），并改变积分次序，可以获得如下表达式：

$$R_w(x,t_k,t_l)=E[w(x,t_k)w(x,t_l)]=\int_{-\infty}^{\infty}\Theta^*(\omega,t_k)\Theta(\omega,t_l)S_{qq}(\omega)\mathrm{d}\omega \tag{7.1.12}$$

且有

$$\Theta(x,t,\omega)=\int_{-\infty}^{\infty}\int_{-\infty}^{\infty}G(x-\zeta,t-\tau)\delta(\zeta-v\tau)\mathrm{e}^{\mathrm{j}\omega\tau}\mathrm{d}\zeta\mathrm{d}\tau \tag{7.1.13}$$

令 $t_k=t_l$，则式（7.1.12）表示响应的方差

$$R_w(x,t)=\sigma_w^2(x,t)=\int_{-\infty}^{\infty}\Theta^*(x,\omega,t)\Theta(x,\omega,t)S_{qq}(\omega)\mathrm{d}\omega \tag{7.1.14}$$

显然，式（7.1.14）中的被积函数就是响应的时变功率谱

$$S_w(x,\omega,t)=\Theta^*(x,\omega,t)\Theta(x,\omega,t)S_{qq}(\omega) \tag{7.1.15}$$

观察式（7.1.13），发现 $\Theta(x,t,\omega)$ 实际上表示的是单位移动简谐荷载 $\mathrm{e}^{\mathrm{j}\omega t}$ 作用下系统的动力响应。因此，如果构造虚拟激励

$$\tilde{q}(t)=\sqrt{S_{qq}(\omega)}\mathrm{e}^{\mathrm{j}\omega t} \tag{7.1.16}$$

将式（7.1.16）代替原荷载作用在系统上，那么相应的虚拟动力响应为

$$\tilde{w}(x,t)=\sqrt{S_{qq}(\omega)}\Theta(x,\omega,t) \tag{7.1.17}$$

式（7.1.16）称为虚拟激励，而式（7.1.17）则为虚拟激励作用下结构的虚拟响应。

将式（7.1.17）与它的复共轭自乘，可简便地得到系统的功率谱密度

$$S_w(x,\omega,t)=\tilde{w}^*(x,t)\tilde{w}(x,t) \tag{7.1.18}$$

以上结论完全是数学上严密推导的结果，可知对于连续体动力学问题，可以借助系统的 Green 函数，使用频域法求解，虚拟激励法是完全适用的。此时，系统的随机分析可以通过引入虚拟激励而转化为确定性分析，只要求得确定性的虚拟动力响应 $\tilde{w}(x,t)$，就很容易通过

式（7.1.18）和式（7.1.14）得到响应的功率谱和标准差。

可以看到，求得系统在单位简谐荷载 $\mathrm{e}^{\mathrm{j}\omega t}$ 作用下的响应 $\Theta(x,t,\omega)$ 十分关键。对此进一步推导，将式（7.1.7）代入式（7.1.13）并利用狄拉克函数的筛选性质，化简后得

$$\Theta(x,t,\omega)=T(x,t,\omega)\mathrm{e}^{\mathrm{j}\omega t} \tag{7.1.19}$$

式中，

$$T(x,t,\omega)=\frac{1}{2\pi}\int_{-\infty}^{\infty}H(k_x,\omega-k_x v)\mathrm{e}^{\mathrm{j}k_x(x-vt)}\mathrm{d}k_x \tag{7.1.20}$$

根据虚拟激励法，将式（7.1.19）与式（7.1.20）代入式（7.1.17），然后与它的复共轭自乘，可得移动随机荷载作用下 Kelvin 地基上无限长梁的非平稳随机振动位移响应功率谱为

$$S_w(x,\omega,t)=\tilde{w}^*(x,t)\tilde{w}(x,t)=Y(x,t,\omega)S_{qq}(\omega) \tag{7.1.21}$$

式中，

$$Y(x,t,\omega)=T^*(x,t,\omega)T(x,t,\omega) \tag{7.1.22}$$

称为位移功率谱调制函数。式（7.1.21）为移动随机荷载作用下结构非平稳随机振动响应演变功率谱密度的闭合解表达，其可以理解为对输入激励功率谱的一种演变调制过程，具有较为清晰的物理意义。

观察式（7.1.20），可知被积函数与时间 $t$ 有关，导致式（7.1.18）中的功率谱密度函数是时间 $t$ 的函数，说明响应是一个非平稳随机过程。这是由于荷载的移动特性引起的，实际上，如果速度 $v=0$，随机荷载转变为固定荷载，式（7.1.20）中的被积函数不再随时间变化，那么按式（7.1.21）计算，简谐项 $\mathrm{e}^{\mathrm{j}\omega t}$ 与它的复共轭相乘后，功率谱密度函数与时间 $t$ 无关，响应就转变为了平稳随机过程。

经过上述分析得到了梁位移的功率谱和方差的闭合解表达式。但可以看到，其表达式均是广义无穷积分，无法直接用于解决实际工程问题。为了获得有效的分析解答，需要从数值计算角度考虑。假定对于结构某一观察点进行非平稳随机振动分析，如 $x=x_0$ 位置，由式（7.1.21）可以看到，只要计算出调制项 $Y(x_0,t,\omega)$，就可以给出观测位置非平稳随机振动响应的演变功率谱密度。

考察式（7.1.20）可知，$T(x,t,\omega)$ 的计算为波数域的一维积分问题。通常的积分方案可采用辛普森积分方法（Simpson's rule），也就是求积分 $\Xi=\int_a^b h(x)\mathrm{d}x$，可把 $h(x)$ 离散成 $n$ 个点，即 $h(x_i)\,i=1,2,\cdots,n$，积分步长为 $\Delta h=(b-a)/(n-1)$。那么 $\Xi$ 的近似值可由下式计算：

$$\Xi\approx\frac{\Delta h}{6}\left[h(x_1)+h(x_n)+4\sum_{i=1}^{n-2}h(x_{i+1/2})+2\sum_{i=2}^{n-1}h(x_i)\right] \tag{7.1.23}$$

在进行移动随机荷载作用下系统的响应评估时，由于需要对每一频点 $\omega$ 执行上述运算，采用辛普森积分方法并不能达到满意的计算效果，数值积分效率是需要考虑的一个重要问题。式（7.1.20）中的积分核函数与傅里叶逆变换具有十分密切的联系，相比常规傅里叶分析，其指数项 $\mathrm{e}^{jk_x(x-vt)}$ 中的波数乘子由单变量转变为表达式 $(x-vt)$。$H(k_x,\omega-k_x v)$ 简记为 $H(k_x)$，式（7.1.20）可转换为

$$T(x,t,\omega)=\frac{1}{2\pi}\int_{-\infty}^{\infty}H(k_x)\mathrm{e}^{\mathrm{j}k_x(x-vt)}\mathrm{d}k_x=\frac{1}{2\pi v}\int_{-\infty}^{\infty}H(k_x)\mathrm{e}^{\mathrm{j}(vk_x)(x/v-t)}\mathrm{d}(vk_x) \tag{7.1.24}$$

进一步，令 $\bar{k}_x = vk_x$，$t_1 = x/v$，和 $\bar{t} = t_1 - t$，则式（7.1.24）可以推导为

$$T(x,t,\omega) = \frac{1}{2\pi v}\int_{-\infty}^{\infty} \bar{H}(\bar{k}_x)\mathrm{e}^{\mathrm{j}\bar{k}_x\bar{t}}\,\mathrm{d}\bar{k}_x \tag{7.1.25}$$

式中，$\bar{H}(\bar{k}_x) = H(\bar{k}_x / v)$。定义 $\bar{H}(\bar{k}_x)$ 的傅里叶逆变换为 $\bar{h}(\bar{t})$，则有

$$\bar{h}(\bar{t}) = \frac{1}{2\pi}\int_{-\infty}^{\infty} \bar{H}(\bar{k}_x)\mathrm{e}^{\mathrm{j}\bar{k}_x\bar{t}}\,\mathrm{d}\bar{k}_x \tag{7.1.26}$$

则式（7.1.25）可最终简化为

$$T(x,t,\omega) = \frac{1}{v}\bar{h}(t - t_1) \tag{7.1.27}$$

这里，$\bar{h}(\bar{t})$ 与 $\bar{H}(\bar{k}_x)$ 构成了傅里叶变换对的关系。

### 7.1.3 移动荷载临界速度分析

1. 移动常荷载

如果荷载为常量 $P$，且 Kelvin 地基的阻尼为 0，即为 Winkler 地基，那么移动常荷载 $P$ 作用下 Winkler 地基上无限长梁的位移为

$$w_{\mathrm{c}}(x,t) = \frac{P}{2\pi}\int_{-\infty}^{\infty} \frac{\mathrm{e}^{\mathrm{j}k_x(x-vt)}}{EIk_x^4 + K - \bar{m}k_x^2v^2}\,\mathrm{d}k_x \tag{7.1.28}$$

令

$$EIk_x^4 + K - \bar{m}k_x^2v^2 = 0 \tag{7.1.29}$$

可解得

$$v = \sqrt{\frac{EI}{\bar{m}}k_x^2 + \frac{K}{\bar{m}k_x^2}} \geqslant \left(\frac{4KEI}{\bar{m}^2}\right)^{\frac{1}{4}} \tag{7.1.30}$$

将

$$v_{\mathrm{cr\_s}} = \left(\frac{4KEI}{\bar{m}^2}\right)^{\frac{1}{4}} \tag{7.1.31}$$

称为移动常荷载作用下 Winkler 地基上无限长梁的临界速度。只有当 $v \geqslant v_{\mathrm{cr}}$ 时，被积函数才存在奇异性。并且由式（7.1.31）可知，临界速度与梁的抗弯刚度、梁的单位长度质量和地基反应模量有关。

2. 移动简谐荷载

如果荷载为简谐荷载 $P\mathrm{e}^{\mathrm{j}\omega t}$，对于无阻尼 $\eta = 0$ 情形（退化为 Winkler 地基），无限长梁的位移为

$$w_{\mathrm{c}}(x,t) = \frac{P\mathrm{e}^{\mathrm{j}\omega t}}{2\pi}\int_{-\infty}^{\infty} \frac{\mathrm{e}^{\mathrm{j}k_x(x-vt)}}{EIk_x^4 + K - \bar{m}(\omega - k_xv)^2}\,\mathrm{d}k_x \tag{7.1.32}$$

其与式（7.1.29）讨论类似，积分核函数的分母存在零点，即响应存在奇异性。但应注意到，积分核函数分母的零点同时与速度 $v$ 和频率 $\omega$ 相关，可解得

$$v=\frac{\omega}{k_x}+\sqrt{\frac{EIk_x^2}{\bar{m}}+\frac{K}{\bar{m}k_x^2}} \tag{7.1.33}$$

从上述表达式可以看出，在移动简谐荷载作用下，系统的临界速度 $v$ 与频率 $\omega$ 是密切相关的，并不是某一个确定的数值，仅能在给定频率 $\omega$ 的情况下进行临界速度讨论。

3. 移动随机荷载

虚拟激励法可将移动随机荷载作用下 Kelvin 无限长梁非平稳随机振动功率谱响应分析转化为确定性移动简谐荷载作用问题。对于无阻尼 $\eta=0$ 情形，由于功率谱分析需要在某一频率带宽内，对每一频点逐一分析，其不会存在类似移动常荷载作用下的临界速度。对于有阻尼 $\eta\neq 0$ 情形，式（7.1.20）的具体表达式为

$$T(x,t,\omega)=\frac{1}{2\pi}\mathrm{e}^{-\mathrm{j}\omega t}\int_{-\infty}^{\infty}\frac{\mathrm{e}^{\mathrm{j}k_x(x-vt)}}{EIk_x^4+K+\mathrm{j}\eta(\omega-k_xv)-\bar{m}(\omega-k_xv)^2}\mathrm{d}k_x \tag{7.1.34}$$

假定分母存在零点，则应有

$$\begin{cases}EIk_x^4+K-\bar{m}(\omega-k_xv)^2=0\\ \mathrm{j}\eta(\omega-k_xv)=0\end{cases} \tag{7.1.35}$$

显然该方程无解，说明 $\eta\neq 0$ 时，Kelvin 地基上无限长梁在移动随机荷载作用下，响应积分解析解的被积函数不会存在奇异性。在给定阻尼的情况下，系统的临界速度只能通过数值分析来确定。

**例 7.1.1**　考虑图 7.1.1 所示移动随机荷载作用下 Kelvin 地基上无限长 Bernoulli-Euler 梁系统，结构参数如表 7.1.1 所示，移动随机荷载的功率谱密度采用限带白噪声表示，如下式所示：

$$S_f(\omega)=1\times10^8\,\mathrm{N}^2\cdot\mathrm{rad/s},\quad f\in[0.1\pi,100\pi] \tag{7.1.36}$$

**表 7.1.1　系统的参数**

| $EI$ /（N·m²） | $\rho$ /（kg / m） | $K$ /MPa | $\eta$ /（kN·s / m²） | $v_{\mathrm{cr\_s}}$ /（m / s） |
|---|---|---|---|---|
| $2.3\times10^3$ | 48.2 | 68.9 | 34.6 | 128.5 |

（1）数值方法验证。

采用本节方法进行结构移动随机荷载非平稳随机振动分析需要完成式（7.1.20）的积分运算，7.1.2 小节依据积分核函数的特性，通过变量代换、平移实现了离散逆傅里叶变换的高效算法，见式（7.1.26）和式（7.1.27）。为进行提出的随机振动算法分析结果的正确性检验，同样采用基于 Monte Carlo 法的样本随机分析技术进行结构响应的统计值计算。在采用 Monte Carlo 法时，移动随机荷载样本由下式构造：

$$f(t)=\sqrt{2}\sum_{k=1}^{N}\sqrt{S_f(\omega_k)\Delta\omega}\cos(\omega_k t+\phi_k) \tag{7.1.37}$$

式中，$S_f(\omega_k)$ 为 $S_f(\omega)$ 在第 $k$ 个离散点 $\omega_k$ 上的值；$\Delta\omega$ 为频率步长大小；$\phi_k$ 为与 $\omega_k$ 相对应的相位角，假定为均匀分布在区间 $[0,2\pi]$ 的随机变量。在执行程序运算标准差时，对 $\phi_k$ 取 1000 个样本。

图 7.1.2 给出了随机荷载作用下梁在原点位移的标准差，可以看出，提出的方法和 Monte Carlo 法是一致的，且用 Monte Carlo 法时采用的样本越多，其结果与本章方法越接近。同一

速度工况下，提出的方法的计算用时为 2.3s，而 Monte Carlo 法采用 100 个样本需要 187.9s，采用 500 个样本需要 876.5s。

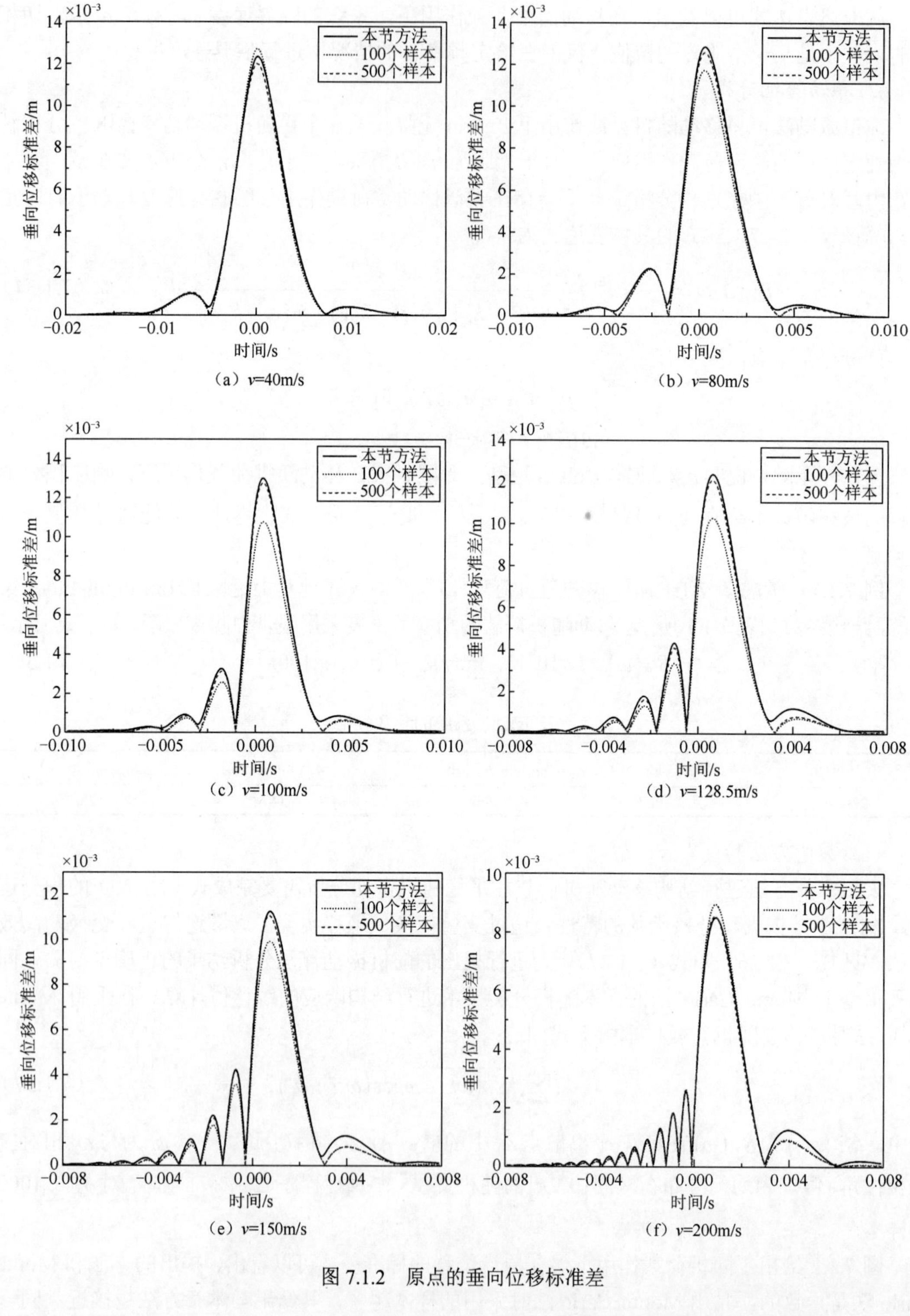


图 7.1.2　原点的垂向位移标准差

在低速情况下，标准差的持续时间相对较长，而且标准差对于时间轴有一定的对称性［图 7.1.2（a）］。而高速移动荷载却使得响应的持续时间极为短暂，但是它在经过原点后的持续时间明显比荷载经过原点前的持续时间要长［图 7.1.2（b）］。这是因为多普勒效应导致荷载接近原点时，响应的振动频率变高，而荷载远离原点时，响应的振动频率变低。阻尼会导致振动频率高的响应衰减变快，而振动频率低的响应却能持续相对更长的时间。同样由于地基阻尼的作用，响应并不是在荷载到达原点时达到最大值，而是在荷载离开原点的稍后时刻达到最大值，该现象称为时间滞后现象。其实，阻尼为零时，响应是在荷载经过原点时达到最大值的，而且，荷载经过原点前后响应的振动频率也是相同的。

（2）速度参数的影响。

对于无阻尼 $\eta = 0$ 情形，讨论对应确定性移动简谐荷载作用时临界速度的变化，假定频率 $\omega \in [0,300]$rad/s，对式（7.1.35）进行数值实验，从而分析其临界速度，计算结果如表 7.1.2 所示。由表 7.1.2 可以看到，当 $\omega = 0$ 时（确定性移动常荷载情况），临界速度为128.5m/s，当 $\omega = 300$rad/s 时，临界速度为104.6m/s。可以看到，确定性荷载临界速度随着频率的升高呈现下降的趋势。

**表 7.1.2　具有不同频率移动简谐荷载作用下临界速度值**

| 频率/Hz | 临界速度/（m/s） | 频率/Hz | 临界速度/（m/s） |
|---|---|---|---|
| 0 | 128.5 | 200 | 112.8 |
| 50 | 124.7 | 250 | 108.7 |
| 100 | 120.7 | 300 | 104.6 |
| 150 | 116.9 | — | — |

对于有阻尼 $\eta \neq 0$ 情形，考虑速度从 0 按 2m/s 递增至 300m/s。图 7.1.3（a）给出了不同速度情形下原点非平稳随机振动时变标准差响应，图 7.1.3（b）给出了不同速度情形下非平稳随机振动时变标准差最大值。计算结果显示，此时临界速度（定义为标准差最大值所对应的速度）为120m/s，比确定性荷载作用下系统的临界速度128.5m/s 稍低。当荷载移动速度小于临界速度120m/s 时，梁挠度的标准差随着荷载速度的增大而增大。当荷载移动速度接近临界速度120m/s 时，响应达到最大值，随后响应随速度的增大而减小。

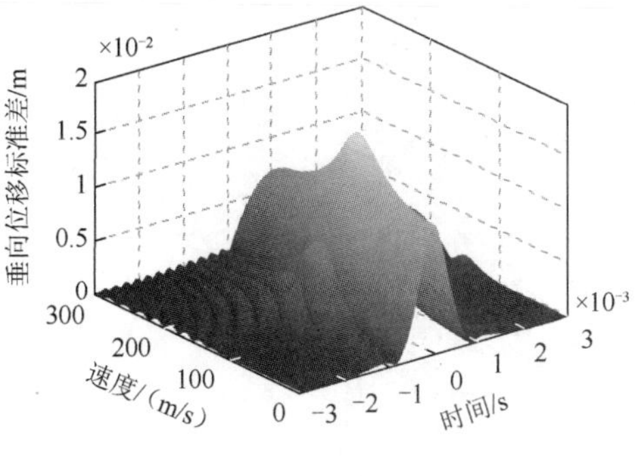


（a）时变标准差

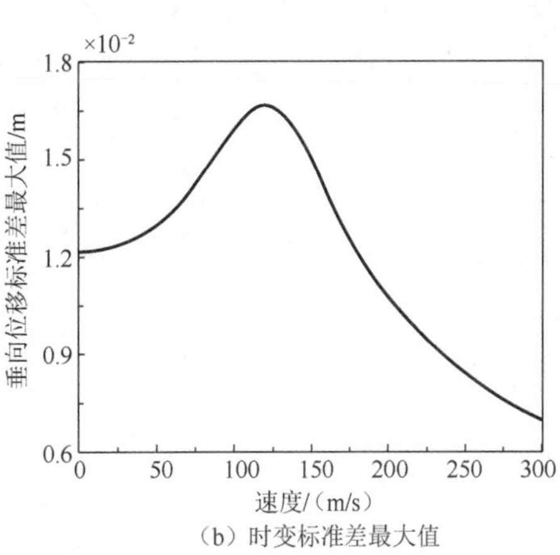


（b）时变标准差最大值

图 7.1.3　不同速度时原点非平稳随机振动响应

（3）阻尼特性的影响。

由前述可知，随机荷载作用下系统的临界速度略低于确定性荷载作用下系统的临界速度。

这里进一步研究临界速度的机理，鉴于实际中梁的抗弯刚度、单位长度质量等参数一般变化不大，因此，主要分析地基反应模量和阻尼对临界速度的影响。为便于分析，定义临界阻尼和阻尼比

$$\eta_{cr} = 2\sqrt{\rho K}\,,\ \xi = \eta / \eta_{cr} \tag{7.1.38}$$

图 7.1.4 的结果采用了 6 种阻尼比，给出了不同速度下标准差的最大值。同一速度下，阻尼越小，标准差越大。阻尼为$\xi = 0.05$情况下标准差最大值出现在130m/s 处，该速度称为随机荷载作用下系统的临界速度，非常接近确定性荷载作用下系统的临界速度128.5m/s 。随机荷载作用下系统的临界速度并非固定不变，而是随着阻尼的变大逐渐变小，低于确定性荷载作用下系统的临界速度。在阻尼比较小（$\xi \leqslant 0.5$）的情况下，系统具有比较明显的临界速度。随机荷载速度低于临界速度时，标准差最大值随着速度的提高而增大，当速度达到临界速度时，响应达到最大值，之后逐渐下降。而在阻尼比较大（$\xi \geqslant 0.8$）的情况下，系统不存在临界速度，响应一开始就随着速度的提高而减小。可见，阻尼的主要作用是减小响应的幅值，降低系统的临界速度。

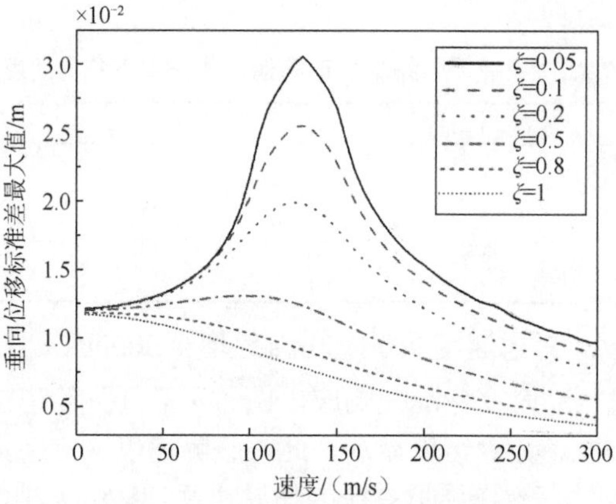


图 7.1.4　各速度下标准差的最大值

图 7.1.5 给出了各速度下标准差取得最大值时所对应的时刻，即随机荷载经过原点后响应取得最大值时的时间延迟。这些曲线相交于临界速度处。对于任一种阻尼，整体而言，时间

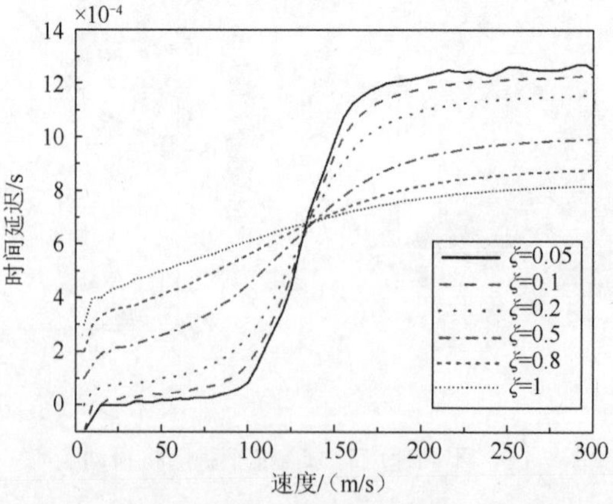


图 7.1.5　各速度下标准差取得最大值所对应的时间延迟

延迟随着速度的增大而增大。在临界速度之前，阻尼越大，时间延迟也越大。但在临界速度之后，阻尼越小，时间延迟越大，这与临界速度之前的现象完全相反。由此可见，阻尼对时间延迟的影响效果在临界速度前后是完全不同的，即阻尼改变了时间延迟的变化率。

（4）地基反应模量的影响。

研究地基反应模量对随机荷载作用下系统的临界速度的影响采用了 6 种反应模量，对应的系统临界速度如表 7.1.3 所示。地基的阻尼比取为$\xi$=0.5。

**表 7.1.3　系统不同地基刚度所对应的临界速度**

| 地基刚度/MPa | 临界速度/（m/s） | 地基刚度/MPa | 临界速度/（m/s） |
|---|---|---|---|
| 30 | 104.4 | 60 | 124.2 |
| 40 | 112.2 | 80 | 133.4 |
| 50 | 118.6 | 100 | 141.1 |

图 7.1.6 给出了不同速度下位移标准差的最大值。同一速度下，地基反应模量越小，标准差越大。地基反应模量小于 40MPa 时，标准差一直随着荷载速度的增大而减小。之所以出现这样的现象，是因为地基反应模量较小时，阻尼显著地降低了响应，使得地基模量较小时，临界速度体现不出来。当地基反应模量达到一定程度（$K=60\text{MPa}$）时，系统出现了较为明显的临界速度，但此时系统的临界速度明显低于确定荷载作用下系统的临界速度。当地基反应模量大于 100MPa 时，系统的临界速度已比较接近确定荷载作用下系统的临界速度。此时相对于较大的地基反应模量，阻尼的作用已经弱化。系统的临界速度取决于地基反应模量和阻尼之间的关系。如果地基阻尼相对于地基反应模量较小，则系统存在较为明显的临界速度，且其较为接近确定性荷载作用下系统的临界速度。但当地基阻尼相对于地基反应模量较大时，系统不存在明显的临界速度，即使存在，阻尼也会显著降低临界速度的大小。

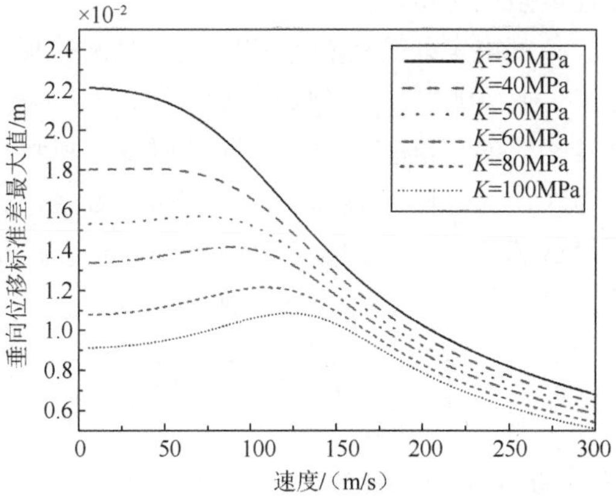


图 7.1.6　各速度下位移标准差的最大值

图 7.1.7 给出了各速度下标准差取得最大值时的时间延迟。由图 7.1.7 可知，任一种地基反应模量下，时间延迟随着速度的增大而增大，这是一个由缓到快的过程。随着地基反应模量的变大，时间延迟逐渐变小。对比图 7.1.5 可以看出，时间延迟的变化率主要与阻尼有关。地基反应模量只改变时间延迟的大小，并不会改变时间延迟的变化率。

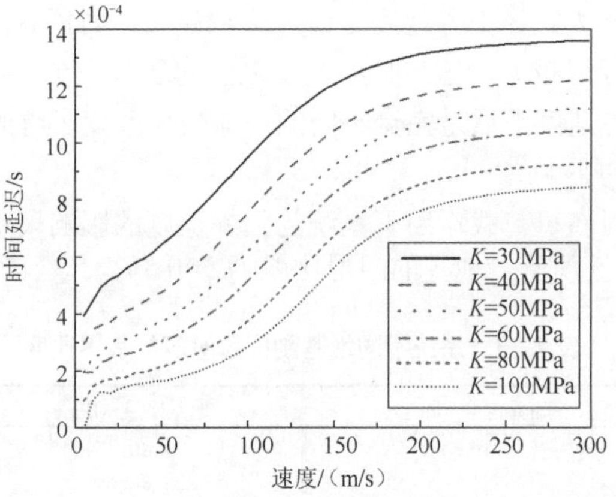


图 7.1.7　各速度下标准差取得最大值所对应的时间延迟

## 7.2　移动随机荷载作用下弹性半空间体随机振动分析的 Green 函数法

求解移动荷载作用下弹性半空间体的响应，是研究交通荷载引起的环境振动问题的基础。对于确定性的移动荷载作用下的半空间体动力响应问题，国内外研究较多，用响应的积分形式解可以求得。但是当荷载移动速度接近或大于瑞利波速时，被积函数往往具有奇异性和高振荡性，这就使得数值计算相当困难。而对于随机性的移动荷载作用下的弹性动力响应问题，目前国内外研究较少。7.1 节将虚拟激励法扩展至处理 Bernoulli-Euler 梁受移动随机荷载作用的动力响应问题，研究了连续型结构的动力学分析这一特殊问题，但仍缺少一般性。本节针对弹性动力学问题，从一般角度出发研究弹性半空间受随机性的移动荷载作用问题，具有更为广泛的意义。这里结合 Green 函数方法，将虚拟激励法扩展到处理弹性半空间体的随机振动问题。应用演变功率谱及相应的标准差来表述系统的时变随机特性。通过虚拟激励法可将系统的随机振动分析转化为确定性分析，然后通过广义 Duhamel 积分得到响应的积分形式解。将被积函数图形化确定了函数的积分限，通过自适应数值积分算法解决被积函数的振荡性，得到弹性半空间体动力响应的数值结果。本节在验证数值算法正确性的基础上，计算随机荷载作用下半空间体的响应，分析了响应的时间和空间分布规律，并就荷载移动速度（涵盖亚音速、跨音速和超音速三种情形）对响应的影响进行了分析[6-8]。

### 7.2.1　随机振动分析及系统 Green 函数

弹性半空间体在 $z=0$ 表面受到沿 $x$ 轴正向匀速运动的垂向荷载作用下的动力响应问题的分析模型如图 7.2.1 所示。

采用位移解法，均质各向同性弹性半空间体的控制方程为

$$(\lambda+\mu)\nabla(\nabla\cdot\boldsymbol{u})+\mu\nabla^2\boldsymbol{u}+\boldsymbol{X}=\rho\frac{\partial^2\boldsymbol{u}}{\partial t^2} \tag{7.2.1}$$

式中，$\boldsymbol{u}(\boldsymbol{x},t)=\{u(\boldsymbol{x},t),v(\boldsymbol{x},t),w(\boldsymbol{x},t)\}^{\mathrm{T}}$ 为弹性半空间体任一点 $\boldsymbol{x}(x,y,z)$ 的位移；

$\boldsymbol{X}(\boldsymbol{x},t)=\left\{X_x(\boldsymbol{x},t),X_y(\boldsymbol{x},t),X_z(\boldsymbol{x},t)\right\}^{\mathrm{T}}$ 为弹性半空间体的体力；$\lambda$ 和 $\mu$ 为弹性半空间体的拉梅常数；$\rho$ 为弹性半空间体的密度；$\nabla$ 为哈密顿算子；$\nabla^2$ 为拉普拉斯算子。

本问题的应力边界条件为

$$z=0,\sigma_{zz}=-F_z,\tau_{zx}=0,\tau_{zy}=0 \tag{7.2.2}$$

式中，$F_z$ 为弹性半空间体所受的 $z$ 方向的荷载。

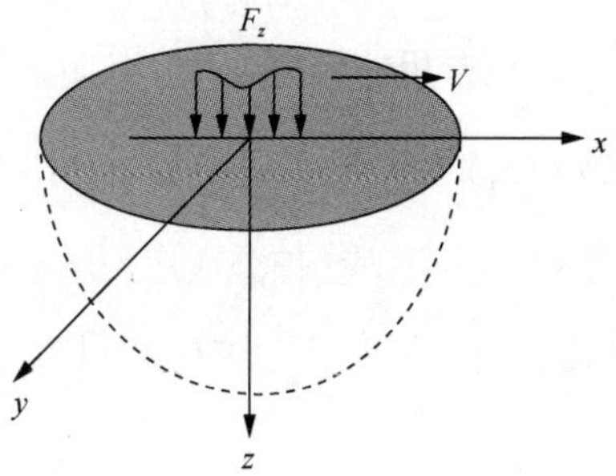


图 7.2.1　移动荷载作用下弹性半空间体模型

弹性半空间体在任意荷载作用下的动力响应，可以用 Green 函数 $\boldsymbol{G}(\boldsymbol{x},t;\boldsymbol{\xi},s)$ 来体现。$\boldsymbol{G}(\boldsymbol{x},t;\boldsymbol{\xi},s)$ 表示半空间体在 $s$ 时刻 $\boldsymbol{\xi}$ 位置受到一个单位脉冲作用时，在 $t$ 时刻 $\boldsymbol{x}$ 位置产生的响应。对于非时变线性系统，Green 函数退化为 $\boldsymbol{G}(\boldsymbol{x}-\boldsymbol{\xi},t-s)$。假设 $\boldsymbol{f}(\boldsymbol{x},t)$ 是一个作用于半空间体的平稳随机荷载，$\boldsymbol{V}$ 表示半空间体的区域。根据线性叠加原理，系统的动力响应可以写成如下形式：

$$\boldsymbol{u}(\boldsymbol{x},t)=\int_0^t\int_{\boldsymbol{V}}\boldsymbol{G}(x-\xi_1,y-\xi_2,z-\xi_3,t-\tau)\boldsymbol{f}(\xi_1,\xi_2,\xi_3)\mathrm{d}\xi_1\mathrm{d}\xi_2\mathrm{d}\xi_3\mathrm{d}\tau \tag{7.2.3}$$

式中，

$$\boldsymbol{G}=\begin{bmatrix}G_{11} & G_{12} & G_{13}\\ G_{21} & G_{22} & G_{23}\\ G_{31} & G_{32} & G_{33}\end{bmatrix},\boldsymbol{f}=\left(f_x,f_y,f_z\right)^{\mathrm{T}} \tag{7.2.4}$$

注意荷载边界条件 $f_x=f_y=0$，且 $f_z$ 在 $z$ 方向不变。令 $\left(G_u,G_v,G_w\right)^{\mathrm{T}}=\left(G_{13},G_{23},G_{33}\right)^{\mathrm{T}}$，则由方程（7.2.3）可得

$$u(\boldsymbol{x},t)=\int_0^t\int_{\boldsymbol{D}}\boldsymbol{G}_u(x-\xi_1,y-\xi_2,z,t-\tau)f_z(\xi_1,\xi_2,\tau)\mathrm{d}\xi_1\mathrm{d}\xi_2\mathrm{d}\tau \tag{7.2.5}$$

$$v(\boldsymbol{x},t)=\int_0^t\int_{\boldsymbol{D}}\boldsymbol{G}_v(x-\xi_1,y-\xi_2,z,t-\tau)f_z(\xi_1,\xi_2,\tau)\mathrm{d}\xi_1\mathrm{d}\xi_2\mathrm{d}\tau \tag{7.2.6}$$

$$w(\boldsymbol{x},t)=\int_0^t\int_{\boldsymbol{D}}\boldsymbol{G}_w(x-\xi_1,y-\xi_2,z,t-\tau)f_z(\xi_1,\xi_2,\tau)\mathrm{d}\xi_1\mathrm{d}\xi_2\mathrm{d}\tau \tag{7.2.7}$$

式（7.2.5）～式（7.2.7）中，$\boldsymbol{D}$ 为区域 $\boldsymbol{V}$ 在 $xy$ 平面的投影。

以纵向位移 $u(\boldsymbol{x},t)$ 为例，将方程（7.2.5）两边自乘，并作用数学期望算子 $E[\cdot]$，可以得到响应的自相关函数

$$\begin{aligned} R_u\left(\boldsymbol{x};t_1,t_2\right) &= E\left[u\left(\boldsymbol{x},t_1\right)u\left(\boldsymbol{x},t_2\right)\right] \\ &= \int_0^{t_1}\int_0^{t_2} h\left(\boldsymbol{x};t_1,\tau_1\right)h\left(\boldsymbol{x};t_2,\tau_2\right)R_f\left(\tau\right)\mathrm{d}\tau_1\mathrm{d}\tau_2 \end{aligned} \tag{7.2.8}$$

式中，

$$h\left(\boldsymbol{x};t,\tau\right) = \int_{\boldsymbol{D}} \boldsymbol{G}_u\left(x-\xi_1, y-\xi_2, z, t-\tau\right)\mathrm{d}\xi_1\mathrm{d}\xi_2 \tag{7.2.9}$$

同时需要说明的是，式（7.2.9）中$\tau=\tau_2-\tau_1$，$R_f\left(\tau\right)$是荷载的自相关函数。根据维纳-辛钦关系，荷载的功率谱密度函数$S_f\left(\omega\right)$与自相关函数$R_f\left(\tau\right)$有如下关系：

$$E\left[f\left(\tau_1\right)f\left(\tau_2\right)\right] = R_f\left(\tau\right) = \int_{-\infty}^{\infty} S_f\left(\omega\right)\mathrm{e}^{\mathrm{i}\omega\left(\tau_2-\tau_1\right)}\mathrm{d}\omega \tag{7.2.10}$$

将方程（7.2.10）代入方程（7.2.8），并且改变积分次序，响应的自相关函数可以写为

$$R_u\left(\boldsymbol{x};t_1,t_2\right) = \int_{-\infty}^{\infty} S_f\left(\omega\right)I^*\left(\boldsymbol{x};t_1,\omega\right)I\left(\boldsymbol{x};t_2,\omega\right)\mathrm{d}\omega \tag{7.2.11}$$

式中，

$$I\left(\boldsymbol{x};t,\omega\right) = \int_0^t h\left(\boldsymbol{x};t,\tau\right)\mathrm{e}^{\mathrm{i}\omega\tau}\mathrm{d}\tau \tag{7.2.12}$$

令$t_1=t_2=t$，则方程（7.2.11）表示响应的方差，即

$$R_u\left(\boldsymbol{x};t\right) = \sigma_u^2\left(\boldsymbol{x};t\right) = \int_{-\infty}^{\infty} S_f\left(\omega\right)I^*\left(\boldsymbol{x};t,\omega\right)I\left(\boldsymbol{x};t,\omega\right)\mathrm{d}\omega \tag{7.2.13}$$

式（7.2.13）中$\sigma_u\left(\boldsymbol{x};t\right)$是标准差。显然，方程（7.2.13）中的被积函数就是响应的时变功率谱$S_u\left(\boldsymbol{x},\omega,t\right)$。

$$S_u\left(\boldsymbol{x},\omega,t\right) = S_f\left(\omega\right)I^*\left(\boldsymbol{x};t,\omega\right)I\left(\boldsymbol{x};t,\omega\right) \tag{7.2.14}$$

观察方程（7.2.12），可以发现$I\left(\boldsymbol{x};t,\omega\right)$实际上表示的是单位移动简谐荷载$\mathrm{e}^{\mathrm{i}\omega t}$作用下系统在$\boldsymbol{x}$位置的动力响应。因此，如果构造虚拟激励$\tilde{p}\left(t\right)=\sqrt{S_f\left(\omega\right)}\mathrm{e}^{\mathrm{i}\omega t}$，并将其代替原随机激励作用在系统上，则相应的动力响应为$\tilde{u}\left(\boldsymbol{x},\omega,t\right)=\sqrt{S_f\left(\omega\right)}I\left(\boldsymbol{x};t,\omega\right)$，于是

$$S_u\left(\boldsymbol{x},\omega,t\right) = \tilde{u}^*\left(\boldsymbol{x},\omega,t\right)\tilde{u}\left(\boldsymbol{x},\omega,t\right) = S_f\left(\omega\right)I^*\left(\boldsymbol{x};t,\omega\right)I\left(\boldsymbol{x};t,\omega\right) \tag{7.2.15}$$

从方程（7.2.15）可以看到，系统的随机分析可以通过引入虚拟激励转化为确定性分析。只要求得虚拟的确定性动力响应$\tilde{u}\left(\boldsymbol{x},\omega,t\right)$，就很容易通过方程（7.2.15）和方程（7.2.13）得到响应的功率谱和标准差。上述方程表示的是系统的瞬态随机响应，如果将方程（7.2.12）的积分下限改为$-\infty$，就可以得到稳态随机响应。但由于荷载是移动的，因此地面上任一固定点的随机响应仍然是非平稳的。

以$t=0$时刻位于坐标原点的单位脉冲荷载$\delta\left(x,y,t\right)=\delta\left(x\right)\delta\left(y\right)\delta\left(t\right)$代替式（7.2.2）中的$F_z$后，求解所得结果即为弹性半空间体的位移 Green 函数。

根据矢量场的 Helmholtz 分解，式（7.2.1）的解可设为

$$\boldsymbol{u} = \nabla\boldsymbol{\Phi} + \nabla\times\boldsymbol{\Psi} \tag{7.2.16}$$

式中，$\boldsymbol{\Phi}$为标量函数；$\boldsymbol{\Psi}=\left(\psi_1,\psi_2,\psi_3\right)$为矢量函数，且$\psi_3=0$。

将式（7.2.16）代入式（7.2.1），不计体力，则可得

$$\nabla^2\boldsymbol{\Phi} - \frac{1}{c_{\mathrm{p}}^2}\frac{\partial^2\boldsymbol{\Phi}}{\partial t^2} = 0,\quad \nabla^2\boldsymbol{\Psi} - \frac{1}{c_{\mathrm{s}}^2}\frac{\partial^2\boldsymbol{\Psi}}{\partial t^2} = 0 \tag{7.2.17}$$

式中，$c_{\rm p}=\sqrt{(\lambda+2\mu)/\rho}$，$c_{\rm s}=\sqrt{\mu/\rho}$ 分别为弹性半空间体的纵波和横波波速。

将上式分别关于空间变量 $x$、$y$ 和时间变量 $t$ $(x\to k_x, y\to k_y, t\to\beta)$ 进行傅里叶变换得

$$\frac{\partial^2\bar{\varPhi}}{\partial z^2}-E_{\rm p}^2\bar{\varPhi}=0,\frac{\partial^2\bar{\boldsymbol{\varPsi}}}{\partial z^2}-E_{\rm s}^2\bar{\boldsymbol{\varPsi}}=0 \tag{7.2.18}$$

式中，$E_{\rm p,s}^2=k_x^2+k_y^2-k_{\rm p,s}^2$，$k_{\rm p,s}=\beta/c_{\rm p,s}$。

式（7.2.18）是关于 $z$ 的二阶常系数齐次线性微分方程，可解得

$$\bar{\psi}_1=C_1{\rm e}^{-E_{\rm s}z},\bar{\psi}_2=C_2{\rm e}^{-E_{\rm s}z},\bar{\phi}=C_3{\rm e}^{-E_{\rm p}z} \tag{7.2.19}$$

根据无穷远处的收敛边界条件，应舍去指数增长项，要求式（7.2.19）中 $E_{\rm p}$、$E_{\rm s}$ 的实部大于零。$C_1$、$C_2$、$C_3$ 可通过应力边界条件式（7.2.2）确定。为此，需将式（7.2.2）中的分量用 $\varPhi$、$\psi_1$、$\psi_2$ 表示。根据弹性动力学的几何方程、物理方程以及式（7.2.16），应力分量可用 $\varPhi$、$\psi_1$、$\psi_2$ 表示为

$$\sigma_{zz}=\left(\lambda\nabla^2+2\mu\frac{\partial^2}{\partial z^2}\right)\varPhi+2\mu\left(-\frac{\partial^2\psi_1}{\partial y\partial z}+\frac{\partial^2\psi_2}{\partial x\partial z}\right) \tag{7.2.20}$$

$$\tau_{zx}=\mu\left(2\frac{\partial^2\varPhi}{\partial x\partial z}-\frac{\partial^2\psi_1}{\partial x\partial y}+\frac{\partial^2\psi_2}{\partial x^2}-\frac{\partial^2\psi_2}{\partial z^2}\right) \tag{7.2.21}$$

$$\tau_{zy}=\mu\left(2\frac{\partial^2\varPhi}{\partial y\partial z}-\frac{\partial^2\psi_1}{\partial y^2}+\frac{\partial^2\psi_1}{\partial z^2}+\frac{\partial^2\psi_2}{\partial x\partial y}\right) \tag{7.2.22}$$

将以上三式变换到波数域得

$$\bar{\sigma}_{zz}=\left[(\lambda+2\mu)\frac{\partial^2}{\partial z^2}-\lambda\left(k_x^2+k_y^2\right)\right]\bar{\varPhi}-2{\rm i}\mu k_y\frac{\partial\bar{\psi}_1}{\partial z}+2{\rm i}\mu k_x\frac{\partial\bar{\psi}_2}{\partial z} \tag{7.2.23}$$

$$\bar{\tau}_{zx}=\mu\left(2{\rm i}k_x\frac{\partial\bar{\varPhi}}{\partial z}+k_xk_y\bar{\psi}_1-k_x^2\bar{\psi}_2-\frac{\partial^2\bar{\psi}_2}{\partial z^2}\right) \tag{7.2.24}$$

$$\bar{\tau}_{zy}=\mu\left(2{\rm i}k_y\frac{\partial\bar{\varPhi}}{\partial z}+k_y^2\bar{\psi}_1+\frac{\partial^2\bar{\psi}_1}{\partial z^2}-k_xk_y\bar{\psi}_2\right) \tag{7.2.25}$$

将式（7.2.19）代入式（7.2.23）～式（7.2.25）可得

$$\begin{Bmatrix}\bar{\sigma}_{zz}\\ \bar{\tau}_{zx}\\ \bar{\tau}_{zy}\end{Bmatrix}=\boldsymbol{TQ}\begin{Bmatrix}C_3\\ C_2\\ C_1\end{Bmatrix} \tag{7.2.26}$$

式中，$\boldsymbol{T}=\begin{bmatrix}2\left(k_x^2+k_y^2\right)-k_{\rm s}^2 & 2{\rm i}k_yE_{\rm s} & -2{\rm i}k_xE_{\rm s}\\ -2{\rm i}k_xE_{\rm p} & k_xk_y & -(k_x^2+E_{\rm s}^2)\\ -2{\rm i}k_yE_{\rm p} & k_y^2+E_{\rm s}^2 & -k_xk_y\end{bmatrix}$；$\boldsymbol{Q}={\rm diag}\left[{\rm e}^{-E_{\rm p}z}\quad {\rm e}^{-E_{\rm s}z}\quad {\rm e}^{-E_{\rm s}z}\right]$。

将式（7.2.2）的傅里叶变换式代入式（7.2.26）等号左边，并令等号右边 $z=0$，可得

$$\boldsymbol{T}\begin{Bmatrix}C_3\\ C_2\\ C_1\end{Bmatrix}=\begin{Bmatrix}-1\\ 0\\ 0\end{Bmatrix} \tag{7.2.27}$$

上式是关于$C_1$、$C_2$、$C_3$的代数方程组，可解得

$$\begin{Bmatrix} C_3 \\ C_2 \\ C_1 \end{Bmatrix} = -\boldsymbol{T}^{-1}\begin{Bmatrix} 1 \\ 0 \\ 0 \end{Bmatrix} = -\frac{1}{\mu\varDelta}\begin{Bmatrix} 2\left(k_x^2+k_y^2\right)-k_{\mathrm{s}}^2 \\ 2\mathrm{i}k_y E_{\mathrm{p}} \\ -2\mathrm{i}k_x E_{\mathrm{p}} \end{Bmatrix} \tag{7.2.28}$$

式中，

$$\varDelta = \left(k_x^2+k_y^2+E_{\mathrm{s}}^2\right)^2 - 4E_{\mathrm{p}}E_{\mathrm{s}}(k_x^2+k_y^2) \tag{7.2.29}$$

将$C_1$、$C_2$、$C_3$代入式（7.2.19）即可得到变换域中的势函数，将其代入位移的傅里叶变换式即可得到变换域中的位移，即

$$\begin{Bmatrix} \bar{u} \\ \bar{v} \\ \bar{w} \end{Bmatrix} = \boldsymbol{RQ}\begin{Bmatrix} C_3 \\ C_2 \\ C_1 \end{Bmatrix} \tag{7.2.30}$$

式中，$\boldsymbol{R} = \begin{bmatrix} \mathrm{i}k_x & 0 & E_{\mathrm{s}} \\ \mathrm{i}k_y & -E_{\mathrm{s}} & 0 \\ -E_{\mathrm{p}} & -\mathrm{i}k_y & \mathrm{i}k_x \end{bmatrix}$。

式（7.2.30）经整理可得

$$\bar{u} = \frac{\mathrm{i}}{\mu\varDelta}\left[-k_x\left(k_x^2+k_y^2+E_{\mathrm{s}}^2\right)\mathrm{e}^{-E_{\mathrm{p}}z} + 2k_x E_{\mathrm{p}}E_{\mathrm{s}}\mathrm{e}^{-E_{\mathrm{s}}z}\right] \tag{7.2.31}$$

$$\bar{v} = \frac{\mathrm{i}}{\mu\varDelta}\left[-k_y\left(k_x^2+k_y^2+E_{\mathrm{s}}^2\right)\mathrm{e}^{-E_{\mathrm{p}}z} + 2k_y E_{\mathrm{p}}E_{\mathrm{s}}\mathrm{e}^{-E_{\mathrm{s}}z}\right] \tag{7.2.32}$$

$$\bar{w} = \frac{1}{\mu\varDelta}\left[E_{\mathrm{p}}\left(k_x^2+k_y^2+E_{\mathrm{s}}^2\right)\mathrm{e}^{-E_{\mathrm{p}}z} - 2E_{\mathrm{p}}\left(k_x^2+k_y^2\right)\mathrm{e}^{-E_{\mathrm{s}}z}\right] \tag{7.2.33}$$

将以上三式进行傅里叶逆变换即可得到弹性半空间体在单位脉冲荷载作用下的位移，即弹性半空间体的位移 Green 函数为

$$\begin{aligned} G_u\left(\boldsymbol{x},t\right) = u = \frac{\mathrm{i}}{(2\pi)^3\mu}\int_{-\infty}^{\infty}\int_{-\infty}^{\infty}\int_{\infty}^{\infty}\frac{1}{\varDelta}\Big[&-k_x\left(k_x^2+k_y^2+E_{\mathrm{s}}^2\right)\mathrm{e}^{-E_{\mathrm{p}}z} \\ &+2k_x E_{\mathrm{p}}E_{\mathrm{s}}\mathrm{e}^{-E_{\mathrm{s}}z}\Big]\mathrm{e}^{\mathrm{i}\left(k_x x+k_y y+\beta t\right)}\mathrm{d}k_x\mathrm{d}k_y\mathrm{d}\beta \end{aligned} \tag{7.2.34}$$

$$\begin{aligned} G_v\left(\boldsymbol{x},t\right) = v = \frac{\mathrm{i}}{(2\pi)^3\mu}\int_{-\infty}^{\infty}\int_{-\infty}^{\infty}\int_{\infty}^{\infty}\frac{1}{\varDelta}\Big[&-k_y\left(k_x^2+k_y^2+E_{\mathrm{s}}^2\right)\mathrm{e}^{-E_{\mathrm{p}}z} \\ &+2k_y E_{\mathrm{p}}E_{\mathrm{s}}\mathrm{e}^{-E_{\mathrm{s}}z}\Big]\mathrm{e}^{\mathrm{i}\left(k_x x+k_y y+\beta t\right)}\mathrm{d}k_x\mathrm{d}k_y\mathrm{d}\beta \end{aligned} \tag{7.2.35}$$

$$\begin{aligned} G_w\left(\boldsymbol{x},t\right) = w = \frac{1}{(2\pi)^3\mu}\int_{-\infty}^{\infty}\int_{-\infty}^{\infty}\int_{\infty}^{\infty}\frac{1}{\varDelta}\Big[&E_{\mathrm{p}}\left(k_x^2+k_y^2+E_{\mathrm{s}}^2\right)\mathrm{e}^{-E_{\mathrm{p}}z} \\ &-2E_{\mathrm{p}}\left(k_x^2+k_y^2\right)\mathrm{e}^{-E_{\mathrm{s}}z}\Big]\mathrm{e}^{\mathrm{i}\left(k_x x+k_y y+\beta t\right)}\mathrm{d}k_x\mathrm{d}k_y\mathrm{d}\beta \end{aligned} \tag{7.2.36}$$

令式（7.2.29）中$\varDelta=0$，则可解得$k_y=\pm k_x\sqrt{c_\beta^2/c_r^2-1}$，其中$c_\beta=\beta/k_x$为$x$轴方向的相速度，可知当相速度大于瑞利波速时，被积函数存在两个奇点。通过引入材料阻尼，可使得

奇点偏移实轴。一般采用复拉梅常数引进材料阻尼，即

$$\lambda^* = \lambda(1+2\mathrm{i}\xi), \quad \mu^* = \mu(1+2\mathrm{i}\xi) \tag{7.2.37}$$

式中，$\xi$ 为滞回阻尼比。

### 7.2.2　半空间体在移动随机线源均布荷载作用下的响应

研究表明，在相同大小、相同速度的移动荷载作用下，弹性半空间体在三个方向的位移响应规律是相似的，但相对而言，垂向位移幅值远大于纵向位移和横向水平位移。基于此，下面主要讨论垂向位移振动响应。

移动线源均布荷载的表达式为

$$F_z(x,y,t) = \frac{f(t)}{2l} H\left[l^2 - (x-vt)^2\right]\delta(y) \tag{7.2.38}$$

式中，$2l$ 为荷载在 $x$ 轴方向的分布长度；$H(\cdot)$ 为单位阶梯函数。

构造虚拟激励

$$\tilde{f}(x,y,t) = \frac{\sqrt{S_f(\omega)}\mathrm{e}^{\mathrm{i}\omega t}}{2l} H\left[l^2 - (x-vt)^2\right]\delta(y) \tag{7.2.39}$$

将式（7.2.39）代入式（7.2.7）可得垂向虚拟位移响应为

$$\begin{aligned}\tilde{w}(\boldsymbol{x},\omega,t) &= \frac{\sqrt{S_f(\omega)}}{2l}\int_{\boldsymbol{D}}\int_0^t H\left[l^2 - (\xi_1 - v\tau)^2\right]\mathrm{e}^{\mathrm{i}\omega\tau}\delta(\xi_2) \\ &\quad \times G_w(x-\xi_1, y-\xi_2, z, t-\tau)\mathrm{d}\xi_1\mathrm{d}\xi_2\mathrm{d}\tau = \frac{\sqrt{S_f(\omega)}\mathrm{e}^{\mathrm{i}\omega t}}{4\pi^2\mu} A(\boldsymbol{x},\omega,t)\end{aligned} \tag{7.2.40}$$

式中，

$$\begin{aligned}A(\boldsymbol{x},\omega,t) = \int_{-\infty}^{\infty}\int_{-\infty}^{\infty} \frac{\sin(k_x l)}{\hat{\varDelta} k_x l}&\Big[\hat{E}_{\mathrm{p}}\left(k_x^2 + k_y^2 + \hat{E}_{\mathrm{s}}^2\right)\mathrm{e}^{-\hat{E}_{\mathrm{p}}z} \\ &- 2\hat{E}_{\mathrm{p}}\left(k_x^2 + k_y^2\right)\mathrm{e}^{-\hat{E}_{\mathrm{s}}z}\Big]\mathrm{e}^{\mathrm{i}\left[k_x(x-vt)+k_y y\right]}\mathrm{d}k_x\mathrm{d}k_y\end{aligned} \tag{7.2.41}$$

式中，$E_{\mathrm{p,s}}^2 = k_x^2 + k_y^2 - (\omega - k_x v)^2 / c_{\mathrm{p,s}}^2$；$\hat{\varDelta}$ 也需根据式（7.2.29）做相应的改变。

根据虚拟激励法，垂向位移的功率谱为

$$S_w(\boldsymbol{x},\omega,t) = \tilde{w}^*(\boldsymbol{x},\omega,t)\tilde{w}(\boldsymbol{x},\omega,t) = \frac{S_f(\omega)}{16\pi^4\mu^2} A^2(\boldsymbol{x},\omega,t) \tag{7.2.42}$$

垂向位移的方差为

$$R_w(\boldsymbol{x},\omega,t) = \int_{-\infty}^{\infty} S_w(\boldsymbol{x},\omega,t)\mathrm{d}\omega \tag{7.2.43}$$

观察式（7.2.42）可知，垂向位移的时变功率谱是由荷载功率谱 $S_f(\omega)$ 和功率谱调制函数的乘积组成的，这里定义功率谱调制函数为

$$g(\boldsymbol{x},\omega,t) = \frac{1}{16\pi^4\mu^2} A^2(\boldsymbol{x},\omega,t) \tag{7.2.44}$$

从上面可以知道，一旦确定了荷载功率谱和功率谱调制函数，就可以得出位移的时变功率谱和方差，这也体现了虚拟激励法用于随机振动分析的优势所在。观察式（7.2.41），可知

被积函数与时间 $t$ 有关，这就导致式（7.2.42）中的功率谱密度函数是时间 $t$ 的函数，说明响应是一个非平稳过程。这主要是由荷载的移动特性引起的，实际上，如果速度 $v=0$，随机荷载转变为固定荷载，式（7.2.41）中的被积函数不再随时间变化，那么按式（7.2.42）计算，简谐项 $e^{i\omega t}$ 与它的复共轭相乘后，功率谱密度函数与时间 $t$ 无关，响应就转变为平稳随机过程。至此，移动随机线源荷载作用下弹性半空间体的位移随机动力响应已经求出，进一步也可由位移推导得到应力、速度和加速度等随机动力响应。

**例 7.2.1** 考虑图 7.2.1 所示移动随机荷载作用下弹性半空间体响应问题，半空间体参数如表 7.2.1 所示。由于弹性半空间体响应的解析解为广义无穷积分表达式，积分核具有高振荡性的特点，不能直接进行数值计算。经过数值实验，函数的积分限可通过将被积函数可视化来确定，积分核的高振荡性可采用自适应数值积分算法来解决。

**表 7.2.1 弹性半空间体参数**

| 参数 | 数值 | 参数 | 数值 |
|---|---|---|---|
| $\mu$ / (N/m²) | $2.0\times10^7$ | $c_R$ / (N / m) | 92 |
| $\rho$ / (kg / m³) | 2000 | $c_s$ / (N / m) | 100 |
| $\nu$ | 0.25 | $c_p$ / (N / m) | 173.2 |
| $\xi$ | 0.02 | — | — |

（1）数值方法验证。

Hung 和 Yang 采用积分变换法求得了移动荷载作用下弹性半空间体的动力响应[13]，他们采用标准化的垂向和纵向位移来描述，即

$$W=2\pi\mu w/P,\ U=2\pi\mu U/P \tag{7.2.45}$$

为验证数值计算结果的正确性，根据表 7.2.1 的参数，应用提出的方法同样计算移动集中恒载作用下弹性半空间体点 $S$（0,0,1m）处的垂向和纵向位移。图 7.2.2 给出了荷载移动速度在 50m/s、95m/s、150m/s、200m/s 垂向位移的对比结果，图 7.2.3 给出了荷载移动速度在 50m/s、95m/s、150m/s、200m/s 纵向位移的对比结果。可以看出，数值计算结果与 Hung 和 Yang 的结果是非常一致的。此外计算结果表明，相同速度下垂向位移的幅值远大于纵向位移的幅值，这也是弹性半空间问题中以垂向位移为研究对象的一个主要原因。

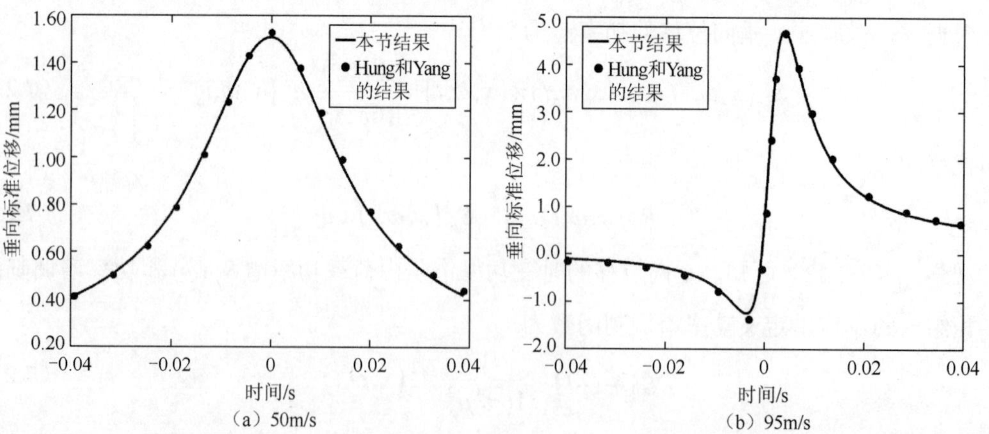


（a）50m/s　　（b）95m/s

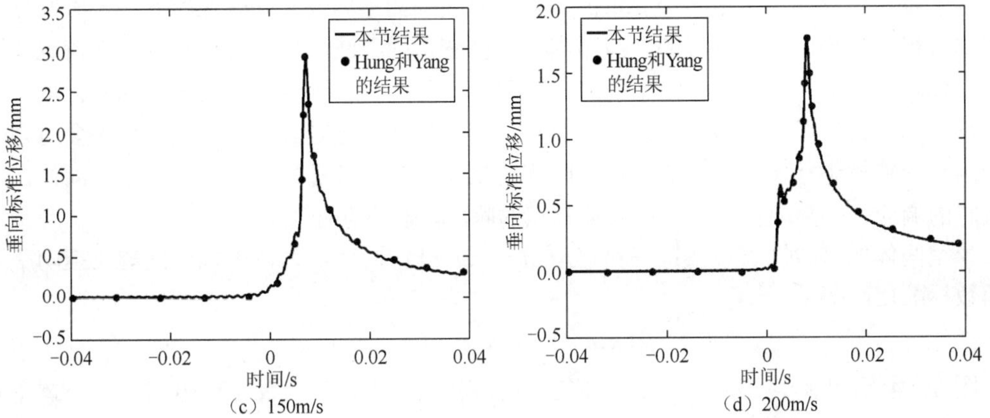


（c）150m/s （d）200m/s

图 7.2.2 点 $S$（0,0,1m）在移动集中荷载作用下的垂向位移

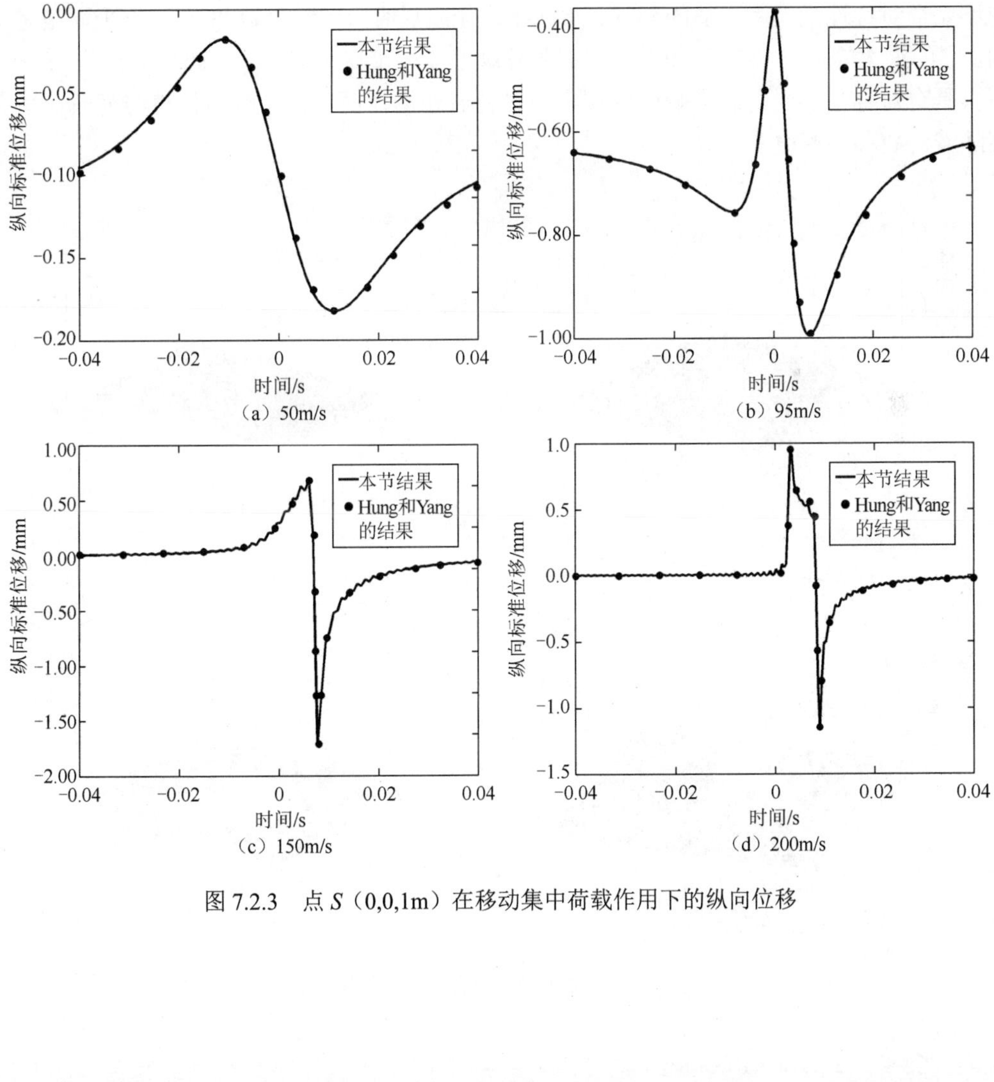


（a）50m/s （b）95m/s

（c）150m/s （d）200m/s

图 7.2.3 点 $S$（0,0,1m）在移动集中荷载作用下的纵向位移

（2）演变调制功率谱响应。

由于垂向位移功率谱是多个变量的函数，它演变的整体性质同时在空间域、时间域和频率域用可视图形描述是不可行的，故用固定一些变量的办法来描述移动线源均布荷载作用下半空间体功率谱的特性。如果给出荷载的功率谱，那么把它乘以功率谱调制函数，就可以得到位移的功率谱，经过对 $\omega$ 积分变换，就可以得到位移的方差。因此，这部分主要对功率谱调制函数的特性进行研究。一般来说，响应的低频成分十分重要，主要讨论半空间体在频率零点时的响应，如果要计算响应在其他频点的响应，已不存在困难。

半空间体的参数同表 7.2.1，荷载分布长度 $2l=1$。同样，为便于说明问题，把功率谱调制函数标准化，即

$$\hat{g}\left(\boldsymbol{x},\omega,t\right)=16\pi^4\mu^2 g(x,y,z,t) \tag{7.2.46}$$

图 7.2.4 给出了半空间体 $z=1$ 平面的垂向位移功率谱调制函数在 $t=0$ 时刻的整体空间分布，为进一步说明，图 7.2.5 和图 7.2.6 分别给出了功率谱调制函数在 $z=1$ 平面上沿 $x$、$y$ 轴的分布。垂向位移功率谱有如下特点。

第一，当荷载移动速度小于瑞利波速时，调制函数关于 $x=0$ 平面几乎是对称的，它所呈现的不完全对称性是因为阻尼的影响。事实上，无阻尼时，调制函数关于 $x=0$ 平面是完全对称的。它的最大峰值出现在 $x=0$ 处。当荷载移动速度大于瑞利波速时，调制函数关于 $x=0$ 平面不再具有对称性，受荷载影响的区域集中在荷载作用点前方，其峰值位置与荷载作用点的距离随着荷载移动速度的增大而增大。

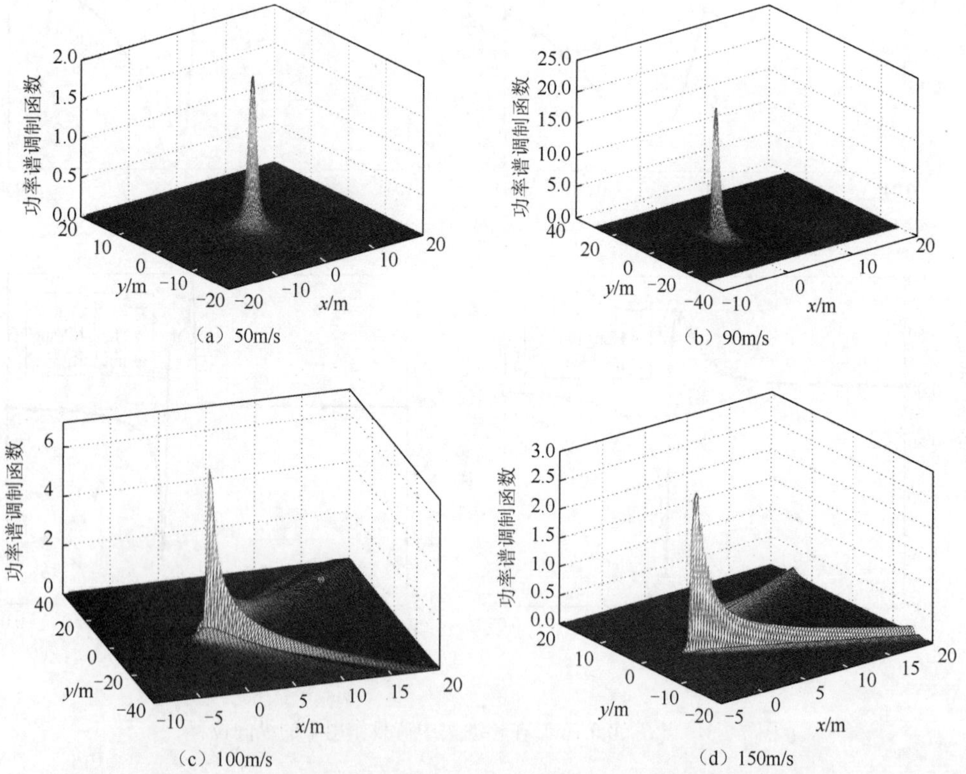


图 7.2.4　$t=0$ 时刻 $z=1$ 平面内垂向位移功率谱调制函数的空间分布

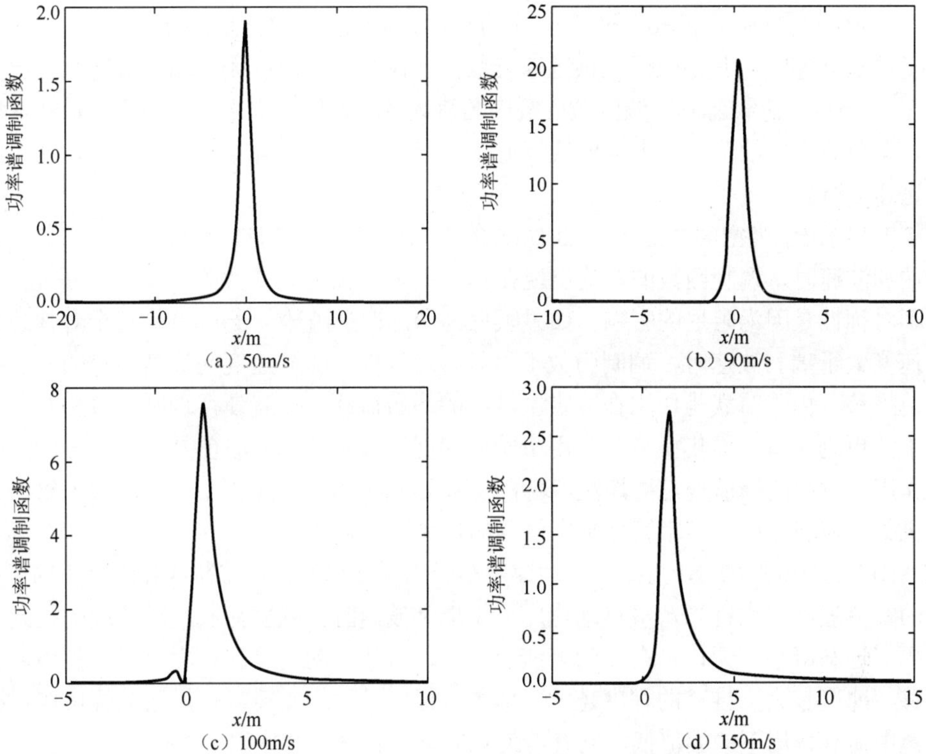


图 7.2.5　$t=0$ 时刻 $z=1$ 平面内垂向位移功率谱调制函数沿 $x$ 轴的波形

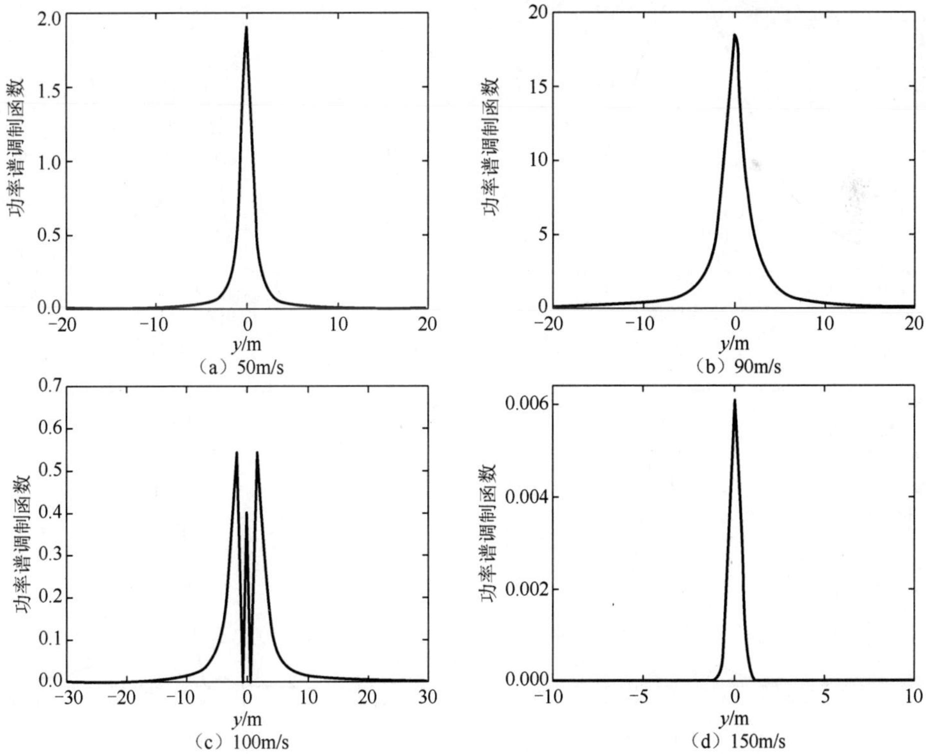


图 7.2.6　$t=0$ 时刻半空间体 $z=1$ 平面内垂向位移功率谱调制函数沿 $y$ 轴的波形

第二，调制函数关于 $y=0$ 平面是完全对称的，其最大峰值出现在 $x=0$ 处。当荷载移动速度小于瑞利波速时，其幅值沿 $y$ 轴迅速衰减；当荷载移动速度大于瑞利波速时，半空间的响应呈 V 形分布在荷载前方，该区域内响应幅值远较其他区域大。荷载前方距荷载作用的区域越远，受荷载影响的范围越大，但其幅值逐渐变小，其峰值出现在 V 形边缘，然后沿 $y$ 轴正负向迅速衰减。

图 7.2.7 给出了半空间体点 $S$（0,0,1m）的垂向位移功率谱调制函数曲线。当荷载移动速度小于瑞利波速时，调制函数的峰值出现在 $t=0$ 时刻，而调制函数关于 $t=0$ 几乎完全对称，出现的不对称性是因为阻尼的影响。如果阻尼为 0，调制函数关于 $t=0$ 是完全对称的。当荷载移动速度大于瑞利波速时，调制函数不再具有对称性，随着速度的提高，它的峰值位置越来越向前推移。由于荷载是作用在一定区域内的均布荷载，这就使得调制函数相对于集中荷载作用下的更为光滑，而集中荷载作用下响应的剪切波和瑞利波波前是很难区分的，所以均布荷载作用下响应的峰值处是剪切波、瑞利波和压缩波波前叠加的结果。图 7.2.8 给出了等值移动随机集中荷载作用下半空间体垂向位移的功率谱调制函数。

观察图 7.2.4～图 7.2.8，当荷载移动速度小于瑞利波速时，随着荷载移动速度的提高，调制函数的幅值逐渐增大；当荷载移动速度大于瑞利波速时，随着荷载移动速度的提高，调制函数的幅值逐渐减小。无论是在时间上或空间上，荷载移动速度的增大使得调制函数的峰值向前推移，速度越大，推移的程度越大。值得一提的是，均布荷载作用下的幅值在各种情况下均较集中荷载作用下的幅值低，它有着使响应减小和平滑的作用。

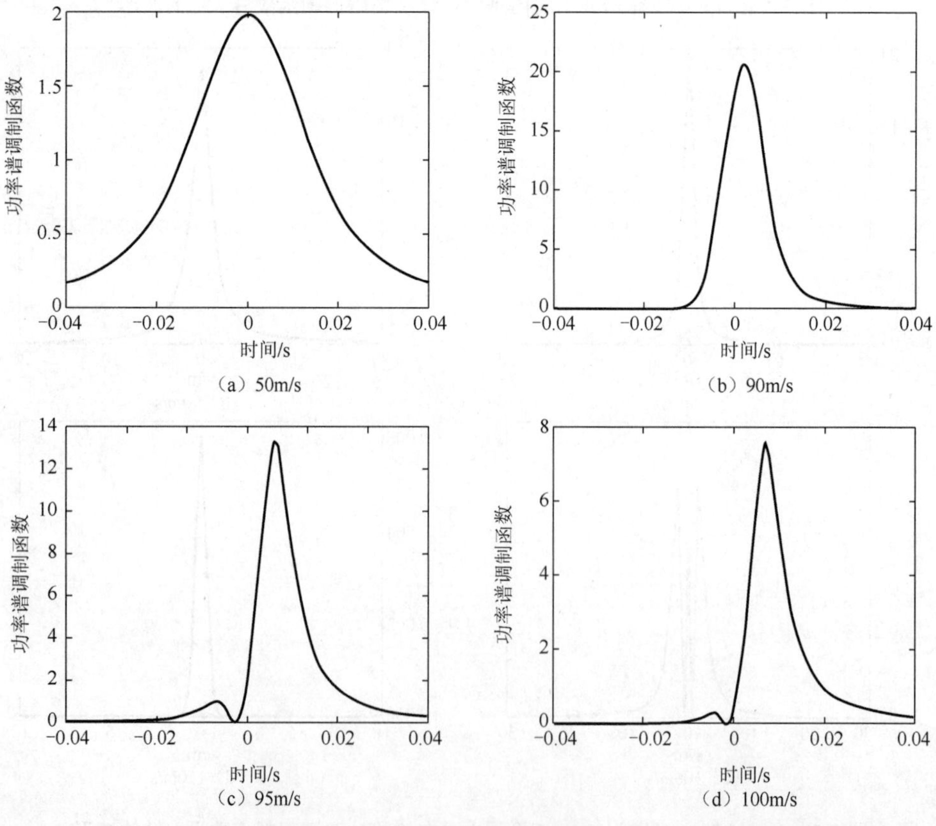

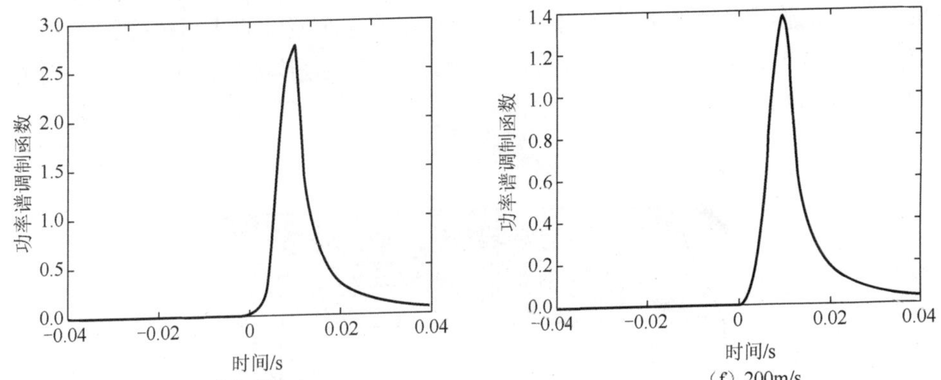


（e）150m/s　　　（f）200m/s

图 7.2.7　点 $S$（0,0,1m）的垂向位移功率谱调制函数

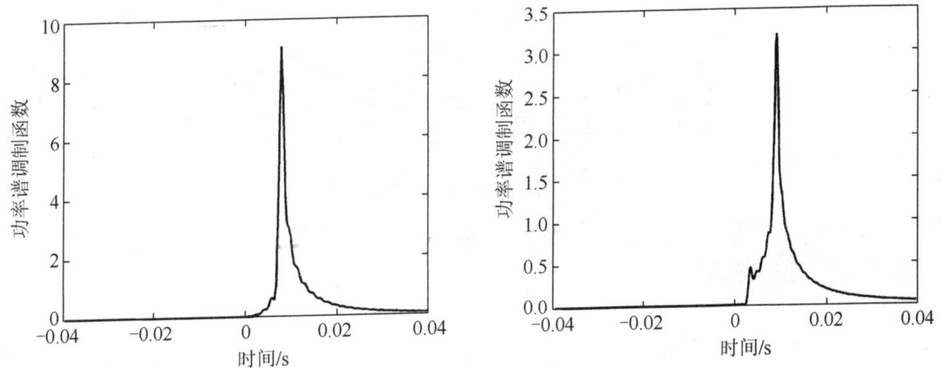


（a）150m/s　　　（b）200m/s

图 7.2.8　移动随机集中荷载作用下点 $S$（0,0,1m）的垂向位移功率谱调制函数

# 7.3　移动随机荷载作用下弹性半空间体动力响应的积分变换方法

实际的车辆-轨道动力作用中，荷载的频谱是相当宽的，但轴重静载所占的比例很大，一些研究把车辆荷载模拟为轴重来评估环境振动，有一定程度的合理性。这种荷载模拟方法在车辆移动速度较低时较合理，但当车辆运行速度较快时，轨道不平顺导致的接触力远大于轴重，尤其是当车辆运行速度接近或大于地基土的瑞利波速时更为明显。车辆运行速度较快时，把车辆荷载模拟为轴重或频率单一的简谐荷载与实际差异较大，此时应考虑荷载在频谱不同频率上的影响[14-19]。与 Green 函数法不同，本节介绍的直接积分变换法把荷载的表达式转入到频率-波数域中，之后通过边界条件引入控制方程中，最终求得在荷载作用下的解。直接积分法不需要求多重广义 Duhamel 积分，求解响应更简单直接。

## 7.3.1　系统的动力学控制方程

铁路交通中的轮轨接触力可认为是集中力，由于轨道表面不平顺的存在，轮轨力表现为一个随机过程，具有宽频谱的特性。实际上，轨道结构在轮轨力作用下产生一定形式的变形，传递到地基土上的作用力不再是集中力，而是分布在一定区域内的非均布荷载。图 7.3.1 给出了轴重 $P(t)$ 作用下轨道-地基土的动力模型，该问题经过一定形式的处理可转化为分布荷载作用下地基土的动力响应问题。

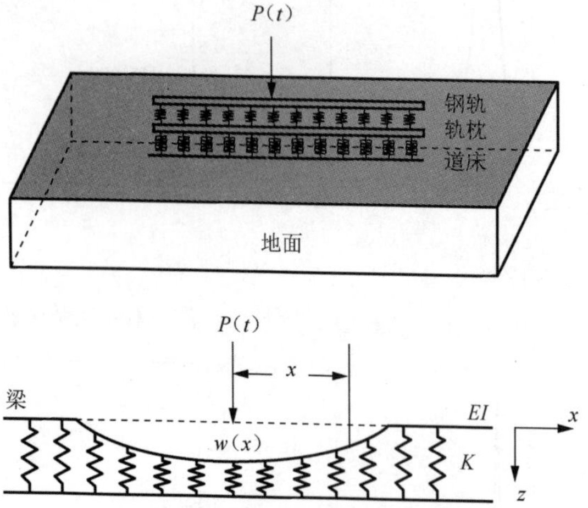


图 7.3.1　轴重荷载作用下轨道-地基土的动力模型

借助文献[20]～文献[22]的方法，可将地基土的刚度等效为 $K$，轨道结构的刚度等效为 $EI$，轨道结构的变形曲线模拟为

$$w(x)=\frac{P(t)}{2Kl_1}\mathrm{e}^{-\frac{|x|}{l_1}}\left[\cos\left(\frac{|x|}{l_1}\right)+\sin\left(\frac{|x|}{l_1}\right)\right] \tag{7.3.1}$$

式中，$P(t)$ 为轴重荷载大小；$K$ 为地基刚度；$l_1$ 为荷载分布的特征长度，由下式计算：

$$l_1=\left(\frac{4EI}{K}\right)^{1/4} \tag{7.3.2}$$

以速度 $v$ 运行的轴重荷载 $P(t)$ 通过轨道传递到地基土上的作用力可表示为

$$F_z(x,y,t)=\frac{P(t)}{2l_1}\mathrm{e}^{-\frac{|x-vt|}{l}}\left[\cos\left(\frac{|x-vt|}{l}\right)+\sin\left(\frac{|x-vt|}{l}\right)\right]\delta(y) \tag{7.3.3}$$

如考虑确定性荷载，以常值 $P$ 表示荷载的幅值，则确定性移动荷载的表达式为

$$F_z^D(x,y,t)=\frac{P}{2l_1}\mathrm{e}^{-\frac{|x-vt|}{l}}\left[\cos\left(\frac{|x-vt|}{l}\right)+\sin\left(\frac{|x-vt|}{l}\right)\right]\delta(y) \tag{7.3.4}$$

如考虑随机性荷载，假定 $S_f(\omega)$ 为荷载 $P(t)$ 的功率谱，根据虚拟激励法可以构造虚拟激励的表达式

$$F_z^R(x,y,t)=\frac{\sqrt{S_f(\omega)}\mathrm{e}^{\mathrm{i}\omega t}}{2l_1}\mathrm{e}^{-\frac{|x-vt|}{l}}\left[\cos\left(\frac{|x-vt|}{l}\right)+\sin\left(\frac{|x-vt|}{l}\right)\right]\delta(y) \tag{7.3.5}$$

通过对轨道结构变形的模拟，可把作用于地基土上的作用力模拟出来，从而使问题简化，便于求解。

不计体力，采用位移解法，分布荷载作用下地基土的控制方程可表示为

$$(\lambda+\mu)\nabla(\nabla\cdot\boldsymbol{u})+\mu\nabla^2\boldsymbol{u}=\rho\frac{\partial^2\boldsymbol{u}}{\partial t^2} \tag{7.3.6}$$

式中，$\boldsymbol{u}(\boldsymbol{x},t)=\{u(\boldsymbol{x},t),v(\boldsymbol{x},t),w(\boldsymbol{x},t)\}^{\mathrm{T}}$ 为弹性半空间体任一点 $\boldsymbol{x}(x,y,z)$ 的位移；$\lambda$ 和 $\mu$ 为弹性半空间体的拉梅常数；$\rho$ 为弹性半空间体的密度；$\nabla$ 为哈密顿算子；$\nabla^2$ 为拉普拉斯算子。

在半空间体表面满足以下条件：

$$\sigma_{zz}=-F_z,\quad \tau_{zx}=0,\quad \tau_{zy}=0 \tag{7.3.7}$$

式中，$F_z$ 为通过轨道结构传递到地基土上的分布力。

## 7.3.2 随机振动分析的积分变换方法

如前所述，车辆运行速度较低时，轴重静载在车辆荷载的频谱中所占比例较大，把车辆荷载等效为静载具有一定的实际意义。针对这一状况，本节采用积分变换法，分别研究确定性和随机性移动荷载引起的地基土动力响应。

式（7.3.6）的解可设为标量函数 $\varphi$ 的梯度与矢量函数 $\boldsymbol{\psi}$ 的旋度之和

$$\boldsymbol{u}=\nabla\varphi+\nabla\times\boldsymbol{\psi} \tag{7.3.8}$$

式中，$\boldsymbol{\psi}=(\psi_1,\psi_2,0)$。

将式（7.3.8）代入式（7.3.6）可得

$$\nabla^2\varphi-\frac{1}{c_D^2}\frac{\partial^2\varphi}{\partial t^2}=0,\nabla^2\boldsymbol{\psi}-\frac{1}{c_T^2}\frac{\partial^2\boldsymbol{\psi}}{\partial t^2}=0 \tag{7.3.9}$$

式中，$c_D=\sqrt{(\lambda+2\mu)/\rho}$ 和 $c_T=\sqrt{\mu/\rho}$ 分别为弹性半空间体的压缩波波速和剪切波波速。

将式（7.3.9）转入频率-波数域 $(x\to k_x,y\to k_y,t\to\beta)$ 得

$$\begin{cases}\dfrac{\mathrm{d}^2\bar{\varphi}}{\mathrm{d}z^2}-m_D^2\bar{\varphi}=0\\[2ex]\dfrac{\mathrm{d}^2\bar{\psi}_1}{\mathrm{d}z^2}-m_T^2\bar{\psi}_1=0,\quad\dfrac{\mathrm{d}^2\bar{\psi}_2}{\mathrm{d}z^2}-m_T^2\bar{\psi}_2=0\end{cases} \tag{7.3.10}$$

式中，

$$m_D^2=k_x^2+k_y^2-\frac{\beta^2}{c_D^2},\quad m_T^2=k_x^2+k_y^2-\frac{\beta^2}{c_T^2} \tag{7.3.11}$$

式（7.3.10）是关于 $z$ 的二阶常微分方程，其一般解可设为

$$\bar{\psi}_1=A\mathrm{e}^{-m_Tz},\quad\bar{\psi}_2=B\mathrm{e}^{-m_Tz},\quad\bar{\varphi}=C\mathrm{e}^{-m_Dz} \tag{7.3.12}$$

根据无穷远处的收敛边界条件，应舍去指数增长项，要求式（7.3.12）中 $m_T$、$m_D$ 的实部大于零。

由于边界条件是以应力形式给出的，若要确定常系数 $A$、$B$、$C$，则需要用势函数将应力分量表示出来。为此，将式（7.3.8）展开得

$$\begin{cases} u = \dfrac{\partial \varphi}{\partial x} - \dfrac{\partial \psi_2}{\partial z} \\ v = \dfrac{\partial \varphi}{\partial y} + \dfrac{\partial \psi_1}{\partial z} \\ w = \dfrac{\partial \varphi}{\partial z} + \dfrac{\partial \psi_2}{\partial x} - \dfrac{\partial \psi_1}{\partial y} \end{cases} \tag{7.3.13}$$

根据弹性力学知识，应力与应变之间的物理方程为

$$\begin{cases} \tau_{zy} = \mu \gamma_{zy} \\ \tau_{zx} = \mu \gamma_{zx} \\ \sigma_{zz} = \lambda\left(\varepsilon_x + \varepsilon_y + \varepsilon_z\right) + 2\mu\varepsilon_z \end{cases} \tag{7.3.14}$$

式（7.3.14）中的应变分量与位移分量之间满足以下几何方程：

$$\begin{cases} \varepsilon_x = \dfrac{\partial u}{\partial x},\quad \varepsilon_y = \dfrac{\partial v}{\partial y},\quad \varepsilon_x = \dfrac{\partial w}{\partial z} \\ \gamma_{zy} = \dfrac{\partial w}{\partial y} + \dfrac{\partial v}{\partial z} \\ \gamma_{zx} = \dfrac{\partial u}{\partial z} + \dfrac{\partial w}{\partial x} \end{cases} \tag{7.3.15}$$

将式（7.3.15）与式（7.3.13）代入式（7.3.14）中得

$$\begin{cases} \tau_{zx} = \mu\left(2\dfrac{\partial^2 \varphi}{\partial x \partial z} - \dfrac{\partial^2 \psi_1}{\partial x \partial y} + \dfrac{\partial^2 \psi_2}{\partial x^2} - \dfrac{\partial^2 \psi_2}{\partial z^2}\right) \\ \tau_{zy} = \mu\left(2\dfrac{\partial^2 \varphi}{\partial y \partial z} - \dfrac{\partial^2 \psi_1}{\partial y^2} + \dfrac{\partial^2 \psi_1}{\partial z^2} + \dfrac{\partial^2 \psi_2}{\partial x \partial y}\right) \\ \sigma_{zz} = \lambda \nabla^2 \Phi + 2\mu\left(\dfrac{\partial^2 \varphi}{\partial z^2} - \dfrac{\partial^2 \psi_1}{\partial y \partial z} + \dfrac{\partial^2 \psi_2}{\partial x \partial z}\right) \end{cases} \tag{7.3.16}$$

将式（7.3.16）转换到波数域得

$$\begin{Bmatrix} \bar{\tau}_{zx} \\ \bar{\tau}_{zy} \\ \bar{\sigma}_{zz} \end{Bmatrix} = \boldsymbol{HT} \begin{Bmatrix} A \\ B \\ C \end{Bmatrix} \tag{7.3.17}$$

式中，

$$\boldsymbol{H} = \mu \begin{bmatrix} -2\mathrm{i}k_x m_D & k_x k_y & -\left(k_x^2 + m_T^2\right) \\ -2\mathrm{i}k_y m_D & k_y^2 + m_T^2 & -k_x k_y \\ k_x^2 + k_y^2 + m_T^2 & 2\mathrm{i}k_y m_T & -2\mathrm{i}k_x m_T \end{bmatrix}$$

$$\boldsymbol{T} = \begin{bmatrix} \mathrm{e}^{-m_T z} & 0 & 0 \\ 0 & \mathrm{e}^{-m_T z} & 0 \\ 0 & 0 & \mathrm{e}^{-m_D z} \end{bmatrix} \tag{7.3.18}$$

式（7.3.7）的傅里叶变换式为

$$\bar{\sigma}_{zz}=-\bar{F}_z,\quad \bar{\tau}_{zx}=0,\quad \bar{\tau}_{zy}=0 \tag{7.3.19}$$

式（7.3.19）中，如 $\bar{F}_z$ 为确定性荷载，则其表达式为

$$\bar{F}_z^D\left(k_x,k_y,\beta\right)=\frac{8\pi}{4+k_x^4 l^4}\delta\left(\beta+k_x v\right) \tag{7.3.20}$$

如 $\bar{F}_z$ 为随机荷载，则其对应的虚拟激励在频率-波数域内的表达式为

$$\bar{F}_z^R\left(k_x,k_y,\beta\right)=\frac{8\pi\sqrt{S_f(\omega)}}{4+k_x^4 l^4}\delta\left(\beta-\omega+k_x v\right) \tag{7.3.21}$$

注意式（7.3.21）中 $\beta$ 为虚拟移动荷载对时间 $t$ 变换后的结果，而 $\omega$ 为激励功率谱的频率。

根据半空间体表面的边界条件，将式（7.3.17）代入式（7.3.15）中，可求得常系数 $A$、$B$、$C$ 为

$$\begin{Bmatrix} A \\ B \\ C \end{Bmatrix}=-\frac{\bar{F}_z}{\mu\Delta}\begin{Bmatrix} 2\mathrm{i}k_y m_D \\ -2\mathrm{i}k_x m_D \\ k_x^2+k_y^2+m_T^2 \end{Bmatrix} \tag{7.3.22}$$

式中，

$$\Delta=\left(k_x^2+k_y^2+m_T^2\right)^2-4m_D m_T(k_x^2+k_y^2) \tag{7.3.23}$$

其中，$m_D$ 和 $m_T$ 表达式见公式（7.3.11）。

将式（7.3.22）与式（7.3.12）代入式（7.3.13）的傅里叶变换式中，可求得位移在变换域中的表达式

$$\begin{Bmatrix} \bar{u} \\ \bar{v} \\ \bar{w} \end{Bmatrix}=\boldsymbol{Q}\begin{Bmatrix} C \\ A \\ B \end{Bmatrix} \tag{7.3.24}$$

式中，$\boldsymbol{Q}=\begin{bmatrix} \mathrm{i}k_x \mathrm{e}^{-m_D z} & 0 & m_T \mathrm{e}^{-m_T z} \\ \mathrm{i}k_y \mathrm{e}^{-m_D z} & -m_T \mathrm{e}^{-m_T z} & 0 \\ -m_D \mathrm{e}^{-m_D z} & -\mathrm{i}k_y \mathrm{e}^{-m_T z} & \mathrm{i}k_x \mathrm{e}^{-m_T z} \end{bmatrix}$。

对式（7.3.24）实施三重傅里叶逆变换，可得到物理域内的位移分量。对于确定性荷载，其表达式为

$$\begin{aligned} u^D &= \frac{1}{8\pi^3}\int_{-\infty}^{\infty}\int_{-\infty}^{\infty}\int_{-\infty}^{\infty}-\frac{\bar{F}_z^D}{\mu\Delta}\Big[\mathrm{i}k_x\left(k_x^2+k_y^2+m_T^2\right)\mathrm{e}^{-m_D z} \\ &\quad -2\mathrm{i}k_x m_T m_D \mathrm{e}^{-m_T z}\Big]\mathrm{e}^{\mathrm{i}k_x x}\mathrm{e}^{\mathrm{i}k_y y}\mathrm{e}^{\mathrm{i}\beta t}\mathrm{d}k_x\mathrm{d}k_y\mathrm{d}\beta \\ &= \frac{\mathrm{i}P}{\pi^2\mu}\int_{-\infty}^{\infty}\int_{-\infty}^{\infty}\frac{1}{\bar{\Delta}}\frac{1}{4+k_x^4 l^4}\Big[-k_x\left(k_x^2+k_y^2+\bar{m}_T^2\right)\mathrm{e}^{-\bar{m}_D z} \\ &\quad +2k_x\hat{m}_T\hat{m}_D\mathrm{e}^{-\bar{m}_T z}\Big]\mathrm{e}^{\mathrm{i}\left[k_x(x-vt)+k_y y\right]}\mathrm{d}k_x\mathrm{d}k_y \end{aligned} \tag{7.3.25}$$

$$\begin{aligned} v^D &= \frac{\mathrm{i}P}{\pi^2\mu}\int_{-\infty}^{\infty}\int_{-\infty}^{\infty}\frac{1}{\bar{\Delta}}\frac{1}{4+k_x^4 l^4}\Big[-k_y\left(k_x^2+k_y^2+\bar{m}_T^2\right)\mathrm{e}^{-\bar{m}_D z} \\ &\quad +2k_y\bar{m}_T\bar{m}_D\mathrm{e}^{-\bar{m}_T z}\Big]\mathrm{e}^{\mathrm{i}\left[k_x(x-vt)+k_y y\right]}\mathrm{d}k_x\mathrm{d}k_y \end{aligned} \tag{7.3.26}$$

$$w^D = \frac{P}{\pi^2\mu}\int_{-\infty}^{\infty}\int_{-\infty}^{\infty}\frac{1}{\bar{\varDelta}}\frac{1}{4+k_x^4l^4}\ \bar{m}_D\left[\left(k_x^2+k_y^2+\bar{m}_T^2\right)\mathrm{e}^{-\bar{m}_Dz}\right.$$
$$\left.-2\left(k_x^2+k_y^2\right)\mathrm{e}^{-\bar{m}_Tz}\right]\mathrm{e}^{\mathrm{i}\left[k_x(x-vt)+k_yy\right]}\mathrm{d}k_x\mathrm{d}k_y \tag{7.3.27}$$

此时式（7.3.11）和式（7.3.23）中的变量$\beta$均被$-k_xv$替换，主要是由狄拉克函数导致的。如式（7.3.25）所示，由于狄拉克函数的筛选性质，三重积分被化为二重积分，降维过程如式（7.3.28）所示。对于随机荷载，在虚拟激励作用下的虚拟响应为

$$\begin{aligned}u^R &= \frac{1}{8\pi^3}\int_{-\infty}^{\infty}\int_{-\infty}^{\infty}\int_{-\infty}^{\infty}-\frac{\bar{F}_z^D}{\mu\varDelta}\Big[\mathrm{i}k_x\left(k_x^2+k_y^2+m_T^2\right)\mathrm{e}^{-m_Dz}\\&\quad-2\mathrm{i}k_xm_Tm_D\mathrm{e}^{-m_Tz}\Big]\mathrm{e}^{\mathrm{i}k_xx}\mathrm{e}^{\mathrm{i}k_yy}\mathrm{e}^{\mathrm{i}\beta t}\mathrm{d}k_x\mathrm{d}k_y\mathrm{d}\beta\\&=\frac{\mathrm{i}\sqrt{S_f(\omega)}}{\pi^2\mu}\int_{-\infty}^{\infty}\int_{-\infty}^{\infty}\frac{1}{\hat{\varDelta}}\frac{1}{4+k_x^4l^4}\ \Big[-k_x\left(k_x^2+k_y^2+\hat{m}_T^2\right)\mathrm{e}^{-\hat{m}_Dz}\\&\quad+2k_x\hat{m}_T\hat{m}_D\mathrm{e}^{-\hat{m}_Tz}\Big]\mathrm{e}^{\mathrm{i}\left[k_x(x-vt)+k_yy\right]}\mathrm{d}k_x\mathrm{d}k_y\end{aligned} \tag{7.3.28}$$

$$v^R = \frac{\mathrm{i}\sqrt{S_f(\omega)}\mathrm{e}^{\mathrm{i}\omega t}}{\pi^2\mu}\int_{-\infty}^{\infty}\int_{-\infty}^{\infty}\frac{1}{\hat{\varDelta}}\frac{1}{4+k_x^4l^4}\ \Big[-k_y\left(k_x^2+k_y^2+\hat{m}_T^2\right)\mathrm{e}^{-\hat{m}_Dz}$$
$$+2k_y\hat{m}_T\hat{m}_D\mathrm{e}^{-\hat{m}_Tz}\Big]\mathrm{e}^{\mathrm{i}\left[k_x(x-vt)+k_yy\right]}\mathrm{d}k_x\mathrm{d}k_y \tag{7.3.29}$$

$$w^R = \frac{\sqrt{S_f(\omega)}\mathrm{e}^{\mathrm{i}\omega t}}{\pi^2\mu}\int_{-\infty}^{\infty}\int_{-\infty}^{\infty}\frac{1}{\hat{\varDelta}}\frac{1}{4+k_x^4l^4}\ \tilde{E}_{\mathrm{P}}\Big[\left(k_x^2+k_y^2+\hat{m}_T^2\right)\mathrm{e}^{-\hat{m}_Dz}$$
$$-2\left(k_x^2+k_y^2\right)\mathrm{e}^{-\hat{m}_Tz}\Big]\mathrm{e}^{\mathrm{i}\left[k_x(x-vt)+k_yy\right]}\mathrm{d}k_x\mathrm{d}k_y \tag{7.3.30}$$

根据虚拟激励法，系统的非平稳演变功率谱和时变方差可按下式计算：

$$S_u=\left(u^R\right)^*u^R, S_v=\left(v^R\right)^*v^R, S_w=\left(w^R\right)^*w^R \tag{7.3.31}$$

$$\sigma_u^2(t)=\int_{-\infty}^{\infty}S_u\mathrm{d}\omega, \sigma_v^2(t)=\int_{-\infty}^{\infty}S_v\mathrm{d}\omega, \sigma_w^2(t)=\int_{-\infty}^{\infty}S_w\mathrm{d}\omega \tag{7.3.32}$$

观察式（7.3.28）～式（7.3.30），可知被积函数与时间$t$有关，这就导致式（7.3.31）中的功率谱密度函数是时间$t$的函数，说明响应是一个非平稳随机过程。这主要是由荷载的移动特性引起的，实际上，如果速度$v=0$，移动荷载转变为固定荷载，式（7.3.28）～式（7.3.30）中的被积函数不再随时间变化，此时，按式（7.3.31）计算，简谐项$\mathrm{e}^{\mathrm{i}\omega t}$与它的复共轭相乘后，功率谱密度函数与时间$t$无关，响应就转变为了平稳随机过程。

分别令式（7.3.25）中的$\bar{\varDelta}=0$和式（7.3.28）中的$\hat{\varDelta}=0$，可解得

$$k_y\big|_D=\pm k_x\sqrt{v^2/c_{\mathrm{R}}^2-1} \tag{7.3.33}$$

$$k_y\big|_R=\pm k_x\sqrt{(\omega/k_x-v)^2/c_{\mathrm{R}}^2-1} \tag{7.3.34}$$

由式（7.3.33）知当$v>c_{\mathrm{R}}$时，$\bar{\varDelta}=0$成立，则式（7.3.25）中的被积函数存在两个奇异点。可知对于确定性荷载，地面产生共振现象时的临界速度仅与荷载移动速度有关。而对于随机荷载，由式（7.3.34）知，$\hat{\varDelta}=0$成立的条件不仅与荷载的移动速度有关，也与荷载的波动频

谱有关，这两个参数是地面共振现象的决定因素。然而，研究随机荷载作用下共振的机理是十分复杂的，荷载功率谱的频带较宽，响应并不依赖于单个频点，需要考虑全部频点对响应的影响。以解析的手段来研究是难以实现的，必须借助于数值结果进行分析。

**例 7.3.1**　由于目前移动随机荷载没有标准的功率谱数据，采用限带白噪声来代表荷载的功率谱。

$$S_f(\omega)=63.66\text{kN}^2/(\text{rad}\cdot\text{s}),\quad \omega\in[\pi,100\pi] \tag{7.3.35}$$

荷载分布的特征长度 $l_1$ 取为 0.8m。响应的表达式方程（7.3.28）～方程（7.3.30）为积分形式，被积函数具有高振荡性的特点，且积分区间是无穷的，导致数值计算十分困难。比较有利的是，积分核的值随着 $|k_x|$ 和 $|k_y|$ 的增大而快速衰减至 0。数值实验表明，采用数值积分方法，$k_x$ 和 $k_y$ 的区间设定为（−25, 25）是合适的。此外，采用自适应高斯数值积分算法，可以解决被积函数的振荡性问题。

（1）数值方法验证。

采用 Monte Carlo 法验证方法的正确性，同样计算半空间体的响应，假定随机分量 $P(t)$ 是由一系列三角函数构成，荷载时间变化函数的样本由下式给出：

$$P(t)=\sqrt{2}\sum_{k=1}^{N}\sqrt{S_f(\omega_k)\Delta\omega}\cos(\omega_k t+\phi_k) \tag{7.3.36}$$

式中，$S_f(\omega_k)$ 为 $S_f(\omega)$ 在第 $k$ 个频点 $\omega_k$ 处的值；$\Delta\omega$ 为离散的子区间；$\phi_k$ 为对应于 $\omega_k$ 的相位角，被认为是一个均匀分布在 $[0,2\pi]$ 的随机变量。

从文献[13]、[23]中选择三种地基土的参数，其中地基土 $A$ 是在英国特定的轨道场点测定的，地基土 $B$ 比地基土 $A$ 稍软一些，而地基土 $C$ 最软，如表 7.3.1 所示。

**表 7.3.1　地基土的参数**

| 参数 | 地基土 $A$ | 地基土 $B$ | 地基土 $C$ |
|---|---|---|---|
| $\mu$ /Pa | $1.07\times10^8$ | $0.8\times10^8$ | $2\times10^7$ |
| $\rho$ /（kg/m$^3$） | 1550 | 1250 | 2000 |
| $\nu$ | 0.257 | 0.257 | 0.25 |
| $\xi$ | 0.05 | 0.05 | 0.02 |
| $c_R$ /（m/s） | 242 | 232 | 92 |
| $c_S$ /（m/s） | 263 | 252 | 100 |
| $c_P$ /（m/s） | 459 | 411 | 173.2 |

前面已经申明，荷载沿 $x$ 轴从负方向向正方向移动，为方便描述，设定起始时间为负值，而荷载移动到原点时设定为 $t=0$ 时刻。点 $S$（0,0,1m）垂向位移的标准差用本节提出的方法和 Monte Carlo 法进行计算，如图 7.3.2 所示。可以观察到，两种方法的数值结果吻合得很好。值得一提的是，随着样本的增加，用 Monte Carlo 法计算的结果会与本节提出的方法吻合得更好。数值结果显示，同样速度下，软土更容易激起较大的振动。

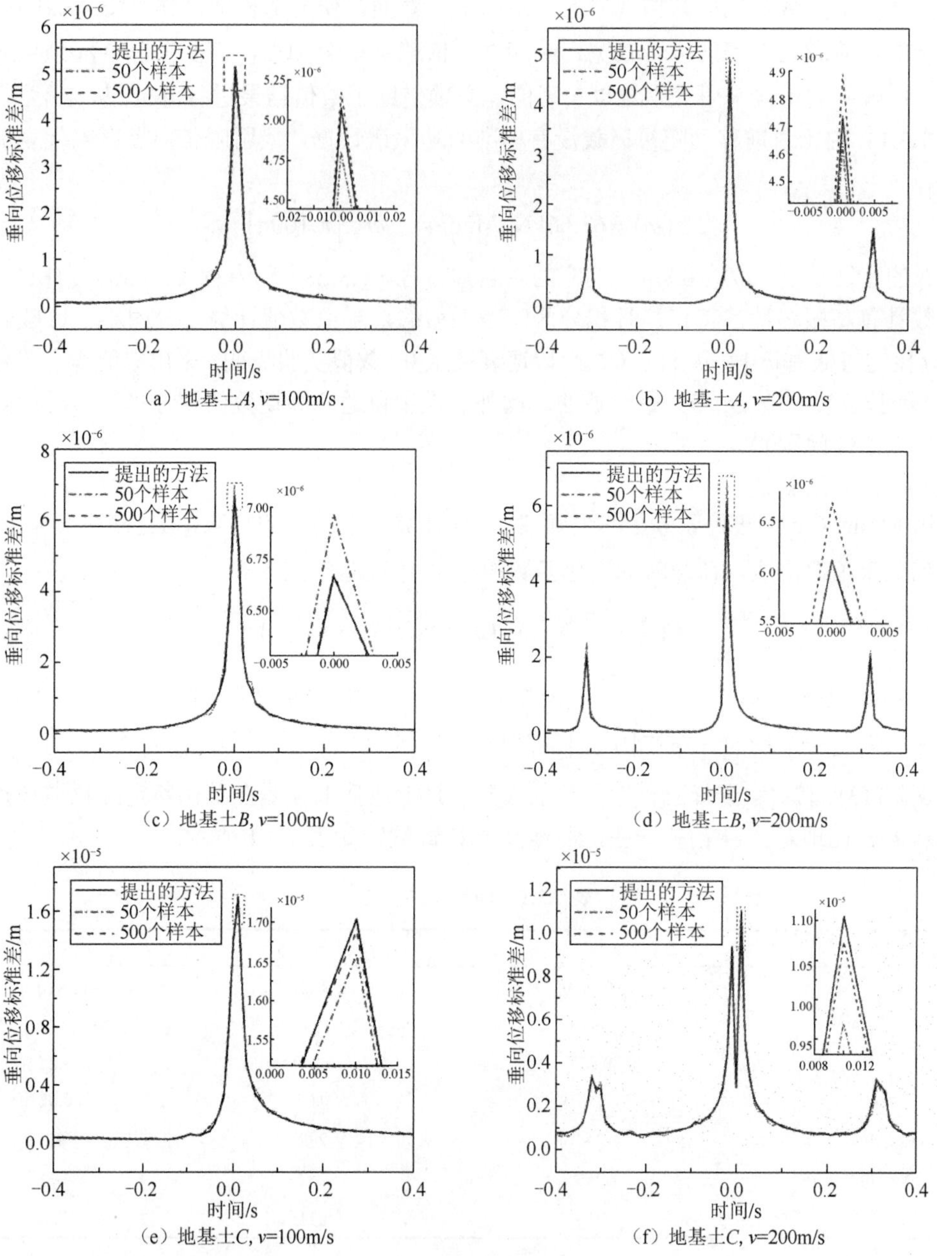


图 7.3.2　点 $S$ 垂向位移的标准差

在铁路交通领域，移动车辆荷载作用下的半空间体的垂向位移远比横向位移大，这里主要研究向位移的振动。因为地基土 $C$ 明显比地基土 $A$ 和地基土 $B$ 要软，它最有代表性，所以主要展开对地基土 $C$ 响应功率谱的参数研究。

（2）响应时频特性分析。

图 7.3.3 给出了确定性移动荷载作用下点 $S$ 的垂向位移，可以看出，荷载速度接近瑞利波速时，垂向位移最大［图 7.3.3（b）］。当荷载移动速度小于瑞利波速时，响应随着速度的增大而增大；当荷载移动速度大于瑞利波速时，响应随着速度的增大而减小。低速情况下响应

关于 $t=0$ 时刻有一定的对称性［图 7.3.3（a）］，而当速度逐渐增大时，对称性消失，这主要是因为阻尼的影响。无阻尼时，响应关于 $t=0$ 时刻是完全对称的。

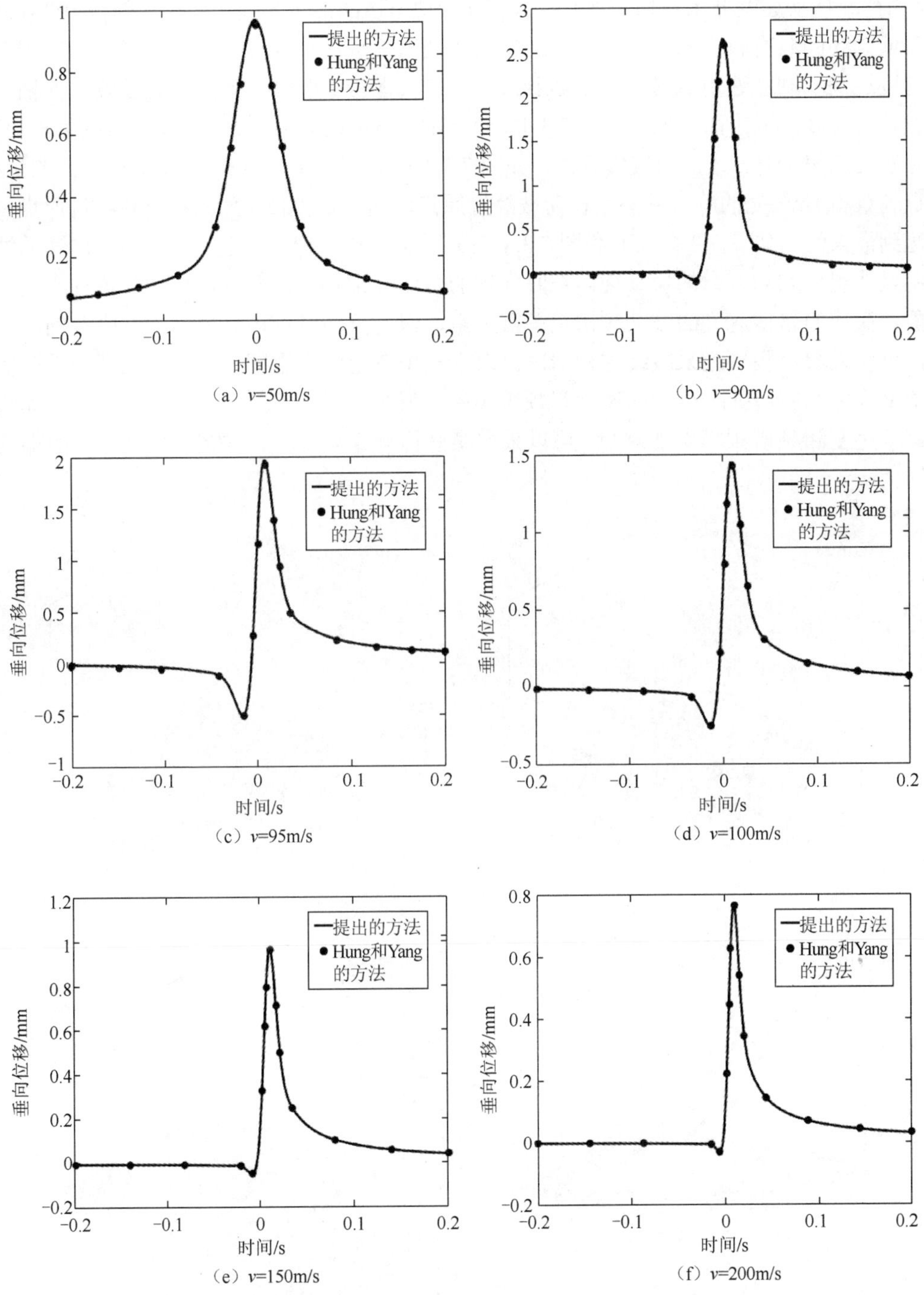


（a）$v$=50m/s　（b）$v$=90m/s

（c）$v$=95m/s　（d）$v$=100m/s

（e）$v$=150m/s　（f）$v$=200m/s

图 7.3.3　确定性荷载作用下点 $S$ 的垂向位移

对于不同速度下半空间体受移动随机荷载作用的问题，为了评估移动荷载的速度和频率的影响效果，计算观察点 $S$（0,0,1m）垂向位移的非平稳功率谱。如图 7.3.4（a）～图 7.3.4（d）所示，当荷载移动速度低于剪切波速（$v \leqslant c_S$）时，功率谱的能量主要集中在区间 [π,100](rad/s) 内，在低频区间具有较大的幅值。响应的幅值先随着荷载的移动速度增大而提高，直到荷载移动速度达到瑞利波速附近时，响应达到最大值，如图 7.3.4（b）所示。之后响应的幅值随着荷载移动速度的减小而降低，如图 7.3.4（b）和图 7.3.4（c）所示。另外，沿着频率轴观察，开始时响应急速下降，之后再缓慢升高，如图 7.3.4（a）～图 7.3.4（d）所示。由于波的传播，观察点 $S$（0,0,1m）处的响应并不是在荷载经过原点时达到最大值，而是在荷载经过原点稍后时刻达到最大值。如图 7.3.4（e）和图 7.3.4（f）所示，在荷载移动速度大于剪切波速的情况下，明显能观察到功率谱的振荡性，在时间轴的两侧分别存在放大区，这种现象称为地面共振现象。荷载的移动速度的波动频谱是关键因素，但是要在时域内确定是非常困难的。虽然如此，可以采取一些措施来减缓这种情况。对于一个特定的半空间体，可以展开一系列的数值实验来确定响应最强时荷载的速度和频谱频率，那么该速度和频率是应该避免的。如果荷载的移动速度和频谱频率不能避免，可以采取某些措施来增加土的硬度，相应地它的瑞利波速会增大。

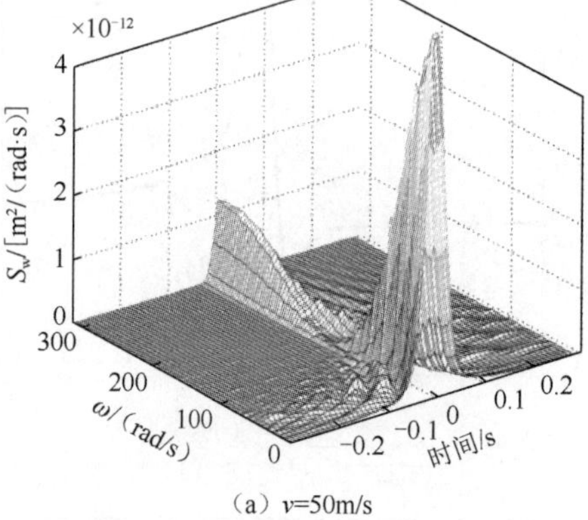

（a）$v$=50m/s

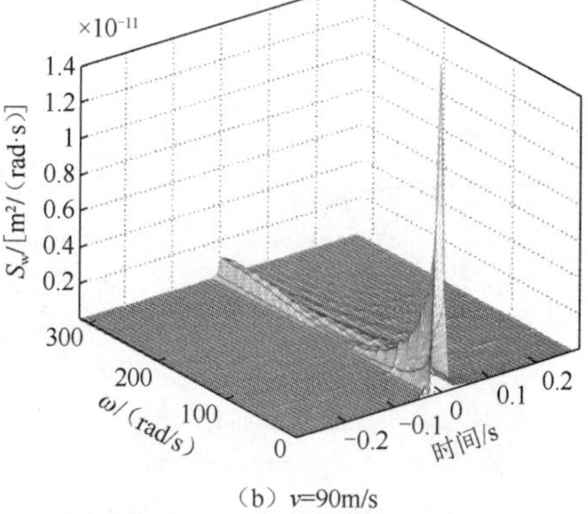

（b）$v$=90m/s

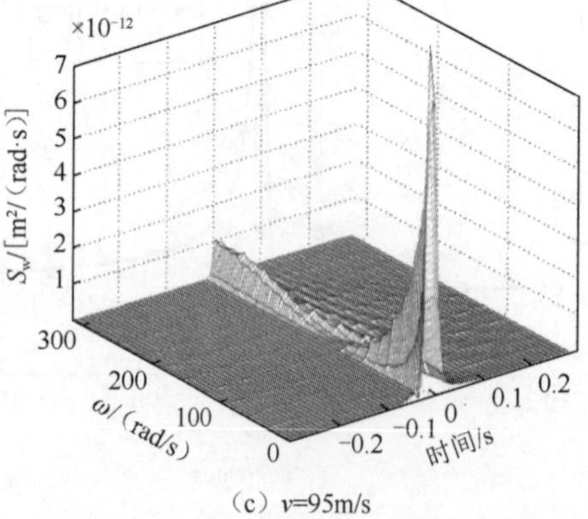

（c）$v$=95m/s

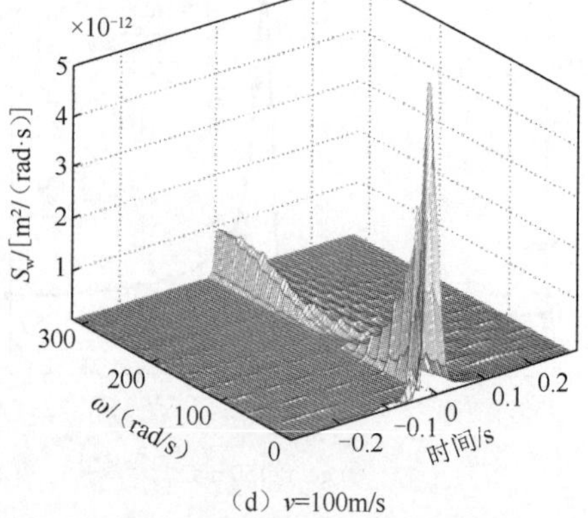

（d）$v$=100m/s

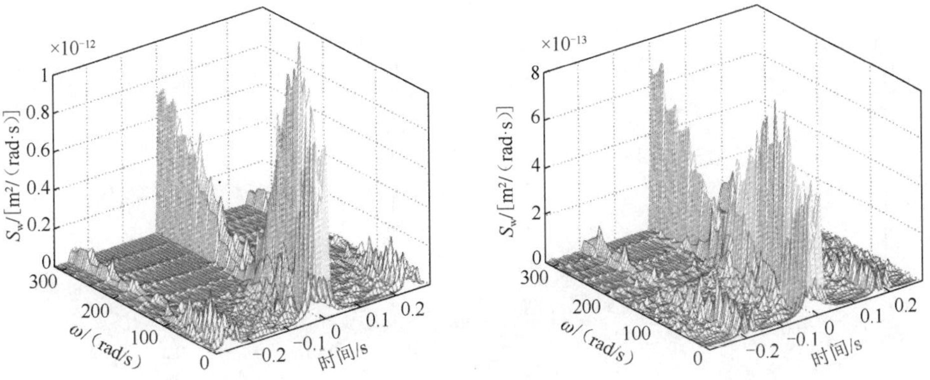


（e）$v$=150m/s　　（f）$v$=200m/s

图 7.3.4　点 $S$ 垂向位移的非平稳功率谱

点 $S$ 的垂向正应力非平稳功率谱如图 7.3.5 所示。数值结果显示，当荷载移动速度在瑞利波速附近时，响应在频谱的低频处有最大值，如图 7.3.5（b）所示。当荷载移动速度远离瑞利波速时，响应先随频率的上升而变大，达到极值后再逐渐降低，直至在100π rad/s 处接近于0。响应幅值随速度的变化规律类似于图 7.3.4，同样，响应在荷载通过原点的稍后时刻达到最大值。

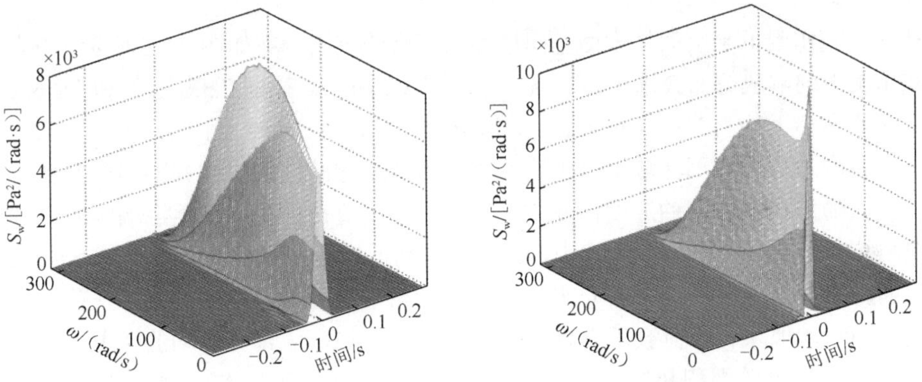


（a）$v$=50m/s　　（b）$v$=90m/s

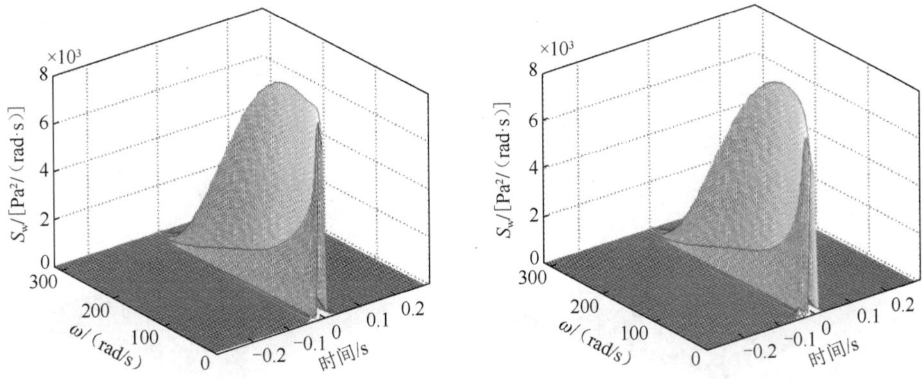


（c）$v$=95m/s　　（d）$v$=100m/s

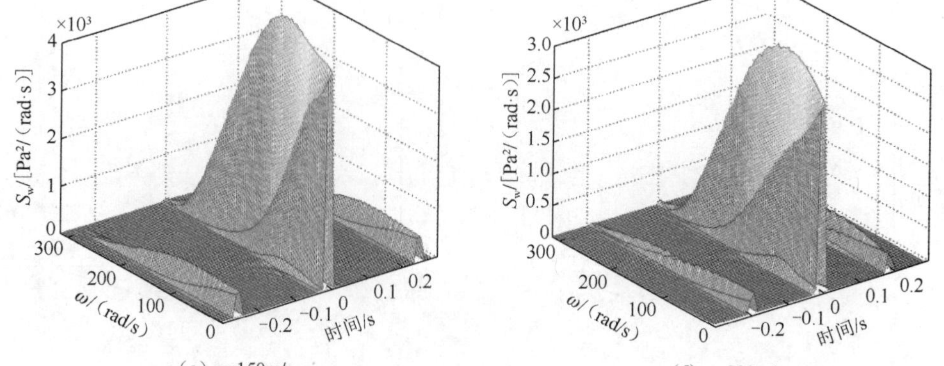


（e）$v$=150m/s　　（f）$v$=200m/s

图 7.3.5　点 $S$ 垂向应力的非平稳功率谱

（3）弹性波在介质中的传播规律分析。

经以上分析可知，低频对响应有着非常重要的影响。低频的极限为 0，即移动常荷载，应当考虑它对响应的影响。假定在 $\omega=0$ 为随机荷载的一个频点，那么它的功率谱密度在这个频点上也可类似推导出来。在接下来的算例中，分别讨论半空间体垂向位移、速度和应力功率谱的空间分布。鉴于功率谱是多个变量的函数，为简便计，选定在 $\omega=2\pi$ 和 $t=0$ 处对功率谱进行详细分析。

移动常荷载作用下半空间体表面垂向位移功率谱的空间分布如图 7.3.6 所示，相应的移动随机荷载作用下的响应分布（选定 $\omega=2\pi$ ）如图 7.3.7 所示。在图 7.3.6（a）和 7.3.6（b）中，对应于荷载速度小于瑞利波速（ $v<c_R$ ）的情形，功率谱关系 $y$=0 平面几乎是对称的。位移的能量几乎集中在荷载作用区域，这说明移动常荷载引起的波的传播并不强烈。受影响区域的面积和幅值随着荷载移动的速度而变大。功率谱的幅值在荷载速度接近瑞利波速时达到最大值。在图 7.3.6（c）～图 7.3.6（f）中，对应于移动荷载速度大于瑞利波速（$v>c_R$）的情形，由于阻尼的影响，功率谱不再关于 $y$=0 平面对称。影响较强的区域主要集中在荷载作用处，能明显观察到波动现象。在荷载后方有一振荡的 V 形区域，大部分振动的能量被限制在这个区域内。该 V 形区域的面积和幅值随着荷载移动速度的变大而变小。在整个速度范围内，位移功率谱关于 $x=0$ 是完全对称的，这种对称性对于后面要讨论的速度、加速度和应力功率谱也是适用的。

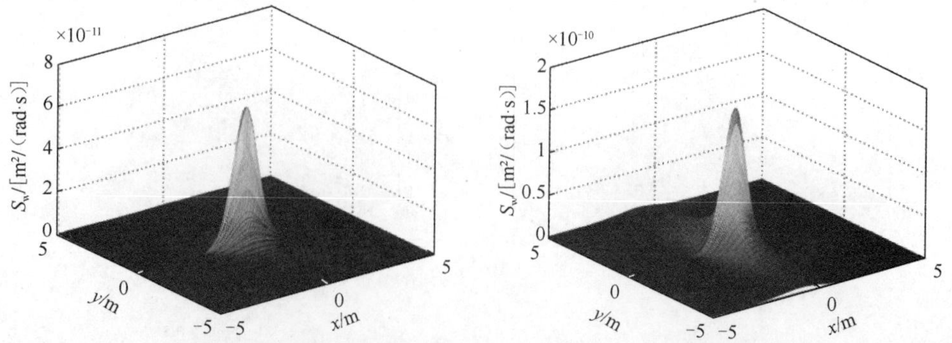


（a）$v$=50m/s　　（b）$v$=90m/s

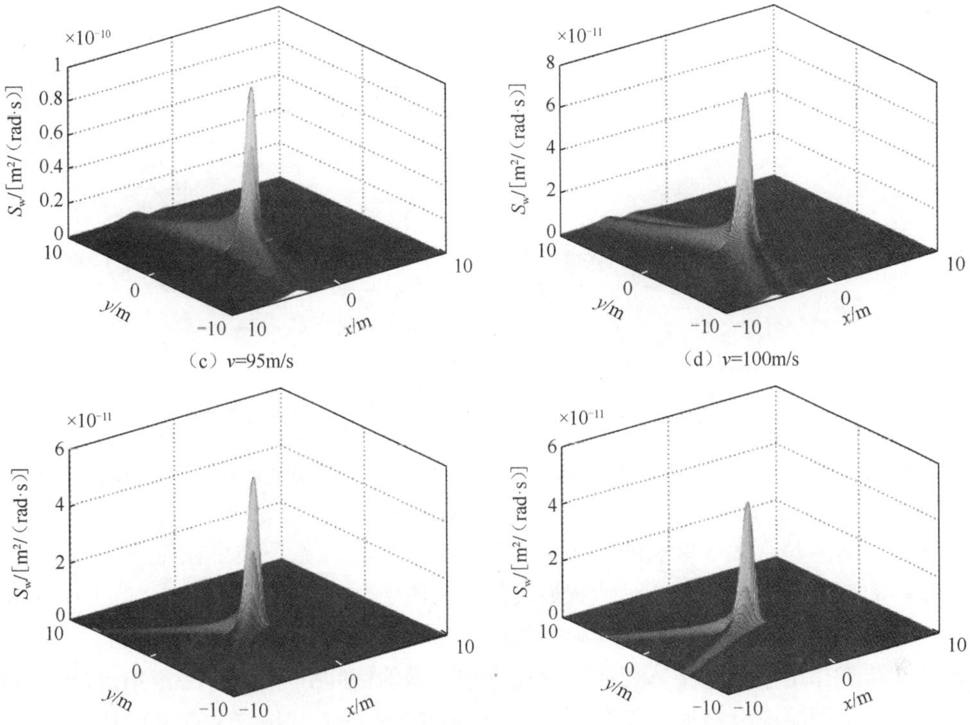


（c）$v$=95m/s　　（d）$v$=100m/s

（e）$v$=150m/s　　（f）$v$=200m/s

图 7.3.6　移动常荷载作用下垂向位移等效非平稳功率谱的空间分布

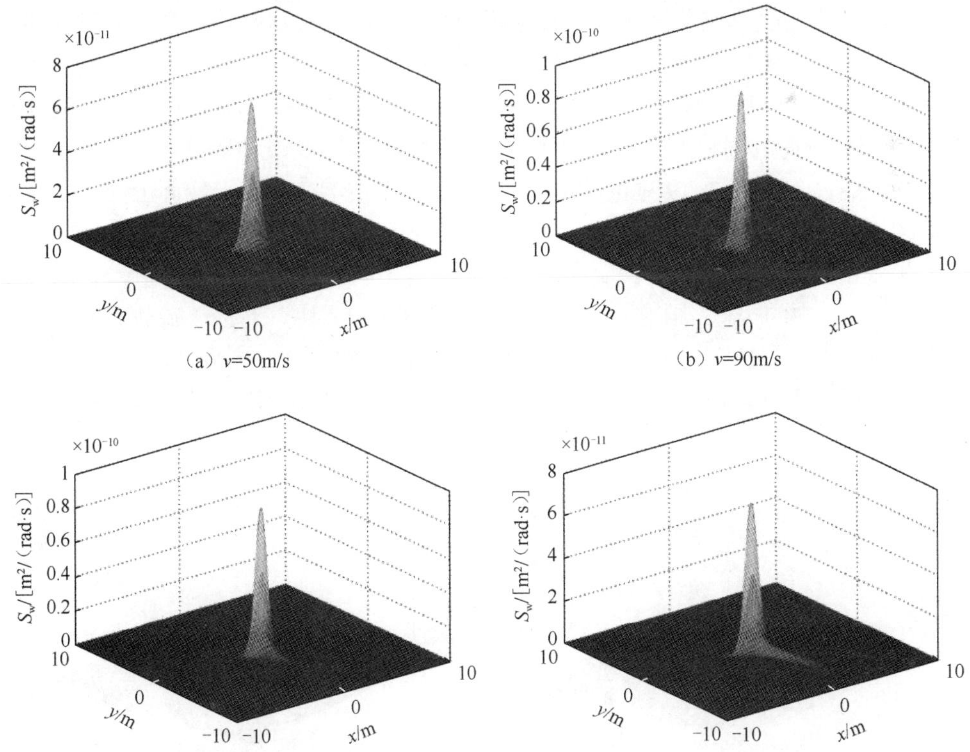


（a）$v$=50m/s　　（b）$v$=90m/s

（c）$v$=95m/s　　（d）$v$=100m/s

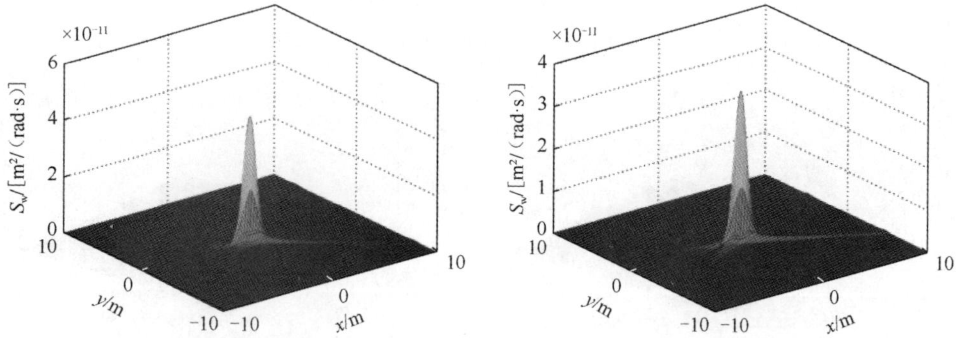


（e）$v$=150m/s　　（f）$v$=200m/s

图 7.3.7　移动随机荷载作用下垂向位移非平稳功率谱的空间分布

同一速度情形下，图 7.3.7 中的响应几乎都比图 7.3.6 中的响应要小。在整个速度范围内，图 7.3.7 中的响应关于 $y$ =0 平面是完全对称的，响应幅值随速度的变化规律与图 7.3.6 相似。无论荷载移动速度是否大于瑞利波速 $c_R$，受影响较强的区域主要集中在荷载作用处。响应幅值在荷载移动速度接近瑞利波速时达到最大值。在图 7.3.7（c）～图 7.3.7（f）中，对应于荷载移动速度大于瑞利波速的情形，受影响的区域主要呈 X 形环绕在荷载作用处。

移动常荷载作用下半空间体表面垂向速度功率谱的空间分布如图 7.3.8 所示，相应的移动随机荷载作用下的响应分布如图 7.3.9 所示。在图 7.3.8（a）和图 7.3.8（b）中，对应于荷载移动速度小于瑞利波速（$v<c_R$）的情形，半空间体速度响应的能量主要集中在荷载作用区域。响应具有两个相似的峰值，但是当荷载移动速度接近瑞利波速时，它们的幅值相差较大。随着荷载速度的增大，受影响的区域面积也逐渐变大，而响应幅值却快速升高。荷载移动速度在瑞利波速附近时，响应幅值达到最大值。在图 7.3.8（c）～图 7.3.8（f）中，响应有多个峰值。随着速度的变大，响应幅值在 $c_R < v < c_S$ 范围内降低，之后在 $v > c_S$ 范围内缓慢升高。振荡的 V 形区域随着荷载移动速度增大而变小，能明显地观察到波动现象。

在不同的速度下，图 7.3.9 中的响应均比图 7.3.8 中的响应要高。实际上同一速度下响应随着振动频率的变大而呈非线性增大。荷载速度远离瑞利波速时，响应具有类似的峰值，它们的幅值相差不大。当荷载速度在瑞利波速的附近时，响应幅值达到最大值，它随速度的变化规律与图 7.3.8 中的类似。在图 7.3.9（c）～图 7.3.9（f）中，对应于荷载速度大于瑞利波速的情形，振动的能量大部分被限制在 X 形区域内，能明显地观察到波动现象。与图 7.3.8 相比，响应不再关于 $y = 0$ 平面对称。同样，半空间体表面观察到的波动现象也是瑞利类型。

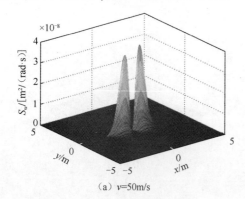

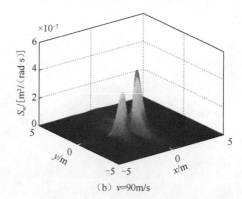

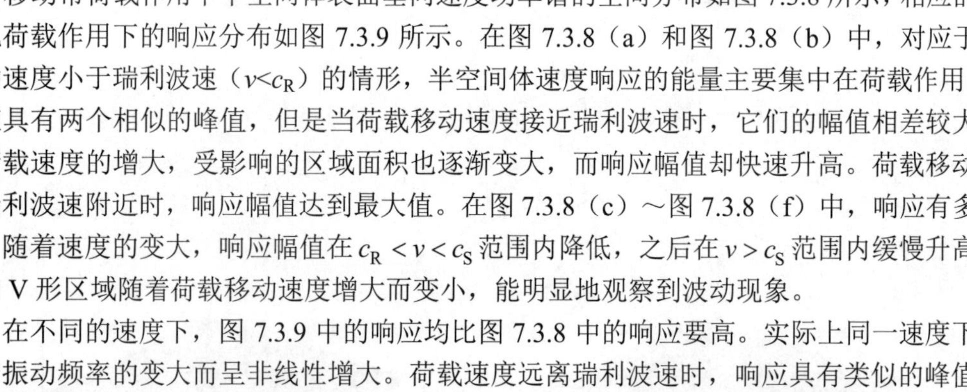


（a）$v$=50m/s　　（b）$v$=90m/s

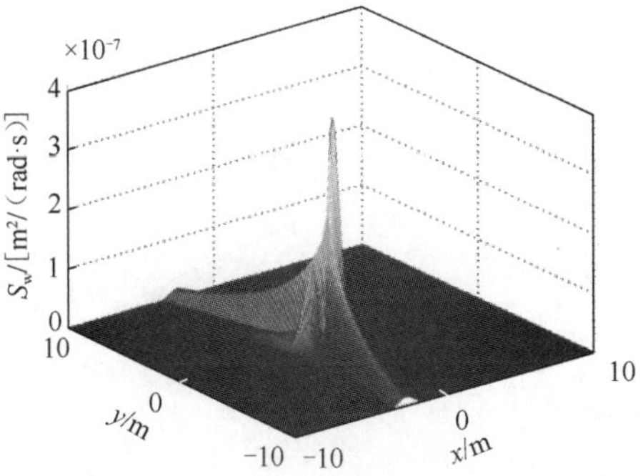


（c）$v$=95m/s

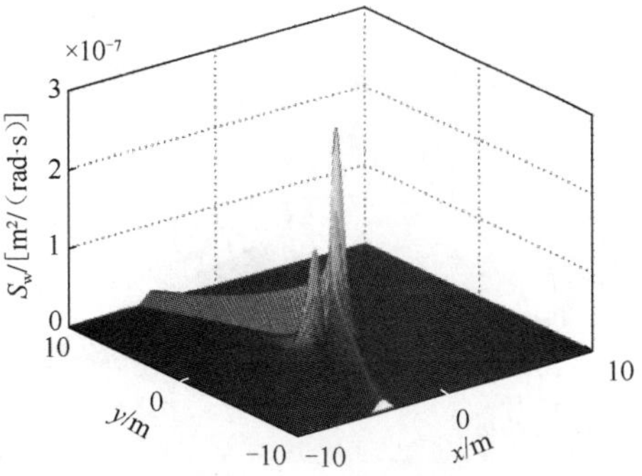


（d）$v$=100m/s

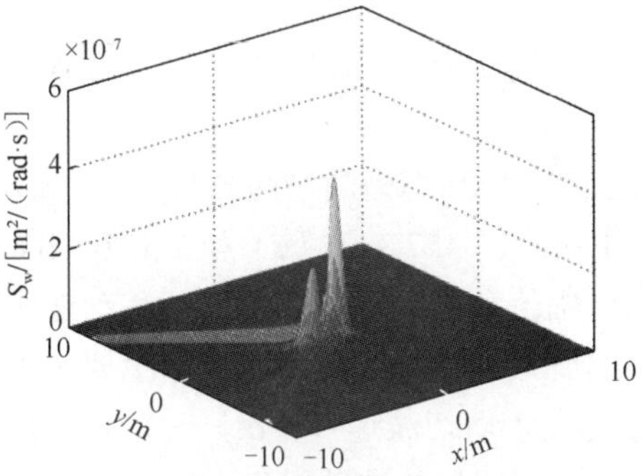


（e）$v$=150m/s

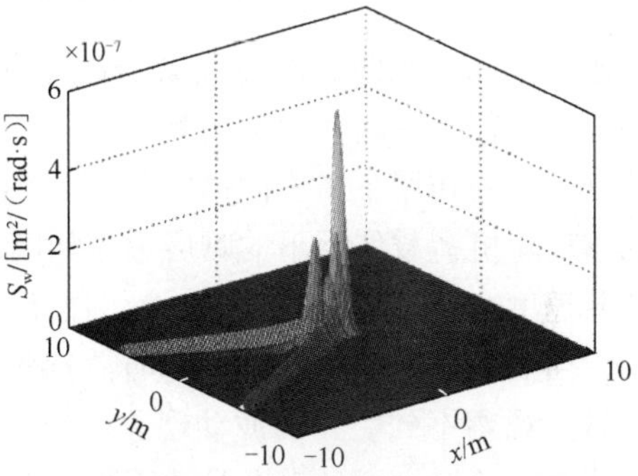


（f）$v$=200m/s

图 7.3.8　移动常荷载作用下垂向速度等效非平稳功率谱的空间分布

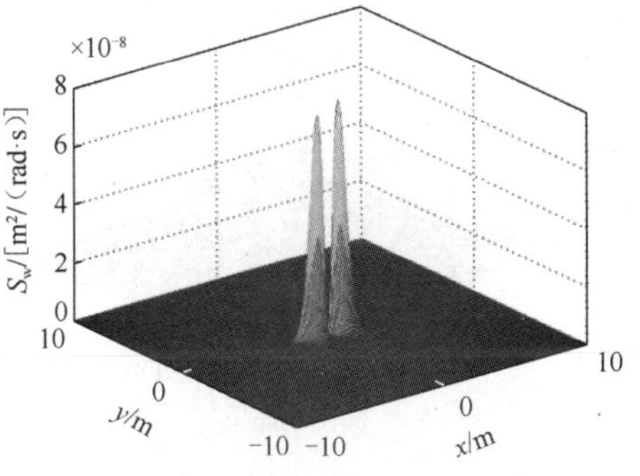


（a）$v$=50m/s

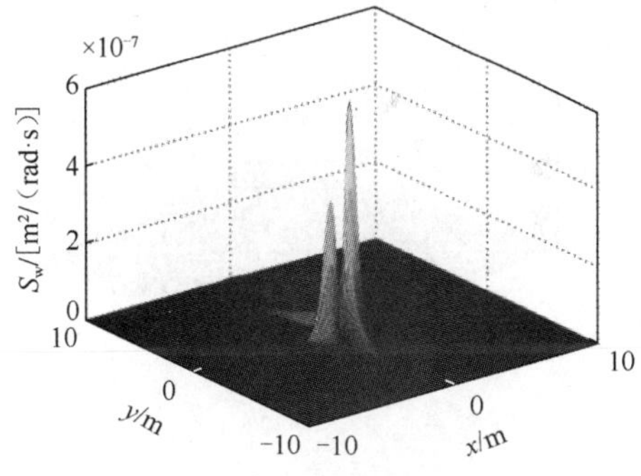


（b）$v$=90m/s

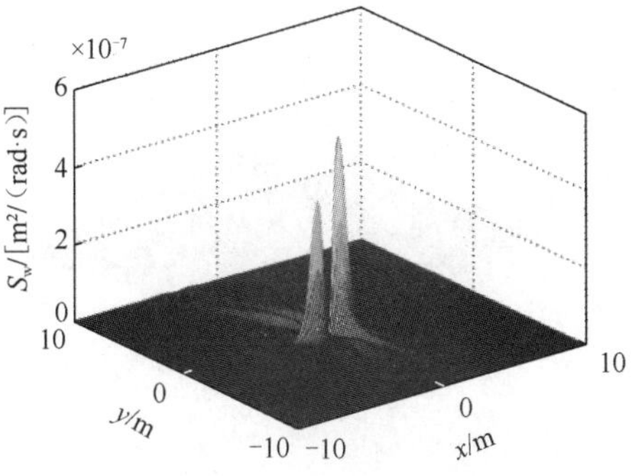


（c）$v$=95m/s

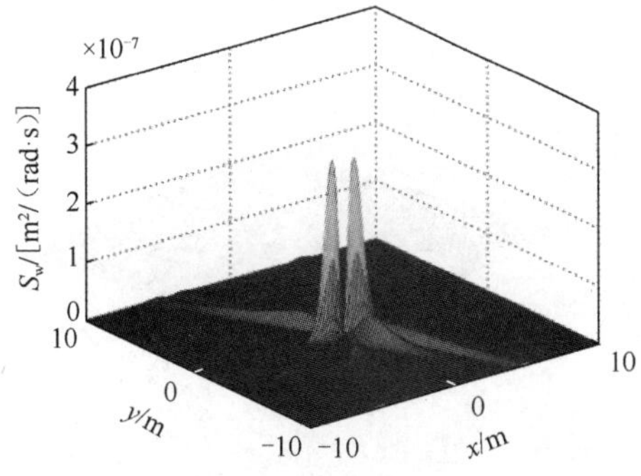


（d）$v$=100m/s

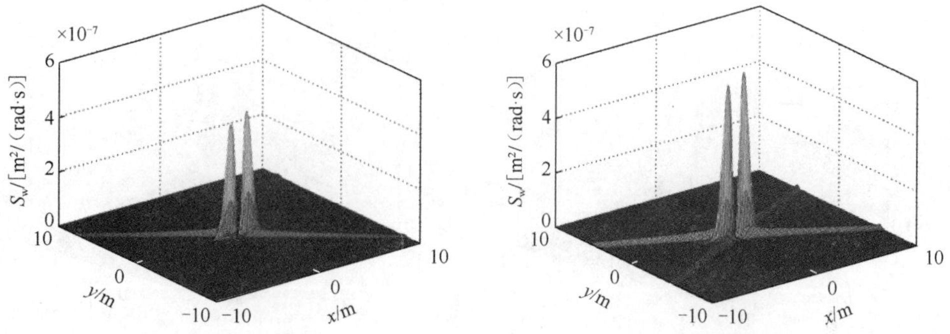


（e）$v$=150m/s　　（f）$v$=200m/s

图 7.3.9　移动随机荷载作用下垂向速度非平稳功率谱的空间分布

上述半空间体表面的波动现象主要为瑞利类型。为了研究剪切波和压缩波导致的类似现象，还需要研究半空间体内部的响应。

移动常荷载作用下半空间体内部 $z$=1 平面上正向应力功率谱的空间分布如图 7.3.10 所示，相应的移动随机荷载作用下的响应分布如图 7.3.11 所示。图 7.3.10（a）和 7.3.10（b）中，对应于荷载速度小于瑞利波速（$v<c_R$）的情形，响应幅值和影响区域随着荷载移动速度的变大而增大。当荷载速度接近瑞利波速时，响应幅值达到最大值。因为应力能量主要集中在荷载作用区域，观察不到明显的波动现象。当荷载速度大于剪切波速（$v>c_S$）时，响应幅值不会随着荷载速度的增大而一直上升或下降，此时能观察到明显的波动现象。

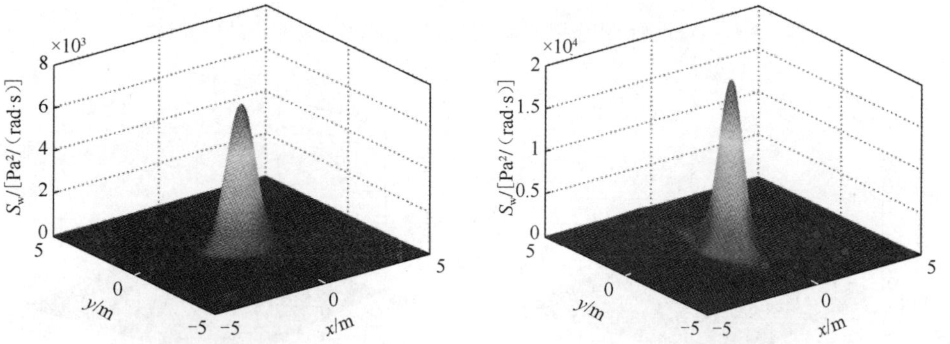


（a）$v$=50m/s　　（b）$v$=90m/s

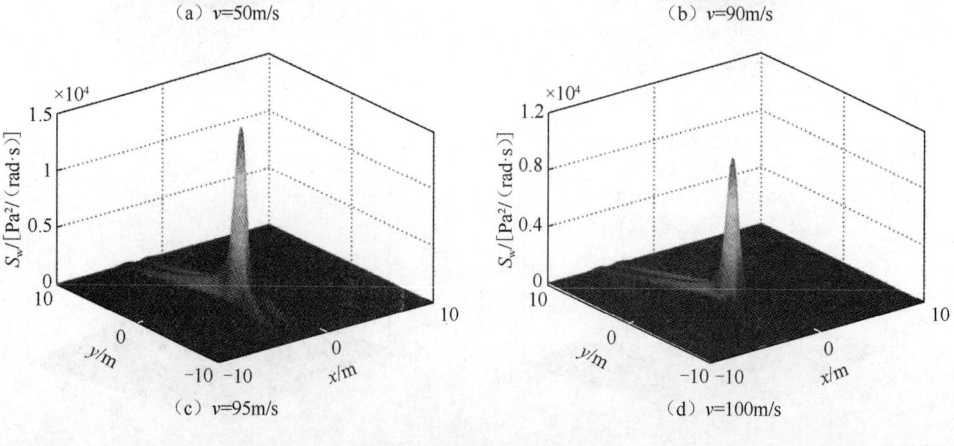


（c）$v$=95m/s　　（d）$v$=100m/s

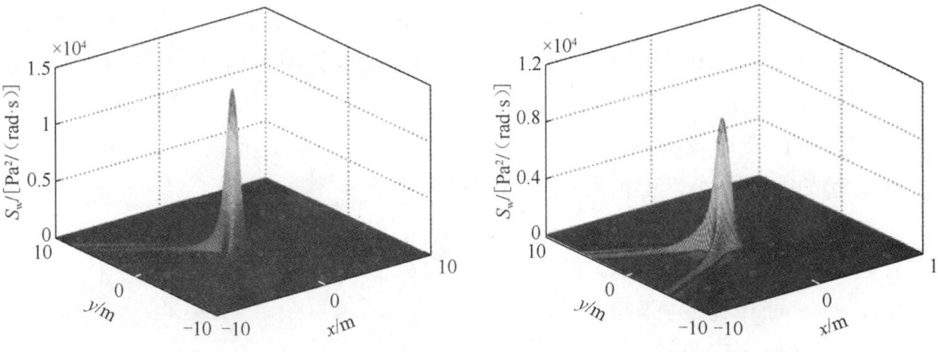


(e) $v$=150m/s　　(f) $v$=200m/s

图 7.3.10　移动常荷载作用下平面 $z$=1 上垂向应力等效非平稳功率谱的空间分布

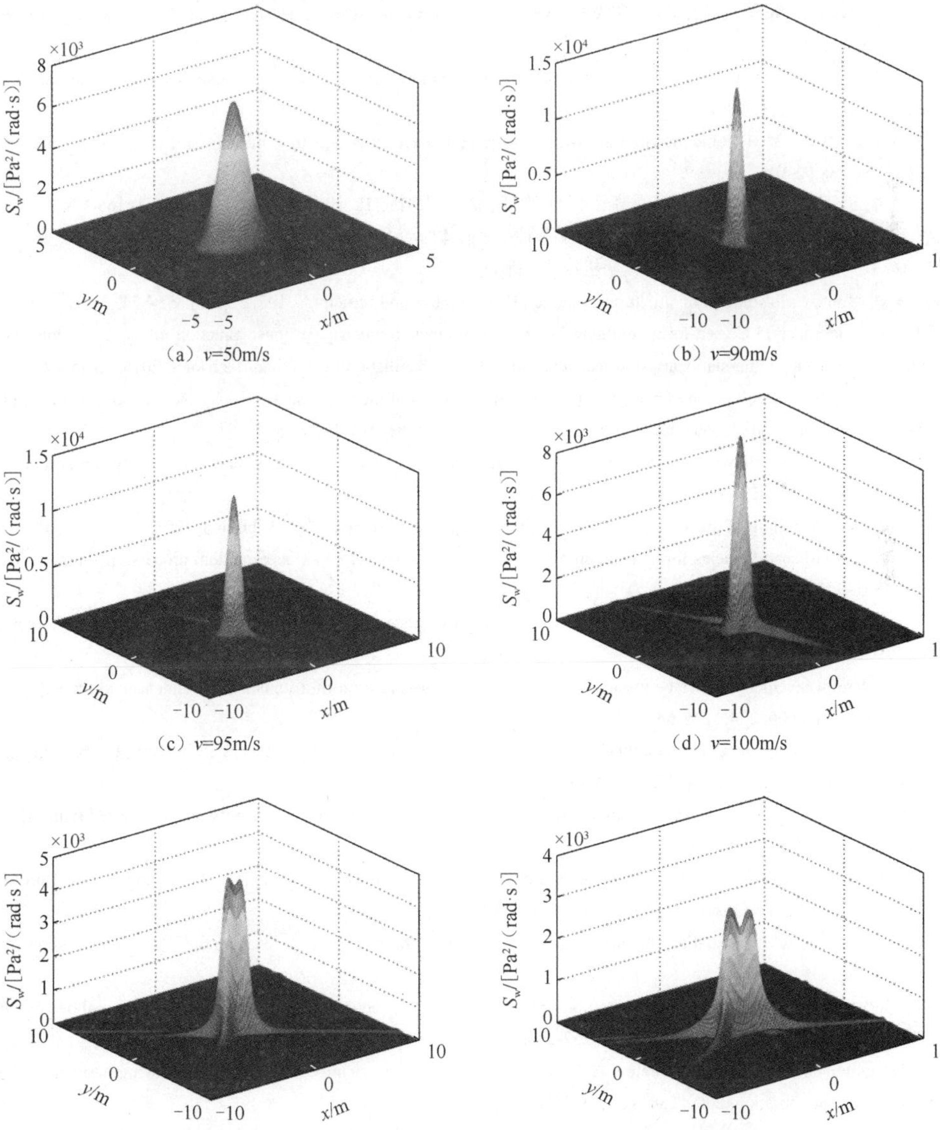


(a) $v$=50m/s　　(b) $v$=90m/s

(c) $v$=95m/s　　(d) $v$=100m/s

(e) $v$=150m/s　　(f) $v$=200m/s

图 7.3.11　移动随机荷载作用下平面 $z$=1 上垂向应力非平稳功率谱的空间分布

图 7.3.11 中，对应于移动随机荷载作用下的情形，当荷载移动速度大于剪切波速（$v>c_S$）时，响应的分布与图 7.3.10 有很大的不同。这表明动荷载作用下剪切波对影响有着重要的影响，这种影响在荷载速度大于压缩波速时（$v>c_P$）会放大。在剪切波和压缩波的作用下，随机荷载影响的区域比常荷载影响的区域大。在更高速（$v>c_P$）的情况下，随机荷载引起的响应比常荷载引起的响应要小，但前者能传播得更远。

## 参考文献


[1] 夏禾. 交通环境振动工程[M]. 北京：科学出版社, 2010.

[2] 雷晓燕. 高速铁路轨道动力学——模型、算法与应用[M]. 北京:科学出版社, 2015.

[3] Beskou N D, Theodorakopoulos D D. Dynamic effects of moving loads on road pavements: A review[J]. Soil Dynamics and Earthquake Engineering, 2011, 31(4):547-567.

[4] Bajer C I, Dyniewicz B. Numerical Analysis of Vibrations of Structures under Moving Inertial Load[M]. New York: Springer Science and Business Media, 2012.

[5] Zhao Y, Si L T, Ouyang H. Dynamic analysis of an infinitely long beam resting on a kelvin foundation under moving random loads[J]. Shock and Vibration, 2017, (1): 1-13.

[6] Si L T, Zhao Y, Zhang Y H. Random vibration of an elastic half-space subjected to a moving stochastic load[J]. Computers and Structures, 2016, 168:92-105.

[7] 司理涛, 赵岩, 张亚辉. 列车荷载作用下黏弹性半空间体的随机动力响应[J]. 计算力学学报, 2016, 33(2):165-170.

[8] 司理涛, 赵岩, 张亚辉. 移动随机线源荷载作用下黏弹性半空间体的动力响应[J]. 工程力学, 2016, 33(6):98-106.

[9] 司理涛. 移动随机荷载作用下线性连续系统随机振动分析[D]. 大连：大连理工大学, 2017.

[10] Shinozuka M. Monte carlo solution of structural dynamics[J]. Computers and Structures, 1972, 2(5-6):855-874.

[11] Muscolino G, Alderucci T. Closed-form solutions for the evolutionary frequency response function of linear systems subjected to separable or non-separable non-stationary stochastic excitations[J]. Probabilistic Engineering Mechanics, 2015, 40:75-89.

[12] Harrison R, Hammond J. Evolutionary (frequency/time) spectral analysis of the response of vehicles moving on rough ground by using “covariance equivalent” modelling[J]. Journal of Sound and Vibration, 1986, 107(1):29-38.

[13] Hung H H, Yang Y B. Elastic waves in visco-elastic half-space generated by various vehicle loads[J]. Soil Dynamics and Earthquake Engineering, 2001, 21(1):1-17.

[14] Hunt H. Stochastic modelling of traffic-induced ground vibration[J]. Journal of Sound and Vibration, 1991, 144(1):53-70.

[15] Hunt H. Modelling of road vehicles for calculation of traffic-induced ground vibration as a random process[J]. Journal of Sound and Vibration, 1991, 144(1):41-51.

[16] Sun L, Greenberg B S. Dynamic response of linear systems to moving stochastic sources[J]. Journal of Sound and Vibration, 2000, 229(4):957-972.

[17] Metrikine A, Vrouwenvelder A. Surface ground vibration due to a moving train in a tunnel: Two-dimensional model[J]. Journal of Sound and Vibration, 2000, 234(1):43-66.

[18] Sheng X, Jones C, Thompson D. A theoretical model for ground vibration from trains generated by vertical track irregularities[J]. Journal of Sound and Vibration, 2004, 272(3): 937-965.

[19] Lombaert G, Degrande G. Ground-borne vibration due to static and dynamic axle loads of intercity and high-speed trains[J]. Journal of Sound and Vibration, 2009, 319(3-5): 1036-1066.

[20] Takemiya H, Goda K. Prediction of ground vibration induced by high-speed train operation[C]. Proceedings of the 18th Sino-Japan Technology Seminar, Chinese Institute of Engineers Taipei, 1997:1-10.

[21] Krylov V, Ferguson C. Calculation of low-frequency ground vibrations from railway trains[J]. Applied Acoustics, 1994, 42(3):199-213.

[22] Krylov V. Spectra of low-frequency ground vibrations generated by high-speed trains on layered ground[J]. Journal of Low Frequency Noise Vibration and Active Control, 1997, 16(4): 257-270.

[23] Lefeuve-Mesgouez G, Le Houedec D, Peplow A T. Ground vibration in the vicinity of a high-speed moving harmonic strip load[J]. Journal of Sound and Vibration, 2000, 231(5): 1289-1309.

# 第 8 章　移动随机荷载作用下结构-弹性半空间耦合随机振动分析

交通引起的环境振动是一个涉及多学科交叉的科学问题，一些重要的物理现象及行为机理需要综合应用结构力学、弹性力学、波动力学、计算力学及统计力学等方法和手段予以解决。基于有限元离散的数值方法理论上提供了一种分析手段，但具体实施上会面临大规模计算问题。实际上，轨道和地基土等可视为无限结构，需要用多种方法进行等效，并不容易实现，即使把耦合系统连续模型离散化，也将产生自由度数庞大的复杂有限元体系。半解析法结合了解析方法与数值方法的优势，能够使研究者从理论上更深层次地理解问题，也可以为基于经验的设计提供有力的参考。本章介绍移动随机荷载作用下结构-弹性半空间耦合随机振动的半解析方法，包括基于虚拟激励和小波变换的混合方法，以及在哈密顿对偶体系内实现移动荷载引起的随机波传播的功率谱分析方法[1-6]。

## 8.1　考虑相干效应移动随机激励作用下连续体随机振动分析

在大跨度桥梁抗震设计中，工程界已对行波效应与相干效应有了充分的重视[7-12]。行波效应是指同一地震波到达不同支承时发生的时间延迟现象，相干效应是指不同激励到达同一支承时发生的叠加或相消现象。列车在轨道上运行时，由于轨道不平顺的影响，任意两车轮之间可以认为受到轮轨相同的随机激励，但存在某一时间滞后。同样是各车轮产生的激励源，以车辆为研究对象，则各激励对车体的动力作用为一行波效应问题；以地基土场地的某一固定观察点为研究对象，则各激励对观察点产生的动力作用为一相干效应问题。以固定观察点为研究对象时，如不考虑轨道不平顺而把激励源模拟为恒载，那么各激励源之间没有相位差，只是位置不同，此时各激励源对观察点产生的响应直接用线性叠加原理是合适的。如果考虑轨道不平顺的影响，则各车轮经历同一轨道不平顺过程，此时不但需要考虑各激励源的坐标分布，还需要考虑激励源之间的相位滞后问题。对于交通荷载引起的环境振动问题，学者一般把荷载模拟为移动恒载或简谐荷载，往往更关注荷载的坐标位置，较少考虑荷载之间的相位滞后[13-15]。针对这一问题，本节将激励源模拟为一平稳随机过程，进一步考虑荷载之间的相位差问题。从解析角度出发，提出多点完全相干激励作用下连续体的随机振动研究方法。该方法具有一般适用性，能够充分考虑荷载之间的坐标位置及相位滞后，为研究实际车辆荷载作用下连续体的随机动力响应问题提供理论支持。

### 8.1.1　连续体多点平稳激励分析的虚拟激励法

为阐述方便，以两处完全相干的移动随机荷载为例阐述多点虚拟激励法原理。如图 8.1.1 所示，垂向荷载 $f_1(\boldsymbol{x}_1,t)$ 和 $f_2(\boldsymbol{x}_2,t)$ 以速度 $v$ 沿着 $x$ 轴正向运行，$t$ 时刻荷载 $f_1(\boldsymbol{x}_1,t)$ 处于

$\boldsymbol{x}_1\left(x_1, y_1, z_1\right)$ 位置，荷载 $f_2\left(\boldsymbol{x}_2, t\right)$ 处于 $\boldsymbol{x}_2\left(x_2, y_2, z_2\right)$ 位置。一般地，荷载 $f\left(\boldsymbol{x}, t\right)$ 可由时间变化函数 $q\left(t\right)$ 与坐标函数 $\chi\left(\boldsymbol{x}, t\right)$ 的乘积表示为

$$f\left(\boldsymbol{x}, t\right)=q\left(t\right)\chi\left(\boldsymbol{x}, t\right) \tag{8.1.1}$$

式中，$q(t)$ 为自功率谱密度 $S_{qq}\left(\omega\right)$ 已知的平稳随机过程。

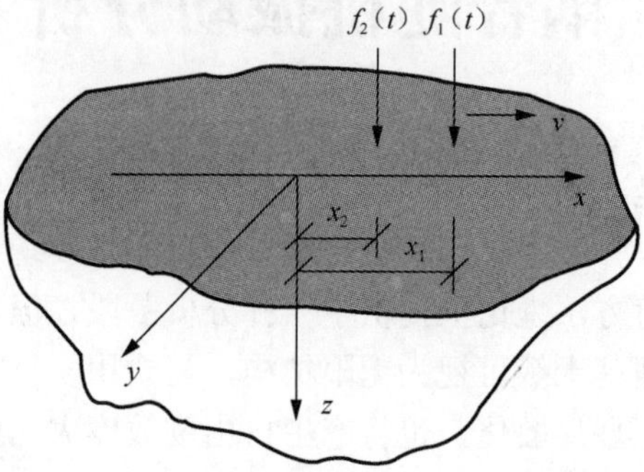


图 8.1.1　作用于任意连续结构上完全相干的移动荷载

两荷载之间的时间差为 $\Delta t=\left(x_1-x_2\right)/v$，那么系统任一位置 $\boldsymbol{x}\left(x, y, z\right)$ 处的位移可以表示为

$$\begin{aligned}\boldsymbol{u}\left(\boldsymbol{x}, t\right)=&\int_{-\infty}^{\infty}\{\int_{\boldsymbol{D}_1}\boldsymbol{G}\left(\boldsymbol{x}_1-\xi_1, t-\tau\right)q\left(\tau\right)\chi\left(\xi_1, \tau\right)\mathrm{d}S_1\\&+\int_{\boldsymbol{D}_2}\boldsymbol{G}\left(\boldsymbol{x}_2-\xi_2, t-\tau\right)q\left(\tau-\Delta t\right)\chi\left(\xi_2, \tau-\Delta t\right)\mathrm{d}S_2\}\mathrm{d}\tau\end{aligned} \tag{8.1.2}$$

式中，$\boldsymbol{G}\left(\boldsymbol{x}-\xi_i, t-\tau\right)$ 为 Green 函数，表示在 $\tau$ 时刻、$\xi_i$ 位置处作用一个脉冲，系统在 $t$ 时刻、$\boldsymbol{x}$ 处产生的响应；$\boldsymbol{D}_1$ 和 $\boldsymbol{D}_2$ 分别为荷载 $f_1\left(\boldsymbol{x}_1, t\right)$、$f_2\left(\boldsymbol{x}_2, t\right)$ 作用的区域。

响应 $\boldsymbol{u}\left(\boldsymbol{x}, t\right)$ 的自相关函数 $\boldsymbol{R}_{\boldsymbol{u}}\left(\boldsymbol{x}; t\right)$ 可以表示为

$$\begin{aligned}\boldsymbol{R}_{\boldsymbol{u}}\left(\boldsymbol{x}; t_1, t_2\right)&=E\left[\boldsymbol{u}\left(\boldsymbol{x}, t_1\right)\boldsymbol{u}^{\mathrm{T}}\left(\boldsymbol{x}, t_2\right)\right]\\&=\int_{-\infty}^{\infty}\int_{-\infty}^{\infty}\{\boldsymbol{H}_1\boldsymbol{H}_2^{\mathrm{T}}E\left[q\left(\tau_1\right)q\left(\tau_2\right)\right]+\boldsymbol{H}_3\boldsymbol{H}_2^{\mathrm{T}}E\left[q\left(\tau_1-\Delta t\right)q\left(\tau_2\right)\right]\\&\quad+\boldsymbol{H}_1\boldsymbol{H}_4^{\mathrm{T}}E\left[q\left(\tau_1\right)q\left(\tau_2-\Delta t\right)\right]+\boldsymbol{H}_3\boldsymbol{H}_4^{\mathrm{T}}E\left[q\left(\tau_1-\Delta t\right)q\left(\tau_2-\Delta t\right)\right]\}\mathrm{d}\tau_1\mathrm{d}\tau_2\end{aligned} \tag{8.1.3}$$

式中，

$$\begin{cases}\boldsymbol{H}_1=\int_{\boldsymbol{D}_1}\boldsymbol{G}\left(\boldsymbol{x}_1-\xi_1, t_1-\tau_1\right)\chi\left(\xi_1, \tau_1\right)\mathrm{d}S_1, \boldsymbol{H}_2=\int_{\boldsymbol{D}_1}\boldsymbol{G}\left(\boldsymbol{x}_1-\xi_1, t_2-\tau_2\right)\chi\left(\xi_1, \tau_2\right)\mathrm{d}S_1\\\boldsymbol{H}_3=\int_{\boldsymbol{D}_2}\boldsymbol{G}\left(\boldsymbol{x}_2-\xi_2, t_1-\tau_1\right)\chi\left(\xi_2, \tau_1-\Delta t\right)\mathrm{d}S_2, \boldsymbol{H}_4=\int_{\boldsymbol{D}_2}\boldsymbol{G}\left(\boldsymbol{x}_2-\xi_2, t_2-\tau_2\right)\chi\left(\xi_2, \tau_2-\Delta t\right)\mathrm{d}S_2\end{cases} \tag{8.1.4}$$

由于 $q(t)$ 是平稳随机过程，根据维纳-辛钦关系，有如下表达式成立：

$$\begin{cases}E\left[q(\tau_1)q(\tau_2)\right]=E\left[q\left(\tau_1-\Delta t\right)q\left(\tau_2-\Delta t\right)\right]=\int_{-\infty}^{\infty}\mathrm{S}_{qq}\left(\omega\right)\mathrm{e}^{\mathrm{i}\omega\left(\tau_2-\tau_1\right)}\mathrm{d}\omega\\E\left[q(\tau_1-\Delta t)q(\tau_2)\right]=\int_{-\infty}^{\infty}\mathrm{S}_{qq}\left(\omega\right)\mathrm{e}^{\mathrm{i}\omega\left(\tau_2-\tau_1+\Delta t\right)}\mathrm{d}\omega\\E\left[q(\tau_1)q(\tau_2-\Delta t)\right]=\int_{-\infty}^{\infty}\mathrm{S}_{qq}\left(\omega\right)\mathrm{e}^{\mathrm{i}\omega\left(\tau_2-\tau_1-\Delta t\right)}\mathrm{d}\omega\end{cases} \tag{8.1.5}$$

将式（8.1.5）代入式（8.1.3），并改变积分次序，可以获得如下表达式：

$$\boldsymbol{R}_{\boldsymbol{u}}\left(\boldsymbol{x};t_1,t_2\right)=\int_{-\infty}^{\infty}\int_{-\infty}^{\infty}\int_{-\infty}^{\infty}\Big[\boldsymbol{H}_1\boldsymbol{H}_2^{\mathrm{T}}+\boldsymbol{H}_3\boldsymbol{H}_2^{\mathrm{T}}\mathrm{e}^{\mathrm{i}\omega\Delta t}+\boldsymbol{H}_1\boldsymbol{H}_4^{\mathrm{T}}\mathrm{e}^{-\mathrm{i}\omega\Delta t}+\boldsymbol{H}_3\boldsymbol{H}_4^{\mathrm{T}}\Big]S_{qq}(\omega)\mathrm{e}^{\mathrm{i}\omega\Delta\tau}\mathrm{d}\tau_1\mathrm{d}\tau_2\mathrm{d}\omega \tag{8.1.6}$$

式中，$\Delta\tau=\tau_2-\tau_1$。

式（8.1.6）中，被积函数可写为如下形式：

$$\begin{aligned}&\Big[\boldsymbol{H}_1\boldsymbol{H}_2^{\mathrm{T}}+\boldsymbol{H}_3\boldsymbol{H}_2^{\mathrm{T}}\mathrm{e}^{\mathrm{i}\omega\Delta t}+\boldsymbol{H}_1\boldsymbol{H}_4^{\mathrm{T}}\mathrm{e}^{-\mathrm{i}\omega\Delta t}+\boldsymbol{H}_3\boldsymbol{H}_4^{\mathrm{T}}\Big]S_{qq}(\omega)\mathrm{e}^{\mathrm{i}\omega\Delta\tau}\\&=\left(\boldsymbol{H}_1+\boldsymbol{H}_3\mathrm{e}^{\mathrm{i}\omega\Delta t}\right)\mathrm{e}^{-\mathrm{i}\omega\tau_1}\left(\boldsymbol{H}_2+\boldsymbol{H}_4\mathrm{e}^{-\mathrm{i}\omega\Delta t}\right)^{\mathrm{T}}S_{qq}(\omega)\mathrm{e}^{\mathrm{i}\omega\tau_2}\end{aligned} \tag{8.1.7}$$

当$t_1=t_2$时，有如下关系成立：

$$\int_{-\infty}^{\infty}\boldsymbol{H}_1\mathrm{e}^{\mathrm{i}\omega\tau_1}\mathrm{d}\tau_1=\int_{-\infty}^{\infty}\boldsymbol{H}_2\mathrm{e}^{\mathrm{i}\omega\tau_2}\mathrm{d}\tau_2,\ \int_{-\infty}^{\infty}\boldsymbol{H}_3\mathrm{e}^{\mathrm{i}\omega\tau_1}\mathrm{d}\tau_1=\int_{-\infty}^{\infty}\boldsymbol{H}_4\mathrm{e}^{\mathrm{i}\omega\tau_2}\mathrm{d}\tau_2 \tag{8.1.8}$$

令

$$\begin{aligned}\boldsymbol{\Theta}(x,\omega,t)&=\int_{-\infty}^{\infty}\left(\boldsymbol{H}_1+\boldsymbol{H}_3\mathrm{e}^{-\mathrm{i}\omega\Delta t}\right)\sqrt{S_{qq}(\omega)}\mathrm{e}^{\mathrm{i}\omega\tau_1}\mathrm{d}\tau_1\\&=\int_{-\infty}^{\infty}\left(\boldsymbol{H}_2+\boldsymbol{H}_4\mathrm{e}^{-\mathrm{i}\omega\Delta t}\right)\sqrt{S_{qq}(\omega)}\mathrm{e}^{\mathrm{i}\omega\tau_2}\mathrm{d}\tau_2\end{aligned} \tag{8.1.9}$$

则有

$$\begin{aligned}\boldsymbol{\Theta}^*(x,\omega,t)&=\int_{-\infty}^{\infty}\left(\boldsymbol{H}_1+\boldsymbol{H}_3\mathrm{e}^{\mathrm{i}\omega\Delta t}\right)\sqrt{S_{qq}(\omega)}\mathrm{e}^{-\mathrm{i}\omega\tau_1}\mathrm{d}\tau_1\\&=\int_{-\infty}^{\infty}\left(\boldsymbol{H}_2+\boldsymbol{H}_4\mathrm{e}^{\mathrm{i}\omega\Delta t}\right)\sqrt{S_{qq}(\omega)}\mathrm{e}^{-\mathrm{i}\omega\tau_2}\mathrm{d}\tau_2\end{aligned} \tag{8.1.10}$$

于是式（8.1.6）可化为

$$\begin{bmatrix}\sigma_u^2 & R_{uv} & R_{uw}\\ R_{vu} & \sigma_v^2 & R_{vw}\\ R_{wu} & R_{wv} & \sigma_w^2\end{bmatrix}=\int_{-\infty}^{\infty}\boldsymbol{\Theta}^*(x,\omega,t)\boldsymbol{\Theta}^{\mathrm{T}}(x,\omega,t)\mathrm{d}\omega \tag{8.1.11}$$

则式（8.1.11）中被积矩阵函数的对角线元素为位移分量的时变功率谱。

观察式（8.1.9）可以发现，它实际上表示的是两个简谐激励$\tilde{F}_1(t)=\chi(\boldsymbol{x}_1,t)\sqrt{S_{qq}(\omega)}\mathrm{e}^{\mathrm{i}\omega t}$与$\tilde{F}_2(t)=\chi(\boldsymbol{x}_1,t-\Delta t)\sqrt{S_{qq}(\omega)}\mathrm{e}^{\mathrm{i}\omega(t-\Delta t)}$作用下系统的动力响应。因此，如果根据荷载之间的相位差构造相应的虚拟激励形式，必然能得到与式（8.1.11）相同的结果。对于更多荷载的情况，推导过程类似，这里不再赘述。以上结果表明，对于任意线性系统，如果作用有完全相干的随机荷载序列，按本节构造的虚拟激励形式，可以经线性叠加求得系统的虚拟动力响应。与一致激励相比，此方法不仅考虑了荷载时间变化函数的时间滞后，还考虑了坐标函数之间的时间滞后。求出虚拟响应后，用它的复共轭与之相乘，可以得到响应的功率谱，进一步可求得标准差。

## 8.1.2　连续体非平稳随机振动分析

### 1. 弹性半空间体

如图 8.1.2 所示，弹性半空间体在 $z$=0 表面作用有两处移动随机线源非均布荷载，沿 $x$ 轴

正向以速度 $v$ 运动，它们之间的时间差为 $\Delta t$ 。

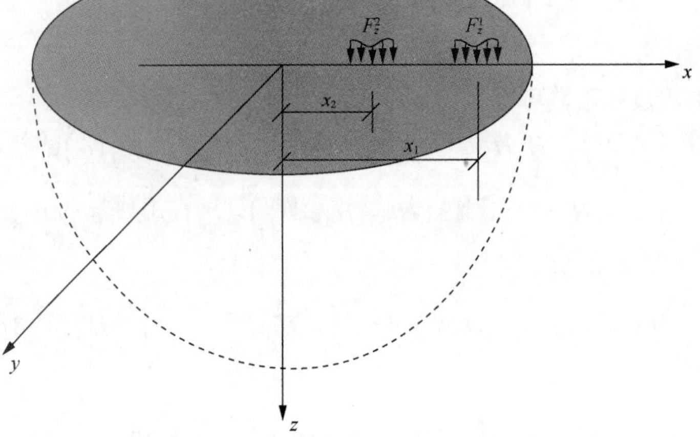


图 8.1.2　两点移动荷载作用下弹性半空间体模型

移动线源非均布荷载的表达式为

$$F_z(x,y,t)=\frac{q(t)}{2l_1}\mathrm{e}^{-\frac{|x-vt|}{l_1}}\left[\cos\left(\frac{|x-vt|}{l_1}\right)+\sin\left(\frac{|x-vt|}{l_1}\right)\right]\delta(y) \tag{8.1.12}$$

式中，右端第一项 $q(t)/2l_1$ 对应于式（8.1.1）中的时间变化函数 $q(t)$ ；而指数项与三角函数项的乘积则对应于位置函数 $\chi(\boldsymbol{x},t)$ 。

假定 $q(t)$ 为一平稳随机过程， $S_{qq}(\omega)$ 代表它的功率谱密度，相应地，可构造虚拟激励

$$\tilde{p}(x,y,t)=\frac{\sqrt{S_{qq}(\omega)}\mathrm{e}^{\mathrm{i}\omega t}}{2l_1}\mathrm{e}^{-\frac{|x-vt|}{l_1}}\left[\cos\left(\frac{|x-vt|}{l_1}\right)+\sin\left(\frac{|x-vt|}{l_1}\right)\right]\delta(y) \tag{8.1.13}$$

考虑具有时间差 $\Delta t$ 的两个移动随机线源分布荷载，沿荷载运行方向，如第一处随机荷载的随机虚拟激励形式为 $\tilde{p}(x,y,t)$ ，则第二处荷载的形式为 $\tilde{p}(x,y,t-\Delta t)$ ，那么总的虚拟激励形式可表示为

$$\tilde{P}(x,y,t)=\tilde{p}(x,y,t)+\tilde{p}(x,y,t-\Delta t) \tag{8.1.14}$$

此类问题的 Green 函数为

$$\begin{aligned}G_u(\boldsymbol{x},t)=&\frac{\mathrm{i}}{(2\pi)^3\mu}\int_{-\infty}^{\infty}\int_{-\infty}^{\infty}\int_{-\infty}^{\infty}\frac{1}{\varLambda}\Big[-k_x\left(k_x^2+k_y^2+E_\mathrm{s}^2\right)\mathrm{e}^{-E_\mathrm{p}z}\\&+2k_xE_\mathrm{p}E_\mathrm{s}\mathrm{e}^{-E_\mathrm{s}z}\Big]\mathrm{e}^{\mathrm{i}\left(k_xx+k_yy+\beta t\right)}\mathrm{d}k_x\mathrm{d}k_y\mathrm{d}\beta\end{aligned} \tag{8.1.15}$$

$$\begin{aligned}G_v(\boldsymbol{x},t)=&\frac{\mathrm{i}}{(2\pi)^3\mu}\int_{-\infty}^{\infty}\int_{-\infty}^{\infty}\int_{-\infty}^{\infty}\frac{1}{\varLambda}\Big[-k_y\left(k_x^2+k_y^2+E_\mathrm{s}^2\right)\mathrm{e}^{-E_\mathrm{p}z}\\&+2k_yE_\mathrm{p}E_\mathrm{s}\mathrm{e}^{-E_\mathrm{s}z}\Big]\mathrm{e}^{\mathrm{i}\left(k_xx+k_yy+\beta t\right)}\mathrm{d}k_x\mathrm{d}k_y\mathrm{d}\beta\end{aligned} \tag{8.1.16}$$

$$G_w(x,t)=\frac{1}{(2\pi)^3\mu}\int_{-\infty}^{\infty}\int_{-\infty}^{\infty}\int_{-\infty}^{\infty}\frac{1}{\Lambda}\Big[E_p\left(k_x^2+k_y^2+E_s^2\right)\mathrm{e}^{-E_p z}$$
$$-2E_p\left(k_x^2+k_y^2\right)\mathrm{e}^{-E_s z}\Big]\mathrm{e}^{\mathrm{i}\left(k_x x+k_y y+\beta t\right)}\mathrm{d}k_x\mathrm{d}k_y\mathrm{d}\beta \tag{8.1.17}$$

式（8.1.15）～式（8.1.17）中，

$$E_{\mathrm{p,s}}^2=k_x^2+k_y^2-k_{\mathrm{p,s}}^2,\quad k_{\mathrm{p,s}}=\beta/c_{\mathrm{p,s}},\quad \Lambda=\left(k_x^2+k_y^2+E_{\mathrm{s}}^2\right)^2-4E_{\mathrm{p}}E_{\mathrm{s}}(k_x^2+k_y^2) \tag{8.1.18}$$

以下简要推导纵向虚拟位移的求解过程，把第一处随机荷载 $\tilde{p}(x,y,t)$ 和式（8.1.15）代入式（8.1.9）中，可得第一处虚拟荷载作用下的虚拟位移 $\tilde{u}_1(\boldsymbol{x},\omega,t)$ 为

$$\tilde{u}_1(\boldsymbol{x},\omega,t)=\int_{\boldsymbol{D}}\int_{-\infty}^{t}\frac{\sqrt{S_{qq}(\omega)}\mathrm{e}^{\mathrm{i}\omega t}}{2l_1}\mathrm{e}^{-\frac{|\xi_1-v\tau|}{l_1}}\left[\cos\left(\frac{|\xi_1-v\tau|}{l_1}\right)+\sin\left(\frac{|\xi_1-v\tau|}{l_1}\right)\right]$$
$$\times\delta(\xi_2)G_u(x-\xi_1,y-\xi_2,z,t-\tau)\mathrm{d}\tau\mathrm{d}\xi_1\mathrm{d}\xi_2$$
$$=\frac{\mathrm{i}\sqrt{S_f(\omega)}\mathrm{e}^{\mathrm{i}\omega t}}{\pi^2\mu}\int_{-\infty}^{\infty}\int_{-\infty}^{\infty}\frac{1}{\hat{\Lambda}\left(4+k_x^4l_1^4\right)}$$
$$\times\left[-k_x\left(k_x^2+k_y^2+\hat{E}_s^2\right)\mathrm{e}^{-\hat{E}_p z}+2k_x\hat{E}_p\hat{E}_s\mathrm{e}^{-\hat{E}_s z}\right]\mathrm{e}^{\mathrm{i}\left[k_x(x-vt)+k_y y\right]}\mathrm{d}k_x\mathrm{d}k_x\mathrm{d}\omega \tag{8.1.19}$$

通过积分运算并利用狄拉克函数的性质，式（8.1.15）中的变量 $E_{\mathrm{p}}$、$E_{\mathrm{s}}$ 及 $\Lambda$ 转化为

$$\begin{cases}\hat{E}_{p,s}^2=k_x^2+k_y^2-k_{\mathrm{p,s}}^2\\ \hat{k}_{\mathrm{p,s}}=\dfrac{(\omega-k_x v)}{c_{\mathrm{p,s}}}\\ \hat{\Lambda}=\left(k_x^2+k_y^2+\hat{E}_{\mathrm{s}}^2\right)^2-4\hat{E}_{\mathrm{p}}\hat{E}_{\mathrm{s}}(k_x^2+k_y^2)\end{cases} \tag{8.1.20}$$

类似地，可求出第一处随机荷载作用下弹性半空间体的虚拟横向位移 $\tilde{v}_1(\boldsymbol{x},\omega,t)$ 与垂向位移 $\tilde{w}_1(\boldsymbol{x},\omega,t)$

$$\tilde{v}_1(\boldsymbol{x},\omega,t)=\frac{\mathrm{i}\sqrt{S_{qq}(\omega)}\mathrm{e}^{\mathrm{i}\omega t}}{\pi^2\mu}\int_{-\infty}^{\infty}\int_{-\infty}^{\infty}\frac{1}{\hat{\Lambda}\left(4+k_x^4l_1^4\right)}$$
$$\times\left[-k_y\left(k_x^2+k_y^2+\hat{E}_{\mathrm{s}}^2\right)\mathrm{e}^{-\hat{E}_{\mathrm{p}} z}+2k_y\hat{E}_{\mathrm{p}}\hat{E}_{\mathrm{s}}\mathrm{e}^{-\hat{E}_{\mathrm{s}} z}\right]\mathrm{e}^{\mathrm{i}\left[k_x(x-vt)+k_y y\right]}\mathrm{d}k_x\mathrm{d}k_x\mathrm{d}\omega \tag{8.1.21}$$

$$\tilde{w}_1(\boldsymbol{x},\omega,t)=\frac{\mathrm{i}\sqrt{S_{qq}(\omega)}\mathrm{e}^{\mathrm{i}\omega t}}{\pi^2\mu}\int_{-\infty}^{\infty}\int_{-\infty}^{\infty}\frac{1}{\hat{\Lambda}\left(4+k_x^4l_1^4\right)}$$
$$\times\left[\hat{E}_{\mathrm{p}}\left(k_x^2+k_y^2+\hat{E}_{\mathrm{s}}^2\right)\mathrm{e}^{-\hat{E}_{\mathrm{p}} z}-2\hat{E}_{\mathrm{p}}\left(k_x^2+k_y^2\right)\mathrm{e}^{-\hat{E}_{\mathrm{s}} z}\right]\mathrm{e}^{\mathrm{i}\left[k_x(x-vt)+k_y y\right]}\mathrm{d}k_x\mathrm{d}k_x\mathrm{d}\omega \tag{8.1.22}$$

第二处荷载作用下的虚拟位移也可用同样方法求出，其形式与第一处荷载作用下的虚拟位移有如下关系：

$$\begin{cases}\tilde{u}_2(\boldsymbol{x},\omega,t)=\tilde{u}_1(\boldsymbol{x},\omega,t-\Delta t)\\ \tilde{v}_2(\boldsymbol{x},\omega,t)=\tilde{v}_1(\boldsymbol{x},\omega,t-\Delta t)\\ \tilde{w}_2(\boldsymbol{x},\omega,t)=\tilde{w}_1(\boldsymbol{x},\omega,t-\Delta t)\end{cases} \tag{8.1.23}$$

则两处虚拟荷载作用下系统总的虚拟位移为

$$\begin{cases}\tilde{u}(\boldsymbol{x},\omega,t)=\tilde{u}_1(\boldsymbol{x},\omega,t)+\tilde{u}_2(\boldsymbol{x},\omega,t)\\ \tilde{v}(\boldsymbol{x},\omega,t)=\tilde{v}_1(\boldsymbol{x},\omega,t)+\tilde{v}_2(\boldsymbol{x},\omega,t)\\ \tilde{w}(\boldsymbol{x},\omega,t)=\tilde{w}_1(\boldsymbol{x},\omega,t)+\tilde{w}_2(\boldsymbol{x},\omega,t)\end{cases} \tag{8.1.24}$$

研究多点移动随机激励作用下弹性半空间体的动力响应。考虑图 8.1.2 所示动力系统，弹性半空间体的参数如第 7 章所示。由于目前没有标准的轮轨力功率谱密度函数可以查询，这里采用限带宽白噪声[3]来模拟

$$S_p(\omega)=63.66\text{kN}^2/(\text{rad}\cdot\text{s}),\quad \omega\in[0,50\pi] \tag{8.1.25}$$

以相距 20m 的两处荷载来表示单节车厢的随机荷载。由于垂向位移功率谱是多个变量的函数，它演变的整体性质完全采用可视图形来描述是不可行的，采用固定一些变量的办法来描述移动线源均布荷载作用下半空间体功率谱的特性。

图 8.1.3 给出了半空间体点 $S$（0,0,1m）垂向位移的功率谱。当荷载移动速度小于瑞利波速（92m/s）时，随着荷载移动速度的提高，功率谱的峰值逐渐增大。沿着时间轴来观察，响应的峰值基本上出现在荷载作用位置处；而沿着频率轴来观察，响应的峰值出现在频率为 0 处。当荷载移动速度大于瑞利波速时，随着荷载移动速度的提高，功率谱的峰值逐渐减小。沿着时间轴来观察，响应的峰值并不是出现在荷载作用处，而是出现在荷载作用位置前方，速度越大，距荷载作用位置越远，这主要是阻尼的影响；而沿着频率轴来观察，响应先增大，到达峰值后迅速减小。功率谱的峰值主要集中在 0～10Hz 范围内，在这个范围之外，响应的

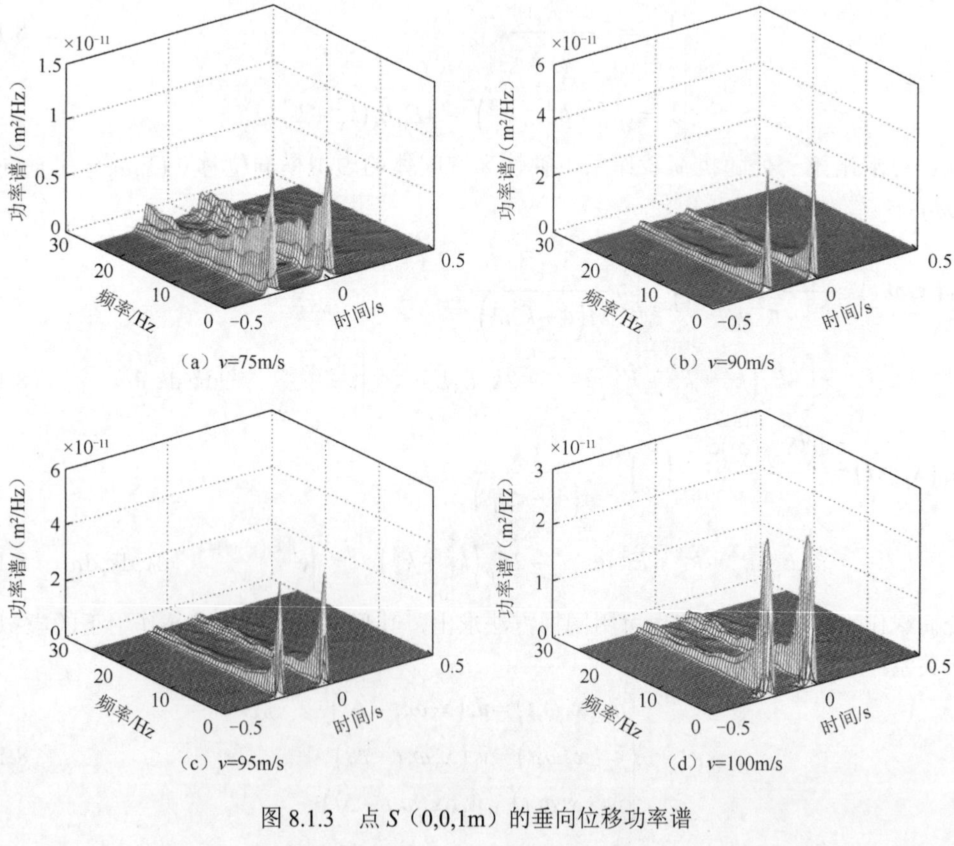


（a）$v$=75m/s　　（b）$v$=90m/s

（c）$v$=95m/s　　（d）$v$=100m/s

图 8.1.3　点 $S$（0,0,1m）的垂向位移功率谱

值相对很小，这主要是因为高频分量引起的响应很快衰减掉了。由此可知，在列车引起周围环境振动的过程中，低频荷载起到主要作用。由于荷载是作用在一定区域内的分布荷载，这就使得其功率谱比集中荷载作用下的功率谱更为光滑，而集中荷载作用下响应的剪切波和瑞利波波前是很难区分的[16]，所以均布荷载作用下响应的峰值处是剪切波、瑞利波和压缩波波前叠加的结果。

图 8.1.4、图 8.1.5 分别给出了在 $t$=0 时刻、半空间体 $z$=1 平面内、0Hz 时，垂向位移功率谱沿 $x$、$y$ 轴的波形。可以看出，当荷载移动速度小于瑞利波速时，随着速度的提高，响应的幅值逐渐增大；当荷载移动速度大于瑞利波速时，随着速度的提高，响应的幅值逐渐减小。就响应沿 $x$ 轴的变化而言，速度的提高会使峰值向荷载作用位置前方推移，速度越大，推移的程度越大。而由于荷载的线性叠加，第二个荷载作用处的响应会比第一个荷载作用处的响应大，速度越大，增幅越明显。响应关于 $y$=0 平面是完全对称的。当荷载移动速度大于瑞利波速时，随着速度的提高，响应幅值沿空间的分布会出现较明显的波动，速度越大，波动的程度越明显。这主要是因为静态荷载作用下，相速度是由荷载移动速度完全决定的，黏滞阻尼虽然能一定程度避免共振现象，但由于没有频率项的参与，并不会使响应迅速衰减。

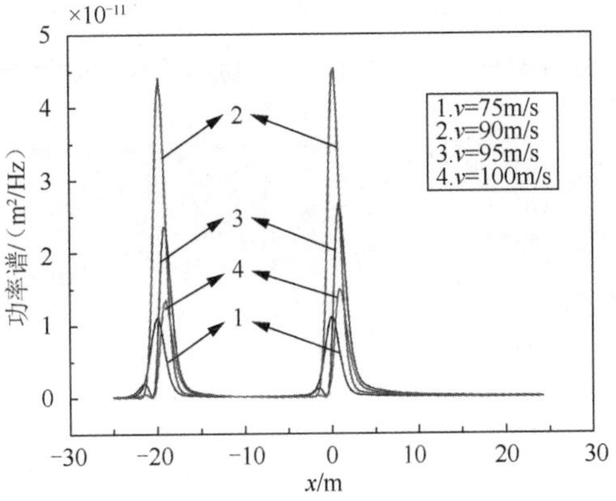


图 8.1.4 $t$=0 时刻 $z$=1 平面内垂向位移功率谱沿 $x$ 轴的波形（0Hz）

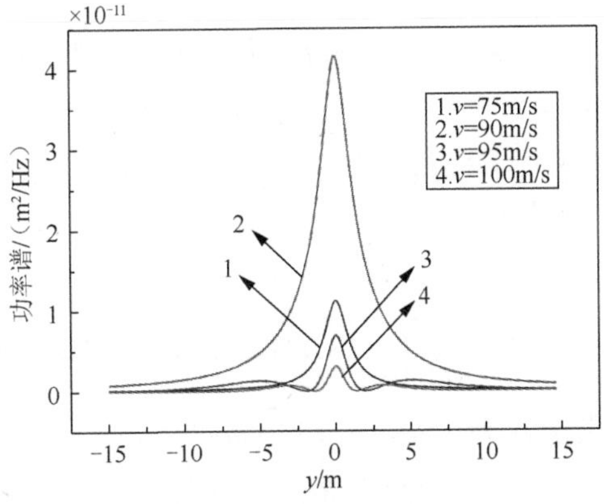


图 8.1.5 $t$=0 时刻 $z$=1 平面内垂向位移功率谱沿 $y$ 轴的波形（0Hz）

图 8.1.6、图 8.1.7 分别给出了在 $t$=0 时刻、半空间体 $z$=1 平面内、5Hz 时，垂向位移功率谱沿 $x$、$y$ 轴的波形。就响应沿 $x$ 轴的分布而言，由于频率项的参与，响应峰值出现在荷载作

用位置前方，但不再随着速度的增加而向前推移，响应关于 $y$=0 平面是完全对称的。荷载的行波效应会使第二个荷载作用处的响应较第一个荷载作用处的响应小，速度越大，这种现象越明显。低速情况下，响应幅值沿空间的分布出现的波动是较明显的，但随着速度的增大，这种波动会越来越弱化。这主要是因为相速度是由荷载移动速度和荷载频率共同决定的，由于频率项的参与，黏滞阻尼会使响应迅速衰减。

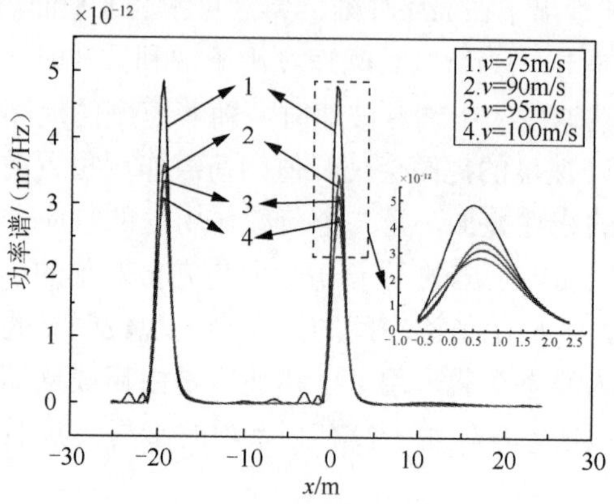


图 8.1.6　$t$=0 时刻 $z$=1 平面内垂向位移功率谱沿 $x$ 轴的波形（5Hz）

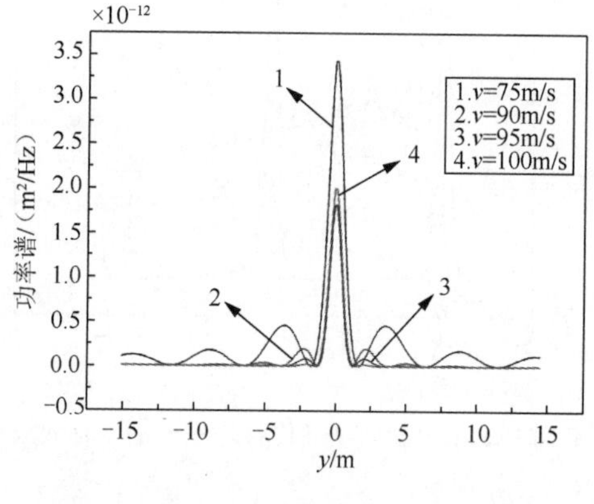


图 8.1.7　$t$=0 时刻 $z$=1 平面内垂向位移功率谱沿 $y$ 轴的波形（5Hz）

2. Kelvin 地基上的无限长梁

多点移动随机荷载作用下 Kelvin 地基上无限长 Bernoulli-Euler 梁的力学模型如图 8.1.8 所示。如假定第一处荷载的坐标为 $x$，则随后荷载的坐标可表示为 $x-x_i$，它们与第一处荷载的时间差为 $\Delta t_i = x_i / v$，该问题的 Green 函数为

$$G_w(x,t)=\frac{1}{4\pi^2}\int_{-\infty}^{\infty}\int_{-\infty}^{\infty}H(k_x,\beta)\mathrm{e}^{\mathrm{i}\beta t}\mathrm{e}^{\mathrm{i}k_x x}\mathrm{d}k_x\mathrm{d}\beta \tag{8.1.26}$$

令第一处移动随机荷载的表达式为 $f(x,t)=\sqrt{S_{qq}(\omega)}\mathrm{e}^{\mathrm{i}\omega t}\delta(x-vt)$，则相应的 Bernoulli-Euler 梁的虚拟挠度 $\tilde{w}_1(x,t)$ 为

$$\tilde{w}_1(x,t)=\frac{\sqrt{S_{qq}(\omega)}}{2\pi}\mathrm{e}^{-\mathrm{i}\omega t}\int_{-\infty}^{\infty}\frac{\mathrm{e}^{\mathrm{i}k_x(x-vt)}}{EIk_x^4+K+\mathrm{i}\eta(\omega-k_x v)-\bar{m}(\omega-k_x v)^2}\mathrm{d}k_x \tag{8.1.27}$$

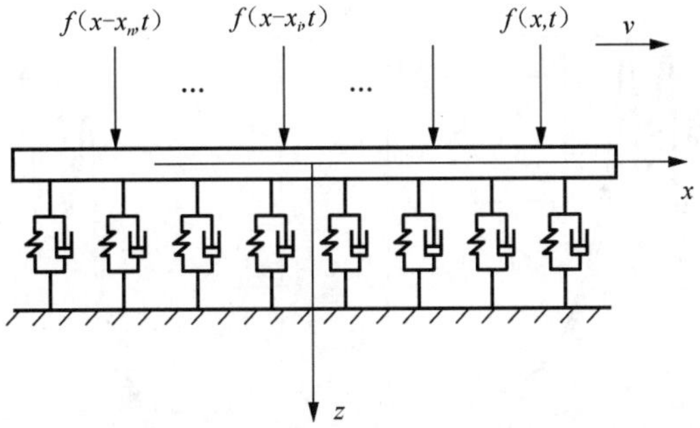


图 8.1.8　移动随机荷载序列作用下 Kelvin 地基上无限长 Bernoulli-Euler 梁的模型

第 $k$ 处荷载的虚拟激励形式可表示为

$$f_k(x,t)=\sqrt{S_{qq}(\omega)}\mathrm{e}^{\mathrm{i}\omega(t-\Delta t_k)}\delta\left[x-v(t-\Delta t_k)\right] \tag{8.1.28}$$

则相应梁的虚拟挠度为

$$\tilde{w}_k(x,t)=\tilde{w}(x,t-\Delta t_k) \tag{8.1.29}$$

则 $n$ 个随机荷载作用下梁的虚拟总挠度为

$$\tilde{w}(x,t)=\sum_{k=1}^{n}\tilde{w}_k(x,t) \tag{8.1.30}$$

求得多点激励作用下系统的虚拟总响应后，即可由式（8.1.11）中的被积函数计算各位移分量的功率谱密度，进一步对频率积分后可得相应位移的标准差。

这里研究相干效应对 Kelvin 地基上无限长梁响应的影响。进一步说明移动荷载之间相互关系的影响，针对 Kelvin 地基上无限长梁结构受多点激励的问题，进行考虑激励之间相干性和不考虑激励之间相干性计算结果的对比。考虑如图 8.1.8 所示动力系统，荷载序列数为 4，彼此之间的间距为 0.5m。

图 8.1.9 给出了考虑相干效应情况下梁的标准差，在荷载速度为 40m/s 时，荷载的相干效应对计算的结果影响不大，这是由于单个荷载作用下响应较大值的持续时间 $t\in[-0.005,0.005]$s［图 8.1.9（a）］，低于反映相邻荷载之间相干性的时间差 $\Delta t=0.5/40=0.0125$s，相邻荷载单独引起的响应在各自较小值处叠加，从而使相干性不显著。它的表现形式为各个荷载引起的响应相干性不强，几乎为四个独立的峰值。而当速度增大时，单个荷载导致的响应持续时间逐渐高于反映相邻荷载之间相干性的时间差，相邻荷载之间单独导致的响应在各自较大值处叠加。

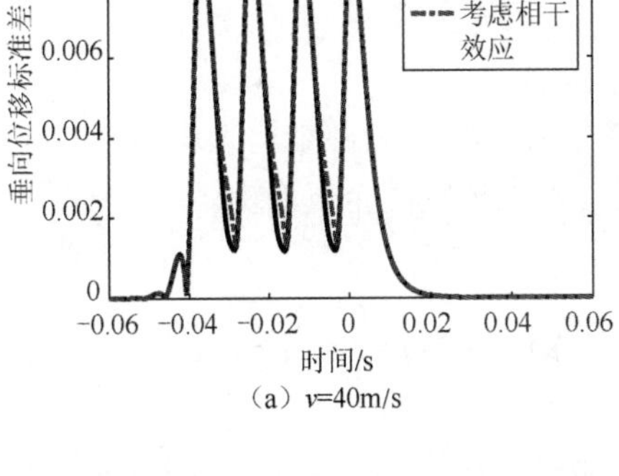


（a）$v$=40m/s

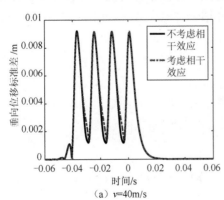

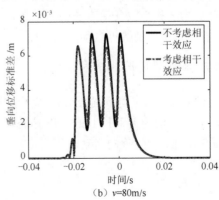

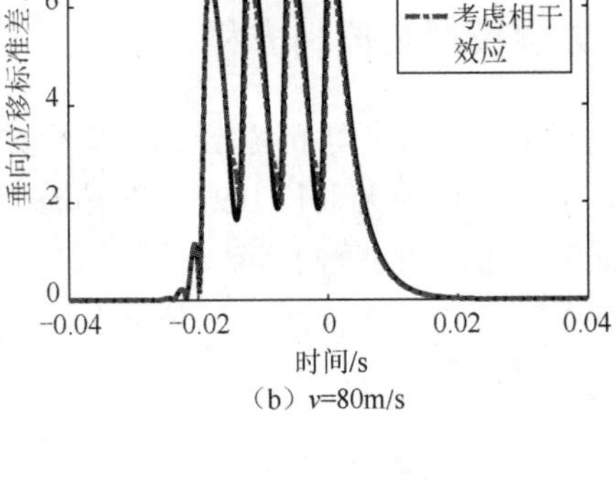


（b）$v$=80m/s

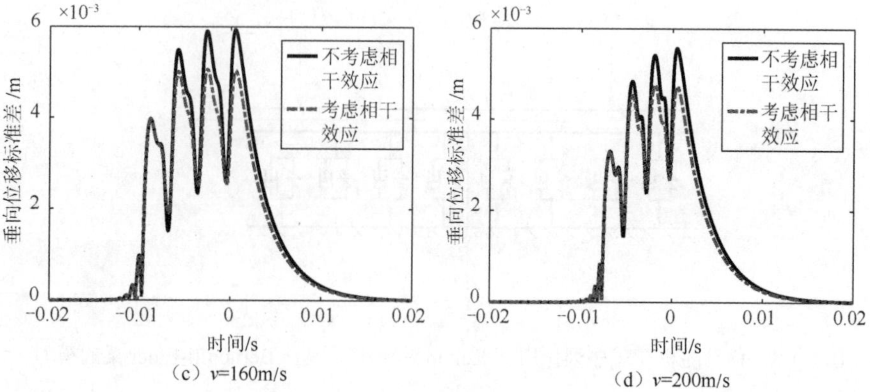

（c）$v$=160m/s （d）$v$=200m/s

图 8.1.9 相干效应情况下梁的标准差

它的表现形式为相邻荷载引起的响应，具有较强的相干性。而相干效应引起的响应相对于不考虑行波效应引起的响应，多了正余弦项系数的影响，使得前者总是小于后者。这种相干效应，会随着速度的增大而越来越显著。由此可以得出，当系列移动随机荷载作用于结构上时，如果荷载的移动速度较大，需要考虑相干效应的影响。

## 8.2 移动随机荷载作用下梁-地基土随机振动分析的混合方法

本节研究移动随机荷载作用下梁-土结构的随机动力响应问题，将虚拟激励法应用于连续型的梁-土结构模型中，并介绍基于虚拟激励法和小波方法的混合研究方法。确定性移动荷载作用下弹性介质的临界速度与介质的瑞利波速十分接近，这种现象已被人们广泛接受[17]。而对于弹性介质上附有诸如梁、轨道结构的模型，其临界速度是很复杂的。文献[18]求得了与Bernoulli-Euler梁耦合的弹性半空间体的等效刚度，表明它取决于梁中波的频率和波数，对于移动恒载作用下的地面振动，可以通过土的等效刚度分别确定梁-土结构的临界速度。文献[19]、[20]表明，对于处理移动随机荷载作用下梁-土结构的问题，利用传统的方法求得响应包含大量级数项，形式十分复杂，不利于直观地研究响应特性。而且，因为要采用大量样本，计算响应的二阶统计量十分耗时，而积分核的高振荡特性也会给数值结果带来较大误差。这里，在虚拟激励法和小波变换方法的基础上，介绍一种混合方法，用于研究移动随机荷载作用下梁-土结构的非平稳随机振动问题[1,2]。

### 8.2.1 动力学模型及控制方程

移动随机荷载$p(t)$作用下梁-土结构模型如图8.2.1所示，下部结构为均匀各向同性黏弹性半空间体，上部结构为无限长Bernoulli-Euler梁，置于半空间全表面上。

Bernoulli-Euler梁的垂向运动方程为

$$EI\frac{\partial^4 W(x,t)}{\partial x^4}+\rho_B\frac{\partial^2 W(x,t)}{\partial t^2}=p(t)\delta(x-Vt)-a\sigma_{zz}(x,0^+,t) \tag{8.2.1}$$

式中，$W(x,t)$ 为梁的垂向位移；$\sigma_{zz}\left(x,0^{+},t\right)$ 为垂向应力；$EI$ 和 $\rho_B$ 分别为梁的抗弯刚度和单位长度质量；$a$ 为 $y$ 方向梁的厚度；$\delta(\cdot)$ 为狄拉克函数。

考虑土有微弱的黏性，可用弹性动力学中的 Navier 方程来表示土的运动

$$\left(\hat{\lambda}+\hat{\mu}\right)\nabla_{xz}\left(\nabla_{xz}\boldsymbol{u}\right)+\hat{\mu}\nabla_{xz}^{2}\boldsymbol{u}=\rho\frac{\partial^{2}\boldsymbol{u}}{\partial t^{2}} \tag{8.2.2}$$

式中，$\hat{\lambda}=\lambda+\lambda^{*}\partial/\partial t$ 和 $\hat{\mu}=\mu+\mu^{*}\partial/\partial t$ 均代表土的黏弹性特性，其中，拉梅常数 $\lambda$ 和 $\mu$ 是从弹性模量 $E$ 和泊松比 $\nu$ 得出来的，$\lambda^{*}$ 和 $\mu^{*}$ 为黏弹性常数；$\rho$ 为土的密度；$\boldsymbol{u}(x,z,t)=\left\{u(x,z,t),w(x,z,t)\right\}^{\mathrm{T}}$ 为与时间有关的位移矢量。

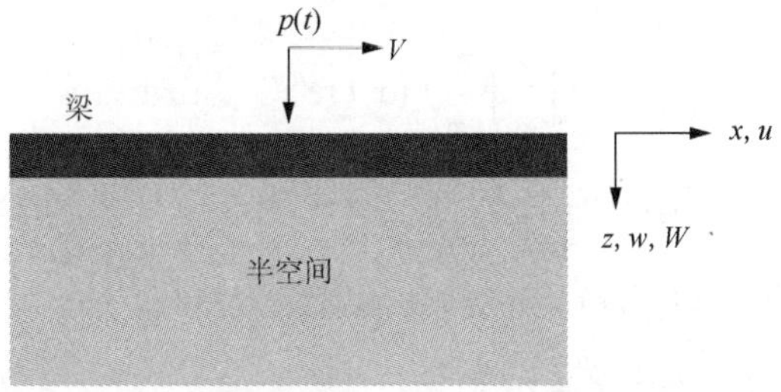


图 8.2.1　移动随机荷载作用下梁-土结构模型

假定梁在水平方向不移动，那么梁和土在交界面处的位移相等。边界和连续性条件为

$$u(x,0,t)=0,\quad w(x,0,t)=W(x,t) \tag{8.2.3a}$$

$$\lim_{z\to\infty}u(x,z,t)=0,\quad \lim_{z\to\infty}w(x,z,t)=0 \tag{8.2.3b}$$

## 8.2.2　非平稳随机振动演变功率谱闭合解

由于轮对和轨道所具有的不平顺性[21,22]，所以列车和轨道之间的耦合力也具有随机特性，从而车轨耦合作用产生的移动荷载，可以模拟为一个平稳随机过程。虽然可以假定梁-土结构的激励源为一平稳随机过程，但由于荷载的移动特性，地面任一点的响应为一非平稳随机过程。

前面章节介绍了系统在随机移动荷载作用下的随机响应的求解方法，可以通过施加虚拟激励 $\tilde{P}(t)=\sqrt{S_p(\omega)}\mathrm{e}^{\mathrm{i}\omega t}$ 直接求出。这里介绍虚拟激励法如何处理移动随机荷载作用下梁-土结构的问题。另外，也引入了拉梅势函数法和傅里叶变换方法。根据矢量场的 Helmholtz 分解，方程（8.2.2）的解可以用标量势函数 $\phi=\phi(x;z,t)$ 和矢量势函数 $\boldsymbol{\psi}=\left[0,-\psi(x;z,t),0\right]$ 的形式给出

$$\boldsymbol{u}=\nabla\phi+\nabla\times\boldsymbol{\psi} \tag{8.2.4}$$

根据弹性力学知识，位移和应力分量为

$$u=\frac{\partial\phi}{\partial x}+\frac{\partial\psi}{\partial z},\quad w=\frac{\partial\phi}{\partial z}-\frac{\partial\psi}{\partial x} \tag{8.2.5}$$

$$\sigma_{zz}=\hat{\lambda}\left(\frac{\partial^{2}\phi}{\partial x^{2}}+\frac{\partial^{2}\phi}{\partial z^{2}}\right)+2\hat{\mu}\left(\frac{\partial^{2}\phi}{\partial z^{2}}-\frac{\partial^{2}\psi}{\partial x\partial z}\right) \tag{8.2.6}$$

$$\sigma_{zx}=\hat{\mu}\left(2\frac{\partial^2\phi}{\partial x\partial z}-\frac{\partial^2\psi}{\partial x^2}+\frac{\partial^2\psi}{\partial z^2}\right) \tag{8.2.7}$$

把式（8.2.4）代入式（8.2.2）可得如下波动方程：

$$\frac{\partial^2\phi}{\partial t^2}-\left(c_{\mathrm{P}}^2+\frac{\lambda^*+2\mu^*}{\rho}\frac{\partial}{\partial t}\right)\left(\frac{\partial^2\phi}{\partial x^2}+\frac{\partial^2\phi}{\partial z^2}\right)=0 \tag{8.2.8}$$

$$\frac{\partial^2\psi}{\partial t^2}-\left(c_{\mathrm{S}}^2+\frac{\mu^*}{\rho}\frac{\partial}{\partial t}\right)\left(\frac{\partial^2\psi}{\partial x^2}+\frac{\partial^2\psi}{\partial z^2}\right)=0 \tag{8.2.9}$$

式中，$c_{\mathrm{P}}=\sqrt{(\lambda+2\mu)/\rho}$ 和 $c_{\mathrm{S}}=\sqrt{\mu/\rho}$ 分别为压缩波波速和剪切波波速。

通过定义双重傅里叶变换

$$\begin{cases}\tilde{\tilde{f}}(\theta,\beta)=\int_{-\infty}^{\infty}\int_{-\infty}^{\infty}f(x,t)\mathrm{e}^{\mathrm{i}(\beta t-\theta x)}\mathrm{d}x\mathrm{d}t\\ f(x,t)=\dfrac{1}{4\pi^2}\int_{-\infty}^{\infty}\int_{-\infty}^{\infty}\tilde{\tilde{f}}(\theta,\beta)\mathrm{e}^{-\mathrm{i}(\beta t-\theta x)}\mathrm{d}\theta\mathrm{d}\beta\end{cases} \tag{8.2.10}$$

偏微分方程式（8.2.8）和式（8.2.9）可以转化为常微分方程

$$\frac{\partial^2\tilde{\tilde{\phi}}}{\partial z^2}-E_{\mathrm{P}}^2\tilde{\tilde{\phi}}=0,\quad \frac{\partial^2\tilde{\tilde{\psi}}}{\partial z^2}-E_{\mathrm{S}}^2\tilde{\tilde{\psi}}=0 \tag{8.2.11}$$

式中，$E_{\mathrm{P}}^2=\theta^2-\beta^2/\left(c_{\mathrm{P}}^2-\mathrm{i}\beta\left(\lambda^*+2\mu^*\right)/\rho\right)$；$E_{\mathrm{S}}^2=\theta^2-\beta^2/\left(c_{\mathrm{S}}^2-\mathrm{i}\beta\mu^*/\rho\right)$

方程（8.2.11）的一般解可设为

$$\tilde{\tilde{\phi}}=A(\theta,\beta)\mathrm{e}^{-E_{\mathrm{P}}z},\quad \tilde{\tilde{\psi}}=B(\theta,\beta)\mathrm{e}^{-E_{\mathrm{S}}z} \tag{8.2.12}$$

将式（8.2.12）代入式（8.2.5）～式（8.2.7）的傅里叶变换式中，并结合交界面和边界条件，可得到关于变量 $A$ 和 $B$ 的代数方程组为

$$\tilde{\tilde{u}}=\mathrm{i}\theta A(\theta,\beta)\mathrm{e}^{-E_{\mathrm{P}}z}-E_{\mathrm{S}}B(\theta,\beta)\mathrm{e}^{-E_{\mathrm{S}}z} \tag{8.2.13}$$

$$\tilde{\tilde{w}}=-E_{\mathrm{P}}A(\theta,\beta)\mathrm{e}^{-E_{\mathrm{P}}z}-\mathrm{i}\theta B(\theta,\beta)\mathrm{e}^{-E_{\mathrm{S}}z} \tag{8.2.14}$$

$$\tilde{\tilde{\sigma}}_{zz}=\left(2\tilde{\tilde{\hat{\mu}}}\theta^2-\rho\beta^2\right)A(\theta,\beta)\mathrm{e}^{-E_{\mathrm{P}}z}+2\mathrm{i}\theta\tilde{\tilde{\hat{\mu}}}E_{\mathrm{S}}B(\theta,\beta)\mathrm{e}^{-E_{\mathrm{S}}z} \tag{8.2.15}$$

经整理可得

$$\begin{bmatrix}\mathrm{i}\theta & -E_{\mathrm{S}}\\ 2\tilde{\tilde{\hat{\mu}}}\theta^2-\rho\beta^2-\gamma E_{\mathrm{P}} & 2\mathrm{i}\theta\tilde{\tilde{\hat{\mu}}}E_{\mathrm{S}}-\mathrm{i}\theta\gamma\end{bmatrix}\begin{Bmatrix}A\\ B\end{Bmatrix}=\frac{1}{a}\begin{Bmatrix}0\\ \int_{-\infty}^{\infty}p(t)\mathrm{e}^{\mathrm{i}(\beta-\theta V)t}\mathrm{d}t\end{Bmatrix} \tag{8.2.16}$$

式中，$\gamma=\left(EI\theta^4-\rho_B\beta^2\right)/a$；$\tilde{\tilde{\hat{\mu}}}=\mu-\mathrm{i}\beta\mu^*$。

由克莱默法则可以求得 $A$ 和 $B$；而把作用于系统的荷载换为虚拟激励 $\tilde{P}(t)=\sqrt{S_p(\omega)}\mathrm{e}^{\mathrm{i}\omega t}$ 的形式，可以得到频域-波数域内土表面的虚拟位移为

$$\tilde{\tilde{w}}_{\mathrm{P}}(\theta,0,\beta)=2\pi\sqrt{S_p(\omega)}\tilde{\tilde{w}}_{\mathrm{s}}(\theta,\beta)\delta(\beta+\omega-\theta V) \tag{8.2.17}$$

式中，

$$\tilde{\tilde{w}}_{\mathrm{s}}(\theta,\beta)=\frac{E_{\mathrm{S}}E_{\mathrm{P}}-\theta^2}{a\left(\rho\beta^2E_{\mathrm{S}}+\gamma E_{\mathrm{S}}E_{\mathrm{P}}-\gamma\theta^2\right)} \tag{8.2.18}$$

对式（8.2.17）进行傅里叶逆变换，可得到物理域内的虚拟位移为

$$\begin{aligned}\tilde{w}(x,0,t)&=\frac{1}{4\pi^2}\int_{-\infty}^{\infty}\int_{-\infty}^{\infty}\tilde{\tilde{w}}_{\mathrm{P}}(\theta,0,\beta)\mathrm{e}^{\mathrm{i}\theta x}\mathrm{e}^{-\mathrm{i}\beta t}\mathrm{d}\theta\mathrm{d}\beta\\&=\frac{\sqrt{S_p(\omega)}\mathrm{e}^{\mathrm{i}\omega t}}{2\pi}\int_{-\infty}^{\infty}\tilde{\tilde{w}}_{\mathrm{s}}(\theta,\theta V-\omega)\mathrm{e}^{\mathrm{i}\theta(x-Vt)}\mathrm{d}\theta\\&=\frac{\sqrt{S_p(f)}\mathrm{e}^{\mathrm{i}2\pi ft}}{2\pi}\int_{-\infty}^{\infty}\tilde{\tilde{w}}_{\mathrm{s}}(\theta,\theta V-2\pi f)\mathrm{e}^{\mathrm{i}\theta(x-Vt)}\mathrm{d}\theta\end{aligned}\tag{8.2.19}$$

根据虚拟激励法，土表面垂向位移的非平稳功率谱和与时间有关的标准差为

$$S_w=\tilde{w}^*\tilde{w}\tag{8.2.20}$$

$$\sigma_w^2(t)=\int_{-\infty}^{\infty}S_w(\omega)\mathrm{d}\omega=4\pi\int_0^{\infty}S_w(f)\mathrm{d}f\tag{8.2.21}$$

解析解是积分形式，难以在实际应用中得到准确的数值结果。这主要是因为式（8.2.19）中的积分核是奇异和高振荡的，积分区间也是无穷的。此外，因为要计算大量的频点，关于计算时间的效率问题也必须考虑。引入小波方法不但计算效率获得提高，且数值结果也非常精确[23-25]。对于移动荷载作用下的梁-土结构响应的数值积分计算，这里介绍文献[26]、[27]提出的小波方法及应用。

根据小波理论，尺度函数和小波函数的双尺度关系为

$$\varPhi(x)=\sum_{k=0}^{M}p_k\varPhi(2x-k)\tag{8.2.22}$$

$$\varPsi(x)=\sum_{k=0}^{M}q_k\varPsi(2x-k)\tag{8.2.23}$$

式中，$M$ 为整数，表征尺度函数 $\varPhi(x)$ 和小波函数 $\varPsi(x)$ 的精度；变量 $p_k$ 和 $q_k$ 为滤波系数。对式（8.2.22）和式（8.2.23）进行傅里叶变换，可得到频域内的尺度函数和小波函数为

$$\tilde{\tilde{\varPhi}}(\theta)=P\left(\mathrm{e}^{-\mathrm{i}\frac{\theta}{2}}\right)\tilde{\tilde{\varPhi}}\left(\frac{\theta}{2}\right)\tag{8.2.24}$$

$$\tilde{\tilde{\varPsi}}(\theta)=Q\left(\mathrm{e}^{-\mathrm{i}\frac{\theta}{2}}\right)\tilde{\tilde{\varPsi}}\left(\frac{\theta}{2}\right)\tag{8.2.25}$$

其中，多项式 $P$ 和 $Q$ 定义为

$$P(z)=\frac{1}{2}\sum_{k=0}^{M}p_kz^k,\quad Q(z)=\frac{1}{2}\sum_{k=0}^{M}q_kz^k\tag{8.2.26}$$

在式（8.2.24）和式（8.2.25）中，设定 $\tilde{\tilde{\varPhi}}(0)=1$ 并递推，可得乘积式为

$$\tilde{\tilde{\varPhi}}(\theta)=P\left(\mathrm{e}^{-\mathrm{i}\frac{\theta}{2}}\right)\tilde{\tilde{\varPhi}}\left(\frac{\theta}{2}\right)=P\left(\mathrm{e}^{-\mathrm{i}\frac{\theta}{2}}\right)P\left(\mathrm{e}^{-\mathrm{i}\frac{\theta}{4}}\right)\tilde{\tilde{\varPhi}}\left(\frac{\theta}{4}\right)=\cdots=\prod_{k=1}^{\infty}P\left(\mathrm{e}^{-\mathrm{i}\theta2^{-k}}\right)\tag{8.2.27}$$

$$\tilde{\tilde{\varPsi}}(\theta)=Q\left(\mathrm{e}^{-\mathrm{i}\frac{\theta}{2}}\right)\prod_{k=1}^{\infty}P\left(\mathrm{e}^{-\mathrm{i}\theta2^{-k-1}}\right)\tag{8.2.28}$$

式中，函数 $\tilde{\tilde{\varPhi}}(\theta)$ 和 $\tilde{\tilde{\varPsi}}(\theta)$ 分别表示低通滤波器和高通滤波器。

任一函数 $f(x)\in L^2(R)$ 都能以投影算子 $P_n$ 和 $Q_j$ 的形式展开[23, 24, 27]为

$$f(x)=P_n f(x)+\sum_{j=n}^{\infty}Q_j f(x)=\sum_{k=-\infty}^{\infty}c_{n,k}\Phi_{n,k}(x)+\sum_{j=n}^{\infty}\sum_{k=-\infty}^{\infty}d_{j,k}\Psi_{j,k}(x) \tag{8.2.29}$$

式中，$\Phi_{n,k}$ 和 $\Psi_{j,k}$ 是从函数 $\Phi$ 和 $\Psi$ 伸缩和平移变换得来的。

$$\Phi_{n,k}(x)=2^{n/2}\Phi\left(2^n x-k\right) \tag{8.2.30}$$

$$\Psi_{j,k}(x)=2^{j/2}\Psi\left(2^j x-k\right) \tag{8.2.31}$$

式（8.2.29）中的多分辨率系数 $c_{n,k}$ 和 $d_{j,k}$ 可由下式求得：

$$c_{n,k}=\int_{-\infty}^{\infty}f(x)\Phi_{n,k}(x)\mathrm{d}x,\quad d_{j,k}=\int_{-\infty}^{\infty}f(x)\Psi_{j,k}(x)\mathrm{d}x \tag{8.2.32}$$

根据式（8.2.29），$f(x)$ 的傅里叶变换式 $\tilde{\tilde{f}}(\theta)$ 也可展开为如下级数：

$$\tilde{\tilde{f}}(\theta)=\sum_{k=-\infty}^{\infty}2^{n/2}c_{n,k}\Phi\left(2^n\theta-k\right)+\sum_{j=n}^{\infty}\sum_{k=-\infty}^{\infty}2^{j/2}d_{j,k}\Psi\left(2^j\theta-k\right) \tag{8.2.33}$$

注意 $f(x)=(1/2\pi)\int_{-\infty}^{\infty}\tilde{\tilde{f}}(\theta)\mathrm{e}^{\mathrm{i}\theta x}\mathrm{d}\theta$，式（8.2.33）的逆傅里叶变换式为

$$\begin{aligned}f(x)&=\frac{1}{2\pi}\int_{-\infty}^{\infty}\left[\sum_{k=-\infty}^{\infty}2^{n/2}c_{n,k}\Phi\left(2^n\theta-k\right)+\sum_{j=n}^{\infty}\sum_{k=-\infty}^{\infty}2^{j/2}d_{j,k}\Psi\left(2^j\theta-k\right)\right]\mathrm{e}^{\mathrm{i}\theta x}\mathrm{d}\theta\\&=\left(\frac{2^{-n/2}}{2\pi}\right)\tilde{\tilde{\Phi}}\left(-x/2^n\right)\sum_{k=-\infty}^{\infty}c_{n,k}\mathrm{e}^{\mathrm{i}kx/2^n}+\frac{1}{2\pi}\sum_{j=n}^{\infty}2^{-j/2}\tilde{\tilde{\Psi}}\left(-x/2^j\right)\sum_{k=-\infty}^{\infty}d_{j,k}\mathrm{e}^{\mathrm{i}kx/2^n}\end{aligned} \tag{8.2.34}$$

通常情况下系数 $c_{n,k}$ 和 $d_{j,k}$ 难以确定，但在 coiflets 小波的情况下，可以在实际应用中计算它们的解析近似值。利用式（8.2.30）和式（8.2.31）并结合 coiflets 小波[23, 27]的性质，系数的近似值可由下式计算：

$$c_{n,k}\approx 2^{-n/2}f\left((k+M_1)2^{-n}\right) \tag{8.2.35}$$

$$d_{j,k}\approx 2^{-j/2-1}\sum_{m=0}^{M}(-1)^m p_{3N-1-m}f\left((M_1+m+2k)2^{-j-1}\right) \tag{8.2.36}$$

式中，$M_1=\sum_{k=0}^{M}\frac{1}{2}kp_k$；$M=3N-1$。

式（8.2.34）经过化简后的近似值为

$$f(x)=\lim_{n\to\infty}\frac{2^{-n-1}}{\pi}\prod_{j=1}^{k_p}\left(\sum_{k=0}^{M}\frac{1}{2}p_k\mathrm{e}^{\mathrm{i}kx2^{-j-n}}\right)\sum_{s=s_{\min}}^{s_{\max}}\tilde{f}\left((s+M_1)2^{-n}\right)\mathrm{e}^{\mathrm{i}sx/2^n} \tag{8.2.37}$$

式中，$k_p$ 为整数，其值取决于数值计算要求的精度；级数中的求和项数 $s\in[\theta_{\min}2^n-16,\theta_{\max}2^n-1]$ 由区间 $[\theta_{\min},\theta_{\max}]$ 决定，要求其必须覆盖控制与原函数逼近程度的变量 $\theta$。变量 $\theta$ 的取值范围设定为 $[-2,2]$，与其他参数 $M=17$，$M_1=7$，$k_p=10$ 结合可满足精度要求。

在具体计算中，低通 coiflets 滤波系数 $p_k$ 为

| | | |
|---|---|---|
| −0.002 392 638 657 280 051 | −0.004 932 601 854 180 402 | 0.027 140 399 711 399 49 |
| 0.030 647 555 946 199 84 | −0.139 310 237 070 799 7 | −0.080 606 530 717 799 83 |
| 0.645 994 543 293 994 2 | 1.116 266 213 257 999 | 0.538 189 055 707 998 |
| −0.099 615 433 862 399 89 | −0.079 923 139 434 799 94 | 0.051 491 462 932 400 31 |
| 0.012 388 695 657 060 06 | −0.015 831 780 392 559 44 | −0.002 717 178 600 539 99 |
| 0.002 886 948 664 020 02 | 0.000 630 499 394 707 999 4 | −0.000 305 833 973 596 001 3 |

理论上，式（8.2.37）中增大 $n$ 可以得到更精确的结果，但是也会增加计算量。数值模拟显示，当 $n>16$ 时，近似值不再明显变化。所以取 $n=17$ 可以使得数值计算满足效率和精度的要求。

**例 8.2.1**　采用本小节的方法研究移动随机荷载作用下梁-地基土耦合系统的随机振动传播机制，表 8.2.1 列出了系统的参数。不失一般性，计算的所有响应都是基于原点（0,0）的，为了能更直观地观察响应，设定随机荷载通过原点时为 $t=0$ 时刻。

移动荷载的功率谱采用简单的限带白噪声来代表

$$S_p(f)=1.6\times10^9\,\mathrm{N^2/Hz},\quad f\in[0.05,100] \tag{8.2.38}$$

**表 8.2.1　系统的参数**

| 分类 | 参数 | 数值 |
|---|---|---|
| 土 | 拉梅常数 $\mu$ | $1.125\times10^7$ N/m$^2$ |
| | 拉梅常数 $\lambda$ | $2.5\times10^7$ N/m$^2$ |
| | 密度 $\rho$ | 1700 kg/m$^3$ |
| | 黏弹性常数 $\mu^*$ | $3\times10^4$ kg/（m·s） |
| | 黏弹性常数 $\lambda^*$ | $3\times10^4$ kg/（m·s） |
| | 泊松比 $\nu$ | 1/3 |
| | 瑞利波速 $c_R$ | 75.86 m/s |
| | 剪切波速 $c_S$ | 81.35 m/s |
| | 压缩波速 $c_P$ | 162.7 m/s |
| 梁 | 弯曲刚度 $EI/a$ | $10^9$ N·m |
| | 单位长度质量 $\rho_B/a$ | $3\times10^4$ kg/m$^2$ |
| | 梁宽 $a$ | 4m |

为了验证小波方法的正确性，同样用辛普森方法计算式（8.2.19）中的积分。选定 0s、0.1s、0.2s 三个时刻，选取参数为 $V=50\mathrm{m/s}$，$\omega=4\pi\,\mathrm{rad/s}$，计算的响应实部放大 $10^7$ 倍后，结果如表 8.2.2 所示。在此种情况下，用小波方法计算，$n=14$ 足以满足精度要求，但用辛普森方法却需采用至少 20k 个节点，花费两倍的时间。由于被积函数在某些速度和频点处是高度振荡的，此种情况下，辛普森方法计算的结果不再具有参考价值。可见，小波方法具有很大优势。一系列的数值实验表明，对于这里的算例，$n=14$ 可以得到足够的精度，计算时间也能达到可接受程度。

**表 8.2.2　积分数值结果**

| 积分方法 | 积分控制参数 | 计算结果 | | | 计算时间/s |
|---|---|---|---|---|---|
| | | $t$=0s | $t$=0.1s | $t$=0.2s | |
| 辛普森方法 | 10k 个节点 | −0.155 64 | −0.109 67 | −0.089 71 | 0.045 |
| | 20k 个节点 | −0.155 53 | −0.108 54 | −0.088 54 | 0.094 |
| | 30k 个节点 | −0.155 32 | −0.108 52 | −0.088 51 | 0.132 |
| 小波方法 | $n$=13 | −0.155 27 | −0.108 71 | −0.088 68 | 0.028 |
| | $n$=14 | −0.155 32 | −0.108 51 | −0.088 51 | 0.056 |
| | $n$=15 | −0.155 32 | −0.108 51 | −0.088 51 | 0.110 |

1. 系统的演变功率谱分析

原点垂向位移的非平稳功率谱如图 8.2.2 所示。数值结果显示，荷载速度是决定功率谱在何处频率取得最大值的关键因素。依据速度划分，功率谱的特性可分三个阶段描述。

阶段 1：$V\leqslant 100$m/s 。荷载通过原点后，响应出现两个峰值。第一个峰值在低频处较尖锐，处于主要地位；第二个峰值相对不明显，在一系列频点处较平缓。如果不考虑黏性阻尼，被积函数可认为是一阶奇异函数，由速度$V$、频率$f$和波数$\theta$决定。对于给定的速度$V$，函数的奇异性取决于频率$f$和波数$\theta$，但函数要对变量$\theta$进行积分运算，因此，数值积分运算结果的特性是由频率$f$决定的。积分运算总可以在频率非奇异处执行。实际上，黏性阻尼显著地削弱了这种奇异性。由小波方法计算的响应显示了阶梯函数的特点，这实际上是被积函数在频率处奇异造成的，它如实地反映了系统在这些频率处的共振特性。在荷载通过原点前，响应在各频率处是比较平缓的；在荷载通过原点后，响应在低频处显示出了明显的波动性。

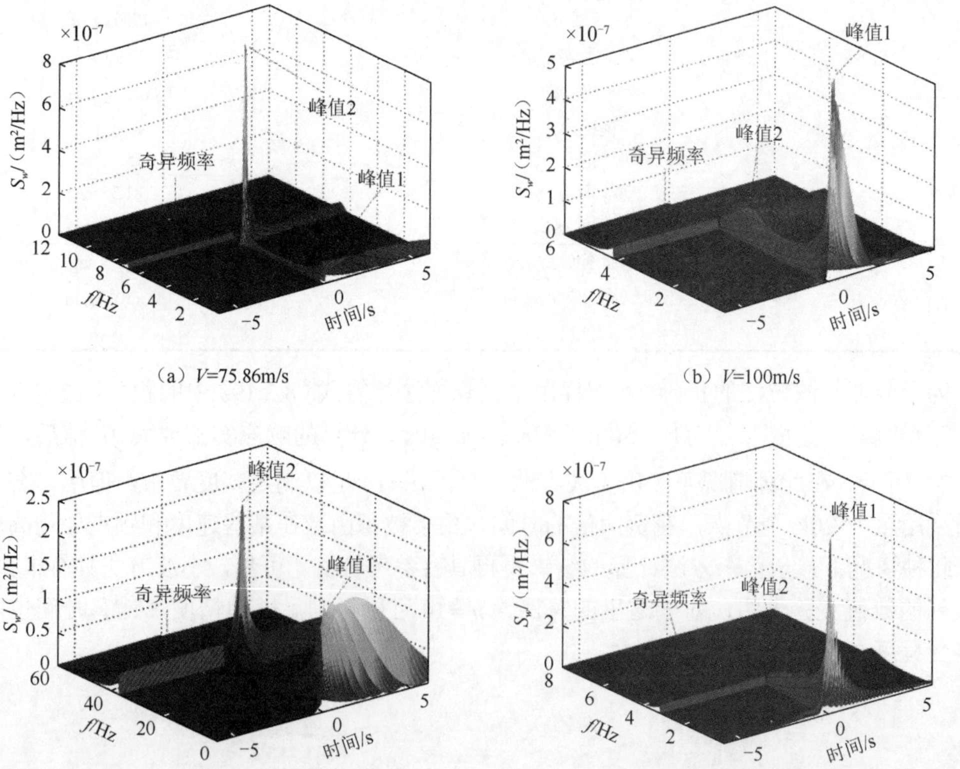


（a）$V$=75.86m/s　　（b）$V$=100m/s

（c）$V$=130m/s　　（d）$V$=140m/s

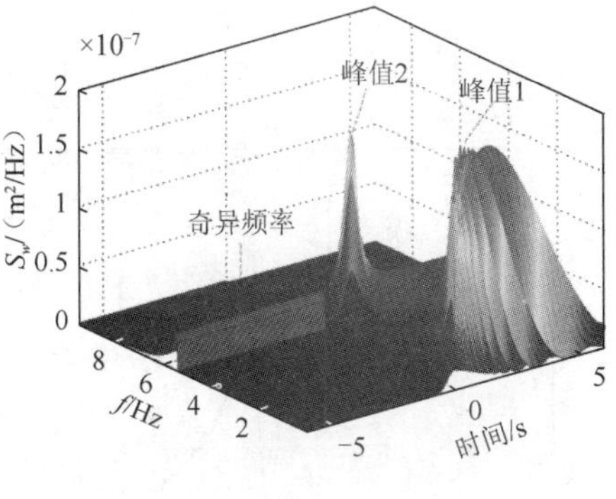


(e) V=162.7m/s

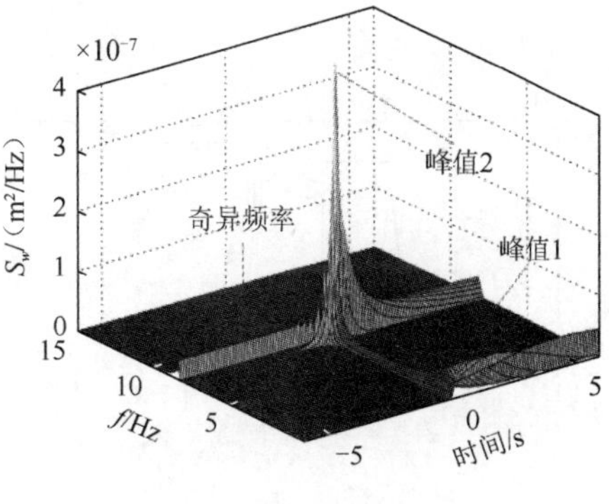


(f) V=200m/s

图 8.2.2　原点垂向位移的非平稳功率谱

阶段 2：$100\text{m/s} < V \leqslant 140\text{m/s}$。随着荷载速度的提高，阶段 1 处第二个峰值快速变大并移向较高频率处，而第一个峰值则变得比较平缓，持续更长时间才衰减下去。第二个峰值有高于第一个峰值的趋势，但无论哪个峰值更大，它们构成了响应的重要成分。

阶段 3：$V > 140\text{m/s}$。与阶段 1 第一个峰值的地位类似，此阶段第二个峰值起主要作用。荷载通过原点后，响应在低频处持续很长的一段时间。随着荷载速度的增大，第二个峰值持续移向更高频率处。第二个峰值处的频带变窄，与此同时，峰值附近出现了波动现象。

2. 系统响应的标准差分析

图 8.2.3 给出了原点垂向位移的标准差。同时，作为对方法的验证，也用 Monte Carlo 法计算了同一响应。在 Monte Carlo 法中，假定荷载 $p(\text{t})$ 由三角函数级数组成

$$p(t) = \sqrt{2}\sum_{k=1}^{N}\sqrt{S_p(\omega_k)\Delta\omega}\cos(\omega_k t + \phi_k) \tag{8.2.39}$$

式中，$S_p(\omega_k)$ 为 $S_p(\omega)$ 在第 $k$ 个频点 $\omega_k$ 处的值；$\Delta\omega$ 为离散的子区间；$\phi_k$ 为对应于 $\omega_k$ 的相位角，被认为是一个均匀分布在 $[0,2\pi]$ 的随机变量。在程序处理中，对 $\phi_k$ 采取 1000 个样本来计算标准差。在图 8.2.4 中可以观察到，两种方法计算的结果是十分吻合的。

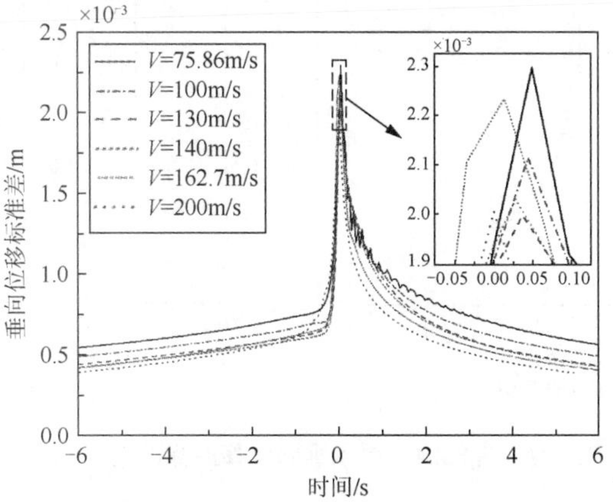


图 8.2.3　六种速度下原点垂向位移的标准差

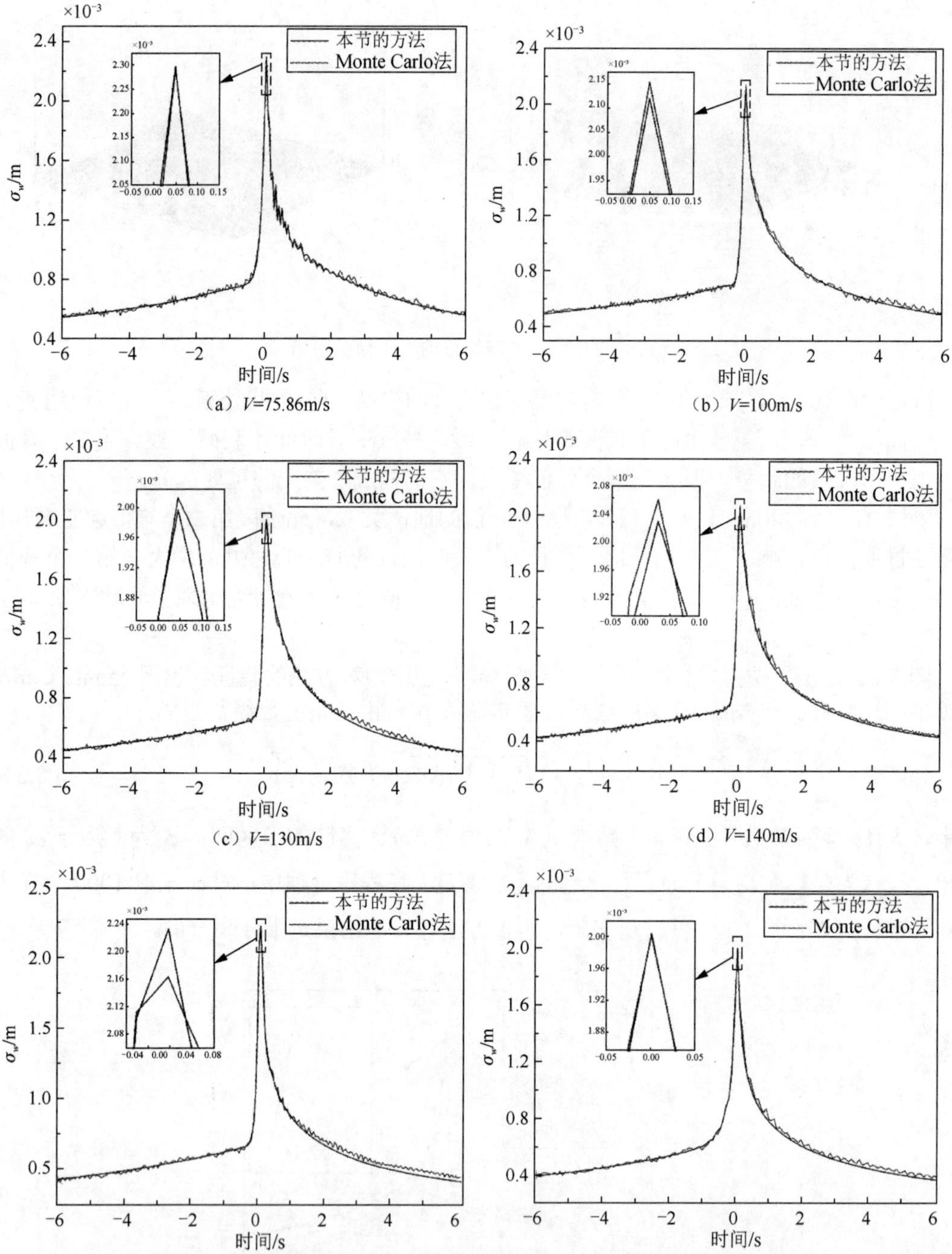


（a）$V$=75.86m/s　　（b）$V$=100m/s

（c）$V$=130m/s　　（d）$V$=140m/s

（e）$V$=162.7m/s　　（f）$V$=200m/s

图 8.2.4　原点垂向位移的标准差

由于土的黏弹特性，荷载通过原点时刻和标准差达到最大值时刻之间存在时间延迟，这种现象在图 8.2.3 和图 8.2.4 中的放大图中可以观察到。在图 8.2.3 中，响应随着速度的增大而快速减小，这是因为能量向高频处转移，进而黏性阻尼对响应的衰减起到更大的作用。当速度逐渐变大时，标准差关于时间轴 $t$=0 有对称的趋势，尤其是在荷载速度大于 200m/s 情况下。荷载速度低于 140m/s 时，响应峰值的幅值随着速度的增大而降低。但是当荷载速度接近 162.7m/s 时［图 8.2.4（e)］，幅值却明显变大。为了研究这一现象的机理，在下面展开关于临界速度的参数研究。

3. 系统参数对临界速度的影响

对于移动随机荷载作用下的梁-土结构，可以合理地认为，响应的最大功率谱密度是由梁和土的特性同时确定的。虽然荷载速度接近瑞利波速时，能造成响应的功率谱在某些频点处达到最大值［图 8.2.2（a)］，但是对功率谱在频域上积分后生成的方差却并不一定具有最大值，这是因为方差反映的是在整个频带上的能量。因此这里开展参数研究，分析何种速度能造成最大方差。同时，分析也表明，临界速度是梁-土结构的内在属性。

在三种不同的黏性阻尼作用下，以横轴为速度、纵轴为标准差最大值的曲线如图 8.2.5 所示。相应的时间延迟，即荷载通过原点和标准差达到最大值之间的时间差，如图 8.2.6 所示。图 8.2.4 中，当荷载速度低于 125m/s 时，黏性阻尼的影响不是很明显。但是当荷载速度接近 170m/s 时，标准差对黏性阻尼明显很敏感。当荷载速度大于这一值时，响应迅速下降。注意到标准差最大值的横轴位置不随黏性阻尼的改变而变化，那么可以初步认为，对于移动随机荷载作用下的梁-土结构，临界速度与土的压缩波比较接近。此外，响应在荷载速度低于 50m/s（比瑞利波速低）时能维持较高的值，也可认为是由于土和梁的特性。

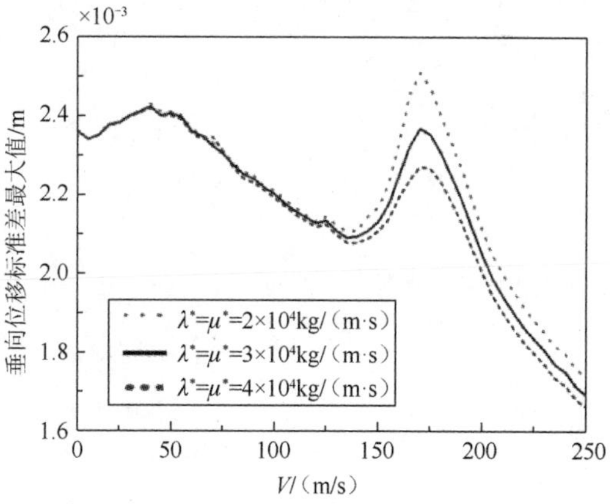


图 8.2.5　对应三种黏滞阻尼不同速度下原点垂向位移的标准差最大值

时间延迟随着荷载速度的增大而缩短（图 8.2.5）。当时间延迟非常小时，可认为标准差关于时间 $t$=0 是近似对称的［图 8.2.4（f）］。黏性阻尼对时间延迟并没有明显的影响，但它能明显改变响应的幅值，尤其是当荷载速度接近压缩波速时。

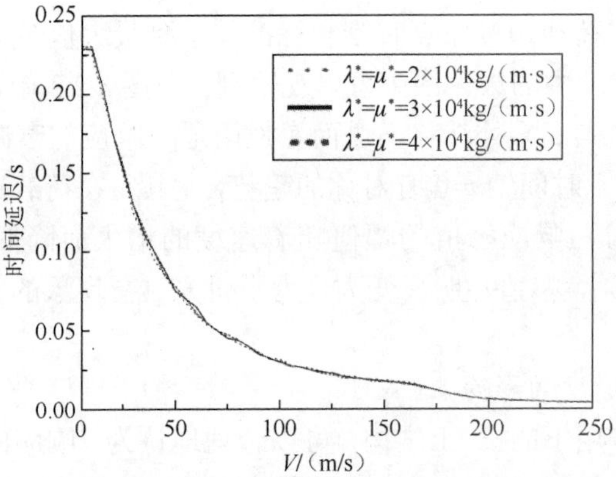


图 8.2.6　对应三种黏滞阻尼不同速度下最大标准差相应的时间延迟

为了证明上述假定，采用三组不同类型的地基土，相应的原点垂向位移标准差最大值曲线如图 8.2.7 所示，与此对应的时间延迟如图 8.2.8 所示。地基土的一些参数见表 8.2.3 中，而其他的参数，包括土的密度、泊松比和黏性常数如表 8.2.1 所示。

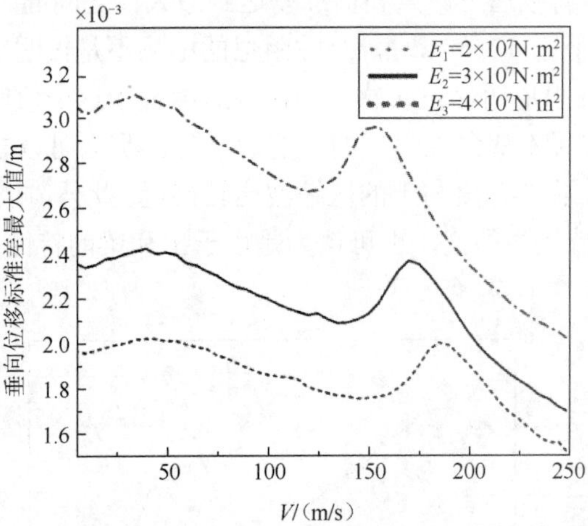


图 8.2.7　对应三种不同的地基土，不同速度下垂向位移的标准差最大值

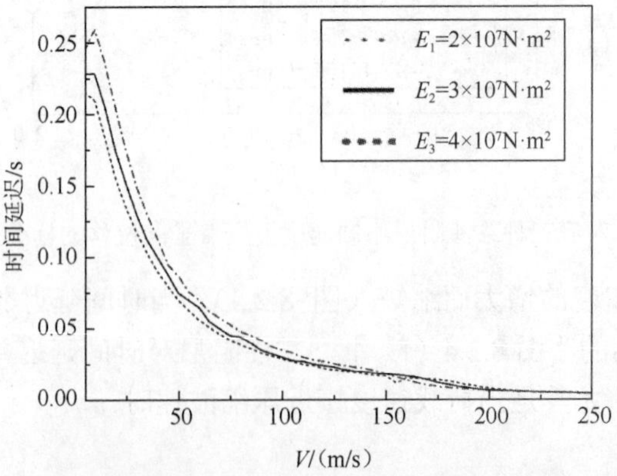


图 8.2.8　对应三种不同的土，不同速度下标准差最大值所对应的时间延迟

表 8.2.3　三种不同地基土的参数

| 参数 | 地基土 $A$ | 地基土 $B$ | 地基土 $C$ |
|---|---|---|---|
| 弹性模型/MPa | 20 | 30 | 40 |
| 拉梅常数/MPa | 7.5 | 11.25 | 15 |
| 拉梅常数/MPa | 15 | 22.5 | 30 |
| 瑞利波速/（m/s） | 61.94 | 75.86 | 87.6 |
| 剪切波速/（m/s） | 66.42 | 81.35 | 93.93 |
| 压缩波速/（m/s） | 132.84 | 162.7 | 187.87 |

在同样的荷载速度条件下，较软的地基土具有更大的响应。三种地基土的临界速度分别为 153m/s、170m/s、185m/s。当地基土变硬时，临界速度更接近临界波速。这表明对于硬土来说，梁对临界速度的作用被削弱了。故对于移动随机荷载作用下的梁-土结构，尤其是当地基土较硬时，把压缩波速作为临界速度是合理的。另外，由于荷载速度低于临界速度时，响应也有较大值，这一点也应该引起注意。虽然时间延迟是由黏性阻尼引起的，但它对土的弹性模量更敏感（图 8.2.8）。当荷载速度达到 153m/s 时，软土更容易激起更大的时间延迟。荷载速度低于 50m/s 时，时间延迟下降得较快，之后下降速度变慢，尤其是荷载速度大于临界波速时。需要说明的是，对于评估列车引起的地面振动，这里的模型与实际还相差甚远。此外，移动荷载的功率谱是用限带白噪声来表示的，它在不同的速度和频点处具有相同的值。为了得到更实际的结果，需要考虑更为精细的三维模型。

## 8.3　哈密顿体系下移动荷载致地面非平稳随机振动的虚拟激励法

随着城市化进程的加快，环境振动问题日益受到普遍关注。列车在运行时必然引起轨道及周边结构的振动，这种振动会通过附近的地层向外传播。由于轨道不平顺以及其他不确定因素的存在，交通荷载都具有随机性。就轨道结构附近地面固定一点来说，其振动响应是非平稳的随机过程。对这种由交通荷载引起的地面振动响应进行随机分析面临两个问题：一是如何表述非平稳随机响应；二是如何精确高效地求解随机波传播方程。本节将虚拟激励法扩展到处理线性系统受移动荷载作用的随机振动问题，应用演变功率谱及相应的标准差来表述系统的时变随机特性。将随机波传播方程引入哈密顿对偶体系，表明在对偶体系下波传播运动方程在频率-波数域内是线性哈密顿方程的两端边值问题，然后采用精细积分法求解[3]。根据地层结构为分层横观各向同性的性质，将在波数频率域内的三重循环过程简化为二重循环过程，极大地提高了计算效率。

### 8.3.1　移动荷载作用下线性系统非平稳随机响应

线性系统的动力学特性可以用 Green 函数 $h(\boldsymbol{x},\xi;t,s)$ 来体现，其表示系统在 $s$ 时刻 $\xi$ 位置受到一个单位脉冲作用时，在 $t$ 时刻 $x$ 位置产生的响应。对于非时变线性系统，Green 函数可以退化为 $h(\boldsymbol{x},\xi;t-s)$。

假设 $p(t)$ 是一个以速度 $v$ 沿着方向 $\boldsymbol{n}$ 运动的平稳随机荷载，$\boldsymbol{V}$ 是它的作用域。根据线性叠加原理，利用$h(\boldsymbol{x},\xi;t-s)$可以将系统的动力响应写成如下形式：

$$u(\boldsymbol{x},\mathrm{t})=\int_0^t\int_{\boldsymbol{V}}h(\boldsymbol{x},\xi;t-\tau)G(\boldsymbol{\xi}-\boldsymbol{n}v\tau)p(\tau)\mathrm{d}\xi\mathrm{d}\tau \tag{8.3.1}$$

式中，$G(\cdot)$是单位阶跃函数$G(\boldsymbol{x})=\begin{cases}1, & x\in\boldsymbol{D}\\0, & x\notin\boldsymbol{D}\end{cases}$，$\boldsymbol{D}$表示作用域。

采用坐标变换$\boldsymbol{\xi}'=\boldsymbol{\xi}-\boldsymbol{n}v\tau$，式（8.3.1）可以重新写成

$$u(\boldsymbol{x},\mathrm{t})=\int_0^t h'(\boldsymbol{x};t,\tau)p(\tau)\mathrm{d}\tau$$

$$h'(\boldsymbol{x};t,\tau)=\int_{\boldsymbol{D}}h(\boldsymbol{x},\boldsymbol{\xi}'+\boldsymbol{n}v\tau;t-\tau)\mathrm{d}\boldsymbol{\xi}' \tag{8.3.2}$$

将式（8.3.2）两边自乘，并作用数学期望值算子$E[\cdot]$，得到响应的自相关函数

$$R_u(\boldsymbol{x};t_1,t_2)=E\left[u(\boldsymbol{x},t_1)u(\boldsymbol{x},t_2)\right]=\int_0^{t_1}\int_0^{t_2}h'(\boldsymbol{x};t_1,\tau_1)h'(\boldsymbol{x};t_2,\tau_2)R_p(\tau)\mathrm{d}\tau_1\mathrm{d}\tau_2 \tag{8.3.3}$$

其中，$\tau=\tau_1-\tau_2$；$R_p(\tau)$是荷载$p(t)$的自相关函数。

根据 Wiener-Khintchine 理论，荷载的功率谱密度函数$S_p(\omega)$与自相关函数$R_p(\tau)$有如下关系：

$$E\left[p(\tau_1)p(\tau_2)\right]=R_p(\tau)=\int_{-\infty}^{\infty}S_p(\omega)\mathrm{e}^{\mathrm{i}\omega(\tau_1-\tau_2)}\mathrm{d}\omega \tag{8.3.4}$$

将式（8.3.4）代入式（8.3.3）并且交换积分次序，响应的自相关函数可以写成

$$R_u(\boldsymbol{x},t_1,t_2)=\int_{-\infty}^{\infty}S_p(\omega)I^*(\boldsymbol{x};\omega,t_1)I(\boldsymbol{x};\omega,t_2)\mathrm{d}\omega \tag{8.3.5}$$

$$I(\boldsymbol{x};\omega,t)=\int_0^t h'(\boldsymbol{x};t,\tau)\mathrm{e}^{\mathrm{i}\omega\tau}\mathrm{d}\tau \tag{8.3.6}$$

式中，*表示共轭。

令$t_1=t_2=t$，由式（8.3.5）可以获得响应的方差

$$R_u(\boldsymbol{x},t)=\sigma_u^2(\boldsymbol{x},t)=\int_{-\infty}^{\infty}S_p(\omega)I^*(\boldsymbol{x};\omega,t)I(\boldsymbol{x};\omega,t)\mathrm{d}\omega \tag{8.3.7}$$

式中，$\sigma_u(\boldsymbol{x},t)$是标准差。显然，式（8.3.7）中的被积函数就是响应的时变功率谱$S_u(\boldsymbol{x},\omega,t)$。

$$S_u(\boldsymbol{x},\omega,t)=S_p(\omega)I^*(\boldsymbol{x};\omega,t)I(\boldsymbol{x};\omega,t) \tag{8.3.8}$$

观察式（8.3.6）可以发现，$I(\boldsymbol{x};\omega,t)$实际上表示的是单位简谐荷载$\mathrm{e}^{\mathrm{i}\omega t}$作用下系统在$x$位置的动力响应。因此，如果构造虚拟激励$\tilde{p}(t)=\sqrt{S_p(\omega)}\mathrm{e}^{\mathrm{i}\omega t}$，并将其代替原随机激励作用在系统上，则相应的动力响应为$\tilde{u}(x,\omega,t)=\sqrt{S_p(\omega)}I(\boldsymbol{x};\omega,t)$，于是

$$S_u(\boldsymbol{x};\omega,t)=\tilde{u}^*(\boldsymbol{x};\omega,t)\tilde{u}(\boldsymbol{x};\omega,t)=S_p(\omega)I^*(\boldsymbol{x};\omega,t)I(\boldsymbol{x};\omega,t) \tag{8.3.9}$$

由式（8.3.9）可以看到，系统的随机振动分析可以通过引入虚拟激励而转化为确定性分析。只要求得虚拟激励作用下确定性的虚拟动力响应$\tilde{u}(\boldsymbol{x},\omega,t)$，就很容易通过式（8.3.9）和式（8.3.7）得到随机响应的功率谱和标准差。上述方程表示的是系统的瞬态随机响应，如果将单位阶跃函数$G(\boldsymbol{x})$改为恒等于常数 1，并将式（8.3.6）中的积分下限改为$-\infty$，就可以得到稳态随机振动响应。但是由于荷载是移动的，因此地面上任一固定点的随机振动响应仍然是非平稳的。

采用文献[28]所建立的轨道-分层土耦合模型，如图 8.3.1 所示。钢轨被视为无限长的 Bernoulli-Euler 梁，单位长度质量为 $m_r$，抗弯刚度为 $EI$；轨枕视为均匀分布质量，线密度为 $m_s$；轨下胶垫每米垂向刚度为 $k_p$；道床被视为具有均匀分布质量 $m_B$ 和均匀分布刚度 $k_B$ 的弹性层。轨道结构的阻尼采用滞变阻尼形式。地层结构由作用在刚性基础上的 $n$ 层土层构成。设第 $j$ 层土的材料常数如下：弹性模量 $E_j$、泊松比 $v_j$、密度 $\rho_j$、衰减系数 $\eta_j$、厚度 $h_j$。轨道结构沿着 $x$ 方向铺设，宽度为 $2b$，轨道结构与地面的接触力沿着宽度方向均匀分布。

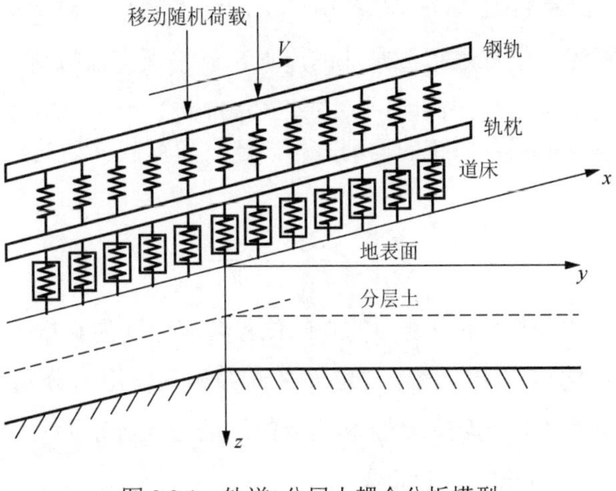


图 8.3.1　轨道-分层土耦合分析模型

## 8.3.2　移动坐标系下系统运动方程及多点激励的虚拟激励方法

当列车沿着轨道运行时，受到同一轨道表面不平顺的激励，因此可以假设各轮轨力仅相位差不同，彼此完全相干。不失一般性，以两个轮轨荷载为例来说明构造虚拟激励的过程。

设荷载 $p_1$ 和 $p_2$ 以速度 $v$ 沿着轨道运行。$\delta(x-vt-x_1)$ 和 $\delta(x-vt-x_2)$ 分别表示它们在 $t$ 时刻的作用位置。这两个荷载之间的时间差为 $\Delta t=(x_1-x_2)/v$，即 $p_2(t)=p_1(t-\Delta t)$。$S_p(\omega)$ 是每一荷载的功率谱密度函数。

在上述移动荷载下，应用 $h(\boldsymbol{x},\xi;t-s)$ 可以得到系统的任意动力响应

$$u(\boldsymbol{x},t)=\int_0^t\left[h(\boldsymbol{x};vt-x_1,\tau)p_1(\tau)+h(\boldsymbol{x};vt-x_2,\tau)p_2(\tau)\right]\mathrm{d}\tau \tag{8.3.10}$$

由相关分析，方差 $R_u(\boldsymbol{x},t)$（即标准差 $\sigma_u(\boldsymbol{x},t)$ 的平方）可以表示为

$$R_u(\boldsymbol{x},t)=\sigma_u^2(\boldsymbol{x},t)=\sum_{i=1}^{2}\sum_{j=1}^{2}\int_0^t\int_0^t h(\boldsymbol{x};vt-x_i,\tau_1)h(\boldsymbol{x};vt-x_j,\tau_2)R_p^{ij}(\tau_1,\tau_2)\mathrm{d}\tau_1\mathrm{d}\tau_2 \tag{8.3.11}$$

式中，

$$R_p^{ij}=E\left[p_i(\tau_1)p_j(\tau_2)\right]=\begin{cases}\displaystyle\int_{-\infty}^{+\infty}S_p(\omega)\mathrm{e}^{\mathrm{i}\omega(\tau_1-\tau_2)}\mathrm{d}\omega, & i=j\\ \displaystyle\int_{-\infty}^{+\infty}S_p(\omega)\mathrm{e}^{\mathrm{i}\omega(\tau_1-\tau_2-\Delta t)}\mathrm{d}\omega, & i>j\\ \displaystyle\int_{-\infty}^{+\infty}S_p(\omega)\mathrm{e}^{\mathrm{i}\omega(\tau_1-\tau_2+\Delta t)}\mathrm{d}\omega, & i<j\end{cases} \tag{8.3.12}$$

将式（8.3.12）代入式（8.3.11）并且交换积分次序，可得

$$R_u(\boldsymbol{x},t)=\sigma_u^2(\boldsymbol{x},t)=\int_{-\infty}^{\infty}S_u(\omega,t)\mathrm{d}\omega=\int_{-\infty}^{\infty}\tilde{u}^*(\omega,t)\tilde{u}(\omega,t)\mathrm{d}\omega \tag{8.3.13}$$

$$\tilde{u}(\boldsymbol{x},\omega,t)=\int_0^t\left[h(\boldsymbol{x};vt-x_1,\tau)+h(\boldsymbol{x};vt-x_2,\tau)\mathrm{e}^{-\mathrm{i}\omega\Delta t}\right]\mathrm{e}^{\mathrm{i}\omega\tau}\sqrt{S_p(\omega)}\mathrm{d}\tau \tag{8.3.14}$$

观察式（8.3.14）不难发现，它实际上表示的是两个简谐荷载 $\tilde{p}_1(t)=\sqrt{S_p(\omega)}\mathrm{e}^{\mathrm{i}\omega t}$ 和 $\tilde{p}_2(t)=\sqrt{S_p(\omega)}\mathrm{e}^{\mathrm{i}\omega(t-\Delta t)}$ 沿着轨道运动时系统所产生的简谐响应。对于更多荷载的情况，推导过程类似，这里不再赘述。根据虚拟激励法的原理，如果求出虚拟荷载 $\tilde{p}_1(t)$ 和 $\tilde{p}_2(t)$ 作用下的虚拟响应，那么随机响应的统计特性——方差（标准差）就可以方便地求得。

下面导出波数频率域中耦合系统的运动方程。建立随荷载移动的坐标 $\chi=x-vt$，根据导数规则有

$$\left.\frac{\partial}{\partial t}\right|_{\chi}=\left.\frac{\partial}{\partial t}\right|_{x}+v\frac{\partial}{\partial\chi} \tag{8.3.15}$$

设钢轨、轨枕和轨道结构正下方地面的垂向位移响应分别为 $\hat{w}_1(x,t)$、$\hat{w}_2(x,t)$ 和 $\hat{w}_3(x,t)$，相应的钢轨与轨枕、轨枕与道床、道床与地面之间的相互作用力分别为 $\hat{F}_1(x,t)$、$\hat{F}_2(x,t)$ 和 $\hat{F}_3(x,t)$，则在移动坐标系下，钢轨、轨枕和道床的运动方程分别为

$$EI\frac{\partial^4\hat{w}_1}{\partial\chi^4}+m_r\left(\ddot{\hat{w}}_1-2v\frac{\partial\dot{\hat{w}}_1}{\partial\chi}+v^2\frac{\partial^2\hat{w}_1}{\partial\chi^2}\right)+\hat{F}_1=\tilde{p}_1(t)\delta(\chi-x_1)+\tilde{p}_2(t)\delta(\chi-x_2) \tag{8.3.16}$$

$$\hat{F}_1=k_p(\hat{w}_1-\hat{w}_2),\quad m_s\left(\ddot{\hat{w}}_2-2v\frac{\partial\dot{\hat{w}}_2}{\partial\chi}+v^2\frac{\partial^2\hat{w}_2}{\partial\chi^2}\right)-\hat{F}_1+\hat{F}_2=0 \tag{8.3.17}$$

$$\frac{m_B}{6}\begin{bmatrix}2&1\\1&2\end{bmatrix}\left(\begin{Bmatrix}\ddot{\hat{w}}_2\\\ddot{\hat{w}}_3\end{Bmatrix}-2v\begin{Bmatrix}\dfrac{\partial^2\dot{\hat{w}}_2}{\chi^2}\\\dfrac{\partial^2\dot{\hat{w}}_3}{\chi^2}\end{Bmatrix}+v^2\begin{Bmatrix}\dfrac{\partial^2\hat{w}_2}{\chi^2}\\\dfrac{\partial^2\hat{w}_3}{\chi^2}\end{Bmatrix}\right)+k_B\begin{bmatrix}1&-1\\-1&1\end{bmatrix}\begin{Bmatrix}\hat{w}_2\\\hat{w}_3\end{Bmatrix}+\begin{Bmatrix}-\hat{F}_2\\\hat{F}_3\end{Bmatrix}=0 \tag{8.3.18}$$

式中，$\dot{\hat{w}}=\left.\dfrac{\partial\hat{w}}{\partial t}\right|_{\chi}$；$\ddot{\hat{w}}=\left.\dfrac{\partial^2\hat{w}}{\partial^2 t}\right|_{\chi}$。

将式（8.3.16）～式（8.3.18）耦合在一起可以得到轨道结构运动方程，其在波数频率域内的形式为

$$\begin{cases}\begin{bmatrix}EI\kappa_x^4-\omega^2m_r+k_p & -k_p & 0\\ -k_p & k_p+k_B-\omega^2(m_s+m_B/3) & -(k_B+\omega^2m_B/6)\\ 0 & -(k_B+\omega^2m_B/6) & (k_B-\omega^2m_B/3)\end{bmatrix}\begin{Bmatrix}w_1\\w_2\\w_3\end{Bmatrix}=\begin{Bmatrix}P\\0\\-F_3\end{Bmatrix}\\ P=\sqrt{S_p(\omega)}[\exp(-\mathrm{i}\kappa_\chi x_1)+\exp(-\mathrm{i}\kappa_\chi x_2)\exp(-\mathrm{i}\omega\Delta t)]\end{cases} \tag{8.3.19}$$

波在地层中传播时，要经过不同的土层。设第 $j$ 层土层在 $x,y,z$ 方向的响应为 $\hat{u}_j(x,y,z,t)$，$\hat{v}_j(x,y,z,t)$，$\hat{w}_j(x,y,z,t)$。

在移动坐标系下，第 $j$ 层土层的 Navier 弹性动力方程为

$$\begin{aligned}&\left(\lambda_j+G_j\right)\frac{\partial\Delta_j}{\partial\chi}+G_j\nabla^2\hat{u}_j=\rho_j\left(\ddot{\hat{u}}_j-2v\frac{\partial\dot{\hat{u}}_j}{\partial\chi}+v^2\frac{\partial^2\hat{u}_j}{\partial\chi^2}\right)\\&\left(\lambda_j+G_j\right)\frac{\partial\Delta_j}{\partial\chi}+G_j\nabla^2\hat{v}_j=\rho_j\left(\ddot{\hat{u}}_j-2v\frac{\partial\dot{\hat{u}}_j}{\partial\chi}+v^2\frac{\partial^2\hat{u}_j}{\partial\chi^2}\right)\\&\left(\lambda_j+G_j\right)\frac{\partial\Delta_j}{\partial\chi}+G_j\nabla^2\hat{w}_j=\rho_j\left(\ddot{\hat{u}}_j-2v\frac{\partial\dot{\hat{u}}_j}{\partial\chi}+v^2\frac{\partial^2\hat{u}_j}{\partial\chi^2}\right)\end{aligned}\tag{8.3.20}$$

式中，$\nabla^2$ 表示拉普拉斯算子；$\lambda_j$ 和 $G_j$ 表示拉梅常数：

$$\lambda_j=\frac{v_jE_j\left(1+i\eta\mathrm{sgn}(\omega)\right)}{\left(1+v_j\right)\left(1-2v_j\right)},\quad G_j=\frac{E_j\left(1+i\eta\mathrm{sgn}(\omega)\right)}{2\left(1+v_j\right)}$$

$$\Delta_j=\frac{\partial\hat{u}_j}{\partial\chi}+\frac{\partial\hat{v}_j}{\partial y}+\frac{\partial\hat{w}_j}{\partial z}$$

将式（8.3.20）转入波数频域内有

$$\boldsymbol{K}_{22}\boldsymbol{q}''+\left(\boldsymbol{K}_{21}-\boldsymbol{K}_{12}\right)\boldsymbol{q}'-\left(\boldsymbol{K}_{11}-\rho\tilde{\omega}^2\boldsymbol{I}\right)\boldsymbol{q}=0\tag{8.3.21}$$

式中，

$$\boldsymbol{K}_{22}=\begin{bmatrix}G_j&0&0\\0&G_j&0\\0&0&\lambda_j+2G_j\end{bmatrix},\boldsymbol{K}_{21}=-\boldsymbol{K}_{12}^{\mathrm{T}}=\mathrm{i}\kappa_x\begin{bmatrix}0&0&G_j\\0&0&0\\\lambda_j&0&0\end{bmatrix}+\mathrm{i}\kappa_y\begin{bmatrix}0&0&0\\0&0&G_j\\0&\lambda_j&0\end{bmatrix}$$

$$\boldsymbol{K}_{11}=\kappa_\chi^2\begin{bmatrix}\lambda_j+2G_j&0&0\\0&G_j&0\\0&0&G_j\end{bmatrix}+\kappa_y^2\begin{bmatrix}G_j&0&0\\0&\lambda_j+2G_j&0\\0&0&G_j\end{bmatrix}+\kappa_x\kappa_y\begin{bmatrix}0&\lambda_j+G_j&0\\\lambda_j+G_j&0&0\\0&0&0\end{bmatrix}$$

$\boldsymbol{I}$ 表示 3×3 单位矩阵；$\boldsymbol{q}=\left\{u_j,v_j,w_j\right\}$；$\tilde{\omega}=\omega-vk_\chi$（$\tilde{\omega}$ 是移动坐标系下的圆频率，而 $\omega$ 是固定坐标系下的振动频率）；$(\#)'=\partial(\#)/\partial z$ 表示的是对坐标 $z$ 求偏导。方程（8.3.19）和方程（8.3.20）就是轨道-分层土耦合系统在波数频域内的运动方程。

### 8.3.3　求解波传播运动方程的精细积分算法

将波传播的运动方程引入对偶体系，然后应用精细积分法进行求解。精细积分法是求解常系数微分方程组初值问题和两端边值问题的精确算法，它可以给出具有计算机精度的数值结果。

1. 地层结构的区段微分方程

假设第 $j$ 层土层在 $[z_a,z_b]$ 区段。定义对偶向量

$$\boldsymbol{p}=\left\{\tau_{xz},\tau_{yz},\sigma_z\right\}^{\mathrm{T}}\tag{8.3.22}$$

式中，$\tau_{xz}$ 和 $\tau_{yz}$ 分别表示沿着 $x$ 和 $y$ 方向的剪应力；$\sigma_z$ 表示沿 $z$ 方向的正应力。

根据哈密顿原理有

$$p = K_{22}q' + K_{21}q \tag{8.3.23}$$

此时，式（8.3.21）可以写成状态空间的形式

$$v' = Hv, H = \begin{bmatrix} A & D \\ B & C \end{bmatrix}, v = \begin{Bmatrix} q \\ p \end{Bmatrix} \tag{8.3.24}$$

$$A = -K_{22}^{-1}K_{21}, \quad B = K_{11} - K_{12}K_{22}^{-1}K_{21} - \rho\tilde{\omega}^2 I, \quad C = K_{12}K_{22}^{-1}, D = K_{22}^{-1}$$

容易验证矩阵 $H$ 是哈密顿矩阵，即满足 $H^{\mathrm{H}} = JHJ$，其中，$J$ 是单位辛矩阵。式（8.3.24）是哈密顿正则方程，它具有保持辛结构的特点。精细积分法对线性哈密顿体系是高精度和保辛的。

设第 $j$ 层土层两端的位移向量为 $q_a$ 和 $q_b$，以及相应的对偶向量为 $p_a$ 和 $p_b$，则有下列区段微分方程

$$q_a = Fq_b - Gp_a, \quad p_{\mathrm{b}} = Qq_b + Ep_a \tag{8.3.25}$$

式中，$F$、$Q$、$G$ 和 $E$ 是待定区段矩阵。由于介质参数在区段内是常数，所以区段矩阵 $F$、$Q$、$G$ 和 $E$ 仅与区段的厚度 $h = z_b - z_a$ 有关。如果假设 $q_b$ 和 $p_b$ 是给定值，并令 $a$ 端变化，将式（8.3.25）对 $z_a$ 微分，并考虑到 $\dfrac{\mathrm{d}}{\mathrm{d}z_a} = -\dfrac{\mathrm{d}}{\mathrm{d}h}$，则得到如下的方程：

$$\begin{cases} q'_a = -F'(h)q_b + G'(h)p_a - G(h)p'_a \\ 0 = -Q'(h)q_b - E'(h)p_a + E(h)p'_a \end{cases} \tag{8.3.26}$$

利用式（8.3.24），对偶方程可以写为

$$q'_a = Aq_a + Dp_a, \quad p'_a = Bq_a + Cp_a \tag{8.3.27}$$

通过式（8.3.26）和式（8.3.27）可以得到如下关系式：

$$\begin{cases} \left[(A+GB)F + F'\right]q_a + \left[D - (A+GM)G - G' + GC\right]p_a = 0 \\ (-Q' + EBF)q_a + (EC - E' - EBG)p_a = 0 \end{cases} \tag{8.3.28}$$

由于向量 $q_b$ 和 $p_a$ 是互相独立的，则式（8.3.28）的系数应该为零，即

$$\begin{cases} F' = -(A+GB)F, \quad G' = D - (A+GB)G + GC \\ Q' = EBF, \quad E' = E(C - BG) \end{cases} \tag{8.3.29}$$

若令 $z_a$ 趋近于 $z_b$，则可以得到区段矩阵的边界条件

$$G(h) = Q(h) = 0, \quad F(h) = E(h) = I, \quad h = 0 \tag{8.3.30}$$

2. 相邻区段系数矩阵合并公式

考虑相邻两个土层 $[z_a, z_b]$ 和 $[z_b, z_c]$，应用式（8.3.25）有

$$q_b = F_1 q_a - G_1 p_b, \quad p_a = Q_1 q_a + E_1 p_b, \quad \text{当}[z_a, z_b] \tag{8.3.31a}$$

$$q_c = F_c q_a - G_c p_c, \quad p_a = Q_c q_a + E_c p_c, \quad \text{当}[z_b, z_c] \tag{8.3.31b}$$

设相邻土层合并在一起，构成一个大的区段 $[z_a, z_c]$，有

$$q_c = F_c q_a - G_c p_c, \quad p_a = Q_c q_a + E_c p_c, \quad \text{当}[z_a, z_c] \tag{8.3.32}$$

根据分界面 $z_b$ 处的位移和应力向量的连续条件，消去式（8.3.31）中的 $q_b$ 和 $p_b$ 可得

$$\begin{cases} \boldsymbol{q}_c = \left(\boldsymbol{F}_2\left(\boldsymbol{I}+\boldsymbol{G}_1\boldsymbol{Q}_2\right)^{-1}\boldsymbol{F}_1\right)\boldsymbol{q}_a - \left(\boldsymbol{G}_2+\boldsymbol{F}_2\left(\boldsymbol{G}_1^{-1}+\boldsymbol{Q}_2\right)^{-1}\boldsymbol{E}_2\right)\boldsymbol{p}_c \\ \boldsymbol{p}_a = \left(\boldsymbol{Q}_1+\boldsymbol{E}_1\left(\boldsymbol{Q}_2^{-1}+\boldsymbol{G}_1\right)^{-1}\boldsymbol{F}_1\right)\boldsymbol{q}_a + \left(\boldsymbol{E}_1\left(\boldsymbol{I}+\boldsymbol{Q}_2\boldsymbol{G}_1\right)^{-1}\boldsymbol{E}_2\right)\boldsymbol{p}_c \end{cases} \tag{8.3.33}$$

比较式（8.3.32）和式（8.3.33），不难得到

$$\begin{cases} \boldsymbol{F}_c = \boldsymbol{F}_2\left(\boldsymbol{I}+\boldsymbol{G}_1\boldsymbol{Q}_2\right)^{-1}\boldsymbol{F}_1, \quad \boldsymbol{G}_c = \boldsymbol{G}_2+\boldsymbol{F}_2\left(\boldsymbol{G}_1^{-1}+\boldsymbol{Q}_2\right)^{-1}\boldsymbol{E}_2 \\ \boldsymbol{Q}_c = \boldsymbol{Q}_1+\boldsymbol{E}_1\left(\boldsymbol{Q}_2^{-1}+\boldsymbol{G}_1\right)^{-1}\boldsymbol{F}_1, \quad \boldsymbol{E}_c = \boldsymbol{E}_1\left(\boldsymbol{I}+\boldsymbol{Q}_2\boldsymbol{G}_1\right)^{-1}\boldsymbol{E}_2 \end{cases} \tag{8.3.34}$$

式（8.3.34）就是相邻区段矩阵合并方程，它们对于求解常微分方程非常重要。

3. 区段矩阵的初始化算法

到目前为止，已知系统矩阵 $\boldsymbol{A}$、$\boldsymbol{B}$、$\boldsymbol{C}$、$\boldsymbol{D}$，并且给出了如何将区段矩阵 $\boldsymbol{F}$、$\boldsymbol{Q}$、$\boldsymbol{G}$、$\boldsymbol{E}$ 进行合并。下面将给出从系统矩阵 $\boldsymbol{A}$、$\boldsymbol{B}$、$\boldsymbol{C}$、$\boldsymbol{D}$ 得到区段矩阵 $\boldsymbol{F}$、$\boldsymbol{Q}$、$\boldsymbol{G}$、$\boldsymbol{E}$ 的计算方法。

假设第 $i$ 层土层的厚度是 $h_i$，首先将它分为 $2^N$（$N$ 为整数，本小节中 $N$=20）个等厚度的子层，厚度为 $\tau = h_i / 2^N$。由于微层的厚度 $\tau$ 非常小，所以它对应的区段矩阵 $\boldsymbol{F}$、$\boldsymbol{Q}$、$\boldsymbol{G}$、$\boldsymbol{E}$ 可以用泰勒展开近似表为

$$\begin{cases} \boldsymbol{Q}(\tau) = \boldsymbol{\theta}_1\tau+\boldsymbol{\theta}_2\tau^2+\boldsymbol{\theta}_3\tau^3+\boldsymbol{\theta}_4\tau^4, \quad \boldsymbol{G}(\tau) = \boldsymbol{\gamma}_1\tau+\boldsymbol{\gamma}_2\tau^2+\boldsymbol{\gamma}_3\tau^3+\boldsymbol{\gamma}_4\tau^4 \\ \bar{\boldsymbol{F}}(\tau) = \boldsymbol{f}_1\tau+\boldsymbol{f}_2\tau^2+\boldsymbol{f}_3\tau^3+\boldsymbol{f}_4\tau^4, \quad \boldsymbol{F}(\tau) = \boldsymbol{I}+\bar{\boldsymbol{F}}(\tau) \\ \bar{\boldsymbol{E}}(\tau) = \boldsymbol{\varPsi}_1\tau+\boldsymbol{\varPsi}_2\tau^2+\boldsymbol{\varPsi}_3\tau^3+\boldsymbol{\varPsi}_4\tau^4, \quad \boldsymbol{E}(\tau) = \boldsymbol{I}+\bar{\boldsymbol{E}}(\tau) \end{cases} \tag{8.3.35}$$

将上面的方程代入（8.3.29），并且令相同幂次的系数相等，可以得到

$$\boldsymbol{\theta}_1 = \boldsymbol{B}, \quad \boldsymbol{\gamma}_1 = \boldsymbol{D}, \quad \boldsymbol{\varphi}_1 = -\boldsymbol{A}, \quad \boldsymbol{\varPsi}_1 = \boldsymbol{C} \tag{8.3.36}$$

$$\begin{cases} \boldsymbol{\theta}_2 = (\boldsymbol{\psi}_1\boldsymbol{B}+\boldsymbol{B}\boldsymbol{\varphi}_1)/2, \quad \boldsymbol{\gamma}_2 = (\boldsymbol{A}\boldsymbol{\gamma}_1-\boldsymbol{\gamma}_1\boldsymbol{C})/2 \\ \boldsymbol{\varphi}_2 = -(\boldsymbol{A}\boldsymbol{\varphi}_1+\boldsymbol{\gamma}_1\boldsymbol{B})/2, \quad \boldsymbol{\varPsi}_2 = -(\boldsymbol{B}\boldsymbol{\gamma}_1-\boldsymbol{\psi}_1\boldsymbol{C})/2 \end{cases} \tag{8.3.37}$$

$$\begin{cases} \boldsymbol{\theta}_3 = (\boldsymbol{\varPsi}_2\boldsymbol{B}+\boldsymbol{B}\boldsymbol{\varphi}_2+\boldsymbol{\varPsi}_1\boldsymbol{B}\boldsymbol{\varphi})/3, \quad \boldsymbol{\gamma}_3 = (\boldsymbol{A}\boldsymbol{\gamma}_2-\boldsymbol{\gamma}_2\boldsymbol{C}+\boldsymbol{\gamma}_1\boldsymbol{B}\boldsymbol{\gamma}_1)/3 \\ \boldsymbol{\varphi}_3 = -(\boldsymbol{A}\boldsymbol{\varphi}_2+\boldsymbol{\gamma}_2\boldsymbol{B}+\boldsymbol{\gamma}_1\boldsymbol{B}\boldsymbol{\varphi}_1)/3, \quad \boldsymbol{\psi}_3 = -(\boldsymbol{B}\boldsymbol{\gamma}_2+\boldsymbol{\varPsi}_1\boldsymbol{B}\boldsymbol{\gamma}_1-\boldsymbol{\psi}_2\boldsymbol{C})/3 \end{cases} \tag{8.3.38}$$

$$\begin{cases} \boldsymbol{\theta}_4 = (\boldsymbol{\psi}_3\boldsymbol{B}+\boldsymbol{B}\boldsymbol{\varphi}_3+\boldsymbol{\psi}_2\boldsymbol{B}\boldsymbol{\varphi}_1+\boldsymbol{\psi}_1\boldsymbol{B}\boldsymbol{\varphi}_2)/4 \\ \boldsymbol{\gamma}_4 = (\boldsymbol{A}\boldsymbol{\gamma}_3-\boldsymbol{\gamma}_3\boldsymbol{C}+\boldsymbol{\gamma}_2\boldsymbol{B}\boldsymbol{\gamma}_1+\boldsymbol{\gamma}_1\boldsymbol{B}\boldsymbol{\gamma}_2)/4 \\ \boldsymbol{\varphi}_4 = -(\boldsymbol{A}\boldsymbol{\varphi}_3+\boldsymbol{\gamma}_3\boldsymbol{B}+\boldsymbol{\gamma}_2\boldsymbol{B}\boldsymbol{\varphi}_1+\boldsymbol{\gamma}_1\boldsymbol{B}\boldsymbol{\varphi}_2)/4 \\ \boldsymbol{\psi}_4 = -(\boldsymbol{B}\boldsymbol{\gamma}_3+\boldsymbol{\psi}_1\boldsymbol{B}\boldsymbol{\gamma}_2+\boldsymbol{\psi}_2\boldsymbol{B}\boldsymbol{\gamma}_1-\boldsymbol{\psi}_3\boldsymbol{C})/4 \end{cases} \tag{8.3.39}$$

由于 $\tau$ 极其小，所以 $\boldsymbol{F}$ 和 $\boldsymbol{E}$ 非常接近单位矩阵，为了避免计算机有限精度造成的截断误差，应该将 $\boldsymbol{F}$ 和 $\boldsymbol{E}$ 表示为 $\boldsymbol{F} = \boldsymbol{I}+\bar{\boldsymbol{F}}$ 和 $\boldsymbol{E} = \boldsymbol{I}+\bar{\boldsymbol{E}}$，单独计算并存储 $\bar{\boldsymbol{F}}$ 和 $\bar{\boldsymbol{E}}$。为此，区段合并方程（8.3.34）需要改写为

$$\begin{cases} \boldsymbol{G}_{12} = \boldsymbol{G}+\left(\boldsymbol{I}+\bar{\boldsymbol{F}}\right)\boldsymbol{G}\left(\boldsymbol{I}+\boldsymbol{Q}\boldsymbol{G}\right)^{-1}\left(\boldsymbol{I}+\bar{\boldsymbol{E}}\right), \quad \boldsymbol{Q}_{12} = \boldsymbol{Q}+\left(\boldsymbol{I}+\bar{\boldsymbol{E}}\right)\boldsymbol{Q}\left(\boldsymbol{I}+\boldsymbol{G}\boldsymbol{Q}\right)^{-1}(\boldsymbol{I}+\bar{\boldsymbol{F}}) \\ \bar{\boldsymbol{F}}_{12} = (\bar{\boldsymbol{F}}-\boldsymbol{G}\boldsymbol{Q}/2)\left(\boldsymbol{I}+\boldsymbol{G}\boldsymbol{Q}\right)^{-1}+\left(\boldsymbol{I}+\boldsymbol{G}\boldsymbol{Q}\right)^{-1}(\bar{\boldsymbol{F}}-\boldsymbol{G}\boldsymbol{Q}/2)+\bar{\boldsymbol{F}}\left(\boldsymbol{I}+\boldsymbol{G}\boldsymbol{Q}\right)^{-1}\bar{\boldsymbol{F}} \\ \bar{\boldsymbol{E}}_{12} = (\bar{\boldsymbol{E}}-\boldsymbol{G}\boldsymbol{Q}/2)\left(\boldsymbol{I}+\boldsymbol{G}\boldsymbol{Q}\right)^{-1}+\left(\boldsymbol{I}+\boldsymbol{G}\boldsymbol{Q}\right)^{-1}(\bar{\boldsymbol{E}}-\boldsymbol{G}\boldsymbol{Q}/2)+\bar{\boldsymbol{E}}\left(\boldsymbol{I}+\boldsymbol{G}\boldsymbol{Q}\right)^{-1}\bar{\boldsymbol{E}} \end{cases} \tag{8.3.40}$$

4. 区段合并的 $2^N$ 类算法

当通过式（8.3.35）～式（8.3.39）求得微段的区段矩阵 $\tilde{\boldsymbol{F}}(\tau)$、$\tilde{\boldsymbol{E}}(\tau)$、$\tilde{\boldsymbol{Q}}(\tau)$ 和 $\tilde{\boldsymbol{G}}(\tau)$ 后，

即可应用区段合并方程（8.3.40）计算出第 $i$ 层土层的区段矩阵 $\boldsymbol{F}(h_i)$、$\boldsymbol{E}(h_i)$、$\boldsymbol{Q}(h_i)$ 和 $\boldsymbol{G}(h_i)$。由于所有微段具有相同的厚度，则有 $\boldsymbol{F}_1=\boldsymbol{F}_2, \boldsymbol{Q}_1=\boldsymbol{Q}_2$ 等。每合并一次区段的数目就会减少一半，当执行 $N$ 次合并后，就可得到第 $i$ 层土层的区段矩阵。然后可以按照类似的方式，将所有的土层合并在一起，并且假设土层是作用在刚性基础上的，这样地面的运动方程为

$$\boldsymbol{q}_{up}=\tilde{\boldsymbol{G}}\boldsymbol{p}_{up} \tag{8.3.41}$$

式中，$\tilde{\boldsymbol{G}}$ 表示系数矩阵；$\boldsymbol{q}_{up}=\left\{u_{up},v_{up},w_{up}\right\}^{\mathrm{T}}$ 和 $\boldsymbol{p}_{up}=\left\{\tau_{xz},\tau_{yz},\sigma_z\right\}^{\mathrm{T}}$ 分别表示地面的位移向量和对偶向量。

5. 耦合系统方程的求解

地面与轨道结构的位移连续条件可以表示成

$$w_3\left(\kappa_\chi,\omega\right)=\frac{1}{2\pi}\int_{-\infty}^{\infty}w_{up}\left(\kappa_\chi,\kappa_y,\omega\right)\mathrm{e}^{\mathrm{i}k_y y}\,\mathrm{d}k_y\Big|_{y=0}=\frac{1}{2\pi}\int_{-\infty}^{\infty}w_{up}\left(\kappa_\chi,\kappa_y,\omega\right)\mathrm{d}\kappa_y \tag{8.3.42}$$

相互作用力平衡条件为

$$\tau_{xz}^{up}=0,\quad \tau_{yz}^{up}=0,\quad \sigma_z^{up}=\frac{\sin\left(\kappa_y b\right)}{\kappa_y b}F_3(\kappa_\chi,\omega) \tag{8.3.43}$$

将式（8.3.43）代入式（8.3.41）和式（8.3.42）可以得到

$$\begin{cases} w_3\left(\kappa_\chi,\omega\right)=L\left(\kappa_\chi,\omega\right)F_3(\kappa_\chi,\omega) \\ L\left(\kappa_\chi,\omega\right)=-\dfrac{1}{2\pi}\displaystyle\int_{-\infty}^{\infty}\tilde{\boldsymbol{G}}(3.3)\frac{\sin\left(\kappa_y b\right)}{\kappa_y b}\mathrm{d}\kappa_y \end{cases} \tag{8.3.44}$$

将式（8.3.44）代入式（8.3.19）计算 $F_3$，再将 $F_3$ 代入式（8.3.43）和式（8.3.41）计算地面响应，即 $u\left(\kappa_\chi,\kappa_y,\omega\right)$、$v\left(\kappa_\chi,\kappa_y,\omega\right)$ 和 $w\left(\kappa_\chi,\kappa_y,\omega\right)$。通过傅里叶变换和坐标变换 $x=\chi+vt$ 求得地面固定一点的动力响应 $u'(x,y,\omega,t)$、$v'(x,y,\omega,t)$ 和 $w'(x,y,\omega,t)$。最后根据虚拟激励法得到地面非平稳随机响应的功率谱和标准差

$$S_u(x,y,\omega,t)=u'u'^*,\quad S_v(x,y,\omega,t)=v'v'^*,\quad S_w(x,y,\omega,t)=w'w'^* \tag{8.3.45}$$

$$\sigma_u^2(t)=\int_{-\infty}^{\infty}S_u\mathrm{d}\omega,\quad \sigma_v^2(t)=\int_{-\infty}^{\infty}S_v\mathrm{d}\omega,\quad \sigma_w^2(t)=\int_{-\infty}^{\infty}S_w\mathrm{d}\omega \tag{8.3.46}$$

前面给出了随机分析的计算过程。当指定一组 $\left(\omega,\kappa_\chi,\kappa_y\right)$ 时，就需要计算矩阵 $\tilde{\boldsymbol{G}}\left(\tilde{\omega}=\omega-v\kappa_\chi,\kappa_\chi,\kappa_y\right)$。这是一个三重循环过程，极为消耗计算成本。这里，根据 $\tilde{\boldsymbol{G}}$ 矩阵的性质提出一种坐标旋转策略，可有效提高计算效率。对此，建立一个新坐标系 $(\kappa'_\chi,\kappa'_y)$，它与原来的坐标系 $(\kappa_\chi,\kappa_y)$ 具有相同的坐标原点。然后选定一系列坐标点（$\tilde{\omega}\in\left[0,\max(\omega-v\kappa_\chi)\right]$，$\kappa'_\chi\,\partial\in\left[0,\max(\sqrt{{\kappa_\chi}^2+{\kappa_y}^2})\right]$，$\kappa'_y=0$）计算并存储矩阵 $\tilde{\boldsymbol{G}}'=\tilde{\boldsymbol{G}}\left(\tilde{\omega},\kappa'_\chi,0\right)$。由于轨道结构与地面只有垂向接触力，因此实际程序中只需要存储 $\tilde{\boldsymbol{G}}'$ 矩阵的第三列元素。计算 $\tilde{\boldsymbol{G}}\left(\tilde{\omega}=\omega-v\kappa_\chi,\kappa_\chi,\kappa_y\right)$ 矩阵的过程如下：①旋转坐标 $(\kappa'_\chi,\kappa'_y)$ 并且使 $\kappa'_\chi$ 轴经过点 $(\kappa_\chi,\kappa_y)$；②选取 $\tilde{\boldsymbol{G}}'\left(\tilde{\omega}=\omega-v\kappa_\chi,\kappa'_\chi=\sqrt{\kappa_\chi^2+\kappa_y^2},0\right)$，可能选取的 $\tilde{\boldsymbol{G}}'$ 并不一定极其精确，但是总可以选取具有足够精度的 $\tilde{\boldsymbol{G}}'$；③计算 $\tilde{\boldsymbol{G}}=\boldsymbol{T}^{\mathrm{T}}\tilde{\boldsymbol{G}}'\boldsymbol{T}$，其中 $\boldsymbol{T}$ 是坐标系 $(\omega,\kappa'_\chi,\kappa'_y)$ 与 $(\omega,\kappa_\chi,\kappa_y)$ 之间的

转换矩阵。

**例 8.3.1**　进行移动随机荷载作用下轨道-分层土结构非平稳随机振动分析，轨道结构和地层结构的计算参数分别列于表 8.3.1 和表 8.3.2。

**表 8.3.1　轨道结构参数**

| 参数 | 数值 | 参数 | 数值 |
|---|---|---|---|
| 钢轨线密度 | 120kg/m | 道床线密度 | 1200kg/m |
| 钢轨抗弯刚度 | $1.26\times10^{7}\,\mathrm{N\cdot m^2}$ | 道床垂向刚度 | $3.15\times10^{8}\,\mathrm{N/m^2}$ |
| 垫片垂向刚度 | $3.15\times10^{8}\,\mathrm{N/m^2}$ | 道床衰减系数 | 1.0 |
| 垫片衰减系数 | 0.15 | 轨道与地面横向接触长度 | 2.7m |
| 轨枕线密度 | 490 kg/m | — | — |

**表 8.3.2　地层结构参数**

| 地层 | 厚度/m | 杨氏模量/（$10^6\,\mathrm{N\cdot m^2}$） | 泊松比 | 密度/（$\mathrm{kg/m^3}$） | 衰减系数 |
|---|---|---|---|---|---|
| 1 | 7 | 269 | 0.257 | 1550 | 0.1 |
| 2 | 150 | 2040 | 0.179 | 2450 | 0.1 |

（1）验证本节方法的正确性。

重新计算文献[28]中的部分算例，并且将计算结果与该文献进行对比。假设简谐荷载频率为 $40\mathrm{Hz}$，作用区域为 $2.7\mathrm{m}\times2.7\mathrm{m}$。图 8.3.2 给出了单位简谐荷载直接作用在地面上时，地面垂向位移幅值在波数域内的分布情况。可以看到，位移振幅在波数为 $\kappa_\chi=2.3\mathrm{m}^{-1}$、$\kappa_y=2.3\mathrm{m}^{-1}$ 处衰减到零，并且在 $\sqrt{\left(\kappa_\chi{}^2+\kappa_y{}^2\right)}=1.03$ 处出现最大峰值。这与文献[28]给出的计算结果是完全一致的。图 8.3.3 给出了单位简谐荷载作用在轨道时，地面纵向、横向和垂向的位移振幅在空间域内的分布情况，其中荷载频率为 $40\mathrm{Hz}$。可以看到轨道结构对地面响应影响很大。纵向和横向响应振幅因为耦合系统几何对称关系分别在 $x=0$ 和 $y=0$ 处等于零。横向响应振幅在轨道结构边缘处，即（$x=0, y=1.35\mathrm{m}$）出现最大值。垂向响应振幅沿着 $y$ 方向衰减很快，而沿 $x$ 方向衰减稍慢。这些与文献[28]中给出的计算结果也是一致的。

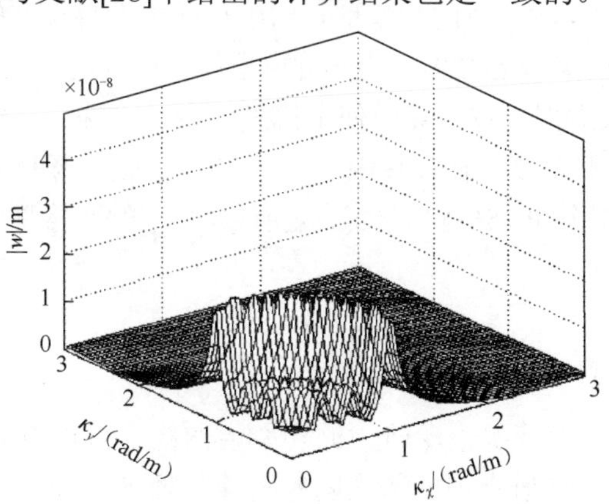


图 8.3.2　波数域内地面垂向位移

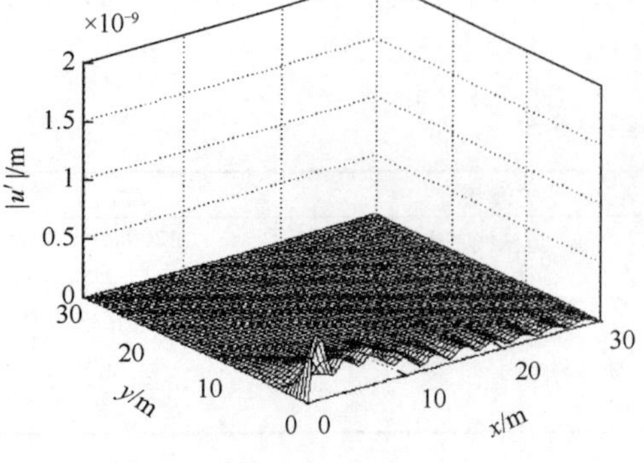


（a）纵向响应

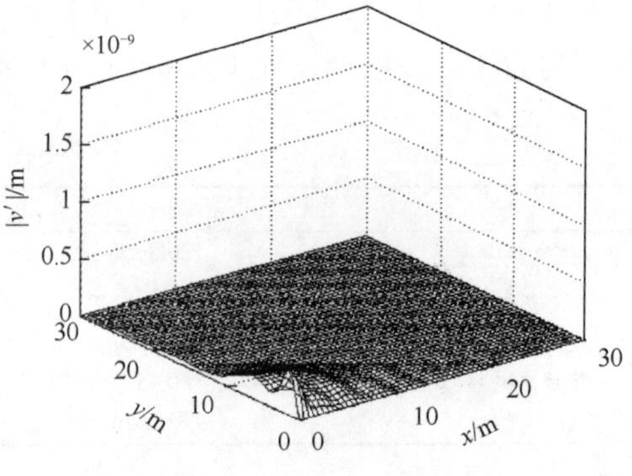


（b）横向响应

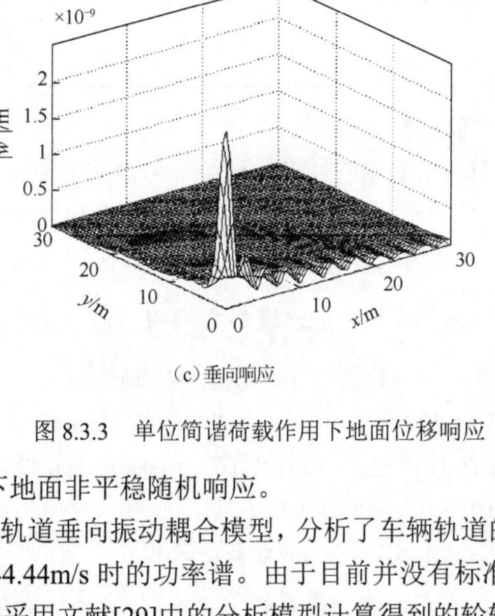


（c）垂向响应

图 8.3.3　单位简谐荷载作用下地面位移响应

（2）单一荷载作用下地面非平稳随机响应。

文献[29]建立了车辆轨道垂向振动耦合模型，分析了车辆轨道的随机振动特性，并且给出了轮轨作用力在车速为 44.44m/s 时的功率谱。由于目前并没有标准的轮轨力功率谱密度函数可以查询。所以这里首先采用文献[29]中的分析模型计算得到的轮轨力功率谱，然后再将这一计算结果作为本例的输入数据。在计算中使用傅里叶变换方法，需要在波数域内取足够密集的 $\kappa_\chi$ 和 $\kappa_y$ 网格以保证计算精度。在计算中，$\kappa'_\chi$ 在 0～$10\text{m}^{-1}$ 内取 1000 个波数点，$\kappa_\chi$ 和 $\kappa_y$ 在−5～$5\text{m}^{-1}$ 内分别取 512 个和 256 个波数点。之所以将 $\kappa_\chi$ 的网格划分得密集一些是因为频率 $\tilde{\omega}$ 与 $\kappa_\chi$ 有如下关系：

$$\tilde{\omega} = \omega - v\kappa_\chi \tag{8.3.47}$$

计算结果对 $\kappa_\chi$ 的网格密度比较敏感。

图 8.3.4 给出了不同车速情况下轮轨力的功率谱曲线。可以看到功率谱的第一个峰值大约出现在 40Hz 处，而第二峰值出现的频率随着车速的增加而增大。这主要是因为车速的提高改变了轨道不平顺空间功率谱在时间频率域内的分布情况，轮轨力功率谱也相应地出现了变化。

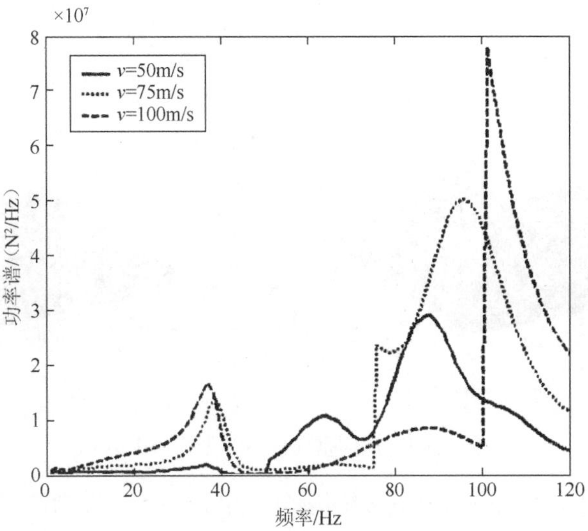


图 8.3.4　轮轨力功率谱

选择两个地面观测点（0,15m）和（0,25m）来评估振动情况。图 8.3.5 给出了单一荷载分别以速度 50m/s、75m/s 和 100m/s 沿着轨道运动时，两个观测点的垂向位移响应功率谱。这里假设时间 $t$=0 时，荷载通过坐标原点。由图可见，对同一个观测点而言，荷载速度越高地面响应功率谱的幅值也就越大，并且振动的能量越会向几赫兹到五十赫兹区间集中。这主要与激励谱的形状和地层结构的阻尼对振动波的衰减作用有关。当荷载速度为 50m/s 时，激励

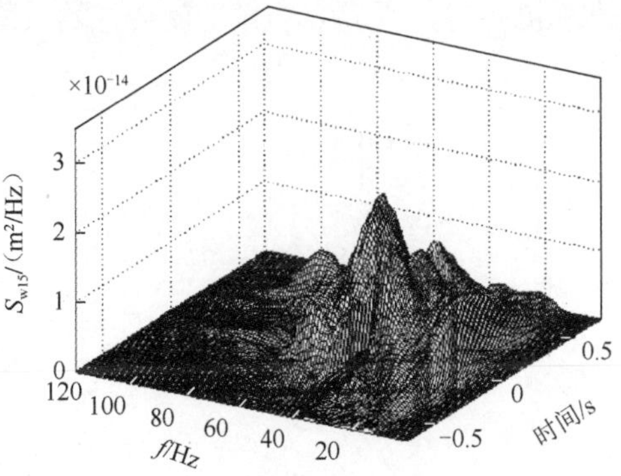


（a）（0, 15m），$v$=50m/s

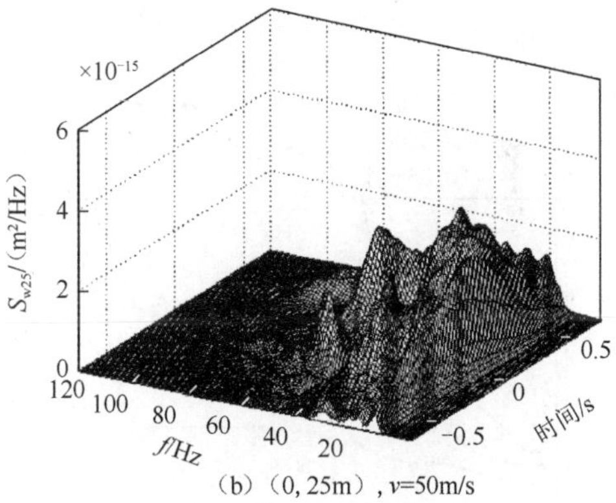


（b）（0, 25m），$v$=50m/s

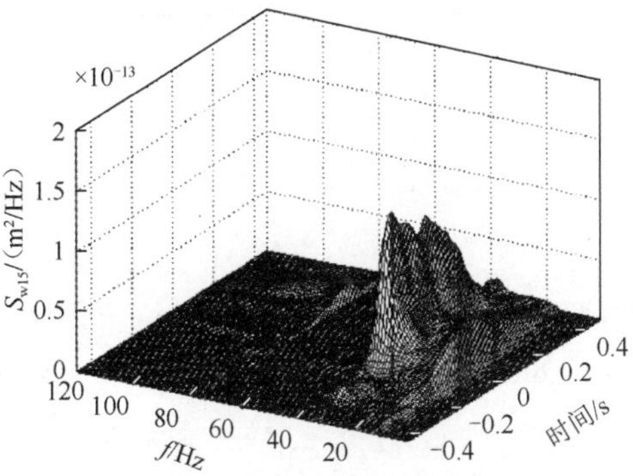


（c）（0, 15m），$v$=75m/s

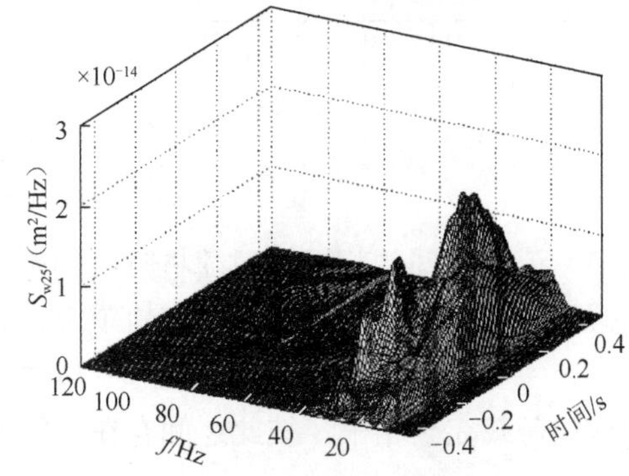


（d）（0, 25m），$v$=75m/s

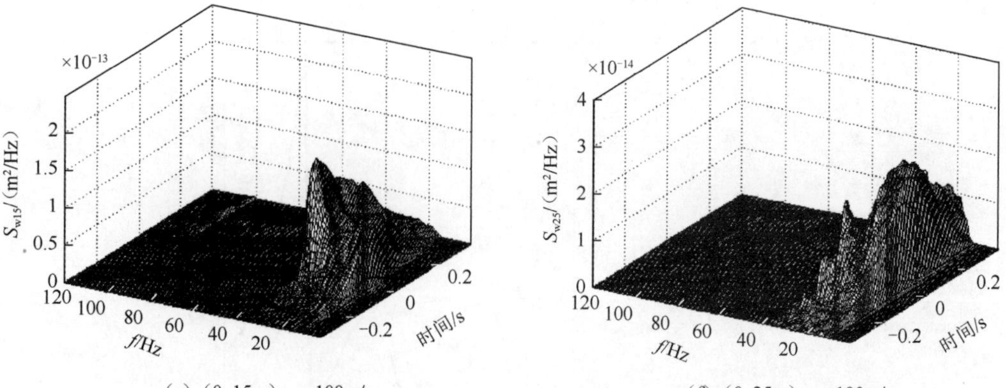


(e)(0, 15m), $v$=100m/s　　(f)(0, 25m), $v$=100m/s

图 8.3.5　地面垂向振动非平稳功率谱

谱的高频分量较多，所以地面振动响应的高频分量也就较多。而当荷载速度提高到 75m/s 或 100m/s 时，激励谱的低频分量则成为引起地面振动的主要因素，因为高频分量引起的响应很快就衰减掉了，参见图 8.3.4。此外，在荷载速度相同情况下对比观测点（0,15m）和（0,25m）处的响应功率谱，可以发现观测点（0,15m）的振动频率要明显高于观测点（0,25m）的。这主要是因为观测点（0,25m）距离轨道结构较近，高频分量振动衰减相对较慢。

图 8.3.6 给出了荷载速度分别为 50m/s 和 100m/s 时，三个地面观测点（0,15m）、（0,25m）和（0,35m）处的垂向位移标准差。其中实线、虚线和点线分别表示观测点（0,15m）、（0,25m）和（0,35m）处的响应。很明显，荷载在向观测点靠近时，观测点的振动逐渐增大：当荷载通过时，观测点的振动会迅速增加；当荷载开始远离观测点时，观测点的振动就会开始减弱。

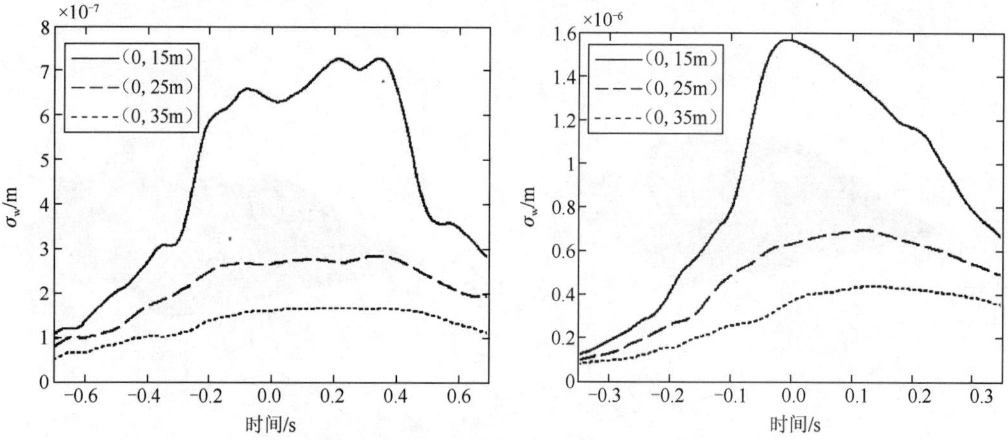


(a) $v$=50m/s　　(b) $v$=100m/s

图 8.3.6　地面垂向振动标准差

（3）荷载之间的相干性对随机响应的影响。

假设有 4 个轮轨力荷载作用在轨道上，相对位置分别为

$$x_1 = 10.2\text{m},\quad x_2 = 7.8\text{m},\quad x_3 = -7.8\text{m},\quad x_4 = -10.2\text{m} \tag{8.3.48}$$

假设这些荷载完全相干，彼此之间存在时间差：

$$\begin{cases}\left\{p_1(t),p_2(t),p_3(t),p_4(t)\right\}^{\mathrm{T}}=\left\{p(t-\tau_1),p(t-\tau_2),p(t-\tau_3),p(t-\tau_4)\right\}^{\mathrm{T}}\\ \tau_i=\dfrac{(x_1-x_i)}{v},\quad i=1,2,3,4\end{cases}\tag{8.3.49}$$

图 8.3.7 和图 8.3.8 分别给出了荷载速度为 50m/s 和 100m/s 时，观测点(0,15m)和(0,25m)处的垂向位移标准差。其中实线表示认为荷载之间完全相干的计算结果，虚线表示认为荷载完全不相干的计算结果。可见，在车速为 50m/s 时，荷载的完全相干性对计算结果影响不大。而当车速提高至 100m/s 时，完全相干性对计算结果的影响也增大了，考虑了完全相干性的计算结果要小于完全忽略相干性的计算结果。实际上有时考虑了完全相干性的计算结果也会大于完全忽略相干性的计算结果。这里举一个特殊的例子：若两个荷载作用位置重合时，根据随机振动理论可以证明，考虑完全相干性时产生的标准差应该是完全忽略相干性时产生的标准差的 $\sqrt{2}$ 倍。出现上述现象的主要原因是相位不同，荷载产生的响应会有叠加或者抵消现象。

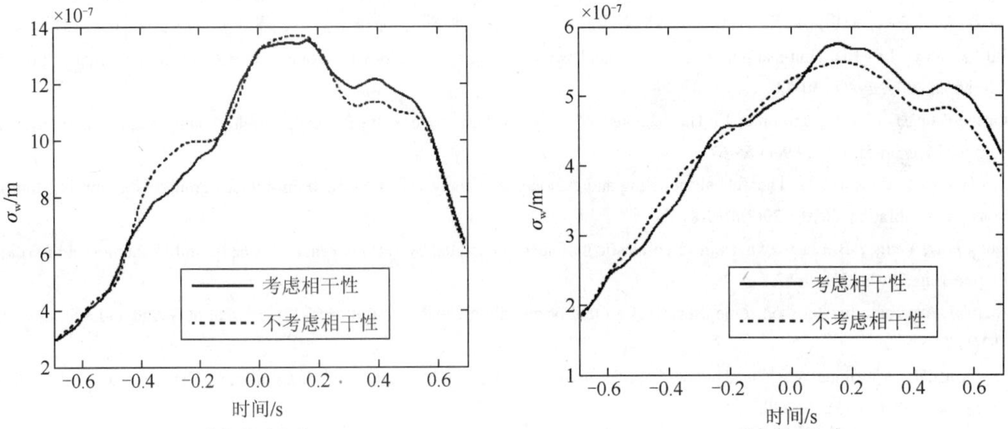


(a) (0, 15m)　　(b) (0, 25m)

图 8.3.7　地面垂向位移标准差（荷载速度 $v=50\text{m/s}$）

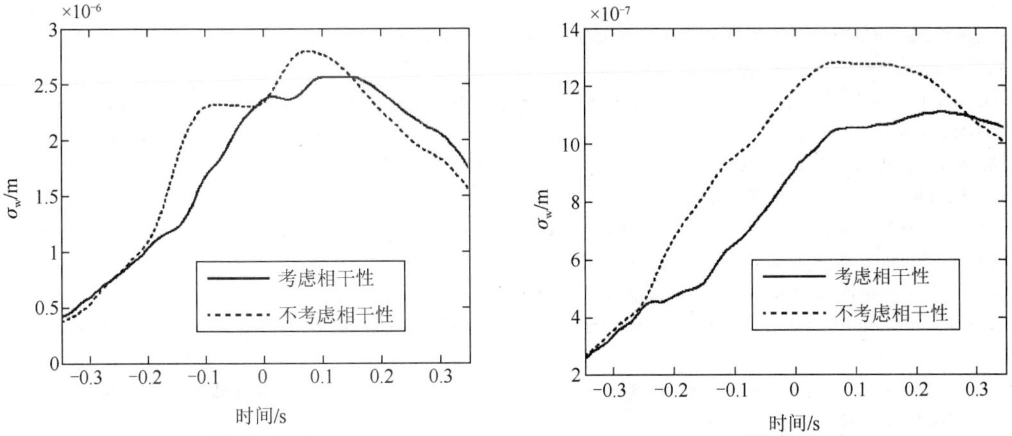


(a) (0, 15m)　　(b) (0, 25m)

图 8.3.8　地面垂向位移标准差（荷载速度 $v=100\text{m/s}$）

# 参 考 文 献


[1] Si L T, Zhao Y, Zhang Y H. A hybrid approach to analyse a beam-soil structure under a moving random load[J]. Journal of Sound and Vibration, 2016, 382:179-192.

[2] Zhao Y, Si L T, Ouyang H. Dynamic analysis of an infinitely long beam resting on a kelvin foundation under moving random loads[J]. Shock and Vibration, 2017, (1): 1-13.

[3] Lu F, Kennedy D, Williams F. Non-stationary random vibration of FE structures subjected to moving loads[J]. Shock and Vibration, 2009, 16(3):291-305.

[4] 司理涛, 赵岩, 张亚辉. 列车荷载作用下黏弹性半空间体的随机动力响应[J]. 计算力学学报, 2016, 33(2):165-170.

[5] 司理涛, 赵岩, 张亚辉. 移动随机线源荷载作用下黏弹性半空间体的动力响应[J]. 工程力学, 2016, 33(6):98-106.

[6] 司理涛. 移动随机荷载作用下线性连续系统随机振动分析[D]. 大连：大连理工大学, 2017.

[7] 张亚辉, 李丽媛, 陈艳. 大跨度结构地震行波效应研究[J]. 大连理工大学学报, 2005, (04): 480-486.

[8] 王军文, 张运波, 李建中. 地震动行波效应对连续梁桥纵向地震碰撞反应的影响[J]. 工程力学, 2007, (11):100-105.

[9] 方圆, 李建中, 彭天波. 行波效应对大跨度多塔斜拉桥地震反应影响[J]. 振动与冲击, 2010, (10): 148-152,235,256.

[10] 丁阳, 张笈玮, 李忠献. 部分相干效应对大跨度空间结构随机地震响应的影响[J]. 工程力学, 2009, (03):86-92.

[11] 武芳文, 薛成凤, 赵雷. 地震动空间相干效应对大跨度斜拉桥随机地震反应的影响[J]. 世界地震工程, 2010, (02):107-113.

[12] Lu F, Gao Q, Lin J H. Non-stationary random ground vibration due to loads moving along a railway track[J]. Journal of Sound and Vibration, 2006, 298(1):30-42.

[13] Grundmann H, Lieb M, Trommer E. The response of a layered half-space to traffic loads moving along its surface[J]. Archive of Applied Mechanics, 1999, 69(1):55-67.

[14] Xia H, Cao Y, de Roeck G. Theoretical modeling and characteristic analysis of moving-train induced ground vibrations[J]. Journal of Sound and Vibration, 2010, 329(7):819-832.

[15] Hung H H, Yang Y B. Elastic waves in visco-elastic half-space generated by various vehicle loads[J]. Soil Dynamics and Earthquake Engineering, 2001, 21(1):1-17.

[16] Alabi B. A parametric study on some aspects of ground-borne vibrations due to rail traffic[J]. Journal of Sound and Vibration, 1992, 153(1):77-87.

[17] Dieterman H, Metrikine A. Critical velocities of a harmonic load moving uniformly along an elastic layer[J]. Journal of Applied Mechanics, 1997, 64(3):596-600.

[18] Dieterman H, Metrikine A. The equivalent stiffness of a half-space interacting with a beam. Critical velocities of a moving load along the beam[J]. European Journal of Mechanics A-Solids, 1996, 15:67-90.

[19] Sheng X, Jones C J C, Petyt M. Ground vibration generated by a load moving along a railway track[J]. Journal of Sound and Vibration, 1999, 228(1):129-156.

[20] Sheng X, Jones C, Thompson D. A theoretical model for ground vibration from trains generated by vertical track irregularities[J]. Journal of Sound and Vibration, 2004, 272(3): 937-965.

[21] Knothe K, Grassie S. Modelling of railway track and vehicle/track interaction at high frequencies[J]. Vehicle System Dynamics, 1993, 22(3-4):209-262.

[22] Nielsen J C, Igeland A. Vertical dynamic interaction between train and track influence of wheel and track imperfections[J]. Journal of Sound and Vibration, 1995, 187(5):825-839.

[23] Wang J, Zhou Y, Gao H. Computation of the Laplace inverse transform by application of the wavelet theory[J]. Communications in Numerical Methods in Engineering, 2003, 19(12): 959-975.

[24] Meyer Y. Wavelets and Operators[M]. Cambridge: Cambridge University Press, 1995.

[25] Beylkin G, Coifman R, Rokhlin V. Fast wavelet transforms and numerical algorithms[J]. Communications on Pure and Applied Mathematics, 1991, 44(2):141-183.

[26] Koziol P, Mares C. Wavelet approach for vibration analysis of fast moving load on a viscoelastic medium[J]. Shock and Vibration, 2010, 17(4-5):461-472.

[27] Koziol P, Mares C, Esat I. Wavelet approach to vibratory analysis of surface due to a load moving in the layer[J]. International Journal of Solids and Structures, 2008, 45(7): 2140-2159.

[28] Sheng X, Jones C J C, Petyt M. Ground vibration generated by a harmonic load acting on a railway track[J]. Journal of Sound and Vibration, 1999, 225(1):3-28.

[29] 陈果. 车辆轨道耦合系统随机振动分析[D]. 成都: 西南交通大学, 2000.

# 第 9 章 具有不确定参数结构系统随机振动分析

不确定性是自然界的本质属性，普遍存在于工程结构的设计与分析中。在高速铁路动力响应分析中，不确定性来源于两个方面：①系统本身，如材料属性的分散性和几何尺寸的偏差，材料本身存在的物性不均匀性将导致材料的弹性模量、泊松比和质量密度等参数具有不确定性，而加工、装配等过程中工艺的限制会导致构件几何尺寸的不确定性；②作用荷载的随机性，轨道不平顺作为车辆振动的主要激励源具有显著的随机性，通常视为零均值的空间随机过程。从数学的角度来说，这是一个统一的问题，即随机微分方程问题，但在计算力学范畴，一般表述为随机结构与随机荷载两类问题。同时考虑结构参数的随机性和荷载随机性的结构随机振动问题也称为复合随机振动问题或双随机问题。由于同时考虑结构参数和结构所受荷载的随机性，复合随机振动问题比单随机问题更为复杂。人们尝试从已有的随机结构分析理论和随机振动分析理论出发，获得解决复合随机问题的方法。本章将介绍虚拟激励法处理复合随机振动问题，包括高阶摄动分析方法和快速摄动分析方法，进一步结合正交多项式展开探讨具有高斯/非高斯分布随机参数的不确定结构响应量化评估[1-8]。

## 9.1 平稳随机振动的高阶摄动分析方法

对于线性系统的随机振动分析，虚拟激励法是一种高效精确的方法。该方法已被应用于复合随机振动问题，文献[9]～文献[13]结合随机有限元法与虚拟激励法，提出了虚拟激励-摄动随机有限元法。本节给出虚拟激励法和高阶摄动法相结合的混合方法，研究随机参数结构在随机荷载作用下的响应分析。

### 9.1.1 平稳随机响应的一阶摄动方法

具有不确定参数结构受平稳随机激励的运动方程为

$$\boldsymbol{M}(\boldsymbol{\alpha})\ddot{\boldsymbol{y}}(\boldsymbol{\alpha},t)+\boldsymbol{C}(\boldsymbol{\alpha})\dot{\boldsymbol{y}}(\boldsymbol{\alpha},t)+\boldsymbol{K}(\boldsymbol{\alpha})\boldsymbol{y}(\boldsymbol{\alpha},t)=\boldsymbol{F}(t) \tag{9.1.1}$$

式中，$t$ 为时间；$\boldsymbol{y}$ 为位移响应向量；$\boldsymbol{M}(\boldsymbol{\alpha})$、$\boldsymbol{C}(\boldsymbol{\alpha})$ 和 $\boldsymbol{K}(\boldsymbol{\alpha})$ 分别为结构的质量、阻尼和刚度矩阵；$\boldsymbol{\alpha}$ 是由 $N$ 个不确定结构参数组成的向量。

在方程（9.1.1）中，结构的质量、阻尼和刚度矩阵可以分别表示为

$$\begin{cases}\boldsymbol{M}(\boldsymbol{\alpha})=\boldsymbol{M}_C+\sum\limits_{i=1}^{N}\boldsymbol{M}_U^i\alpha_i\\ \boldsymbol{C}(\boldsymbol{\alpha})=\boldsymbol{C}_C+\sum\limits_{j=1}^{N}\boldsymbol{C}_U^j\alpha_j\\ \boldsymbol{K}(\boldsymbol{\alpha})=\boldsymbol{K}_C+\sum\limits_{k=1}^{N}\boldsymbol{K}_U^k\alpha_k\end{cases} \tag{9.1.2}$$

式中，下标 $C$ 和 $U$ 分别表示结构参数的确定性部分和不确定性部分。

由虚拟激励法结合摄动法可以求得不确定参数结构的随机响应功率谱。进一步，可以求得结构随机响应方差和各阶谱矩。假设结构的不确定参数具有随机性，结构任意平稳随机响应$u(\boldsymbol{\alpha})$（可以为功率谱、方差等）均是结构不确定参数$\boldsymbol{\alpha}$的函数。随机参数$\boldsymbol{\alpha}$可分解为均值分量$\bar{\boldsymbol{\alpha}}$和零均值的随机分量$\tilde{\boldsymbol{\alpha}}$两部分之和，即$\boldsymbol{\alpha}=\bar{\boldsymbol{\alpha}}+\tilde{\boldsymbol{\alpha}}$（$\alpha_i=\bar{\alpha}_i+\tilde{\alpha}_i, i=1,2,\cdots,\mathrm{N}$）。假设随机变量$\alpha_i$服从正态分布，随机变量$\tilde{\alpha}_i$服从零均值的正态分布。将随机响应$u(\boldsymbol{\alpha})$的摄动形式表示为

$$u(\boldsymbol{\alpha})=u_0+\tilde{u} \tag{9.1.3}$$

式中，$u_0$为结构不确定参数均值处的响应值；$\tilde{u}$是由结构参数的随机性造成的响应随机分量部分。相对于均值分量$u_0$而言，随机分量$\tilde{u}$可认为是小量。

随机分量$\tilde{u}$可以由一阶灵敏度表示为

$$\tilde{u}=\sum_{i=1}^{N}\frac{\partial u(\boldsymbol{\alpha})}{\partial \alpha_i}\tilde{\alpha}_i \tag{9.1.4}$$

式中，$\dfrac{\partial u(\boldsymbol{\alpha})}{\partial \alpha_i}$为随机响应对结构不确定参数$\alpha_i$的灵敏度。

将式（9.1.4）代入式（9.1.3）中，随机响应$u(\boldsymbol{\alpha})$的摄动表达式为

$$u(\boldsymbol{\alpha})=u_0+\sum_{i=1}^{N}\frac{\partial u(\boldsymbol{\alpha})}{\partial \alpha_i}\tilde{\alpha}_i \tag{9.1.5}$$

结构随机响应$u$的均值为

$$E[u]=E\left[u_0+\sum_{k}^{N}\frac{\partial u}{\partial \alpha_k}\tilde{\alpha}_k\right]=u_0 \tag{9.1.6}$$

而结构随机响应$u_i$和$u_j$之间的互协方差函数为

$$\begin{aligned}\operatorname{cov}(u_i,u_j)&=E\Big[\big(u_i-E(u_i)\big)\big(u_j-E(u_j)\big)\Big]\\&=\sum_{k=1}^{N}\sum_{l=1}^{N}\frac{\partial u_i}{\partial \alpha_k}\frac{\partial u_j}{\partial \alpha_l}E[\tilde{\alpha}_k\tilde{\alpha}_l]=\sum_{k=1}^{N}\sum_{l=1}^{N}\frac{\partial u}{\partial \alpha_k}\frac{\partial u}{\partial \alpha_l}\rho_{kl}\sigma_k\sigma_l\end{aligned} \tag{9.1.7}$$

式中，$\rho_{kl}$表示随机变量$\tilde{\alpha}_k$与$\tilde{\alpha}_l$的互相关系数；$\sigma_k$和$\sigma_l$分别表示随机变量$\tilde{\alpha}_k$和$\tilde{\alpha}_l$的标准差。

如果对某个随机响应感兴趣，则其方差可以表示为

$$\sigma_u^2=\sum_{k=1}^{N}\sum_{l=1}^{N}\frac{\partial u}{\partial \alpha_k}\frac{\partial u}{\partial \alpha_l}\rho_{kl}\sigma_k\sigma_l \tag{9.1.8}$$

上式表明，只要已知结构随机参数的统计特性，并求得随机响应的灵敏度，即可求得结构随机响应的统计特性。

### 9.1.2　平稳随机响应的高阶摄动方法

利用泰勒级数展开对一阶虚拟激励摄动法进行拓展，推导高阶虚拟激励摄动法。这里以三阶泰勒级数展开为例进行说明，与此类似，可以进行更高阶的摄动展开。

假设结构任意平稳随机响应$u(\boldsymbol{\alpha})$，如功率谱、方差等，均是结构不确定参数$\boldsymbol{\alpha}$的函数。同样令$\boldsymbol{\alpha}=\bar{\boldsymbol{\alpha}}+\tilde{\boldsymbol{\alpha}}$（$\alpha_i=\bar{\alpha}_i+\tilde{\alpha}_i, i=1,2,\cdots,N$）。随机参数$\alpha_i$可以是服从任意分布的随机变量，这里仍假定$\alpha_i$服从正态分布，$\tilde{\alpha}_i$服从零均值的正态分布。

由泰勒级数对平稳随机响应 $u(\boldsymbol{\alpha})$ 进行三阶展开，摄动表达式为

$$u(\boldsymbol{\alpha})=u_0+\sum_{i=1}^{N}\frac{\partial u(\boldsymbol{\alpha})}{\partial\alpha_i}\tilde{\alpha}_i+\frac{1}{2}\sum_{i,j=1}^{N}\frac{\partial^2 u(\boldsymbol{\alpha})}{\partial\alpha_i\partial\alpha_j}\tilde{\alpha}_i\tilde{\alpha}_j+\frac{1}{6}\sum_{i,j,k=1}^{N}\frac{\partial^3 u(\boldsymbol{\alpha})}{\partial\alpha_i\partial\alpha_j\partial\alpha_k}\tilde{\alpha}_i\tilde{\alpha}_j\tilde{\alpha}_k \tag{9.1.9}$$

式中，$u_0$ 为结构参数均值处结构的响应值；$\frac{\partial u(\boldsymbol{\alpha})}{\partial\alpha_i}$、$\frac{\partial^2 u(\boldsymbol{\alpha})}{\partial\alpha_i\partial\alpha_j}$ 和 $\frac{\partial^3 u(\boldsymbol{\alpha})}{\partial\alpha_i\partial\alpha_j\partial\alpha_k}$ 分别为结构随机响应对结构参数的一阶、二阶和三阶灵敏度。

对式（9.1.9）两边进行期望运算，可得随机响应 $u(\boldsymbol{\alpha})$ 的均值

$$\begin{aligned}E[u]&=E\left[u_0+\sum_{k=1}^{N}\frac{\partial u}{\partial\alpha_k}\tilde{\alpha}_k+\frac{1}{2}\sum_{m,n=1}^{N}\frac{\partial^2 u}{\partial\alpha_m\partial\alpha_n}\tilde{\alpha}_m\tilde{\alpha}_n+\frac{1}{6}\sum_{i,j,k=1}^{N}\frac{\partial^3 u(\alpha)}{\partial\alpha_i\partial\alpha_j\partial\alpha_k}\tilde{\alpha}_i\tilde{\alpha}_j\tilde{\alpha}_k\right]\\&=u_0+\sum_{k=1}^{N}\frac{\partial u}{\partial\alpha_k}E\left[\tilde{\alpha}_k\right]+\frac{1}{2}\sum_{m,n=1}^{N}\frac{\partial^2 u}{\partial\alpha_m\partial\alpha_n}E\left[\tilde{\alpha}_m\tilde{\alpha}_n\right]\\&\quad+\frac{1}{6}\sum_{i,j,k=1}^{N}\frac{\partial^3 u(\alpha)}{\partial\alpha_i\partial\alpha_j\partial\alpha_k}E\left[\tilde{\alpha}_i\tilde{\alpha}_j\tilde{\alpha}_k\right]\end{aligned} \tag{9.1.10}$$

由于假设随机变量服从正态分布，则

$$\begin{cases}E\left[\tilde{\alpha}_k\right]=0\\E\left[\tilde{\alpha}_i\tilde{\alpha}_j\tilde{\alpha}_k\right]=0\\E\left[\tilde{\alpha}_i\tilde{\alpha}_j\tilde{\alpha}_k\tilde{\alpha}_m\tilde{\alpha}_n\right]=0\end{cases} \tag{9.1.11}$$

将式（9.1.11）代入式（9.1.10），则随机响应 $u(\boldsymbol{\alpha})$ 的均值为

$$E[u]=u_0+\frac{1}{2}\sum_{m,n=1}^{N}\frac{\partial^2 u}{\partial\alpha_m\partial\alpha_n}E\left[\tilde{\alpha}_m\tilde{\alpha}_n\right] \tag{9.1.12}$$

随机响应 $u(\boldsymbol{\alpha})$ 的方差为

$$\begin{aligned}\sigma_u^2&=E\left[\left(u-E(u)\right)^2\right]\\&=E\left[\left(\sum_{i=1}^{N}\frac{\partial u}{\partial\alpha_i}\tilde{\alpha}_i+\frac{1}{2}\sum_{i,j=1}^{N}\frac{\partial^2 u}{\partial\alpha_i\partial\alpha_j}\tilde{\alpha}_i\tilde{\alpha}_j+\frac{1}{6}\sum_{i,j,k=1}^{N}\frac{\partial^3 u}{\partial\alpha_i\partial\alpha_j\partial\alpha_k}\tilde{\alpha}_i\tilde{\alpha}_j\tilde{\alpha}_k\right.\right.\\&\quad\left.\left.-\frac{1}{2}\sum_{m,n=1}^{N}\frac{\partial^2 u}{\partial\alpha_m\partial\alpha_n}E\left[\tilde{\alpha}_m\tilde{\alpha}_n\right]\right)^2\right]\\&=\sum_{k,l=1}^{N}\frac{\partial u}{\partial\alpha_k}\frac{\partial u}{\partial\alpha_l}E\left[\tilde{\alpha}_k\tilde{\alpha}_l\right]\\&\quad+\sum_{m,n,p,q=1}^{N}\left(\frac{1}{4}\frac{\partial^2 u}{\partial\alpha_m\partial\alpha_n}\frac{\partial^2 u}{\partial\alpha_p\partial\alpha_q}+\frac{1}{3}\frac{\partial u}{\partial\alpha_m}\frac{\partial^3 u}{\partial\alpha_n\partial\alpha_p\partial\alpha_q}\right)E\left[\tilde{\alpha}_m\tilde{\alpha}_n\tilde{\alpha}_p\tilde{\alpha}_q\right]\\&\quad-\frac{1}{4}\frac{\partial^2 u}{\partial\alpha_m\partial\alpha_n}\frac{\partial^2 u}{\partial\alpha_p\partial\alpha_q}E\left[\tilde{\alpha}_m\tilde{\alpha}_n\right]E\left[\tilde{\alpha}_p\tilde{\alpha}_q\right]\\&\quad+\frac{1}{36}\sum_{i,j,k,l,m,n=1}^{N}\frac{\partial^3 u}{\partial\alpha_i\partial\alpha_j\partial\alpha_k}\frac{\partial^3 u}{\partial\alpha_l\partial\alpha_m\partial\alpha_n}E\left[\tilde{\alpha}_i\tilde{\alpha}_j\tilde{\alpha}_k\tilde{\alpha}_l\tilde{\alpha}_m\tilde{\alpha}_n\right]\end{aligned} \tag{9.1.13}$$

将结构参数的统计特征和随机响应的灵敏度代入以上摄动表达式，可求得随机响应的方差和均值。上述计算方法对于考虑结构参数的相关性时仍然适用。以上导出了三阶虚拟激励摄动法，同理，可以导出更高阶的虚拟激励摄动法，并求得结构随机响应统计特征的更高阶摄动解。

**例 9.1.1**　如图 9.1.1 所示空间桁架，共有 20 个结点，72 个杆单元。每层高 5m，顶层横杆长度均为 2m，以下每层横杆长度递增 2m，底部相邻节点之间距离为 10m。杆的质量不计，假设每个节点上均有 1000kg 的集中质量。各杆的截面面积为 $60\text{cm}^2$。结构所受的激励为 $Y$ 方向的平稳惯性加速度激励，其自功率谱均为 $S_0=10.0\text{cm}^2/\text{s}^3$。假设结构的弹性模量和阻尼比具有随机性，弹性模量 $S$ 的均值为 $S_0=1.99\times10^{11}\text{Pa}$，阻尼比 $\xi$ 的均值为 $\xi_0=0.02$。应用虚拟激励摄动法和 Monte Carlo 模拟法计算顶端 20 号节点水平 $Y$ 方向位移响应方差和底端 1 号单元(连接 1 号和 2 号节点）应力响应方差的均值和标准差。对于 Monte Carlo 数值模拟，样本数取为 5000。

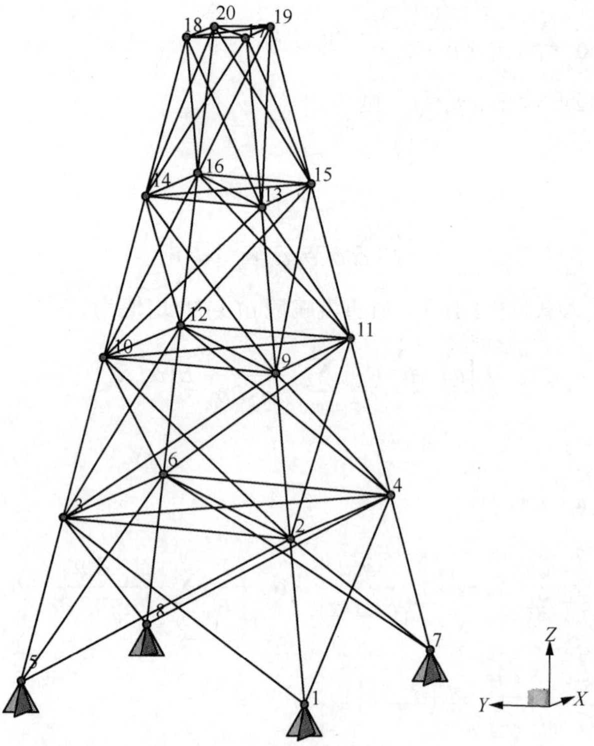


图 9.1.1　空间桁架

考虑结构各杆的弹性模量为同一随机变量，当弹性模量变异系数取不同值时，计算顶端 20 号节点 $Y$ 方向位移响应方差的均值和标准差。图 9.1.2 给出了 Monte Carlo 模拟法计算结果随样本数的变化曲线。将虚拟激励摄动法计算结果与 Monte Carlo 数值模拟进行对比。由图 9.1.3 可知，当结构参数的变异系数不大（COV<0.1）时，二阶虚拟激励摄动法即可获得满意的精度。例如，当变异系数为 0.1 时，响应方差的均值和标准差的相对误差分别为 0.03%和 2.97%。随着随机变量变异系数的增大，虚拟激励摄动法的计算误差逐渐增大。但三阶虚拟激励摄动法仍然可以保证较好的精度。例如，当变异系数为 0.2 时，响应方差的均值和标准差

的相对误差分别为 0.57%和 4.76%。三阶摄动项对计算精度的提高有明显作用，由式（9.1.13）的第二个求和可知，其中包含一阶灵敏度和三阶灵敏度的耦合项，因此，三阶摄动才能保证随机响应方差的四阶精度。五阶虚拟激励摄动法的全部计算时间比 Monte Carlo 模拟计算时间少 3000 多倍。

对于响应方差的标准差，一阶、二阶虚拟激励摄动法的计算精度相差不大，但是一阶虚拟激励摄动法计算响应方差的均值不能反映不确定参数的影响，二阶虚拟激励摄动法计算响应方差的均值具有更好的精度。因此，考察不确定参数对于随机响应一阶统计量（数学期望）的影响时，采用二阶虚拟激励摄动法更为合适；而对于随机响应二阶统计量（方差或标准差）则可以应用一阶虚拟激励摄动法进行计算，不会带来太大误差。

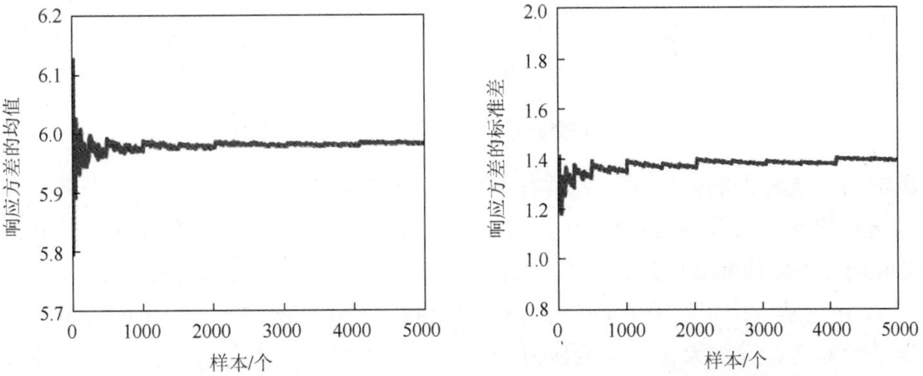


（a）响应方差的均值　　（b）响应方差的标准差

图 9.1.2 变异系数为 0.2 时 Monte Carlo 模拟法计算 20 号节点 $Y$ 方向位移响应方差的统计特征随样本数的变化曲线

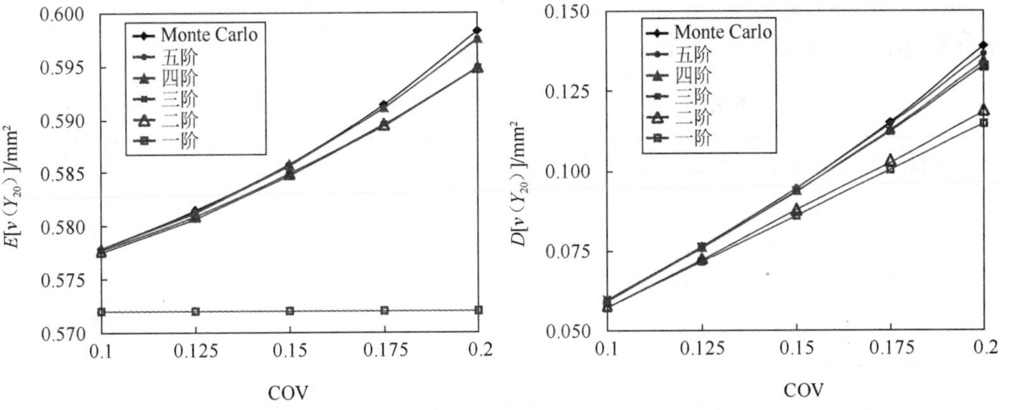


（a）响应方差的均值$E[v(Y_{20})]$　　（b）响应方差的标准差$D[v(Y_{20})]$

图 9.1.3 不同变异系数下顶端 20 号节点 $Y$ 方向位移响应的比较

同时考虑结构弹性模量和阻尼比的随机性，且弹性模量和阻尼比为两个相互独立的随机变量。考虑弹性模量和阻尼比的变异系数相同，当变异系数取不同值时，计算结构底端 1 号单元的应力响应方差的均值和标准差，计算结果如图 9.1.4 所示。可以看到，二阶虚拟激励摄动法对结构响应方差的均值计算精度有较大提高，但对响应方差的标准差的计算精度提高较小。当变异系数为 0.1 时，1 号单元应力响应方差均值和标准差的相对误差分别为 0.05%和 2.33%。

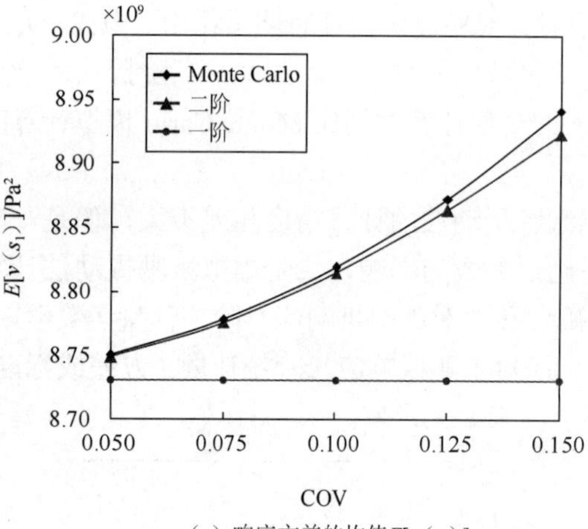


(a) 响应方差的均值$E[v(s_1)]$

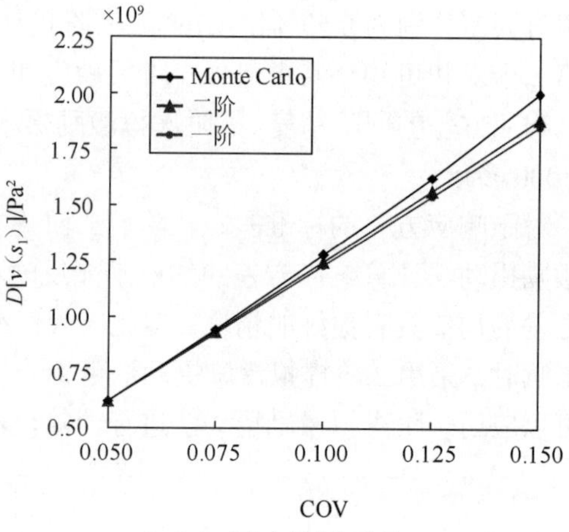


(b) 响应方差的标准差$D[v(s_1)]$

图 9.1.4 不同变异系数下底端 1 号单元应力的比较

考虑桁架每层杆件的弹性模量为具有不同相关性的随机变量，即共有 4 个随机变量。考虑各随机变量的变异系数均为 0.1，均值相同。假设不同随机变量之间的相关性均相同。当相关系数变化时，计算顶端 20 号节点 $Y$ 方向位移响应方差的均值和标准差，计算结果如表 9.1.1 和表 9.1.2 所示。从表中可以看出，对于不同相关系数变化情况，本节提出的虚拟激励摄动方法均给出了较好的计算结果。对于响应方差的均值，当相关系数为 0（完全独立）时，一阶、二阶虚拟激励摄动法的相对误差分别为 0.80%、0.36%；当相关系数为 1（完全相关）时，一阶、二阶虚拟激励摄动法的相对误差分别为 0.95%、0.02%。对于响应方差的标准差，当相关系数为 0 时，一阶、二阶虚拟激励摄动法的相对误差分别为 1.72%、1.32%；当相关系数为 1 时，一阶、二阶虚拟激励摄动法的相对误差分别为 2.63%、1.69%。同时可知，随着随机变量相关系数的增大，随机响应方差的标准差相应增大。

**表 9.1.1 顶端 20 号节点 *Y* 方向位移响应方差的均值** （单位：$mm^2$）

| 相关系数 | 一阶虚拟激励摄动法 | 二阶虚拟激励摄动法 | Monte Carlo 模拟法 |
|---|---|---|---|
| 0 | 0.572 02 | 0.574 57 | 0.576 64 |
| 0.2 | 0.572 02 | 0.575 19 | 0.577 44 |
| 0.4 | 0.572 02 | 0.575 81 | 0.577 24 |
| 0.6 | 0.572 02 | 0.576 42 | 0.577 40 |
| 0.8 | 0.572 02 | 0.577 04 | 0.577 54 |
| 1 | 0.572 02 | 0.577 66 | 0.577 53 |

**表 9.1.2 顶端 20 号节点 *Y* 方向位移响应方差的标准差** （单位：$mm^2$）

| 相关系数 | 一阶虚拟激励摄动法 | 二阶虚拟激励摄动法 | Monte Carlo 模拟法 |
|---|---|---|---|
| 0 | 0.034 48 | 0.034 61 | 0.035 08 |
| 0.2 | 0.040 06 | 0.040 26 | 0.041 25 |
| 0.4 | 0.044 96 | 0.045 24 | 0.046 39 |
| 0.6 | 0.049 38 | 0.049 74 | 0.050 44 |
| 0.8 | 0.053 43 | 0.053 88 | 0.055 14 |
| 1 | 0.057 19 | 0.057 75 | 0.058 74 |

**例 9.1.2** 重庆大佛寺长江大桥为双塔双索面漂浮体系斜拉桥。主桥长 846m，宽 30.6m，

计算模型如图 9.1.5 所示。结构有限元模型中，塔和桥墩均采用三维梁单元模拟，共有 833 个单元、664 个节点、3944 个自由度。假设结构受南北方向（$X$ 轴正向）的地面加速度激励，振型叠加法中取 200 个振型参振，应用虚拟激励摄动法计算结构的随机响应统计特征，并与 Monte Carlo 模拟结果进行对比。

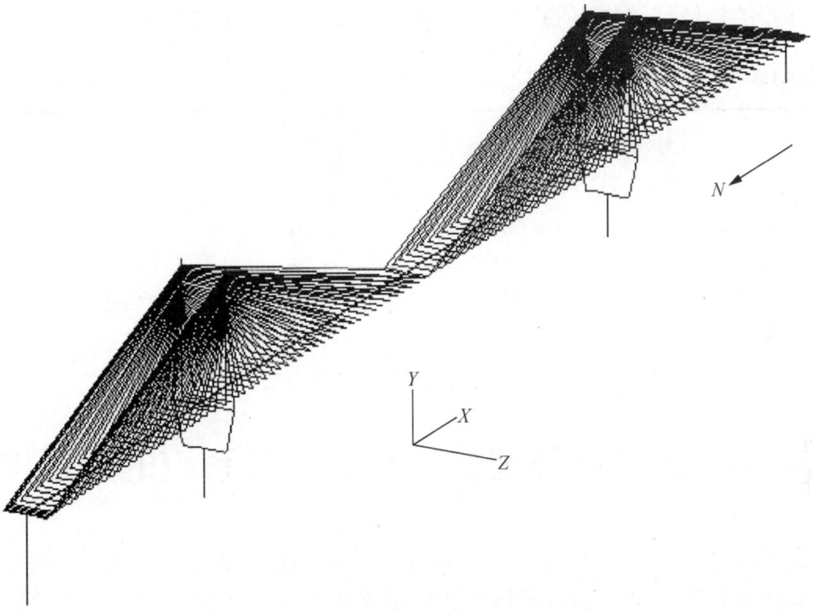


图 9.1.5　大佛寺长江大桥有限元模型

考虑结构混凝土的弹性模量为随机参数。当结构参数的变异系数取不同值时，计算北塔塔顶位移响应方差的均值和标准差。如图 9.1.6 所示，对于响应方差的均值，二阶虚拟激励摄动法即可获得满意的精度，例如，当随机参数的变异系数取为 0.2 时，最大相对误差为 0.78%。对于响应方差的标准差，二阶虚拟激励摄动法的计算精度逐渐下降。但三阶虚拟激励摄动法可以获得较高的计算精度。例如，当变异系数为 0.2 时，三阶虚拟激励摄动法的相对误差为 4.13%。因此，当变异系数小于 0.1 时，二阶虚拟激励摄动法的计算精度可满足要求。当变异系数大于 0.1、小于 0.2 时，三阶虚拟激励摄动法即可获得满意精度。

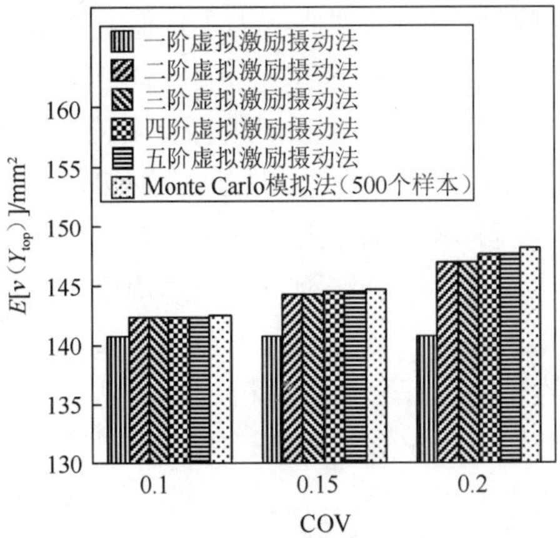


（a）响应方差的均值$E[v(Y_{top})]$

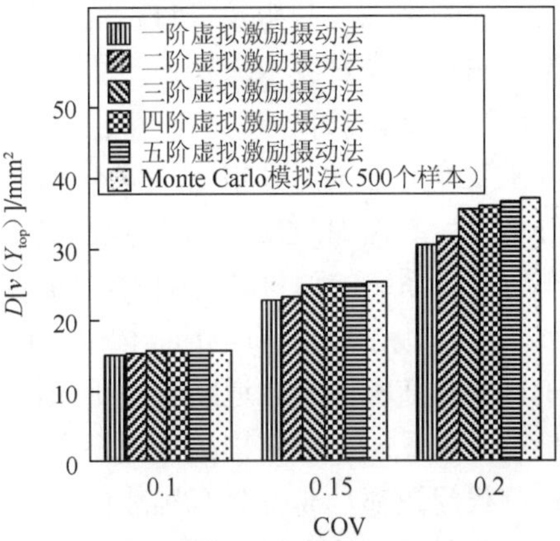


（b）响应方差的标准差$D[v(Y_{top})]$

图 9.1.6　当变异系数为 0.1、0.15 和 0.2 时，北塔塔顶的纵向位移响应对比

考虑结构混凝土的弹性模量为随机参数，变异系数取为 0.2。计算结构响应方差的均值和标准差。表 9.1.3 给出了南塔和北塔塔顶纵向位移响应方差的均值和标准差。由计算结果可知，当结构参数的变异系数较大时，高阶虚拟激励摄动法可以保证较高的计算精度。五阶虚拟激励摄动法对于响应方差的均值和标准差的计算精度分别为 0.29%和 1.73%。与前一个算例相似，响应方差的均值计算精度要明显高于响应方差的标准差计算精度。

**表 9.1.3　当变异系数为 0.2 时，北塔和南塔塔顶位移响应方差的统计特征**　（单位：$mm^2$）

| 计算方法 | 计算时间 | 北塔 | | 南塔 | |
|---|---|---|---|---|---|
| | | 均值 | 标准差 | 均值 | 标准差 |
| 一阶虚拟激励摄动 | 1.0 | 140.84 | 30.878 | 139.37 | 30.850 |
| 二阶虚拟激励摄动 | 1.1 | 147.02 | 32.093 | 145.56 | 32.069 |
| 三阶虚拟激励摄动 | 1.2 | 147.02 | 35.796 | 145.56 | 35.778 |
| 四阶虚拟激励摄动 | 1.4 | 147.76 | 36.303 | 146.30 | 36.287 |
| 五阶虚拟激励摄动 | 1.5 | 147.76 | 36.924 | 146.30 | 36.910 |
| Monte Carlo | 454.7 | 148.19 | 37.572 | 146.72 | 37.561 |

## 9.2　悬挂参数具有不确定性的车轨耦合系统的舒适度评价

运行舒适度是高速列车动力性能的重要指标，其准确高效的预估对提高列车设计水平和降低研发成本具有重要意义。在舒适度评价的诸多因素中，车辆运行中产生的振动为首要影响因素[14]，基于振动响应加速度的舒适度评价方法为各个国家及组织标准所广泛采用。文献[15]采用统计方法分析了二系抗偏器参数不确定对临界速度设计的影响，假设刚度和阻尼系数均服从独立高斯分布，结合 Monte Carlo 法和试验设计建立了临界速度关于刚度和阻尼系数的二阶代理模型。文献[16]通过灵敏度分析研究了车辆惯性参数对车辆动力性能的影响，评价了安全性、轨道疲劳和运行舒适度三类指标对 12 个惯性参数在不同工况下的灵敏度，得出质量和绕垂向转动惯量对动力性能影响最大的结论。文献[17]建立了三维整车模型，采用改进的混沌多项式方法结合随机配点法进行了车辆动力响应的预测，并通过实验验证了结果的正确性。文献[18]、[19]给出了两自由度简化模型响应标准差关于悬挂参数的解析表达式，在此基础上进行了参数灵敏度分析及多目标优化。轨道不平顺通常被假定为零均值空间随机过程，其统计特性由功率谱密度来表征，对于不平顺激励作用下的车辆动力响应分析可采用时域或频域方法进行。文献[20]研究了列车高速通过简支桥和三跨连续桥时的振动响应，采用确定性的不平顺函数作为激励，并指出轨道不平顺对空气弹簧上质量垂向加速度影响显著，进而影响运行舒适度。文献[21]通过三角级数法进行轨道垂向不平顺模拟，并采用迭代算法在时域上计算了车轨耦合系统的随机动力响应。文献[22]应用直接积分法和离散快速傅里叶变换研究了磁悬浮列车-导轨系统的随机响应，按中国标准 GB 5599—85 进行了车辆舒适度评价。对于同时考虑车辆参数随机性和轨道随机不平顺激励的车辆运行平稳性分析还不多见，原因主要在于计算量难以承受：车辆结构精确建模会显著增加方程求解规模，这不论对不确定参数问题还是随机荷载问题都是非常具有挑战性，通常采用半车甚至四分之一车的多刚体模型，而且忽视车身弹性对响应的影响；不确定参数数目也是影响计算量的重要因素，问题求解的计算量往往随其维度增加而呈指数增长；随机激励的模拟样本的时间步长采样长度和样本数量也都会显著影响计算量和精度。针对这些问题，本节在参数小变异的情况下，介绍一种复合随机振动分析的快速摄动方法，其与 Monte Carlo 数值模拟的结果具有非常好的一致性，但整个分析过程仅需要相当于三次确定性分析的时间，计算效率获得显著提升[8,23]。

### 9.2.1　舒适度评价指标

基于振动响应加速度的舒适度评价方法在工程中广泛应用，根据测试或时域仿真获得响应信号后，可采用规范规定的方法进行评价。中国标准（GB 5599—85）采用 Sperling 方法的平稳性指标作为旅客乘坐舒适度的评定准则，车辆在轨道上运行时，受到来自轨道不平顺的随机激励，由傅里叶变换可知，周期函数可以表示成若干正弦函数的叠加，非周期函数可以分解为无穷简谐函数的叠加，这是 Sperling 方法的理论基础，也是评价车辆运行品质的基础。

对于一种频率单一幅值的振动，客车运行平稳性指标按下式计算：

$$W(f)=0.896\sqrt[10]{\frac{a^3(f)}{f}F(f)} \tag{9.2.1}$$

式中，$a$ 为加速度幅值（cm/s$^2$）；$f$ 为振动频率（Hz）；$F(f)$ 为频率修正系数，列于表 3.3.1。

本节基于辛方法并应用虚拟激励法，根据轨道不平顺功率谱构造虚拟简谐激励，可以方便地得到车体加速度响应的功率谱密度函数，直接应用加速度响应功率谱进行频域上的舒适度指标的评价。若随机响应上下截止频率分别为 $f_u$ 和 $f_l$，则采样频率为

$$f_k=f_l+\left(k-\frac{1}{2}\right)\Delta f,\ \ k=1,2,\cdots,N \tag{9.2.2}$$

式中，$N$ 为采样数目；$\Delta f=(f_u-f_l)/N$。

根据三角级数模拟，频率成分 $f_k$ 的振动加速度幅值[24]为

$$a_k^2(f_k)=4S_a(f_k)\Delta f \tag{9.2.3}$$

采用 Sperling 指标，代入式（9.2.1），得

$$W_k(f_k)=1.103\sqrt[10]{\left(S_a(f_k)\Delta f\right)^{\frac{3}{2}}F(f_k)\Big/f_k} \tag{9.2.4}$$

计算频率范围内总的舒适度指标为

$$W_{\text{tot}}=\sqrt[10]{\sum_{k=1}^{N}W_k^{10}(f_k)} \tag{9.2.5}$$

虚拟激励法求解响应加速度功率谱，仅在离散的频点进行谐响应分析，避免了积分运算和随机样本的模拟。

### 9.2.2　改进摄动法

以静力问题为例，说明传统摄动法求解过程，考虑如下方程：

$$\boldsymbol{K}(\xi)\boldsymbol{u}(\xi)=\boldsymbol{f} \tag{9.2.6}$$

式中，$\boldsymbol{K}(\xi)$ 是随机刚度矩阵，$\xi=\{\xi_i\}$（$i=1,2,\cdots,n$）是零均值的随机向量，$n$ 是随机变量的数目；$\boldsymbol{u}(\xi)$ 是位移响应向量；$\boldsymbol{f}$ 是荷载向量。

将随机刚度矩阵$\boldsymbol{K}(\xi)$在均值处按泰勒公式二阶展开

$$\boldsymbol{K}(\xi)=\boldsymbol{K}_0+\sum_{i=1}^{n}\boldsymbol{K}_{1,i}\xi_i+\sum_{i=1}^{n}\sum_{j=i}^{n}\boldsymbol{K}_{2,ij}\xi_i\xi_j+O\left(\xi_i^3\right) \tag{9.2.7}$$

式中，

$$\boldsymbol{K}_0=\boldsymbol{K}(\xi)\big|_{\xi_i=0},\ \boldsymbol{K}_{1,i}=\left.\frac{\partial \boldsymbol{K}(\xi)}{\partial \xi_i}\right|_{\xi_i=0},\ \boldsymbol{K}_{2,ij}=\left.\frac{\partial^2 \boldsymbol{K}(\xi)}{\partial \xi_i \partial \xi_j}\right|_{\substack{\xi_i=0\\ \xi_j=0}}(i\neq j),\ \boldsymbol{K}_{2,ii}=\left.\frac{1}{2}\frac{\partial^2 \boldsymbol{K}(\xi)}{\partial \xi_i^2}\right|_{\xi_i=0}$$

采用类似式（9.2.7）的记法，将$\boldsymbol{u}(\xi)$展开如下：

$$\boldsymbol{u}(\xi)=\boldsymbol{u}_0+\sum_{i=1}^{n}\boldsymbol{u}_{1,i}\xi_i+\sum_{i=1}^{n}\sum_{j=i}^{n}\boldsymbol{u}_{2,ij}\xi_i\xi_j+O\left(\xi_i^3\right) \tag{9.2.8}$$

把式（9.2.7）和式（9.2.8）代入式（9.2.6），省略高阶项，可得递推方程

$$\begin{cases}\boldsymbol{K}_0\boldsymbol{u}_0=\boldsymbol{f}\\ \boldsymbol{K}_0\boldsymbol{u}_{1,i}=-\boldsymbol{K}_{1,i}\boldsymbol{u}_0\\ \boldsymbol{K}_0\boldsymbol{u}_{2,ij}=-\boldsymbol{K}_{2,ij}\boldsymbol{u}_0-\boldsymbol{K}_{1,j}\boldsymbol{u}_{1,i}-\boldsymbol{K}_{1,i}\boldsymbol{u}_{1,j},\quad j<i\\ \boldsymbol{K}_0\boldsymbol{u}_{2,ii}=-\boldsymbol{K}_{1,i}\boldsymbol{u}_{1,i}-\boldsymbol{K}_{2,ii}\boldsymbol{u}_0\end{cases} \tag{9.2.9}$$

由式（9.2.9）求出$\boldsymbol{u}_0$、$\boldsymbol{u}_{1,i}$和$\boldsymbol{u}_{2,ij}$，根据式（9.2.8）求响应$\boldsymbol{u}(\xi)$的均值和协方差

$$E\left[\boldsymbol{u}(\xi)\right]=\boldsymbol{u}_0+\sum_{i=1}^{n}\sum_{j=i}^{n}\boldsymbol{u}_{2,ij}\rho_{ij}\sigma_i\sigma_j+O\left(\|\sigma\|_\infty^3\right) \tag{9.2.10}$$

$$\operatorname{cov}\left[\boldsymbol{u}(\xi),\boldsymbol{u}(\xi)\right]=\sum_{i=1}^{n}\sum_{j=1}^{n}\boldsymbol{u}_{1,i}\boldsymbol{u}_{1,j}^{\mathrm{T}}\rho_{ij}\sigma_i\sigma_j+O\left(\|\sigma\|_\infty^3\right) \tag{9.2.11}$$

其中，$\sigma_i$为随机变量$\xi_i$的标准差；$\rho_{ij}=\dfrac{E\left[\xi_i\xi_j\right]}{\sigma_i\sigma_j}$为随机变量相关系数。若$\xi_i$和$\xi_j$互不相关，即$\rho_{ij}=\delta_{ij}$，则响应$\boldsymbol{u}(\xi)$的均值和协方差变为

$$E\left[\boldsymbol{u}(\xi)\right]=\boldsymbol{u}_0+\sum_{i=1}^{n}\boldsymbol{u}_{2,ii}\sigma_i^2+O\left(\|\sigma\|_\infty^3\right) \tag{9.2.12}$$

$$\operatorname{cov}\left[\boldsymbol{u}(\xi),\boldsymbol{u}(\xi)\right]=\sum_{i=1}^{n}\boldsymbol{u}_{1,i}\boldsymbol{u}_{1i}^{\mathrm{T}}\sigma_i^2+O\left(\|\sigma\|_\infty^3\right) \tag{9.2.13}$$

摄动法以泰勒级数展开为基础，根据精度要求选择适当截断项，在控制方程中合并同类项建立递推方程如式（9.2.9），求解递推方程得到$\boldsymbol{u}_0$、$\boldsymbol{u}_{1,i}$和$\boldsymbol{u}_{2,ij}$。求解递推方程的过程中需要求随机矩阵对随机变量的导数$\boldsymbol{K}_{1,i}$、$\boldsymbol{K}_{2,ij}$，往往比较复杂，而且递推方程也依据控制方程的具体形式而定，不具有统一形式，增加了推导的难度。

以下给出的改进摄动方法仅从响应的泰勒展开进行推导，不需要建立递推方程，避免了随机矩阵的求导运算，并且不依赖控制方程的形式，具有统一的解答形式。下面分别给出改进摄动方法的二阶、三阶和四阶摄动形式[8, 23]。

1. 二阶摄动

假设各随机变量互不相关，注意到式（9.2.12）和式（9.2.13）中，响应的均值和协方差可由$\boldsymbol{u}_0$、$\boldsymbol{u}_{1,i}\sigma_i$和$\boldsymbol{u}_{2,ii}\sigma_i^2$给出，考虑将$\boldsymbol{u}_{1,i}\sigma_i$和$\boldsymbol{u}_{2,ii}\sigma_i^2$视为整体求解，而非求解$\boldsymbol{u}_{1,i}$和$\boldsymbol{u}_{2,ii}$。

将标准差 $\sigma_s$ 视为小量，构造确定性向量 $\boldsymbol{a}_s$ 为

$$\boldsymbol{a}_s = \{\underbrace{0, \cdots, 0}_{s-1}, \sigma_s, 0, \cdots, 0\}^{\mathrm{T}} \tag{9.2.14}$$

将 $\boldsymbol{a}_s$ 和 $-\boldsymbol{a}_s$ 分别代入式（9.2.12）和式（9.2.13），得

$$\begin{aligned} \boldsymbol{u}(\boldsymbol{a}_s) &= \boldsymbol{u}_0 + \boldsymbol{u}_{1,s}\sigma_s + \boldsymbol{u}_{2,ss}\sigma_s^2 + O\left(\|\boldsymbol{\sigma}\|_\infty^3\right) \\ \boldsymbol{u}(-\boldsymbol{a}_s) &= \boldsymbol{u}_0 - \boldsymbol{u}_{1,s}\sigma_s + \boldsymbol{u}_{2,ss}\sigma_s^2 + O\left(\|\boldsymbol{\sigma}\|_\infty^3\right) \end{aligned} \tag{9.2.15}$$

由式（9.2.15）可得

$$\boldsymbol{u}_{1,s}\sigma_s = \frac{1}{2}\boldsymbol{w}_s + O\left(\|\boldsymbol{\sigma}\|_\infty^3\right), \quad \boldsymbol{u}_{2,ss}\sigma_s^2 = \frac{1}{2}\boldsymbol{z}_s + O\left(\|\boldsymbol{\sigma}\|_\infty^3\right) \tag{9.2.16}$$

记

$$\boldsymbol{z}_s = \boldsymbol{u}(\boldsymbol{a}_s) + \boldsymbol{u}(-\boldsymbol{a}_s) - 2\boldsymbol{u}_0, \quad \boldsymbol{w}_s = \boldsymbol{u}_s(\boldsymbol{a}_s) - \boldsymbol{u}_s(-\boldsymbol{a}_s) \tag{9.2.17}$$

将式（9.2.16）代入式（9.2.12）和式（9.2.13），得到

$$E[\boldsymbol{u}(\boldsymbol{\xi})] = \boldsymbol{u}_0 + \frac{1}{2}\sum_{s=1}^{n}\boldsymbol{z}_s + O\left(\|\boldsymbol{\sigma}\|_\infty^3\right) \tag{9.2.18}$$

$$\mathrm{cov}[\boldsymbol{u}(\boldsymbol{\xi}), \boldsymbol{u}(\boldsymbol{\xi})] = \frac{1}{4}\sum_{s=1}^{n}\boldsymbol{w}_s\boldsymbol{w}_s^{\mathrm{T}} + O\left(\|\sigma\|_\infty^3\right) \tag{9.2.19}$$

可见，提出的方法与传统摄动方法具有相同的精度。

2. 三阶摄动

若取响应的三阶泰勒展开

$$\boldsymbol{u}(\boldsymbol{\xi}) = \boldsymbol{u}_0 + \sum_{i=1}^{n}\boldsymbol{u}_{1,i}\xi_i + \sum_{i=1}^{n}\sum_{j=i}^{n}\boldsymbol{u}_{2,ij}\xi_i\xi_j + \sum_{i=1}^{n}\sum_{j=i}^{n}\sum_{k=j}^{n}\boldsymbol{u}_{3,ijk}\xi_i\xi_j\xi_k + O\left(\xi_i^4\right) \tag{9.2.20}$$

则均值与协方差分别为

$$E[\boldsymbol{u}(\boldsymbol{\xi})] = \boldsymbol{u}_0 + \sum_{i=1}^{n}\boldsymbol{u}_{2,ii}\sigma_i^2 + \sum_{i=1}^{n}\sum_{j=i}^{n}\sum_{k=j}^{n}\boldsymbol{u}_{3,ijk}\sigma_i\sigma_j\sigma_k\rho_{ijk} + O\left(\|\boldsymbol{\sigma}\|_\infty^4\right) \tag{9.2.21}$$

$$\begin{aligned} \mathrm{cov}[\boldsymbol{u}(\boldsymbol{\xi}), \boldsymbol{u}(\boldsymbol{\xi})] = &\sum_{i=1}^{n}\boldsymbol{u}_{1,i}\boldsymbol{u}_{1,i}^{\mathrm{T}}\sigma_i^2 + \sum_{i=1}^{n}\sum_{j=1}^{n}\sum_{k=j}^{n}\boldsymbol{u}_{1i}\sigma_i\boldsymbol{u}_{2,jk}^{\mathrm{T}}\sigma_j\sigma_k\rho_{ijk} \\ &+ \sum_{i=1}^{n}\sum_{j=i}^{n}\sum_{k=1}^{n}\boldsymbol{u}_{2,ij}\sigma_i\sigma_j\boldsymbol{u}_{1,k}^{\mathrm{T}}\sigma_k\rho_{ijk} + O\left(\|\boldsymbol{\sigma}\|_\infty^4\right) \end{aligned} \tag{9.2.22}$$

将 $\boldsymbol{a}_s$ 和 $-\boldsymbol{a}_s$ 分别代入式（9.2.20），解得

$$\boldsymbol{u}_{2,ss}\sigma_s^2 = \frac{1}{2}\boldsymbol{z}_s + O\left(\|\boldsymbol{\sigma}\|_\infty^4\right), \quad \boldsymbol{u}_{1,s}\sigma_s = \frac{1}{2}\boldsymbol{w}_s + O\left(\|\boldsymbol{\sigma}\|_\infty^3\right) \tag{9.2.23}$$

将式（9.2.23）代入式（9.2.21）和式（9.2.22），响应的均值和协方差分别为

$$E[\boldsymbol{u}(\boldsymbol{\xi})] = \boldsymbol{u}_0 + \frac{1}{2}\sum_{s=1}^{n}\boldsymbol{z}_s + O\left(\|\boldsymbol{\sigma}\|_\infty^3\right) \tag{9.2.24}$$

$$\operatorname{cov}\left[\boldsymbol{u}(\xi),\boldsymbol{u}(\xi)\right]=\frac{1}{4}\sum_{s=1}^{n}\boldsymbol{w}_s\boldsymbol{w}_s^{\mathrm{T}}+\frac{1}{4}\sum_{s=1}^{n}\boldsymbol{w}_s\boldsymbol{z}_s^{\mathrm{T}}\rho_{sss}+\frac{1}{4}\sum_{s=1}^{n}\boldsymbol{z}_s\boldsymbol{w}_s^{\mathrm{T}}\rho_{sss}$$

$$+\sum_{i=1}^{n}\sum_{j=1}^{n}\sum_{k=j}^{n}\boldsymbol{u}_{1i}\sigma_i\boldsymbol{u}_{2,jk}^{\mathrm{T}}\sigma_j\sigma_k\rho_{ijk}+\sum_{i=1}^{n}\sum_{j=i}^{n}\sum_{k=1}^{n}\boldsymbol{u}_{2,ij}\sigma_i\sigma_j\boldsymbol{u}_{1,k}^{\mathrm{T}}\sigma_k\rho_{ijk}+O\left(\left\|\boldsymbol{\sigma}\right\|_{\infty}^{4}\right) \quad (9.2.25)$$

式中，$\rho_{ijk}=\dfrac{E\left[\xi_i\xi_j\xi_k\right]}{\sigma_i\sigma_j\sigma_k}$，注意到 $\boldsymbol{z}_s\boldsymbol{z}_s^{\mathrm{T}}=O\left(\left\|\boldsymbol{\sigma}\right\|_{\infty}^{4}\right)$，因此

$$\operatorname{cov}\left[\boldsymbol{u}(\xi),\boldsymbol{u}(\xi)\right]=\frac{1}{4}\sum_{s=1}^{n}\left(\boldsymbol{w}_s+\rho_{sss}\boldsymbol{z}_s\right)\left(\boldsymbol{w}_s+\rho_{sss}\boldsymbol{z}_s\right)^{\mathrm{T}}+O\left(\left\|\boldsymbol{\sigma}\right\|_{\infty}^{3}\right) \quad (9.2.26)$$

由式(9.2.24)可见，均值估计有二阶精度，而协方差的计算中因为考虑了部分三阶项 $\boldsymbol{u}_{1,s}\boldsymbol{u}_{2,ss}^{\mathrm{T}}\sigma_s^3\rho_{sss}$ 和 $\boldsymbol{u}_{2,ss}\boldsymbol{u}_{1,s}^{\mathrm{T}}\sigma_s^3\rho_{sss}$ 而具有更高的精度，注意到若随机变量相互独立，当且仅当 $i=j=k$ 时，$\rho_{ijk}\neq 0$，此时式（9.2.26）的协方差估计具有三阶精度。

3. 四阶摄动

若随机变量不仅互不相关，而且概率密度函数对称，可考虑更高精度的响应四阶展开

$$\boldsymbol{u}(\xi)=\boldsymbol{u}_0+\sum_{i=1}^{n}\boldsymbol{u}_{1,i}\xi_i+\sum_{i=1}^{n}\sum_{j=i}^{n}\boldsymbol{u}_{2,ij}\xi_i\xi_j$$

$$+\sum_{i=1}^{n}\sum_{j=i}^{n}\sum_{k=j}^{n}\boldsymbol{u}_{3,ijk}\xi_i\xi_j\xi_k+\sum_{i=1}^{n}\sum_{j=i}^{n}\sum_{k=j}^{n}\sum_{l=k}^{n}\boldsymbol{u}_{4,ijkl}\xi_i\xi_j\xi_k\xi_l+O\left(\left\|\boldsymbol{\xi}\right\|_{\infty}^{5}\right) \quad (9.2.27)$$

构造 $\boldsymbol{b}_s=\boldsymbol{a}_s\sqrt{\rho_{ssss}}$，$\rho_{ijkl}=\dfrac{E\left[\varepsilon_i\varepsilon_j\varepsilon_k\varepsilon_l\right]}{\sigma_i\sigma_j\sigma_k\sigma_l}$，并将 $\boldsymbol{b}_s$ 和 $-\boldsymbol{b}_s$ 分别代入（9.2.27），得

$$\begin{cases}\boldsymbol{u}(\boldsymbol{b}_s)=\boldsymbol{u}_0+\boldsymbol{u}_{1,s}\rho_{ssss}^{\frac{1}{2}}\sigma_s+\boldsymbol{u}_{2,ss}\rho_{ssss}\sigma_s^2+\boldsymbol{u}_{3,sss}\rho_{ssss}^{\frac{3}{2}}\sigma_s^3+\boldsymbol{u}_{4,ssss}\rho_{ssss}^2\sigma_s^4+O\left(\left\|\boldsymbol{\sigma}\right\|_{\infty}^{5}\right)\\ \boldsymbol{u}(-\boldsymbol{b}_s)=\boldsymbol{u}_0-\boldsymbol{u}_{1,s}\rho_{ssss}^{\frac{1}{2}}\sigma_s+\boldsymbol{u}_{2,ss}\rho_{ssss}\sigma_s^2-\boldsymbol{u}_{3,sss}\rho_{ssss}^{\frac{3}{2}}\sigma_s^3+\boldsymbol{u}_{4,ssss}\rho_{ssss}^2\sigma_s^4+O\left(\left\|\boldsymbol{\sigma}\right\|_{\infty}^{5}\right)\end{cases} \quad (9.2.28)$$

由式（9.2.28）得

$$\begin{cases}\boldsymbol{u}_{2,ss}\sigma_s^2+\boldsymbol{u}_{4,ssss}\rho_{ssss}\sigma_s^4=\dfrac{\boldsymbol{z}_s}{2\rho_{ssss}}+O\left(\left\|\boldsymbol{\sigma}\right\|_{\infty}^{5}\right)\\ \boldsymbol{u}_{1,s}\sigma_s+\boldsymbol{u}_{3,sss}\rho_{ssss}\sigma_s^3=\dfrac{\boldsymbol{w}_s}{2\sqrt{\rho_{ssss}}}+O\left(\left\|\boldsymbol{\sigma}\right\|_{\infty}^{5}\right)\end{cases} \quad (9.2.29)$$

记

$$\boldsymbol{z}_s=\boldsymbol{u}(\boldsymbol{b}_s)+\boldsymbol{u}(-\boldsymbol{b}_s)-2\boldsymbol{u}_0,\quad \boldsymbol{w}_s=\boldsymbol{u}(\boldsymbol{b}_s)-\boldsymbol{u}(-\boldsymbol{b}_s) \quad (9.2.30)$$

根据式（9.2.29），响应 $\boldsymbol{u}(\xi)$ 的均值和协方差分别为

$$E\left[\boldsymbol{u}(\xi)\right]=\boldsymbol{u}_0+\sum_{i=1}^{n}\boldsymbol{u}_{2,ii}\sigma_i^2+\sum_{i=1}^{n}\boldsymbol{u}_{4,iiii}\sigma_i^4\rho_{iiii}+\sum_{i=1}^{q}\sum_{j=i+1}^{q}\boldsymbol{u}_{4,iijj}\sigma_i^2\sigma_j^2\rho_{iijj}+O\left(\left\|\boldsymbol{\sigma}\right\|_{\infty}^{5}\right)$$

$$=\boldsymbol{u}_0+\frac{1}{2}\sum_{s=1}^{n}\frac{\boldsymbol{z}_s}{\rho_{ssss}}+O\left(\left\|\boldsymbol{\sigma}\right\|_{\infty}^{4}\right) \quad (9.2.31)$$

$$\begin{aligned}\operatorname{cov}\left[\boldsymbol{u}(\xi),\boldsymbol{u}(\xi)\right]&=\sum_{i=1}^{n}\left(\boldsymbol{u}_{1,i}\boldsymbol{u}_{1,i}^{\mathrm{T}}\sigma_i^2+\boldsymbol{u}_{3,iii}\boldsymbol{u}_{1,i}^{\mathrm{T}}\rho_{iiii}\sigma_i^4+\boldsymbol{u}_{1,i}\boldsymbol{u}_{3,iii}^{\mathrm{T}}\rho_{iiii}\sigma_i^4\right)\\&+\sum_{i=1}^{n}\sum_{j=1}^{n}\boldsymbol{u}_{2,ii}\boldsymbol{u}_{2,jj}^{\mathrm{T}}\sigma_i^2\sigma_j^2\left(\rho_{iijj}-1\right)+\sum_{i=1}^{n}\sum_{j=i+1}^{n}\rho_{iijj}\left(\boldsymbol{u}_{1,i}\boldsymbol{u}_{3,ijj}^{\mathrm{T}}\sigma_i^2\sigma_j^2+\boldsymbol{u}_{3,ijj}\boldsymbol{u}_{1,i}^{\mathrm{T}}\sigma_i^2\sigma_j^2\right)\\&+\sum_{i=1}^{n}\sum_{j=i+1}^{n}\rho_{iijj}\left(\boldsymbol{u}_{1,j}\boldsymbol{u}_{3,iij}^{\mathrm{T}}\sigma_i^2\sigma_j^2+\boldsymbol{u}_{3,iij}\boldsymbol{u}_{1,j}^{\mathrm{T}}\sigma_i^2\sigma_j^2+\boldsymbol{u}_{2,ij}\boldsymbol{u}_{2,ij}^{\mathrm{T}}\sigma_i^2\sigma_j^2\right)+O\left(\|\boldsymbol{\sigma}\|_\infty^5\right)\\&=\frac{1}{4}\sum_{s=1}^{q}\left(\frac{\boldsymbol{w}_s\boldsymbol{w}_s^{\mathrm{T}}}{\rho_{ssss}}+\frac{\boldsymbol{z}_s\boldsymbol{z}_s^{\mathrm{T}}}{\rho_{ssss}^2}\left[\rho_{ssss}-1\right]\right)+O\left(\|\boldsymbol{\sigma}\|_\infty^4\right)\end{aligned}\tag{9.2.32}$$

由式（9.2.31）和式（9.2.32）给出的均值和协方差估计具有三阶精度。

可见，式（9.2.24）和式（9.2.26）或者式（9.2.31）和式（9.2.32），响应均值和协方差的计算仅需要 $\boldsymbol{u}_0$， $\boldsymbol{u}(\pm\boldsymbol{a}_s)$ 或 $\boldsymbol{u}(\pm\boldsymbol{b}_s)$ 由以下确定性控制方程解出：

$$\boldsymbol{L}\left((0,\cdots,0,\pm\sigma_s,0,\cdots,0),\boldsymbol{u}(\pm\boldsymbol{a}_s)\right)=\boldsymbol{0}\ \text{或}\ \boldsymbol{L}\left(\left(0,\cdots,0,\pm\sqrt{\rho_{ssss}}\sigma_s,0,\cdots,0\right),\boldsymbol{u}\left(\pm\boldsymbol{b}_s\right)\right)=\boldsymbol{0}\tag{9.2.33}$$

快速摄动方法并不依赖于控制方程的形式，可应用于不同类型问题，具有统一的求解格式。计算中可充分应用已有的确定性问题求解程序，且计算量仅为确定性问题的 $2n+1$ 倍，不需要求导也不需要推导递推方程，特别适合分析随机参数多、响应复杂的问题。

## 9.2.3　具有不确定参数舒适度指标

考虑车辆系统中随机参数向量 $\boldsymbol{\alpha}$ 的分量形式为

$$\alpha_s=\mu_s\left(1+\gamma_s\xi_s\right),\quad s=1,2,\cdots,n\tag{9.2.34}$$

式中，$\xi_s$ 是无量纲零均值随机变量；$\mu_s$ 为随机变量 $\alpha_s$ 的均值；$\gamma_s<<1$，表示随机扰动偏离均值的程度。$\alpha_s$ 的均值和方差计算如下：

$$E\left[\alpha_s\right]=E\left[\mu_s\left(1+\gamma_s\xi_s\right)\right]=\mu_s\tag{9.2.35}$$

$$D\left[\alpha_s\right]=E\left[\left(\alpha_s-\mu_s\right)^2\right]=E\left[\left(\mu_s\gamma_s\xi_s\right)^2\right]=\mu_s^2\gamma_s^2\sigma_{\xi_s}^2\tag{9.2.36}$$

将 9.2.1 小节舒适度指标写为随机函数的形式：

$$\boldsymbol{W}(\boldsymbol{\alpha})=\boldsymbol{G}\left(\boldsymbol{\alpha},S_r,v\right)\tag{9.2.37}$$

式中，$\boldsymbol{\alpha}$ 为随机参数向量；$S_r$ 为轨道不平顺功率谱；$v$ 为行车速度。

**例 9.2.1**　采用二维垂向车轨耦合模型，考虑车身质量 $M_c$、转动惯量 $J_c$、二系悬挂系统弹簧刚度 $k_c$、阻尼 $c_c$、构架质量 $M_t$、转动惯量 $J_t$、一系悬挂系统弹簧刚度 $k_t$、阻尼 $c_t$、轮对质量 $M_w$ 共 9 个参数为随机变量，它们均服从高斯分布，且相互独立。

$$\boldsymbol{W}_0=\boldsymbol{G}\left(\left(\mu_1,\mu_2,\cdots,\mu_9\right),S_{\mathrm{r}},v\right)\tag{9.2.38}$$

$$\boldsymbol{W}_{\sqrt{\rho_{ssss}}}=\boldsymbol{G}\left(\left(\underbrace{\mu_1,\ \mu_2\cdots,}_{s-1}\ \mu_s\left(1+\gamma_s\sqrt{\rho_{ssss}}\sigma_{\xi_s}\right),\cdots,\ \mu_9\right),S_{\mathrm{r}},v\right)\tag{9.2.39}$$

$$\boldsymbol{W}_{-\sqrt{\rho_{ssss}}}=\boldsymbol{G}\left(\left(\underbrace{\mu_1,\ \mu_2\cdots,}_{s-1}\ \mu_s\left(1-\gamma_s\sqrt{\rho_{ssss}}\sigma_{\xi_s}\right),\cdots,\ \mu_9\right),S_{\mathrm{r}},v\right)\tag{9.2.40}$$

式中，$\rho_{ssss}=E\left[\xi_s^4\right]/\sigma_{\xi_s}^4=3$。

计算中车速为 180km/h，$\gamma$ 分别为 0.05、0.1、0.15、0.2 时计算车体前端（位置Ⅰ）、前空气弹簧连接处（位置Ⅱ）、车体中心（位置Ⅲ）、后空气弹簧连接处（位置Ⅳ）和车体后端（位置Ⅴ）五个位置的舒适度指标的均值和标准差，并与 10 000 个样本的 Monte Carlo 模拟结果进行比较，列于表 9.2.1。可见，舒适度指标均值最大相对误差不超过 0.2%，标准差最大相对误差不超过 3%，可见快速摄动方法与 Monte Carlo 模拟能够很好地吻合，验证了方法的有效性。随着随机参数变异的增加，平稳性指标的总体均值和标准差都是增加的，也就是说忽略参数不确定性会低估平稳性指标，给出过高的舒适度评价。

**表 9.2.1　$\gamma$ 不同取值舒适度指标均值与标准差**

| $\gamma$ | 位置 | 均值 | | | 标准差 | | |
|---|---|---|---|---|---|---|---|
| | | 本节 | Monte Carlo | 误差/% | 本节 | Monte Carlo | 误差/% |
| 0.05 | 1 | 2.750 | 2.750 | 0 | 0.034 | 0.033 | 2.9 |
| | 2 | 2.543 | 2.544 | 0.04 | 0.030 | 0.030 | 0 |
| | 3 | 2.114 | 2.114 | 0 | 0.041 | 0.041 | 0 |
| | 4 | 2.549 | 2.549 | 0 | 0.036 | 0.035 | 2.8 |
| | 5 | 2.755 | 2.755 | 0 | 0.039 | 0.039 | 0 |
| 0.1 | 1 | 2.753 | 2.753 | 0 | 0.068 | 0.068 | 0 |
| | 2 | 2.547 | 2.547 | 0 | 0.061 | 0.061 | 0 |
| | 3 | 2.116 | 2.117 | 0.05 | 0.083 | 0.083 | 0 |
| | 4 | 2.552 | 2.553 | 0.04 | 0.073 | 0.073 | 0 |
| | 5 | 2.758 | 2.758 | 0 | 0.079 | 0.079 | 0 |
| 0.15 | 1 | 2.757 | 2.756 | 0.04 | 0.103 | 0.104 | 1.0 |
| | 2 | 2.552 | 2.551 | 0.04 | 0.093 | 0.094 | 1.0 |
| | 3 | 2.121 | 2.119 | 0.09 | 0.128 | 0.125 | 2.3 |
| | 4 | 2.558 | 2.557 | 0.04 | 0.111 | 0.110 | 0.9 |
| | 5 | 2.762 | 2.761 | 0.04 | 0.120 | 0.119 | 0.8 |
| 0.2 | 1 | 2.765 | 2.763 | 0.07 | 0.142 | 0.144 | 1.4 |
| | 2 | 2.562 | 2.560 | 0.08 | 0.130 | 0.133 | 2.3 |
| | 3 | 2.128 | 2.125 | 0.14 | 0.177 | 0.173 | 2.3 |
| | 4 | 2.565 | 2.565 | 0 | 0.153 | 0.151 | 1.3 |
| | 5 | 2.767 | 2.767 | 0 | 0.163 | 0.161 | 1.2 |

计算舒适度指标的变异系数，即标准差与均值之比，如图 9.2.1 所示，舒适度指标的变异系数随着 $\gamma$ 增大线性增加，其斜率小于 1，说明参数不确定性的传播没有被放大。同时观察到，由于车辆模型前后对称，舒适度指标及其变异特性也呈现前后对称的特点，即位置Ⅰ与位置Ⅴ、位置Ⅱ与位置Ⅳ的舒适度指标均值和变异系数变化特点一致，因此在之后的研究中，仅考察位置Ⅰ、Ⅱ、Ⅲ的舒适度指标。图 9.2.2 给出 $\gamma=0.15$ 在不同车速下，位置Ⅰ、Ⅱ、Ⅲ的舒适度指标均值，可见随着车速的增加，各处的舒适度指标均值都变大。车速的提高导致有效激励频率范围增加，使得车体振动加剧，舒适度下降。在轨道不平顺等级一定的情况下，车速是舒适度的决定因素，影响舒适度指标总体水平，其影响大于参数不确定性对舒适度的影响。

图 9.2.3 给出位置Ⅰ、Ⅱ、Ⅲ处在不同车速下舒适度指标变异系数随 $\gamma$ 变化情况。可见，位置Ⅰ和Ⅱ处，随着车速的提高，参数不确定性的传播被放大了，而位置Ⅲ处则正好相反，在车速较高的情况下，对应相同的 $\gamma$，舒适度指标变异系数反而较小。车体采用两自由度刚

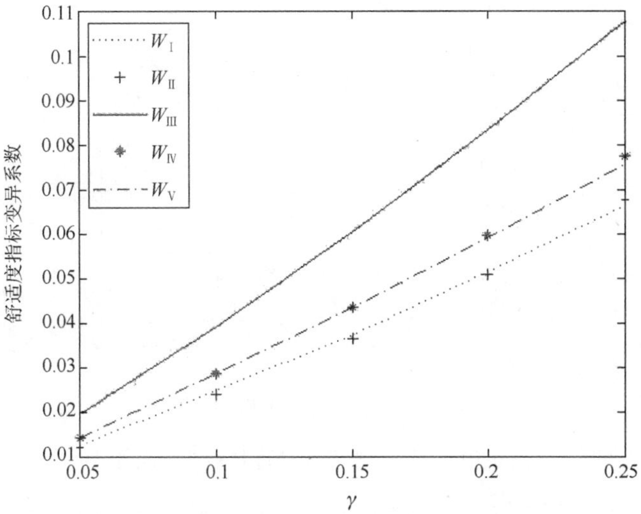


图 9.2.1　不同 $\gamma$ 时舒适度指标变异系数

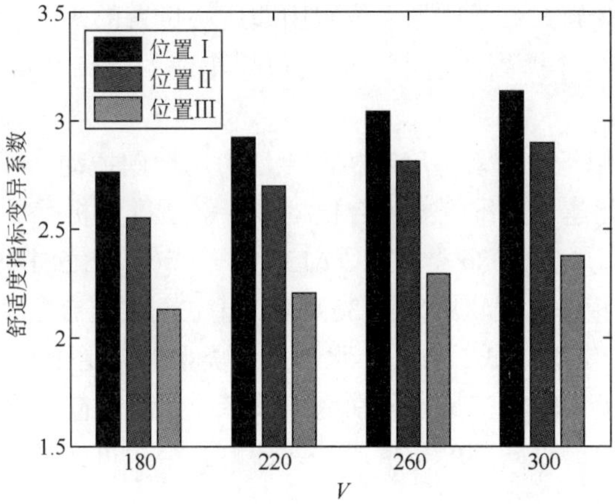


图 9.2.2　舒适度指标均值随速度变化（$\gamma$ =0.15）

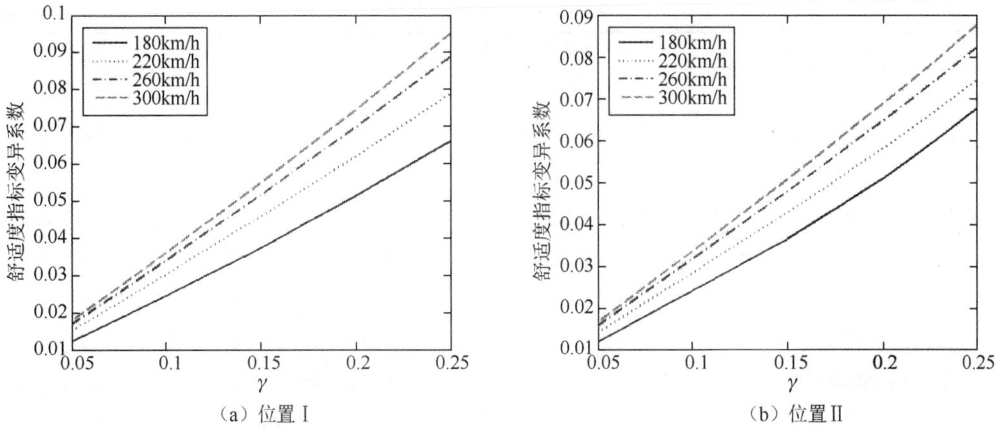

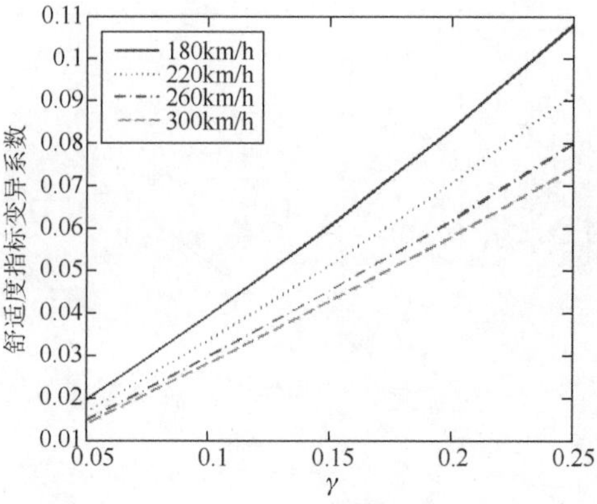

(c) 位置III

图 9.2.3　不同位置的舒适度指标变异系数

体模型，振型分别为垂向平动和绕质心转动两种模式，平动对应特征频率较低，转动对应特征频率较高，随着车速提高，绕质心转动对垂向振动的加成更显著，位置 I 和 II 处的舒适度指标的均值、标准差和变异系数都增加。位置III即质心位置的垂向运动不受转动的影响，舒适度指标的标准差不随车速提高而增大，但均值随车速的提高而增大，因此变异系数反而减小。

**例 9.2.2**　二维模型用于垂向舒适度分析时无法考虑横向振动，同时也忽略了车身弹性对舒适度评价的影响，因此建立三维刚柔混合模型进行舒适度分析[25]。车体采用有限元模型，平均网格边长为 40mm，共 791 086 个单元、613 582 个节点、3 681 492 个自由度。计算车体自由模态，截取前 50 阶模态，截止频率为 33.4Hz，建立刚柔混合模型。车辆及轨道参数分别列于表 9.2.2 和表 3.2.2。考虑高低、方向、水平三种类型的轨道不平顺，采用武广线实测谱。两系悬挂系统的参数假设为随机变量，分别为一系悬挂系统垂向、横向、纵向刚度与阻尼和二系悬挂系统垂向、横向、纵向刚度与阻尼，共计 12 个随机变量，服从 Wigner 分布，则 $\rho_{ssss} = E\left[\xi_s^4\right] / \sigma_{\xi_s}^4 = 2$。

**表 9.2.2　车辆模型参数**

| 参数 | 数值 | 参数 | 数值 |
|---|---|---|---|
| 车体质量 $M_c$ | $3.4\times10^4$kg | 二系悬挂系统垂向阻尼 $C_{z2}$ | $1.6\times10^5$N·s/m |
| 车体绕 $y$ 轴转动惯量 $J_{c\theta}$ | $2.277\times10^6$kg·m$^2$ | 二系悬挂系统横向阻尼 $C_{y2}$ | $1.2\times10^5$N·s/m |
| 车体绕 $z$ 轴转动惯量 $J_{c\psi}$ | $2.086\times10^6$kg·m$^2$ | 二系悬挂系统纵向阻尼 $C_{x2}$ | 0 N·s/m |
| 车体绕 $x$ 轴转动惯量 $J_{c\varphi}$ | $7.506\times10^4$kg·m$^2$ | 一系悬挂系统垂向阻尼 $C_{z1}$ | $1.2\times10^4$N·s/m |
| 构架质量 $M_t$ | 3000kg | 一系悬挂系统横向阻尼 $C_{y1}$ | 0 N·s/m |
| 构架绕 $y$ 轴转动惯量 $J_{t\theta}$ | 2710kg·m$^2$ | 一系悬挂系统纵向阻尼 $C_{x1}$ | 0 N·s/m |
| 构架绕 $z$ 轴转动惯量 $J_{t\psi}$ | 3160kg·m$^2$ | 二系悬挂系统垂向刚度 $K_{z2}$ | $8\times10^5$N/m |
| 构架绕 $x$ 轴转动惯量 $J_{t\varphi}$ | 2260kg·m$^2$ | 二系悬挂系统横向刚度 $K_{y2}$ | $3\times10^5$N/m |
| 轮对质量 $M_w$ | 1400kg | 二系悬挂系统纵向刚度 $K_{x2}$ | $3\times10^5$N/m |
| 轮对绕 $x$ 轴转动惯量 $J_{w\varphi}$ | 915kg·m$^2$ | 一系悬挂系统垂向刚度 $K_{z1}$ | $1.1\times10^6$N/m |
| 车体重心至二系悬挂上平面距离 $h_1$ | 1.145m | 一系悬挂系统横向刚度 $K_{y1}$ | $1\times10^7$N/m |

续表

| 参数 | 数值 | 参数 | 数值 |
|---|---|---|---|
| 二系悬挂下平面至构架重心距离 $h_2$ | 0.081m | 一系悬挂系统纵向刚度 $K_{x1}$ | $2\times10^7$ N/m |
| 一系悬挂下平面至构架重心距离 $h_3$ | 0.14m | 半固定轴距 $l_1$ | 1.2m |
| 一系悬挂横向跨距之半 $b_1$ | 0.978m | 半构架中心距 $l_2$ | 9m |
| 二系悬挂横向跨距之半 $b_2$ | 1.21m | — | — |

如图 9.2.4 所示，在底盘左右对称选取 6 列，分别记为 $L_1$、$L_2$、$L_3$ 和 $R_1$、$R_2$、$R_3$，每列 15 个点，共计 90 个点为舒适度指标考察点。应用基于虚拟激励法的舒适度分析方法，分别采用三维刚体模型和刚柔混合模型，计算各点在不同车速下的舒适度指标。图 9.2.5 为三维刚体模型计算结果，图 9.2.6 为刚柔混合模型计算结果。对比发现，不论垂向还是横向舒适度指标，刚体模型的计算结果均低于刚柔混合模型，这会导致乘坐舒适度估计偏高。另外，刚体模型计算舒适度最不利位置与刚柔混合模型也不同，不论车速如何，刚体模型舒适度最不利位置始终在车体两端，而刚柔混合模型则不同，舒适度指标的分布情况随车速的变化而不同，这是由于不同车速下激励频率成分不同，考虑车体弹性，车体响应的主要模态成分也不同，因此舒适度指标的分布情况也是变化的。可见，采用刚柔混合模型进行舒适度指标的评价是必要的。根据图 9.2.6，在车速 300km/h 的情况下，$(L_3,8)$ 和 $(R_1,8)$ 两点为最不利位置，即舒适度最差，计算其垂向和横向舒适度指标的均值与标准差，与 5000 个样本的 Monte Carlo 模拟对比，列于表 9.2.3，可见本方法能够很好地与参考解吻合。

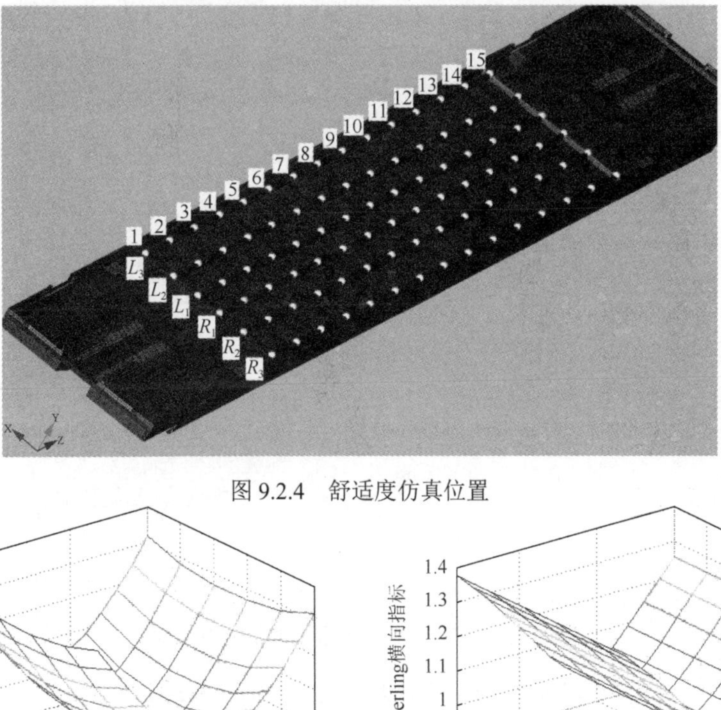


图 9.2.4　舒适度仿真位置

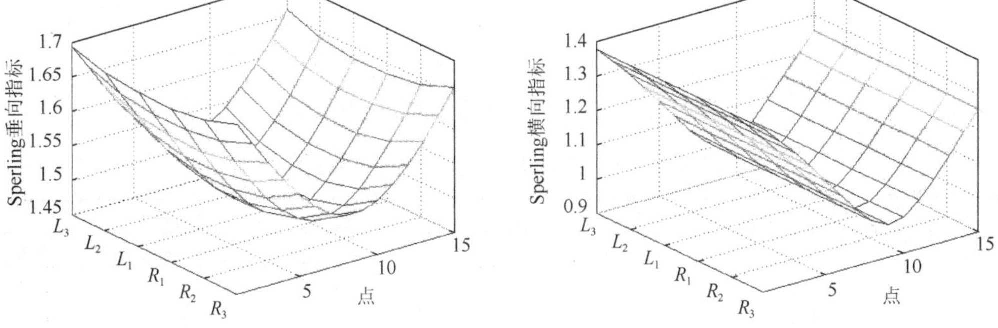


（a）200km/h，垂向　　　　（b）200km/h，横向

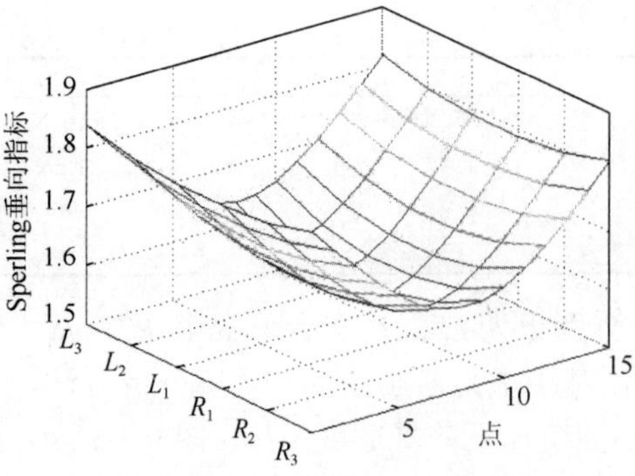


（c）300km/h，垂向

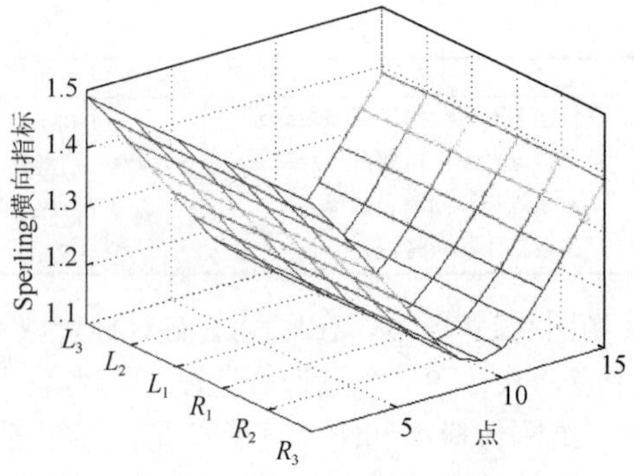


（d）300km/h，横向

图 9.2.5　三维刚体车辆模型的舒适度指标

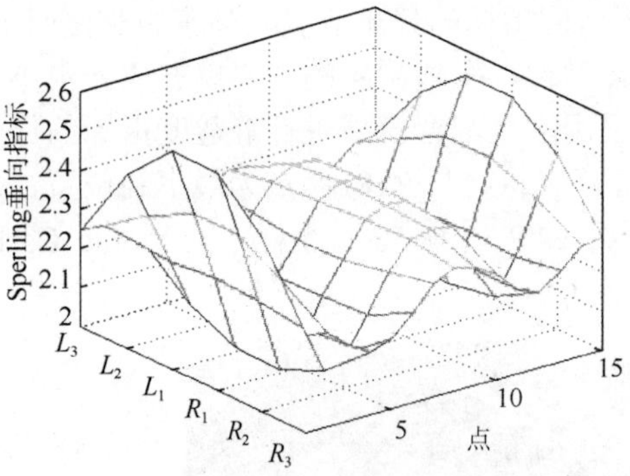


（a）200km/h，垂向

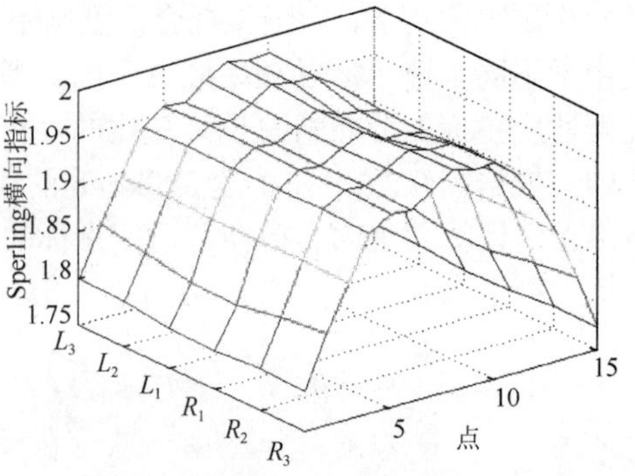


（b）200km/h，横向

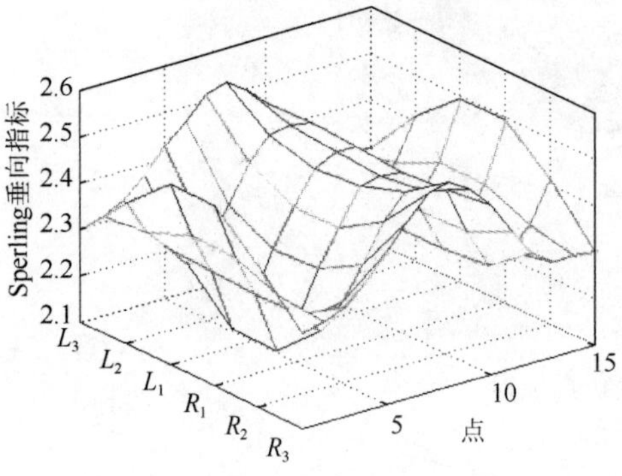


（c）300km/h，垂向

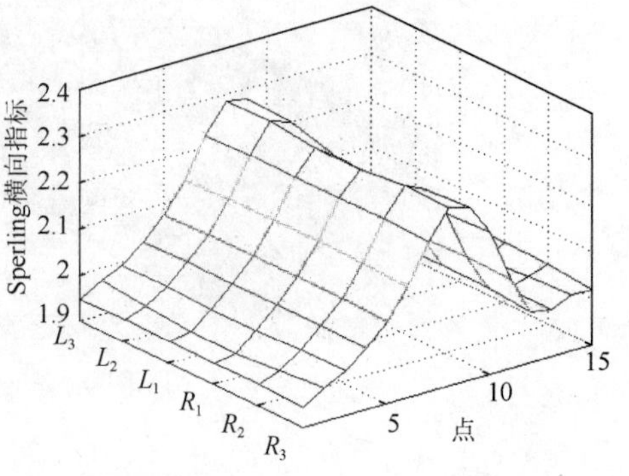


（d）300km/h，横向

图 9.2.6　刚柔混合车辆模型的舒适度指标

**表 9.2.3　最不利位置的舒适度指标的统计矩**

| $\gamma$ | 位置 | 方向 | 均值 | | | 标准差 | | |
|---|---|---|---|---|---|---|---|---|
| | | | 本节 | Monte Carlo | 误差/% | 本节 | Monte Carlo | 误差/% |
| 0.1 | （$L_3$,8） | 垂向 | 2.527 | 2.527 | 0 | 0.022 | 0.022 | 0 |
| | | 横向 | 2.286 | 2.287 | 0.04 | 0.017 | 0.017 | 0 |
| | （$R_3$,8） | 垂向 | 2.439 | 2.438 | 0.04 | 0.034 | 0.033 | 2.9 |
| | | 横向 | 2.274 | 2.275 | 0.04 | 0.018 | 0.018 | 0 |

续表

| $\gamma$ | 位置 | 方向 | 均值 | | | 标准差 | | |
|---|---|---|---|---|---|---|---|---|
| | | | 本节 | Monte Carlo | 误差/% | 本节 | Monte Carlo | 误差/% |
| 0.2 | ($L_3$,8) | 垂向 | 2.647 | 2.645 | 0.08 | 0.066 | 0.067 | 1.5 |
| | | 横向 | 2.395 | 2.399 | 0.17 | 0.052 | 0.051 | 1.9 |
| | ($R_3$,8) | 垂向 | 2.555 | 2.552 | 0.12 | 0.103 | 0.102 | 1.0 |
| | | 横向 | 2.382 | 2.386 | 0.17 | 0.053 | 0.055 | 3.8 |

# 9.3　复合随机振动分析的混沌多项式-虚拟激励方法

混沌多项式展开是不确定系统动力学研究的一种有效方法，已广泛应用于固体力学、流体力学等不同研究领域，该方法基于概率框架以正交多项式谱展开描述随机量，对随机微分方程结合随机伽辽金方法应用混沌多项式展开描述解和不确定输入[26, 27]。随机伽辽金方法适合于常微分方程或者偏微分方程，其基本思想是应用伽辽金投影使截断展开与耦合方程的解集误差最小，并求解获得展开系数完成不确定响应评估。文献[28]针对结构的几何不确定性，提出随机场的正交展开方法，实现了圆柱壳的屈曲分析。文献[29]以具有随机系数的 Navier-Stokes 方程为研究对象，将随机输入进行有限维 Karhunen-Loeve 级数展开，采用随机伽辽金方法建立展开系数的确定性高阶方程，进一步结合 Jacobi 迭代技术求解该问题。本节研究同时考虑结构参数和所受外激励荷载具有不确定性的复合随机振动问题，介绍复合随机振动响应评估的混沌多项式-虚拟激励方法（polynomial chaos-pseudo excitation method，PC-PEM），采用随机伽辽金方法求解，实现结构响应均值和方差的准确评估[3, 6-8]。

## 9.3.1　连续函数的正交多项式逼近

多项式具有良好的连续性和可微性，是拟合、插值等数值方法中常用的函数类型，而具有正交性、递推性等更多特性的正交多项式更是在近似方法中扮演重要角色。这里简要介绍正交多项式及其近似方法。

1. 正交多项式

$n$ 阶多项式的一般形式如下：

$$Q_n(x) = a_n x^n + a_{n-1} x^{n-1} + \cdots + a_1 x + a_0, \quad a_n \neq 0 \tag{9.3.1}$$

式中，$x \in D$。定义权函数 $\omega(x) \geqslant 0$，且 $\int_D \omega(x)\mathrm{d}x > 0$，若满足正交关系

$$\int_D Q_m(x) Q_n(x) \omega(x) \mathrm{d}x = \gamma_n \delta_{mn} \tag{9.3.2}$$

这里，$\delta_{mn}$ 为 Kronecker-Delta 函数，即

$$\delta_{mn} = \begin{cases} 1, & m = n \\ 0, & m \neq n \end{cases} \tag{9.3.3}$$

则称 $Q_n(x)$ 为 $D$ 上的带权 $\omega(x)$ 的正交多项式。

$\gamma_n$ 为标准化常量

$$\gamma_n = \int_D Q_n(x) Q_n(x) \omega(x) \mathrm{d}x \tag{9.3.4}$$

正交多项式具有如下三项递推关系：

$$-xQ_n(x)=b_nQ_{n+1}(x)+a_nQ_n(x)+c_nQ_{n-1}(x),\quad n\geqslant 0 \tag{9.3.5}$$

满足$b_n\neq 0$，$c_n\neq 0$，$c_n/b_{n-1}>0$，$Q_{-1}(x)=0$，$Q_0(x)=1$。根据三项递推关系，可以构造正交多项式。三项递推关系还可以表示为如下形式[30]：

$$Q_{n+1}(x)=(A_nx+B_n)Q_n(x)-C_nQ_{n-1}(x),\quad n\geqslant 0 \tag{9.3.6}$$

满足$A_n\neq 0$，$C_n\neq 0$，$C_nA_nA_{n-1}>0$，$Q_{-1}(x)=0$，$Q_0(x)=1$。

2. 正交投影

令$\mathbb{P}_n$表示$n$阶多项式的线性空间，即

$$\mathbb{P}_n=\operatorname{span}\left\{x^k:k=0,1,\cdots,n\right\} \tag{9.3.7}$$

根据 Weierstrass 定理，连续函数$f\in C^0(D)$在有界域内，对于任意小量$\varepsilon>0$，总能找到$n\in N$，$p\in\mathbb{P}_n$，使得

$$\left|f(x)-p(x)\right|<\varepsilon,\qquad \forall x\in D \tag{9.3.8}$$

对于权函数$\omega(x)$，$x\in D$，定义泛函空间

$$L_\omega^2(D)\triangleq\left\{v:D\to\mathbb{R}\,\middle|\,\int_D v^2(x)\omega(x)\mathrm{d}x<\infty\right\} \tag{9.3.9}$$

内积为

$$\langle u,v\rangle_{L_\omega^2(D)}=\int_D u(x)v(x)\omega(x)\mathrm{d}x,\qquad \forall u,v\in L_\omega^2(D) \tag{9.3.10}$$

范数为

$$\|u\|_{L_\omega^2(D)}=\left(\int_D u^2(x)\omega(x)\mathrm{d}x\right)^{1/2} \tag{9.3.11}$$

若$N$为给定正整数，$\left\{\phi_k(x)\right\}_{k=0}^N\subset\mathbb{P}_N$为$N$阶带权$\omega(x)$正交多项式，则

$$\left\langle\phi_m(x),\phi_n(x)\right\rangle_{L_\omega^2(D)}=\left\|\phi_m(x)\right\|_{L_\omega^2(D)}^2\delta_{mn} \tag{9.3.12}$$

引入投影算子$P_N:L_\omega^2(D)\to\mathbb{P}_N$，对于任意$f\in L_\omega^2(D)$，定义

$$P_Nf\triangleq\sum_{k=0}^N f_k\phi_k(x) \tag{9.3.13}$$

式中，

$$f_k=\frac{1}{\left\|\phi_k(x)\right\|_{L_\omega^2(D)}^2}\left\langle f,\phi_k\right\rangle_{L_\omega^2(D)} \tag{9.3.14}$$

可见，$P_Nf$是$f$通过内积在多项式空间的正交投影；$f_k$为广义傅里叶系数；$\phi_k(x)$为多项式基函数。

对于任意$f\in\mathbb{P}_N$

$$P_Nf=f \tag{9.3.15}$$

对于任意$f\in L_\omega^2(D)$，有

$$\lim_{N\to\infty}\left\|f-P_Nf\right\|_{L_\omega^2(D)}=0 \tag{9.3.16}$$

其详细证明可见参考文献[31]。

在区间$[-1,1]$上，Legendre 多项式为权函数$\omega(x)=1$的正交多项式，其正交性和三项递推关系分别为

$$\int_{-1}^{1} Q_n(x)Q_m(x)\mathrm{d}x=\frac{2}{2n+1}\delta_{mn} \tag{9.3.17}$$

$$Q_{n+1}(x)=\frac{2n+1}{n+1}xQ_n(x)-\frac{n}{n+1}Q_{n-1}(x) \tag{9.3.18}$$

以 Legendre 多项式为基函数，根据三项递推关系可得

$$\begin{cases}\phi_0(x)=1\\ \phi_1(x)=x\\ \phi_2(x)=\dfrac{3}{2}x^2-\dfrac{1}{2}\\ \phi_3(x)=\dfrac{5}{2}x^3-\dfrac{3}{2}x\end{cases} \tag{9.3.19}$$

取$N=8$，$f$分别为$|x|$、$|\sin(\pi x)|^3$、$\cos(\pi x)$和$\sin(\pi x)$，根据式（9.3.14）计算广义傅里叶系数列于表 9.3.1。

**表 9.3.1　广义傅里叶系数**

| $f$ | $f_k(k=0,1,\cdots,8)$ |
|---|---|
| $\lvert x\rvert$ | $\{0.5000\ \ 0\ \ 0.6250\ \ 0\ \ -0.1875\ \ 0\ \ 0.1016\ \ 0\ \ -0.0664\}$ |
| $\lvert\sin(\pi x)\rvert^3$ | $\{0.4244\ \ 0\ \ -0.1862\ \ 0\ \ -0.8111\ \ 0\ \ 0.7991\ \ 0\ \ -0.1751\}$ |
| $\cos(\pi x)$ | $\{0\ \ 0\ \ -1.5198\ \ 0\ \ 0.5824\ \ 0\ \ -0.0661\ \ 0\ \ 0.0036\}$ |
| $\sin(\pi x)$ | $\{0\ \ 0.9549\ \ 0\ \ -1.1582\ \ 0\ \ 0.2193\ \ 0\ \ -0.0166\ \ 0\}$ |

如图 9.3.1 所示，在$N$一定的情况下，正交多项式投影$P_N f$收敛率依赖于函数$f$的光滑程度，$f$越光滑，可微阶数越高，则近似误差越小，这种收敛被称为谱收敛。

图 9.3.1（c）和图 9.3.1（d）中，$f$是无限光滑的，则谱收敛变成指数收敛。如果函数$f$不连续，则在不连续点附近$P_N f$的振荡不会随着$N$的增加而消失，这种不收敛现象称为 Gibbs 现象，详细讨论可见参考文献[32]。

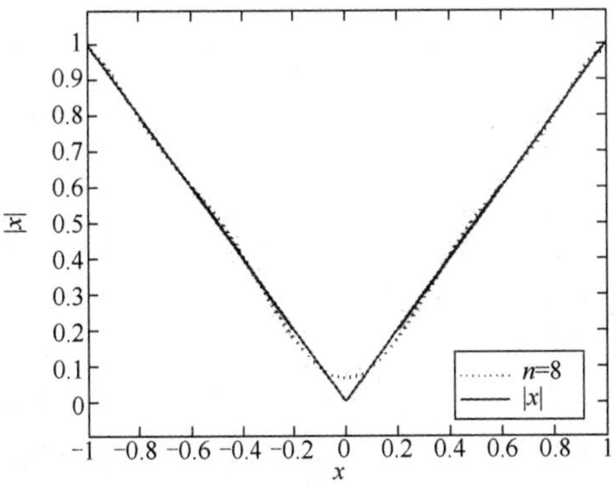


（a）$f=|x|$

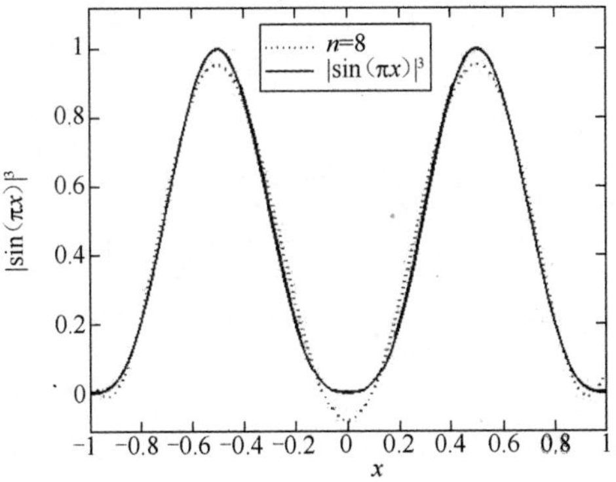


（b）$f=|\sin(\pi x)|^3$

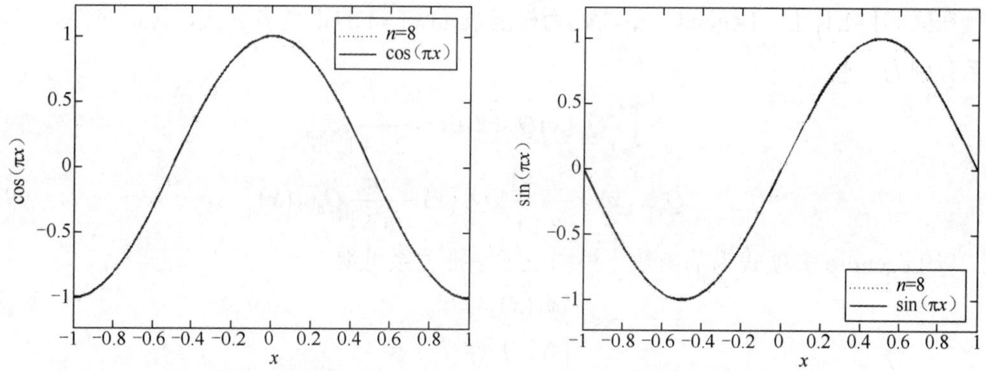


（c）$f$=cos（πx）　　　　（d）$f$=sin（πx）

图 9.3.1　多项式正交投影 $P_N f$

## 9.3.2　随机函数的混沌多项式展开

将泛函空间的基本概念推广到概率空间，可以考虑随机函数空间中元素的混沌多项式展开。令 $\{\xi_i\}_{i=1}^{\infty}$ 为相互独立的标准高斯随机变量集，$\hat{\Gamma}_p$ 为关于 $\{\xi_i\}_{i=1}^{\infty}$ 的最高次不超过 $p$ 的多项式空间。$\Gamma_p$ 为多项式空间 $\hat{\Gamma}_p$ 中与 $\hat{\Gamma}_{p-1}$ 所有多项式都正交的多项式集合，称为 $p$ 阶混沌多项式。不同阶的多项式相互正交，同阶不同变量的多项式也相互正交，以其为基函数正交投影，随机函数可展开为如下形式[26]：

$$u = a_0\Gamma_0 + \sum_{i_1=1}^{\infty} a_{i_1}\Gamma_1\left(\xi_{i_1}\right) + \sum_{i_1=1}^{\infty}\sum_{i_2=1}^{i_1} a_{i_1 i_2}\Gamma_2\left(\xi_{i_1},\xi_{i_2}\right) + \sum_{i_1=1}^{\infty}\sum_{i_2=1}^{i_1}\sum_{i_3=1}^{i_2} a_{i_1 i_2 i_3}\Gamma_3\left(\xi_{i_1},\xi_{i_2},\xi_{i_3}\right) + \cdots \tag{9.3.20}$$

式中，$\Gamma_p$ 根据其定义，可以通过正交化过程来构造。零阶混沌多项式为常数，令

$$\Gamma_0 = 1 \tag{9.3.21}$$

一阶混沌多项式正交于零阶混沌多项式，内积的定义如式（9.3.10），其中权函数为标准正态分布的概率密度函数，$\{\xi_i\}$ 为相互独立的标准正态随机变量，因此

$$\Gamma_1\left(\xi_i\right) = \xi_i \tag{9.3.22}$$

二阶混沌多项式同时正交于零阶混沌多项式和一阶混沌多项式，即

$$\left\langle \Gamma_2\left(\xi_{i_1},\xi_{i_2}\right)\right\rangle = 0 \tag{9.3.23}$$

$$\left\langle \Gamma_2\left(\xi_{i_1},\xi_{i_2}\right),\xi_{i_3}\right\rangle = 0 \tag{9.3.24}$$

令二阶混沌多项式的一般形式为

$$\Gamma_2\left(\xi_{i_1},\xi_{i_2}\right) = a_0 + a_{i_1}\xi_{i_1} + a_{i_2}\xi_{i_2} + a_{i_1 i_2}\xi_{i_1}\xi_{i_2} \tag{9.3.25}$$

代入正交条件式（9.3.23）和式（9.3.24），由 $\left\langle \xi_{i_1}\xi_{i_2}\xi_{i_3}\right\rangle = 0$，得

$$a_0 + a_{i_1 i_2}\delta_{i_1 i_2} = 0 \tag{9.3.26}$$

$$a_{i_1}\delta_{i_1 i_3} + a_{i_2}\delta_{i_2 i_3} = 0 \tag{9.3.27}$$

令 $a_{i_1 i_2} = 1$，由式（9.3.26）得

$$a_0 = -\delta_{i_1 i_2} \tag{9.3.28}$$

式（9.3.27）中，当 $i_1 = i_3$ 或 $i_2 = i_3$ 时，可分别得

$$a_{i_1} = 0 ,\quad a_{i_2} = 0 \tag{9.3.29}$$

因此二阶混沌多项式为

$$\Gamma_2\left(\xi_{i_1}, \xi_{i_2}\right) = \xi_{i_1}\xi_{i_2} - \delta_{i_1 i_2} \tag{9.3.30}$$

利用正交关系，可以构造高阶混沌多项式

$$\Gamma_3\left(\xi_{i_1}, \xi_{i_2}, \xi_{i_3}\right) = \xi_{i_1}\xi_{i_2}\xi_{i_3} - \xi_{i_1}\delta_{i_2 i_3} - \xi_{i_2}\delta_{i_1 i_3} - \xi_{i_3}\delta_{i_1 i_2} \tag{9.3.31}$$

$$\begin{aligned}\Gamma_4\left(\xi_{i_1}, \xi_{i_2}, \xi_{i_3}, \xi_{i_4}\right) = {} & \xi_{i_1}\xi_{i_2}\xi_{i_3}\xi_{i_4} - \xi_{i_1}\xi_{i_2}\delta_{i_3 i_4} - \xi_{i_1}\xi_{i_3}\delta_{i_2 i_4} - \xi_{i_1}\xi_{i_4}\delta_{i_2 i_3} - \xi_{i_2}\xi_{i_3}\delta_{i_1 i_4} \\ & - \xi_{i_2}\xi_{i_4}\delta_{i_1 i_3} - \xi_{i_3}\xi_{i_4}\delta_{i_1 i_2} + \delta_{i_1 i_2}\delta_{i_3 i_4} + \delta_{i_1 i_3}\delta_{i_2 i_4} + \delta_{i_1 i_4}\delta_{i_2 i_3}\end{aligned} \tag{9.3.32}$$

注意到混沌多项式与多维 Hermite 多项式是相同的，因此也可以由 Hermite 多项式的生成函数构造 $n$ 阶混沌多项式

$$\Gamma_n\left(\xi_{i_1}, \cdots, \xi_{i_n}\right) = (-1)^n \frac{\partial^n}{\partial \xi_{i_1} \cdots \partial \xi_{i_n}} \mathrm{e}^{-\frac{1}{2}\xi^{\mathrm{T}}\xi} \tag{9.3.33}$$

式中，$\boldsymbol{\xi}$ 为 $n$ 阶随机向量 $\left\{\xi_{i_k}\right\}_{k=1}^{n}$。这种随机函数的逼近方法由 Wiener[33]首先提出，因此也称为 Wiener-Hermite 展开。

为表达方便，将式（9.3.20）写为如下形式：

$$u = \sum_{j=0}^{\infty} b_j \psi_j \tag{9.3.34}$$

式中，$\psi_j$ 与 $\Gamma_p\left(\xi_{i_1}, \xi_{i_2}, \cdots\right)$ 一一对应。对于 $n$ 维 $p$ 阶的混沌多项式展开，式（9.3.34）取有限项

$$u_N = \sum_{j=0}^{N} b_j \psi_j \tag{9.3.35}$$

其中，

$$N + 1 = \binom{n+p}{p} = \frac{(n+p)!}{n!\,p!} \tag{9.3.36}$$

由式（9.3.35）和式（9.3.13）可见，随机函数的混沌多项式展开和连续函数的正交多项式逼近具有相同的形式，多项式作为基函数是已知的，系数为待求未知量。式（9.3.14）给出了一种求系数的方法，可采用随机伽辽金方法求解系数。

### 9.3.3 不确定参数系统复合随机振动分析

根据随机函数的混沌多项式展开理论，以标准高斯随机变量的混沌多项式为基函数，随机函数空间中的元素可以展开为均方意义下收敛的近似表达。复合随机振动问题中，随机输入通过参数化，将无穷维度的概率空间降阶为有限维度概率空间，以相互独立的随机变量来表述，而响应则可视为这些随机变量的随机函数，对于高斯变量，采用混沌多项式展开。

1. 随机伽辽金法

伽辽金方法是求解偏微分方程的重要数值方法，从微分方程等效积分形式出发，根据加权余量法建立关于待求系数的代数方程。对于一些具有某些特定性质的方程，其等效积分形式的伽辽金方法可以归结为某泛函的变分[34]。针对随机微分方程的求解，在概率空间内应用

伽辽金方法，即为随机伽辽金法。

空间域$D\subset\mathbb{R}^d$（$d=1,2,3$）和时间域$[0,T]$（$T>0$）上的随机微分方程的一般形式可表达为

$$\begin{cases}u(x,t,\theta)=\mathcal{L}(u), & D\times(0,T]\times\Theta\\ \mathcal{B}(u)=0, & \partial D\times[0,T]\times\Theta\\ u=u_0, & D\times\{t=0\}\times\Theta\end{cases} \tag{9.3.37}$$

式中，$\mathcal{L}$为微分算子；$\mathcal{B}$表示边界条件；$u_0$为初始条件；$\theta\in\Theta$表示概率空间$(\Theta,\mathcal{F},P)$上定义的随机输入。以相互独立随机变量$\boldsymbol{\xi}=(\xi_1,\xi_2,\cdots,\xi_n)\in\Xi$描述随机输入，则式（9.3.37）写为

$$\begin{cases}u(x,t,\xi)=\mathcal{L}(u), & D\times(0,T]\times\Xi\\ \mathcal{B}(u)=0, & \partial D\times[0,T]\times\Xi\\ u=u_0, & D\times\{t=0\}\times\Xi\end{cases} \tag{9.3.38}$$

9.3.2 小节中介绍了随机函数的混沌多项式展开，混沌多项式是正交完备的，可以作为伽辽金法的逼近子空间，定义空间

$$L_p^2(\Gamma)\triangleq\left\{f(\xi):\int_\Gamma f^2(\xi)p(\xi)\mathrm{d}\xi<\infty\right\} \tag{9.3.39}$$

其中，$p(\xi)$为概率密度函数。定义内积

$$\langle f,g\rangle_{L_p^2(\Gamma)}=\int_\Gamma f(\xi)g(\xi)p(\xi)\mathrm{d}\xi,\qquad \forall f,g\in L_p^2(\Gamma) \tag{9.3.40}$$

将式（9.3.35）代入式（9.3.38），引入误差

$$\varepsilon=\mathcal{L}(u_N)-u_N \tag{9.3.41}$$

当误差与所有基函数正交时，即

$$\langle\varepsilon,\psi_j\rangle_{L_p^2(\Gamma)}=0,\quad j=0,\cdots,N \tag{9.3.42}$$

$u_N$为$u$的随机伽辽金近似解。式（9.3.42）是一组关于系数$b_j$的确定性方程。

2. *混沌多项式-虚拟激励法*

虚拟激励法将受平稳/非平稳随机激励的结构分析问题精确地转化为受确定性虚拟激励的结构动力分析问题，即将复合随机振动问题精确地转化为随机结构振动问题，使得问题的求解得到简化。基于虚拟响应的混沌多项式展开可以建立结构随机振动响应评估的混沌多项式-虚拟激励方法[3, 6, 7]。

复合随机振动问题系统运动方程可以表示为

$$\boldsymbol{M}(\xi)\ddot{\boldsymbol{x}}+\boldsymbol{C}(\xi)\dot{\boldsymbol{x}}+\boldsymbol{K}(\xi)\boldsymbol{x}=\boldsymbol{F}(t) \tag{9.3.43}$$

式中，$\boldsymbol{M}(\xi)$、$\boldsymbol{C}(\xi)$和$\boldsymbol{K}(\xi)$分别为$n_s$阶随机质量、阻尼和刚度矩阵；$\xi$为参数化得到的随机向量，其各分量为相互独立的标准高斯变量。随机质量、阻尼和刚度矩阵可分别表示为

$$\boldsymbol{M}(\xi)=\bar{\boldsymbol{M}}+\sum_{i=1}^n\xi_i\hat{\boldsymbol{M}}_i,\quad \boldsymbol{C}(\xi)=\bar{\boldsymbol{C}}+\sum_{i=1}^n\xi_i\hat{\boldsymbol{C}}_i,\quad \boldsymbol{K}(\xi)=\bar{\boldsymbol{K}}+\sum_{i=1}^n\xi_i\hat{\boldsymbol{K}}_i \tag{9.3.44}$$

$\boldsymbol{F}(t)$为随机荷载向量，可根据其性质构造适当的虚拟激励。对于单源单点激励问题，设随机过程的功率谱密度为$S_{ff}(\omega)$，则虚拟激励为

$$\tilde{\boldsymbol{F}}=\boldsymbol{E}\sqrt{S_{ff}(\omega)}\mathrm{e}^{\mathrm{i}\omega t} \tag{9.3.45}$$

式中，$\boldsymbol{E}$ 为作用力指示向量，其元素仅在相应自由度为 1，其余为 0。对于单源多点（$m$ 点）激励问题，各点激励完全相干，仅存在一定相位差，则构造虚拟激励

$$\tilde{\boldsymbol{F}}=\begin{Bmatrix} a_1\mathrm{e}^{-\mathrm{i}\omega t_1} \\ a_2\mathrm{e}^{-\mathrm{i}\omega t_2} \\ \vdots \\ a_m\mathrm{e}^{-\mathrm{i}\omega t_m} \end{Bmatrix}\sqrt{S_{ff}(\omega)}\mathrm{e}^{\mathrm{i}\omega t} \tag{9.3.46}$$

式中，$a_j\ (j=1,2,\cdots,m)$ 为各点激励点强度；$t_j\ (j=1,2,\cdots,m)$ 为各激励点时间延迟。值得指出，激励的功率谱密度矩阵亦可表示为

$$\boldsymbol{S}_{ff}=\tilde{\boldsymbol{F}}^*\tilde{\boldsymbol{F}}^{\mathrm{T}}=\begin{bmatrix} a_1^2 & a_1a_2\mathrm{e}^{\mathrm{i}\omega(t_1-t_2)} & \cdots & a_1a_m\mathrm{e}^{\mathrm{i}\omega(t_1-t_m)} \\ a_2a_1\mathrm{e}^{\mathrm{i}\omega(t_2-t_1)} & a_2^2 & \cdots & a_2a_m\mathrm{e}^{\mathrm{i}\omega(t_2-t_m)} \\ \vdots & \vdots & \ddots & \vdots \\ a_ma_1\mathrm{e}^{\mathrm{i}\omega(t_m-t_1)} & a_ma_2\mathrm{e}^{\mathrm{i}\omega(t_m-t_2)} & \cdots & a_m^2 \end{bmatrix}S_{ff} \tag{9.3.47}$$

对于多源多点激励问题，各点激励部分相干，已知功率谱密度矩阵 $\boldsymbol{S}_{ff}$ 可以分解为如下形式[35]

$$\boldsymbol{S}_{ff}=\sum_{j=1}^{m}\lambda_j\boldsymbol{\varPsi}_j^*\boldsymbol{\varPsi}_j^{\mathrm{T}} \tag{9.3.48}$$

其中，$\lambda_j$ 和 $\boldsymbol{\varPsi}_j$ 为功率谱密度矩阵的特征值和特征向量。因此，构造一组虚拟激励

$$\tilde{\boldsymbol{F}}_j=\sqrt{\lambda_j}\boldsymbol{\varPsi}_j\mathrm{e}^{\mathrm{i}\omega t} \tag{9.3.49}$$

将不同情况下的虚拟激励统一记为 $\tilde{\boldsymbol{F}}$，并注意到虚拟激励与参数化过程无关，将式（9.3.44）代入式（9.3.43），虚拟激励下系统运动方程为

$$\left(\bar{\boldsymbol{M}}+\sum_{i=1}^{n}\xi_i\hat{\boldsymbol{M}}_i\right)\ddot{\tilde{\boldsymbol{x}}}+\left(\bar{\boldsymbol{C}}+\sum_{i=1}^{n}\xi_i\hat{\boldsymbol{C}}_i\right)\dot{\tilde{\boldsymbol{x}}}+\left(\bar{\boldsymbol{K}}+\sum_{i=1}^{n}\xi_i\hat{\boldsymbol{K}}_i\right)\tilde{\boldsymbol{x}}=\tilde{\boldsymbol{F}} \tag{9.3.50}$$

式中，$\tilde{\boldsymbol{x}}$ 为虚拟响应，将其以混沌多项式为基函数展开

$$\tilde{\boldsymbol{x}}=\sum_{l=0}^{\infty}\varphi_l(\xi)\boldsymbol{a}_l(t) \tag{9.3.51}$$

其中，$\boldsymbol{a}_l(t)$ 为确定性时程向量，为 $\tilde{\boldsymbol{x}}$ 在混沌多项式基函数上的实时投影。

$n$ 维 $p$ 阶混沌多项式基函数可表示为

$$\varphi_{l_1l_2\cdots l_n}(\xi)=\prod_{i=1}^{n}P_{l_i}(\xi_i) \tag{9.3.52}$$

式中，$P_{l_i}(\xi_i)$ 为关于随机变量 $\xi_i$ 的 $l_i$ 阶正交多项式，$\sum_{i=1}^{n}l_i\leqslant p$。

Hermite 多项式是在区间 $(-\infty,\infty)$ 上带权 $\exp(-\alpha^2/2)$ 的正交多项式，其权函数与高斯分布的概率密度函数相同，因此用作高斯随机变量空间的混沌多项式基函数。其表达式为

$$H_n(\xi)=(-1)^n\exp\left(\xi^2/2\right)\frac{\mathrm{d}^n}{\mathrm{d}\xi^n}\left(\exp\left(-\xi^2/2\right)\right) \tag{9.3.53}$$

$$\text{正交性：}\quad \frac{1}{\sqrt{2\pi}}\int H_m(\xi)H_n(\xi)\mathrm{e}^{-\xi^2/2}\mathrm{d}\xi = n!\delta_{mn} \tag{9.3.54}$$

$$\text{递推性：}\quad H_{n+1}(\xi)=\xi H_n(\xi)-nH_{n-1}(\xi) \tag{9.3.55}$$

将 Herimite 多项式应用于虚拟响应的混沌多项式展开，则

$$\tilde{\boldsymbol{x}}=\sum_{0\leqslant l_i\leqslant p}\boldsymbol{a}_{l_1l_2\cdots l_n}\prod_{i=1}^{n}H_{l_i}(\xi_i)\ \text{且}\sum_{i=1}^{n}l_i\leqslant p \tag{9.3.56}$$

由式（9.3.54）和式（9.3.55）可得混沌多项式的正交性和递推性

$$\text{正交性：}\quad E\left[\prod_{i=1}^{n}H_{l_i}(\xi_i)\prod_{i=1}^{n}H_{k_i}(\xi_i)\right]=\begin{cases}\prod_{i=1}^{n}l_i!, & l_i=k_i\\ 0, & \text{其他}\end{cases} \tag{9.3.57}$$

$$\text{递推性：}\quad \xi_j\prod_{i=1}^{n}H_{l_i}(\xi_i)=\left(H_{l_j+1}(\xi_j)+l_jH_{l_j-1}(\xi_j)\right)\prod_{i=1,i\neq j}^{n}H_{l_i}(\xi_i) \tag{9.3.58}$$

式中，$E[\cdot]$为期望运算。

将式（9.3.56）写成矩阵形式

$$\tilde{\boldsymbol{x}}=\boldsymbol{\phi}(\xi)\boldsymbol{a} \tag{9.3.59}$$

式中，

$$\boldsymbol{\phi}(\xi)=\mathrm{diag}\left(\boldsymbol{H}(\xi),\boldsymbol{H}(\xi),\cdots,\boldsymbol{H}(\xi)\right) \tag{9.3.60}$$

$$\boldsymbol{H}(\xi)=\begin{Bmatrix}H_0(\xi_1)H_0(\xi_2)\cdots H_0(\xi_n)\\ H_1(\xi_1)H_0(\xi_2)\cdots H_0(\xi_n)\\ \vdots\\ H_0(\xi_1)H_0(\xi_2)\cdots H_p(\xi_n)\end{Bmatrix}^{\mathrm{T}} \tag{9.3.61}$$

将式（9.3.59）代入式（9.3.43），根据伽辽金方法，在方程两端同时左乘$\boldsymbol{\phi}^{\mathrm{T}}$并进行期望运算，可得扩阶方程

$$\left(\bar{\boldsymbol{M}}\otimes\boldsymbol{T}_0+\sum_{i=1}^{n}\hat{\boldsymbol{M}}_i\otimes\boldsymbol{T}_i\right)\ddot{\boldsymbol{a}}+\left(\boldsymbol{T}_0\otimes\bar{\boldsymbol{C}}+\sum_{i=1}^{n}\boldsymbol{T}_i\otimes\hat{\boldsymbol{C}}_i\right)\dot{\boldsymbol{a}}+\left(\bar{\boldsymbol{K}}\otimes\boldsymbol{T}_0+\sum_{i=1}^{n}\hat{\boldsymbol{K}}_i\otimes\boldsymbol{T}_i\right)\boldsymbol{a}=\tilde{\boldsymbol{F}}\otimes\boldsymbol{T}_F \tag{9.3.62}$$

式中，$\otimes$表示张量积运算；

$$\begin{cases}\boldsymbol{T}_0=E\left[\boldsymbol{H}^{\mathrm{T}}(\xi)\boldsymbol{H}(\xi)\right]\\ \boldsymbol{T}_i=E\left[\xi_i\boldsymbol{H}^{\mathrm{T}}(\xi)\boldsymbol{H}(\xi)\right]\\ \boldsymbol{T}_F=E\left[\boldsymbol{H}^{\mathrm{T}}(\xi)\right]=\{1\quad 0\quad\cdots\quad 0\}^{\mathrm{T}}\end{cases} \tag{9.3.63}$$

根据式（9.3.57）和式（9.3.58）可方便地求出式（9.3.63），显然$\boldsymbol{T}_0$和$\boldsymbol{T}_i$都是稀疏矩阵，计算中可采用稀疏矩阵存储以减少内存需求。方程（9.3.62）是确定性系数的扩阶方程，以系数$\boldsymbol{a}$为基本未知量，可以采用一般的微分方程求解方法求得。

根据虚拟激励法，响应$\boldsymbol{x}$的功率谱密度矩阵可以表达为

$$\boldsymbol{S}_{xx}=\tilde{\boldsymbol{x}}^*\tilde{\boldsymbol{x}}^{\mathrm{T}}=\boldsymbol{\phi}(\xi)\boldsymbol{a}^*\boldsymbol{a}^{\mathrm{T}}\boldsymbol{\phi}^{\mathrm{T}}(\xi) \tag{9.3.64}$$

记$\boldsymbol{S}=\boldsymbol{a}^*\boldsymbol{a}^{\mathrm{T}}$，将$\boldsymbol{S}$按照$\boldsymbol{H}(\xi)$的维度分块，并取$i$行、$j$列的子块记为$\boldsymbol{S}^{(i,j)}$，利用基函数的正交性，功率谱密度的均值为

$$E\left[\boldsymbol{S}_{xx}\right]_{(i,j)} = \sum_{k=1}^{\dim(\boldsymbol{H}(\xi))} \left(\boldsymbol{T}_0 \boldsymbol{S}^{(i,j)}\right)_{(k,k)} \tag{9.3.65}$$

由式（9.3.65）可见，响应 $\boldsymbol{x}$ 的功率谱密度的均值可直接由系数 $\boldsymbol{a}$ 给出；功率谱密度的二阶矩采用 Monte Carlo 法计算，以式（9.3.65）为代理模型。

**例 9.3.1**　受到白噪声激励的单自由度随机系统运动方程为

$$m\ddot{x} + c\dot{x} + kx = f \tag{9.3.66}$$

式中，$m = 1\text{kg}$；$c = 0.63\text{N}\cdot\text{s/m}$ 为确定常数；刚度 $k = \bar{k} + \hat{k}_1\xi_1$ 为随机参数，$\bar{k} = 39.48\text{N/m}$，$\hat{k}_1 = 3.95\text{N/m}$，$\xi_1$ 为服从标准高斯分布的随机变量；平稳激励 $f$ 的功率谱密度为 $S_f = 100\text{N}^2/（\text{rad/s}）$。

根据式（9.3.50），虚拟响应运动方程可写为

$$\ddot{\tilde{x}} + c\dot{\tilde{x}} + \left(\bar{k} + \hat{k}_1\xi_1\right)\tilde{x} = \sqrt{S_f}\,\mathrm{e}^{\mathrm{i}\omega t} \tag{9.3.67}$$

将虚拟响应以混沌多项式为基函数展开

$$\tilde{x} = \boldsymbol{Ha} \tag{9.3.68}$$

以三阶混沌多项式展开为例，有

$$\boldsymbol{H}(\xi) = \begin{bmatrix} 1 & \xi_1 & \xi_1^2 - 1 & \xi_1^3 - 3\xi_1 \end{bmatrix} \tag{9.3.69}$$

由式（9.3.63），得

$$\boldsymbol{T}_0 = \begin{bmatrix} 0! & 0 & 0 & 0 \\ 0 & 1! & 0 & 0 \\ 0 & 0 & 2! & 0 \\ 0 & 0 & 0 & 3! \end{bmatrix},\quad \boldsymbol{T}_1 = \begin{bmatrix} 0 & 1! & 0 & 0 \\ 1! & 0 & 2! & 0 \\ 0 & 2! & 0 & 3! \\ 0 & 0 & 3! & 0 \end{bmatrix} \tag{9.3.70}$$

根据扩阶方程式（9.3.62），求解系数 $\boldsymbol{a}$，再由式（9.3.65）给出响应功率谱密度的各阶矩。

如图 9.3.2 所示，以 5000 个样本的 Monte Carlo 模拟作为参考解。可见，不考虑刚度的随机性，以均值为参数的确定性系统的响应与随机系统响应的均值存在较大偏差。显然，所提方法能够较好地逼近 Monte Carlo 模拟结果，说明了本方法的正确性，并且六阶展开的计算结果比三阶展开的结果更接近于参考解。

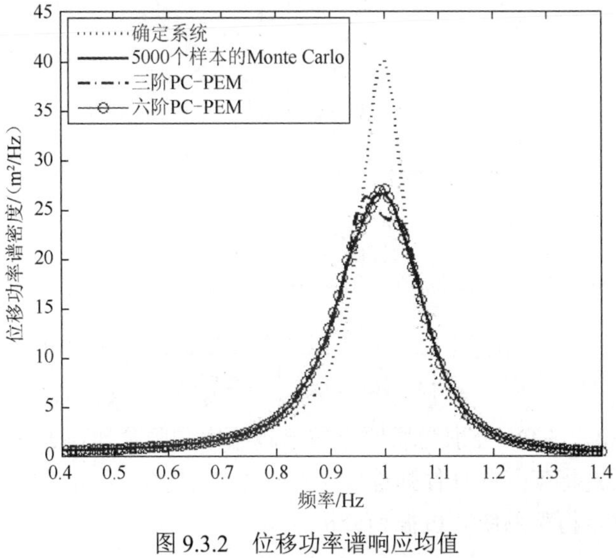


图 9.3.2　位移功率谱响应均值

为考察本方法的收敛性，定义变异系数为$\hat{k}_1/\bar{k}$，分别计算变异系数为0.05、0.10、0.15和0.20四种情况下，PC-PEM与5000个样本Monte Carlo模拟的最大相对误差，如图9.3.3所示。不论变异系数的大小，最大相对误差均随混沌多项式展开阶数的增加而迅速减小，说明了本方法具有较好的收敛性。不同于摄动法小变异假设，即使参数的变异系数很大（如0.2），该方法仍然适用，但需要展开更高阶数。良好的收敛性与适用于参数大变异的稳定性是PC-PEM突出的优点。

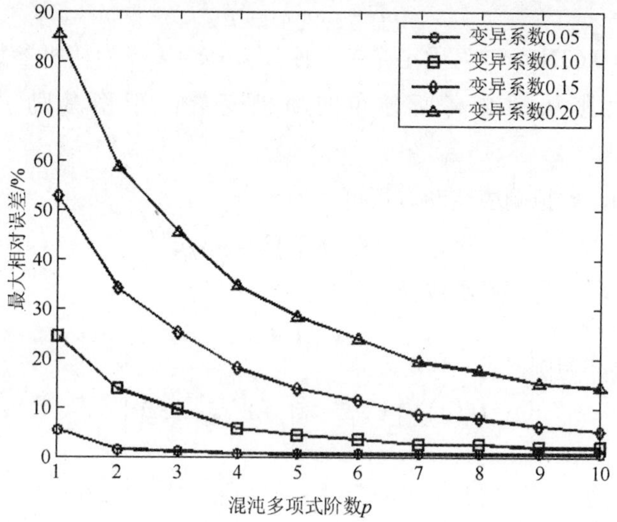


图9.3.3　不同变异系数下的最大相对误差

**例9.3.2**　如图9.3.4所示，21杆平面桁架，结构设计参数为：水平及垂向杆长均为5m；各杆轴向刚度均为$\mathrm{EF}=3.0\times10^4\mathrm{kN}$；不计自重，但在所有节点上均有1000kg的集中质量；结构的阻尼取为瑞利阻尼。

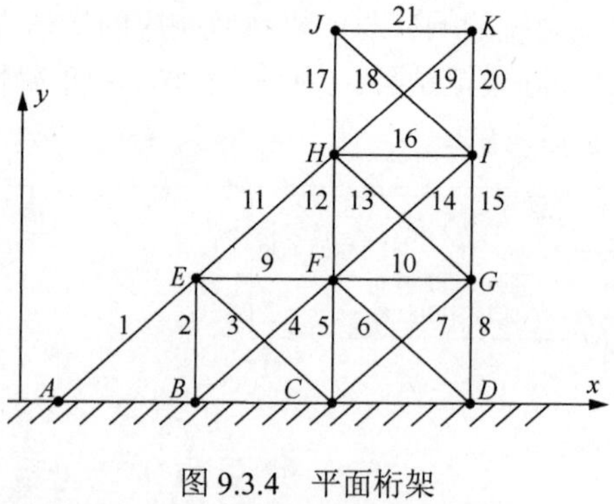


图9.3.4　平面桁架

采用沿水平$x$方向惯性加速度激励，用Kanai-Tajimi谱，有

$$S(\omega)=\frac{1+4\xi_g^2(\omega/\omega_g)^2}{\left[1-(\omega/\omega_g)^2\right]^2+4\xi_g^2(\omega/\omega_g)^2} \tag{9.3.71}$$

式中，$\omega_g=15\mathrm{rad/s}$和$\xi_g=0.6$分别为场地土的卓越频率和阻尼比；$S_0=15.74\mathrm{m^2/s^3}$为基岩地震动白噪声强度。假定桁架某些杆件弹性模量存在不确定性，采用混合PC-PEM进行上述随机地震荷载下该不确定桁架系统随机振动分析。

假定具有不确定单元弹性模量的变异系数均为 0.1，按照不同的观测响应与不同单元弹性模量发生变异分别进行讨论分析。工况 1 和工况 2 的观测点为 $J$ 点水平方向位移，不确定单元分别为 9、10、15、16、20、21 和 5、8、12、15、17、20。工况 3 和工况 4 的观测点为 $H$ 点水平方向位移，不确定单元分别为 11、12、13、16、17、20 和 5、8、10、15、16、21。图 9.3.5～图 9.3.8 分别采用 Monte Carlo 法和 PC-PEM 计算了位移响应功率谱密度的均值和均方差，并进行了对比。为表达清楚，图 9.3.5～图 9.3.8 采用了半对数坐标。Monte Carlo 法样本数取为 1000；对于 PC-PEM，每一随机变量 Hermite 多项式取为 1 阶，其排列组合构成混沌正交多项式的展开项为 7 阶。以图 9.3.5 为例可以看出，对于观测点 $J$ 点水平方向位移功率谱密度，无论是一阶统计矩（均值）、还是二阶统计矩（均方差），两种方法的计算结果都非常接近。对于图 9.3.6～图 9.3.8 均有类似的结论。Monte Carlo 法对于每一样本都需要重新生成刚度矩阵，并进行动刚度矩阵的求逆运算；而 PC-PEM 在获得随机虚拟响应的正交展开后，可直接利用多项式的正交性完成功率谱的统计矩分析。这里仅讨论了一阶、二阶统计矩，实际对于更高阶矩的分析也可类似完成。

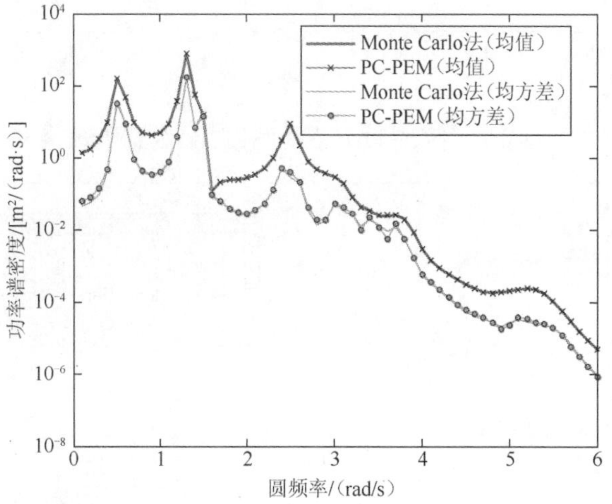


图 9.3.5　工况 1 时 $J$ 点水平方向位移功率谱密度

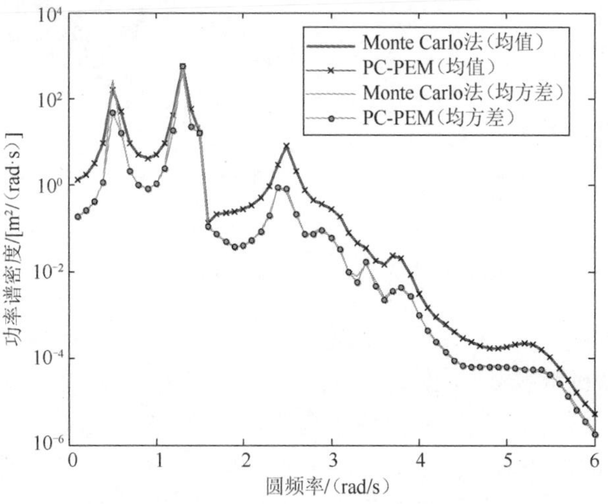


图 9.3.6　工况 2 时 $J$ 点水平方向位移功率谱密度

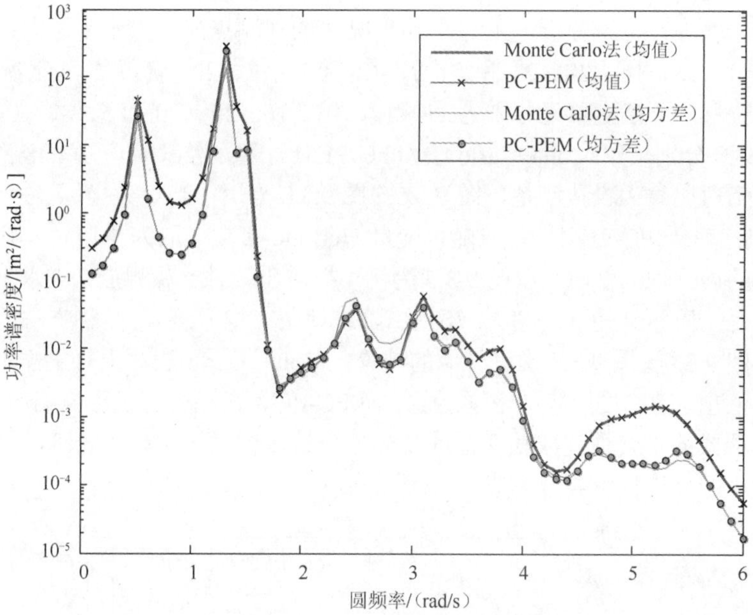


图 9.3.7　工况 3 时 $H$ 点水平方向位移功率谱密度

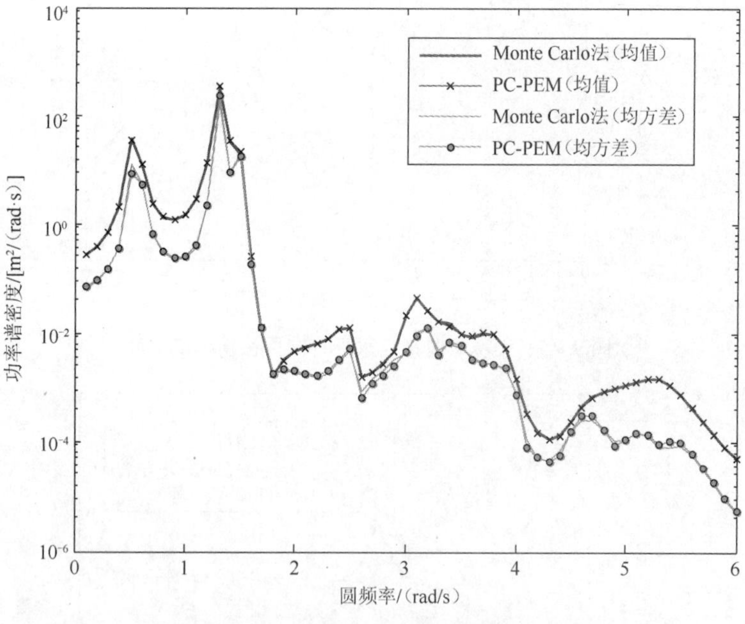


图 9.3.8　工况 4 时 $H$ 点水平方向位移功率谱密度

另外，图 9.3.5 和图 9.3.6 对比可以发现：工况 1 和工况 2 的功率谱密度均值统计量是非常一致的，但均方差统计量表现则不同（图 9.3.7 和图 9.3.8 同样有类似的结论）。对此进行深入分析，实际上对于该算例，其不确定性系统的功率谱密度均值统计与确定性系统（不考虑结构具有的随机性）的功率谱相差不大，为节省篇幅，这里未列出具体对比结果图。这种现象说明在某些情况下，由确定性系统分析作为随机系统分析的均值响应是合理的。但此时也应注意，由于系统参数不确定的传播随机振动功率谱密度等响应也是随机量，如考虑更可靠的不确定估计，应进行其二阶统计矩的分析，给出其可能偏离均值的范围。

图 9.3.9 和图 9.3.10 给出了考虑不确定单元为 5、8、12、15、17、20，变异系数均为 0.1 时结构内力响应功率谱密度的分析结果。从图中可以看出，采用 PC-PEM 计算的内力功率谱密度响应一、二阶统计量与 Monte Carlo 法计算结果仍具有非常好的一致性。同时也可以看出，与位移响应的计算结果相比，内力响应方差偏移均值的范围要大一些，这说明其对于不确定因素更为敏感。

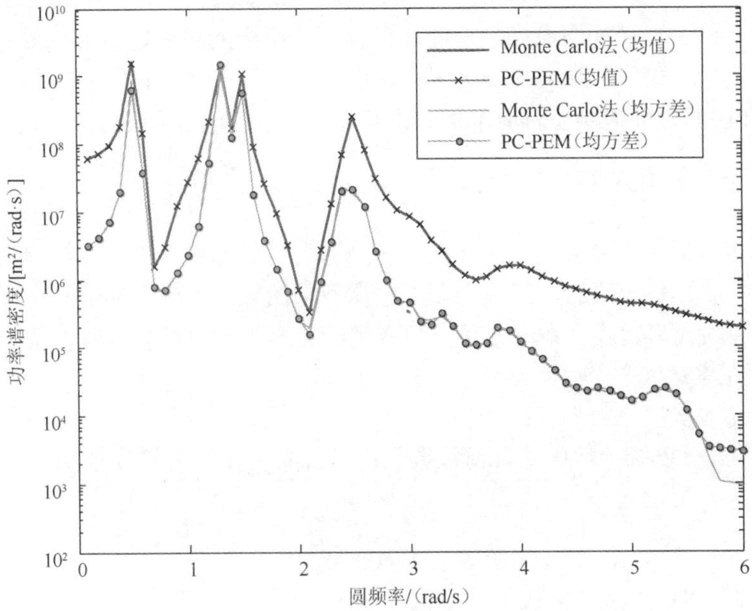


图 9.3.9　第 6 号单元内力响应功率谱密度

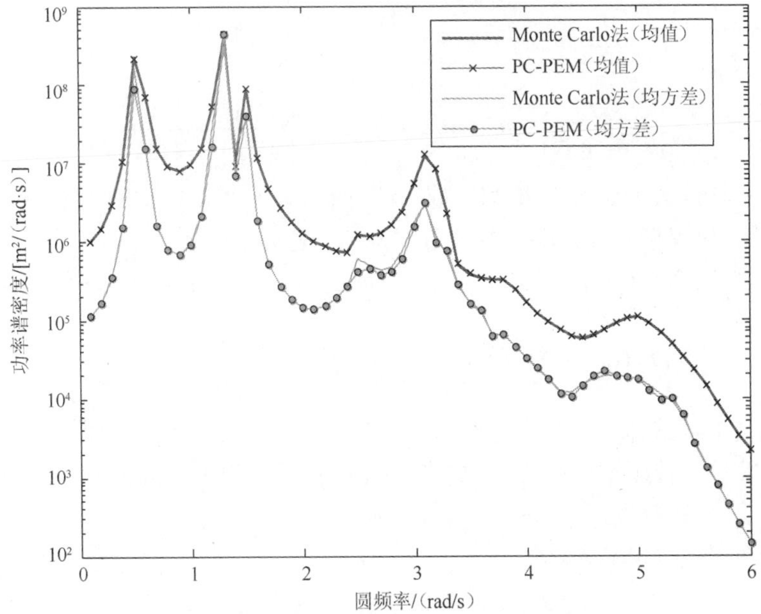


图 9.3.10　第 9 号单元内力响应功率谱密度

## 9.4 非高斯随机参数车轨耦合系统随机振动分析

高斯分布取值范围是负无穷到正无穷，这对于车轨耦合系统某些参数的描述，会导致如负刚度等非物理现象，实际工程中采用非高斯概率模型是更为合理的。文献[18]、文献[36]～文献[38]对不确定车桥相互作用问题进行了研究。采用材料属性服从非高斯概率分布的 Bernoulli-Euler 简支梁建立桥梁模型，车辆的建模则从移动力到考虑路面不平顺激励的四自由度弹簧-质量系统，其中路面不平顺假设为高斯随机过程。应用谱随机有限元方法处理不确定性。本节引入广义混沌多项式，将混沌多项式-虚拟激励法（PC-PEM）发展为广义混沌多项式-虚拟激励法（gPC-PEM），并应用于具有非高斯随机参数车轨耦合系统的随机振动分析。

### 9.4.1 广义混沌多项式

广义混沌多项式展开本质上是随机空间上的谱分解方法，这一点与 9.3.2 小节介绍的 Wiener-Hermite 展开是一致的，其区别在于根据不同的随机变量分布类型，采用具有最优收敛速度的混沌多项式函数族。本节分别介绍两类广义混沌多项式的构造方法，即 Askey 多项式与 Gegenbauer 多项式[39-42]。

1. Askey 多项式

Askey 多项式可以统一地由超几何级数表达。首先定义阶乘幂符号$(a)_n$：

$$(a)_n=\begin{cases}1, & n=0\\ a(a+1)\cdots(a+n-1), & n=1,2,\cdots\end{cases} \tag{9.4.1}$$

对于实数$a$，$(a)_n$可以写成伽马函数的形式，即

$$(a)_n=\frac{\Gamma(a+n)}{\Gamma(a)},\qquad n>0 \tag{9.4.2}$$

定义超几何级数

$${}_rF_s(a_1,a_2,\cdots,a_r;b_1,b_2,\cdots,b_s;z)=\sum_{k=0}^{\infty}\frac{(a_1)_k\cdots(a_r)_k}{(b_1)_k\cdots(b_s)_k}\frac{z^k}{k!} \tag{9.4.3}$$

式中，$(a_1,a_2,\cdots,a_r)$为$r$个分子参数；$(b_1,b_2,\cdots,b_s)$为$s$个分母参数。要求$\forall i=1,2,\cdots,s$，$b_i\neq 0,-1,-2,\cdots$，以保证式（9.4.3）中分母不为零。若分子参数中任意$a_i\,(i=1,2,\cdots,r)$为负整数，不妨令$a_1=-n$，则$\forall k=n+1,n+2,\cdots$，$(a_1)_n=(-n)_k=0$，因此超几何级数变为$n$阶多项式

$${}_rF_s(a_1,a_2,\cdots,a_r;b_1,b_2,\cdots,b_s;z)=\sum_{k=0}^{n}\frac{(-n)_k\cdots(a_r)_k}{(b_1)_k\cdots(b_s)_k}\frac{z^k}{k!} \tag{9.4.4}$$

Askey 正交多项式体系由几类重要的超几何多项式构成，各类多项式之间还可通过对某变量的极限运算进行转化，更多细节可参考文献[43]。下面以 Legendre 多项式和 Hermite 多项式为例进行说明。

Legendre 多项式可定义为

$$L_n(\xi)={}_2F_1\left(-n,n+1;1;\frac{1-\xi}{2}\right) \tag{9.4.5}$$

多项式满足三项递推关系和正交关系，分别为

$$L_{n+1}(\xi)=\frac{2n+1}{n+1}\xi L_n(\xi)-\frac{n}{n+1}L_{n-1}(\xi) \tag{9.4.6}$$

$$\int_{-1}^{1}L_n(\xi)L_m(\xi)\rho(\xi)\mathrm{d}\xi=\frac{2}{2n+1}\delta_{mn} \tag{9.4.7}$$

式中，权函数

$$\rho(\xi)=1 \tag{9.4.8}$$

值得指出的是，Legendre 多项式是 Jacobi 多项式参数 $\alpha=\beta=0$ 的特殊形式。

Hermite 多项式可定义为

$$H_n(\xi)=\xi^n\,{}_2F_0\left(-\frac{n}{2},-\frac{n-1}{2};;-\frac{2}{x^2}\right) \tag{9.4.9}$$

三项递推关系和正交关系分别为

$$H_{n+1}(\xi)=\xi H_n(\xi)-nH_{n-1}(\xi) \tag{9.4.10}$$

$$\int_{-\infty}^{\infty}H_n(\xi)H_m(\xi)\rho(\xi)\mathrm{d}\xi=n!\delta_{mn} \tag{9.4.11}$$

式中，权函数

$$\rho(\xi)=\frac{1}{\sqrt{2\pi}}\mathrm{e}^{-\xi^2/2} \tag{9.4.12}$$

Askey 多项式体系中，一些正交多项式的权函数与某些随机变量的概率密度函数相同或相差常数因子，因此可作为逼近相应随机变量函数的最优基函数，具有指数阶收敛速度，如表 9.4.1 所列。

**表 9.4.1　Askey 多项式与随机变量对应关系**

| 变量类型 | 随机变量分布类型 | 广义混沌多项式 | 取值范围 |
|---|---|---|---|
| 连续变量 | 高斯分布 | Hermite | $(-\infty,\infty)$ |
| | 伽马分布 | Laguerre | $[0,\infty)$ |
| | 贝塔分布 | Jacobi | $[a,b]$ |
| | 均匀分布 | Legendre | $[a,b]$ |
| 离散变量 | 泊松分布 | Charlier | $\{0,1,2,\cdots\}$ |
| | 二项分布 | Krawtchouk | $\{0,1,\cdots,N\}$ |
| | 负二项分布 | Meixner | $\{0,1,2,\cdots\}$ |
| | 超几何分布 | Hahn | $\{0,1,\cdots,N\}$ |

2. Gegenbauer 多项式

Askey 多项式为一些特定类型随机变量函数的近似提供了最优基函数，最优选择的依据则是随机变量概率密度函数与正交多项式权函数一致，因此本节从概率密度函数的角度出发，介绍另一族正交多项式，即 Gegenbauer 多项式。

在实际工程中，参数往往在一定范围内变化，即服从有界概率分布，定义这一类随机变量的概率密度函数为

$$p_\lambda(\xi)=\begin{cases}a_\lambda\left(1-\xi^2\right)^{\lambda-1/2}, & |\xi|\leqslant 1\\ 0, & |\xi|>1\end{cases} \tag{9.4.13}$$

式中，参数 $\lambda \geqslant 0$；归一化参数 $a_\lambda$ 为

$$a_\lambda = \frac{\Gamma(\lambda+1)}{\Gamma(1/2)\Gamma(\lambda+1/2)} \tag{9.4.14}$$

对应于不同的 $\lambda$ 值，概率密度函数如图 9.4.1 所示。

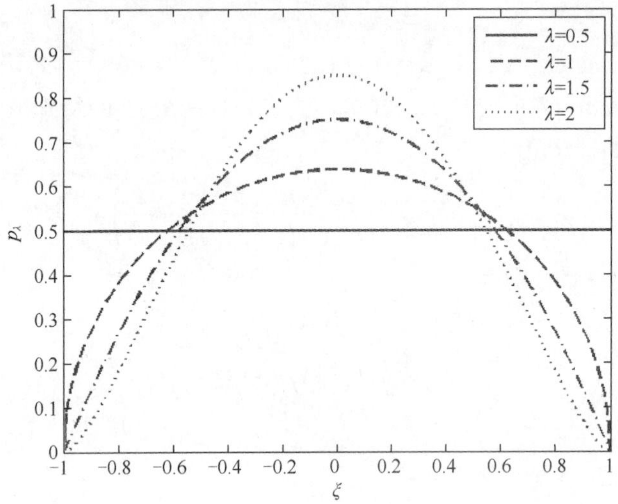


图 9.4.1 不同 $\lambda$ 取值的概率密度函数

由图 9.4.1 可见，在 $[-1,1]$ 上连续、光滑、单峰且对称于零均值的概率密度函数总可以通过选取适当的 $\lambda$ 进行逼近，事实上，通过扩展，$p_\lambda(\xi)$ 可用于逼近任意有界区间上非对称的概率密度函数[44]。注意到，当 $\lambda=0.5$ 时，$p_\lambda(\xi)$ 即为 $[-1,1]$ 上的均匀分布的概率密度函数。

Gegenbauer 多项式在区间 $[-1,1]$ 上以 $p_\lambda(\xi)$ 为正交权函数，其一般表达式为

$$G_n^\lambda(\xi) = \sum_{k=0}^{n} \frac{1}{k!(n-k)!} \frac{(2\lambda)_n (2\lambda+n)_k}{(\lambda+1/2)_k} \left(\frac{\xi-1}{2}\right)^k \tag{9.4.15}$$

前几阶 Gegenbauer 多项式分别为

$$\begin{cases} G_0^\lambda(\xi) = 1 \\ G_1^\lambda(\xi) = 2\lambda\xi \\ G_2^\lambda(\xi) = 2\lambda(1+\lambda)\xi^2 - \lambda \\ \qquad\vdots \end{cases} \tag{9.4.16}$$

其满足三项递推关系

$$G_{n+1}^\lambda(\xi) = \frac{2(\lambda+n)}{n+1}\xi G_n^\lambda(\xi) - \frac{2\lambda+n-1}{n+1} G_{n-1}^\lambda(\xi) \tag{9.4.17}$$

而正交关系为

$$\int_{-1}^{1} G_n^\lambda(\xi) G_m^\lambda(\xi) p_\lambda(\xi) \mathrm{d}\xi = b_n^\lambda \delta_{mn} \tag{9.4.18}$$

式中，

$$b_n^\lambda = \frac{\Gamma(1/2)}{2^{2\lambda-1} n!} \frac{\lambda\Gamma(2\lambda+n)}{(\lambda+n)\Gamma(\lambda)\Gamma(\lambda+1/2)} \tag{9.4.19}$$

当$\lambda=0$和$\lambda=1$时，Gegenbauer 多项式将分别转化为第一类与第二类 Chebyshev 多项式；当$\lambda=0.5$时，Gegenbauer 多项式转化为 Legendre 多项式。可见，Gegenbauer 多项式可作为一类概率密度函数在有界区间上具有$p_{\lambda}(\xi)$特征的随机变量的随机函数展开基函数。

### 9.4.2　耦合系统复合随机振动分析

高斯分布是一种应用非常广泛的分布类型，前面提出的 PC-PEM 为这类随机参数系统的复合随机振动问题提供了有效手段，将该方法扩展，通过引入广义混沌多项式得到 gPC-PEM，可用于非高斯分布随机参数的复合随机振动分析。其主要区别在于不确定参数的描述，而采用随机伽辽金法进行分析与求解的过程则与 9.3.3 小节相同。

1. Wigner 半圆分布与第二类 Chebyshev 多项式

高斯分布取值范围是负无穷到正无穷，这对于车轨耦合系统某些参数的描述，会导致如负刚度等非物理现象。因此应采用有界概率分布的描述，均匀分布是常用的有界概率分布描述，但由于生产工艺水平的要求，随机参数的分布并不是均匀的，而是在设计均值附近更为集中。因此对于不确定车轨耦合系统中的随机参数，Wigner 半圆分布是更合理的概率分布模型，对于分布在$[-\kappa,\kappa]$上的随机变量$\xi$，概率密度函数为

$$p(\xi)=\frac{2}{\pi\kappa^2}\left(\kappa^2-\xi^2\right)^{1/2} \tag{9.4.20}$$

均值和方差分别为

$$E[\xi]=0,\quad D[\xi]=\frac{\kappa^2}{4} \tag{9.4.21}$$

对于概率密度函数为$p(\xi)$的随机变量，其随机数的生成可采用接受-拒绝法，包括以下三步：

（1）选择适当概率密度函数$q(\xi)$和常数$c$，使得$p(\xi)/q(\xi)\leqslant c$。

（2）生成随机数$\eta$和$\varsigma$分别服从均匀分布和$q(\xi)$。

（3）如果满足$c\cdot\eta\leqslant p(\varsigma)/q(\varsigma)$，则接受$\varsigma$为$p(\xi)$的随机数，否则拒绝。

取$\kappa$分别为 0.1、0.2 和 0.3，采用该方法生成随机数，其直方统计图与概率密度函数对比如图 9.4.2 所示。

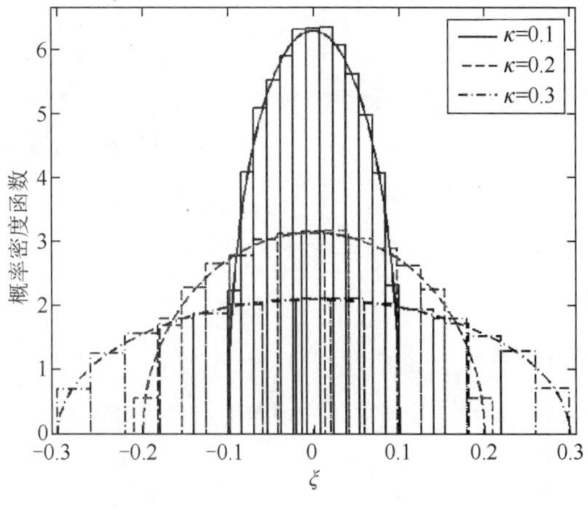


图 9.4.2　Wigner 半圆分布概率密度函数与随机数直方图

注意到当 $\kappa=1$ 时 Wigner 半圆分布的概率密度函数与式（9.4.15）中 $\lambda=1$ 时的 $p_\lambda(\xi)$ 相同，因此应采用对应 Gegenbauer 多项式为基函数，即第二类 Chebyshev 多项式，其正交关系与三项递推关系分别为

$$\int_{-1}^{1}\frac{2}{\pi}\sqrt{1-\xi^2}C_m(\xi)C_n(\xi)\mathrm{d}\xi=\delta_{mn} \tag{9.4.22}$$

$$C_{n+1}(\xi)=2\xi C_n(\xi)-C_n(\xi) \tag{9.4.23}$$

前几阶多项式具体形式分别为

$$C_0(\xi)=1,\quad C_1(\xi)=2\xi,\quad C_2(\xi)=4\xi^2-1,\quad \cdots \tag{9.4.24}$$

2. *悬挂系统参数不确定*

采用三维垂向模型如图 5.2.2，车辆参数见表 5.2.1，轨道参数见表 3.2.2，假设车体惯性参数和悬挂系统连接参数为随机变量，各随机变量相互独立且服从 Wigner 半圆分布，列于表 9.4.2。

**表 9.4.2　车辆系统的随机参数**

| 随机参数 | 均值 | 标准差 |
|---|---|---|
| 车体质量 $M_c$ /kg | $34\times10^3$ | $6.8\times10^3$ |
| 车体转动惯量 $J_c$ /m$^4$ | $2.277\times10^6$ | $4.554\times10^5$ |
| 一系悬挂系统刚度 $k_t$ /（N/m） | $1100\times10^3$ | $220\times10^3$ |
| 一系悬挂系统刚度 $c_t$ /（N·s/m） | $12\times10^3$ | $2.4\times10^3$ |
| 二系悬挂系统刚度 $k_c$ /（N/m） | $800\times10^3$ | $160\times10^3$ |
| 二系悬挂系统阻尼 $c_c$ /（N·s/m） | $160\times10^3$ | $32\times10^3$ |

以第二类 Chebyshev 多项式为基函数，采用 gPC-PEM 进行车轨耦合系统的复合随机振动分析。用第 5 章方法进行灵敏度分析，车体前端和中心加速度响应功率谱对悬挂系统参数的一阶灵敏度如图 9.4.3 所示。

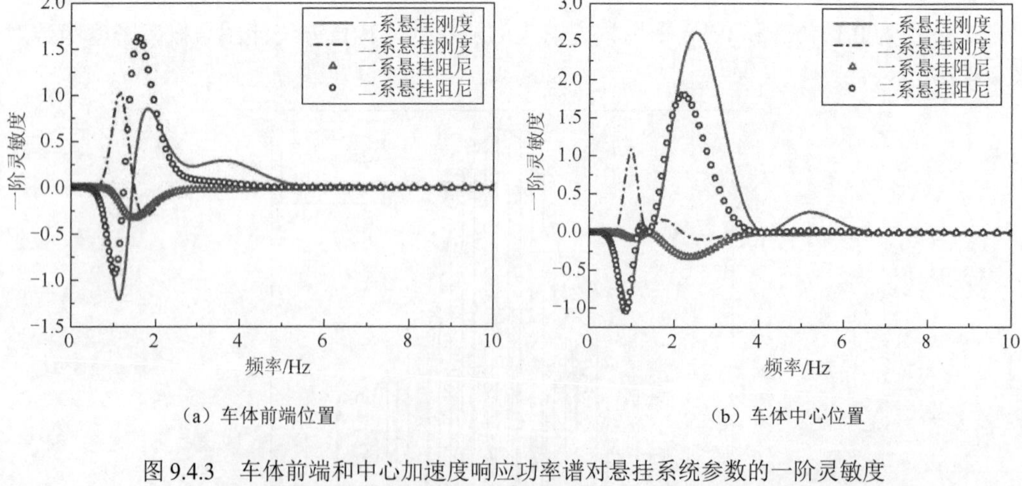


图 9.4.3　车体前端和中心加速度响应功率谱对悬挂系统参数的一阶灵敏度

对二系悬挂系统阻尼 $c_c^i$（$i=1,2$）和一系悬挂系统刚度 $k_t^i$（$i=1,2,3,4$）的不确定性传播进行讨论。二系悬挂系统阻尼为随机参数时，车体前端垂向加速度功率谱响应的均值、标准差及变异系数如图 9.4.4 所示；一系悬挂系统刚度为随机参数时，车体中心垂向加速度功率谱响应的均值、标准差及变异系数如图 9.4.5 所示。

可见连接参数不确定性主要对加速度功率谱的幅值有影响，而几乎不改变影响峰值出现的频率。考虑随机参数的系统，其响应的均值可能比确定性系统大，也可能比确定性系统小，作为灵敏度定性分析的补充，这里给出了不确定性传播的定量分析结果。图 9.4.4 中，均值、标准差和变异系数的峰值对应出现在同一频率，因此，变异系数可以作为响应偏离的度量来描述不确定性的传播。在图 9.4.5（c）中，变异系数曲线出现了四个显著峰值，但对应频率处的均值几乎为零，也就是说这些峰值是分母接近于零而造成，因此应以均值和标准差曲线来考察不确定性的传播。

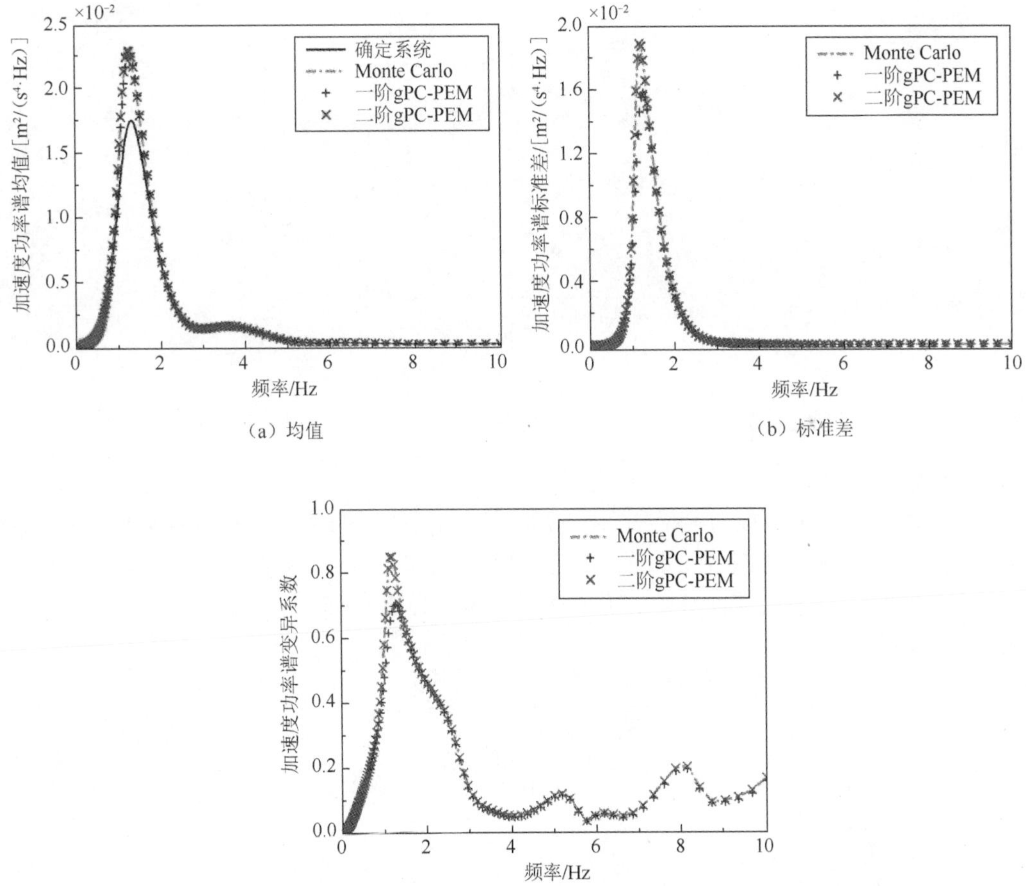


（c）变异系数

图 9.4.4　二系阻尼不确定时，车体前端垂向加速度功率谱响应的均值、标准差及变异系数

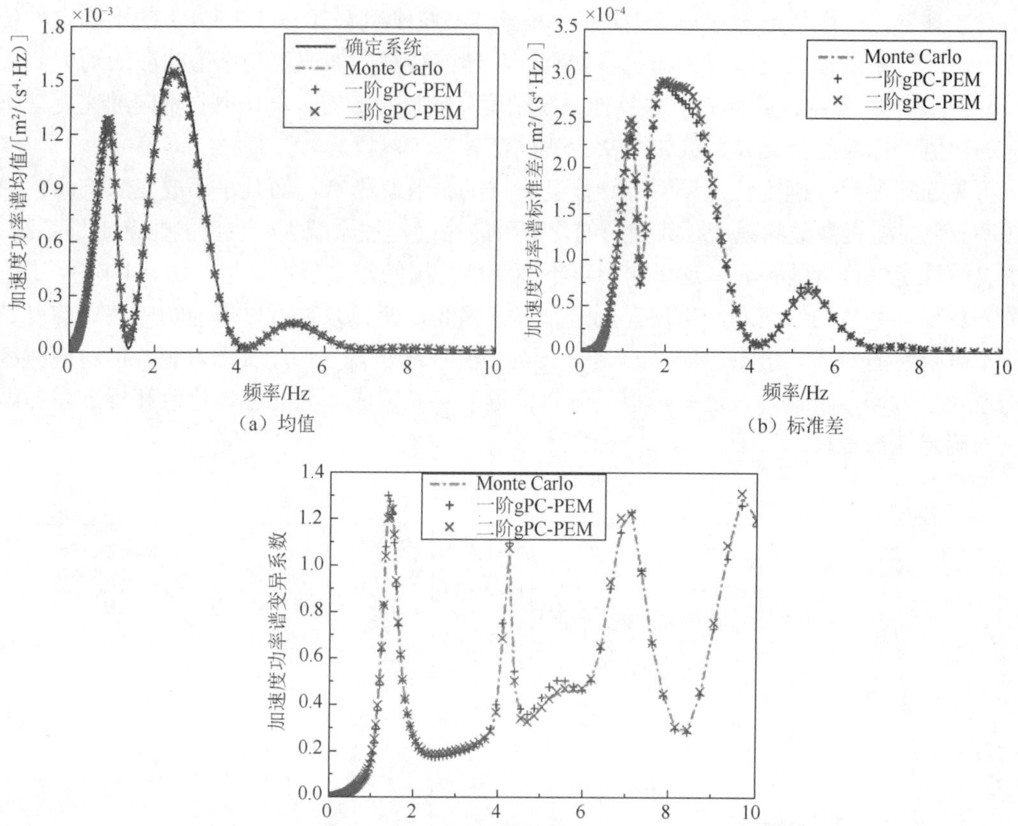


(a) 均值　　(b) 标准差

(c) 变异系数

图 9.4.5 一系刚度不确定时，车体中心垂向加速度功率谱响应的均值、标准差及变异系数

3. 惯性参数不确定

研究惯性参数不确定性的传播特征，发现其对响应的影响是比较局部的，即仅影响惯性参数对应自由度的响应。车体中心位置加速度功率谱响应的均值、标准差和变异系数如图 9.4.6 所示，对比图 9.4.5 可见，惯性参数不确定性对车体中心位置加速度功率谱影响大于一系悬挂系统刚度的影响。

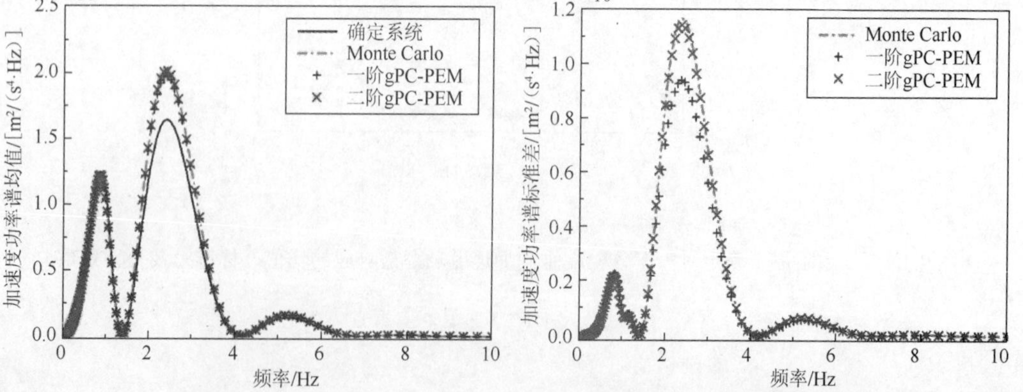


(a) 均值　　(b) 标准差

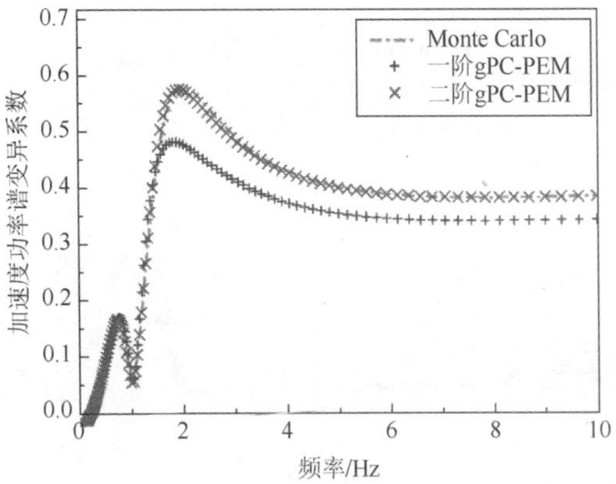

（c）变异系数

图 9.4.6　惯性参数不确定时，车体中心垂向加速度功率谱响应的均值、标准差及变异系数

图 9.4.4～图 9.4.6 中本节方法均与 1000 个样本的 Monte Carlo 模拟进行了对比，可见二者结果可以较好地吻合：一阶展开已能够很好地逼近均值参考解，而二阶展开则能够更好地逼近标准差参考解。在相同计算机上，分别考虑四个随机变量与两个随机变量的情况，Monte Carlo 模拟和 gPC-PEM 计算用时列于表 9.4.3，可见，随机变量在一定数目内，gPC-PEM 具有明显优势。

**表 9.4.3　不同方法计算用时对比**　（单位：s）

| 一系悬挂刚度（四变量） | | | 二系悬挂阻尼（两变量） | | |
|---|---|---|---|---|---|
| Monte Carlo | 一阶 gPC-PEM | 二阶 gPC-PEM | Monte Carlo | 一阶 gPC-PEM | 二阶 gPC-PEM |
| 538.16 | 4.68 | 23.39 | 554.29 | 1.46 | 2.36 |

4. 不同车速下复合随机振动分析

根据以上讨论，综合考虑二系悬挂阻尼 $c_c^i$、一系悬挂刚度 $k_t^i$ 和车体惯性参数 $M_c$ 和 $J_c$ 为服从 Wigner 半圆分布的随机变量，分别在车速为 180km/h、240km/h 和 300km/h 的情况下，应用二阶 gPC-PEM 计算车体加速度功率谱响应的均值和标准差，如图 9.4.7 和图 9.4.8 所示。可以看出，随着车速的提高，加速度响应功率谱的形状和峰值均发生了变化，加速度功率谱曲线呈现向高频移动并演化的特征，这是车速的提高使得不平顺激励中高频成分增加，同时四个轮对之间激励的相位差也发生变化，因此，车速是影响车轨耦合系统在轨道不平顺激励下随机响应的主要因素。同时注意到，不确定系统响应的均值与确定性系统响应的差异几乎不随车速变化，这是由于参数的不确定性与轨道不平顺无关。就响应均值来说，车体中心位置与确定系统差异要小于车体前端与确定系统的差异，即车体中心位置的响应受不确定参数影响较小，因为转动惯量 $J_c$ 对两个位置响应的贡献不同，这与第 5 章灵敏度分析的结果是一致的。

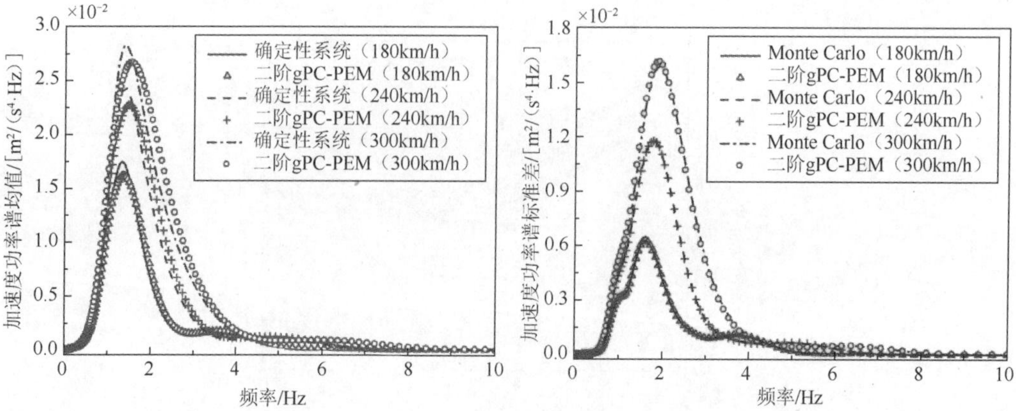


（a）均值　　（b）标准差

图 9.4.7　车体前端加速度功率谱响应的均值和标准差

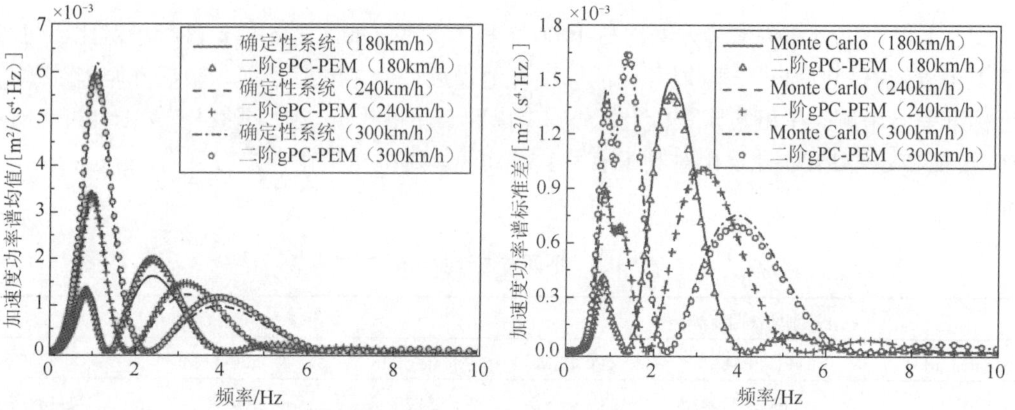


（a）均值　　（b）标准差

图 9.4.8　车体中心加速度功率谱响应的均值和标准差

# 参 考 文 献

[1] 赵岩, 项盼, 张有为. 不确定车轨耦合系统辛随机振动分析[J]. 力学学报, 2012, 44(4):769-778.

[2] 赵岩, 项盼, 张有为, 等. 具有不确定参数车轨耦合系统随机振动灵敏度分析[J]. 工程力学, 2013, 30(4):360-366.

[3] 项盼, 赵岩, 林家浩. 复合随机振动分析的混合 PC-PEM 方法[J]. 振动与冲击, 2015, 34(4):35-39.

[4] 项盼, 赵岩, 林家浩. 复合随机振动分析的自适应回归算法[J]. 应用力学学报, 2015, (06):934-941.

[5] 项盼, 赵岩, 林家浩. 轨道不平顺激励下不确定车轨耦合系统动力分析[J]. 固体力学学报, 2012, 33:205-208.

[6] Zhao Y, Xiang P, Lin J H. Double random vibration analysis for coupled vehicle-track systems with parameter uncertainties[J]. Vulnerability, Uncertainty and Risk: Quantification, Mitigation and Management, 2014, 44(4):456-464.

[7] Xiang P, Zhao Y, Lin J. Random vibration analysis for coupled vehicle-track systems with uncertain parameters[J]. Engineering Computations, 2016, 33(2):443-464.

[8] 项盼. 具有不确定参数车轨耦合系统随机振动问题研究[D]. 大连: 大连理工大学, 2016.

[9] 林家浩, 易平. 线性随机结构的平稳随机响应[J]. 计算力学学报, 2001, 18(4): 402-408.

[10] 王凤阳, 赵岩, 林家浩. 参数不确定结构平稳随机响应虚拟激励摄动方法[J].大连理工大学学报, 2011,51(3):320-325.

[11] 王凤阳. 基于虚拟激励的随机振动灵敏度分析及其应用[D], 大连: 大连理工大学, 2010.

[12] 林家浩, 夏杰, 张亚辉, 等. 非平稳随机摄动分析中的久期项效应[J]. 振动工程学报, 2003,(01): 128-132.

[13] Wang F Y, Zhao Y, Lin J H. Stochastic response analysis of structures with random properties subject to stationary random excitation[C]. Earth and Space 2010 Conference Proceeding: Engineering, Science, Construction, and Operations in Challenging Environments, Honolulu, 2010:2949.

[14] Kim Y G, Kwon H B, Kim S W. Correlation of ride comfort evaluation methods for railway vehicles[J]. Proceedings of the Institution of Mechanical Engineers, Part F: Journal of Rail and Rapid Transit, 2003, 217(2):73-88.

[15] Mazzola L, Bruni S. Effect of suspension parameter uncertainty on the dynamic behaviour of railway vehicles[J]. Applied Mechanics and Materials, 2012, 104:177-185.

[16] Suarez B, Felez J, Maroto J. Sensitivity analysis to assess the influence of the inertial properties of railway vehicle bodies on the vehicle's dynamic behaviour[J]. Vehicle System Dynamics, 2013, 51(2):251-279.

[17] Kewlani G, Crawford J, Iagnemma K.A polynomial chaos approach to the analysis of vehicle dynamics under uncertainty[J]. Vehicle System Dynamics, 2012, 50(5): 749-774.

[18] Mastinu G, Gobbi M, Pace G D. Analytical formulae for the design of a railway vehicle suspension system[J]. Proceedings of the Institution of Mechanical Engineers, Part C: Journal of Mechanical Engineering Science, 2001, 215(6):683-698.

[19] Iyengar R N, Jaiswal O R. Random field modeling of railway track irregularities[J]. Journal of Transportation Engineering, 1995, 121(4):303-308.

[20] Yau J, Yang Y, Kuo S. Impact response of high speed rail bridges and riding comfort of rail cars[J]. Engineering Structures, 1999, 21(9):836-844.

[21] Lei X, Noda N A. Analyses of dynamic response of vehicle and track coupling system with random irregularity of track vertical profile[J]. Journal of Sound and Vibration, 2002, 258(1):147-165.

[22] Zhao C F, Zhai W M. Maglev vehicle/guideway vertical random response and ride quality[J]. Vehicle System Dynamics, 2002,38(3):185-210.

[23] 吴锋. 周期结构的时域积分方法及散射分析方法研究[D]. 大连:大连理工大学, 2014.

[24] 朱位秋. 随机振动[M]. 北京: 科学出版社, 1990.

[25] Zhang Y W, Zhao Y, Zhang Y H. Riding comfort optimization of railway trains based on pseudo-excitation method and symplectic method[J]. Journal of Sound and Vibration, 2013, 332(21):5255-5270.

[26] Ghanem R G, Spanos P D. Stochastic Finite Elements: A Spectral Approach[M]. NewYork: Springer-Verlag, 1991.

[27] Knio O M, Najm H N, Ghanem R G. A stochastic projection method for fluid flow: I. basic formulation[J]. Journal of Computational Physics, 2001, 173(2):481-511.

[28] Schenk C A, Schuëller G I. Buckling analysis of cylindrical shells with random geometric imperfections [J]. International Journal of Non-Linear Mechanics, 2003, 38(7):1119-1132.

[29] Qu D, Xu C J. Generalized polynomial chaos decomposition and spectral methods for the stochastic Stokes equations[J]. Computers and Fluids, 2013, 71(1):250-260.

[30] Chihara T S. An Introduction to Orthogonal Polynomials[M]. New York: Gordon and Breach, 1978.

[31] Funaro D. Polynomial Approximation of Differential Equations[M]. Berlin: Springer-Verlag, 1992.

[32] Gottlieb D, Shu C. On the Gibbs phenomenon and its resolution[J]. SIAM, 1997, 39(4): 644-668.

[33] Wiener N. The homogeneous chaos[J]. American Journal of Mathematics, 1938,60(4):897-936.

[34] 欧斐君. 变分法及其应用：物理、力学、工程中的经典建模[M]. 北京: 高等教育出版社, 2013.

[35] Lin J H, Zhang Y H, Zhao Y. Pseudo excitation method and some recent developments[J]. Procedia Engineering, 2011, 14:2453-2458.

[36] Gladysz M, Sniady P. Spectral density of the bridge beam response with uncertain parameters under a random train of moving forces[J]. Archives of Civil and Mechanical Engineering, 2009, 9(3):31-47.

[37] Wu S Q, Law S S. Dynamic analysis of bridge-vehicle system with uncertainties based on the finite element model[J]. Probabilistic Engineering Mechanics, 2010, 25(4):425-432.

[38] Wu S Q, Law S S. Dynamic analysis of bridge with non-Gaussian uncertainties under a moving vehicle[J]. Probabilistic Engineering Mechanics, 2011, 26(2):281-293.

[39] Xiu D, Karniadakis G E. A new stochastic approach to transient heat conduction modeling with uncertainty[J]. International Journal of Heat and Mass Transfer, 2003, 46(24):4681-4693.

[40] Xiu D, Karniadakis G E. Supersensitivity due to uncertain boundary conditions[J]. International Journal for Numerical Methods in Engineering, 2004, 61(12):2114-2138.

[41] Xiu D, Tartakovsky D M. Numerical methods for differential equations in random domains[J]. SIAM Journal on Scientific Computing, 2006, 28(3):1167-1185.

[42] Xiu D, Shen J. Efficient stochastic Galerkin methods for random diffusion equations[J]. Journal of Computational Physics, 2009, 228(2):266-281.

[43] Schoutens W. Stochastic Processes and Orthogonal Polynomials[M]. New York: Springer-Verlag, 2000.

[44] 廖俊. 基于正交分解的随机振动响应分析与随机荷载识别研究[D]. 哈尔滨：哈尔滨工业大学, 2011.